图一（p. 17）

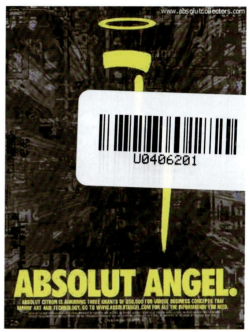

图二（p. 20）

图三（p. 15）

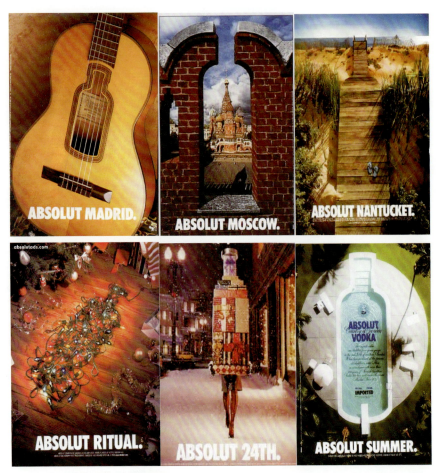

图四（p. 19）

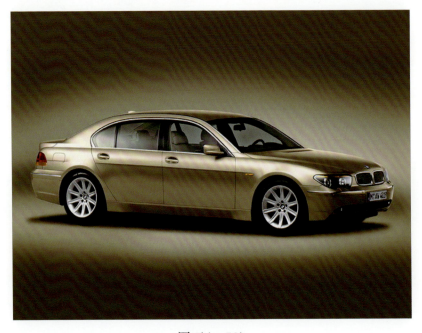

图五（p. 53）

图六(p. 113)

图七(p. 130)

图八（p. 142）

职业教育财经商贸类专业教学用书

消费心理学

（第四版）

主　编　刘永芳
副主编　苏丽娜　陈志雁
主　审　朱宝荣　张大成

华东师范大学出版社
·上海·

图书在版编目(CIP)数据

消费心理学/刘永芳主编. —4 版. —上海:华东师范大学出版社,2022
ISBN 978 - 7 - 5760 - 3181 - 2

Ⅰ.①消… Ⅱ.①刘… Ⅲ.①消费心理学 Ⅳ.①F713.55

中国版本图书馆 CIP 数据核字(2022)第 154715 号

消费心理学(第四版)

教育部职业教育与成人教育司推荐教材
职业教育财经商贸类专业教学用书

主　　编	刘永芳
责任编辑	何　晶
特约审读	袁一薳
责任校对	时东明　林小慧
装帧设计	蒋　克
插　　图	石　滢
出版发行	华东师范大学出版社
社　　址	上海市中山北路 3663 号　邮编 200062
网　　址	www.ecnupress.com.cn
电　　话	021 - 60821666　行政传真 021 - 62572105
客服电话	021 - 62865537　门市(邮购)电话 021 - 62869887
地　　址	上海市中山北路 3663 号华东师范大学校内先锋路口
网　　店	http://hdsdcbs.tmall.com
印刷者	上海龙腾印务有限公司
开　　本	787 毫米×1092 毫米　1/16
插　　页	2
印　　张	11.5
字　　数	278 千字
版　　次	2022 年 9 月第 4 版
印　　次	2024 年 7 月第 3 次
书　　号	ISBN 978 - 7 - 5760 - 3181 - 2
定　　价	33.00 元
出版人	王　焰

(如发现本版图书有印订质量问题,请寄回本社客服中心调换或电话 021 - 62865537 联系)

出版说明（第四版）

CHUBANSHUOMING

本书是职业教育财经商贸类专业教学用书。

本书内容通俗易懂，内容淡化理论，表现形式灵活多样、新颖别致；强化实践，重视能力，案例丰富，与职业学校学生的认知能力和岗位技能要求相适应。

具体栏目设计如下：

学习目标　提纲挈领，简要指出各章的学习重点。

实战攻略　具体分为经典案例、经典运用、情景模拟等，是以案例的形式对教材的重要知识点所作的补充说明，内容丰富有趣。

小贴士　对某些重要知识点进行详细介绍或拓展。

研究之窗　介绍消费心理学的经典研究、尖端技术和前沿研究。

本章关键词　以关键词的形式概括每章要点，有助于学习总结。

思考题　以问题的形式回顾每章的重要知识点，将知识运用于实践。

案例分析　结合案例，在具体情境中运用每章所学的新知识解决、分析问题。

活动任务　设计课外调研活动，鼓励学生参与真实、具体的实践研究。

为了方便教师的教学活动，本书还配套有习题集。为每章内容同步设置练习题，供学生课后作业之用，温故而知新。题型包括判断题、单项选择题、多项选择题、案例分析题等。

华东师范大学出版社
2022 年 9 月

前　　言（第四版）

QIANYAN

随着我国改革开放和社会主义市场经济的深入发展，人们在消费活动中的心理现象和行为规律越来越受到关注。对于即将走上社会，进入不同岗位工作的职业学校学生来说，了解人们在消费活动中的心理是十分必要的。鉴于此，我们组织编写了本书。

消费心理学是心理学的一个重要分支，它是一门研究消费者在消费活动中的心理现象和行为规律的科学。本书以消费心理学的理论为基础，围绕消费活动中的三个要素（消费者、消费决策与行为、商品）展开论述。内容涉及消费心理学的基本知识、消费者的一般心理过程、个体和群体消费决策与行为、商品及营销中的心理现象等方面。

在编写过程中，我们力求突出以下几个特点：

一、实用性

考虑到学生的身心发展特点，我们力求在不失专业性的前提下，在语言文字上下功夫，尽量做到通俗易懂、生动活泼，体现出较强的实用性。另外，每章末配有"本章关键词"和"思考题"，便于学生抓住重点进行练习和思考。

二、新颖性

本书每篇均以日常生活中的消费实例引入，每章穿插生动的经典案例，还设置了"小贴士""研究之窗"等栏目，力求做到图文并茂，使教材内容丰富多样，增强知识性、趣味性、可读性。

三、实践性

本书具有很强的实践性和应用性，也具有明显的时代特点，所以在保持第三版体系结构的基础上，我们对相关内容进行了较大幅度的更新和修改。具体而言，本次修订主要做了以下几方面工作：

1. 对第二篇中关于网购的内容作了大幅度修订，结合时代特点，重新编排此节内容，适当扩充、改写；
2. 对插图进行了调整，注重美观性和"现时性"；
3. 更换陈旧案例，删除非必要的案例，贴近时代与读者，增强可读性；
4. 对数据进行了更新，尽可能采用最新的可用数据；
5. 在可查范围内尽量补充参考资料来源，并依照APA格式修改参考书目。

本次修订由华东师范大学心理与认知科学学院的刘永芳教授担任主编，主编提出修订的整体思路和安排，对全书进行审阅、修改。研究生练金晶、罗莎莎、薛紫媛（第一篇），马晓雅、王菲、张家哲（第三篇），任春阳、洛嘉鸿（第四篇）具体负责资料的搜集和整理工作。修订过程中，我们参考了大量国内外有关的文献资料，在此向有关作者表示衷心的感谢！

由于时间仓促，加之编者水平有限，书中若有不足之处，恳请有关专家和学者批评指正。

编者
2022 年 9 月

目 录

MULU

绪论　消费心理学 ABC … 1

第一篇　摸透顾客心 … 11

第一章　消费者如何感知商品 … 12
- 第一节　展露阶段 … 14
- 第二节　注意阶段 … 16
- 第三节　理解阶段 … 18

第二章　消费者就是学习者 … 24
- 第一节　行为学习理论 … 25
- 第二节　认知学习理论 … 29

第三章　如何喜欢你——消费者的态度、情绪和认知 … 37
- 第一节　成也态度，败也态度 … 37
- 第二节　态度的形成 … 40
- 第三节　态度决定一切——营造对商品的积极态度 … 42

第四章　我的需要你可知道——解读消费者的动机 … 47
- 第一节　通向消费者心灵的大门——探寻动机的奥秘 … 47
- 第二节　了解消费者的动机——中域值动机理论在消费动机中的运用 … 53
- 第三节　学会刺激你的消费者——利用动机来刺激购买 … 55

第二篇　顾客的选择——消费决策 … 61

第五章　顾客没你想象中的精明——个体消费决策 … 62
- 第一节　卖得精明 … 62
- 第二节　顾客是怎样作出决策的——消费决策过程 … 68
- 第三节　网购的秘密 … 73

第六章　当人们聚在一起时——群体消费决策 … 84
- 第一节　群体心理效应 … 84
- 第二节　两类群体的消费决策 … 87

目 录

MULU

第三篇 商品中的心理学 93

第七章 品牌盛典——让世界注意，让时间见证 94
第一节 "大脑"——商家必争之地 95
第二节 "大脑"——通过耳朵运转 101

第八章 无声的"推销员"——商品的包装 109
第一节 赢得顾客一颗心——走近商品的包装 109
第二节 包装的成功之道——用"心"去包装 112

第九章 商品价格心理——神奇的价格杠杆 117
第一节 商品价格及其心理功能 118
第二节 商品定价和调价的心理策略 119

第四篇 用"心"营销 129

第十章 商业广告全攻略 131
第一节 广告的心理效应 132
第二节 广告诉求——开启心灵的密码 135
第三节 增加广告魔力的心理策略 139

第十一章 营销实战——赢得消费者从心始 149
第一节 "营销"自己 150
第二节 "捕获"顾客心 154
第三节 人性化服务 160
第四节 网络营销 164

主要参考书目 169

绪论 消费心理学 ABC

在"双十一狂欢节"被推出的第十三年，2021年天猫双十一活动以5403亿元的GMV（商品交易总额）落幕，共29万商家参与其中，共698个中小品牌成交额实现百万级到千万级的跨越，而京东也发布了"双十一"战报，截至2021年11月11日23：59京东平台内累计下单金额超3491亿元。11月11日从最初的"光棍节"逐步演变成全中国甚至全球都在参与的大型电商购物促销狂欢节。每年的11月11日，以天猫、京东、苏宁易购为代表的大型电子商务网站一般会利用这一天来进行一些大规模的打折促销活动，以提高销售额度，这逐渐成为中国互联网最大规模的商业促销狂欢活动。

而除了双十一之外，电商也创造了很多节日，如"阿里年货节""6·18理想生活节""天猫双十二购物狂欢节"辅以营销造势，真有不"掏空"消费者的钱包不罢休的势头，但消费者还是趋之若鹜，乐此不疲地投入购物节的抢购活动，这究竟是为什么呢？

> **学习目标**
> 1. 了解什么是消费心理学；
> 2. 了解学习消费心理学有哪些意义。

一、消费心理学ABC

（一）消费者

今天，你消费了没有？

回忆一下，最近你把零花钱用在哪里了？是诱人的食品，还是五花八门的小玩意儿，或是新版的电脑软件？面对日新月异的消费市场，不论是上班族、学生族，还是应对"开门七件事"的家庭主夫主妇们，都要扮演"消费者"这一角色。

消费者是指用自己拥有的货币、商品，或自己付出的劳动来交换别人的商品或劳动的人。消费者在实现交换的全过程中表现出来的心理活动和行为称为消费心理和消费行为。在市场经济条件下，人人都必须用自己的劳动（或劳动换来的货币）来购买别人的劳动（或商品），因此人人都是消费者。

实战攻略 0-1

顾客至上原则

"顾客永远是对的"，追根溯源，该经营理念的首创者是美国的沃尔玛公司。沃尔玛公司是世界上最大的零售企业。在经营中，该公司明白顾客不仅需要质优价廉的商品，还希望在购物时享受到热情周到的服务。沃尔玛公司从顾客角度出发，以一流的服务方式和水准吸引着大批顾客。在沃尔玛店内悬挂着这样的标语：

① 顾客永远是对的。

② 顾客如有错误，请参看第一条。

营销大师李维特说："企业经营的宗旨就是争取和维系消费者。"消费者是营销活动能够存在的前提和基础。从某种角度说，一切营销活动的最终目的都是为消费者服务。失去消费者,一切营销活动就都失去了目标和意义。营销活动必须以消费者为中心,最大限度地满足消费者的需要。

(二) 消费者心理

消费者心理是指消费者在购买商品过程中的一种思维活动。消费者心理是复杂多变的,从消费品的购买到消费,消费者的心理变化一般分为六个阶段,即认识阶段、知识阶段、评定阶段、信任阶段、行动阶段、体验阶段;也可以把它概括为三种不同的心理过程,即认识过程、情绪过程和意志过程,三个过程相互依赖和促进,能够激起人们进行一定的消费活动。消费者心理依存于客观现实,并受大脑神经活动的特点所制约。但是,在消费动机、兴趣、情绪和意志等方面,更多地包含着消费者本身需求的成分。

实战攻略 0-2

"拿掉"与"添一点"

有一家卖瓜子的小店生意特别火,其他同类商家怎么也比不上。该店老板说:"其实,我们家瓜子除了味道独特以外,在经营方面还有一个小技巧。就是在称分量时,别人家总是先抓一大把,称的时候再把多的拿掉;而我家总是先估计得差不多,然后再添一点。"这"添一点"的动作看似细小,却符合顾客的微妙心理:许多人都害怕短斤少两,"拿掉"的动作更增加了这一顾虑,而"添一点"则让人感到分量给足了,心里踏实,所以就乐于登门。

心理学认为,人的行为是受其心理活动支配的。不同的心理活动,可能产生不同的行为。消费者也同样如此。在各种各样的营销活动中,消费者会产生一系列的心理活动,不仅体现了人们从事各种活动的一般心理现象,同时也表现出人们在购买商品时独特的心理特征。要研究消费者各种不同的购买行为,揭示其规律,更好地开展市场销售活动,就必须运用心理学的基本理论对消费者的各种心理现象进行考察,揭示出心理活动的共同性、差异性和规律性,并在此基础上,有目的地刺激和诱导消费者的购买行为,有针对性地提供各种恰当的服务。

(三) 消费心理学

消费心理学是在普通心理学基础上分化、衍生出来的一门学科,也是一门专门研究商品销售过程中商品经营者与购买者心理现象产生、发展及其变化规律的学科。消费心理学研究涉及商品和消费者两个方面:与前者有关的研究包括广告、商品特点、市场营销方法等,与后者有关的研究包括消费者的态度、情感、爱好以及决策过程等。消费心理学是普通心理学和社会心理学应用于市场营销活动领域的产物,有自己特定的研究对象、研究内容和研究任务,探索和揭示支配消费者购买行为的心理活动和变化规律,具有一定的理论性和较强的实用性。

消费者心理是消费心理学研究任务中最主要的内容。销售观念从最初的"以生产为中心"的生产导向观念,变为"以销售为中心"的产品导向观念,最后又转变为现在的"以消费者为中心"的市场导向观念,这是经济发展的结果,更是市场激烈竞争的结果。创造消费需求,并满足消费者的物质需要和心理需要,不仅是企业生存和发展所必须遵循的原则,也是研市场经济发展的重要课题。因此,消费心理学依据"以消费者为中心"的最新营销观念,把消费者心理作为最主要的学科内容。

营销策略心理也是消费心理学研究的重要内容。企业为了满足消费者物质和心理上的需求,获取最大的社会经济效益,就要把握各种市场因素引起的消费者的心理反应,开展一系列的营销活动,制定各种营销策略,引起消费者的注意和兴趣,以达到营销目标。

消费心理学是从广告心理学发展而来的。早期的消费研究主要是从消费市场收集信息,以便制作更有效的广告。后来,研究重点转向产品设计前后消费者的意见和态度,消费心理学逐渐成为一门独立的学科。1960年,美国心理学会正式组建了消费心理学分支。我国的消费心理学研究目前还处在初期发展阶段。近年来,随着商品经济的发展,这方面的研究日益增多。自消费心理学成为一门独立学科以来,研究重点从着重研究消费者的购买活动转向更一般、更全面地研究消费者,如:消费行为的决策观就认为,购买只是购买过程的一个阶段,消费心理学还应当研究购买前后的事件。

美国消费心理与行为学家 D. I. 霍金斯提出的模型被称为将心理学与营销策略整合的最佳典范。霍金斯的消费者决策过程模型如下图所示。

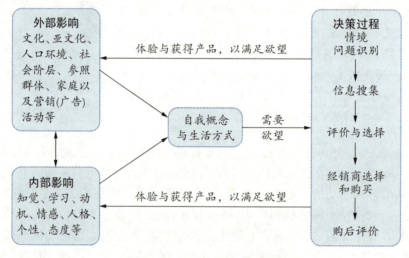

霍金斯的消费者决策过程模型

这个关于消费者心理、行为与营销策略的模型,为我们描述消费者特点提供了一个基本结构与过程或概念性模型。该模型认为,消费者在内外因素影响下形成自我概念(形象)和生活方式,然后消费者的自我概念和生活方式导致一定的需要与欲望产生,这些需要与欲望大部分要求以消费行为(获得产品)与体验的方式来满足。同时这些也会影响消费者今后的消费心理与行为,特别是会产生对自我概念和生活方式的调节作用。

二、消费心理学的魅力

(一) 企业经营之道的源泉

营销大师们常说:"商业的唯一目的是创造消费者。"那么"消费者"究竟是什么样的,或者说有什么特征呢?我们一时可能很难说清楚。但从根本上讲,消费者是由一个希望满足自身需求的欲望而驱动的潜在群体构成的。市场之所以启动是因为产品或服务迎合了消费者的需求并满足了他们的欲望。进入21世纪,我国的消费结构发生了新的变化,人们的消费水平基本实现了从温饱向小康的过渡,消费者对商品的质量、功能、品种、式样等要求越来越高,由此导致了产品更新换代速度加快,市场竞争加剧。市场形势迅速变化的现实要求企业依据市场需求及其变化制定相应的生产经营战略,设计、改进产品。消费心理学正是适应我国市场经济发展的需要而迅速发展起来的。学习和研究消费心理学对于指导企业的市场经营活动具有十分重要的意义。

海尔集团创始人张瑞敏对企业管理常有与众不同的观点。在张瑞敏看来,营销的本质不是"卖",而是"买"。买进来的是消费者的意见,然后根据消费者意见改进产品或服务,达到消费者满意的程度,这样才能提高消费者的忠诚度,企业也才能获得成功。因此,企业要更好地满足人们的生活所需,更好地组织商品流通,就必须掌握消费者购买行为的规律,了解支配消费者行为活动的各种心理现象,了解消费者的消费特点、消费习惯和消费需求,按照他们的意愿生产和销售商品,商品才能被广大消费者欢迎和购买。

在竞争对手如林的市场中,击败对手、夹缝里求生存的关键除了采取科学的管理方法,合理设置、调整企业结构,提高劳动生产效率,扩大商品的生产和销售额之外,还必须加强市场调研和预测,特别是加强对消费需求的预测。企业经营者只有了解消费者的心理活动与市场营销的关系,才能较为准确地预测市场消费需求的发展变化趋势、商品流行周期等,才能在瞬息万变的市场营销活动中应付自如,占据主动,立于不败之地。

实战攻略 0-3

大宝天天见

北京大宝化妆品有限公司坚持"以质量求生存,创名牌求发展"的方针,生产面向工薪阶层的高质量产品。大宝在全国共建立了500多个专柜,各省还设有大宝办事处,实现"以消费者为主导"的产品开发路线,把消费者的使用感受直接反馈回企业,为大宝的进一步研究、开发收集第一手资料。

大宝建立了专为消费者服务的咨询热线,负责收集、整理有关消费者的问题、信息,研究对策并作出详尽的回答,深得工薪阶层的信任和喜爱。难怪,老百姓要"大宝天天见"呢。

(二)打开顾客心扉的钥匙

商场如战场,在这个没有硝烟的战场,企业能否获利的关键就是产品销售的好坏。企业生产的产品,只有销售出去,才能实现其价值和使用价值,从而为企业创造利润,使企业在激烈的竞争中获胜。这就需要企业研究产品的营销对象——消费者,研究消费者的心理活动及变化规律,采取符合消费者心理的营销活动和方法。同时,商业企业,特别是零售企业,直接同消费者打交道,因此,商业企业工作人员的服务态度、服务技巧、服务质量如何,直接影响着消费需求的满足程度。实践证明,商业企业工作人员必须充分了解服务对象的行为活动规律,了解、掌握支配其活动的各种心理因素,才能因时、因地、因人提供各种不同的服务,有针对性地分析、解决消费者购买活动中的各种问题,更好地销售商品,提高消费者的满意程度。

1. 洞悉顾客消费心理

商业营销服务是有形的商品与无形的服务行为的综合体。具体而言,商业营销服务是营销人员通过各种途径和手段,在满足消费者各种需要的过程中,创造一种和谐的气氛,使消费者在接受服务的过程中产生愉悦之情,进而乐于交流、乐于消费的一种活动。因此,营销服务是营销人员与消费者之间相互作用的一个动态过程。在这个过程中,营销人员需要掌握消费者在购买过程中的心理活动规律,调节好与顾客的心理关系,通过观察了解顾客心理活动的特征,采取相应的接待方式,使营销服务始终在愉快、友好、融洽的气氛中顺利进行。

实战攻略0-4

电脑销售情景模拟

请两位同学完成以下情景模拟,一位扮演顾客,另一位扮演营销人员,完成以下销售任务,体会一下营销人员是如何抓住顾客的购买动机、成功销售商品的。

(一位顾客打算购买一台电脑,以下是营销人员和顾客的对话。)

营销人员:先生,您要购买的电脑主要是在哪里用呢?

顾　　客:在家里。

营销人员:家里使用体积小一点比较好吧?

顾　　客:是的,体积要尽量小。

营销人员:是不是主要用来处理一些文件资料和上网?

顾　　客:处理文件资料主要在办公室完成,家里上网确实很需要。

营销人员:嗯,体积要小,主要用于上网,而且要安装方便,故障少。

顾　　客:对,只要这些就行。

营销人员:先生,这款Y-009型家用电脑是目前体积最小,具有一般办公、娱乐、上网功能的电脑,它推向市场才半年,品质、性能相当稳定,安装、操作都非常方便,价钱也实惠,仅2800元,非常适合家庭使用,您看如何?

顾　　客:嗯,好的。

2. 沟通无极限

在商品交易过程中,买卖双方直接发生联系,营销人员与消费者彼此借助语言、表情、动作或其他形式施加各种影响,这就是心理沟通,可分为单向沟通和双向沟通两种形式。单向沟通是由商店发出信息,消费者接受信息而前往商店购买。双向沟通则是消费者进入商店、向营销人员发出信息,营销人员接收信息后双方交换信息、售卖商品,这两个过程构成了营销人员与消费者之间的买卖关系,也构成了两者之间互动的心理关系。

实战攻略0-5

农夫和售车小姐

在一个炎热的午后,有位穿着汗衫、满身汗味的老农夫,伸手推开了汽车4S店厚重的玻璃门。他一进门,迎面走来一位笑容满面的售车小姐,很客气地问:"大爷,我能为您做点什么吗?"老农夫有点腼腆地说:"不用,只是外面天气热,我刚好路过,想进来吹吹冷气,马上就走。"售车小姐听完后亲切地说:"就是啊,今天实在很热,天气预报有36摄氏度呢,您一定热坏了,我帮您倒杯水吧。"接着便请老农夫坐在柔软舒适的皮沙发上休息。"可是,我们种地人衣服不太干净,怕会弄脏你们的沙发。"老农夫说。

售车小姐边倒水边笑着说:"有什么关系,沙发就是给客人坐的,否则公司买它干什么?"喝完清凉的茶水,老农夫便在展示中心内东瞧瞧西看看。这时,售车小姐又走了过来,指着农夫正在看的一款新型货车说:"大爷,这款车很有力哦,要不要我帮您介绍一下?""不要,不要,"老农夫连忙说,"你不要误会了,我可没有钱买,种田人也用不到这种车。"

"不买没关系,以后有机会您还是可以帮我们介绍啊。"然后售车小姐便耐心地将货车的性能逐一解说给老农夫听。听完后,老农夫突然从口袋中拿出一张皱巴巴的纸给她,并说:"这些是我要订的车型和数量,请你帮我办理一下。"售车小姐诧异地发现老农夫一次要订8辆货车,连忙紧张地说:"大爷,您一下订这么多车,我们经理不在,我必须找他回来和您谈,同时也要安排您先试车……"

老农夫这时语气平稳地说:"小姐,不用找你们经理了,我本来是种田的,由于和别人投资了货运生意,需要买一批货车,但我对车子外行,最担心的是车子的售后服务及维修,因此我儿子教我用这个笨方法来试探每一家汽车4S店。这几天我走了好几家,每当我穿着同样的旧汗衫,进到汽车4S店,同时表明我没有钱买车时,常常会受到冷落,让我有点难过……而只有你们公司,明知道我不是你们的客户,还那么热心地接待我,为我服务,对于一个不是你们客户的人尚且如此,对成为你们客户的人就更不用说了……"

营销人员与消费者在共同的商品交换活动中,彼此间建立了买方与卖方的关系,反映了买卖双方的心理关系,这种关系和谐与否,取决于买卖双方的需要是否能够得到满足。如果消费者在购买过程中享受到良好的服务和舒适的购买环境,买到称心如意的商品,就会对商店产生好感;从营销人员角度来说,如果在售卖过程中向顾客推荐的商品得到认可,如期将商品卖出去,自己的服务得到顾客的回应等,就会产生工作的满足感。这样,买卖双方在商品交易过程中各自的需要都得到满足,相互之间就能保持亲近的心理关系并建立起友好的感情。

(三)打造金牌营销人员的武器

营销人员是营销活动的主体,是营销活动中最活跃的分子和最具魅力的因素,对于树立企业在消费者心目中的良好形象是至关重要的。营销人员只有具备了良好的心理素质,并准确地认知和把握消费者心理,进而通过有效的方式与消费者进行沟通,才能促使营销活动顺利进行。因此,营销人员需要具有良好的心理素质,这不仅是个人修养问题,更是角色心理与行为的要求。

营销人员的职业心理素质,是指营销人员从事营销活动所必需的各种心理品质的总和。

它包括营销人员的认知、情感、意志、气质、性格、能力等方面。这些素质是营销人员从事营销活动的基本条件。因此,要创造一流的企业,首先要塑造具有一流素质的员工,就必须研究、探讨营销人员应具备的职业心理素质。

> **小贴士**
>
> 统计显示,零售行业被解雇的营销人员中,只有10%的人是因为业务不熟练被解雇的,而90%的人则是因为脾气、性格等问题砸了自己的饭碗。
>
> | 营销人员的修炼项目 | | |
> | --- | --- | --- |
> | 忠诚 | 整洁 | 谦虚 |
> | 沉着 | 谅解 | 诚实 |
> | 同情心 | 守时 | 幽默 |
> | 正直 | 自我控制 | 热情 |
> | 创造性 | 协作 | 自信 |

首先,营销人员要有谅解、友善、团结、诚实、谦虚、热情等良好的性格特征。营销活动是与人打交道的工作,与顾客建立和谐的人际关系,使顾客感到亲切、乐于接受服务,是实现营销沟通、愉快交往的条件。其次,营销人员要有独立性、适应性、事业心、责任心和恒心。一般来说,独立性强的人抱负高;适应能力强的人有开拓精神和应变能力;有事业心、责任心和恒心的人工作勤奋、效率高。

金牌营销人员应该懂得顾客心理,并针对不同顾客的需求,运用不同的销售技巧,使顾客获得需求上的满足。这需要文化修养、语言艺术、操作技术和服务态度的有机结合。为了塑造符合职业需要的良好心理修养,应从以下几方面加强对营销人员职业心理和行为规范的培训。

1. 积极乐观的心态

积极乐观的心态包含两方面的含义,一方面指心理状态是乐观的,另一方面指态度是积极的。乐观的人更善于发现机会。悲观的人眼中的常态,在乐观的人看来却是鲜活的种子,在热情的灌溉之下,种子就会成长,直至得到收获。灌溉不一定得到收获,但放弃灌溉就绝对得不到收获。

实战攻略 0-6

信念铺就成功之路

大家都知道乔布斯是一位传奇式人物,但他的成功之路并非非常顺利,信念在他的成功之路上扮演着重要的作用,支持他逐步实现自己的梦想。

21岁的他就认定了个人电脑可以成为改变世界的重要物品,因此他凑钱创建了苹果公司,并接连推出Apple Ⅰ、Ⅱ两款个人电脑,后者推出后大获成功。在三年内,销售额便超过1亿美元,这掀起了一波数字化的浪潮。

但乔布斯并没有满足于此,立志要开发出更容易使用的电脑。在当时的业界,有一条约定俗成的法则,即电脑易用性能系数是研究开发费用的平方根。但当时他开发多媒体电脑的费用远远超出了预算,再加上多媒体电脑过于超前,配套软件跟不上,市场并不理想,使公司赤字达到无法忍受的地步。乔布斯因此被解除了职务,被迫离开。被挤出苹果公司后,他感到失落,但创造新世界的信念鼓舞着他振作起来。

当年9月,他卖掉所有苹果股票重新创业。而十多年后的苹果公司,已濒临破产。这时大家又想起了乔布斯,于是在紧急关头又聘任他为临时CEO。乔布斯回到苹果后的一年左右,iMac面世取得成功,苹果扭亏为盈。

乔布斯1955年生于美国硅谷,父母是蓝领工人,并没有优越的家庭环境。到后来,乔布斯成为一位众所周知的传奇人物。这不仅仅是因为他能力出众,更重要的是他拥有即使到了山穷水尽也不放弃的坚定信念。

2. 自信的微笑

拿破仑说:"我成功,是因为我志在成功。"营销人员要有成功的自信,自信心强的人容易获得他人的尊重和信任,并在竞争的环境中不断积极进取。营销人员要正确认识营销工作,培养职业自豪感,要相信自己的工作能力,确信自己对顾客有贡献,专心致志地在工作中发挥应有的水平,最终获得顾客的肯定,实现营销目标。

实战攻略 0-7

用微笑建立桥梁

世界著名的"酒店大王"希尔顿的母亲曾对他说过:"孩子,要想成功,你必须找到一种方法,它应符合以下四个条件:第一,简单;第二,容易做;第三,不花本钱;第四,能长期使用。"这究竟是什么方法呢?希尔顿反复观察、思考,终于找到了答案:是微笑,只有微笑才完全符合这四个条件。后来,他果然用微笑打开了成功之门,将酒店开到了全世界的各大城市。

微笑不仅是交往的技巧,而且是一种良好的心态,是自信与积极心态的自然展现。微笑是一种富有感染力的表情,它证明你内心不带虚假的自然喜悦,而这种喜悦的情绪会影响你周围的顾客,会像冬天的暖阳给周围带来温馨和宁静。微笑就是营销人员的标志,微笑服务具有无穷的魅力。

3. 坚持不懈的行动

一时的热情是不够的,营销人员需要坚持不懈的行动。成功者的决心是坚不可摧的,最后的输赢取决于是否有决心和毅力。再专业的知识和技巧也无法保证你一定能成为优秀的营销人员。因为知识和技巧还只是"知",是无法替代"行"的。如果没有"行",知识与技巧均无法发挥作用。因此,金牌营销人员要身体力行,竭尽一切努力,克服种种困难,做到"知"与"行"的统一。

实战攻略 0-8

左十右十，知易行难

有一位成功人士，以前从事保险销售行业，之后投资不动产，发家致富。做保险销售员的时候，他的推销习惯是每天坚持拜访十个人，出门时，将十个铜板放在左边口袋，每拜访完一位客户，就将铜板拿一个到右边口袋。如此每天从"左十"到"右十"，从不间断工作，终于创下了惊人的业绩与财富。

当有人请他演讲，介绍其成功的秘诀时，他毫不吝惜地将自己"左十右十"的工作习惯公之于众。他的一位友人笑他不该把这一秘诀告诉别人，因为别人一旦知道这个秘诀后，将仿效其法，与他争抢业绩。

他笑着说："坚持不懈的工作习惯是成功的基石，这个道理虽然人人皆知，却很少有人能做到。"

本章关键词

| 消费者 | 消费者心理 | 消费心理学 |

思 考 题

1. 心理学和消费心理学的研究对象有何不同？消费心理学一般研究哪些内容？
2. 试举一例说明研究消费心理学的意义。

第一篇　摸透顾客心

沃尔玛超市外观　　　　　　　　　　　沃尔玛超市一角

对！你现在看到的就是全球知名超市连锁企业沃尔玛的一角。沃尔玛每年卖出的商品数以亿计。可是，当同一种类的数件商品摆在你面前时，你会选择哪一件带回家呢？什么样的商品才能在浩瀚的商品之海中脱颖而出呢？谁的包装、品质、颜色、味道乃至广告词才是消费者的心头之好呢？

> 市场被人们看作是一帮竞争者之间的事，而离消费者是越来越远了。
> ——雷德里克·韦帕斯特

> 好的顾客就是资产，只要管理得当和为其服务，他们就能转化为公司丰厚的利益来源。在紧张的市场竞争中，公司的首要业务任务，就是持续用最优的方法满足他们的需要，以保持顾客的忠诚度。
> ——菲利普·科特勒

能够吸引顾客的产品才是成功的产品。本篇我们将通过学习，了解消费者是如何感知商品的，什么样的产品与广告更能引起消费者的注意，更能满足他们的需求，以及消费者的动机、态度、情绪和认知将在商业活动中发挥怎样的作用。

第一章　消费者如何感知商品

学习目标
1. 了解什么是知觉；
2. 了解绝对阈限与差别阈限；
3. 了解自愿注意与非自愿注意；
4. 了解理解阶段的三个程序。

有些商家用光彩照人的模特来吸引消费者,希望借此引起消费者对广告产品的注意。可是这种策略的效果到底如何呢?

美国 RCA 公司进行了一项相关的调查。他们为"Colortrack"牌电视机做了两组广告呈现给观众。第一组广告中出现的模特衣着保守,此时的观众更多地将注意力投向广告产品,72 小时之后,大约有 36% 的人能够回忆起商品的名称;相反,在第二组广告中,同样的模特穿上更为时尚的衣服,虽然此时的广告的确引起了观众的极大注意,但人们的目光却总是被迷人的模特所吸引,72 小时后,仅有 9% 的人能够回忆起广告商品的名称。商家当然不希望消费者仅仅注意广告中的模特,他们更希望广告能够传递出产品的信息。尽管如此,营销者们还是常常在广告中采用迷人的模特、幽默或其他元素,希望借此吸引消费者。但如果把握得不好,人们在被广告吸引的同时,往往会忽略产品本身。那么,怎样才能避免这样的误区呢?

本章我们将考察人类知觉心理,讨论控制人类对刺激(包括商品、广告等)的知觉和理解的原则。这些知识能够帮助机敏的营销人员开发出更好的广告和产品,这些广告与产品更容易被消费者们注意与接受。

我们生活在一个感受多样化的世界,无论走到哪里,我们都会被色彩、声音和气味所包围:新鲜出炉面包的香味,色彩缤纷的化妆品广告,流行乐团演绎的音乐,喧闹的街道,刺鼻的汽车尾气,五光十色的霓虹灯……

营销者当然也在其中作出了贡献。消费者永远无法远离产品包装、宣传单、广告牌、广播电视广告以及网络广告等。它们全都在试图吸引我们的注意。可是我们不可能对生活中的每一个刺激都发生反应,对大多数刺激,我们往往会"视而不见""听而不闻"。这是为什么呢?

在解答这个问题之前,让我们先来了解两个概念:感觉与知觉。**感觉**指我们的感觉器官(眼、耳、鼻、口、皮肤)对光、色、声、气味、味道和质地等基本刺激的直接反应。**知觉**是个体对这些感觉进行选择、组织及解释,并形成有意义及完整图像的过程。一般来说,消费者对刺激的知觉可以分为三个阶段:展露阶段、注意阶段和理解阶段。

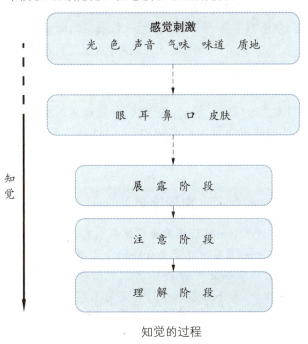

知觉的过程

第一节 展露阶段

一、感觉阈限

消费者接触与感受刺激的阶段被称作刺激的展露阶段。没有刺激的展露,便不可能有消费者对信息的处理,换言之,消费者必须能够接触和感受到刺激,才能展开后续的信息处理。在展露阶段,以下两种状况值得注意:一是消费者根本没有接收到刺激,二是消费者的感官无法感受到刺激的存在。以广告为例,前者是指消费者没有看到该广告,例如,电视广告播放时,消费者根本不在场(这也是广告主会关心电视收视率的原因)。后者是指消费者虽然"看"了广告,却没有"看进去"。

要知道消费者为何会存在"视而不见"的状态,我们需要先了解感觉阈限。**感觉阈限**是指要让感官有效地感受到某一刺激,该刺激所需要超过的最低刺激量水平。感觉阈限包括两个基本的概念:绝对阈限与差别阈限(梁宁建,2011)。

绝对阈限是指使某一刺激能够被某一感官感受到所需的最低刺激量。例如,人的眼睛所能够看到的光线以及耳朵所能够听到的声音都有一定的范围。光线太暗了,可能就没法看清事物;声音的波段超出了人类可感知的范围,我们就没办法听到。绝对阈限在设计营销刺激的时候是一个需要考虑的重要因素。例如,公路的广告牌上也许有许多精妙的文字说明,但是如果字号太小,没有达到过路者的绝对阈限,则根本没办法被人看到,再精彩的广告也浪费了。

差别阈限是指感官系统对于两个刺激之间的变化或差异所能够觉察的最小量值。每个人的差别阈限都不尽相同。例如,专业的画家和摄影师对颜色变化的感知可能就比一般人敏感,即使颜色变化的差别很小,他们也能察觉。这是因为对于颜色,他们的差别阈限比其他人低一些。但一般来说,人们的各种差别阈限都差不多。

制造商与商家努力确定与他们商品有关的差别阈限,主要有两方面的原因:其一,为了让负面的改变不易被公众所察觉。例如,为了让产品质量的降低或者价格的增加不易被消费者发现,尽量使这些改变位于差别阈限之下。此外,由于时代的进步、审美观的改变,商家常常有必要更新他们产品的包装设计或者商标形象,一些商家不愿意失去老消费者的认同,所以常常精心地将这些改变设计在差别阈限之下。其二,为了使产品的改进对于消费者来讲更明显而不需要花费太大的成本。例如,使包装、分量或定价方面的改进或更新恰好在差别阈限之上。就是说,让消费者察觉出产品的改善,但这种改善没有超出差别阈限太多,否则很可能会大幅提高成本。

实战攻略 1-1

如何让消费者"视而不见"
——贝蒂·克罗克女士的 7 次形象改变

国际知名的通用磨坊食品公司从 1936 年到现在对他们的象征贝蒂·克罗克女士的形象先后作了 7 次改变(如下页图所示),但是为了不失去老消费者,每次改变都显得十分精心。但在每一次改变之后,消费者还是一眼就能认出是贝蒂·克罗克女士。

贝蒂·克罗克女士在差别阈限下的连续改变(见彩页图三)

二、阈下知觉

有些刺激很微弱,或者出现的时间十分短暂,以至于就意识层次上来看,消费者并没有察觉到该刺激的存在(但我们并不能因此就认为该刺激没有被人的感官所接收到)。这种当刺激在消费者的意识水平之下时所发生的知觉就是**阈下知觉**(梁宁建,2011)。

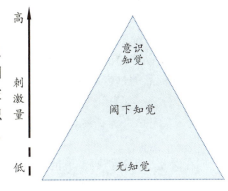

无知觉、阈下知觉与意识知觉的关系

研究之窗 1-1

"魔咒"一样的阈下信息

20世纪50年代末,有报道说当消费者接触到阈下广告信息后,虽然他们自身并没有意识到,但是这些信息有效地促进了人们购买物品和服务。

有关阈下知觉的一个有名实验发生在美国新泽西州的一家露天电影院。研究者在这家影院放映的电影中,每间隔五秒插入一个持续仅三千分之一秒的写着"请喝可口可乐"和"请吃爆米花"等信息的画面,虽然以这种速度放映的信息是一般人所无法看到的,但实验六周后,研究者发现爆米花的销售量增加了58%,可口可乐的销售量也增加了18%。

不过,关于此项研究,存在极大争议。由于缺乏严格的实验设计,研究结果的可信度受到很大的质疑。此外,还有报道指出研究者曾于1963年承认该研究是他本人杜撰的。但是,不得不承认的是,这个关于"可口可乐"和"爆米花"的实验的确引起了人们对阈下知觉的极大关注,并且促使心理学研究者对该领域进行不断的探索。后期更多实验室证据表明了阈下知觉的存在。

三、过度展露

展露是必要的,但是过度的展露则很可能会带来负面效果——因为过度重复发生的展露会使目标对象对该刺激过分熟悉,造成习惯化。**习惯化**是指由于对刺激的过度熟悉,因而失去了对该刺激的注意力。这就是为什么很多商品要不断拍摄一些新广告的原因。一部广告片若是经常重复播放,往往会造成该片的宣传效果下降,我们称这种因为广告过度展露所导致广告效果下降的现象为**广告疲劳**。当然,过度展露不只出现在广告效果上,在品牌的经营上也有这种现象。有些品牌借由授权来获得利润,但过度的授权就如同过度展露一样,如果不对其授权产品的种类和数量加以严格控制,时间一长,品牌的价值将会加速折耗。因为很多追求知名品牌的消费者不但追求知名品牌背后的优良品质,同时也追求其独特性与稀有性。名牌商品的过度展露往往会使其丧失由独特性与稀有性为消费者带来的心理满足。

第二节 注意阶段

你在课堂上走过神吗?可能一分钟前你还在全神贯注地听老师讲课,下一分钟却已"神游"到了教室之外,满脑子都是周末的郊游或其他。忽然,你醒过神来,因为你听到自己被点名了。幸好,虚惊一场——老师叫的是与你名字相仿的另一名同学。但是,现在老师的确引起了你的注意……

个体对刺激投以**注意**,意味着个体愿意将认知资源花费在刺激物上,并且因此开始对刺激物进行处理。知觉的注意阶段可分为前注意阶段和注意阶段。

在真正的注意开始之前还存在一个前注意阶段。**前注意**是指消费者对于环境特性所进行的自我扫描的非意识过程。前注意阶段通常出现在展露之后和消费者进行认知处理之前的一段时间里,它的主要任务是判断被展露的刺激是否重要,从而决定是否要再进一步投入认知资源来处理该刺激。有研究发现,前注意阶段会影响消费者的情绪。研究者用实验来考察图片对消费者情绪的影响,结果发现悦目的图片若置于整个平面广告的左边,要比置于广告的右边更能使消费者愉悦。这是因为人类大脑的右半球负责人类的感觉和情绪,而位于平面广告左边的悦目图片,经由双眼(两只眼的左视野)传至右脑,直接引发愉悦的情绪。

在前注意阶段,虽然消费者尚未投入认知资源,但已经引发了良好的情绪,而这一情绪将会影响消费者接下来对该广告产品的评估。

注意可以分为自愿注意与非自愿注意。**自愿注意**指消费者主动寻找一些与自己相关的信息。例如,当我们想要买一台电脑时,我们会对有关电脑的信息特别关注,这就是一种自愿注意。这带给了营销者怎样的启示呢?如果想要让广告或其他促销和宣传的信息引起消费者注意,就必须让消费者感到这些信息都是与他们息息相关的,进而引起他们的注意。**非自愿注意**主要指消费者的注意是来自一些令其惊讶、新奇、感到威胁的事物或非预期的状态,消费者反射性地注意到这一信息。它属于一种下意识的反应,心理学称之为定向反射。

通常,营销人员可以利用一些对比强烈、出乎意料的广告内容或事物来引发消费者的非自愿注意,进而引起消费者对产品的进一步认知、加工。例如,平面广告中的大量留白,彩色电视广告中的黑白广告,广播广告中的忽然巨响或忽然静音,这些都将形成强烈的对比,引起消费者的注意。此外,还可以运用一些出乎意料的事物来引起消费者的非自愿注意。

实战攻略 1-2

遛孔雀的绅士,你见过吗

提到遛宠物,你会立刻联想到什么?

也许是穿着休闲的主人牵着自己心爱的小狗走在林荫道上。

但是,如果你遇到的是一位穿西装打领带遛狗的男士,会不会忍不住回头多看几眼呢?如果,现在这位绅士不仅穿西装打领带,遛的还是一只孔雀,地点是某博物馆门口——这是否大大出乎你的意料?对此,你会产生怎样的感觉呢?吃惊?还是羡慕?

无论如何,他们的确吸引了你的注意。

出人意料的宠物(见彩页图一)

小贴士

我们如何衡量消费者对刺激的注意程度呢?当消费者对刺激的注意程度增加时,他们的唤起水平(即动机的强度)也会增加。而唤起水平的增加会引起消费者的一些生理反应,诸如呼吸加速、眼睛张大、搓手(擦汗)等。营销人员可以通过这些生理现象来评估消费者的唤起水平。

> **研究之窗 1-2**
>
> **眼 动 仪**
>
> 眼动仪是测试人眼活动情况和研究有关心理过程的专用仪器。人在进行无意注意或者有意注意时,眼睛的视线总是对准对象的某一点(即眼睛的注视点),并且以转动的方式将视线转换到新的目标上的,在每次转换目标后,眼睛停顿片刻,注视着一个目标,然后再跳到新的注视点上去,在注意对象时,眼睛就是这样不断地以注视、转动、再注视来达到对知觉对象的整体观察的(阎国利,白学军,1997)。眼动仪就是用来研究注意时眼球运动的轨迹,以确定注意对不同部分所起的作用,分析信息加工或信息处理过程的某些特点。它通过红外线摄像机测出瞳孔中心与角膜的相对位置,来推断出注意目标的坐标位置,一般每秒输出 50 组数据。研究者通过分析这些数据,来推断个体内部的心理活动。以下右图即是个体在注视左图石膏头像时的眼动轨迹。
>
> 目前,人们已经将眼动仪运用到商业研究的领域中。例如,通过眼动仪研究个体对网页上不同项目的浏览顺序以及停留时间,什么样的广告刺激会引起人们更多的注意等。美国无线电公司正是运用这种相关技术来追踪消费者对模特和广告产品分别投以注意的时间和顺序的。
>
>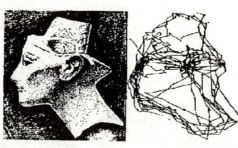
>
> 石膏头像　　　　眼动轨迹图

第三节　理 解 阶 段

在理解阶段里,消费者对其所注意到的信息进行**解释**,即给某一特定刺激赋予意义。一般来说,消费者要完成对刺激的解释,要经过三个步骤:组织、类型化与推论。

一、组织

人们无法接受环境中互相独立、无关的大量刺激。他们倾向于将刺激组织成块,作为统一的整体来感受它们。即使是最简单的知觉特征,人们也是把它们作为刺激所反映的整体功能来加以认识的。这就好像我们观察一位新认识的朋友,我们对这位朋友的感觉往往是整体的(如:漂亮、幽默),而不是将这个人看成由头发、衣服、身高以及容貌等所构成的组合。这也正是**格式塔心理学**所强调的观点——整体大于部分之和。根据格式塔心理学的研究,人们的知觉组织遵循以下一些原则(梁宁建,2011)。

(一) 对象与背景原则

在人们对刺激进行知觉组织时,会不自觉地将刺激分为对象与背景。注意力的焦点集中在对象上,刺激的其他部分则作为背景出现。当注意力焦点改变时,对象与背景也随之发生改变。以下左图中,如果你把焦点放在黑色部分,看到的将是 6 只杯子;如果焦点放在白色部分,看到的将是 6 对侧面相向的面孔。同样,在以下右图中,你看到的是什么呢?是少女、老妪,还是老翁?焦点不同,答案也不同。

人脸还是杯子

少女、老妪还是老翁

由此看来,广告设计者们不得不仔细地设计广告,以确保他们希望消费者注意的部分被看作是对象,而不是背景。一般来说,背景应该被设计为一种无明显边界的、较模糊的刺激,并且有助于为对象形成良好的边界。例如,音乐刺激就十分容易成为一种良好的背景。此外,白色的背景也常常具有良好的突出对象的视觉效果。

实战攻略 1-3

酒瓶在哪里

在一些广告中,商家故意使对象与背景模糊不清,借此来引发消费者的兴趣。伏特加酒业公司就经常发布一些这样的广告(如下图所示),将广告中的对象(伏特加酒瓶)融入背景之中,以此激发读者寻找酒瓶的乐趣。这些广告收到了良好的效果。

酒瓶在哪里(见彩页图四)

(二) 相似性原则

外形相似性越高的刺激,越容易被人们视为同一种单位。在以下左图中,你首先看到的是什么?一条从左至右的斜线?还是由许多菱形所构成的长方形?大多数人都会先看到斜线,这就是知觉的相似性原则。商家常常利用这一原则将自己旗下的不同产品统一起来。例如,乐事薯片虽然有很多口味,但是每一种口味的包装除了一些颜色和细节上的不同外,往往具有很大的相似性,消费者很容易就能辨认出乐事的产品。

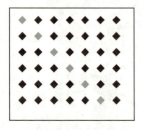  

相似性原则　　　　　闭合性原则(1)　　　　　闭合性原则(2)

(三) 闭合性原则

通常人们倾向于将不完整的图形知觉为完整的图形,也就是说,人们一般会根据自己先前的经验填补空白的地方。在以上中间那幅图中,虽然圆圈没有闭合,但是我们还是将其看作一个圆,而不是两段独立的弧线;同样,在以上右图中,我们很容易看到一个三角形。这也是为什么霓虹灯中的某些字母烧坏时,我们仍能看懂广告牌的原因。

事实上,心理学研究发现,人们对未完成的任务比对已完成的任务有更好的记忆。为什么会这样呢?研究者们认为,个体在开始完成任务时就产生了一种使它完整的需要。如果不让他(她)这样做,他(她)就会产生一种紧张的状态,这种紧张的状态能增强个体对不完整任务的记忆。这种现象被称为<u>蔡格尼克效应</u>。

实战攻略 1-4

"残缺美"带来的含蓄智慧

不完整的、残缺的广告信息往往会促使消费者去追求完整,而这种参与活动又必然促使消费者更深地卷入到广告信息之中。右图中半笔的勾勒并没有影响人们对酒瓶形状的感知,相反,更增加了广告的趣味性。

有待完形的酒瓶(见彩页图二)

二、类型化

类型化是一个辨认的过程,当人们感受到一种刺激后,会对这种刺激进行辨认,来判断该刺激到底是什么(梁宁建,2011)。尽管下图中四种车外形各不相同,但是当人们看见它们的时候,很自然地就会将其都归类为汽车。这一自动发生的归类过程就是类型化。那么,人们是依据什么对事物进行归类的呢?

各种造型的汽车

一些认知心理学家认为人类是依靠图式来对事物进行归类的。**图式**是指一个人对某一事物或行为的相关知识的认知结构。例如,让你描述"汽车"是怎样的,你可能会说"四个轮子""金属外壳""有可供人驾驶的舱位"等,一旦满足以上条件的机器出现在你面前时,你便会把它归类为汽车。

这给商家的产品设计提供了一条重要的信息。例如,由于长期的经验积累,消费者心中对"洗发水"的图式中可能包含"塑料瓶包装"这一项。这样,一旦某一家厂商想要推出一款玻璃瓶包装的洗发水时,就需要谨慎而为之了。因为消费者在看到该产品的时候可能会产生困惑——这是洗发水吗? 甚至可能产生排斥感。此外,营销中品牌的延展也是图式的运用,当原有品牌已经树立了一个良好的形象后,厂商往往希望通过同样的品牌,将原有品牌的良好形象延伸至具有类似属性的新产品上。

三、推论

个体在对刺激进行了知觉组织与类型化之后,通常会对刺激进行推论。**推论**指消费者基于其他信息所发展出的一种信念。消费者的推论往往会依据一些线索,比如价格、品牌、包装等。例如,对于一些自己不熟悉的产品,消费者往往会根据价格来推测其品质。当然,大多数情况下,消费者愿意相信他们自己是基于产品的内部线索来评价产品质量的(Hsee & Zhang, 2010),因为这样可能使他们觉得自己对产品的判断是"理智的"或"客观的",然而他们用于判断产品质量的线索与产品的质量常常并没有内在的联系。

此外,产品的原产国也常常成为消费者推论的重要线索。例如,德国的机械产品意味着高质量与严谨的设计,日本的汽车代表着节能,意大利的服装代表着优雅。

研究之窗 1-3

可乐的滋味

你喜欢喝哪一种可乐? 是可口可乐还是百事可乐呢? 是它们不同的口感导致了你的选择吗? 事实上,这个世界上的大多数人都无法区分两者的口味。如果你坚持认为自己能够区分,那么,你可以模仿下面的研究,和同伴们一起试一试。

研究者找来一些只喝可口可乐的消费者(这些消费者认为可口可乐的确比其他品牌可乐更可口)。然后,他们蒙上这些消费者的眼睛,让其品尝杯子里的可乐,这些可乐分别来自不同的品牌(可口可乐、百事可乐、非常可乐等)。最后,他们要求这些消费者判断哪一杯是可口可乐。结果,大多数被试无法做出正确的判断。可见,他们对可口可乐的偏好,并不是来自他们自己所认为的"更好的口味",而仅仅是基于对可口可乐这个优质品牌(线索)的推论。

本章关键词

感觉	知觉	展露阶段
感觉阈限	绝对阈限	差别阈限
阈下知觉	习惯化	广告疲劳
注意阶段	注意	前注意
自愿注意	非自愿注意	理解阶段
格式塔心理学	对象与背景	相似性原则
闭合性原则	蔡格尼克效应	类型化
图式	推论	

思 考 题

1. 许多研究表明,随着年龄的增长,人们的感觉觉察能力将逐渐下降。如果商家希望吸引老年人的注意,他们应该怎样运用绝对阈限?

2. 一家薯片制造商希望改变其产品包装,提高整体价格,但又不愿意失去老顾客,请你运用有关差别阈限的知识给他们一些建议。

3. 如果某些阈下信息能够达到影响消费者的目的,你认为将可能引发哪些道德上的争论?

★★★★★ 案例分析 ★★★★★

电影中植入广告:电影隐性广告的"双赢"效益

"如今的导演不是考虑人物性格塑造,而是考虑怎么在电影中塞进更多的广告。"这是所有好莱坞编剧经常挂在嘴边的抱怨。抱怨归抱怨,好莱坞导演们在这方面的能力可不容忽视。《变形金刚》的导演迈克尔·贝就凭借他在这方面的才能,成功地将汽车、玩具、手机、服装、食品,甚至是中国建设银行融进了剧情当中。

在电影营销中,这类手法通常有一个正式的名称,叫"**电影隐性广告**",而商家则将之称为"**植入式营销**"。通俗地说,如果你看过一部电影之后说"007戴'欧米茄'手表可真帅",或者"奥迪跑车实在是太漂亮了",那你就已经无意中成了电影隐性广告的受众了。

最早有据可查的电影隐性广告出现在1951年的《非洲皇后号》中，在其中明显出现了戈登杜松子酒的商标。而历史上最有名的电影隐性广告是在《ET外星人》中，主人公用"里斯"巧克力豆把外星人吸引到屋子里来。《ET外星人》是一个里程碑，之后美国电影中的隐性广告就越来越多，并越来越受到观众和业内人士的重视，广告手段也日新月异。

一般来说，特写镜头是电影隐性广告最喜欢"栖身"的地方。当影片中的主人公和某赞助公司的产品同时出现的时候，往往会出现一个超过一秒的特写镜头。电影《变形金刚》中，大黄蜂、爵士、救护车和铁皮的汽车角色分别让通用汽车的四款车型担当。影片毫不吝惜地给予了它们三十多次特写镜头。《变形金刚4》中盘古大观酒店的外部特写镜头也长达十几秒。

产品名称直接出现在影片的台词中，也是常见的电影隐性广告手段之一。《阿甘正传》里有一句经典台词："见美国总统最美的几件事之一是可以喝'彭泉'牌饮料。"在《我，机器人》中，威尔·史密斯大喊："我只穿2004年产的匡威鞋。"有时候，电影中甚至会出现真正的产品广告。比如在《少数派报告》的开头，街头的大屏幕上就完整地播放了一段"雷克萨斯"汽车广告。

问题：

1. 用知觉的三个步骤来分析一下"电影隐性广告"。
2. 回忆一部你最近看过的影片，搜寻其中是否出现了隐性广告。如果有，这些广告对你产生作用了吗？
3. 假如你是一家啤酒厂的营销负责人，你们即将推出一款面向年轻人的罐装啤酒。你会选择怎样的电影植入你的广告？如何植入？

第二章 消费者就是学习者

学习目标
1. 了解什么是学习;
2. 了解什么是经典性条件反射学习理论;
3. 了解什么是工具性条件反射学习理论;
4. 了解什么是认知学习理论。

在当今多元化的市场中,消费者在购买商品时,需要在众多的同类商品中做出取舍。因此,明确消费者选择商品时的依据,了解他们决策背后的原理,商家就可以知道如何赢得消费者的青睐,如何在激烈的竞争中脱颖而出。

毫无疑问,理性的消费者在面对各类商品时,首先应该比较它们各自的优缺点,权衡利弊,最终做出决策,选出其所需商品。然而,消费者在购买活动中不可能做到绝对理性。尤其是在购买一些简单的日常生活用品,或是几件商品不相上下时,熟悉效应往往就会发挥作用,影响消费者的决策(Zajonc, 1968)。

对于消费者而言,熟悉效应是把双刃剑,它能大大缩短决策时间,提高决策效率,但同时也可能导致非理性的决策。正因为熟悉效应的存在,在产品与消费者记忆之间建立长期而有效的联系,对于营销者而言就格外重要。例如,一名顾客在"麦当劳"餐厅与"美味舒适"之间建立起联系,那么当他(她)面对层出不穷的各式快餐时,依旧倾向于选择麦当劳。

那么,如何让消费者建立、维持这种联系呢?这就需要依靠学习和记忆的作用。在本章中,我们将探讨学习和记忆对消费者在购买活动中选择决策的影响。

那么,究竟什么是学习呢?学习是由经验所形成的相对持久的行为变化。从自己的日常生活获取经验和通过观察他人行为获取经验,是最主要的两种学习途径。所以,在不经意间,我们也通过观察进行着无意识学习。正是无意识学习让我们可以认出很多商品的品牌名称,甚至还可以哼唱出它们的广告歌曲,即使我们无法想起自己是从何处了解到这些信息的。

俗话说:"活到老,学到老"。学习是一个不断发展的过程,我们无时无刻不在学习。我们的感官不停地接受新的刺激,据此我们作出反应,然后收到反馈。在这一系列过程中,我们根据反馈,不断地修正记忆中的经验,并在以后类似的情境中调节自己的行为。具体到购买活动中,消费者根据自己获取的商品信息,做出选择决策;而使用后的结果又反过来调节其记忆中关于该商品的信息,建立或更新记忆联结。所以,人们看到"宝马"汽车标志时,会想到尊贵与奢华;看到"迪奥"化妆品时,会想到美丽和高雅;看到"耐克"运动鞋的小勾标志时,则会立即想到速度与活力。

心理学家们提出了关于学习的若干理论,主要有行为学习理论、认知学习理论、构建理论和人本理论等。其中行为学习理论和认知学习理论最具代表性,前者关注刺激—反应的联结,而后者则强调认知过程在学习中的重要作用。理解这些理论,了解学习在消费者购买活动中的作用,是营销活动能否成功的关键。

第一节 行为学习理论

行为学习理论认为,学习是外部刺激引起的反应,其实质在于形成习惯,即建立刺激与反应间牢固联结的过程。

在行为主义心理学家眼中,大脑是一个"黑箱子",其输入(刺激信息)和输出(行为反应)是可观察到的,而箱子里的部分是不可观察的,也是没有必要观察的。由于重视可观察到的外在行为,而不关注内在的认知过程,行为学习理论又被称为刺激—反应理论。

学习的基本过程(行为学习理论)

按照行为学习理论的观点,正是消费者日常生活中获得的知识形成了他们的经验,对于产品的名称、广告等营销刺激,消费者逐渐形成自己的反应,当受到激励(购买的商品达到自己的要求)和惩罚(买到失败的产品)时,人们也同时习得了行为,而且这种行为会影响他们在未来相似的环境中的反应方式。这种理论主要关心的是消费者如何从环境中选择刺激,以及如何对这些刺激作出反应。例如,那些因为选择了A餐厅而得到享受的消费者更有可能下次再到A餐厅来就餐,而在B餐厅受到服务员怠慢的顾客就不大可能再次光临B餐厅了。

与消费者心理关系最密切的行为学习理论主要有两种:经典条件反射理论和操作条件反射理论。

一、经典条件反射

经典条件反射理论认为,只要让某种刺激与反应连续出现,通过不断重复,那么它们就会联结在一起,随后当该刺激出现时,相应的反应就会出现。具体来说,将一个能够诱发某个反应的刺激A与另一个原本不能单独诱发这个反应的刺激B相配对并重复出现时,随着时间的推移,单独的刺激B也会引起这个反应。这个理论最早是苏联生理学家巴甫洛夫通过著名的"狗分泌唾液"实验得出的。他把一个中立的刺激(铃声)与无条件刺激,即能引起狗流口水的刺激(肉骨头)相配对,每次响铃就给狗喂肉骨头,随着时间的推移,铃声响起的时候即使没有肉骨头,狗也会流口水。这样,铃声这个原本无关的刺激就形成"条件刺激",它和狗流口水这个反应之间就建立了联系,而这种听见铃声就流口水的行为称为"条件反射"。下图直观地表现了经典条件反射理论。

在商业活动中,这种条件反射表现为:当消费者对某个品牌进行了一定时间的接触并认可后,在之后的消费行为中,条件反射现象就会出现。例如,一个经常接触到某品牌手机信息并对其印象良好的消费者很可能将他将来要买的手机锁定为该品牌。

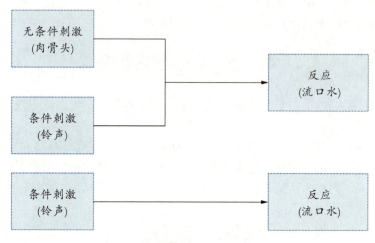

巴甫洛夫实验的过程

在经典条件反射中，有几个概念是值得营销者关注的。

（一）重复

在刺激和反应之间建立联系的方式主要是重复，重复的配对能够增加刺激—反应联结的强度，并能够防止这些联结在记忆中衰退。

国家广电总局发布的《广播电视广告播出管理办法》规定：自 2010 年 1 月 1 日起，播出机构每套节目每小时商业广告播出时长不得超过 12 分钟。一般情况下，一个广播电视广告的时长不超过 30 秒。要在这么短的时间内，全面地介绍产品几乎是不可能的，只能期望观众能够记住产品名。所以，为了加深观众对产品的记忆，广告商常采用在短时间内反复播出一则广告的策略。恒源祥广告就是这样成功地留在了观众的记忆中。

实战攻略 2-1

今年过节不收礼，收礼只收脑白金

脑白金的广告曾经被很多广告业内人士评价为缺乏创意和美感的广告案例。但有趣的是，当年就靠着这则在网上被传为"第一恶俗"的广告，脑白金创下了几十个亿的销售额。土广告打下大市场，不是用偶然性能解释的。

凭借自己雄厚的资金，脑白金公司对受众进行"狂轰乱炸"，其广告覆盖率是其他广告难以相比的。据统计，春节收视高峰期间，脑白金广告在二十多家电视台同时播出，平均每台每天要播出两分多钟，加起来一天约播出四十多分钟。从这一层面上来说，脑白金的广告是成功的。

但不断重复播放一则广告，会让观众感到厌烦，效果往往适得其反。而围绕一个故事来设计一系列广告，循环播放，不仅会给观众带来新鲜感，甚至会让观众期待看到这个广告故事的全部(Southgate et al., 2010)。例如，某品牌口香糖的广告由一系列名为《酸甜苦辣》的短剧构成，它们别出心裁地为观众演绎了一个个甜蜜的小故事。这种把娱乐精神很好地融入品牌传播的方法，让广告内容能轻易地借由情感，走进观众的内心。

(二) 刺激泛化

为什么和某些著名品牌的产品在外观上特别相似的产品能轻而易举地获得市场份额？为什么一些小的企业喜欢模仿大公司的产品包装？这是运用了刺激的泛化作用。

消费者的学习活动不仅依赖于简单的重复，而且依赖于对刺激的泛化能力。如果消费者不具备这种能力，那么就无法进行更多的学习。如果对每一种刺激都要分别作出不同的反应，那么适应生活的经验很难积累起来。

不过，其他产品的模仿对原产品的利益可能产生两个方面的负面影响：一是当仿造的产品比原来的产品质量差时，消费者会对原产品产生更加强烈的消极情绪；二是如果两种产品的质量差不多，而仿造的产品价格更低时，消费者就会得出这样的结论，他们以前在原产品上所付的高出的价格部分是不值得的。例如，前两年某地的商场中出现一种名为"红午"的饮料，其包装与著名饮料品牌"红牛"完全相同，而且不仔细看几乎看不出名字上的差别。当然，"红午"饮料的质量远远无法和"红牛"相比，误将其认作"红牛"饮料并购买的消费者发现后也抱怨不已，但这对"红牛"饮料品牌本身也造成了一定的损害。

从另一个方面来讲，人们对于和原来的刺激相似的刺激，会采用原有的反应方式，这就是许多企业"品牌延伸"战略的原理基础（Broniarczyk & Alba, 1994）。在一项关于消费者的研究中发现，消费者趋向于认为有相似的包装就会有相似的质量和性能，从而将对原来产品的积极（或消极）评价转移到新产品上。由于这种"品牌延伸"战略比发展全新的品牌更容易，也可以节约大量的生产成本和宣传成本，因此许多企业都乐于采用这种方式。

基于刺激泛化的策略主要有以下几种：

- 家族品牌策略：指各种产品从公司的声誉中获利。例如，通用电气公司就是靠他们积极的企业形象来销售不同的产品系列的。
- 产品扩展策略：指在一个已经确立的品牌基础上，再推出相关产品。例如，宝洁公司就是利用原有的品牌不断开发其他种类的产品（如：洗发水、牙膏、化妆品等）的。
- 许可策略：指把著名的品牌名称"租用"给他人，并收取一定的费用。例如，迪士尼品牌的许可造福了许多新的家用室内陈设品厂商。
- 相似包装策略：这种策略我们已经提到过，在当今的市场中应用十分普遍。

(三) 刺激辨别

对于消费者来说，每天都面对着铺天盖地的产品信息，如何从一系列的刺激中分辨出特定的刺激呢？这就是刺激的辨别。

有些学习过程会要求对一些刺激作出反应，而对其他相似的刺激不作出反应，这就是**定位**的问题。产品的模仿者希望消费者能进行刺激的泛化，而那些著名品牌的拥有者则更希望消费者能够更多地进行刺激辨别，以便将自己产品的品牌形象更长久地保持在消费者的心中。因此，如何强调一个产品相对于其竞争者的特色非常重要，因为消费者就是以此来把一个品牌同它的竞争者区分开来的。这个任务可不像听起来那么容易，特别是在当今市场上，每一类产品都有着众多的品牌，而且外观和性能都十分相似，要将某一特定的品牌从其中辨别出来可谓是困难重重。不过一般来说，消费者的消费学习（把某种商标和其产品联系在一起）时间越长，产生刺激辨别的可能性就越大。

二、操作性条件反射

操作性条件反射又称为工具性条件反射，是指个体为了产生积极结果并避免消极结果而进行的主动学习。这种学习过程是由心理学家斯金纳发现的,他通过动物实验证明:可以通过系统的奖励(强化)和惩罚来获得所需要的行为。换句话说,消费者通过不断地尝试错误,最终会选择那些能够导致有利结果的消费行为,同时避免那些会导致不利后果的消费行为。下图直观地表现了操作性条件反射学习理论。

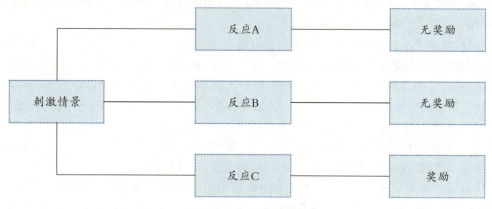

操作性条件反射的原理

经典条件反射认为反应是自然而然产生的,而且非常简单。但在操作性条件反射中,反应是为了达到某个目标而故意造成的,而且过程可能相当复杂。学习者学习一种特定的行为可能会需要一段时间,因为在塑造行为的过程中要通过连续的奖赏或惩罚来强化该行为。例如,一家新开张的商店为吸引顾客,无论是否购物,都会送给光临的顾客一些小礼品(即通过奖励来强化"光临本店"这一行为),希望随着时间的推移,他们会不断地光顾并购买商品。在此期间,消费者可能也会尝试其他行为,但这些行为可能会因为没有得到强化而放弃了。慢慢地,消费者会逐渐与那些给予他们强化的人或企业"交往",并选择能够让他们感觉良好或满足需要的商品。

该理论认为,学习是以某种行为作用于环境的,而行为的结果则会改变这一行为再度发生的可能性。

● 强化:影响行为巩固或再次出现的关键因素是行为发生后所得到的结果,即**强化**,能增加某种反应再度出现可能性的刺激称作强化物。强化可分为两种形式,正强化和负强化。正强化是指任何导致个体以后进行该行为的可能性增加的结果。例如,鸽子啄红色键得到食物,孩子穿一套新衣服获得更多的称赞。而负强化是指撤消或减弱原来存在的消极刺激或者条件,以减少这些行为发生。例如,只要孩子能考入年级前十,就可以免除做家务。

● 惩罚:如果取走一个喜爱的刺激或提供一个令其不愉快的刺激,叫做**惩罚**。惩罚也有两种形式:呈现惩罚和移除惩罚。**呈现惩罚**,是指在行为之后出现的刺激会抑制或减少该行为的发生,也就是通常意义上所说的惩罚。例如,对小偷小摸行为加以斥责。**移除惩罚**,并非将惩罚移走,而是移除某一喜爱的刺激,以减少不当行为。可见,两种形式的惩罚,其结果都是减少导致惩罚的行为。

要注意的是,负强化与惩罚是有区别的。负强化和正强化的目的是鼓励某种希望行为的出现,而惩罚则是用来杜绝或者减少某种行为的出现。

对于商家来说,可利用的强化物有很多,如一些附赠的小礼品、使用商品后良好的感受,甚至是店员甜美的微笑、店面温馨的设计都可以强化消费者的购买行为。

值得注意的是，强化物如果以任意方式来提供，则可能丧失其强化作用。首先，对一个顾客有效的强化物可能对另一个顾客却并不适合。所以，明智的商家应该针对不同的客户群体，采用不同的有效强化物。例如，学校周围的小饭馆和高档社区周围餐厅的店面设计就理应不同，前者应以简洁为主，让消费者感到价廉物美，而后者则应带给消费者尊贵的感受。其次，如果过度使用某种强化物，它可能会失去原有效力。例如，很多化妆品商家每隔一段时间都会更换赠送给消费者的小礼品，以保持强化的有效性。

另外，根据操作性条件反射理论，学习中的时间分配方式（集中分配和分散分配）将直接影响消费者的学习效果。集中分配学习是指在很短的时间内反复学习同一内容，直到学会全部内容；而分散学习是指在较长的时间内分批学完内容。在进行广告设计时常常考虑到学习的时间分配方式。一般来说，当希望消费者能够立即对产品产生强烈的印象时（如：介绍新产品），厂商一般采用集中学习策略；而当广告的目的是促使消费者长期稳定地进行购买时，分散学习策略就可以发挥作用。在具体的营销中，厂商常常把这两种策略结合起来使用：在新产品推出并宣传的前一段时间内采用集中策略；而在以后一段较长的时间内则使用分散策略。

经典条件反射和操作性条件反射最初是行为主义心理学家提倡的，他们认为人类通过这两种方式学习，视发展中的个体是被动的，是任由环境塑造的。但实际上，人不是被动的，他们会用一切可能的手段去影响和控制环境。

第二节　认知学习理论

与行为学习理论相比，认知学习理论更强调"黑箱子"，即内部心理过程的重要性。这种观点认为人作为问题解决者，能够积极主动地利用可获得的信息，并通过一系列内部的信息加工来作出决策。这种以消费者的心理活动为基础的学习理论被称为认知学习理论。

- 有意识的学习：行为主义理论认为学习是自动化的，而认知理论更相信无论是简单还是复杂的条件反射，都是以认知为基础的，即在接受刺激后，人们会进行一系列的心理活动并作出反应。也就是说，学习是有意识的。

确实，人们对于有些信息的加工是无意识的，比如说，当我们看到某些新的广告时，一般会按照自己以往的经验来作出反应，换句话说，我们会按照某种已经习得的模式去反应。在一项关于啤酒广告的研究中，如果让一位有魅力的女性和啤酒同时出现，则不管啤酒本身品质如何，男性被试都会对其评价较高，尽管他们并不相信这位女性的出现会影响他们的判断。

- 观察和模仿学习：人们可以通过观察他人的行为以及行为后果而间接地进行学习，这就是观察学习。这种学习是一个复杂的过程，观察到的信息会储存在人们的记忆中，也许以后在一定的情境中会对他们的行为产生影响。例如，某个小女孩看到生活中或电视上的女性因为穿着优雅而得到他人的注意和赞美时，她就可能断定，如果自己也能够穿上这样的服饰，也会获得同样的注意和赞美，因此，当条件成熟时，她就会在穿着上花费心思。当她有意识地模拟自己记忆中的人的形象时，模仿就产生了。

研究之窗 2-1

儿童的观察和模仿

一个经典的实验证明了观察和模仿对儿童行为的影响。首先让儿童观察一个成年人生气时是如何用沙袋发泄怒气的,然后让他们单独待在有沙袋的房间里,结果发现,儿童会重复观察到的行为,对沙袋拳打脚踢,而另一组没有观察到成年人发泄行为的儿童则较少出现这样的反应。

观察和模仿学习是一个连续的过程(如下图所示),需要满足以下四个条件:①必须对某一对象产生注意,进而观察其行为反应;②必须将观察到的现象保存在自己的记忆中;③必须有能力和动机去模仿观察到的反应;④必须出现能够产生此类反应的环境。

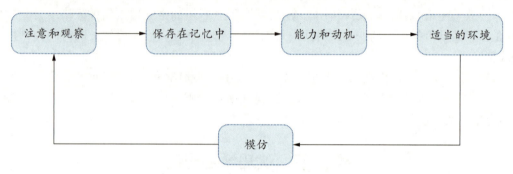

观察和模仿学习的过程

对于消费者的观察和模仿学习,营销者不必直接去强化消费者的行为(不用真的去奖励或惩罚消费者的购买行为),只需要告诉他们那些使用产品的榜样式人物身上发生了什么即可。

一般来说,榜样式人物需要具备以下几个特征:①外表吸引力;②专长;③与观察者的相似性。例如,对于身为公司职员的消费者来说,一位英俊潇洒、精明强干的男性的广告形象足以成为他们心目中的榜样。

实战攻略 2-2

怕上火喝王老吉

"怕上火喝王老吉"这句言简意赅、朗朗上口并且搭配简单旋律的经典广告语,一出现就抓住了广大媒体受众的耳朵,令人们牢牢记住了王老吉。为何这一广告会有如此非同凡响的效果?原因正在于它极好地创造了一个记忆点,正是这个记忆点征服了大量的媒体受众,并使他们成为王老吉潜在的消费者。

下面我们介绍两种认知学习理论:信息加工理论和"消费者卷入"理论。

一、信息加工理论

这种理论把消费者的学习过程与计算机的信息处理过程进行类比,认为学习不仅与消费者的认知能力有关,而且也与所要加工的信息以及其复杂程度有关。

(一) 记忆过程

人脑的信息加工过程中最关键的是**记忆过程**。记忆过程不仅包括获取信息,还包括长时间存储信息,以保证在需要的时候能够方便地提取和使用。信息加工理论假设人脑与计算机相似:输入信息、加工并存储信息和输出信息。在输入阶段,信息需要以一种系统可以识别的方式进行输入;在加工并存储阶段,这些信息与已经存在于记忆中的其他知识综合到一起,并"存入仓库";在输出阶段,根据需要提取信息。下图是简单的记忆过程。

记忆过程

有许多信息可能早已存在于消费者的头脑里,如果给予正确的提示线索,这些信息就会浮现出来。消费者能否保持住关于产品的信息,对营销者来说至关重要。

信息加工理论认为,记忆的过程有三个截然不同的记忆系统:感觉记忆、短时记忆和长时记忆。每一种记忆系统在信息加工过程中扮演着不同的角色。下图总结了这些记忆系统之间的相互关系。

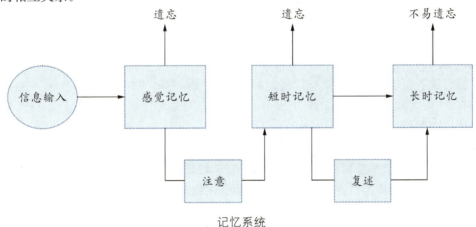

记忆系统

感觉记忆中储存的是消费者从感官获得的信息,储存的容量很大,但储存的时间相当短暂,最多只有1~2秒,如果不经过注意就会很快遗忘。比如说,一个人路过一家面包店,闻到里面散发出来的阵阵香味。尽管这种感觉只会维持短短的几秒钟,但这已经能够吸引这个人考虑是否要进去看一看。通过对这种感官信息的注意,信息就进入了短时记忆。

信息在**短时记忆**中得到进一步加工,在这一过程中,"组块"对于记忆的储存容量起到相当大的作用,小的、片段的信息会结合成较大的组块,以方便储存。实验研究发现,人们的短时记忆能够一次加工5~9个单位的信息。但是,短时记忆中信息储存的时间也很短,大约为30秒。信息只有通过复述,才能进入长时记忆。

长时记忆是长时间储存信息的记忆系统。为了让信息从短时记忆进入长时记忆,需要进行有意识的复述,这一过程包括对信息的思考并将它与记忆中已经存在的信息联系起来,**形成知识的网络结构**。这个结构中包含着许多按照某种关系组织在一起的相关知识。我们可以将其想象成一个复杂的蜘蛛网,每一个结点都代表着一类信息,之间通过联想链来联系。比如说,当消费者接收到"香水"这个概念的刺激时,就会回忆起与"香水"关联的一系列概念,如:代表年轻、优雅、性感的各种品牌和种类的香水等。一个新的产品要想进入这个网络,就必须给它提供一定的线索,使它与已经存在的产品建立联系。某个消费者关于"香水"的知识网络如下图所示。

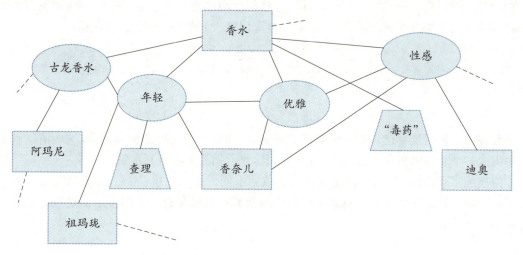

消费者关于香水的知识网络

(二)遗忘

尽管营销者希望消费者不要忘记他们的产品,但是,一项调查发现:超过60%的人记不住他们在30天前看到、听到或读到的任何一则广告。究竟是什么让消费者忘得这么快?怎么样做才能减少遗忘呢?

从感觉记忆到短时记忆的过程中,如果信息没有得到注意,换句话说,消费者没有有意识地去关注,信息就会很快被遗忘;在短时记忆到长时记忆的过程中,如果信息没有被复述,即没有足够的兴趣促使消费者去记住它的话,信息也很难长期保存。

另外,这一过程中还存在两种干扰:倒摄抑制和前摄抑制。**倒摄抑制**是指消费者在接受了一个刺激之后,紧接着又接受了一个相似的刺激,那么前一个刺激就可能很快被遗忘。也就是说,后面的信息干扰了对前面信息的记忆。**前摄抑制**正好相反,是指先前接受信息对新信息的干扰。

研究之窗 2-2

为什么会遗忘

解释遗忘的原因,主要有以下几种假设:衰退说、干扰说、压抑说和同化说。

● **衰退说**:遗忘是记忆痕迹得不到强化而逐渐减弱、衰退,以至消失的结果。这与一些物理痕迹或化学痕迹随时间推移而衰退,甚至消失的现象是相一致的。但是,童年时期的某些经历虽已事隔几十年,但仍然会历历在目,而几天前刚学过的外语单词,却可能会想不起来。由此表明,时间延长不一定都会产生痕迹衰退,这并非遗忘的唯一原因。

● 干扰说:遗忘是由于在学习和回忆时受到其他刺激干扰的结果。干扰一旦排除,记忆就能恢复。最明显的依据是倒摄抑制和前摄抑制。

前摄抑制和倒摄抑制的影响常表现在课文的学习上,人们在学习一篇课文时通常都是开头部分和结尾部分容易记住,中间部分最容易遗忘,其原因就在于中间部分受到前摄和倒摄两种抑制的干扰。

● 压抑说:由于某种动机所引起的遗忘,是人们为了压抑痛苦或忘记不愉快的事、避免引起焦虑而产生的结果。

● 同化说:遗忘是学习到高级的概念与规律以后,高级的可以代替低级的,使低级概念被遗忘,从而简化认识,并减轻记忆的量。这是一种积极的遗忘。

二、"消费者卷入"理论

"消费者卷入"理论是20世纪60年代消费心理学家提出的一个重要理论(Zaichkowsky,1985),它是指消费者主观上感受到的客观商品、商品消费过程以及商品消费环境等与自我的相关性。主观上对这些因素的感受越深,表示对该商品的消费卷入程度越高,称为消费者的"高卷入",该商品则为"高卷入商品";反之则称为消费者的"低卷入",该商品为"低卷入商品"。

例如,消费者准备购买一套商品房,他就需要对商品房的价格、质量、环境、舒适程度等信息进行全面了解和评价,并投入大量的精力去关注与商品房有关的其他信息,作出购买的决策过程比较复杂,而且购买风险也比较大,所以,商品房属于消费者高卷入商品。而如果消费者要买一本书,虽然他也要花费精力去挑选,但并不需要花费太长的时间与太多的精力去了解商品功能与构成、消费环境一类的问题,决策过程相对比较简单,购买风险几乎为零,因此,书属于消费者低卷入商品。

消费者的卷入是购买决策中的心理活动,影响到消费者对商品信息的搜集、对商品性能的认识,并且最终影响到消费者对该商品的态度。

实战攻略 2-3

这一次,更纯粹

有的年轻人喜欢喝酒,与其说是喜欢酒精,不如说是为了情感上的发泄。借着这一点,酒品牌"江小白"一次次靠着文案和广告脱颖而出。

例如,2019年,江小白推出的广告片《这一次,更纯粹》风格清新。广告片全程由阿卡贝拉的人声伴奏,歌词中彰显着江小白的概念主张。观看广告的消费者仿佛徜徉在山水大地之间,心情由此飞扬,精神得到洗涤,带来了无限畅想。从广告片可以看出,江小白卖的不仅是酒,更是故事。对于年轻一代来说,每天都接收着过多的信息,目不暇接。而江小白的广告片发人深省:我们是否应该回归到更纯净的生活?去认真地感受生活?广告场景借助大自然来体现"纯粹,愉悦,轻松"的意境。同时歌曲也与江小白纯饮系列主张"越纯粹,越愉悦"的风格不谋而合。因此,消费者自然而然把感受生活与江小白纯饮系列联系在了一起。

本章关键词

行为学习理论	经典条件反射	重复
刺激泛化	刺激的辨别	操作性条件反射
正强化	负强化	惩罚
学习中的时间分配方式	认知学习理论	有意识学习
观察和模仿学习	信息加工理论	记忆过程
感觉记忆	短时记忆	长时记忆
知识网络结构	遗忘	倒摄抑制与前摄抑制
"消费者卷入"理论		

思考题

1. 设想你是一家大型超市的销售主管，面临着激烈的市场竞争，你将如何运用经典条件反射和操作条件反射原理来吸引更多的顾客，以提高销售额呢？

2. 如果你是一家制鞋公司的销售员，公司派你到一个岛上推销公司的产品，可这个岛上生活的居民都是赤脚走路，从来都没有见过鞋的样子，更别提穿过了。你该如何开展营销工作呢？

★★★★★ 案例分析 ★★★★★

身临其境胜过一切美妙的语言
——体验式营销

一家房产公司在销售某著名别墅楼盘时，在顾客看房环节中，摒弃了传统的销售代表带着顾客东张西望的看房方式，而是在几个户型的别墅中预先安排了三口之家、四世同堂等角色扮演情景。

当顾客走进别墅时，模拟家庭中的女主人会带着顾客到厨房、卧室等处参观；男主人也会带着客户去参观书房、小酒吧、视听房等，向客户讲述自己每天的生活。如果客户带小孩一起来，模拟家庭里的孩子也会带着顾客的小孩到儿童房、到天台去玩玩具、嬉戏玩耍……如果看房的顾客有老年人，则由模拟家庭中的长者陪着他们坐在客厅中谈儿女经，或登上天台品茶，回忆那些逝去的年华。

就这样，房产公司时刻把看房的客户置身于体验之中，使原本枯燥的看房经历变成了一种愉悦的享受。许多潜在客户感到惊叹不已，他们可从未经历过如此的看房体验啊！

体验营销已经成为风靡服务业的一种营销方式，它通过为客户带来良好的消费体验吸引客户、留住客户。所谓体验营销，是指企业以客户为中心，通过对事件、情景的安排以及特定体验过程的设计，让客户在体验中产生美妙而深刻的印象，并获得最大程度上的精神满足的过程。上述事例正是在深入了解客户的心理后，通过对看房这一过程的改进使客户更加接近产品本身,从而促进销售的。

不久前,央视调查咨询公司结合多年消费领域的研究成果,提出我国消费市场的十大趋势之一就是"全面体验消费模式",认为现今消费者不仅重视产品或服务给他们带来的功能利益,更重视购买和消费产品或服务过程中所获得的符合自己心理需要和情趣偏好的特定体验。在产品或服务功能相同的情况下,体验成为关键的价值决定因素,它往往是消费者作出购买决策的主要动机。

体验式营销的主要实施模式

体验式营销的目的在于促进产品销售,通过研究消费者状况,利用文化、现代科技、艺术和环保等元素来增加产品的体验内涵,在给消费者心灵带来强烈的震撼时促成销售(Schmitt,1999)。

体验式营销主要有以下八种实施模式。

1. 节日模式

每个民族都有自己的传统节日,传统的节日观念对人们的消费行为起着无形的影响。企业如果能把握好"节日消费"的商机,便可大大增加产品的销售量。

2. 感情模式

通过寻找消费活动中能引起消费者情感变化的因素,根据消费态度形成规律以及有效的营销心理方法,激发消费者积极的情感,以促进营销活动顺利进行。

3. 文化模式

利用传统或现代文化,使企业的商品或服务与消费者的消费心理形成一种社会文化氛围,从而促使消费者自觉地接近与文化相关的商品或服务,促进消费行为的发生,甚至形成一种消费习惯和传统。

4. 美化模式

每个消费者的生活环境与背景不同,对于美的要求也不同,这种不同的要求也反映在消费行为中。

人们在消费行为中追求美的动机主要有两种:一是商品能为消费者创造出美和带来美感;二是商品本身存在客观的美的价值。这类商品能给消费者带来美的享受和精神愉悦,使消费者体验到美感,满足他们对美的需要。

5. 服务模式

对企业来说,优越的服务模式,可以征服广大消费者的心,取得他们的信任,同样也可以促进产品的销售量。

6. 环境模式

消费者在感觉良好的视、听、嗅的体验中,容易产生喜欢的特殊感觉。因此,良好的购物环境,不但迎合了现代人文化消费的需求,也提高了商品与服务的外在质量和主观质量,还使商品或服务的形象更加完美。

7. 个性模式

为了满足消费者的个性化需求,开辟出一条富有创意的双向沟通的销售渠道,在保持消费者忠诚度之余,满足了消费大众参与的成就感,同时也可促进产品的销售。

8. 多元化经营模式

营业场所不仅装修豪华,环境舒适典雅,设有现代化设备,而且集购物、娱乐、休闲为一体,使消费者在购物过程中也可娱乐、休息,这使消费者自然而然地进行了心理调节,从而能创造更多的销售机会。

服务行业的营销,说白了就是体验的竞争,看谁能给顾客营造独特的体验,并且是美好的体验,找出可能与消费者接触的每一次机会,把握这些机会并极力给顾客营造美好的体验,这样每一次机会都是体验的正向加分,最终形成竞争力。

问题:

1. 试着用本章的学习理论分析"体验式营销"。你认为这种营销方式有效吗?请说明理由。

2. 假如你是一家玩具公司的销售人员,你会如何进行体验式营销?你认为这种营销方式的关键和难点是什么?

活动任务

设计一个"广告记忆"实验,收集一些有代表性的广告语,并读给同学听,看看有多少被记住了?被记住的是什么类型的广告语?为什么这些广告语会给他(她)留下深刻印象?它们具有哪些特点?

第三章 如何喜欢你——消费者的态度、情绪和认知

> **学习目标**
> 1. 掌握态度的概念及特性；
> 2. 了解态度在消费过程中扮演的角色；
> 3. 熟悉态度的三成分模型；
> 4. 知道态度层次的关系；
> 5. 初步掌握塑造消费者态度的方法。

企业的发展好比人一生的成长，在这个过程中，会遇到无数的危机。企业面对危机的态度，不仅决定企业将承受的损失，而且影响企业形象，甚至还决定了企业将来的发展走向。可以说，危机中，态度决定一切。

例如，有媒体报道记者在暗访某知名连锁餐饮企业，看到后厨有老鼠爬进食品柜，工作人员将清洁工具与餐具一同清洗，并将火锅漏勺作为掏下水道垃圾的工具。新闻发布的当天下午，该企业便使用其官方账号表明已加强员工培训、会落实整改措施，还承诺了将后厨操作可视化。该企业发布致歉信和通报后，其迅速的反应、道歉诚恳的态度，平息了不少消费者的怒火，并在这之后，切实落地了整改方案，这让公众对该企业又产生了信心，同时在最大程度上减少了消费者的流失。

从上面的例子我们可以看到，在营销中，商家的态度对于商业业绩是多么重要，因为商家的态度直接影响，甚至决定了消费者对其商品的态度、情绪和认知。

为了充分理解态度，我们先来看看美国心理学家奥尔波特为态度所下的经典定义：

态度是人们后天习得的对某一事物或某一类事物的持久的喜欢或不喜欢的反应倾向。

从这个定义里面我们可以得到以下信息：

- 态度是后天习得的倾向。也就是说，与购买行为相关的态度是人在对相关产品的体验或信息的基础上形成的。
- 态度会导致持久性的反应。它们发生在行为之前，并导致行为。

第一节 成也态度，败也态度

海飞丝的销量在洗发水产品中遥遥领先；康师傅一直占据中国方便面品牌之首；农夫山泉是消费者偏好的瓶装水第一品牌；乐事薯片领跑中国薯片消费市场；在品牌众多的牙膏市场，黑人牙膏领导市场四十年之久；手机品牌中，华为、苹果和小米名列三甲，而OPPO、VIVO紧随其后……

为什么这些品牌受到青睐？消费者为什么会特别喜欢某些商品呢？这种特别的喜好，代表了消费者对待商品的态度。而这正是我们这一节要讨论的问题。

一、什么是态度

具体来说，态度就是我们对事物、人、地方、品牌、产品、组织等的评价。人们通过它们的优点、受欢迎程度和想拥有的程度来对它们进行评价。让消费者为类似下列的命题打分，就可以很容易地知道人们的态度。

例如：请问您对××牌产品的感觉如何？
A. 我非常喜欢××牌产品
B. 我对××牌产品的感觉一般
C. 我不喜欢××牌产品
D. 我对所有的××牌产品的观点都是负面的

二、态度的三成分模型

刚才我们将态度看作是个体对事物的总体评价，心理学家认为，在综合态度的背后有三种成分：认知成分、情感成分和行为成分（也可以分别称为知识成分、感觉成分和行动成分）。简单地说，当我们对某一事物持有某种态度的时候，一般情况下这种态度是建立在对这一事物的某些了解和信念的基础之上的，我们对它有正面或负面的感觉，希望按照某种特定的方式对它采取行动——比如接受或者放弃它。

1. 认知

对某一品牌或事物的认知或看法也叫做信念，是指对某种事物是什么或不是什么，会做什么或不会做什么的期望。民族中心主义就是一种比较突出的信念，它描述了人们对购买外国货和本国货的信念。比较典型的是很多人认为购买外国货是不爱国的表现。

信念的类型有三种：描述性信念、评价性信念和规范性信念。例如，"这台电话有录音功能"是描述性信念，"这台电视的画面质量很好"是评价性信念，而"香烟的广告不应该吸引年轻人"就是规范性信念，它将个人的行为与道德判断标准联系起来。

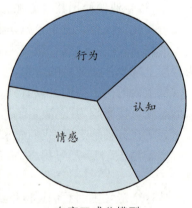

态度三成分模型

2. 情感

情感是一个人对某一事物的感觉，或在某事物激发下形成的情绪。

3. 行为

行为是一个人针对某一事物所希望采取的行动。

下表举例说明了人们对两种服务的态度的每一个成分。研究者可以让被调查者为每一个命题打分来评价这些命题是否很好地描述了其信念，并以此来测量人们的态度。

态度三成分模型的测量表

态度成分	DHL 为某企业送包裹	在网上购买飞机票
认知	DHL 在这项服务上很可靠	在网上买飞机票很方便
情感	DHL 能为我运输东西我很有安全感	网上购物对我来说太棒了
行为	我经常向其他业务伙伴推荐 DHL	我经常使用互联网来订票

三、态度的不同层次

如果说态度的确存在三个成分的话,我们就需要知道这三个成分的关系如何。你通常是先行动再思考呢,还是先将事情都想好再开始行动呢?不论你属于哪种情况,都有一个对应的态度层次。

态度的层次就是指态度三种成分的发生顺序。通过认知、情感、行为这三种成分不同的发生顺序,我们可以得到不同层次的态度,如:学习性态度(理性态度)、情绪性态度、低度介入的态度。

1. 学习性态度

在学习性态度里面,首先发生的是认知成分,然后是情感成分,最后是行为成分,如下图所示。也就是说,你首先思考,然后感觉,最后行动。在这种模式下,对品牌的信念会决定我们对品牌的感觉,而品牌感觉会导致对品牌的购买使用(或回避)。

学习性的态度层次

例如,你想在一个假期培训学校里学一点自己感兴趣的东西。假设你先收集各种学科(摄影、书法、烹饪、插花、油画等)的信息,比如,学习的内容是什么、学费是多少、上课时间适不适合等。然后你根据这些信息来考虑哪门课程对你更合适。烹饪课上会教你做你最爱吃的菠萝面包,写一手漂亮的毛笔字一直是你的梦想,会插花能让你显得更优雅。你会在这些感觉的基础上作出选择。

2. 情绪性态度

如果你说:"上次我决定学什么课程的时候,刚好看到电视里播放插花艺术的表演,我被那种美所震撼,所以当时就决定要学这门课程。"那么,这是另外一种描述你对课程感觉、行动和想法的方式,这种方式叫做情绪性态度。在这种方式下,你首先感觉,然后行动,最后再思考。你是在对某一品牌、人或事物喜欢或讨厌的情感基础上决定是接受它还是回避它,是否购买或使用它,最后,在经过了体验之后,你才了解到更多关于它的信息。因此,在这个层次结构当中,情感成分发生在先,然后是行动成分,最后才是认知成分,如下图所示。

情绪性的态度层次

3. 低度介入的态度

学习性态度和情绪性态度都是高度介入的态度,因为它们的目标事物会促成高度的介入。**介入**可以视为某事物对你的重要程度,它是你在某事物上所做的投资。一个培训班的报名或者一次旅行对你来说都是一种高度介入事物,因此,无论你持学习性态度还是情绪性态度,你对它都有一个坚定的态度。

与高度介入态度相对的是低度介入态度。在这种模式下,你没有太多的风险。也可以说,即使造成损失对你来说也不构成任何威胁。**低度介入的态度**是指一个人对某种对他不那么重要的事物形成态度的过程(Akbari,2015)。在这种模式下,三种态度成分先后发生的顺序如下图所示。

低度介入的态度层次

例如,你路过一家面包房,看到一种新出的面包,面包店店员介绍它含有天然谷物,既营养又低热量,它还散发出诱人的香味。这种面包是新产品,你还没有对它形成态度。现在,你是否需要在全面了解它或真正感到被吸引之后才购买呢?大多数人不需要。因此,在这种情况下,学习性态度和情绪性态度都不适用。你所做的可能只是把它买回家吃上一口,再作评价。之后,你可以感觉它是什么口味,是否让你更加健康,甚至你会看它标签上的成分介绍。因此,对于这种低度介入的产品来说,首先发生的是行为成分(购买面包),然后是情感成分(面包口味不错),最后才是认知成分(注意它的成分)。类似的例子还包括品尝一些免费试吃的小点心,试用一些免费派发的洗护用品试用装等。

第二节 态度的形成

设想一天你在某本杂志或报纸上看到一则吸引你的食品广告,广告鲜艳生动,图片上的食品极其诱人。你认真阅读了广告中介绍的该食品的特点(香、鲜、味道浓郁、价格公道等),似乎不用付出很多代价你就能享受到美味。你心想,有机会一定要试试它。

在这个例子中,你对这种食品形成了一种态度。但必须承认,这种态度是试探性的。广告并不总是最可靠的信息来源。你事实上没有吃过这种东西,甚至你周围也没有人吃过它。但你却认为如果你吃了广告上诱人的食品,你一定不会后悔。

美味诱人的比萨饼

那么态度是怎样形成的呢?你对于这种食品的态度形成依赖于这则食品广告的信息,你对这些信息的信任让你认为你会喜欢这种食品。接下来,我们将阐述态度形成过程涉及的几个问题。

一、态度的习得

当我们论及一种态度的形成时,是指我们对某一给定的对象(如:一种刚上市的饮料)从没有态度到对它有一些态度(如:这种饮料是运动饮料,可以补充体能)的转变。从没有态度到有态度(或不同态度之间)的转变就是一种学习。

1. **品牌影响下的态度**

消费者常常购买一个偏爱品牌的产品。他们对该品牌产品的偏爱态度通常是其购买同一公司多种产品使用满意的结果。用经典条件反射的术语来说,一个已确立的品牌产品是一个经过以往正面强化形成了积极品牌态度的无条件刺激。一个与已确立品牌相关的新产品,即为条件刺激。许多企业非常善于运用这种影响。比如,苹果以其人性化的设计和追求个性的理念使消费者对其形成了良好的态度,赢得了忠实的顾客群体。苹果手机的消费者不仅在更换手机时不轻易更换品牌,这种忠实的态度也会迁移到笔记本电脑、平板电脑等其他类型的数码产品,消费者会从以往经验中得出"这些产品也不错"的结论。

2. **体验之后形成的态度**

有时,态度会在购买和消费某种产品后出现。例如,消费者会不带有预先的态度购买某一品牌的商品,因为它是同类产品中唯一能购买的(比如你在假日里去某个热门旅游景点,沿途你能买的矿泉水也许只有一个当地的牌子),或者消费者可能在同类产品中试买一种新品牌。若他们对所购买的品牌满意,他们可能会形成对它的赞同态度。

3. **信息对态度形成的影响**

在消费者试着去解决问题或在满足需要的过程中,他们可能基于所获得的信息和他们自身的认知(知识和信念)来形成对产品的态度(积极或消极)(Huskinson & Haddock,2004)。通常,消费者对产品或服务获得的信息越多,他们就越可能形成对其积极或消极的态度。然而,不管得到的信息如何,消费者并非总是乐意对产品的相关信息进行加工。而且,消费者通常只利用了可得信息中有限的一部分。研究表明,仅有两三个关于产品的重要信念在态度形成中起主导作用,不重要的信念几乎未提供任何额外的输入。这一结果表明,厂商应避免在广告中涵盖其产品或服务的所有特征;反之,他们应聚焦于其产品区别于竞争者的那几个核心的关键点上。

二、影响态度形成的因素

个人经验、家庭、朋友、直销或大众传媒等都在深刻地影响着消费者态度的形成。

消费者尝试、评估产品的直接经验是形成对产品和服务态度的主要方式。认识到直接经验的重要性之后,商家会提供免费样品来刺激消费者对新产品的试用,日用化妆品行业较多使用这种策略。商家首先让消费者试用产品,然后再评价这种产品。若这一产品被证明是他们喜欢的,那么消费者将对它形成积极态度并可能去购买。

在和他人,尤其是家人、密友以及所尊敬的对象等交往的过程中,我们形成了影响我们生活的态度。家庭是影响态度的一个极为重要的来源,因为家庭给我们提供了许多基本价值观以及从次要到核心的广泛范围上的信念。例如,因良好表现而被奖励糖果的孩子,在成年后常对糖果保持喜爱。

三、态度形成中情绪的作用

态度也可能经由我们对于某一事物的情绪而形成。

情绪可以定义为一种主观体验或感受(比如在消费产品时的体验或者对一则广告的感

受)。情绪有可能是正面的(比如高兴),也有可能是负面的(比如失望),或者是令人震惊的(比如差一点丧命的经历)。

情绪有许多形式。一项研究考察了360多种不同的情绪后把它们归为三类:乐观、悲观、温和。下表列出了部分情绪。情绪可以影响消费者在消费产品过程中形成的态度,也可能影响其对信息的理解过程。

情绪的类型

乐观	悲观	温和
积极	讨厌	热爱
活泼	厌烦	冷静
开心	挑剔	关心
专心	挑衅	动情
高兴	失望	平静
无忧无虑	厌恶	抱有希望

在态度形成的时候,情绪状态非常有影响力。有研究发现,如果让消费者在尝试一种新出的花生酱的同时,听能够诱发积极情绪的音乐,那么他们对该产品的态度就会更积极,也更愿意购买这种新产品。商家可以影响消费者态度的一种方式就是在消费者态度形成的时候,对他们的情绪施加影响。例如,某家新开张的商店,当消费者进入商店的时候,就给他们分发一些小礼品,因为这样可以促使消费者形成对该商店更有利的态度。商家可以把他们的信息插入电视节目中而获益,因为这样可以激发消费者积极的情绪,从而让消费者记住他们。

第三节 态度决定一切——营造对商品的积极态度

一直火爆在中国商场内的某服饰品牌,在表态"不使用新疆棉"后,遭到了中国消费者的抵制,将自己在中国的生存之路断送。同时,随着国内门店相继倒闭,该品牌线上旗舰店也已经被主流电商平台相继关停,意味着该品牌之后将无法在中国继续营销和扩张。

可见,营造消费者的积极态度对于产品销售十分有益,但消费者的态度并非一成不变,使用产品后的感受会直接影响消费者的态度。同时,消费者接收到的产品信息也对其态度有一定的影响。商家应注重建立并维持顾客的积极态度。因为产品一旦失去了客户的信赖,它就将被"打入冷宫"。

态度的一个重要特点就是它的动态本质,我们不应该把态度看作是稳定不变的。如果商家忽视了对消费者正面态度的维护,那么这种态度就会渐渐沦为中性的或负面的。实际上,随着时间的流逝,正面或负面的态度都可能变得比较中立。可是就像上述的例子一样,我们经常会遇到一些让我们重新思考的信息或刺激,使我们的态度发生改变。

改变消费者态度是商业活动的重要目标。把一些商品的非使用者转化成使用者需要经历一个复杂的态度调整过程。要想吸引竞争对手的顾客,就需要改变他们对产品的偏爱。

态度的三成分模型可以帮助我们理解如何改变或塑造消费者的态度。态度的塑造主要有三种渠道：认知渠道、情感渠道、行为渠道。

一、通过认知渠道塑造态度

要通过认知渠道塑造消费者的态度，企业需要为产品或服务赋予一定的联想意义（如：某商务男装能让顾客有商界精英的感觉）。如果消费者接受了这种联想意义，品牌信念就形成了。**品牌信念**是将品牌与某种属性相联系的思想活动。例如，海飞丝洗发水可以有效去除头屑；奔驰汽车安全性能很可靠。品牌信念一旦形成，态度的认知成分就形成了，然后认知成分会产生相应的情感成分和行为成分。关于"品牌"的内容我们在以后的章节中会有更为详尽的介绍。同样的过程也可以用来改变消费者已有的认知。也就是说，如果你向消费者介绍有关某一事物的新信息，消费者就有可能改变他原有的信念。假设你认为吃马铃薯会使人长胖，没什么营养，但现在有人告诉你只有炸过的马铃薯（如：炸薯条或薯片）才会使人长胖，另外它还富含人体所需的糖类，这种说法就有可能改变你先前对马铃薯的信念（认知性态度的改变）。

实战攻略 3-1

凯迪拉克如何改变年轻人对它的态度

凯迪拉克一直是美国豪华车的代名词。但近年来，想要买豪华车的年轻人并不是这样认为的。这个品牌在20世纪50年代晚期和20世纪60年代早期有过它的黄金时期，那时它那有力的、时尚的、带有尾鳍的"黄金国度"车型开产业界之先河。1978年它的销售量为350831辆，达到了巅峰。但随后的二十年，凯迪拉克的销售额下滑了50%，并且它的产量也在下滑。年轻人把凯迪拉克视为老一代人的地位象征而不考虑购买。确实，凯迪拉克的拥有者平均年龄为65岁。显然，这一品牌的未来在于是否能够吸引年轻的消费者，这就需要改变他们对这一品牌的态度。

那么凯迪拉克是如何改变年轻消费者的品牌态度的呢？一个途径就是通过新的广告告诉人们凯迪拉克正在使用最先进的技术和最新的款式设计来生产汽车。这种车通过卫星导航系统和移动电话来进行定位和指引方向，夜视系统能让司机在黑暗中比仅仅使用车前灯看得更远，稳定轨迹系统能使汽车更易于控制。

另外，凯迪拉克发现了允许消费者试驾的潜在巨大好处。广告负责人说，当宝马和奔驰的拥有者开着凯迪拉克去兜风的时候，他们对凯迪拉克更喜爱了。

二、通过情感渠道塑造态度

企业还可以通过在对产品或服务做促销时为消费者创造一些情感联系来塑造态度。比如在展示饮料、化妆品和零食等产品时，配以轻快的音乐、生动的画面来调节顾客的心情。

有的企业很重视与客户的联系，经常会将最新的产品目录邮寄给老客户，同时还会为他（她）们送上一份小小的礼物。许多保险公司都会记得顾客的生日，并在他们生日那天送上一份贺卡和一声祝福。虽然只是小小的举动，但常常能打动顾客的心，使之成为忠实的消费对象。

研究表明,情感还可以通过另外一种方法得到激发,那就是参与到评估过程中去,这种方法叫做**过程引致情感**。

实战攻略 3-2

一举两得的市场调查

某咖啡品牌想要了解消费者对咖啡口味的态度,以便对咖啡的口感进行适当的改进。常用的做法是邀请消费过本品牌咖啡的顾客参与问卷调查,但是该品牌没有采取这种"先消费后反馈"的方法,而是在购物中心搭建专门的展台,配放舒适的桌椅,现场邀请路人品尝各种口味的咖啡并完成问卷,最后还附赠小礼物以示感谢。路过的顾客不仅积极地参与了问卷调查,帮助该品牌收集到了很多有效问卷,还有很多顾客当场购买了该品牌的咖啡,使该品牌获得了很多新顾客。

但是随着评估某一事物认知难度的增加,可能会产生由过程引发的负面情感。因此,面对两种相同的选择,消费者倾向于选择需要较少精力评估的那个。这种效应在面临时间压力的时候会有所增强。因此,企业在向消费者提供信息时应该采取合适的方式,以方便消费者花费尽量少的时间,更好地进行评估。

三、通过行为渠道塑造态度

你有没有过这种经历:你本来不想买任何东西,但当你经过一家大型商场时,高高悬挂的打折横幅立刻吸引了你。于是你进去看看有些什么商品在打折或者搞优惠活动,当离开时你手里已经提满了完全没有计划要买的东西。

消费者的行为会直接受到诸如免费试用、优惠券、打折等促销活动的影响。一旦行为受到了影响(如:消费者因优惠券而购买某种产品),认知和感觉也会随之改变。这种方法的一个诱人之处在于,让消费者尝试样品比说服人们按某种新方式去思考和感觉来得更容易。"来试试吧",商家总是这样劝诱消费者,并总是显得很有信心能够赢得消费者。在企业市场上,无风险的试用活动也越来越普遍。

1. 促销活动

价格促销、优惠券、返款等都是促使消费者按照某种方式行事的常用方法。通过促销活动改变行为的情况有三种类型。

① 对于一些低度介入的产品和服务,如:超市里的许多商品,消费者对品牌并没有什么偏好,那么他会购买促销的品牌。

② 如果某种产品不一定是低度介入产品,而只是两种或几种较相似的品牌,且消费者对它们的喜好程度相同,价格促销活动就会对许多人的行为起到引导作用。例如,有些人对可口可乐和百事可乐的喜好相同,至于他们在某天会选择哪个品牌,就要看哪种品牌在进行促销了。

③ 如果消费者对某种产品已有比较正面的态度,但还不足以促使他采取行动,那么价格上的让利会对消费者的行为起到推动作用。

2. 设计购物环境

有人曾经在超市里做过一个实验,他在某些日子放一些节奏轻快的音乐,另一些日子放一些慢节奏的音乐。从星期一到星期日,快音乐和慢音乐隔天轮流播放。猜猜这对消费者的行为产生了什么影响? 相对于播放快音乐的日子,消费者在播放慢音乐的日子里在店内走动较慢,在店内逗留的时间较长,平均所花的钱也较多。所有这些都是在消费者自己无意识的情况下发生的。这种行为塑造的策略叫做**生态学设计**。

同样的,还有人在超市的收银台处摆上糖果、小玩具等新奇的小商品,促使消费者产生购买冲动。通过设计购物环境促使人们进行下意识的购买,这类例子还包括吸引人的店铺设计、令人愉悦的色调、宽阔的空间和较好的照明条件等。

本章关键词

态度	行为	认知
情感	学习性态度	情绪性态度
低度介入的态度	品牌信念	后天习得
过程引致情感	评价	促销活动
行动	信任	多元属性态度模型
情绪	态度塑造	

思考题

1. 什么是消费者态度? 它的内涵如何?
2. 态度的三成分模型是怎样的? 试举一个生活中的小例子来分析态度层次。
3. 用态度三成分模型解释一个人对去迪士尼乐园游玩的态度。
4. 什么因素在消费心理学这门课开始之前影响你对它的态度? 课程开始之后你最初的态度改变了吗? 如果改变了,是怎样改变的?

***** 案例分析 *****

安踏,"永不止步"

2020年1月3日,安踏集团上榜2019年上市公司市值500强,排名第72。回顾安踏30年发展经历,从几双鞋子到现在的中国最大的体育用品集团,安踏关注消费者态度数据,在追逐发展的道路上"永不止步"。

在2021年"双十一"购物节中,在11月1日到11月11日期间,安踏集团平均日销超4亿元,安踏集团电商累计成交额达46.5亿元,成为"双十一"历史上首次问鼎运动品类榜单的中国企业。

1999年,安踏作为一个不知名的小品牌,在找体育明星代言效果不佳后,投入大量资金在央视投放广告,这样一来,安踏的曝光率上升,销量一路走高。2000年,代言的体育明星夺得悉尼奥运会冠军后,安踏也顺利打破了之前的销售记录。

2007年安踏在中国香港上市,国家政策的支持也使得体育品牌迅速发展,安踏得到了和CBA、中国男/女排联赛、中国乒乓球联赛以及奥运会等合作的机会,为这些赛事提供长期支持。一方面,为我国代表队提供比赛运动装备,见证运动健儿获奖的辉煌时刻;另一方面,提高了曝光率和消费者认可度,为安踏的成长提供了坚实基础。

随着体育产业的发展,国民参与体育的热情持续高涨。安踏坚持走聚焦大众市场的战略,虽然多年来耐克、阿迪达斯等国外品牌长期占据着中国市场,使得国内消费者看低国货体育用品的档次。安踏通过冠名体育赛事提高曝光率,在产品质量、款型设计以及技术研发等方面增大投入,提高品牌形象,逐渐改变着国人的看法。安踏集团首席执行官丁世忠曾说:"我们不卖高价,希望有更多人能买得起运动鞋,让更多的人享受到运动的快乐,这是我们企业存在的价值,也是全体安踏人的使命。"

2012年,整个行业进入"寒冬",安踏销售大幅下降,丁世忠决定全面改造安踏,打破现状。于是,安踏率先在全国7700多家专卖店布局ERP,对生产、销售、库存等数据进行实时监控,爆款出现后,信息就能从专卖店迅速传达到工厂,然后工厂再次安排采购原料、生产运输直到再次回到专卖店,大大缩减了企业的反应周期,减少库存的同时做到了不断货。与此同时,随着大数据技术的发展,安踏和一些数据分析机构合作,对消费者态度数据进行分析,精准把握消费者需求。在"双十一"购物活动期间,安踏也提前一步备好大量"爆品",把握粉丝经济,持续地激发消费者的消费热情。

2020年起,安踏集团持续推进"直面消费者(Direct to Consumer, DTC)"战略。安踏的DTC转型主要分为两个部分:其一是大力发展电商,其二是线下门店的分销转直营。安踏方面表示:"采用DTC模式后,安踏主品牌用3年时间零售利润率达到行业先进水平,注重店效、店铺标准提升,改善加盟商盈利模式、商品管理。2021年公司销售指引不变,增加销售20亿。"在DTC线上线下双模式下,不仅大大提高了备货率,还大大拓宽了线上产品的深度和宽度,"双十一"期间的精准营销就得益于此。

问题:

1. 安踏靠什么吸引消费者?
2. 分析安踏用了哪几种方式来塑造消费者态度。
3. 假如你是一家体育用品企业的负责人,你会采取什么样的措施与安踏竞争?

第四章　我的需要你可知道
——解读消费者的动机

学习目标
1. 了解什么是需要；
2. 掌握消费者需要的类型；
3. 了解中域值动机理论的几个部分；
4. 了解如何运用逆反心理刺激消费者购买；
5. 理解什么是忠诚计划。

潮流玩具在全球市场受到越来越多消费者的青睐，而盲盒现在已经成为潮流玩具中受众面最广、热度最高的品类。盲盒起源于日本福袋，商家将潮流 IP 手办与福袋这种购买方式融合，从而产生了盲盒模式。盲盒受众广泛，年龄覆盖范围较大，依靠创意设计和优质 IP 吸引了大量消费者。2016 年，泡泡玛特先后签约 Molly、Pucky 等热门 IP，推动盲盒行业进入爆发式发展。2019 年，我国盲盒市场规模达到 74 亿元，并且未来五年将维持高速成长，预计 2024 年规模翻两番，达到 300 亿元左右。

盲盒行业相对来说是一个暴利和低成本的行业，为什么却有大量的消费者买单呢？这一行为背后的动机又是什么呢？

首先，盲盒的销售模式迎合了消费者类似"集邮"的心理，一系列不重样的娃娃会使得消费者有集齐一套的愿望，进而提高了盲盒复购率；其次，盲盒所贩卖的不是"盒"，而是"盲"，不确定性和未知心态让消费者产生了一种"赌徒"般的心态，不论是抽到隐藏款可以进行炫耀，还是将其在二手市场进行转卖赚十余倍的差价，都让消费者为此着迷。除此之外，随着经济的发展，人们的消费水平不断提高，当代很多消费者对价格因素的考量，优先级较低，更多的消费者愿意为认同和喜欢的高附加值产品买单。

当然，不止泡泡玛特的盲盒产品是这样，现在"盲盒"销售模式也逐渐发展，而消费者愿意为其买单都是因为其迎合了当代消费者的消费动机。

总的来说，一方面是消费者因为自身需要，自发地购买相应的可以满足自身需要的产品。另一方面，产品的生产者很看重该行业的巨大潜力，围绕消费者的基本和高级的需求有针对性地生产产品，产品的设计以及宣传都迎合了消费者的心理需求，促使其购买，从而能够在市场上占有一席之地。

（来源：艾媒咨询）

第一节　通向消费者心灵的大门——探寻动机的奥秘

一、动机是什么

小王热爱美食，却为了减肥而忍受不吃晚餐的煎熬；游乐园里的过山车惊险得让人颤抖,但人们依然排成长龙等待着体验惊险一刻;小张工作的单位很不错,他却正准备跳槽……

以上几个问题有什么共同点?可以看到,当人们有一个确定的目标时,他们可以忍受煎熬,不怕危险,甚至无视谣言去努力达到目标。而促使人们这么做的最根本的力量就是动机。动机是所有人类行为的推动力。严格来说,**动机**是促使行为朝向某一目标事物前进的内驱力或激发力。

从动机的概念中我们可以知道它由两个组成部分:①内驱力或激发力;②目标事物。

由于需要未得到满足而在有机体内部产生的紧张驱力状态就是**内驱力**。内驱力概念最早源自美国生理心理学家坎农的躯体平衡理论:有机体有一种维持其生理需求最佳水平的倾向,这是一种自动调节的过程,某种生理状态一旦偏离了最佳状态,有机体就要力求恢复。比如说,假如你一次考试成绩不理想,那么你肯定会有压力,无论这种压力来自何方(也许是父母,也许是你的自尊),你都会更加努力地学习,期望下次考试能有个好成绩。在这个事件中,成绩的不理想使你产生一种紧张感(内驱力),为了从这种不舒服的感觉中解脱出来,你就会开始努力学习,提高成绩。

目标事物是存在于外部世界的一种事物,拥有目标事物可以降低人们内心的紧张感。在刚才的例子中,你的目标事物就是下次要取得好成绩。

研究之窗 4-1

互联网使用的动机

有研究者利用三种指标对互联网用户的动机进行了研究。这三种指标分别是:①每天上网的时间;②为公事和私事上网分别占总上网时间的百分比;③通过互联网进行购买的频率,也就是在一年中通过互联网进行购买的次数。研究列出了一些互联网使用的动机,这些动机之间呈正相关的关系,比如上网时间与网上购买行为,你上网的时间越多,你在网上买东西的可能性就会越大。下面列出了研究者认为影响人们上网的几种主要动机:

- 逃避社会的动机:逃避现实;缓解日常生活的枯燥、压力和孤独;
- 信息动机:利用网络查找信息,进行自我教育;
- 互动控制动机:利用网络的互动性来控制、定制其自身在媒体上的经历,使其个性化;
- 社交动机:通过电子邮件、聊天工具和虚拟社区等使人际交往活动更加方便;
- 经济性动机:即省钱。

二、需要——消费发动机

要卖出商品,我们必须明白的一个最基本的问题是:"消费者为什么购买我们的产品?"而我们要回答这个问题,首先要知道消费者需要的是什么。

需要是指现实状况和人们可感觉到的理想状态的差距。理想状态为人们提供了目标事物,而与理想状态的差距则为人们的行为提供了内驱力。

产品的成功大多是迎合了消费者的需要,但需要的种类繁多,企业也难免看花了眼。我们不妨化繁为简,将千万种的需要归纳到一定的种类中,让它有章可循。下面就是消费心理学家总结的消费者的需要类型。

(一)消费者的需要类型

1. 生理需要

古人说:开门七件事,柴米油盐酱醋茶。人类要生存,最必需的就是食物和水。从远古时代到现在,人类一直都在为满足这些最基本的需要而努力。所以生理需要是消费需要最基本的类型。根据人们的这种需要派生出来的商品不计其数,如:粮食产品、保健食品、小零食以及各种饮料(如:矿泉水、碳酸饮料、酒类)等。

除了吃喝之外,生理需要还包含很多方面。比如睡眠,我们每个人的一生中几乎有1/3或更多的时间花在睡眠上,所以好的睡眠也是生存的必需。这种需要也催生了很多商品类别,包括床、被褥、助眠产品等。

> **实战攻略 4-1**
>
> **火锅的魅力**
>
> "没有什么事是一顿火锅解决不了的,如果有,那就两顿。"
>
> 近些年来,随着中国经济发展和人民生活水平的不断提高,餐饮行业也不断发展,而火锅也成为了人们饮食的重要选择。
>
> 艾媒咨询数据显示,2019年中国火锅餐饮消费市场规模为5295亿元;2020年由于新冠肺炎疫情的影响,市场规模有所萎缩,但是随着疫情被遏制,预计火锅餐饮的消费市场规模在2024年将达到6413亿元。
>
> 有研究抽取了753名消费者作为样本,调查数据显示,27.9%的中国消费者每周吃火锅不少于两次,而每个月吃火锅不少于两次的人数占77.0%;对于火锅口味的偏好也是多元化的,平均每位消费者喜爱大约两种火锅类型,有59.1%的中国消费者偏好川渝火锅,其次是粤系火锅、北派火锅,占比分别为37.7%和30.3%;并且随着经济的发展和生活水平的提高,中国消费者在餐饮消费时更注重"质"而不是"价",研究报告数据显示,消费者选择火锅店时首要关注的是食材新鲜度(58.0%)和店面卫生状况(51.9%)。
>
> (来源:艾媒咨询)

2. 安全与健康需要

安全,一直都是人类最为关心的话题之一。远古的人类为了躲避野兽的侵袭而到山洞里住,这就是人类房屋的雏形,也是人类最安全的安身之所。大自然的灾害、犯罪、酒后驾驶、疾病……都会危及我们的健康和安全。为了满足人们这种对安全的需要,市场上也产生了大量相应的商品。例如,我们安装防盗门、电子报警器,买人身保险,用最结实的材料盖房子……都是人们希望满足安全需要的表现。

维持或提高精神和身体健康也是一种安全需要。我们购买许多保健产品,我们不断制造新的药物来抵御疾病……都是为了让自己活得更好,都是对生命安全的一种需要。市场上不断出现的各种功能的保健食品、健康医疗器械,还有不时掀起的"粗粮热""牛奶热",等等,都是商家针对消费者的这种需要而提供的。

> **实战攻略 4-2**
>
> **明星的"天价保单"**
>
> 　　保险作为一种风险管理模式,在我们的生活中随处可见。保险作为一种为了保证安全和健康的消费支出而被人们接纳。在越来越多的体育赛事、大型活动中,保险也担当着重要的角色,接下来我们来了解一下明星们的"天价保单"吧。
>
> 　　1986年世界杯前,阿根廷足协为球王马拉多纳的左右腿上了1000万美元的保险,后来马拉多纳又再次为自己的左脚投了3000万美元的保险。
>
> 　　西班牙国家队主力门将,同时也是皇家马德里队守门员的卡西利亚斯也曾为自己的双手投了750万欧元的巨额保险。
>
> 　　罗纳尔多为自己的双腿投保2600万美元,并由于之后膝盖伤势不断,所属俱乐部国际米兰获得了4430万美元的赔偿。
>
> 　　梅西为自己的双腿投保3500万欧元的新闻也曾轰动一时,巴塞罗那的媒体曾这样评价:"如果说卡西利亚斯拥有足球运动员中最值钱的双手,那么梅西就拥有最值钱的双腿。"
>
> 　　2002年世界杯前,贝克汉姆就曾花费1.5亿美元为自己的右脚买了保险"以防不测"。贝克汉姆也曾为自己投过1亿英镑的巨额保险,保险项目包括全身上下每一个部位。贝克汉姆曾因一次轻微的韧带拉伤缺阵4场比赛,从保险公司获得的受伤赔付高达近百万美元。
>
> 　　C罗也曾被皇马投过高达1.1亿欧元的巨额保险,后来这份保险的金额高达2.12亿欧元。
>
> 　　勒布朗·詹姆斯给自己双手的拇指和食指投保,每根手指保额为1000万美元。
>
> 　　我国钢琴家郎朗也曾在自传中写道,为了克服手受伤带来的恐惧,他曾在位于伦敦的世界最大的保险公司劳埃德给自己的双手投保1500万美元。

3. 情感需要

　　情人节的时候,很多女孩都希望得到一束美丽的玫瑰花。中秋佳节来临时,远在他乡的人们总不忘为故乡的长辈寄上一盒寄托亲情的月饼。社会不是一个人的社会,我们都需要亲情和爱情的滋养,而许多商品在这个时候就是一种爱和关心的象征。

　　现在,养宠物的人越来越多了,这也是情感需要的一种表现。忙碌的社会让人与人之间的情感交流日趋减少,于是养宠物成了现代人情感寄托的一个渠道。

4. 娱乐需要

　　受全球新冠肺炎疫情影响,人们的娱乐消费逐渐转向数字化。娱乐应用在人们休闲放松时占据着十分重要和显著的地位,人们在娱乐上的花费也是极其庞大的。

　　移动应用数据分析公司Sensor Tower官方微信发布数据表明:2021年上半年,全球消费者在娱乐应用中的支出达到45.9亿美元,相较2020年上半年增长55.8%。

　　数据显示,美国、中国和日本是全球移动娱乐收入最高的市场,分别占上半年总收入的31%、27%和17%,三个市场占全球总收入的75%。与此同时,由于用户兴趣多元化和娱乐时间碎片化,短视频、直播和漫画应用呈现更快的增长速度。

由此可见,娱乐的需要在人们的日常生活中占据着非常重要的位置。

(来源:Sensor Tower)

我们和娱乐的关系,从古代起就有了精辟的论述。《论语》中描述:孔子跟几位弟子坐在一起,要他们说说各自的人生理想,前面几位慷慨激昂地说完后,孔子都不满意。当孔子问他最喜欢的弟子曾皙的人生理想是什么,正在弹琴自娱的曾皙回答说:"暮春者,春服既成,冠者五六人,童子六七人,浴乎沂,风乎舞雩,咏而归。"孔子才喟然长叹,表示赞同。孔子赞同这种人生的娱乐态度,认为大家彻底放松、载歌载舞、一派安详的"和谐社会"才应该是人们的理想社会。

我们还可以将视野放宽到古罗马的角斗场,以及融泡澡、欣赏歌舞等娱乐为一体的公共浴室;在古埃及,人们就已经开始玩一种名为"赛尼特"的棋类游戏,观赏将一条铃铛皮带围在腰上、跳舞时叮当作响的舞娘翩翩起舞。由此可见,我们人类自古就有娱乐的传统。

正因为有这种娱乐的需要,我们才有了丰富多彩的精神生活,才派生出无数的娱乐产品。古代娱乐以琴棋书画为代表,而到了生产力飞速发展的今天——从电视、电影、广播节目到成千上万的书报杂志,还有包罗万象的互联网资源,娱乐更是全方位地包围着我们。

5. 社会形象的需要

我们为什么要买好看、时尚的衣服,用高科技的电子产品?因为我们希望被认为是一个时髦而富有吸引力的人。我们努力学习是为了什么?为了当我们通过努力学习获得好成绩的时候,家人能以我们为荣。也有人想被认为是一个成功的人,或者是一个富有的人。而无论你想被认为是什么样的人,你都是在发出一种信号——你在意你的社会形象,你对它们有需要。社会形象的需要就是一种在社会环境中树立某种自身形象的需要。

有的消费者认为,一个人的社会形象至少部分取决于其购买和消费的产品,住所、驾驶工具、穿戴的服饰和娱乐的方式都会影响一个人的社会形象。良好的社会形象意味着你能在社会中得到更多的尊重,别人会更乐意与你打交道,或者说意味着更多的机会。商家,特别是生产奢侈品的企业一直在巩固着这个观点:我们的产品能够帮助消费者传达他们良好的社会形象。高级汽车和高级时装就是最好的例子,它们的宣传围绕着一个主题——昂贵的产品代表着主人尊贵的身份。

6. 给予的需要

"2021 德裕·胡润全球世纪慈善家"榜单显示,最近 100 多年中,全球捐赠价值最高的 50 人来自 7 个国家。他们的捐赠总价值达 5.2 万亿元(人民币,下同),其中 3.2 万亿元是他们基金会当前的资产价值,2 万亿元是迄今已拨付的捐赠价值。这 50 人中 13 位在世,37 位已去世。

(来源:《中国经济周刊》)

我们没有这些富翁们那么有钱,不能一掷千金地捐款。但我们大多数人都对街头的乞丐施舍过,或者在公共汽车上给老人或孕妇让过座位。为什么我们会这么做?原因很简单,是为了帮助比我们不幸或弱小的人。这种利他主义就是给予的一个原因。但有时,我们给予也是因为我们需要一个好的社会形象,我们不希望被看作是品质恶劣或不关心他人的人。

给予的需要不仅仅局限于捐款,它也包括送礼物给别人。人们在情人节、母亲节、父亲节、中秋节等节日都会赠送礼物。生日、周年纪念和升学也都是赠送礼物的好时机。不光是送给别人,我们也会送礼物给自己,这种<u>自身礼物</u>是指我们购买的或所做的用于回报、安慰或激励自己的东西。比如说当我们完成一次重要的考试之后,或者在辛苦工作一年之后,慰劳一下自己,这种礼物可以小到一些可口的点心,大到一部新手机或一次度假。

7. 信息需要

消费者在作出决策时很大程度上依赖于信息,包括消费者在决策时能够得到的内部(自己已经知道的)信息和外部(研究环境时可以学到的)信息(Hulland & Kleinmuntz,1994)。

许多产品的购买和消费都源于消费者的信息需要。如果没有信息需要,消费者就不需要看电视上的新闻节目和阅读报纸了。同样,互联网的流行和飞速发展也是源于它能够轻易地满足消费者的信息需要。当被问及是什么吸引人们更多地点击某些网站时,最多的回答是这些网站的信息更丰富。

对于商家来说,消费者的信息需要非常重要,因为它在说服人们购买商品的过程中有着重要的作用。假设消费者计划购买一种从未用过的产品,并看到了该产品中某个品牌的广告,那么对这种产品的需要会使得消费者主动地关心这则广告说了些什么。举个小例子,假如你以前从未服用过钙片,也没有购买钙片的打算,那么你很可能对电视上的钙片广告视而不见。但现在你突然发现自己缺钙,而且也决定购买钙片,那么你会自然而然地开始注意电视上该类产品的广告。而这些广告所发出的信息会在你的购买决策中产生重要作用。

(二) 消费发动机——永不满足的需要

1. 需要是不能得到彻底满足的

人类的多数需要是不能得到彻底或永远的满足的。例如,在固定的间隔时间内,人们就会感到饥饿,有进食的需要,而且这种需要会永远存在,直至生命结束。同样,大多数人会常常寻求他人的同情或赞许,从而满足自己的社交需要。而更复杂一些的心理需要往往很少能得到满足。例如,某人可能会因为赚到第一个100万而暂时地满足了成就需要,但这种有限的成就却不能充分地满足其需要,因此他可能会更努力地去赚钱,向1000万或1亿的收入目标冲刺。

2. 原有的需要得到满足时会出现新的需要

一些动机理论研究者认为存在一种需要层次,当低层次的需要得到满足时,新的或更高水平的需要就会出现。例如,当基本的生理需要得到大部分满足后,一个人就会把精力转向对事业成功的追求。

企业必须适应消费者需求的变化。总在宣传自己的汽车具有名牌效应的汽车制造商可能会意识不到,消费者经常会用物质财富以外的标准来满足自己的名望需要,如:慷慨给予礼物或捐款。因此,一些豪华轿车制造商不能一味地强调豪华的汽车是身份的象征,他们也应该考虑的是,消费者对社会地位的需求被满足了之后,还会继续产生如家庭乐趣或安全等需求。所以,为了满足不断涌现的新需要,几乎所有的汽车生产商都会同时出产各种不同型号的汽车。如:世界上最著名的汽车生产商之一——德国宝马旗下就拥有1-8、X、M、Z、i(宝马电动车及混合动力)等系列汽车。

宝马7系轿车之一（见彩页图五）

> **小贴士**
>
> 亚伯拉罕·马斯洛(1908—1970，美国著名心理学家)是人本主义运动的发起者之一和人本主义心理学的重要代表。马斯洛的需要层次理论是研究组织激励时应用得最广泛的理论，对心理学尤其是管理心理学有重要影响。马斯洛于1967年被选为美国心理学会主席。
>
> 需要层次理论把人的需要分成生理需要、安全需要、社交需要、尊重需要和自我实现需要五类。他提出，人有一系列复杂的需要，按其优先次序可以排成梯式的层次，依次由较低层次到较高层次。其中包括四点基本假设：
>
> ● 已经满足的需要，不再是激励因素。人们总是在力图满足某种需要，一旦一种需要得到满足，就会有另一种需要取而代之。
> ● 大多数人的需要结构很复杂，无论何时都有许多需要影响行为。
> ● 一般来说，只有在较低层次的需要得到满足之后，较高层次的需要才会有足够的动力驱动行为。
> ● 满足较高层次需要的途径多于满足较低层次需要的途径。

第二节　了解消费者的动机——中域值动机理论在消费动机中的运用

中域值动机理论是一种用来解释消费者动机的理论。与过去的动机理论相比，中域值理论的目的是要解释消费者行为更细小的方面，目的在于能够更全面、更细致地了解消费者。

一、对立过程理论

我们可能有过这样的体验：在游乐园里坐惊险的过山车，当车体急速地沿轨道下冲时，我们会吓得大叫，同时，还伴随着呼吸急促、身体僵硬、大脑空白等反应。安全到达终点之后，大部分乘客神情呆滞、备受惊吓地走下了过山车。接着，我们很快便恢复过来，开始微笑甚至是兴高采烈,大谈刚才的刺激感受。

为什么刚刚处于惊吓中的人会突然变得兴高采烈呢?也许对立过程理论能给我们一个答案。根据对立过程理论,当人突然受到可立即引起积极或消极情绪反应的刺激时,将发生两件事:首先,感觉到快速的积极或消极情绪反应;接着,第二种情绪反应产生,它具有和开始经历相反的感觉(Solomon, Corbit, 1974)。这两种情绪反应的组合导致了人经历的所有感觉。由于第二种情绪反应被延误了,人首先经历最初的积极或消极感觉。一段时间之后,这种感觉逐渐减弱,而相反的感觉开始被感触到。因此,坐过山车的人首先感到惊吓、恐惧,但在抵达终点后这种恐惧转向了和它相反的情绪——兴高采烈。

尽管对立过程理论十分简单,但它却解释了消费者诸如抽烟和参加各种极限运动的行为。

对立过程理论还可以解释为什么有些消费者会因透支信用卡而负债累累。根据这一理论,为了使他们自己感觉更好,消费者会使用信用卡进行购买。然而在购买后,由于消极感觉的回弹,这种良好的感觉开始变得糟糕。账单不可避免的到来进一步加剧了这种消极的感觉,为了抵抗它,消费者会再次光顾当地的购物商场或在互联网上购物。这种恶性循环导致了财务上的大问题。

二、维持最优刺激水平

最优刺激水平是指一个人最喜欢的心理激活水平。激活程度可能从很低的水平(如:睡眠)到很高的水平(如:极度恐慌),各不相同。个体有动机维持其最优刺激水平,当刺激水平太高或太低时将采取行动来调整这一水平。

内因和外因会影响人们在某个时刻的刺激水平。内因包括个体的年龄、学历和个性特征等。例如,活泼外向的人往往偏好高刺激水平,为了维持高刺激水平,他们将更倾向于从事如跳伞、攀岩等活动。影响刺激水平的外因指那些影响环境的不确定性和风险性因素。因此,如果某人追寻一个目标,而对该目标是否能达到还存有疑问时,他的刺激水平就有上升趋势。

人们维持最优刺激水平的倾向对营销者有着广泛的意义,因为许多产品和服务都会激活或抑制人们的刺激水平。例如,有些药品会降低激活水平(如:安眠药品),有些含咖啡因的食品会提高激活水平,有些休闲活动强烈会影响激活水平(如:跳伞、冲浪等)。

对享受经历的渴求与维持最优刺激水平的需求也密切相关。对消费者研究人员来说,**享受消费**指的是消费者通过使用产品和服务来实现引发幻想、得到感官刺激,以及获得情绪激活的需求。然而,消费者希望得到的感觉也许不是一律让人愉悦的。尤其是在休闲活动中,消费者可能寻求经历各种感觉,如:爱、快乐或恐惧。某些人希望获得诸如恐惧的消极经历,比如乘坐过山车和看恐怖电影。他们的最终目的都是要维持最优刺激水平。

三、保持行为自由的愿望

一般,在经济能力允许的条件下,只要我们愿意,想买多少商品就可以买多少,不会受到限制。但是,当某天我们得知某种商品只能限量购买,而且不是人人都有机会能买到这种商品的时候,你是否会觉得这种商品特别值得拥有?是否会产生马上想要购买的冲动?

一家日本汽车公司推出了一种名叫"费加路"的新车,式样浪漫古典,风格独特,但该公司一开始就宣布只生产 2 万辆,限量销售。结果订单一下激增到 30 多万辆,公司信守诺言,决不增产,而且为公平起见,对所有订购者实行摇奖抽签,只有中奖者成为"幸运儿",才可购得此车。2 万辆汽车还未生产出来,已预购一空。

这是限量销售的一个经典例子,商家正是利用了消费者的逆反心理来进行销售的。**逆反心理**是指当人的行为自由受到威胁时出现的消极动机状态,而这种消极动机状态的最直接反应就是产生保持行为自由的愿望(刘宗粤,2000)。也就是说,如果选择产品或服务的自由被抑制,消费者会以反抗威胁作为反应。这对营销者有重要意义。比如,严格限制产品供应反而能增强需求,是因为人们对商品的感知价值由于逆反作用而增加了。又例如,仅限一天比仅限三天的促销更能增加消费者购买的愿望。

限量销售是对消费者行为自由的第一个威胁,这种威胁显然是一种人为因素,而对消费者行为自由的第二个威胁来自非人为因素。通常,**非人为威胁**指限制了购买某个特定产品或服务能力的障碍,这些障碍可能是由于产品短缺,其他人将购买该产品的可能性增大,甚至可能是价格的上升等。

第三节　学会刺激你的消费者——利用动机来刺激购买

如何刺激消费者的购买欲望?这可是一门学问。不仅要洞悉消费者现在的需求,最好是连消费者未来的需要也能掌握。不仅要知道消费者的需要,最好还能制造消费者的需要。而最精于此道的,莫过于那些时尚产品的生产商。

实战攻略 4-3

戴比尔斯传奇

20 世纪 30 年代,由于经济不景气,钻石销售量大幅下降,戴比尔斯削减了其 90% 的生产量。在这种情况下,公司当时的主席欧内斯特爵士决定成立钻石贸易公司,专门负责树立钻石品牌形象,拉动钻石消费。

欧内斯特爵士的儿子哈里·欧内斯特奉命前往美国调查市场情况。经过调查,他发现,在个人消费市场,钻石产品仅仅是非常富有的一部分人的专利,大众市场根本就没有启动。他还认识到,"时尚"虽然是钻石饰品的主要特征,但是钻石的坚硬不变质的特征正好和人们对于爱情的向往不谋而合,于是他重新将钻石饰品定位为"忠贞爱情的象征"。这个定位一直沿用到现在。

为了刺激钻石的需求,戴比尔斯公司在好莱坞电影中进行产品植入式营销,电影中男女主人公坠入爱河的场景中总是能出现戴比尔斯钻石的身影。戴比尔斯公司还会赠送一些样品给电影明星,从而掀起了钻石的时尚潮流。该公司还每两年举办一次钻石设计师大赛,为零售企业提供更好的创意。

经过戴比尔斯公司的努力,到了 20 世纪 60 年代,80% 的美国人订婚时都赠送钻石戒指作为信物。"后来,很多行业都模仿我们的营销模式,"哈里·欧内斯特说,"我们在广告中并不强调公司的名字,我们只向消费者传达一个非常简单的思想——围绕着钻石的恒久不变的情感价值。"

当然，除了人为地制造出消费的热点、让消费者趋之若鹜地购买外，商家还有其他的方法来吸引消费者的注意，刺激他们的购买欲。

一、价格——悬在头上的"达摩克利斯"之剑

每个企业都希望自己的商品可以大卖，以获取最多的利润。但问题是，消费者的购买能力在一定范围之内是有限的。有时，由于经济的原因，消费者的有些需要不能实现，或即使实现了也不是很满意（经济能力可能只允许你购买便宜的替代品）。所以，较低的产品价格可以吸引那些因为经济原因而放弃购买的消费者。

企业使用了不同的方法克服价格障碍：减价、打折、清仓出售。

使用价格战术固然是迎合消费者心理的一种有效方法，但它同时也是一个危险的方法。问题在于：尽管销售量可以上升，但企业获利很少。毕竟，购买减价产品的消费者中，有一部分人原本在产品全价时也会购买产品。因此，降价虽然可以从增加的消费者那里获得收益，但也减少了从原有消费者那里原本可以获得的收益，除非获得的利益足够多，可以覆盖减少的那部分收益，否则企业的损失不可避免。

实战攻略 4-4

伤敌一千，自损八百

2019年11月9日，某空调企业宣布让利30亿元打击低质伪劣产品，并对在2019年1月1日至11月10日购买"俊越""T爽"系列产品的上百万消费者进行补贴，让他们也享受到"双十一"优惠。补贴后，该企业变频空调最低价为1599元/台，定频空调最低价为1399元/台，直降1000元。

经补贴和降价后，"双十一"当天该企业全网全品类销售额超41亿元，同比增幅高达200％。与此同时，该企业的竞争对手纷纷指出其空调降价是为了去库存。消息一出，该企业电器股价下跌，三天时间该企业电器市值蒸发了近300亿元。

众所周知，家电和房地产行业联系紧密，由于国家出台了诸如限购、限贷、限价、限售等众多房地产调控政策，房地产销量下滑的同时，家电行业的库存量也逐年增加。

这不是该企业第一次挑起价格战了，在2014年，它曾挑起第一次价格战，随之营收增长16.12％，达1377.5亿元。但紧接着的2015年，该企业营收同比大跌29％，至977.45亿元。

当今社会，很多企业仍然会使用"价格战"这种营销方式，虽然它可以帮助企业渡过短期的困境，但它的弊端也是不可避免的。价格战是一把"双刃剑"，我们要适当地使用这一策略。

（来源：蓝鲸财经）

尽管存在这些问题，降价仍然是一种十分流行的刺激购买行为的营销策略。

价格战是市场竞争的一种手段，是推进市场进化和营销升级的催化剂，价格战是市场发展过程中不可逾越的鸿沟，但是企业不能把价格战作为企业竞争的主要手段，更不能把它作为获得市场的唯一工具。

诺贝尔经济学奖获得者、美国著名价格理论学家乔治·斯蒂格勒曾这样评价:"价格已经成为营销战的一把利器,可以克敌,也可能伤己。"

我国的很多行业似乎都陷入了价格战的漩涡,而且乐此不疲。由于过度地关注市场占有率,忽视企业的技术创新和管理创新,导致企业失衡发展,最后酿成悲剧的案例比比皆是。

因此,企业只有通过创新,产生差异化,不断地增加竞争优势,为顾客创造整体的价值,才是确保企业在竞争中立于不败之地的法宝。

二、小玩意成就大生意——提供给消费者其他好处

假设商品和你的购买欲望是一架天平的两端,当商家在商品周围加上许多赠品的时候,你的天平是否开始倾斜了呢?

降价不是产品促销的唯一方法。提供赠品(购买某种产品免费赠送另外的产品)也许是另一个有效的方法。想象一下,为什么几乎所有的孩子都喜欢在麦当劳里吃东西呢?真的是麦当劳的食物可口美味到无人能敌吗?最大的原因也许是他们提供了儿童套餐的免费玩具。当麦当劳公司决定在它的开心乐园餐里附赠史努比小狗玩具时,它在全球生产了上亿只这样的玩具,比以前任何一次促销数量都要多。但是仍然不够。消费者开始大量购买这一需求势不可挡,并且大人和孩子都为赠品疯狂。

三、致命的吸引力——实施忠诚计划

商家除了要刺激消费者的初次或尝试购买,还要刺激他们的重复购买。举例来说,有的商店可能在一开始会吸引许多新的会员加入,但却很难留住这些会员。当一个企业保持消费者的能力有限时,它的事业就很难发展。

当企业意识到保持消费者的能力至关重要的时候,它们开始采用一种叫做忠诚计划的方式来吸引消费者。

忠诚计划是指根据消费者在公司的消费量而提供回报,从而刺激重复购买。忠诚计划的起源至少可以追溯至1876年。当时美国的一个零售商实施了"绿盾印花"计划,消费者购买的商品越多,他们得到的印花也越多。当消费者积累到足够多的印花时,可以用印花换取礼物。

现在,最流行的忠诚计划之一是航空业的常客计划。该计划中旅客能够获得未来飞行奖励。也就是说,当你在一家航空公司乘坐的飞机次数或累计飞行里数达到一定的标准之后,航空公司会奖励你免费的机票。

四、引起消费者的好奇

人天生是有好奇心的动物。以适当的悬念勾起顾客的好奇心,就等于在无形中让消费者向购买你的产品更靠近了一步。好奇心经常促使消费者更详细地了解引起他们兴趣的东西。对于一些新产品(如:数码相机、掌上电脑等)来说,商家需要将商品的优点和属性等信息传递给潜在的消费者,因此,激发消费者获取和了解产品信息的动机就很重要了。

实战攻略 4-5

"野狼"不一般
——让你等的广告

台湾三阳摩托车为了取得市场竞争优势,在新产品上市以前,连续6天在报纸上刊登巨幅广告,提醒消费者在此6天内先别购买摩托车。第一天,台湾的两家主要报刊上登出了一则没有注明厂牌的摩托车照片,并附有说明:"今天不要买摩托车,请您稍候6天。买摩托车您必须慎重地考虑。有一部意想不到的好车就要来了。"第二、三、四天,内容一样,只是换一下天数。到了第五天,广告内容稍稍改为:"让您久候的这部无论外形、冲力、耐力度、省油等都能令您满意的野狼125摩托车,就要来了。烦您再稍候两天。"第六天的广告,内容又稍改为:"对不起,让您久候的三阳野狼125摩托车,明天就要来了。"第七天,野狼125摩托车正式上市,刊出全页巨幅广告,市场大为轰动,"野狼"一时间成为抢手货。这个人为制造悬念的广告创造了销售奇迹,使厂家名声大震,并被台湾广告界传为佳话。

"野狼"摩托成功的最重要之处就在于引起了消费者的好奇心。首先,广告一反常态,竟然让消费者不要买商品。人们开始好奇,为什么平常都是商家求着我们买,但今天怎么不要我们买呢?于是,大家开始注意他的宣传。接着,厂家并没有就此罢休,而是乘胜追击,将自家摩托的优点和盘托出。这就更让人好奇了。这部被描述得空前绝后的摩托到底是什么样子的呢?销售厂家巧妙地利用了人们的好奇心,让大家在它的展示下一步一步地了解产品的性能,获得了销售上的成功。

本章关键词

消费者动机	内驱力	价格
需要	对立过程理论	价格战术
最优刺激水平	享受消费	忠诚计划
非人为威胁	保持行为自由的愿望	重复购买
逆反心理	好奇	刺激
中域值动机理论		

思考题

1. 为什么对公司来说理解消费者动机很重要?
2. 什么是对立过程理论?为什么对立过程理论对消费者研究很重要?如果你是一位营销经理,你负责的是巧克力食品的销售或汽车的销售,你将如何运用这一理论?
3. 假如你拥有一家体育用品公司,那么面对杭州2022年亚运会这个绝佳的商业机会,你会用什么方式来吸引你的顾客?如果运用好奇心的原理来操作,你会怎么做?

★★★★★ 案例分析 ★★★★★

雀巢的故事

　　国内大众对雀巢咖啡的认识,也许大都是从它那句家喻户晓的广告语"味道好极了"开始的。其实,很多业内人士也熟悉它的一个经典掌故,那就是雀巢咖啡在诞生之初,曾因过分强调其工艺上的突破带来的便利性(速溶)而一度使销售产生危机。原因在于,在速溶咖啡普遍进入家庭之前,大家都是用咖啡豆来煮咖啡的。而许多家庭主妇不愿意接受这种会让人觉得自己因为"偷懒"而使用的产品。1938年4月1日,雀巢公司开发的喷雾干燥咖啡粉末的工艺正式在瑞士投产,世界上最早的速溶咖啡诞生了。很快地,雀巢咖啡便在法国、美国、英国及其他国家和地区进行销售。

雀巢咖啡的广告海报

　　如今,雀巢咖啡已在全球100多个国家和地区销售,每年的消耗量为17亿杯。尽管雀巢公司的生产线很广,涵盖各种食品,但在消费者眼中,"雀巢"就是速溶咖啡的代名词。雀巢公司是如何让雀巢咖啡深入人心的?除了保证产品品质外,成功的广告帮了"雀巢"不少忙,消费者在记住生动广告的同时,记住了雀巢咖啡。

　　雀巢公司非常重视广告,为了保证"雀巢"广告的质量,它对自己的广告代理公司精挑细选,挑中的广告代理公司不多,全球只有5家,但是制作出的广告却堪称经典之作。而且"雀巢"的总部为每一类产品都指定了优先考虑的广告公司,各地的分公司可以在其中作出自己的选择。

　　"雀巢"的广告带有鲜明的时代特点,纵观它的广告发展历史,不难看出它经历了四个时期的演变:20世纪30、40年代,在速溶咖啡刚刚面世时,"雀巢"的广告特别突出速溶咖啡与传统咖啡相比更省事的特征。但是,这一广告创意与当时的社会环境不相符。那时,女性主要在家相夫教子,很少外出工作,女性消费者认为购买速溶咖啡容易被别人认为自己不够贤惠。因此,在这样的广告之下,速溶咖啡的销售不是太好。可是"雀巢"仍坚持用这个广告。后来随着步入社会的女性日益增多,速溶咖啡的优势终于被消费者认同,销售也畅旺起来。

　　20世纪50、60年代,随着产品导向型广告的流行,以及速溶咖啡逐渐被消费者广泛接受，"雀巢"开始转换宣传的重点。这一时期的广告着重强调雀巢咖啡的纯度、良好的口感和浓郁的芳香。

雀巢咖啡在消费者中的知名度越来越高后，雀巢咖啡广告的重点又变成了与当地年轻人的生活息息相关的内容。例如，20世纪70年代"雀巢"在日本的广告，至今仍让许多日本人印象深刻。这个广告营造了"雀巢咖啡可以让忙于工作的日本男人享受刹那的丰富感"的气氛，雀巢咖啡所具有的高格调形象，正好表现了公司职员的勤勉。

20世纪80年代，为了劝说中国的消费者尝尝西方的"茶道"，"雀巢"以"味道好极了"的广告口号，作为产品的面世宣传广告。对年轻人而言，与其说是品尝雀巢咖啡，不如说是体验西方的文化。直到今日，说起"味道好极了"，人们就想到雀巢咖啡。

20世纪90年代后，中国年轻人的生活形态发生了变化，"雀巢"敏锐地感受到了这些变化，在市场上投放了一系列新的广告，这次的口号变成了"好的开始"。广告以长辈对晚辈的关怀和支持为情感纽带，以刚刚进入社会的职场新人为主角，传达出雀巢咖啡可以帮助他们减轻工作压力，增强接受挑战的信心的情感价值。

问题：

1. 雀巢的广告设计在各个时期针对的消费者动机分别是什么？
2. 你能举出你认为精彩的其他商业巨头的广告吗？试分析他们广告宣传的产品特性有哪些，针对了哪些消费者动机。
3. 设想你是一家巧克力公司的老板，根据你的产品，试分析消费者购买你产品的动机，并设计一则针对这种动机的广告。

第二篇　顾客的选择
——消费决策

周末是回家还是去朋友那儿玩?如果是去朋友那儿玩,玩什么?逛街,打球,还是看电影?如果是去看电影,是坐公交车去,还是坐地铁或者打的去电影院?……这些都是决策。

简单地说,决策就是选择,就是从许多备选方案中选择一个你认为最合适的方案。日常生活中的许多事情,小到鸡毛蒜皮,大到生死攸关,都要求我们去作决策。我们生活的过程就是一个不断作出决策的过程。有这样一个笑话:

吃晚饭时,妻子端上了一盘西红柿炒蛋,老公抱怨说:"怎么天天吃这个菜,没其他的了?"妻子说:"没有了。"老公叹了口气:"哎,看样子我没得选择了。"妻子说:"不,你可以选择吃还是不吃。"

看上去不需要决策,实际上还是少不了决策。

要不要买一件商品?什么时候买?买什么样的?在哪儿买?……购物时所作的决策就是消费决策。

第五章 顾客没你想象中的精明——个体消费决策

学习目标
1. 了解什么是消费决策,在日常生活中有哪些表现;
2. 了解消费决策过程的五个环节。

第一节 卖得精明

一、买得精不如卖得精

常听人说,现在生意越来越难做了,顾客一个比一个挑剔,一个比一个精明。的确,随着商品经济的发展,顾客的选择余地大了,他们可以选你的商品也可以不选你的商品,钱在他们的口袋里,当然是他们说了算。但顾客真有你想象中那么精明吗?看过下面几段文字,你就会知道,顾客买得精,商家可以卖得更精。

实战攻略 5-1

加几个鸡蛋

有两家卖粥的小店。两家店每天的顾客数量相差不多,都是川流不息的。然而晚上结账的时候,左边的小店总是比右边的小店多卖出百十元来。天天如此。

某一顾客感到好奇,于是打算亲自到两家小店探个究竟。他先走进了右边的粥店。服务员小姐微笑着把他迎了进去,给他盛好一碗粥。问他:"加不加鸡蛋?"顾客说加。于是她给这位顾客加了一只鸡蛋。这位顾客注意到,每进来一个新顾客,服务员都要问一句:"加不加鸡蛋?"也有说加的,也有说不加的,大概各占一半。

他又走进左边的粥店。

服务员小姐同样微笑着把他迎了进去,给他盛好一碗粥。问他:"加一只鸡蛋还是加两只鸡蛋?"这位顾客笑了,说:"加一只。"

每进来一个顾客,服务员都问一句:"加一只鸡蛋,还是加两只鸡蛋?"爱吃鸡蛋的顾客就要求加两个,不爱吃的就要求加一个;也有要求不加的,但是很少。

一天下来,左边小店就要比右边小店多卖出很多鸡蛋。

实战攻略 5-2

你要哪杯冰激凌

"中华美食"天下闻名,但是为什么肯德基、麦当劳这些洋快餐却能够在短短几年内风靡神州大地?

这除了它们以人为本的理念、内部高效的管理、色香味俱全的产品之外,还有一点也很关键,那就是——深谙顾客心理!

去过麦当劳、肯德基的人大多吃过冰激凌甜筒,想一想它是什么样子的呢?和下图中这两杯冰激凌形状相似,对吧?

为什么冰激凌都"长"成这种形状呢?这是有心理学根据的,请看下面两杯"冰激凌",如果要你选择,你会选哪个?

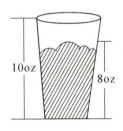
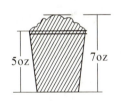

如果两杯冰激凌放在一起并标明分量,你肯定会选择左边的一杯,因为左边一杯冰激凌的分量比右边的一杯重。但如果不把两杯冰激凌放在一起进行直接的比较,并且不标明实际分量,那你可能会选择右边的那一杯,因为右边的那杯看起来"分量足""实在",给人"感觉好"。这时候你的感觉"蒙蔽"了你。

(於常勇,2011)

二、"卖"的技巧与理论——把握顾客的消费决策特点

成功的商家之所以能够卖得精明,是因为他们深知顾客心理,了解顾客的消费决策特点,从而能做到"对症下药"。

(一)"锚定"的妙用

> **研究之窗 5-1**
>
> **幸运轮上的数字意味着什么**
>
> 如果在你面前有一个幸运轮,幸运轮上有一些数字,当你转动这个幸运轮之后,指针停在数字 65 上,那么这时你需要回答一个问题:非洲国家的数量在联合国国家总数中所占的百分比是大于 65% 还是小于 65%?
>
> 这是一个常识问题,你略加思考就知道,非洲国家在联合国国家中所占的比例肯定小于 65%。然后接着问你,非洲国家的数量在整个联合国中占的实际比例是多少?
>
> 你给出的答案是多少呢?
>
> 可能和大多数人一样:大约在 45% 左右。
>
> 现在假定你是另外一个人,你在此之前并没有回答上面提到的有关联合国的问题。你转动幸运轮后所得的数字是 10,而不是 65。当这个幸运轮停止转动后,问你:你认为非洲国家在联合国国家总数中所占的百分比是大于 10% 还是小于 10%?
>
> 你肯定认为是大于 10%。然后接着问你,非洲国家的数量在联合国国家中所占的实际百分比是多少?经过一番思考后,你给出的答案可能和大多数人一样:大约在 25% 左右。
>
> (Tversky, Kahneman, 1974)

为什么同样的问题,前后两种情况下得出的答案差距如此之大呢?当幸运轮上出现的数字是 65 的时候,估计的百分比大约是 45%。而当幸运轮上出现的数字是 10 的时候,估计的百分比变成了 25%。要知道:幸运轮上出现的数字是随机的(这是你亲眼看到的)。也就是说,你给出的答案受到了先前给出的数字的影响——即使这些数字是无关的。换句话说,你的答案"锚定"在先前给出的无关数字上了。

想要进一步理解什么是"锚定",请往下看。

> **研究之窗 5-2**
>
> $8×7×6×5×4×3×2×1$ 与 $1×2×3×4×5×6×7×8$
>
> 请在五秒钟之内,不经过仔细的计算,估计 $8×7×6×5×4×3×2×1$ 等于多少?
>
> 你的答案是_____。
>
> 现在让你的同学(没有做过上面的估计)在五秒钟内不经过仔细的计算,估计 $1×2×3×4×5×6×7×8$ 等于多少?
>
> 他的答案是_____。
>
> 现在比较一下你估计的答案和你同学估计的答案。哪个答案小?是不是你同学给出的答案小于你给出的答案,并且你们的答案是不是都小于 40320(实际计算的答案)?研究表明,大多数情况下得到的预计答案都是这样的!
>
> 为什么会这样呢?因为你和你同学对答案的估计都"锚定"在刚开始计算的几步上,所以你估计的答案要大于你同学估计的答案,但都小于实际计算的答案。
>
> (Tversky, Kahneman, 1974)

在"实战攻略 5-1"案例中,左边的那家小店每天的营业额之所以能够比右边的小店多出百十元来,就是因为服务员把顾客"锚定"在"要几个鸡蛋"而不是"要不要鸡蛋"上。

日常生活中,精明商家经常利用这种"锚定"的心理效应。例如,把商品的价格调得虚高,消费者在购买这些商品时就难免受到这些高价格的影响,在还价时自然而然就给出了较高的价格。

当然,这种"锚定"的心理效应也不是在任何时候都有效。例如,一件衣服,如果顾客知道它的价值,他就不太会受到商家给出的"虚高"价格的影响。在这种情况下,他还会觉得商家不诚实。

只有在顾客不确定的情况下,例如,顾客对商品价值不是很了解的情况下,锚定效应才能发挥较好的效果。

(二) 感性的顾客

"感时花溅泪,恨别鸟惊心。"花本无情,鸟本无语,是人的感觉赋予了事物独特的意义。很显然,感觉和感情影响着人们对事物的态度和判断。顾客是感性的,他们的判断和决策往往被感觉和感情左右,感觉和感情有时候甚至能让他们忽视一些本质的、重要的东西。

在"实战攻略 5-2"案例中,肯德基和麦当劳就成功地利用了这一点,他们让顾客开开心心地买了看上去分量比实际多的冰激凌。

研究之窗 5-3

"混淆视听"的感觉

如果有一家商店正在清仓大甩卖,你看到一套餐具,有 8 个菜碟、8 个汤碗和 8 个点心碟,共 24 件,每件都完好无损的,那么你愿意支付多少钱买这套餐具呢?

如果你看到另外一套餐具有 40 件,其中 24 件和刚刚提到的完全相同,而且完好无损。另外还有 8 个杯子和 8 个茶托,其中 2 个杯子和 7 个茶托都已经破损了。你又愿意为这套餐具付多少钱呢?

结果表明,在只知道其中一套餐具的情况下,人们愿意为第一套餐具支付 33 美元,却只愿意为第二套餐具支付 24 美元。

虽然第二套餐具比第一套多出了 6 个好的杯子和 1 个好的茶托,但人们愿意支付的钱反而少了。为什么呢?因为 24 件和 31 件的差距,如果不互相比较是很难引起注意的,但是整套餐具到底完好无缺还是已经破损,却是很容易感觉出来的。瞧,人们仍是依据比较容易判断的线索——感觉,来作出判断,尽管这并不划算。

(Tversky, Kahneman, 1974)

有时候即使这种感觉是由其他事物,而不是由事物本身引起的,它仍然会影响人们对这一事物的判断,这个时候也是人们最容易"犯错误"的时候。精明的商家应该看到,顾客在作消费决策时往往是很感性的。

> **研究之窗 5-4**

"最靠不住"的感觉

● 为什么天气与股票行情有关联?

有研究表明,在风和日丽的日子里,纽约股市的股票价格明显高于天气恶劣的日子中的股票价格。天气状况影响人们的心情,而这种心情又影响人们对股市的评估:在风和日丽的日子里人们心情愉悦,从而对股市评价偏高;而在天气恶劣的日子里人们心情压抑,从而对股市的判断也随之降低。

● 为什么恋爱中的男女喜欢往咖啡厅跑?

咖啡厅中整齐洁净的环境、和缓的背景音乐、浓郁的咖啡芳香,很容易使人处于一种微妙的、良好的心境中。恋爱中的男女不知不觉中就把这种好的感觉投射到对方身上,认为自己"爱"上了对方,要不然怎么对他/她感觉那么好呢?于是乎,咖啡厅就成了爱情的催化剂。而事实上,这种感觉不一定靠得住,因为这种好的感觉是由其他原因(如:咖啡厅的环境),而不是由对方直接引起的。

● 为什么公司、产品对于改名字乐此不疲?

20世纪60年代中期,美国通用汽车公司向墨西哥市场推出新设计的汽车,车名为"雪佛兰-诺瓦",结果销售受阻,墨西哥的销售商们对新推出的"雪佛兰-诺瓦"轿车极不倾心,这让通用公司大为不解。原来,"诺瓦"一词的字面意思为"新星",但其发音在西班牙语中则意味着"走不动"。显然,这种"跑不起来"的新车是唤不起消费者的热情的。为转变被动局面,公司急忙将车名改为"卡利比"(驯鹿),才使销售状况有所改观。只是换个名字,而其他都没变(如:质量),就能让顾客的态度来个180度大转弯,"感觉"的影响之大可见一斑。

(三) 顾客心中的一本账——"心理账户"

首先请思考下面几种"怪异"的日常生活现象。

> **研究之窗 5-5**

怪 事 一

如果你在衣柜中找衣服的时候,无意间在衣服口袋里发现了100元,你打算怎么花?你可能会去买一本平时根本舍不得买的好书或者一双令你向往已久的鞋子,或者干脆和朋友出去好好吃一顿。但如果这100元钱是你花了一天的时间才辛辛苦苦挣来的,你舍得这么花吗?可能不会。为什么同样是100元,对待它的态度却如此不同呢?

怪 事 二

你花50元钱去买了一张电影票,到电影院门口却发现电影票弄丢了,你会再花50元钱买一张票吗?多数人可能会想"算了,算了,不看了",不再买票。

但是如果你去看电影(还未买票),到电影院门口发现自己刚刚掉了50元钱,你会继续买电影票吗?多数人会的。

为什么会这样呢?掉了50元钱的电影票和掉了50元钱在本质上应该没有什么区别,但为什么掉了电影票拒绝再买,而掉了50元钱却会继续买票呢?

怪事三

有人对纽约的出租车司机进行了一项调查,在生意较好的一些日子里(例如节假日,打车的人很多),司机每天工作的时间明显短于生意较差的日子(例如天气不好,打车的人较少)。按理说,在生意好的日子里应该工作更长的时间,因为那时候挣钱更容易些,而在生意不好的日子里工作的时间则可以短些。为什么会出现这种不合常理的现象呢?

为了说明这些现象,就有必要引进一个心理学的概念——"心理账户"。

账户是个人或公司用来记录收入和支出的方法,把各种收入和支出归入一定的账户可以便于管理。我们心理上也有这种账户,叫做**心理账户**。各个心理账户之间有一定的独立性,各个心理账户里面的资源(比如钱或时间)不能随意流动,心理账户里面的资源是"专款专用"的(Tversky, Kahneman, 1981)。例如,我们有"伙食费"账户——支付日常的伙食费,"书本费"账户——用来购买书本,"零花钱"账户——用来应付一些日常琐碎的开支,等等。账户的划分因人、因事而异。

如何用"心理账户"来解释上面几种现象呢?

在衣服口袋中意外发现的100元被归入"意外之财"账户,这个账户里的钱花起来一点都不心疼,而辛辛苦苦挣来的100元则可能被归入"日常开支"账户,所以舍不得花。

买电影票属于"娱乐"账户的开支。买第一张电影票的时候,娱乐账户已经支出过一次。电影票弄丢了,如果再买一张,那么"娱乐"账户里的支出明显增加,可能是为了控制开支,也可能是觉得用双倍的钱来买一张电影票不值得,许多人就不愿意再买了。而掉了50元钱就不同了,因为它属于别的账户的损失,而不属于"娱乐"账户,因此人们还是会愿意花费"娱乐"账户里的钱,继续买电影票的。

在出租车的例子中,每天的收入在出租车司机的心理账户中都有"记录"。生意好的时候,收入很快就达到了心理账户的要求,觉得"今天挣够了",所以司机们很早就收工了;而生意不好的时候,司机为了维持心理账户的平衡而不得不工作更长的时间。

商家可以利用心理账户理论来为自己服务。每到逢年过节,大小商家都会进行各种各样的打折、促销活动。为什么呢?因为逢年过节,很多顾客都会有各种过节费或者年终奖之类的"额外收入",这些钱很多就直接流入了顾客的"消费账户";即使没有奖金或者相应的福利,顾客也会因为节日的缘故而为自己的消费账户"充值"。这时候,顾客的"消费账户"都是饱满的。因此,这时候"掏顾客的腰包"就很容易,精明的商家当然不会错过这样的机会。

小贴士

丹尼尔·卡尼曼教授,2002年诺贝尔经济学奖得主,美国普林斯顿大学心理学和公共关系学教授、美国国家科学院院士、美国人文和科学院院士,拥有美国和以色列双重国籍。

"把心理学的,特别是关于不确定条件下的判断和决策的研究思想结合到经济学中。"——这是2002年瑞典皇家科学院给他的贺词。

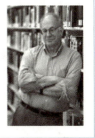

以上提到的消费者的消费决策特点只是比较典型的几种,类似的特点还有很多。商家如果善于把握消费者的心理,根据消费者的决策特点来制定相应的营销策略,就定然能够高

招迭出,彻底"征服"消费者。

第二节　顾客是怎样作出决策的——消费决策过程

消费决策是一种很复杂的心理活动,但它到底涉及哪些心理过程呢?看下面小王买电冰箱的决策过程,你能概括出来吗?

实战攻略 5-3

小王买冰箱

小王大学毕业后来到风景如画的江南名城——扬州,不久,便建立了家庭。夫妻俩一个在研究所工作,一个在机关任职。由于两人工作都很忙,烧饭做菜时间有限。另外,两人吃得不多,烧一次饭菜经常需要吃两顿。后来,两人不堪长期如此,便合计着买一台电冰箱。

他们到处打听行情,并跑了好几家商店,掌握了大量的有关信息,并对各种信息进行了分析、比较、综合和归纳,最后决定买河南新飞电器集团有限公司生产的"新飞"牌冰箱。他们为什么要买"新飞"冰箱呢?据小王本人说,他是土生土长的河南人,大学毕业后远离家乡、亲人,怀揣着无限的思念,对家乡的人、事物就有了特殊的感情。买"新飞"冰箱也算对这种思念之情的补偿。同时,"新飞"品牌在冷藏、冷冻产品行业中也一直处于领先地位,物美价廉。

小王在浓重的主观感情支配下确定购买"新飞"冰箱,并立即行动起来。他们先去了离家较近的几家商店了解销售服务情况,并选中了其中一家能提供送货服务的大型零售商店,高高兴兴地买回了一台双门"新飞"冰箱。

下面就是一个消费决策过程所要经历的几个阶段,或者说心理过程,看看和你总结的过程是否一致?

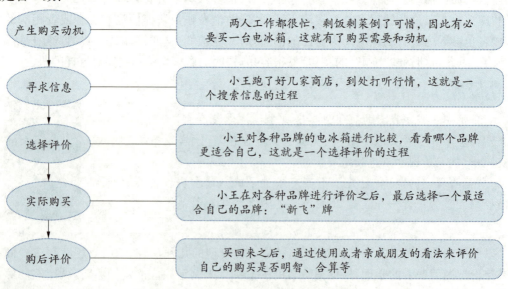

消费决策过程

以上提到的五个阶段是一个完整的、理想的消费决策过程。实际的购买决策未必完全遵循上面的五个步骤，小王买电冰箱的故事里就没有"购后评价"这一过程。下面我们来具体分析消费决策过程的这五个步骤。

一、产生购买动机

具有购买需要、产生购买动机是购买行为的起点，如果没有购买的需要，就不能产生购买动机，东西再好你也不会买的。请看下面这则小故事。

德国一家摩托车公司为了提高摩托车销量，找到了一个著名的市场购买动机调查专家，请他考察公司实际情况并提出促使销量提高的策略。经过一番调查，专家发现：骑摩托车者大部分是年轻人，而年轻人憧憬的都是开汽车而不是摩托车，只是因为他们目前的经济能力有限，还不能实现这个梦想罢了。了解到这一点，专家给摩托车公司的建议是：不要再投入很大的资金和精力宣传自己生产的摩托车是如何结实耐用，而应该让它们给人以汽车的联想，这样公司的销售额一定会很快提升上去的。听了专家的建议，这家公司在自己生产的摩托车上装上了类似于汽车悬挂的大号码牌照和汽车使用的汽笛。果然，改良后的新型摩托车一上市，立刻受到广大年轻人的青睐。

让自己的产品满足顾客的购买需要，是让顾客产生购买动机，进而引发购买行为的关键。

那么，购买动机是如何产生的呢？它可以是内在原因引起的，例如肚子饿了要吃饭，天气冷了要购买过冬的衣物，等等；也可以是由外部原因引起的，例如看到同学因为使用学习机而提高了成绩，认为自己也可以通过拥有这样一部学习机来提升成绩，从而产生了购买学习机的动机。（关于购买动机可以参照前面的章节。）

二、寻求信息

有了购买动机、确定了买什么之后，接下来就是要知道去哪里买，都有哪些款式、哪些品牌，各个品牌的大致价位，等等，这时顾客就要去收集信息。

由于时间和精力的限制，顾客不可能无止境地去收集信息，因此商家就要想办法通过各种途径让顾客了解自己的产品或服务。这也是为什么商家愿意花大力气做广告的原因。

但是不是说给顾客的信息越多越好？给顾客的选择余地越大越好呢？请看下面的经典研究。

研究之窗 5-6

别让我为难

给两组学生以下不同情境的问题。

第一组 假想你在考虑买一个新手机，但还没有决定买什么类型的。这时你经过一家店铺，这家店铺正在进行为期一天的清仓甩卖。有一部款式流行的 OPPO 手机，售价 2000 元。你会如何做？

A. 购买 OPPO 牌手机（选择此项的有 66%）

B. 等了解了其他品牌的信息后再购买（选择此项的有 34%）

第二组 假想你在考虑买一个新手机,但还没有决定买什么类型的。这时你经过一家店铺,这家店铺正在进行为期一天的清仓甩卖。有一部款式流行的 OPPO 手机,售价 2000 元,一款较为高档的三星手机,售价 3000 元,它们都低于市场价格。你会如何做?

A. 购买 OPPO 牌手机(选择此项的有 27%)
B. 购买三星牌手机(选择此项的有 27%)
C. 等了解了其他品牌的信息后再购买(选择此项的有 46%)

第一组与第二组情境的区别就在于后者使学生(顾客)多了一项选择。在只有 OPPO 手机的情况下,有 66% 的顾客决定购买,34% 的顾客拒绝购买。但在多一项选择的情况下,顾客却难以作决定,最后只有 54% 的顾客决定购买,拒绝购买的顾客从 34% 增加到 46%。

可见,给顾客传递的信息并不一定是越多越好,也不一定是给顾客的选择范围越大越好。商家不仅要知道如何向消费者传递信息,让消费者了解自己的商品与服务,而且要知道如何有效地控制信息,不要增加消费者决策的难度。

> **小贴士**
>
> 赫伯特·西蒙(1916—2001,经济组织决策管理大师)的科学成就远超过他所教的任何一门学科——政治学、管理学、心理学和信息科学。他的研究成果涉及科学理论、应用数学、统计学、运筹学、经济学和企业管理等方面,在所有这些领域中西蒙都发挥了重要作用,人们完全可以以他的思想为框架来对这些领域的问题进行实证研究。西蒙首先是一位经济学家,因终身从事经济组织的管理行为和决策的研究而获得 1978 年的诺贝尔经济学奖。
>
>

三、选择评价

在收集了各种信息之后,顾客就会对这些信息进行分析整理,并试图找出哪种品牌、价位、颜色、款式更适合自己。各种产品有优点也有不足,例如,当年的 MP3 播放器,有的外表美观,但可能价格昂贵;有的存储容量较大,但却不一定款式别致。顾客是如何对产品进行选择的呢?

顾客可能会对各种产品的优缺点进行全面的权衡,就像达尔文决定他的终身大事时一样。

研究之窗 5-7

这是一个问题

在完成了关于英国小猎犬这一具有历史意义的科学探索两年之后,29 岁的达尔文将他的注意力转向了个人家庭问题。他用铅笔在一张纸上潦草地写下了如下便条,该便条分为两栏,像对称的表格一样。

> | 结婚 | 不结婚 |
> |---|---|
> | ①孩子(如果幸运的话);②一生的伴侣(老年时的朋友,谁会对孤苦伶仃感兴趣呢?);③家庭,有人照料房子;④美妙的音乐、与伴侣聊天,这些事情有益一个人的健康…… | ①可以自由前往任何喜欢去的地方;②可以前往俱乐部与聪明的人交谈;③不用被迫去访问亲属,不必耽于琐事,甚至晚上不能读书;④肥胖、懒散、焦虑以及责任;⑤如果许多孩子分享一个面包,可能没有钱买书;⑥如果工作太多,可能有损人的健康…… |
>
> 天哪,想一想要消耗一个人整个生命,像一只工蜂一样,忙碌,忙碌,到头来一无所获,实在令人难以忍受。试想,一个人住在伦敦的一幢乌烟瘴气、脏乱不堪的房屋里,孤独无助地度过一天又一天。反过来试想,姣好温柔的妻子坐在沙发上,炉火烧得旺旺的,也许还有书籍和音乐!
>
> 达尔文最后得出了应该结婚的结论,在第一栏下面决然地写道"结婚,结婚,结婚——证毕"。

这么做决策能够得到比较理想的结果,但不是任何人、在任何时候、对任何事都能做到这一点。能够这么做的人一定是一个头脑冷静、虑事周详、有足够的时间和精力、不焦躁、不冲动、没有偏见的理性的人。同时,选项不能太多。

而这些条件在现实生活中往往不能同时成立,因为每天需要我们作的决策实在太多了,我们不可能有那么多的时间和精力来全面权衡每一个选项。

顾客实际作决策的时候往往只是根据产品的少数几个特点来决定买还是不买、买哪一种。例如,买手机,对学生来说,一般首要考虑的是价位,其次要考虑的是外观,屏幕的大小、机身的厚薄,而其他一些特点,如颜色、产地等可能就无所谓了。有时候,顾客决定是否购买某一个商品甚至只需要一个理由,如款式喜不喜欢、有没有售后保障等。

四、实际购买

在经历了上面几个阶段之后,就进入第四个阶段——实际购买阶段。在这个阶段也有很多因素可以影响消费决策,例如,顾客本来在某家大商场看中了一件漂亮的外套,正准备把它买下来,但如果售货员接待不热情或者购买环境不好(例如拥挤),这时顾客也很有可能放弃原来的购买决定。因此,作为商家,一定要做到热情接待、周到服务,让顾客在非常温馨的交易环境下接受你的商品。

五、购后评价

东西买回来了,但这个动态的购买过程还没有结束,对商家是这样,对顾客也是这样。例如,我们买回来一件衣服,穿上后总是喜欢问问别人:"怎么样,还可以吧?"希望获得别人的评价。自己在实际使用的过程中,也会对买回来的东西不断评估买得值不值。商家也要对商品质量、顾客的满意度进行跟踪调查。这一阶段很重要,因为它不仅直接关系到顾客愿不愿意成为"回头客",而且如果售后工作没做好,引起顾客不满,还可能引来法律诉讼,给公司的声誉造成不良影响。在这一阶段还有一些很有意思的心理现象。

1. 禀赋效应

一件东西(例如某种商品)一旦被人们看成是自己财产的一部分,那么他对这件东西的评价就会偏高,尤其舍不得放弃,这就是心理学上所说的**禀赋效应**(Kahneman et al.,1990)。

研究之窗 5-8

"孩子"总是自家的好
——禀赋效应

安排一群人进入一个会议室,并且对号入座。在会议室的桌上随机地放着一些茶杯,也就是说有一部分人的座位上刚好有一个茶杯,而另外一些人的桌上则没有茶杯。这时候,会议的主持人说:"你们桌上的茶杯是随意分配的,如果你的座位上刚好有一只茶杯,那它就是作为礼品送给你的。对于没分到茶杯的人将得到10元钱(与茶杯的价值相当)作为补偿。"会议结束的时候,主持人说:"如果愿意,你们可以交换你们各自的所得(茶杯或钱)。"

结果发现,不管是得到杯子的人还是得到10元钱的人,都很少有人愿意交换。

商家也经常利用这种心理效应。例如,允许顾客先把某件商品抱回家试用一段时间,如果不满意可以无条件退货。实际上真正去退货的人少之又少。为什么呢?因为顾客已经习惯了、适应了这种商品,已经把试用的商品看成是自己财富的一部分,如果放弃这种商品,对他们来说是一种心理上的损失,而损失则是很"痛苦"的事情。

2. 沉没成本效应

请先看下面一则小故事。

"我的一个朋友和我约好要到我家来玩,刚好那天天气恶劣,风急雨骤。我如约到××站点等她,但早已过了约定的时间,她还没有出现。不巧的是,我出门的时候手机落在家里,无法和她进一步联系。我等得有点着急,我想,她是不来了,还是因为堵车而迟到了,又或者她下车时我们刚好错过了呢?是继续等呢,还是回去呢?我犯难了。我想走,但转念一想:万一我刚走她就到了呢?既然已经等了这么久,现在走太可惜了,再等会儿吧。我抱着这种想法一直等啊,等啊,看着一辆辆公交车来了又走,但就是没看到她的身影。很快半个多小时过去了,我越来越不愿意就此回去,因为我已经等了太久,我不想让那么长时间的等待变得毫无价值……"

这种现象在心理学上叫做**沉没成本效应**,指人们为了不让自己以前的投入变得没有价值,而宁愿一错再错。

研究之窗 5-9

继续投资吗
——沉没成本效应

心理学家哈尔·阿克斯和凯瑟琳·布鲁默在10个不同的小型实验中举例说明了沉没成本效应。在其中的一个实验中,要求参加实验的人解决以下的问题:

假设作为一家航空公司的董事长,你已经投资了1000万美元来开发一个项目。目的是制造一种不会被传统雷达监控到的飞机,也就是隐形飞机。在该项目的90%

已经完成时,另外一家公司已经开始为隐形飞机做市场宣传了。并且很明显,与你们的飞机相比,他们的飞机速度更快,也更经济。你还会把剩余的10%的研究资金用于完成隐形飞机项目吗?

结果发现,85%的被试倾向于完成该项目,尽管完成后的飞机与市场上已经有的飞机相比处于劣势。

给另外一组被试另一个版本的问题,其中并没有提到先前的投资,结果只有17%的人支持在该项目上投资。

(Tversky, Kahneman, 1981)

顾客把某件商品买回家的时候,对商品已经投入了一次成本,如果发现商品有问题,一般也不愿意轻易就此放弃这件商品,更多的情况下是选择进一步的投入,这就是为什么花在修理原来购买自行车上的钱很可能比重新买一辆的钱还多的原因,是"沉没成本"效应惹的祸。

一个完整的消费决策过程基本上都需要经历上面提到的五个环节,任何一个环节出了问题,消费过程都可能中断,因此,商家在制定营销策略时不能顾此失彼,而应该把握顾客在每一个环节中的心理特点,把每一个环节的工作都做到最好。

第三节　网购的秘密

互联网技术和市场经济的发展催生了网络消费这一新型消费模式,在中国,它以迅雷不及掩耳之势席卷全国,占据市场,势头之猛令人始料未及。以2021年为例,数据显示,截至2021年6月,我国网络购物用户规模已达8.12亿;2021年上半年,全国网上零售额已达61133亿元;甚至仅仅在"双十一"购物节当天,全网交易额就高达9651.2亿元,全网包裹数多达11.58亿个。

自2013年起,我国已连续八年成为全球最大的网络零售市场。与此同时,网络消费的快速发展也对消费者的生活习惯和商家的营销方式产生了巨大的影响。那么,网络消费究竟有何神秘之处?网络消费中的消费者有何特点?商家该如何利用好网购平台促进商品营销?本节就带领大家一起去探寻网购的秘密。

一、网络消费

20世纪90年代初,随着互联网的飞速发展,互联网应用在全球范围内掀起热潮。互联网的高速、自由、开放性给人们带来了巨大的影响,改变了人们的思想观念、工作方式和生活习惯,也促进了商品交换由实体市场向虚拟市场的转变,网络消费应运而生。

(一) 什么是网络消费

网络消费是个体为了满足自身需求,借助互联网平台进行的各种消费过程和行为。狭义上的网络消费指网络购物行为。广义上来看,网络消费不同于网络购物行为,个体借助互联网满足自身需求的消费过程都属于网络消费的范畴。

网络消费包括物质型网络消费和精神型网络消费,其主体是消费者,客体是各类商品和服务。网络消费是消费方式的一种,从过程上来看,它是消费者和商家动态互动的过程,消费者拥有主动性的权利,商家具有引导性的作用。从效果上来看,网络消费是一项"双赢"的活动,既更好满足了消费者的多样需求,又在一定程度上提高了商家的收益。

(二) 网络消费的特点

网络为商家与消费者提供了销售和消费的平台,突破了传统消费模式的限制,改变了消费者的消费习惯和商家的营销模式。具体来说,网络消费有以下几个特点。

第一,网络能够为商家和消费者提供信息双向沟通的桥梁和渠道,消费活动得以更大限度地突破时间和空间的约束。网络消费一方面降低了商家的运营成本、提高了商家的营销效率,另一方面也有利于消费者更加快速、便捷地获取所需的产品和服务。

第二,网络为各种商品提供了销售平台,网络中的商品与线下的商品相比更具多样性。现在,网络消费所提供的产品和服务范围在不断扩大,通过网络,人们可以购买必需品、缴纳水电费、预约出行服务等。人们可以通过网络满足自己的各类消费需求,消费习惯发生了重大变化。

第三,在网络消费中,商家借助虚拟的互联网平台,提供虚拟的商品信息来激发消费者的消费行为,网络平台和信息都具有虚拟性的特点。传统消费中消费者通过直接经验、亲自去感受商品来决定是否要购买该商品。而网络消费中消费者无法直接感受商品,主要通过间接经验,依据商品的展示和描述、评论、销售量、品牌等信息来判断商家是否可信,从而做出是否购买的决策。

第四,与传统消费模式相比,网络消费中的消费者能够更自主地选择商品,占有主导地位。网络环境提高了消费者货比三家的便捷性,使消费者可以根据个性化的需求选择产品与服务。商品的质量和创新性、展示和评价、物流和服务等任何部分有所缺陷都有可能让消费者拒绝购买。因此,网络消费在带给消费者便捷的同时,也提高了对商家营销的要求。

(三) 网络消费的渠道

你经常通过什么进行网络消费?当你想要在网上购物,你会选择哪个平台?官方网站、品牌应用程序、淘宝,还是微信?你有过被各种媒体推荐吸引消费的经历吗?直播间、短视频或者软文推荐是否增加了你的消费?你会通过支付平台进行各种缴费吗?网络消费快速发展的过程中,网络消费渠道呈多元化发展的趋势。

网络消费渠道主要包括品牌官方网站、品牌应用程序以及第三方平台。品牌官方网站和品牌应用程序指消费者通过生产者直接购买产品或服务的渠道。第三方平台指消费者通过第三方平台直接(从生产者那里)或间接(从中间商那里)购买商品或服务的渠道。

大多数品牌都有属于自己的官网,这些官网不仅会提供关于产品或服务的介绍,还会提供直接的购买服务。对于品牌方来说,官网能够将产品或服务的详细信息集中展示以方便消费者了解,且无需向第三方支付任何费用,节约了时间和金钱成本;但是企业需要做好前期的宣传工作、获取消费者认可才能吸引消费者通过官网消费。对于消费者来说,官方网站能够保障产品的质量且没有其他无关信息的干扰,使自己更加放心、快速地购物。

相较于官方网站,较少的品牌拥有自己的品牌应用程序。对于品牌方来说,品牌应用程序能够提升品牌形象、增加与消费者的互动,从而促进产品或服务的销售;但开放和运营应用程序需要相对较高的成本,且更需要品牌方做好宣传工作以吸引用户并培养忠诚用户。对于消费者来说,品牌应用程序会呈现更多商品信息并发放更多优惠活动,使自己放心购物的同时最大程度地享受到折扣福利;但品牌应用程序需要占用自己更多的认知资源和手机空间。

第三方平台包括综合性电商平台(如：淘宝、京东商城等)、行业电商平台(如：美团、去哪儿网等)、网上中介服务平台(如网上银行、支付宝等)、新媒体平台(直播应用程序、短视频应用程序、微信)等。网络消费者数量的增多加快了各种第三方消费平台的成长，特别是近几年新兴的直播间带货、视频和软文的推广等在带动人们消费的同时，还提升了消费者的购物乐趣。第三方平台上拥有各种各样的商品，是消费者选择最多的网络消费渠道。对于知名度较高的品牌来说，第三方平台上的销售能够激发更多潜在消费者的购买兴趣以提高销售量，而对于知名度不是很高的品牌来说，第三方平台上的销售信息无异于对自己的一种宣传；但商家在第三方平台上的经营要面对更多的竞争者，需要通过各种途径来提高竞争优势。对于消费者来说，第三方平台能够提供给自己更多的选择，可以快速地货比三家，参与平台的优惠活动，寻求最优的消费方案。

二、网络消费中的消费者

(一) 消费者的群体特点

近年来，互联网技术的发展不断拓展着产品销售的渠道，产品信息的传播介质如社交网络、视频广告等也日益表现出多样化的趋势。日益完善的互联网技术与物流体系进一步打开了消费市场。

网络购物刚刚开始发展时，只有年轻人愿意进行网络消费，随着网络信息技术的发展与物流运输体系的完善，现在中壮年群体、老年人群体也愿意在网络上购买自己需要的物品，网络购物几乎已经覆盖了各个年龄段，成为一种全民性的活动。但在不同年龄的网络消费者群体中，青年人的网络消费比例较高，网络消费的主体仍然是年轻人。一项2017年的调查研究显示，中国的网络消费者中，年龄在18~35岁的占总体的85%以上，成为网络购物的主流群体。其中，占比最高的网络消费者群体的年龄范围在18~24岁，高达40.9%。

另外，不同学历群体的网络消费情况也存在着一定的差异，大学本科、硕士及以上学历的居民网络消费的比例较高，拥有大专及以上学历的网络消费者占比超过8成。

(二) 消费者的消费特点

如今，网络中提供的商品与服务越来越多样，消费者不仅可以在网购平台中购买自己喜欢的商品，还可以缴纳各种生活费用、预定餐饮住宿服务，等等。

随着经济的发展与人们收入水平的提高，人们的常购商品品类渐渐从生活必需品向各垂直品类覆盖，消费行为也从商品消费向服务性消费延展，当下人们的消费结构整体升级，而在这些消费行为中，有相当一部分都是通过网络进行的。与2017年前相比，以传统方式消费的群体比例下降了14.2%，而网络消费的人群占比整体提升。虽然购物、缴费等活动通过线下或网络的方式都能进行，但相比之下，网络确实为消费者的各类消费项目提供了更多便利，因而受到了广大人群的欢迎。

(三) 消费者的心理特点

个体的任何外在行为都与其心理过程息息相关，网络消费行为也不例外，一个消费者是否选择网络消费、消费程度如何都在很大程度上受到其心理因素的影响。

消费心理是商家制定经营策略，特别是营销策略的起点。了解消费者在消费过程中的心理过程非常关键。如果一家公司不了解消费者的心理活动及其特点就盲目地开展商务活动，则很难长期地留住消费者或长久地在市场中占有一席之地。因此，了解消费者在网络购物过程中的心理特点具有重要意义。

1. 追求个性化

如今,人们的饮食活动不仅仅是为了果腹,购物活动也不仅仅因为需要补充生活的必需品。经济发展的路径从农业经济、工业经济、服务经济延伸到如今的体验经济。体验经济的突出特点就是人们比以往更加注重个性化体验,相当一部分消费者已不再满足于衣食住行方面与他人保持一致,而是希望独立自主、追求个性、突出自我,在消费行为上即表现为追求个性化、差异化的产品。

在网络消费中,人们追求个性化的心理尤为突出。网络消费的快速发展使得网购产品趋于多样化发展,人们通过网络可以快速浏览多种类、多款式、多价位的商品。网络在满足消费者个性化的消费需求的同时,也强化了消费者追求个性化的消费行为。

企业要想适应消费者追求个性的心理需求,就要认真分析消费者的需求,完善产品的内涵,使产品从质量、外观到理念都具备一定的个性化特点,得到消费者的认同和接受。

2. 追求方便

随着生活节奏的加快,逛街、在实体店购物对人们来说有时成为了一种"奢侈",在繁忙的工作之余,比起逛街购物,人们可能更希望得到休息。而网络购物的发展正迎合了人们快节奏生活之下的消费需求,随着互联网的发展,网络购物使得消费者不受时空地域限制,足不出户就能购买需要的商品或服务,线下实体店的消费已不再是消费者的唯一选择。

网络消费的一个突出特点即便捷性。人们可以随时在网上购物,而传统的线下购物,人们只有在店铺固定的营业时间才能购买。此外,网络中的产品种类更齐全、款式更多样。通过网络,消费者能够随时随地获得最新的产品信息并购买自己需要的产品,这为人们的消费提供了更具弹性的时间和更多选择的空间,极大地便利了消费者的购物过程。

总之,时间安排不自由或追求方便、高效消费过程的个体都可能更倾向于网络消费,可以说,追求方便是网络消费者群体的一个重要心理特点。

3. 追求性价比

社会经济飞速发展之下,人们的可支配收入也在增加,相应地,现在的人们在消费活动中更多地注重产品的品质和品牌保障,而不愿意将就凑合、一味地购买廉价但质量欠佳的物品。社会调查结果显示,56.3%的网民愿意多花一点钱购买品质好的东西。现在的人们对产品品质的要求更明确,也愿意为高品质付出更多。

当然,消费者都希望花更少的钱买到更好的产品,或尽可能在同一价位内挑选到最好的产品,在网络消费的环境中,消费者对低价的追求更进一步。因为相比于传统购物方式,网络中的商家不存在店铺租赁、店面维护等成本开销,相较于实体店,网上销售的商品有着更大的让利空间,其定价往往更有吸引力,很多消费者愿意网购就是被其较低的价格吸引;其次,为了吸引消费者,不少商家会采用满减、秒杀等促销策略,使消费者产生"网上的商品价格更低"的感受。因此,网络环境下的消费者普遍具有追求低价的消费预期。网络中商品的多样性、丰富性及"货比三家"的便捷性能够更好地满足消费者对于性价比的追求。

4. 注重新颖性

随着现代社会的快速发展,产品的更新速度也在不断加快,尤其在网络购物中,消费者能看到的产品数量、样式相较于传统购物成倍增长,各类产品琳琅满目、层出不穷,这进一步加剧了消费者求新求变的诉求。随着收入与生活水平的提高,人们敢于尝新、敢于换新,消费观念更加开放。

5. 注重实用性与美学的统一

在存在大量同质化商品的网络购物中,消费者不再单纯地满足于商品良好的可用性。除了关注商品的实用性之外,消费者对其设计、款式和流行元素等美学特征也更为关注,如商品的外观是否好看、包装是否具有艺术性等。现在的消费者在购物时会更多地考虑到商品美学方面的性能。

三、网络消费的影响因素

消费者的购买行为作为其消费心理的外在表现,受到消费者内部的生理、心理因素以及外部商家营销活动、社会环境等多方面刺激因素的共同影响。消费者经过复杂的心理活动进而产生购买动机、作出购买决策并开展购买行为。因此,分析网络消费者购买行为的影响因素十分重要。消费者本身的特点、产品特点、电子口碑、感知价值与感知风险都会影响到消费者的网络购物活动。

(一) 消费者特点

消费者本身的一些特征,如个人心理特质、网上购物经验等,是影响其网络消费行为的重要因素。研究表明,开放性、宜人性、尽责性等这些大五人格模型中的特质能够解释一些个体对于网络消费的热衷。

另外,消费者先前的网络消费经验对其网络购物行为也有着重要的影响,网络消费是一种有"惯性"的行为,过去的网购体验能够正向预测个体的网络消费行为,消费者以往的消费经验越丰富,在网络购物时越容易作出消费的决策,且消费者以往的购物经验对其个人价值观及其网络消费态度起到调节作用。

(二) 产品特点

1. 产品特性

目前,消费者几乎可以在网络上购买到任何他们想要的产品,但由于网络本身的性质导致网上购物存在一些固有的优缺点,因此并非所有的产品都适合在网上销售。网络改变了消费者传统消费过程中的眼看、手摸等购物习惯,所以一些对于消费者参与程度要求较高的产品可能就不能完全依赖于网络销售。

在网络消费过程中,根据消费者对产品属性的了解程度,可以将产品分为搜索类产品和体验类产品。搜索类产品,消费者在购前就可以获得有关产品质量属性的信息,其特征比较容易评估,购买风险较少,如图书、缴纳话费等,消费者比较容易作出购买决策;体验类产品,消费者在购买前无法明确了解产品的属性,一般在使用之后才可以对其作出评价,如衣服、香水等,因此消费者较难作出决策。

研究表明,与体验类产品相比,消费者更倾向于在网上购买搜索类产品。另外,如果在网上购买体验类产品的话,消费者更容易受到其他消费者影响,也就是说,其他消费者的评价对个体购买体验类产品具有较高的参考价值。

2. 产品价格

在影响消费者消费行为的众多因素中,价格一直占据着非常重要的地位。由于互联网商家不存在店铺租赁成本等开销,有着更大的让利空间,因此相对于实体店来说,网络中商品的价格一般更低,这是网络购物吸引消费者的一个重要原因。

在网络消费过程中,产品种类更加丰富、产品价格更有吸引力。另外,由于网络消费的便捷性,消费者足不出户就能"货比三家"。因此,当网络平台上存在着大量同质化产品时,购买成本就成为影响消费者购买行为的重要因素。

商家可以合理地利用低价促销策略。在提升产品质量与做好营销宣传、让产品从同质化产品中脱颖而出的同时,可以通过降低消费者的购买成本、产品和服务的搜索成本建立优势地位。

3. 消费者对产品的购买频率

此外,在网络消费中,产品的购买频率会影响消费者的购买行为。如果所购产品是消费者常常购买的,消费者比较容易作出决策;当消费者第一次购买某产品或购买某产品的频率很低时,则较难作出购买决策。

(三)电子口碑

消费者的评价与信任在顺利的商业交易中必不可少,在网络交易中也是如此。某一产品的口碑直接体现着消费者对其的评价。

传统口碑一般通过口耳相传的方式形成,而网络技术的发展使得现在的消费者可以在网络上发布对特定产品的感受与体验,也可以通过浏览网页中其他消费者对于产品的评价获得有用的信息,这就形成了电子口碑。**电子口碑**指消费者对于产品、服务等在网络上作出的正性或负性评价,电子口碑会对消费者的消费态度和行为产生重要影响。

相对传统口碑来说,电子口碑具有更快的传播速度和更广的传播范围。在传统交易方式中,消费者对某产品的评价往往只在亲朋好友等较为有限的社会网络中传播,其产生的影响力也是有限的。而信息技术的飞速发展与网络信息的畅通使得电子口碑有着巨大的影响力和商业价值。以国产品牌小米为例,小米几乎没有采用电视广告、明星代言等传统的广告传播方式,但在短短几年时间就迅速发展起来,目前仍然是中国手机重要品牌之一,这离不开其良好的电子口碑的力量。

因此,网络商家在提高产品质量的同时,应注重加强自身的品牌与形象建设,坚持诚信经营、杜绝虚假交易,注重客户的反馈评价,让消费者对产品、品牌产生良好印象,以优质的产品与服务在网络环境中收获良好的口碑。

(四)感知价值

消费者在购买产品、体验服务的过程中不是被动的,而是会感知自己获得的利益并将其与付出的成本进行权衡比较(Zeithaml, 1988)。

感知价值就是消费者对收益与其成本进行权衡后对产品或服务所进行的整体性的效用评价。在网络消费过程中,消费者会通过从网络中获得的信息感知产品的质量、性价比、服务等,通过综合比较获得的价值与付出成本,最终决定是否做出消费行为。像产品的售后服务、上文中提到的电子口碑等都能够影响到消费者的感知价值。

(五)感知风险

感知风险是阻碍消费者购买行为的主要因素之一。鲍尔于1960年提出感知风险这一概念,并将其定义为"消费者对自身购买行为引发的无法准确预估的利益受损的不确定性的担忧"(Bauer, 1960)。

虽然网络消费给消费者带来了很大的便利,但由于网络购物是依托信息技术在虚拟环境下进行的,网络交易的过程中仍然存在着很多风险,在网络消费行为中,消费者主要从财务、服务、产品功能、个人隐私等维度感知风险并作出评估,从而影响其购买行为。

消费者感知风险的大小与其消费意愿成反比,即消费者对要购买产品的感知风险越高,作出购买决策时就越谨慎。但风险大小与其对消费者的影响程度并不完全一致,因为消费者无法准确地感知到消费过程中的所有风险。一般来说,消费者可以感知的风险才是影响其消费行为的重要因素。

有研究表明,相比于传统的购物方式,消费者在进行网络购物时会知觉到更高的风险。随着网络交易市场的不断扩大,网络消费的安全性也越来越受到广大消费者的重视,因此,有必要加强对网络交易各环节的监督、监管,让消费者能够更安心地进行网络消费。

四、网络消费中的心理效应

(一)羊群效应

如今,对于广大的网络使用者而言,每年的11月11日作为"购物狂欢节"的意义已经远远超过了"光棍节",尤其是对于习惯进行网络消费的群体而言。每年的"双十一"将无数消费者集结起来,共同创造了一个互联网商业奇迹,这一现象实际上反映了消费者的"羊群效应"。

羊群效应指个体的决策会受到他人的影响,一个群体中的个体不需要中心化协调,仅仅通过学习和模仿就会在观念或行为之间表现出一致性。在网络购物环境下,商品信息具有虚拟性的特点,所以人们常常会通过跟随大多数人的选择来降低消费的不确定性。

羊群效应的线索可能是产品销量或消费者评论等信息,在个体水平上消费者会根据线索产生模仿行为,即"别人怎么做我也怎么做"。而后,随着模仿者数量的增多,在整体水平上羊群的规模、范围及速度将不断增长。如今,互联网的迅速发展使消费者之间的交流互动更加便捷,消费者可以通过更多渠道进行产品推介或购物经验分享,从而使网络消费中羊群效应的发生更为普遍。

(二)曝光效应

你是否会被应用程序首页的推荐吸引消费?原本没想买某个东西,但因为多次浏览,你的购买欲望是否有所增强?商家正在悄悄地利用"曝光效应"来促进人们的购买决策。

曝光效应指个体会偏好自己熟悉的事物。在网络消费领域中,当一个事物经常在个体面前出现,那么个体对该事物熟悉度增加的同时喜爱度也会增加。各种媒介上对商品的推荐、直播间对商品不断地介绍、商品介绍里卖点的重复凸显、购物应用程序首页的直通车和钻展等,商家通过各种方式来增加商品及其优点出现在潜在消费者眼前的概率,并利用方便的购买链接来推动人们选择购买,许多消费者便在这种营销的激发下作出了购物决策。但是,曝光效应不是越多越好,对于商家来说,适度的曝光效应才能达到最好的结果。

(三)确定性效应

网络消费的一个弊端是人们无法触摸到真实的商品,害怕"便捷消费"变成无法处理不合适商品的"麻烦消费",所以消费者在挑选商品时会反复比较权衡然后作出决策,而这一过程将会让商家减少很多潜在客户。但若能打破这种不确定性,保障消费者的利益,让消费者在购买时不必担心因为商品与自己的预期不符从而引起不必要的麻烦,那就会大大提升商品的购买率。这就是"确定性效应"。

确定性效应指个体在确定的收益和"赌一把"之间会偏好选择确定的收益。确定性是基于前景理论所提出的,前景理论认为,大多数人在面临获利时是风险规避的,在面对损失时是风险偏好的,对损失比获利更为敏感。对于消费者来说,在网上买到自己喜欢的商品是一种获利,但若发现商品不合适就可能造成损失。于是,许多商家提出了"七天无理由退货""赠送运费险",使消费者的不确定性完全打消、损失完全规避。因此,在面对相同商品的抉择时,商家是否会提供"七天无理由退货""赠送运费险"服务成为了消费者是否购买的一个重要因素。

(四)诱饵效应

在网络消费中,你是否会经常面对类似以下的抉择?"上衣 89 元,裤子 59 元,上衣 + 裤子 99 元",你会同时购买上衣和裤子吗?"基础服务 199 元,升级服务 299 元(比基础服务增加了许多实用功能),高级服务 499 元(比升级服务又增添了少量且不怎么实用的功能)",你会选择购买哪个服务?"100 g 护手霜 49 元,200 g 护手霜 79 元,400 g 护手霜 180 元",你会购买哪个护手霜?大多数消费者的选择是显而易见的,会购买"上衣 + 裤子""升级服务""200 g 护手霜"。"诱饵效应"是推动消费者做出这一决定的原因所在。

诱饵效应指个体对两个不相上下的选项进行选择时,因为第三个新选项("诱饵")的加入,会使两个选项中的一个选项显得更有吸引力。上文中的"上衣""高级服务""400 g 护手霜"就是"诱饵"。"上衣 + 裤子""升级服务""200 g 护手霜"是"诱饵"帮助的选项,通常称为"目标"。"裤子""基础服务""100 g 护手霜"则被称为"竞争者"。就商家而言,第三个选项的加入并不会减少自己的损失,诱饵效应只是自己吸引消费者购买的手段,还有助于自己加快商品销售。但就消费者而言,诱饵效应可能增加自己不必要的消费。

五、小结

网络消费在带给消费者便利的同时,更提醒着商家要紧跟时代步伐,迎接网络带来的机会和挑战,认清自己在网络消费中的位置和作用,以消费者为核心,促进企业发展。

首先,网络消费将商家的信誉摆在首要位置,商家要踏实做好商品,保证产品质量、物流时效和支付安全,以诚对待客户。其次,由于网络能让消费者更加快速地货比三家,商家要加强对产品创新性和独特性的关注,确定和维护好自己的目标客户,吸引更多潜在客户。再者,网络消费使得人们的消费心理发生了一定的变化,商家要积极认识消费者网购时的心理特点,结合网络技术,用心做好产品、展示产品、宣传产品,主动激发消费者的购买兴趣。最后,网络消费所具有的虚拟性特点更加凸显了各种消费心理效应的重要性,商家要认识并利用好羊群效应、曝光效应、确定性效应、诱饵效应等心理效应,使消费者易于作出购买决策,实现商家和消费者的"双赢"。

实战攻略 5-4

京东物流成就京东商城

京东商城发展至今,成为一家大型的综合网络零售商,是中国电子商务领域最受消费者欢迎和具有影响力的电子商务网站之一。京东不仅能够满足消费者的商品需求,还建立了自家的物流体系,极大地提升了用户体验。京东物流正是京东商城赢得消费者的核心法宝。

2004年，中国互联网电商阵营已经很庞大，淘宝的发展势头也比京东商城要好。彼时，消费者总是期待着自己能快点收到商品，所以在选择购物平台时除了比较相同商品的价格，还会考虑快递的时效。淘宝主要通过与快递公司合作向客户发货，从商品发出到消费者收货需要较长的时间。于是，京东认识到这一点，采用了差异化竞争的策略，聚焦于"体验为本，效率制胜"，自建物流体系，在全国的主要城市布局仓库，并投入车辆布局运输网络和末端站点。京东物流的"及时达""当日达""次日达"等服务在满足了不同消费者的多种时效需求的同时，还刺激了消费者持续选择京东的热情。京东便从众多的购物平台中脱颖而出，成为了最受消费者喜爱的购物平台之一。与此同时，和京东合作的品牌供货商也越来越多，不同的品牌能够满足消费者更多样的消费需求。京东不仅能让消费者快速收到商品，还免除了消费者对商品质量的担忧，"品质"和"速度"成为消费者心中京东的代名词，吸引着消费者通过京东商城购物。

2021年，《财富》杂志公布的世界500强企业排行榜中，京东集团位列第59位。京东的成功在于抓住了消费者"追求方便"的心理特点，使消费者不必担心物流的时效和商品的质量。

本章关键词		
决策	消费决策	心理账户
禀赋效应	沉没成本效应	网络消费

思考题

1. 什么是消费决策？
2. 什么是心理账户？如何根据心理账户理论来制定相应的营销策略？
3. 对顾客来说信息越多越好吗？为什么？
4. 网络消费行为的影响因素有哪些？为什么？

自我测试——"我"是怎样的消费者

根据自己的实际情况回答下面的问题。

测试1

1. 我去商场有明确的目的，对要买什么、买什么牌子、型号、款式、功能都心中有数，一旦有商品合意，就毫不犹豫地买下。
 □是 □不是

2. 我去商店时大致知道要买些什么，但买什么样的、什么品牌、型号、款式都还不确定，只有在对同类商品进行比较之后才能确定。
 □是 □不是

3. 我在茶余饭后、散步、顺路都可能步入商店漫无目的地浏览参观,看到一些喜欢的商品就想把它买下来,但有时候也只是随便看一看,不一定非要买什么。

　　　　　　　　□是　　　　　　　□不是

测试 2

1. 我几年来经常买某个品牌的商品,经常光顾同一家商店,对其他同类商店很少关注。

　　　　　　　　□是　　　　　　　□不是

2. 在买商品之前,我会花大量的时间和精力来收集信息,经过周密的分析和思考之后才慎重地决定买还是不买。

　　　　　　　　□是　　　　　　　□不是

3. 我买东西不易受到别人或广告的影响,总能自主地作决定。

　　　　　　　　□是　　　　　　　□不是

4. 我喜欢买价格低的产品,讲求经济划算,物美价廉,尤其喜欢优惠价、处理价的产品,而对商品的质量、造型则不太强调。

　　　　　　　　□是　　　　　　　□不是

5. 我喜欢买价格高的商品,觉得价格高质量肯定好。

　　　　　　　　□是　　　　　　　□不是

6. 我经常莫名其妙地买一些东西,买过后又常觉得懊悔。

　　　　　　　　□是　　　　　　　□不是

7. 我很看重商品的颜色、造型,只要自己喜欢就想把它买下来,对价格、质量考虑较少。

　　　　　　　　□是　　　　　　　□不是

8. 我总是喜欢带着朋友去买东西,这样他们能给我建议,否则我常常不知所措,不知该选哪一个好。

　　　　　　　　□是　　　　　　　□不是

测试 3

1. 我在购买商品时比较沉默寡言、喜欢自己看,与销售人员保持一定的距离,很少谈论与商品无关的内容,也不喜欢对方开玩笑。

　　　　　　　　□是　　　　　　　□不是

2. 我很尊重销售人员的介绍和意见,对他们的服务比较放心,往往根据他们的推荐来购买。

　　　　　　　　□是　　　　　　　□不是

3. 我在购买商品时,能很快与人们接近,愿意与销售人员或其他顾客交换意见,我富有幽默感,喜欢开玩笑,有时甚至谈得忘记选购商品。

　　　　　　　　□是　　　　　　　□不是

4. 我往往不能接受别人的意见或推荐,以怀疑的观点审视周围的一切,对销售人员抱有不信任感。

　　　　　　　　□是　　　　　　　□不是

5. 我对商品的质量和销售人员的要求比较高,如果达不到我的要求,我甚至不惜与他们争吵。

　　　　　　　　□是　　　　　　　□不是

★★★★★ **案例分析** ★★★★★

分别向两组不同的被试呈现下面两个不同情境的问题。

第一组 假想你打算购买一件夹克(售价850元)和一个计算器(售价100元)。卖计算器的售货员告诉你,在另外一家分店里,你想买的这款计算器售价70元,但到那需要走20分钟的路程。你愿意去那家分店吗?

第二组 假想你打算购买一件夹克(售价850元)和一个计算器(售价100元)。卖夹克的售货员告诉你,在另外一家分店里,你想买的这款夹克售价820元,但到那需要走20分钟的路程。你愿意去那家分店吗?

结果表明,大部分人愿意从100元的商品中省下30元,从而愿意走20分钟的路去分店购买,而不太愿意为了从850元的商品中省下30元而去分店购买。

问题:
1. 在上述两种情境中你的反应和大多数被试的反应是一致的吗?
2. 想一想为什么同样是省下30元,在两种情境中人们的反应却如此不同呢?试说明你的理由(可联系"心理账户"理论加以说明)。

第六章 当人们聚在一起——群体消费决策

> **学习目标**
> 1. 了解什么是群体决策,以及群体决策与个体决策的区别;
> 2. 了解影响决策的群体心理效应;
> 3. 了解家庭消费决策类型,以及儿童在家庭消费决策中的作用;
> 4. 了解女性消费决策特点。

"物以类聚,人以群分",人们总是生活在一定的群体中的。人们独处时的决策和行为与人们在群体中的决策和行为有许多是不一样的,因为人们要受到群体的影响,"人在江湖,身不由己"就是这一现象的典型写照。

谢里夫使用游动现象研究了群体规范形成的过程。他以哥伦比亚大学、纽约大学的一些学生为被试,要求他们单人或以两三人的群体参加实验。房间是全黑的,透过前方的金属箱的小孔可以看到一个小光点。他对被试说:"当房间全黑下来时,我就给一个信号,先说预备,然后给你们一个光点。过了短暂的时间以后,光点开始运动。你们一看见光点运动就按这个键。几秒之后,光点消失。告诉我光点运动的距离,要使你的判断尽可能地准确。"谢里夫的实验发现:每个人一旦形成知觉模式,就始终认为光点是按那个距离来回运动,人们在没有其他信息的情况下,会建立自己的标准。当一个被试形成了自己的标准并面对他人不一致的标准时,谢里夫发现个体会通过相互的影响而确立一个群体的标准,同时群体中形成的这一标准是相当牢固的,然后每个个体都调整自己的标准去适应群体标准,并且不会回复到群体测试之前各人所建立的标准,而是聚集于群体标准的附近。由此看来群体建立的标准比个人在这一特殊情境里的知觉更有力量。

从谢里夫的实验不难看出,群体规范的形成是受模仿、暗示、顺从等因素影响的。因为群体在讨论时,一个人会受到其他人意见的暗示而影响自己的判断;此外,少数人在大多数意见的压力下,为了避免自己被孤立而受到其他成员的另眼相看(Terry,Hogg,1996),会产生顺从,模仿他人,再现他人的行为和意见,从而形成统一的看法。这种一致性的意见,保障着群体活动的共同性,但是也导致了群体决策不同于个体决策的现象。

第一节 群体心理效应

一、群体决策的优点

俗话说:三个臭皮匠,顶个诸葛亮。如果能充分发挥群体成员的积极性,群策群力、集思广益,群体决策在很多情况下都优于个体决策。这点从下面的"卖马问题"中就可窥一斑。

研究之窗 6-1

卖 马 问 题

有人以60美元买一匹马,并以70美元卖出。然后他又以80美元买回了这匹马,再以90美元卖出。在这匹马的交易中,他一共赚了多少钱?

请你现在给出一个答案:_____美元。

心理学家诺曼·梅尔和艾伦·索利姆设计了上面这个问题,并让学生独自解决或群体讨论后解决。结果发现当学生独自解决时,只有45%的学生能够得出正确的答案。但当学生组成5人或6人小组时,得出正确答案的学生比率明显升高。在领导者不活跃的群体中(领导者只是观察成员的讨论),有72%的人得出了正确答案。而在鼓励型领导者的群体中(领导者鼓励所有成员表达想法),有84%的人得出了正确答案。

为了了解一个有效的群体如何解决这个问题,让我们来听听在诺曼·梅尔和艾伦·索利姆的实验中一次假想的群体讨论吧。

温迪(群体领导):我想这个问题可能有一些迷惑性——也许不像表面上那么简单,而且我不信任心理学家。我们每个人都来讲讲想到的答案吧,再说说为什么这个答案是对的。

贝内特:我非常肯定答案是10美元。我解决这个问题的方法是假定这是股票交易。如果我以60美元一股的价格买进并以70美元的价格卖出,那么我就赚了10美元。然后如果我改变了主意,以80美元一股的价格买进同一种股票,我就比卖出时的70美元多花了10美元,把先前的钱亏掉了。再以90美元的价格售出,让我又赚了10美元,所以我得到这个答案。

吉尔:我的答案是20美元,因为这个人第一次卖马赚了10美元,第二次又赚了10美元。但听了贝内特的解释,我不敢肯定我的答案是对的。

温迪:不必担心你是不是对的——我们只是希望听到所有可能的答案。你呢,史蒂文?

史蒂文:我认为正确的答案是30美元。他刚开始时以60美元买进,最后以90美元卖出,那他的利润不是30美元还会是多少呢?

埃米:如果他不需要借钱的话就确实赚了30美元,但他卖马得到70元以后,要花80美元买回这匹马,就需要额外的10美元。还剩下20美元利润——30美元减去他额外借的10美元。

温迪:那么说你同意吉尔的答案?

埃米:是的。实际上,我想这个问题之所以让人困惑,原因就在于两笔交易用的是同一匹马。如果这道题里有两匹马,答案就明显了。

贝内特:你的意思是?

埃米:是这样,假如他以60美元买进A马,又以70美元卖出,他赚了多少钱?10美元。现在假设他又买了第二匹马——B马,花了80美元,再以90美元的价格卖出,他赚了多少钱?

贝内特:又是 10 美元。

埃米:对,所以他最后一共赚了 20 美元。他的利润与交易的是一匹马还是两匹马无关——无论怎样,他都赚了 20 美元。如果你喜欢用股票交易来想这个问题,那就假定交易的是两种股票而不是一种。不应该认为买进第二种股票花 80 美元意味着亏掉 10 美元——卖出比买进的低才是亏了钱。

我们先听到这儿,现在想象你就是这个群体的一名成员。埃米总结了他的发言之后,轮到你解释你的答案。你发言结束后,整个小组花几分钟来讨论这个问题。然后实验者询问每一名小组成员并记录下最终答案。你可以保留刚开始做出的答案,也可以改变原来的答案。你会怎么做呢?

大多数人讨论后都会给出正确的答案——20 美元。那些在一开始就得出正确答案的成员在后来的讨论中很少改变想法,而其他人通常在讨论后改正了答案。也就是说,通过群体讨论,我们的判断和决策变得更加合理。

二、群体决策容易产生的偏差

虽然在很多情况下,群体判断和决策比个体判断和决策更加准确,但并不是一贯如此。有时候群体判断和决策可能会产生许多相反的效果。

(一) 迷失自己——从众

研究之窗 6-2

毛毛虫的悲剧

法国科学家法伯曾做过一个著名的"毛毛虫试验"。他把若干条毛毛虫摆放在一个花盆边缘上,使他们首尾相连,围成一整圈。再在花盆不到 6 英寸的地方撒一些毛毛虫最爱吃的松针。结果,由于这些毛毛虫有"相互跟随"的习性,致使他们首尾相接,一个接一个地在花盆沿上蠕动着,谁也不偏离"轨道"。七天七夜之后,这些虫子全都饿死在花盆沿上。如果毛毛虫中有一只稍微与众不同,敢于打破这种相互跟随的定势,它们就能马上改变整体的命运,免遭死亡的厄运。

人也有这种"跟随"的习性,心理学上叫做**从众**。"人云亦云""随大流",就是从众心理的典型反映(乐国安,管健,2013)。

从众心理在消费决策上也有很明显的反映。即使有一些东西不是我们真正需要的,但看着别人买,我们也想买,别人买什么,我们也想买什么。例如,一些学生根本用不着某些辅导资料,或者这些辅导资料对他并不适用,但当他看到很多同学都在使用了,也就盲目地去购买,结果却根本没用上。或者一些学生因为看到周围的同学都在服用某类健脑营养品,也就盲目地跟着购买服用。他们可能认为那么多人都在使用的辅导资料、那么多人都在服用的营养品,一定有不错的效果,所以不考虑自身的实际需要,跟随大家一起购买。这些都是从众、迷失自己的例子。

(二) 好走极端——群体极化

> **研究之窗 6-3**
>
> **两 难 选 择**
>
> A 先生是一位 45 岁的会计师,最近医生发现他患了严重的心脏病。这迫使 A 先生改变很多生活习惯——减少生活压力、彻底改变饮食、放弃最喜欢的休闲嗜好。医生建议他尝试外科手术,如果手术成功,就可能完全治愈心脏病,但手术也可能失败。
>
> 假定你为 A 先生提供建议。成功的概率有如下几种。请选择你所能接受的最低的手术成功率,并在相应方框内打钩。
>
> □ 无论手术成功的概率是多大,A 先生都不应该接受手术。
> □ 手术成功的概率是 90%。
> □ 手术成功的概率是 70%。
> □ 手术成功的概率是 50%。
> □ 手术成功的概率是 30%。
> □ 手术成功的概率是 10%。
>
> 你选好了吗?现在假定你要参加一个 5 人一组的讨论,其他人在这之前也和你一样进行了选择,要求你们进行讨论,最后达成一致意见。
>
> 结果发现一种很奇怪的现象:如果你和其他组员都是倾向于保守的(例如只有手术成功率达到 70% 才同意动手术),那么你们讨论之后作出的决策可能将更加保守(例如只有手术成功率达到 90% 才同意动手术)。反之,如果你和其他组员都是倾向于冒险的(例如只要手术成功率达到 30% 就同意动手术),那么你们讨论之后作出的决策可能将更加冒险(例如只要手术成功率达到 10% 就同意动手术)。

这种奇怪的现象在心理学上称作**群体极化**。同样的,如果你和你的朋友在一起议论某位你们原本就不是很喜欢的名人,议论之后,你会发现你们对那位名人的意见更大了,更不喜欢他了;反之,如果你们对某位名人都有好感,议论之后,你们会觉得这位名人更可爱、更可敬了。

对事、对人是这样,对商品也是这样。群体讨论之后,顾客对某个品牌、某个公司、某种商品可能会形成比较极端的看法,要么更喜欢,要么更讨厌,这样的看法无疑会影响顾客随后的消费决策。

第二节　两类群体的消费决策

一、家庭消费决策

家庭是社会的细胞,是一个最亲密的群体。家不仅是我们避风的港湾、情感的栖息地,也是我们作出各种决策的地方,小到购买柴米油盐,大到买保险、买车、购房等。家庭消费决策有着不同于其他群体决策的特点。

(一) 家庭消费决策类型

一次朋友聚会,甲和乙在聊天。甲问乙:"你们家谁拿主意?"乙笑着说:"一半一半。"甲问:"一半一半是什么意思?"乙说:"当意见不一致时听老婆的,意见一致时听我的。"众人哈哈大笑。

在这个家庭中,妻子是温柔的"独裁者",而丈夫则是幸福的"被统治者"。由老婆做决定的消费决策类型是"妻子主宰型"。

1. 家庭消费决策类型

- 妻子主宰型:妻子在很大程度上决定购买什么。
- 丈夫主宰型:丈夫在很大程度上决定购买什么。
- 各自主宰型:决策不是很重要时,丈夫或妻子可以单独作出决策。
- 调和型:丈夫和妻子共同作出决策(Davis,1970)。

2. 家庭消费决策类型的决定因素

是什么因素决定了家庭消费的主宰类型呢?基本上有以下几方面的原因:

- 性别角色的刻板印象。在我们的心目中多多少少都有一些男人该做些什么、女人该做些什么,男人应该是什么样子、女人应该是什么样子的固化观念。例如,男人应该表现得坚强,女人应该表现得娇柔;"男人站岗放哨在边关,女人纺纱织布在家园";"男主外、女主内";等等。这些就是性别角色的刻板印象。

  夫妻之间越是相信这种传统性别角色的刻板印象,那么在决策分工上,便会越倾向于服从传统的性别角色分工。例如,妻子对厨房的绝对主宰力,以及丈夫对机械或电子相关产品的主宰力。

- 配偶对家庭的贡献度。配偶的一方对家庭资源的贡献(例如薪水)越大,那么他/她对家庭决策的影响力也越大。
- 经验。当配偶的一方在某方面比较擅长或有较多的经验时,那么他/她在决策时就会有较大的影响力。
- 某项决策对于各自的重要性。要买的物品对于夫妻中一方可能很重要,而对于另外一方则无所谓,这种情况下,起决定作用的往往是对他/她意义比较重大的那一方。
- 决策的重要性。决策越重要,就越可能由双方来决定;而购买一些不是很重要的商品,可由某一方"相机而行"。
- 时间的紧迫性。"机不可失,时不再来",要我们赶快作出决策的时候,我们往往独自决定,"先斩后奏"。

(二) 儿童在家庭消费决策中的影响

请看一则报道。

家住锡城的小李今年13岁,目前最大的愿望就是拥有一台自己的电脑。起初,父母不同意,担心他自制能力差,会沉溺于玩电脑游戏。小李据理力争,说用电脑上网查资料非常方便,还能学到很多新知识,并保证只在双休日玩游戏。暑假前,小李父母商量了一下,觉得孩子的话也在理,于是去了趟电脑商城,把电脑搬回了家。

现在,孩子在家庭消费中越来越有发言权。家长在购买东西时,往往会征求孩子的意见。特别是十多岁的孩子,对各种新鲜事物都感兴趣,对一些高科技的商品,如:手机、电脑等,往往能提出一些不错的建议。家长与其替孩子买,不如规定一个大体价位,让孩子自己选择。

虽然孩子在决策制定过程中没有支配地位,但孩子会使家庭决策发生变化。他可以和爸爸或妈妈组成一个联盟而产生一个"多数通过"的决策。就像天平那样,当两边刚好处于平衡状态时,只要稍微加上一点点重量就会使天平向某一边倾斜。

零点调查公司的一项关于消费新趋向的研究结果表明,不同年龄段的孩子对家庭的消费决策均具备一定的影响力,其中13—18岁的孩子对家庭消费决策的影响力高达44%。孩子不仅对个人学习、生活用品拥有强大的决策权,而且对于买房、装修等家庭大宗消费也具有一定的决策影响力。并且随着孩子年龄的增长,他对家庭决策的影响力也越来越大。

二、女性消费决策

21世纪以来,女性逐渐摆脱了传统角色的束缚,随着经济独立与社会地位的提高,女性群体的消费行为也发生了一定的变化。随着移动互联网在我国深度普及,女性用户规模已达5.47亿,同比增速略高于男性用户,女性消费者成为消费群体中逐渐崛起的中坚力量(周晓丹,潘丽霞,2021),这彰显了"她经济"现象。

"她经济"一词最早出现于2007年教育部公布的汉语新词中,指的是一种随着女性经济的独立和社会地位的提高所产生的围绕着女性理财、生活观念和消费的特有的社会现象。

时至今日,3月8日除了原本"妇女节"的含义之外,更是被扩大成为鼓励广大女性购物的"女神节",在消费主义的巨浪下,3月8日成为一个女性购物的盛典。近几年,"女神节"的线上成交额屡创新高,天猫、拼多多、京东等各大电商平台发布的女性年度消费报告均显示女性消费崛起正当时,"她经济"不断释放价值空间。当今,对女性的关注已经成为不少品牌在营销中的着力点。任何一个品牌如果想要打造优质的女性内容,首先需要明确女性在消费中呈现的特点。

(一) 女性消费特点

女性教育水平、收入水平提高带来了自我意识的崛起,促使其消费需求进一步释放,在考量性价比的同时更注重品位与生活质量。2021年,网易严选发布的《"她经济"见证"她力量"》女性消费报告显示,女性消费者近几年的消费需求新特点有悦己、自信、平等、注重自我提升、关注女性议题、乐于体验和分享等。

女性消费群体

如今的女性更注重独立与自我表达。一项2020年女性消费的报告显示,女性消费中购以自用的女装、美妆等产品订单量增幅明显高于其他产品,"悦己消费"趋势明显,"注重自我"成为中国女性消费新风向。爱美、精致仍是女性消费的关键词,美妆护肤、健身、医美等产业发展势头良好,当下女性在相关产业的消费更多地呈现出自我审美的特征,"女为悦己者容"的时代已经过去,"女为悦己而容"的时代已经到来。

此外,如今的女性除了消费本身之外,也热衷于分享消费体验。"体验与分享相伴而生"逐渐成为产品、软件等赢得市场的重要因素之一,如今的女性对内容、故事和意义的关注意愿更加强烈。如受到广大女性欢迎的软件小红书主打的就是女性好物分享,凭借用户生成内容(UGC)分享捧红了完美日记、花西子等众多国货品牌,很多博主们通过旅行日记分享也带火了许多"旅游打卡地"。

总之,女性意识及其消费模式正在发生变化,新兴产品虽然如雨后春笋般不断地涌现出来,但如果一个品牌想要真正得到女性消费者的认可并蓬勃发展,就要从女性消费者的消费特点出发,优化产品的营销理念与营销方式。

(二) 女性消费者的心理特点

女性消费心理指绝大部分女性消费者在消费、购物活动中具有的心理状态。目前,多数女性消费者表现出的心理特点主要有以下几种。

1. 情感因素

一个月收入两三千元的年轻女孩可能用的是价值数百元的高档化妆品;一位本打算上街买鞋的女士可能搬回家来的却是一套精美的装饰品……只要商品能够打动她们的心,只要她们喜欢,她们就有把它买下来的冲动。

通常女性消费者更为关注产品的外观、形状,特别是产品中的情感因素,如品牌的寓意、由产品色彩产生的联想等都能使女性消费者产生购买动机。购物的环境与氛围、销售员的讲解劝说也能在很大程度上左右女性消费者的购买,有时甚至能够改变她们之前已经做好的消费决定,使其转为购买推销的产品。

2. 重视实用和细节

精挑细选是女性消费行为中的一个典型特点。女性大多性格细腻,重视细节,她们在购物时往往能够不厌其烦地比较产品,直到找到自己觉得性价比最高、最满意的产品。例如,她们会在不同厂家的不同产品之间进行比较,同样的产品比性能,同样的性能比价格,同样的价格比服务,甚至一些小的促销礼品和服务人员热情的态度都会影响其购买决定。

女性消费者重视实用和细节的心理要求商家对产品的细节做到尽善尽美,避免显而易见的缺陷。

3. 更敏感的信息捕捉系统

女性对外界信息、外界事物的反应更为敏感,她们往往能敏锐地捕捉到各种商品打折促销的信息,对于一些细节信息也更为敏感,如购物的环境、购买活动中营业员的表情、语言等都会影响女性消费者的心理状态,进而影响其消费行为。

4. 重视美感与优质体验

女性在消费过程中更重视产品的美感,容易受感情影响而产生购买行为。如今,女性在考量性价比的同时更加注重品位与生活质量,追求"自我表现"与"生活品位",在购买一些产品时,除了产品的功用之外也关注它是否能带来美感体验。

5. 年龄段不同，关注重点不同

不同年龄段女性消费者偏爱的产品存在差别，年轻女性在消费过程中更追求个性，如购买潮流商品以彰显自身的独特品位。而成家的女性常常需要为家庭采购日常用品，更看重产品的性价比，即"多"和"省"。

本章关键词	
从众	群体极化

思考题

1. 群体决策与个体决策有哪些不同之处？群体决策必定优于个体决策吗？
2. 什么是从众？从众在消费决策中有哪些表现？
3. 什么是群体极化？群体极化对消费决策有什么样的影响？
4. 儿童在家庭消费决策中有发言权吗？他们的意见在家庭消费决策中起到什么样的作用？

***** 案例分析 *****

兼听则明？

市场调查显示，买东西的人，尤其买大件东西时，有一半以上的人征求过熟人的意见，有1/3的人是按照别人家里的商品品牌和样式购买的。就说李阿姨吧，想买纯毛毛线自己织一件毛衣。

买什么颜色好呢？在看电视的时候就跟大家商量开了，老伴儿张叔说白色的看上去比较干净，李阿姨一听就急了："不行，不行，白色的穿不了几天领子就得变黑，这可不像衬衣那样能天天洗。"女儿说："买驼色的吧。"老母亲插嘴道："年纪轻轻的穿什么驼色的，还不如买蓝灰的呢！"女儿又抢着说："男的才穿蓝灰的，买豆绿的，妈穿上准好看。"就这样你一句我一句地争个没完，张叔说别吵了，还是去商场看看再说吧。

到了商场，李阿姨看了柜台里花花绿绿的毛线反而没了主意。看看这个，比比那个，转悠了一个多小时。售货员建议道："我看这位大姐穿藕荷色的好看，既不老气，又不太艳，而且还不怕脏。"说着，售货员从柜台里拿出藕荷色的毛线往李阿姨身上一比说："您穿这颜色还真不错！"李阿姨看看张叔，张叔也表示赞许。

突然，旁边一位大嫂挤过来说了一句："呀！我说这位女士，这颜色你穿似乎不够大方！"说着问她的一位女性同伴："你说我讲得对不对？"那位女士也摇了摇头说："是不太配。"就这样，在她们的鼓动下，最后李阿姨选择了桃红色。

第二天，李阿姨把毛线带到了居委会，准备利用午休时间打毛衣，没想到又招来了议论。同事们七嘴八舌地说个没完，说什么颜色太艳啦，不够大方啦，总之，都说这颜色不合适。结果李阿姨一气之下不织了，到现在这毛线还放在箱子里呢！

问题：
1. 本文反映了群体决策有利的一面还是不利的一面？为什么？
2. 结合第五章内容思考：听取的建议（信息）越多越好吗？为什么？

第三篇　商品中的心理学

品牌和包装是商品有形特征的组成部分，这种直观的表面特征可帮助消费者在没有确定应选择何种商品时辨别他们需要的商品，并影响他们的选择。因此品牌和包装在营销战略中具有举足轻重的作用。一个优秀的品牌应当是独特而难忘的，否则企业便无法将自己的产品与其他商家的区分，顾客也会很随意地进行选择。一种良好的包装设计应该经济、安全、无污染，并具有促销价值。相比之下，商品的价格就好比一只无形的手，时刻左右着商家和消费者的心理及行为反应，因此价格可以说是消费者最为关心的因素。

> "品牌代表信任，随着顾客的选择变得越来越多样化，这一点也变得越来越重要。人们希望使他们的生活简单化。"
>
> ——联合利华/斐杰德

> "品牌是一种错综复杂的象征，它是品牌属性、名称、包装、价格、历史声誉、广告方式的无形总和。品牌竞争是企业竞争的最高层次。"
>
> ——大卫·奥格威

在本篇中，我们将讨论品牌中的心理现象，比如定位、品牌个性等。同时我们也会和大家一起探讨包装作为产品一部分的关键作用以及它如何发挥心理功能，并探讨包装的心理策略等一系列问题。此外，还将探讨价格这一神奇的杠杆在调节顾客心理活动中的作用，分析消费者的某些价格心理现象，并展示相应的定价策略及其适用范围。

第七章　品牌盛典——让世界注意，让时间见证

学习目标

1. 了解什么是定位；
2. 了解品牌的个性；
3. 了解品牌的忠诚度；
4. 了解品牌名称的作用和意义；
5. 了解品牌命名的原则。

如果你现在口渴了，想喝点饮料，你最先想到的是什么？是可口可乐、百事可乐，还是七喜？你的同学和朋友用的是什么牌子的手机？是华为、苹果、小米，还是OPPO？买笔记本电脑的时候，除了联想、戴尔、惠普等巨头，你的首选还会是什么呢？笔记本电脑当然要选好的牌子，这可是一大笔开支。那如果是买一件运动服呢？你会不会把李宁、安踏作为首选呢？不可否认，这个时代已经深深地打上了品牌的烙印。

> "未来的营销是品牌的战争——品牌互争长短的战争,拥有市场比拥有工厂更重要,拥有市场的唯一办法就是拥有占市场主导地位的品牌。"
>
> ——利维·莱特

品牌最初出现,是作为商品的标记。在西方,品牌的雏形最早起源于游牧部落。他们在自己拥有的牲畜上打上烙印,这样在进行交换的时候就能够与他人的牲畜相区分。品牌可以是一个名称、一个专有名词,也可以是一种标志、一种设计,或者是将它们加以组合运用,只要它具有意义,给人以联想就行。通过品牌,商家可以把自己的产品和服务同竞争对手的产品和服务区分开来,以便于消费者识别。

> "橙子就是橙子,它只可能是橙子,除非橙子冠以'新奇士'之名,这是一个80%的消费者都认知和深信不疑的品牌。"
>
> ——拉塞尔·汉林

现今,品牌是企业和商品的形象、个性凝结和象征,是企业引导消费者购买商品并同时引起消费者共鸣的一种重要标志,它在告诉消费者:"请接受,这是为您准备的。"

品牌可以冲破不同的语言、不同的文化、不同的种族、不同的国家、不同的地域。优秀的品牌就像一张通行证,带着它的所有者在地球村上畅通无阻,写下一个又一个辉煌。

第一节 "大脑"——商家必争之地

一、信息太多,脑袋太小

我们常常抱怨电视节目当中不断穿插的广告。关上电视,打开电脑,又会看到时不时地跳出网页的广告窗口。那好吧,到街上去走走,路边的广告牌就不说了,我们早已习以为常,可是一不小心,一张散发的广告宣传单便横在了我们面前……各种媒体无时无刻不在向我们传输着这样那样的信息。可是,商家们并不就此满足,信息的传播量日复一日地增长着。各种各样的品牌名称争先恐后地涌入我们的大脑,在大脑的通道上已经发生了严重的"交通堵塞"。事实证明,影响信息传播的关键之处并不在于传播者,而在于接收信息的大脑。

研究之窗 7-1

神奇的数字"7±2"

1956年,美国心理学家G.米勒发表过一篇题为"神奇的数字'7±2':我们加工信息能力的某种限制"的论文,文中明确提出短时记忆的容量为7±2。短时记忆的容量又叫记忆广度,是指信息一次呈现后,被试能回忆的最大数量。典型的实验采用3至12位随机排列的数字表,主试依次读,每读完一个序列,被试跟着进行复述,直到不能再准确地复述为止,其记忆容量就是他所能跟着正确复述的那个最大位数,一般为7±2。简单地讲,就是普通人在处理信息的时候,大脑无法同时处理远远多于7个单位的信息,其能够处理的信息范围一般在7个单位左右。这就是为什么我们能够记住并说出来的东西往往在7项左右,如:电话号码、车牌号等。

大家可以试试自己一口气能够说出多少种品牌的手机,多少种品牌的化妆品,或多少种品牌的汽车。特别是对于那些自己并不熟悉的产品,可能一般人也就只能记住一两个品牌名称,甚至一个也说不出来。

看来,我们的怀疑并不是多余的,在这个传播过度的社会里,我们的大脑确实不是一个合格的"容器"。

过去,商家只要生产出能够满足人们需要的产品,并给大家留下一个良好的印象,产品就不愁卖不出去。如今,"酒香不怕巷子深"的时代已经过去了,虽然有些产品的质量很不错,但是相似的产品太多了,而且质量也都不差。商家的焦点最后还是不得不落在消费者的"大脑"上。

然而,通过神奇的数字"7 ± 2",我们可以看到,仅在信息的"量"上做文章已经行不通了。还要在信息本身做文章。

二、抢占大脑,又快又准

美国的两位营销专家艾·里斯和杰克·特劳特提出的"定位"理念帮助我们找到了答案。在《定位》一书中,他们指出,为了应付复杂的情况,人们学会了把每样东西都加以分类和简化。他们假设在人的大脑里面有一组梯子,每个梯子代表一类产品,梯子的每一阶上有一个商品品牌,有些梯子只有一两阶,有些梯子多一点,但一般也不会超过 7 阶。例如,一个人脑中对手机市场的分类,排在上面几层的是诺基亚、三星等,其余的就依其重要性依次往下排,那么当提到手机的时候,他最先想到的是什么呢?当然是排在上面几层的那几个品牌。

所谓**定位**,就是商家尽力去追求差异,追求与众不同,使得消费者易于将其品牌与其他品牌区别开来,从而在消费者心目中占据一个独特位置的过程。差异化是定位的首要原则。简单地讲,定位就是把自己的品牌挂在消费者大脑中的梯子上,挂得越高越好。

成功打入预期消费者的大脑并占据领导位置最简捷的途径就是尽力使自己的品牌最先被消费者所了解和认可。历史数据表明,第一个进入人们头脑的品牌所占据的长期市场份额通常都会高于第二个、第三个品牌,更不用说后面的那些品牌了。而且,这个状况不会轻易改变。这就是我们大家都很熟悉的第一印象,也称作**首因效应**。

我们每个人都对首因效应有所体会,比如我们常说的"先入为主""每个人都试图给他人留下一个好的第一印象",等等。

第一印象之所以具有这样的效果,是因为在它形成之前还没有什么印象,所以,它一出现就会在人的大脑中留下较为深刻的痕迹。后来输入的信息或多或少会受到它的干扰,与第一印象相一致的,就会得到强化;与第一印象不一致的,就会本能地加以拒绝,以免引起内心的矛盾和冲突。

研究之窗 7-2

吉 姆 友 好 吗

1957 年,美国心理学家卢钦斯首次通过实验来研究首因效应。

他设计了两段文字材料,用以描写一个名叫吉姆的男孩的生活片段。第一段文字将吉姆描写成热情并外向的人,如:吉姆与他的朋友一起去上学,走在洒满阳光的宽阔的马路上,他热情地与店铺里的熟人说话,与新结识的女孩打招呼等;第二段文字则相反,把他描写成冷漠而内向的人,如:吉姆放学后独自一个人步行回家,他低着头走在马路的背阴一侧,谁也不理睬,也没有与新近结识的女孩说话等。

在实验中,卢钦斯把这两段文字通过不同的排列组合方式呈现给四组被试进行阅读:第一组材料的前半段描写吉姆热情外向,后半段描写吉姆冷漠内向;第二组材料的前半段描写吉姆冷漠内向,后半段描写吉姆热情外向;第三组材料只描写吉姆热情外向;第四组材料只描写吉姆冷漠内向。

阅读之后,四组被试都被要求回答一个问题:"吉姆是一个什么样的人?"有趣的结果出现了,第一组被试中有78%的人认为吉姆是友好的,第二组被试中只有18%的人认为吉姆是友好的,第三组被试中认为吉姆友好的人有95%,第四组被试中只有3%的人认为吉姆是友好的。

同样的内容,只因排列的先后顺序不同,就导致了评价结果的明显差异。很明显,先呈现的信息比后呈现的信息有更大的影响作用,这就是所谓的首因效应。

那怎样才能做到第一个被消费者所了解和认可呢?其实,第一并不一定非得去发明创造什么全新的东西出来,只要在消费者的大脑中是新的东西就可以了。最简单的办法就是学会"钻空子"。确切点说应该是寻找"市场空白"。有差异的、与众不同的商品才容易吸引消费者的注意,从而被记住。

实战攻略 7-1

"非"的力量

众所周知,碳酸饮料市场上的老大哥是可口可乐和百事可乐,它们分别以"真正的可乐"和"年轻的一代"为定位标准而深得消费者的青睐。曾有许多种类品牌的可乐类饮料企图冲击它们的市场,最后都撞得头破血流,以失败告终。

在可乐市场上,可口可乐和百事可乐已经先入为主地占据了消费者的头脑,他们的头脑一时间还难以接受其他品牌的可乐。

就是在这样的形势下,七喜却成功地打入了人们的头脑,成了世界上销量第三的软饮料。难道七喜有什么过人之处?其实很简单:"非可乐"!

七喜采取的就是"非可乐"的定位方法。既然人们的脑子里很难再容下第三个可乐品牌,那又何必要用鸡蛋去碰石头呢?一个"非"字把什么问题都解决了。

从"可乐"到"非可乐",七喜成功地"钻了一个空子"。

不过,在考虑市场空白的时候,还得从满足消费者需要的角度出发。任何产品只有在满足消费者需要的基础上才能得到其认可和购买。有些产品可能市场上没有,但如果不能满足消费者的需要,最终还是会成为废品。

三、不走寻常路

众所周知,人的个性各不相同:有的人活泼,有的人孤僻,有的人高傲,有的人谦卑……

并且没有两个人的个性会是完全一样的。在这个价值观念多元化的社会里,人们的需求也不再一样,各人有各人的喜好,各人有各人的选择。品牌也具有个性,**品牌的个性**就是品牌给消费者留下的总体印象,它反映的是消费者对品牌的感觉,或者说是品牌传递给消费者的感觉。不同个性的品牌传递给消费者的感觉和期望不同,同时也吸引着不同个性人群的眼球。

品牌的个性是品牌由内在所展现出来的外在表现。像人一样,如果一个人没有个性就很难被别人记住,相反,个性鲜明的人就容易让人记住,品牌也是如此。一个品牌如果没有人格化的含义和特征,那么这个品牌就是没有个性的,也就不可能成为一个脍炙人口的品牌。

下面是一项关于消费者对两家公司感觉的调查结果,问题是:"如果把这两家公司看作人,你怎样描述他们?"回答的结果如下。

A 公司	B 公司
成熟	随和
傲慢	谦虚
讲究效率	乐于助人
以自我为中心	关心
不平易近人	平易近人
冷漠	热心

事实上,这两家公司是同一服务行业的竞争对手。如果是你,你会选择哪家公司做你的朋友?你很可能会选择B。实际上,调查中95%的人也是这么回答的。B公司的服务给顾客提供了优于A公司的体验,久而久之,B公司在顾客心中的品牌形象就比A公司的更加强大,就会赢得更多消费者的青睐。

品牌的个性给人们传递的是一种感觉,让人们以不同的方式说:"嗨,这就是我!"比如,驾驶奔驰汽车,派头十足;穿李维斯牛仔裤,轻松惬意;穿上范思哲,成熟老练;戴劳力士表,体现成功气派;在亚马逊网上书店购书,新潮时髦;穿耐克跑鞋,运动气息十足……

有些公司在其广告中清晰地表明了公司的品牌个性。"她是谁?她是一位现代美人。她聪明伶俐,充满自信,令人称奇……她有令男人倾倒的魅力。她有让女人羡慕的自信。"这是来自美宝莲产品广告中的一段话。

品牌个性的基础是其品牌定位和核心价值。要想抓住消费者的心,就要依据其定位创造出具有独特的、受人喜爱个性的品牌,并且把这种"个性"信息传递给消费者,使其产生一种期望,那么当他们消费这种产品的时候,就会真真实实地产生这种感觉,从而与品牌共舞。

实战攻略 7-2

奔驰 VS 宝马

提到豪华汽车品牌,大家必然能想到奔驰和宝马。

奔驰是汽车的发明者创立起来的汽车企业，采用历史传承和高效规则进行经营，逐渐形成了"开创第一""铸就经典""科技创新"等品牌文化。奔驰具有追求快乐感和实现共同责任的理念，寻求汽车外观优美、内部豪华、驾驶舒适，不断改进生产技术以最大程度地保护环境，是"安全、优质、舒适、可靠"的保障。消费者若购买奔驰的产品和服务就一定能够获得这些价值和保障，从而尽显自己的身份和地位。奔驰汽车"尊贵、传统、豪华"的形象由此在人们心中树立起来。

而宝马在对消费市场细分之后，明确自己的竞争优势，以运动风格作为自己的品牌特色，通过设计、动力和科技三方面高标准的定位，树立了"尊贵、年轻、活力"的形象，从而与其他豪华汽车品牌的形象区分开来，吸引了大量的新一代高消费人群。在亚洲，宝马汽车成为了"成功的新象征"。

消费者不同的个性倾向，将成为他们在选择这两个品牌汽车时的重要标准。

（来源：百度文库，豆丁网）

四、忠诚之剑，锋利无比

可口可乐公司算得上是饮料市场的龙头老大，可也差点栽倒在自己的脚下。可口可乐公司曾经推出了"新可乐"。在对不知情的消费者进行的实验中，喜欢"新可乐"的人与喜欢"老可乐"的人的比例几乎是三比一；但如果让他们看了牌子以后再比较，喜欢"老可乐"的人与喜欢"新可乐"的人之间的比例却颠倒了过来。

难道人们的味觉还会受到视觉的影响？人们的味觉确实受到了影响，但不是来自视觉，而是来自态度。"态度决定一切！"在营销界，有一个非常有名的法则，即某种品牌或某类商品的购买情况是由20%的购买者创造80%的消费量，在其他因素不变的情况下，也创造了80%的利润。由此可以看出，一个品牌是否成功，并不在于曾经有多少消费者购买过，而在于有多少消费者经常性地购买。现代市场的争夺就是对消费者忠诚度的争夺，谁拥有更多的忠诚消费者，谁就是赢家。

当我们把自己的品牌成功地"挂"在了消费者大脑中的"梯子"上以后，接着我们应该加固、加固、再加固，以免它从"梯子"上滑落下来。这就要塑造消费者的**品牌忠诚**。品牌忠诚是一个复杂的多维度概念，包括认知、态度和行为的成分。简单来讲，就是当消费者使用了某类品牌的产品以后，觉得满意，并形成了一种情感上的偏好，从而导致重复的购买行为。比如，家里的厨房里总是摆着同样牌子的味精，我们常常使用同样牌子的牙膏，常常到同一家理发店去理发，等等。

（一）没有人喜欢风险

消费者往往并不清楚自己应该买哪样东西，甚至有的时候连自己究竟需要什么东西都不一定清楚。在这种情况下，简单的东西往往更好！形成品牌忠诚就是一条很好的简化途径，消费者不必再去进行过多的考虑和选择，这样不仅符合其情感的需求，还能够帮助他们很好地规避风险。

研究表明：约70%的消费者将未曾购买过的产品剔除出自己的考虑范围，这体现了品牌忠诚对消费者选择策略的影响。

(二) 忠诚——企业最宝贵的财富

品牌忠诚不仅能带来巨大的利润,还能降低成本。因为一旦消费者对品牌的忠诚度培养起来以后,这种稳定的态度就难以轻易改变。这时,即使企业降低品牌宣传的投入,顾客也能保持对特定品牌的印象和感受,不会轻易改变自己的消费观念和态度。

某个品牌的忠诚顾客还会有意无意地影响自己的亲朋好友和周围的其他顾客,起到活广告的作用,其传递信息的效果要远远好于一般的广告宣传。资料表明,一个品牌的忠诚顾客会潜移默化地影响自己周围 15 个左右的人,增加周围人们对这一品牌的熟悉程度和好感,从而帮助企业获得更多的潜在顾客,提高该品牌产品的销售量和利润。

一般认为,品牌忠诚的形成可以用期望效用理论、满意理论和刺激—反应学习理论共同来解释。

消费者最初对某品牌产品的选择往往是出于尝试心理,或是受到他人的影响而作出对他人的模仿,或是得到他人的推荐。消费者自己并没有明确、清晰的购买动机,他们有的只是对所购买产品物有所值的期望。

当购买产品并使用之后,如果消费者认为产品的性能、功效、品位等都能满足自己的期望和需要,甚至高于自己的期望值时,便会体验到一种满足的情绪情感。这就会作为一种积极的强化,从而影响消费者对产品的态度以及下一次的购买行为。

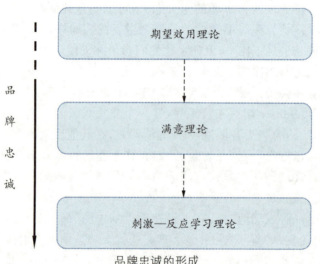

品牌忠诚的形成

这样,在经过多次强化后,这种购买特定品牌的行为就形成并持续下来,在较长时间内反复出现,形成品牌忠诚。

例如,你的朋友给你推荐了一种你以前从未使用过的洗发水,那么你初次购买肯定是出于对朋友的信任和试一试的想法,而且很可能只买一小瓶。当你购买并使用以后,发现效果相当不错,甚至比你以往所使用过的洗发水效果都好,那么你就会觉得满意和愉悦,并且对之产生良好的第一印象。当你多次使用后效果都很不错,那么逐渐地你便对这种牌子的洗发水建立起了信任和情感。从此,这种牌子的洗发水便成了你浴室中不可缺少的东西!

(三) 铸造忠诚之剑

大量产品和品牌的涌现,使消费者面临着大量的选择甚至无法抉择。一方面,消费者对商品比以往更加挑剔,对质量、款式、功能等的要求越来越高;另一方面,由于产品科技含量越来越高,消费者变得越来越迷茫和无法抉择。其实,消费者没有必要去仔细了解每一件产品的所有信息,品牌为人们提供了购买的理由,品牌忠诚为人们提供了购买的线索。"认牌购买"已经是一种非常普遍的现象。

顾客在购买产品时,总是希望以最小的付出获得最大的实际利益。从品牌忠诚的形成可以看出,保持顾客的关键是使顾客保持满意。现在,产品无论从性能、包装、价格等各方面来讲,差异都很小。一个品牌给人们留下的印象将成为影响人们购买倾向的主要因素,消费者单凭自己对品牌所形成的印象就可以决定对产品的选择。

实战攻略 7-3

苹果手机的品牌忠诚度

2007年1月9日,苹果公司全球软件开发者大会上,史蒂夫·乔布斯正式推出了苹果公司史上首款智能手机——第一代iPhone,这一产品迅速引发了全球科技爱好者的追捧,掀起一股"苹果热",在美国的所有苹果销售商店外均有数百名苹果粉丝在排队等待购买第一代iPhone。直至手机市场日趋饱和的今日,"苹果热"仍在全球维持着。国际生产工程科学院(CIRP)数据显示,2019年至2021年苹果的品牌忠诚度稳定在90%左右,稳居世界排名第一的位置。最大程度留住老用户的同时吸纳新的用户,成为苹果用户量增长的关键。

长期以来,"乔布斯的明星效应""良好的用户体验"以及"高端、时尚的代表",吸引着消费者持续选择苹果手机。乔布斯的个人魅力和传奇经历受到许多人的崇拜,给苹果产品带来销量提升的同时积累了众多"果粉",只要苹果一出新产品,"果粉"总会争先恐后地抢购。高性能的处理器为苹果手机带来了"干净、安全、稳定、可信赖、高质量"的生态特点,"苹果手机用几年都不卡"的品牌印象难以被其他品牌所取代。苹果手机对于时尚、品质、创新的追求,使其深受消费者喜爱并成为"高端"的代名词。

因此,近几年来,iPhone系列虽然存在信号门、升级不够、价格偏高等问题,仍然吸引着无数消费者"疯狂购买"。

(来源:鸟哥笔记,搜狐网,IT之家,爆侃数码圈)

丢掉了消费者的忠诚也就丢掉了消费者,从而也会丢掉整个市场,尤其是在发生突发事件的时候!

第二节 "大脑"——通过耳朵运转

一、品牌的名称

实战攻略 7-4

公司更名与股价

"元宇宙"无疑是2021年科技界最火爆的概念之一。2021年3月10日,罗布乐思以元宇宙第一股的名头上市纽交所；8月29日,字节跳动斥巨资收购虚拟现实(VR)设备公司Pico,显现出进军元宇宙领域的雄心……

2021年10月28日,知名互联网企业"脸书"(Facebook)宣布,将把公司的名称改为"Meta",公司股票代码将从12月1日起变更为"MVRS"。其首席执行官马克·扎克伯格积极倡导构建这种基于虚拟现实技术的新型互联网平台,他表示,元宇宙是下一个前沿领域,"下一个平台和媒介将是更加身临其境和具体化的互联网,你将置身于体验之中,而不仅仅是作为旁观者,我们称之为元宇宙"。

他认为这就像Meta的意思一样——超越,超越一切我们可以想象的事物,据介绍,更名是为了体现公司会将发展重点放在"元宇宙"领域的意愿。面对转向元宇宙,扎克伯格抱有很大期望:"我们希望未来十年内,元宇宙覆盖10亿人,承载数千亿美元的数字商务,并为数百万创作者和开发者提供就业机会。"

也有许多批评人士指出,脸书的这一举动实际上是希望借助改名和"元宇宙"这一概念重塑品牌形象。2018年爆出数据泄露丑闻以来,脸书便一直疲于应付欧美各方的相关质询,2021年10月20日,美国哥伦比亚特区总检察长就2018年丑闻起诉扎克伯格,英国竞争与市场管理局也在同一天宣布就数据更新对脸书处以近700万美元的罚款。祸不单行,25日,《华盛顿邮报》公开了关于脸书前雇员弗朗西斯·豪根向国会披露脸书内部,特别是扎克伯格本人的多项失责行为的1000多页的文件,该文件揭露了该公司利益至上,个人主义盛行,且存在煽动分裂、破坏民主、损害青少年用户心理健康等一系列问题,一时引起舆论哗然。相应地,脸书股价在短短的两个月间由9月1日收盘新高382.18美元至10月27日收盘312.22美元,共跌去17%,约合蒸发市值1800亿美元。

而在脸书宣布改名Meta后,其股价节节攀升,连续半个月时间,并于11月15日恢复到高点347.51美元,相较宣布前上涨11%。尽管公司股票价格涨跌受到多方面因素的影响,但这一次"改名更张"在脸书遏制萎缩颓势的举措中,无疑是十分重要的一环。

(来源:新浪财经)

如何把自己的品牌牢牢地"挂"在消费者大脑中的"梯子"上?我们需要一个"钩子",品牌的名称就是这个"钩子"。

千万不可小看品牌名称的威力。短短的几个字,却凝聚着企业的价值、名誉,牵连着企业的命运。名称看似只是表面上的东西,其实却是品牌的化身,是品牌理念的体现和缩影。成功的品牌名称对消费者有着极大的感召力,能够缩短品牌与消费者之间的距离。消费者接受的是品牌,但记住的却是品牌的名称;消费者在消费的时候,直接联想到的是品牌的名称,脱口而出的也是品牌的名称。

研究之窗7-3

短时记忆如何编码

外界信息输入我们的大脑后,我们将其保存在记忆之中。那么信息在我们的大脑中是以什么样的形式保存下来的呢?大量实验证实,短时记忆主要采用言语听觉编码,少量采用视觉或语义编码。编码就是对信息进行某种转换,以便于大脑对信息进行储存。

1964年,心理学家康拉德进行了一项实验研究。他选用了两组发音相近、容易混淆的字母BCPTV和FMNSX为实验材料,用速示器以每个0.75秒的速度逐一、随机地向被试呈现,每呈现完6个字母就要求被试凭记忆默写出来,记不清时允许猜写,但不能不写。通过实验的结果可以看出,尽管字母是以视觉方式呈现的,但回忆中写错的字母80%都是在发音相近的字母之间(如:B和P,S和X),很少在形状相似的字母之间(如:F和E)。然后,康拉德和赫尔改用听觉方式向被试呈现声音相近的字母组合EGCZBD和不相近的字母组合FGOAYQR,实验结果出现了与上述视觉呈现条件下相当一致的情况,等级相关为0.64。

实验表明,短时记忆确实是以听觉方式对刺激信息进行编码的,或者说听觉编码占优势。

调查研究显示:大脑能够在140毫秒内理解一条有声语言,但理解一条书面语言需要180毫秒。多出来的40毫秒,据推测,应该是大脑把视觉代码转换成为听觉代码的时间。

现在已经出现了一种直接用语言服务企业、服务经济的新产业——品牌命名产业。20世纪90年代中期以后,随着新技术革命和新经济的繁荣,它发展迅猛,已成为一门热门产业,产值高达上百亿美元。

二、品牌命名的原则

当名称被赋予了品牌所具有的内涵以后,就不再是一个简单的文字组合了,它早已超越了用以识别的范畴。那么我们来看看为品牌命名的一些原则。

(一)简约而不简单

还记得"神奇数字7±2"吧,我们的大脑通常能够处理的信息单位在7个左右(Miller,1956)。这一原则在起名字的时候同样适用。太长、太复杂的名字,别说让人记住,就是有耐心用眼球光顾的人恐怕都少。

商品的命名应力求以最简洁的文字向消费者传达商品的信息,通俗易懂、易读易记、言简意赅的名称能够减轻记忆的难度,缩短消费者的记忆过程。

英文品牌名称往往只有两三个音节,且常以B、P、D、G、K等字母开头,如:Budweiser(百威),Pepsi(百事),Parker(派克),Disney(迪士尼),Guinness(吉尼斯),Kodak(柯达)等。而中文名称一般以2到4个汉字为宜,如:长虹、海尔、联想、东方红、鄂尔多斯等,要求音韵协调,有的铿锵有力,有的柔和悦耳,容易记忆和流传。

(二)差异性原则

定势效应指的是人们从事某项活动的一种预先准备的心理状态,它能够影响后续活动的趋势、程度和方式(Luchins,1942)。其实,就是人们总习惯于用同一种方式去看待、处理问题,一般不会改变已有的看问题的角度和方式。

研究之窗 7-4

卢钦斯的水桶实验

卢钦斯的水桶实验(1942年)是有关定势效应的经典实验。该实验要求被试计算同类性质的一组计算题,即如何用不同容量的水桶(A、B、C)量出定量的水(D),如下表所示。

课题顺序	水桶容量			所求水量
	A	B	C	D
1	29	3		20
2	21	127	3	100
3	14	163	25	99
4	18	43	10	5
5	9	42	6	21
6	20	59	4	31
7	23	49	3	20
8	15	39	3	18
…				

共11题,第1题为例题。实验开始时,由主试说明例题做法:先将A桶装满,然后从中倒出3个B桶的量,这时A桶中剩余的水,正好是D所求的水量,换以数字计算为29-3-3-3=20,若以代数式表示,为:D=A-3B。主试要求被试按例题的求解方式解答其他各题代数式。

在本实验中,第2至8题均可采用D=B-A-2C的公式求得。但其中第7与第8题却有简捷的方法:第7题可用D=A-C,第8题可用D=A+C。结果发现,大多数被试都套用D=B-A-2C的公式一直做到底,只有少部分被试用简捷的方法解答了第7题和第8题。这说明大部分被试均受到了定势的影响。

在给品牌起名字的时候,也要注意定势的陷阱。当一个品牌名称已经成功地"打入"了人们的大脑以后,人们就形成了对这个名字的某种定势。现在市场上不仅产品之间差别不大,就连名字都有很多雷同,在起名字的时候要注意与已有品牌名称之间的差异,否则就有可能给自己带来很大的不利!

实战攻略7-5

"固特立"的麻烦

美国的"固特异"(Goodyear)公司设在俄亥俄州阿克伦,但在阿克伦还有一家同样生产轮胎的公司,它的名字是"固特立"(Goodrich),每当固特立进行市场宣传时,人们都认为是固特异在开展市场营销。

固特立是美国第一家推出"钢丝辐射层轮胎"的公司,然而调查结果显示,56%的人认为它是固特异公司生产的。固特立公司那些脍炙人口的广告一直未能挽回自己本应有的声誉。阿克伦城里的人说:是固特立发明的这种轮胎,然而却是固特异在销售它。可见,具有雷同性的品牌名称会使市场出现混乱。

(三) 注重文化内涵,赋予寓意

品牌的名称就像一道窗口,消费者透过一个品牌的名称就会对产品本身产生一种期望,体验一种情感。

一个具有含蓄和隽永寓意的名字,能够给人带来美好的联想和美感,从而美化和提升品牌在消费者心目中的形象。对于情感和理智,消费者往往更加倾向于前者。

实战攻略 7-6

"红豆"——情意浓浓

江苏红豆集团是一家由乡镇企业发展起来的集团公司。这家公司将自己生产的西服命名为"红豆",原因在于"红豆"在中国人心目中是一种纯洁美好的情感象征。红豆,爱的种子,提起它,人们便会想起唐代大诗人王维的千古绝句:红豆生南国,春来发几枝;愿君多采撷,此物最相思。"红豆"命名蕴涵了中国传统文化的精髓,情浓意重。

(四) 不要忽视法律的保护

现代社会是一个法制的社会。每个人都应该具有强烈的法律意识,要学会用法律来保护自己的合法权益不受到侵害。同时也要注意,不要因为疏忽而触犯了法律,给自己带来不必要的损失。

人的名字可以重复,品牌的名称却是另外一回事。品牌的名称是企业非常宝贵的资产,特别是对于有名的品牌。当一个企业的品牌名称得到合法的承认以后,就会受到法律的保护。所以,在给品牌命名的时候应该格外小心,多进行一些查询和咨询,既要妥帖,又要避免重名。

实战攻略 7-7

"联想"的易名

联想集团公司成立于 1984 年 11 月。联想集团在当初 20 万元投资的基础上,已发展成为国内规模最大、海内外市场知名、资产雄厚的跨国计算机企业集团。联想的品牌标志"Lenovo"更是家喻户晓。

但在当初联想的品牌标志并不是"Lenovo",而是"Legend"。在联想决定更改名称的时候,"Legend"的品牌价值已经高达 400 亿元左右。那么联想为什么摆着这么好的一个名字不用,而要忍痛割爱呢?这就是出于法律保护的考虑。

因为联想当时的战略是要把自己的品牌进行国际化推广,但是"Legend"这个标志名称在国外已经被至少十几家公司注册,如果继续使用"Legend"作为自己的品牌标志,联想的国际化推广将会受到阻碍。

三、品牌命名的方法

品牌的命名是一门学问和艺术,不是抱着一本字典翻上几个小时就能解决的事情。一般给品牌命名有以下几种方法。

(一) 以商品的主要功效命名

依据商品功效命名的方法多用于日用工业用品和医药保健用品等。这样,消费者能够一目了然地了解商品的主要性质和功效,加快对商品的认知过程,同时,也迎合了消费者对商品求实用、求实效的心理需求,如:肠虫清、感冒灵、肠炎宁、鼻炎康等。

(二) 以商品的产地命名

这种方法常用于具有一定名气或是地方特色的土特产上,这种命名能够给消费者以商品工艺精湛、历史悠久、独具地方特色之感,从而联想到当地的风土人情,使该商品颇具魅力,如:贵州茅台酒、武夷山岩茶、北京烤鸭、青岛啤酒等。

(三) 以商品的主要成分命名

这种命名方法突出了商品的主要成分和主要材料,为顾客认识商品的价值功效提供了基本的依据,通常多用于食品类和医药类的商品,如:"三九胃泰"产品的主要成分是三桠苦和九里香,取两味中药的字头便是"三九"(同时"九"又与"久"谐音,给人一种吉祥之感)。"五粮液""参茸大补丸"等也是以产品主要成分来命名的。

(四) 以商品的创造者或历史人物命名

这是一种带有纪念性的命名方法,借助于消费者对名人的崇拜和对创造者的崇敬心理,引起消费者对历史的回忆和联想。此外,这样还能给消费者以商品历史悠久、工艺精良、正宗独特、质量上乘的印象,诱发消费者积极的购买态度,如:王老吉、麻婆豆腐、杜康酒、张小泉等。

品牌的命名方法还有很多,没有什么固定的方法和模式可遵循,关键是要既能准确传递产品的信息,又能"抓住"消费者的大脑,赢得更多消费者的青睐!

本章关键词

品牌	定位	记忆容量——"数字7±2原则"
首因效应	期望效用	品牌个性
品牌忠诚	听觉编码	定势效应

思 考 题

1. 由于首因效应,为了使品牌"进入"消费者的大脑,进行定位的一个有效途径是充当第一。如果当不了第一该怎么办呢?
2. 进入消费者大脑的一个有效途径是"钻空子"。只要是"空子"就都能钻吗?
3. 请简述品牌命名的一些主要原则。
4. 以你喜欢的某一产品品牌为例,谈谈它的品牌个性。
5. 举出一个你认为成功的品牌命名的例子,并分析它成功的原因;举出一个你认为存在不足的品牌名称,并给出修改意见。

★★★★★ 案例分析 ★★★★★

蜜雪冰城的平民化定位

"你爱我,我爱你,蜜雪冰城甜蜜蜜……"伴随着朗朗上口的歌词和魔性的曲调,几只蜜雪冰城的品牌 IP——雪王在背景旋转跳跃的各式水果中翩翩起舞。就像这则官方宣传短片的火爆一样,蜜雪冰城本身也在一众标榜着高端、优雅的奶茶品牌中异军突起:自 2020 年 6 月 22 日官宣门店过万以来,不到一年间,蜜雪冰城的门店数量已接近 1.5 万。2021 年年初,蜜雪冰城还获得了由美团龙珠及高瓴资本为首的资本机构 20 亿元的融资;9 月 30 日,蜜雪冰城股份有限公司拟在 A 股 IPO 上市,可谓势头正猛。

如今几乎路人皆知的蜜雪冰城事实上也是有 20 余年历史的老品牌了。1997 年,大学时期的张红超在郑州开启了他一生的甜蜜事业——蜜雪冰城,一个专为年轻人打造新鲜冰激凌与茶饮的全国连锁品牌,并确立了蜜雪冰城的经营使命:"让全球每个人享受高质平价的美味"。2006 年,蜜雪冰城推出了 1 元 1 支的冰激凌甜筒;2007 年,凭借在学生群体中的名气,蜜雪冰城的 26 家加盟店散布于河南郑州各学校的周围,这一数字在 2008 年达到了 180 余家。在此之后,"蜜雪冰城"这四个大字渐渐扩散至全中国的学校周围和每一个不起眼的街边。

蜜雪冰城的成功与它的品牌定位密不可分。蜜雪冰城的三大招牌:冰激凌、柠檬水和摇摇奶昔的价格均不超过 10 元。这种低廉的定价对于消费敏感的群体,特别是学校学生和三四线城市的年轻人具有极大的吸引力。而在因疫情而疲软的消费市场中,蜜雪冰城对低价的坚守也吸引了大量加盟者的青睐。为了解决草根品牌难以进一步扩大知名度的问题,蜜雪冰城选择了打造品牌 IP、发布宣传 MV 等方式,让蜜雪冰城在 2021 年的中国互联网成为人尽皆知的存在。在品牌宣传中,蜜雪冰城也试图将亲民的属性与自己的品牌更深地绑在一起:可爱的动物卡通、简单重复的动作、脱胎于悠久民歌的曲调、对网络恶搞的包容……

红旗的品牌转型

作为中国一汽旗下最早推出的豪华车品牌,红旗在广大国人心中一直都是国产豪华车的象征。但是红旗车的销量却长期低迷,"人人皆知有红旗,但没人见过真红旗"的局面持续了很长时间。2008 年,一汽曾经提出"红旗复兴计划",试图通过新推出的红旗 H7 在豪华车市场中站稳脚跟。可惜事与愿违,自 2013 年红旗 H7 推出至 2016 年,该车型年销量从未超过 5000 台。车型少、销售渠道单一、品牌形象固化等问题使得红旗陷入了十分尴尬的境地。

2017 年,徐留平接手中国一汽,一心想要复兴红旗品牌。"作为一汽人,我将坚定振兴红旗,肩负起历史赋予的强大中国汽车产业的重任。"他认为,红旗想要成功,必须要放开产品线,让红旗车覆盖到更多中国消费者群体。"既要做国宾车,也要做平民车!"徐留平表示,未来的红旗家族将包括 L、S、H、Q 四大系列产品,分别表示红旗至尊车、红旗轿跑车、主流车与商务出行车。

在理念方面,徐留平试图将"中国式新高尚精致主义"融入红旗品牌之中,使之脱离原有的高冷色彩,更多地与大众消费者接轨。红旗通过更换 logo、与李宁联名、与故宫合作、推广新能源等手段将一汽红旗从陈旧的老品牌打造为年轻化的新国潮。与此同时,他紧跟"电动化、智能化、网联化、共享化"的汽车发展新趋势,试图在新一轮科技革命的驱动下实现超车,将红旗打造为"中国第一,世界著名"。

在这一理念的指引下,短短 3 年,红旗便将产品线由原来的 2 款扩展至 10 余款车型,下至入门级中型轿车 H5,上至概念超跑 S9,老品牌强势回归。

2018 年之后,红旗的销量便开始一路上涨,仅 2018 年后半年红旗的销量便超过 3 万辆。在 2019 年车市整体下行的背景下,红旗车逆势突破,1 月至 10 月累计销售 7.55 万台,同比增长 217%,跻身国内豪华车品牌销量前十。这一喜人的成绩恰恰与红旗对自身品牌定位的再思考是息息相关的。

(来源:蜜雪冰城官方网站,百科 TA 说)

问题:
1. 请用本章所学分析上述两个案例中"蜜雪冰城"与"红旗"成功的原因。
2. 请举其他例子说明品牌定位的坚守与品牌定位的调整有何作用。

活动任务

"定位"的概念自从被提出以来,对营销界产生了非常大的影响。请查阅相关书籍和资料,了解更多关于定位的知识,并试着用定位的知识对自己喜欢的一个品牌进行分析。(可以从品牌的市场定位、品牌的个性、品牌所形成的消费者忠诚以及品牌的命名这几个方面来加以考虑。)

第八章 无声的"推销员"——商品的包装

学习目标

1. 了解什么是包装；
2. 了解商品包装的作用；
3. 分析商品包装的心理功能；
4. 掌握商品包装设计的心理诉求；
5. 掌握商品包装的心理策略；
6. 了解商品的标签及分类。

无论是在超市还是百货商店，我们都可以看见琳琅满目、品种繁多的商品，毫无疑问，外形美观、式样各异的包装也吸引着我们的注意力。

世界上最大的化工企业——杜邦公司的营销人员经过周密的市场调查后，发现了**杜邦定律**：即63%的消费者是根据商品的包装进行购买决策的，到超市购物的家庭主妇由于精美包装的吸引，所购物品通常超过她们出门时打算购买数量的45%。

国内也有一项调查发现：一个随意走进商场的消费者在浏览货架的过程中，目光平均在每件商品上只停留不足0.5秒的时间，而53%的购买行为却是在浏览时产生动机的。毋庸置疑，要使商品在这么短的时间内吸引住顾客，使其对商品进行进一步的了解或产生购买行为，商品的包装起着至关重要的作用。

包装作为商品给予消费者的"第一印象"，强烈地撞击着消费者购买与否的心理天平。那么，什么样的包装能够打动消费者的"心"，赢得消费者的欢迎呢？

本章我们将带您走进商品包装世界，学习包装的心理功能、包装设计的心理诉求、心理策略以及商品的标签等内容。

首先，让我们来了解一下包装的含义。**包装**是指为了保护商品的价值和形态，采用适当的材料制成与物品相适应的容器（包装物），并施加于物品之上的技术以及施加于物品后的形态。由此可见，包装有两层含义：一是静态的含义，指用来盛放或包裹商品的容器或包装物；二是指对容器和包装物进行美化和装饰的一系列动态的过程，又称为包装化，这两层含义紧密相关，从不同方面揭示了包装的内涵（李颖颖，2012）。

第一节 赢得顾客一颗心——走近商品的包装

一、商品包装的作用

首先请你设想一下：如果我们常喝的啤酒、牛奶，常吃的饼干等商品不进行包装，将会出现什么情况？很显然，啤酒会慢慢蒸发，牛奶会因长时间置于空气中而腐败变质，饼干也会受潮、压碎或是变质。因此,包装对商品而言起着至关重要的作用。

首先,包装能保护商品。打个比方,包装是商品的"守护神"。假如商品没有这个"守护神",就有可能产生损坏或变形等诸多不良后果。例如,在仓库和零售店里存放的药品和食品就会变质。另外,包装的保护作用也满足了消费者追求安全的心理需要。

其次,包装起到促销商品的作用。商家通过不断改进包装的外观、色彩等因素,给消费者带来方便,并满足消费者不同的心理需要。心理学的研究表明,包装的外观图案确实能影响消费者的认知和购买行为(Bone & France, 2001)。

研究之窗 8-1

您更喜欢哪个包装
——圆圈图案还是三角形图案

美国著名的市场心理学专家路易斯·切斯金做过这样一个实验:他对相同的产品使用不同的包装,其中一种包装上使用的是圆圈图案,而另一种使用的是三角形图案,然后请顾客评喜欢哪种包装。结果80%以上的顾客喜欢圆圈图案的包装,他们认为这种包装的商品质量更可靠。经过200人、1000人的实验,切斯金惊奇地发现:即使顾客经过使用和比较,发现两种商品质量、效果等完全相同,他们也仍然倾向于选择那种圆形图案包装的商品。不断反复实验,逐渐扩大实验商品的种类,得出的结论相同:包装的外形对顾客的心理具有巨大的影响。

再次,包装有方便储藏和使用商品的作用,能满足消费者追求便利的需求,比如,他们希望商品容易提取、开启和关闭。另外,批发商和零售商也都希望商品易于上架、储藏,能延长商品的待销时间而不至于还没卖出就已变质或坏掉。

国外的《销售和营销管理》杂志做过一项调查,结果表明,消费者不喜欢、也不会购买这样一些商品:盒子漏水的冰激凌,瓶子过重和过大的醋,撬不开瓶盖的饮料,要用起子开的沙丁鱼罐头和难以倒出盒子的麦片等商品。

最后,合理良好的包装还有利于回收利用和减少环境污染。近年来,社会上兴起了**绿色包装**(是指对生态环境和人体健康无害,能循环复用和再生利用,可促进持续发展的包装)运动,这种包装发挥了保护环境的作用。许多商家都积极响应了这场运动。例如,某公司改用少于80%塑料的材料包装它生产的洗发水;宝洁公司去掉了除臭剂的外包装盒,每年节省了340万磅的纸张。随着时代发展,包装的这一作用越来越明显地体现出来。

小贴士

"绿色包装"这一概念要求企业在包装商品的过程中,既要努力降低其包装费用,又要考虑到包装废弃物对环境的污染程度。目前,国际商界正在兴起一种称为"绿色包装"的纸包装袋。纸袋的主要成分是天然植物纤维,它能被微生物所分解,不易造成污染,而且可以进行回收再利用,又在很大程度上避免了资源的浪费,保护了森林资源。还有一些专家从仿生学的角度试图研究一些与橘子皮、鸡蛋壳有类似功能的"天然"包装物仿制品,探索一条"绿色包装"的新路子。

二、商品包装的心理功能

假如你在逛超市的时候在需要买的商品货架前犯了难,这个商品有好几个品牌,但是仔细对比之下,发现每个品牌的商品质量以及功能都是一样的,唯一不同的就是它们的包装。那么这时你是不是就会选择包装最符合你心意的那款商品呢?这其中对你的购买决策起最大影响作用的就是商品的包装了,进一步说就是商品的包装在发挥它的心理功能。

具体说来,商品包装主要有以下几种心理功能。

第一,辨认功能。商品包装是帮助消费者识别商品的重要手段。一般情况下,每个企业的产品在包装时都使用各自独特的材料、色彩、外观等,进而打造出能够反映自身特色的商品形象,从而便于消费者识记和选择商品。例如,美国"玫琳凯"化妆品的包装一直采用典雅的淡粉红色,简化了消费者的辨认,也成为该品牌的重要标志之一。

实战攻略 8-1

宝洁一大特色
——妙用包装的辨认功能

提起中美合资的广州宝洁有限公司,相信大家都不陌生。该公司就特别重视商品包装的美化功能,具体是这样做的:它在中国市场上推出的三大洗发水品牌中,"飘柔"采用绿色包装,给消费者以青春靓丽的感受,突出其柔顺飘逸的个性;"海飞丝"采用海蓝色,使人倍感凉爽清新,因而突出了其去头屑的产品功能;"潘婷"则采用杏黄色包装,给人以营养丰富的视觉效果,也极大地突出了其产品个性。

第二,美化功能。"爱美之心,人皆有之。"造型美观大方、图案形象生动的包装能美化商品,给消费者以美的享受。

第三,增值功能。在现代消费生活中,随着收入水平的提高,消费者在购物时不仅重视商品的质量,更注重商品的外观。尤其当人们在选购礼品时,他们会格外注重商品的包装,情愿出更高的价格购买包装精美的商品,以便更好地表达自己的心意,体现自身的社会经济地位,表现自己的品位,进而更好地进行社交活动,与人沟通。另外,营销学家发现,通常商品的外包装可以影响消费者对商品内在质量的感知。包装越精美的商品,其内在质量会被认为是更好的。因此,商品包装在一定程度上具有增值的心理功能,提升商品在人们心目中的价值。

研究之窗 8-2

相同的咖啡　不同的感觉

心理学家曾经做过一个关于咖啡包装的实验:将被试分成两组。第一组被试的咖啡装在一个很普通的电子咖啡壶里,第二组被试的咖啡则装在一个雕刻精美的古董银壶里。结果怎么样呢?尽管咖啡是相同的,但是第一组被试对咖啡的评价明显低于第二组被试的评价。

第四，联想功能。商品包装的外形或是色彩能引起消费者美好的联想和想象，抓住顾客的心理，促使消费者产生购买行为。例如，国外有一种药品包装，包装盒形似坦克，就能给顾客以形象的启示：该药品对病菌的杀伤力如同坦克的威力。

第二节　包装的成功之道——用"心"去包装

一、包装设计的心理诉求

试想明天是你同学的生日，你去商店为他精心挑选礼物，面对诸多让你眼花缭乱、应接不暇的商品，你肯定要花费不少时间才能挑选出你认为比较满意的礼物。在这个过程中，除了商品包装的颜色会影响你的决策，是不是商品包装设计的形式是否满足你的心理需求也很关键呢？

一般来说，消费者对商品包装设计都有什么心理需求呢？总结起来，主要有以下几条。

（一）显现商品的形象

当购买一件商品时，消费者必然想了解包装内商品的功能、结构等。因此，根据消费者的好奇求知心理，一些商品的包装可以采用透明、半透明的样式，使消费者产生一种"眼见为实"的真实感、直观感，增加消费者购买商品的信心。

> **研究之窗 8-3**
>
> **透明包装——就是不一样**
>
> 有人做过这样一个简单的实验：把相同质量的芦笋分别装于透明的玻璃瓶和不透明的罐子内，且前者的销售价格比后者略高，消费者倾向于购买哪种芦笋呢？结果是：尽管两者质量相同，但消费者更愿意购买的是用透明瓶子盛装的芦笋。这个试验也说明了让消费者直接感知商品真实情况的重要性。

（二）体现时代性

在现代消费生活中，人们有极强的求新、求美的心理。因而，在包装时要应用新材料、新技术、新式样，不落俗套，勇于创新，赋予商品浓厚的时代特色，从而满足消费者高层次的心理需要。已有不少商家采用轻量强化玻璃瓶、高质轻化铝罐、轻型塑料容器等包装，还有前面提到的"绿色包装"，这些包装都符合了时代要求，体现了时代特色。

（三）搭配合适的色彩

购买任何一件商品，首先映入眼帘的就是包装的颜色。专家对眼球活动的研究表明：在包装艺术的各个因素中，人们对色彩的反应最快、最先。同时，商品包装采用什么样的颜色也会直接影响消费者的视觉感受。所以，包装要选择合适的、搭配得当的色彩，给消费者以美的享受和新的体验。例如，红色是温暖、热烈的象征，用于礼品的包装能增加喜庆色彩；而绿色和淡紫色用于化妆品的包装则给人柔和、自然、品质高贵的感觉；阿尔卑斯牛奶糖金黄色的包装不但色泽鲜艳，引人注意，催人食欲，还表现出一种高贵、积极的情感意味。许多企业把色彩心理学的知识成功地运用到商品的包装中，取得了骄人的成绩。

> **实战攻略 8-2**
>
> **看！包装色彩就是这样搭配的**
>
> 美国的畅销饮料 V8 蔬菜汁就充分运用了良好的色彩搭配。该产品的包装图案大致相同：平放着一排番茄，衬以绿色的菜叶，饰以直立的芹菜和胡萝卜。消费者在不知不觉中感受到的是新鲜蔬菜的浓烈色彩。此外，V8 蔬菜汁不像杂志和书籍那样用四色印刷，而是用五色精印。因此，色彩特别鲜艳，使蔬菜图像有一种神秘动人的吸引力，这种色彩是使商品畅销的重要因素之一。
>
>
>
> （另见彩页图六）

特别要提醒的是，包装设计的色彩，一方面要和商品的特性及使用环境相协调；另一方面，要注意风俗习惯和禁忌，应尽量和消费者的习惯相符合。毕竟，在不同国家，颜色代表的含义是大不相同的，我们以法国为例，看看不同颜色在法国所代表的含义（见下表）。

颜色的含义

颜色	积极的含义	消极的含义
红	热情、活力、革命、阳刚	战争、鲜血、死亡、魔鬼
橙	能量、活动、慷慨、好客	无消极含义，老少适宜
黄	太阳、夏天、才智、科学	暗黄代表怯懦、背叛、疑虑
绿	春天、生命、希望、休息	蓝绿代表冷酷、挑衅、暴力
蓝	高尚、信念、正义、成熟	秘密、昏暗
紫	高贵、王权、力量、神秘	无良知、沉闷、哀伤、没落
黑	豪华、高贵、严谨	死亡、绝望、无知
白	纯真、纯洁、完美、真理	空虚、沉默、不可捉摸

（四）符合商品的价值或质量

人们常说"一分价钱一分货"。商品的包装也应遵循此原则，不论贵重的还是普通的商品，都应做到包装和商品的档次相符合。只有这样，才能让消费者买得放心、用得舒心，使产品真正打动顾客的心，进而长期赢得市场。例如，珍贵艺术品要烘托出商品的高雅贵重，包装要精美华贵，能间接反映出该商品的内在价值；一般的日常生活用品的包装则要讲究美观简朴，且便于开启。

二、商品包装的心理策略

市场调查表明：在超市的购买者中，有超过 50% 的消费者属于即兴购买。因此，有效的包装发挥着"推销员"的作用。从这个意义上说，商家在设计包装时，还要重视包装心理策略的巧妙运用。常见的心理策略有哪些呢？下面就让我们打开包装之窗，一起探寻其中的奥秘吧！

（一）类似包装策略

类似包装策略指所有的商品都使用高度类似的包装或所有商品的包装都包含一些共同特点的策略。这种包装策略的运用在生活中还是比较常见的。例如，某公司所有罐装产品都采用类似包装策略，只是偶尔在个别产品的标志上做些小变化。这种策略能够方便消费者识别、记忆商品的品牌，使得消费者在不知不觉中形成行为定势，进而对商品产生信赖感。

（二）多数量包装策略

多数量包装策略指在同一包装中放入关联度大的不同类型和规格的若干商品的策略。例如，针对新生婴儿设计的"宝宝包"，在包里有不同容量的奶瓶、奶嘴、保温袋、婴儿护肤品等一些相关的用品。经过多次测试发现，多数量包装策略可以提高产品的总销售量，与此同时也给消费者带来极大的便利。这种策略主要适应了消费者对某些商品具有消费连带性、匹配性的心理需求，因此受到消费者的欢迎。

（三）附赠品包装策略

附赠品包装策略指在包装物内附赠品或奖券的一种策略。这种策略对中等收入以下的人群最有影响力，极易引起他们的重复购买。例如，江苏无锡产的"芭蕾"珍珠霜在其包装盒内放有一枚镶有珍珠的别针。说明书内特别说明，购买50瓶，就能换成一条珍珠项链。这就大大激发了消费者的购买欲望，"芭蕾"珍珠霜一下子变成了人们抢手的馈赠礼品。

（四）再使用包装策略

再使用包装策略指包装物在商品用完后还可以作其他用途的一种策略。在大部分情况下，许多商品用完后，它的容器即包装可用来派上其他用场，例如，茶叶罐、精美的酒瓶等，既可以用作生活用品，又可以用作工艺品加以收藏。此策略是利用消费者一物多用的心理，使消费者得到额外的使用价值。

（五）包装改良策略

包装改良策略指对原商品包装进行某些改进或改换的一种包装策略。通过这种策略能够开拓新市场，吸引消费者，提高销售量。例如，1991年意大利加尔巴尼公司花费10万英镑，请英国泰特斯菲尔德设计公司为其生产的10种有不同包装的干酪重新设计了一个统一的包装。新包装上市后半年内，企业未做任何广告宣传，但干酪的销量在英国、德国、法国分别上升了22%、33%、50%。它主要迎合了消费者求新、求异的心理。

（六）等级包装策略

等级包装策略指按照商品价值的高、中、低档而使用相应的包装材料、结构和形式等的一种包装策略。例如，高档的西服和一般的西服，其包装就存在很大差异，前者用专门的纸盒精细地予以包装，而后者可能只用编织袋进行简易包装。此策略能满足消费者追求档次的心理。

（七）错觉包装策略

错觉包装策略指利用人们对外界事物观察的错觉进行商品包装的策略。它充分应用了心理学的错觉原理，使商品从外观上更能赢得顾客的偏爱。例如，两个容量相同的饮料包装，一个是扁形包装，而另一个是圆形包装，扁形的包装看起来容量更大。

三、标签——商品信息的介绍

标签是指附着、悬挂在商品上和商品包装上的文字、图形、雕刻及印制的说明。它是任何完整包装不可或缺的一部分,一般标签标有品牌名称和其他关于商品的信息。

你可能会产生疑问,商品的标签重要吗?其实,标签是商品包装的关键一环,它发挥着许多重要的功能。比如,有的标签具有介绍、说明产品的作用,而有的能起到促销商品的作用等。那么,在日常购买活动中,常见的标签主要有哪些呢?通常有以下三种。

- 品牌标签仅是简单地标示品牌。例如,"新奇士"橙子在每一只橙子上贴上写有品牌名称的小标签,以此来增强消费者对该产品的辨认,最终达到促销的目的。
- 说明标签提供有关产品用法、成分、注意事项、功能和特点等信息。比如,我们经常看到玉米罐头的说明标签,它提供玉米种类(如:黄金甜玉米)、形态(如:玉米酱或玉米粒)、瓶罐大小、食用份数、其他原料和营养成分等信息。
- 等级标签确认检验产品的质量后,用数字或文字来表示等级。比如,一些家用电器上贴有标明能效等级的标签。

品牌标签所提供的信息比说明标签少了许多,而就购买决定而言,消费者并不一定需要说明标签上的所有信息。因此,企业可以灵活有效地、有针对性地对标签的功能加以利用,从而更好地突出商品的特色。

本章关键词

杜邦定律	包装	绿色包装
类似包装策略	多数量包装策略	附赠品包装策略
再使用包装策略	包装改良策略	等级包装策略
错觉包装策略	标签	品牌标签
说明标签	等级标签	

思 考 题

1. 举例说明什么是包装。
2. 商品包装有哪些作用?
3. 商品包装能产生哪些心理功能?
4. 在对商品进行包装设计时应符合什么样的心理诉求?
5. 谈谈包装的心理策略。
6. 什么是标签?它可以分为哪几类?

★★★★★ 案例分析 ★★★★★

农夫山泉的包装设计

"我们不生产水,我们只是大自然的搬运工。"自 1996 年成立以来,农夫山泉就将"天然"一词贯彻始终。公司专注于天然水产品的开发,而非像其他水企纯化灌装自来水,或是在饮用水中添加人工矿物质,早在 2000 年,农夫山泉就全面停止了纯净水的生产。公司追求洁净水源地的寻找,自 2001 年起,经十余年的不懈努力,农夫山泉遍布全国的八大水源地正式落地。坚持水源地建厂、水源地灌装,农夫山泉确保每一滴饮用水的生产均在水源地完成,确保每一瓶农夫山泉都是天然的弱碱性水。

相应地,天然、健康、环保的理念也贯彻于农夫山泉的产品设计中。除了常见的红绿白配色,农夫山泉其他品类的产品可谓是精彩纷呈:农夫山泉运动盖装天然矿泉水的标签设计分别代表了长白山春夏秋冬四季,色彩丰富、充满想象力。农夫山泉玻璃瓶装天然矿泉水将瓶身设计为下落中的水滴,以长白山 4 种典型动物、3 种植物和 1 种气候特征作为瓶身图案,折射出对大自然的敬意。东方树叶则用不同的插画代表不同种风靡全球的茶叶背后的故事——随商船远渡英伦的乌龙、让蝴蝶为之沉醉的茉莉花、茶马古道上远道而来的红茶、僧人修行时黯然飘香的绿茶。

农夫山泉的产品设计中,共有 8 款分别获得过有包装界奥斯卡之称的 Pentawards 奖,其中的玻璃瓶装天然矿泉水更是勇夺 2015 年 Penawards 白金奖。除此之外,这款矿泉水在 2015 年还分别获得第 17 届国际食品与饮料杰出创意奖中的最佳作品与无酒精饮料包装设计金奖、Dieline 国际包装设计大奖非酒精饮料类第一名、D&AD 木铅笔奖等殊荣,代表了国内饮用水企业包装设计的最高水准。

对一家食品企业来说,产品质量是第一位的,但如果能在产品做好的基础上,将产品的包装设计推向一个高度,那么无疑会产生锦上添花、画龙点睛的作用。

问题:
1. 农夫山泉是如何将企业理念融入包装设计的?
2. 请分析农夫山泉包装设计的成功之处。

活动任务

1. 在家里找出一件包装得比较有特色的商品,根据包装的作用和心理功能,写出针对该商品包装的评价。

2. 请选择一种商品,结合所学知识,谈谈你将如何对该商品进行包装设计,以及采用什么样的心理策略。

3. 拜访当地一家大型超市:①了解商店经理对优质包装和劣等包装的看法,并询问原因;②在超市内走一走,列出你认为属于优质包装和劣等包装的商品,运用所学知识,说明你的评判标准有哪些。

4. 找一件商品说明它的标签属于哪一类,并谈谈包装上标签的意义。

第九章　商品价格心理——神奇的价格杠杆

学习目标
1. 掌握价格的概念；
2. 知道商品价格的影响因素；
3. 了解价格三方面的心理功能；
4. 掌握几种定价的心理策略；
5. 知道调价对消费者心理的影响；
6. 理解商品调价的心理策略。

右图中的主人公们在做什么呢？大家也许都已经猜到了，他们正在就一件商品"讨价还价"呢。

相信每个人都有类似的经历，对于消费者来说，总是希望能够以较低的价格买到自己中意的商品（相对其心中的理想价位而言），或者说可以物超所值。而作为商家，当然希望以高于成本的价格售出自己的商品，从而获得更大的利润。正是在这对矛盾下，买卖过程中出现了"讨价还价"的现象，商家和消费者无论哪一方都希望在讨价还价中赢得主动。

价格"心理战"

由此可见，价格对于消费者和商家无疑都是最为敏感的因素。本章将带你走进消费者的价格心理世界，看看神奇的价格杠杆在调节消费者心理中起着怎样的作用。

> "你不是通过价格出售产品，你是出售价格。"
> ——菲利普·科特勒

由于心理活动的能动作用，顾客会主动处理价格的信息，而不仅仅作为被动的接受者。他们会根据以往的购买经验、正式沟通（如：广告）和非正式沟通（如：朋友和邻居）渠道，对产品的价格形成一定的评价（价格高低与否），而这种评价又将影响其未来的消费行为（是否购买）。

第一节　商品价格及其心理功能

一、商品价格的概念

所谓价格,是指商品价值的货币表现,是价值规律的表现形式。具体地说,价格就是在一次交易中用来换取一件商品或服务的条件,一般指交换商品或服务的货币。例如,一件羽绒服售价 300 元,那么 300 元就是该羽绒服的价格。价格实际上就是利用货币单位表现出的商品的价值,不过这只是商品的相对价值,而不是它的绝对价值。

商品的价格往往不是一成不变的,它在多种因素的影响下会不断波动,这些因素可以通过下图来表示。

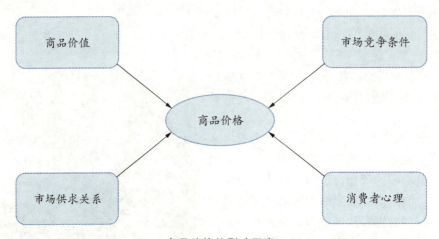

商品价格的影响因素

其中,商品的价值是价格最为根本的决定因素,每一时刻价格总是在价值的周围波动,时涨时落。商品的价值是指生产这种商品所消耗的社会必要劳动时间的多少。我们知道,钻石的价值远远高于其他宝石,其中一个原因就是相较于后者,钻石的加工需要极其精细的工艺和程序,消耗了大量的社会必要劳动时间。市场供求关系是指以生产者、经营者为一方,以消费者为另一方所构成的关系,这种供求关系的变化将价格与价值有机地联系在一起。在供不应求时,商品价格高于其价值;当供过于求时,价格会低于价值(马克思,2004)。此外,市场竞争条件以及消费者的某些心理因素也会对商品的价格升降产生不可忽视的作用。例如,彩电降价了,人们会不会去抢购与多方面因素有关:降价幅度、彩电品牌、消费者经济条件以及对降价的态度等。这些因素统称为消费者的心理因素。

二、商品价格的心理功能

在日常的市场营销和消费者购买活动中,不同的商品价格会对消费者的心理产生不同的影响。这就是商品价格的心理功能,具体表现为以下三个方面。

(一)体现商品价值和品质的功能

商品的价格是价值的货币表现,价格以价值为中心上下波动,商品价值凝聚了生产和流通过程中社会必要劳动的耗费。但对于普通的消费者而言,他们所拥有的专业知识非常有限,再加上对于大多数商品的生产工艺和专业技术特点缺乏了解,无从把握生产商品的社会必要劳动的多寡,因此在衡量商品价值、判断其品质时,他们常常把商品价格当作衡量商品价值高低和品质优劣的尺度,认为价格高的商品价值高,品质也好,价格低的商品价值低,品质也没有保障。正是在这种心态的驱使下,在新产品刚刚投放市场、价格比较昂贵的情况下,持币抢购者仍大有人在,而一些处理品及清仓的商品,却可能无人问津。人们常说的"一分价钱一分货""便宜没好货,好货不便宜"正是用商品价格来衡量价值的生动写照。

(二)消费者比拟自我的功能

商品的价格不仅可以作为衡量商品价值的直接标尺,同时在某些消费者看来,商品价格还具有反映自身社会地位、经济地位高低的社会象征意义。也就是说,他们购买商品的目的,不只是为了获得商品的使用价值,也是为了满足其自身的某种社会心理需要。消费者在购买商品的过程中,会通过联想把购买商品的价格同个人的愿望、情感、人格特点联系起来,让价格成为反映他的经济实力、社会地位、文化水平、生活情趣和艺术修养的工具,从而获得心理上的满足(王涛,杨生忠,2000)。

(三)调节消费需求的功能

应该说,商品价格对消费需求量的影响是显而易见的。经济学理论指出:"在其他条件不变的情况下,价格与消费需求量成反比。"即当价格上涨时,消费需求量减少;价格下降时,消费需求量增加,表现为价格对消费需求的反向调节作用。然而,在现实生活中,常常表现出价格对消费需求的同步调节作用。当某种商品的价格上扬时,本应抑制消费需求,但却出现了消费者争相购买的情况;而当商品价格下挫时,消费者反倒冷静地持币观望(高鸿业,1996)。如房地产业,当房价呈上升趋势时,人们纷纷投资房市,对房子的消费需求同步上升;然而,当房价呈下跌趋势时,大多数人则持观望态度,对房子的消费需求反倒下降。由此可见,价格调节消费需求并不完全像传统经济学所认为的那样,它会受到消费者心理因素的制约。

第二节　商品定价和调价的心理策略

如果一件商品的价格在 100 元左右,我们会发现它在商场中的标价通常是 99 元或者 99.9 元,那么为什么不标 100 元呢? 99 元或 99.9 元与 100 元相差不过 1 元或 0.1 元,而且 100 元刚好是个整数,可以避免找零的麻烦,难道真是因为人们在乎这 1 元或 0.1 元的差距吗?

相信大家都已经有了自己的答案,接下来就让我们带着它去探寻本节的奥秘!

一、商品定价的心理策略

消费者对于商品的需求是千差万别的,如何根据不同类型的消费者购买商品的心理规律来制定商品的价格,迎合他们不同的心理需求呢?下面介绍几种常用的定价心理策略。

(一)尾数定价策略——让顾客信赖的定价策略

尾数定价是以零头数结尾的定价形式,通常是以奇数或人们喜欢的数字结尾。如:49.95 元、1.9 元、16.88 元等。那么这样的定价策略对消费者心理产生了怎样的影响呢?

首先，这种定价方法可以在直观上给消费者一种便宜的错觉(Thomas et al.，2010)，从而激起购买的欲望。举例来说，一件商品定价 99 元和定价 100 元相比，尽管仅相差 1 元，但对于标价 99 元的商品，顾客会认为"这件东西不用一百块"，而若标价 100 元，顾客则认为"这件东西已经一百块了"。正是这种心理上的差别感受，决定了两种商品销售量的巨大差异。有研究表明，同样的商品，标 99 元比标 100 元的销售量更大，至此，本节开篇的问题也揭开了谜底。

其次，利用精确的尾数定价可以增强顾客对商品的信赖，顾客会感到定价非常认真、仔细，连一角一分都算得清清楚楚，从而认为商品的价格是准确、合理、实实在在的，觉得买这种商品是不会上当受骗的(Schindler & Yalch, 2006)。例如，消费者购买钢笔，标价是 6.3 元，便认为这支钢笔的定价是精确计算的，是可以信赖的。若标价恰好为 6 元，反倒会引起消费者的疑惑，怎么会刚好 6 元？这个价格会不会有水分？

最后，商品定价的数字可以满足消费者的某种心理需求。人们在购买商品时，不仅获得了商品的使用属性，有时还会把自己的心理需求通过商品的价格表达出来。比如中国人喜欢数字"8"和"6"，前者寓意"发财"，后者表示"顺利"，许多西方人认为"13"是个不吉利的数字，而日本人则会尽可能回避"4"。

需要注意的是，尾数定价策略主要适用于价格较低的一般日用品和副食品，由于这些商品需求量比较大，顾客的购买频率也比较高，因此他们对价格非常敏感，细微的价格变化都会引起顾客的知觉。心理学家的研究表明，价格尾数的微小差别，能够明显影响消费者的购买行为(Schindler, 2006)。一般认为，五元以下的商品，末位数为 9 最受欢迎；五元以上的商品，尾数为 9、5 效果最佳；百元以上的商品，尾数为 98、99 最为畅销。

> **小贴士**
>
> 据国外市场调查发现，在生意兴隆的商场、超市中商品定价时所用的数字，按其使用的频率排序，先后依次是 5、8、0、3、6、9、2、4、7、1。这种现象不是偶然出现的，究其根源是消费者心理的作用。那些带有弧形线条的数字如 5、8、0、3、6 等似乎不带有刺激感，易为顾客接受；而不带有弧形线条的数字如 1、7、4 等，相比较而言就不大受欢迎。所以，在商场、超市所制定的价格中，5、8 等数字出现频率最高，而 1、7、4 出现次数则少得多。

(二) 整数定价策略——明朗、方便的定价策略

整数定价是以整数的形式确定商品的价格，强调价格的明朗性。整数价格又称方便价格。整数定价针对的是消费者求明白、求方便的心理，将商品价格有意定为整数。由于同类型产品生产者众多，花色品种各异，因此在许多交易中，消费者往往将价格作为判断产品质量、性能的"指示器"，认为"一分价钱一分货"。同时，在众多商品中，整数定价的产品能给人一种方便、简洁的印象。

整数定价主要适用于价值较高的耐用消费品，对于这类商品，消费者更注重的是商品的质量和性能。只要质量可靠，外形美观，即使多支付几十元甚至几百元也无所谓。此外，使用整数定价还可以在消费者心目中树立价高质优的形象(Schindler & Kirby, 1997)。

实战攻略 9-1

布加迪 Divo

2018年8月,布加迪官方正式发布了全新旗舰超级跑车Divo,官方表示,该车型全球限量40台,售价5000000欧元。如果您有意购买此车,除了要记得数清售价有几个零以外,您还需先拥有另一台布加迪旗下的超跑Chiron才可以。如果您两个条件都具备,那也很遗憾,Divo的这40台配额在公布之初已经全部售空。

（来源：太平洋汽车）

（三）招徕定价策略——"醉翁之意不在酒"的定价策略

招徕定价是指通过制定一些特别的价格把顾客吸引过来,以带动特殊价格商品周边商品消费量的策略。它包括两种方式:低价招徕策略和高价招徕策略。

1. 低价招徕

低价招徕是指为了吸引顾客而暂时将少数几种商品以优惠价格出售的策略。低价招徕利用了消费者的求廉心理,以接近成本甚至低于成本的价格出售一些产品,目的是以低价格吸引消费者在购买这些特价商品的同时,连带购买其他正常价格的商品,从而扩大整体销售量。这种方法在超市中广泛应用,此外许多"一元店""十元店"也正是采用了这种定价策略。

然而,为何消费者在购买优惠商品的同时,也会购买一些其他的商品呢？这可以用"晕轮效应"来解释。

晕轮效应,又称光圈效应、成见效应,指人们对他人或事物的认知判断主要是根据个人好恶得出的,然后再从这个判断推论出认知对象其他的品质(Thorndike, 1920)。如果一个人或事的某一方面被个体认为是"好"的,其就会被一种"好"的光圈笼罩着,并被赋予一切都好的品质;反之,若某一方面被认为是"坏"的,就被一种"坏"的光圈笼罩着,其他的方面都会被认为是坏的。由于某些商品采用低价促销的缘故,某个超市就被赋予了"价格优惠"的光圈,在这种光圈的影响下,消费者在知觉超市其他商品的价格时,也会感到比较便宜,因此,低价促销的商品间接推动了其他商品的销售量。这不失为超市"舍小取大"的明智之举。

然而,在使用低价招徕策略时应注意以下问题:①降价的商品应是消费者常用和熟悉的,最好是适合于每一个家庭应用的物品,否则对于广大消费者来说会失去吸引力。②实行招徕定价的商品的商家,经营的品种要多,以便顾客有较多的选购机会。③降价商品的降低幅度要大,一般应接近成本甚至略低于成本。只有这样,才能引起消费者的注意和兴趣,进而激起消费者的购买动机。④降价品的数量要适当,太多产品降价会使得商店亏损太大,太少则容易引起消费者的反感。

实战攻略 9-2

一场特别的拍卖

北京地铁有家"每日商场",每逢节假日都要举办"一元拍卖活动",所有拍卖商品均以1元起价,报价每次增加5元,直至最后定夺。每日商场举办的拍卖活动由于基价定得很低,最后的成交价仍比市场价低得多。该商场用的正是低价招徕定价方法,它以低廉的拍卖品活跃商场气氛,增大客流量,带动了整个商场的销售额上升。

2. 高价招徕

高价招徕与低价招徕恰恰相反,它是利用人们的好奇心理将产品标以高价来吸引顾客的。与低价招徕的出发点相同,这种策略也是通过"特价"产品来推动普通产品的销售量的。人们总是有着探寻新奇事物的倾向,当市场上推出一种"高价"的商品,而这种商品又为人们所熟悉时,人们总会产生这样的疑问:为什么这件商品会以这样高的价格出售?他们会在心中作出种种猜测,并希望一探究竟。例如,珠海九洲城里曾经出售过一种价格高达3000港币的打火机,引起了许多人的兴趣,慕名而来,大家都想看看这种"名贵"的打火机究竟怎样特别。当然,购买此种高价打火机的人寥寥无几,但是它旁边柜台售价3港币一只的打火机却因此打开了销路。

在使用高价招徕策略时,应当注意:①高价的商品应当是顾客所熟悉的,这样才可以引起他们的好奇心理。②高价商品应当确实有其与众不同之处,否则这种定价策略便不免有些"哗众取宠"了。

(四) 声望定价策略——"相信我,没错的!"

"相信我,没错的!"这是某知名影星为洗发水做广告时使用的台词。在这个广告中,商家充分运用了该明星的名人效应来达到激发消费者购买动机的目的。这里要讲的"声望定价"与之有异曲同工之妙。

声望定价又称"炫耀定价策略",是指商家根据商品或自身的声望,将商品标以比市场同类产品更高价格的策略。声望定价主要利用了消费者的求名心理。商家根据商品在消费者心目中的声望制定高价,使顾客对商品和商家形成信任感和安全感,顾客也会从中得到荣誉感。某些品牌的商品一旦拥有了一定的知名度,消费者便认为该产品质量可靠,宁愿出高价购买。然而,采用声望定价策略,切不可降价促销,因为这样做不仅无法满足消费者的求名心理,同时也损害了商品长期树立起来的高贵形象。

实战攻略 9-3

从不降价的金利来

金利来领带,一上市就以质优、价高定位,对有质量问题的金利来领带他们绝不上市销售,更不会降价处理。他们传递给消费者这样的信息:金利来领带绝不会有质量问题,低价销售的金利来绝非真正的金利来产品,从而极好地维护了金利来的形象和地位。

在心理学上,消费者偏爱名牌产品的现象可以归结为刻板印象的影响。刻板印象是指社会上对于某一类事物产生的一种比较固定的看法,也是一种概括而笼统的看法(Fiske, 2004)。

在现实生活中,消费者常常可以通过各种途径(如:广告、报纸及海报等)获得名牌产品的信息。与此同时,他们也在使用这些名牌商品(如:汰渍洗衣粉、双立人刀具等)。在使用过程中,产品的质量若受到好评,消费者就会逐渐产生一种比较固定的看法:名牌产品质量可靠。于是这种刻板印象就形成了。此后,只要消费者看到名牌产品,便认为这类商品质量有保证。

(五) 小计量定价策略——"退一步海阔天空"的定价方式

小计量定价是指企业把同种商品按不同的数量包装,以最小包装单位量制定基数价格,销售时参考最小包装单位的基数价格与所购数量收取款项的策略。例如,对于质量较高的茶叶,就可以采用这种定价方法,如果某种茶叶定价为每 500 克 150 元,消费者就会觉得价格太高而放弃购买。但如果缩小定价单位,采用每 50 克为 15 元的定价方法,消费者就会觉得可以买来试一试。如果再将这种茶叶以 125 克来进行包装与定价,则消费者就会因为嫌麻烦而不大会去换算每 500 克应该是多少钱,从而也就无从比较 125 克装茶叶的定价究竟是偏高还是偏低。

小计量定价策略的优点比较明显:①能满足消费者在不同场合下的不同需要,如:便于携带的小包装食品、小包装饮料等。②利用了消费者的心理错觉,因为小包装的价格容易使消费者误以为价廉,而实际生活中消费者很难、也不大愿意换算出实际重量单位或数量单位商品的价格。

(六) 安全定价策略——"免除您后顾之忧"的定价方式

安全定价又称为"一揽子定价",是指企业在销售产品时,将产品的安装、维修等后续服务费用都计算在产品价格之内的策略。此种定价方法适用于价值较高的大件商品,消费者在购买产品的同时也得到了售后服务的保证,消除了消费者在产品的使用和维修方面的种种担心,免除了消费者的后顾之忧,增加了他们的安全感。在使用本策略时需要注意:①需要向消费者明确说明本价格已经将一些售后服务的费用计算在内,以免他们产生误解。②产品的包装和维修费用不能过高,应当在顾客的接受范围之内,例如,若标价 2500 元的空调需收取 300 元的售后服务费用,恐怕消费者难以接受,但如果这一费用降至 100 元,可能会达到更好的效果。

(七) 习惯定价策略——在不变中求变化

习惯定价是根据消费者在日常生活中的消费习惯制定价格的定价方法,主要适用于消费品和生活必需品的定价。由于许多日用消费品的价格在很长时间内比较稳定,消费者已经形成了一定的价格习惯,对其价格极为熟悉。若是定价高于消费者原有的习惯价格,会很难被接受;若是定价低于消费者的习惯价格,又可能引起消费者对产品质量的怀疑。例如,袋装牛奶的一般价格约为 3 元/袋,已为大众所接受。如果新产品定价为 5 元,势必会导致消费者的不适应,从而引起敏感反应,使其产生不满情绪,导致购买的转移。

二、价格调整的心理策略与技巧

商品的价格一经定出,并不是一成不变的,它会受到企业内外多方面因素(诸如原材料成本的变化、市场供求情况的变化,以及消费流行趋向变化等)的影响,因此价格的变动和调整也就在所难免了。企业如何进行适当的价格调整呢?这不仅需要考虑影响商品价格的外部因素,同时也要考虑作为商品的接受方——消费者的心理反应和心理要求。

(一) 消费者对价格调整的心理及行为反应

价格调整主要包括两种情况:一种是调低价格,另一种是提高价格。但是无论价格如何变动,这种调整势必会影响到消费者个人的切身利益,因而消费者对价格变动的反应也就相当明显了。

1. 调低商品价格

人们通常会认为,调低商品的价格有利于消费者,他们可以花更少的钱买到同样的商品,此举理应激发消费者的购买欲望,促使其大量购买。然而实际情况并非如此,有时候商品的价格降低了,购买的人反而更少了。这主要是由于面对价格的降低,消费者常表现出以下一些心理和行为反应:

① 从"便宜→便宜货→质量不好"等一系列联想,而引起消费者心理的不安。可见,"便宜没好货"的观念已经深入人心,并逐渐成为消费者判断商品质量优劣的重要标尺。

② 引起"便宜→便宜货→有损购买者的自尊心和满足感"的联想。顾客在购买商品时,除了获得商品的使用价值外,还有伴随着商品价格给消费者带来的一种满足感。

③ 消费者会认为可能新产品即将问世,所以商家才会降价抛售库存产品。

④ 消费者会认为降价产品可能是过期品、残次品或低档品。

⑤ 消费者会认为商品既然已经开始降价了,可能还会继续降价,于是选择持币待购,以期购买到更便宜的产品。

2. 提高商品价格

相比较调低价格,价格的提高对消费者来说是不利的,此举一般会减少消费者的需求,抑制其购买欲望。

但在现实生活中,消费者有时会作出与之相反的各种行为反应,他们认为:①这种商品很畅销,现在不买将会很快脱销了。②商品涨价是由于其具有特殊的使用价值和优越的性能。③商品已经涨价了,可能还会继续上涨,将来购买会更贵。④商品涨价,说明它是热门商品,有流行的趋势,应尽早购买。

(二) 商品价格调整的心理策略

1. 商品降价的心理策略

造成商品降价的原因有诸多方面,如:产品的更新换代;商品保管不善造成了品质的下降;面临强有力的价格竞争,导致企业市场份额不断下降;由于新技术、新工艺的使用使得成本下降,等等。凡此种种,都可能导致企业将商品降价出售。鉴于消费者并不一定会因为产品的降价而激发起购买欲望,如何才能达到降价促销的效果呢? 这主要取决于商品是否具备了降价的条件,以及企业能否及时、准确地把握降价时机和幅度等。

(1) 商品降价应具备的条件

要达到降价促销的目的,商品本身应该具备与消费者心理要求相适应的特性:①消费者注重商品的实际性能与质量,而很少将所购商品与其自身的社会形象联系起来。②消费者是价格敏感者,而对商品的品牌并不十分在意,主要是依据价格来决定自己的购买行为的。③消费者对商品的质量和性能十分熟悉,如:某些日用品和食品降价后,消费者仍对商品保持足够的信任度。④能够向消费者充分说明商品价格降低的理由,并使他们接受。⑤制造商品牌信誉度很高。

(2) 降价时机的选择

在降价时,时机的选择非常重要,把握得好,会大大地刺激消费者的购买欲望;若选择不好,则会无人问津而达不到目的。一般来说,降价时机的选择要视商品及企业的具体情况而定。

> **小贴士**
>
> 降价一般选择以下时机：
> ① 对于时尚和流行商品，在竞争者进入模仿的后期时应采取降价措施。
> ② 对于季节性产品，应当在换季时降价。
> ③ 对于一般商品，进入成熟期的后期就应降价。
> ④ 如果企业是市场追随者，当市场领导者率先降价后，可以采取跟进降价策略。
> ⑤ 重大节日可以进行降价促销，如：元旦、春节、国庆节等。
> ⑥ 商家的庆典活动期间实行降价，如：新店开张、开业周年及店庆等。
> ⑦ 其他一些特殊原因的降价，如：商店拆迁、柜台租赁期满等。

但是应当注意的是，商品的降价不应过于频繁，否则会造成消费者对降价不切实际的心理预期或对商品正常价格产生不信任感等负面效应。

(3) 降价幅度的选择

商品的降价幅度应当适宜，才能达到吸引消费者购买的目的。若降价幅度过小，根本无从激发消费者的购买欲望；若幅度过大，企业可能会面临损失，而且消费者也可能会对商品的质量产生怀疑。经验表明，降价幅度在 10% 以下时，几乎收不到促销效果；降价幅度在 10%～30% 会产生明显的促销效果；但降价幅度若超过 50% 时，除非有充分合理的降价理由，否则消费者的疑虑会显著加强，不会购买这一产品。

(4) 商品降价技巧的使用

① 巧用对比效应。商家在向消费者传递降价信息时，一般把降价标签直接挂在商品上，使得消费者可以看到降价前后的两个价格，由于两者形成了鲜明的对比，使得消费者感到调整后的价格尤其低廉，有利于作出购买决策。

② 将降价实惠集中起来，让消费者更明确地感受到。企业在销售商品时，比起将多种产品进行小幅降价，将少数几种产品大幅度降价的促销效果会更好。这主要是因为降价幅度越大，消费者才能更明显地感觉到降价前后的差别。

③ 采用暗降策略。这种策略又称为变相降价，有时直接降价会招致同行的不满与攻击，甚至会引发同行间的价格战，这对于中小企业来说无异于是一场灭顶之灾。因此可以采用间接的方式来避免这些不利因素，如：实行优惠券制度、予以实物馈赠、更换包装等。

2. 商品提价的心理策略

企业在实际经营活动中常面临着不得不涨价的情况，如：由于通货膨胀、物价上涨，企业原材料供应价格上涨；产品供不应求，现有生产水平无法满足消费者的需求；因资源稀缺或劳动力成本上升导致产品的成本提高；经营环节的增多；等等。和商品降价一样，在对商品提价时，也需要把握时机、注意幅度，并掌握一定的技巧，才不至于因为涨价而失去了某些客户群体。

(1) 商品涨价应该具备的条件

这主要与商品目标消费者的特点有关：① 消费者的品牌忠诚度很高，是品牌偏好者，他们不会因为涨价而轻易改变购买习惯。② 消费者相信商品具有特殊的使用价值或更优越的性能，是其他商品所不能替代的。③ 消费者有求新、猎奇、追求名望、好胜攀比的心理，愿意为自己喜欢的商品付出更多的钱。④ 消费者可以理解商品涨价的原因，能够容忍价格上涨带来的生活消费支出的增加。

(2) 涨价时机的选择

涨价时机要视企业的情况和商品的性质而定。

> **小贴士**
>
> 涨价一般选择以下时机：
> ① 商品在市场上处于优势地位。
> ② 商品进入成长期。
> ③ 季节性产品达到销售旺季。
> ④ 竞争对手商品涨价，采取跟随策略。

(3) 涨价的幅度

应该说，相比较于商品降价，消费者对于商品涨价更为敏感，因此提价的幅度不宜过大，可以采取循序渐进的小幅度提价方式。国外研究认为，一般提价以5％作为界限，认为这样比较符合消费者的心理承受能力，而目前我国的研究尚无定论，某些产品涨幅即使达到30％以上仍能达到一定的促销效果。

(4) 使用适当的涨价技巧

涨价有两种方式：直接涨价和间接涨价。直接涨价就是在原有价格的基础上一定幅度地提高商品的标价。间接涨价是指商品的市面标价不变，通过对商品本身进行一些改动，来达到实际提价的效果，如：更换产品的型号、规格、花色和包装等。

(5) 做好涨价后的宣传解释和售后服务工作

无论企业对商品的提价出于何种原因，消费者的利益势必会受到一定程度的损害，消费者难免会产生抵触心理。为了最大程度地消除这种心理的影响，商家应当通过各种渠道向顾客说明涨价的原因，在销售和售后服务过程中，为消费者提供更为周到的"增值服务"，以获得他们的理解和支持。

本章关键词

价格的心理功能	心理需求	尾数定价
整数定价	招徕定价	低价招徕
晕轮效应	高价招徕	声望定价
刻板印象	小计量定价	安全定价
习惯定价		

思 考 题

1. 请结合实际谈谈你对商品价格的几种心理功能的理解。
2. 简述商品定价的心理策略。
3. 商品降价是否一定会促进销量增长？为什么？
4. 商品涨价应具备哪些条件？

★★★★★ 案例分析 ★★★★★

雷诺公司的经营之道

美国人雷诺发明了圆珠笔,作为圣诞礼物投放市场,一度成为风靡世界的办公用品和便于个人携带的文具。这种笔的成本在当时仅 50 美分,但雷诺精通经营之道,他利用消费者的求新心理,通过各种宣传,为这件产品披上了神秘的外衣,然后以高达 20 美元的价格出售;等到产品普及后,价格便急剧下降,这时,雷诺公司已经获得了巨额利润。

问题:
1. 雷诺在经营中采用了什么定价策略,使企业获得了高额的初期利润?
2. 当竞争对手出现或市场萎缩时,降低价格的目的是什么?

桂格麦片公司的提价风险

桂格麦片公司是目前世界上最大的麦片公司。由于通货膨胀,原材料、添加剂价格以及雇员工资的上涨,产品成本急速上升。桂格公司生产了一种"桂格麦片天然产品",这个新产品的几种配料(如:杏仁、葡萄干和麦粉)的价格因通货膨胀分别上涨了20%～30%。桂格公司这时有三种选择:一是提高麦片产品的销售价格;二是减少杏仁和葡萄干等配料的分量,以降低成本,从而维持销售价格不变;三是以较便宜的代用品做配料,以降低成本,销售价格仍然不变动。

问题:
1. 一般情况下,提价应注意什么?
2. 如果桂格公司选择提高麦片的产品价格,结果可能会怎样?
3. 桂格公司如果选择降低成本(即第二和第三种选择),会有什么风险?
4. 请你就桂格公司新产品的定价出谋划策,提出可行性方案。

活动任务

1. 深入所在城市各大商场及主要超市调查某一类商品的价格情况,包括基本价格和各种不同的折扣价格;了解商家的定价策略,并写出调查报告。
2. 到商场及超市观察、询问消费者对不同价格折扣的行为反应和心理感受,完成调查心得。

第四篇 用"心"营销

DTC 钻戒广告（见彩页图七）

联想电脑广告

面对不计其数的广告"轰炸"，作为消费者的你，是否注意并记住了广告海洋中的零星片段？看看上面两幅广告海报，谁才是你的最爱？是浪漫唯美、撩人心弦的钻戒广告，还是介绍详尽、促销诱人的电脑广告？它是否改变了你对此类产品的原有态度呢？而当你再次想起或看到这类产品时，又是否会因此产生购买的动机呢？

广告是一门艺术，作为一种强有力的营销手段，它包含了营销的真谛，即从顾客的心理诉求出发，通过巧妙的方式将产品信息传递给顾客，以赢得顾客的认可和接受。然而，广告并不是营销的全部，如果把广告看作是影像营销，真正的行为营销更是促成消费者购买产品的更直接的营销手段。

> 营销最重要的内容并非推销，推销只不过是营销冰山上的顶点……如果营销者把认识消费者的各种需求，开发适合的产品，以及定价、分销和促销等工作做得很好，这些产品就会很容易地销售出去。
> ——美国营销学权威菲利普·科特勒

> 可以设想，某些推销工作总是需要的，然而营销的目的就是要使推销成为多余，营销的目的在于深刻地认识和了解顾客……
> ——著名管理学家彼得·德鲁克

本篇我们将带你走进探索营销的心理旅程，让你了解如何通过心理学的方法抓住消费者的需求，同时让其对各类产品和服务信息产生深刻的印象。另外，我们还会让你了解到作为营销者，在"影像营销"的过程中，如何使消费者改变态度，对你的商品产生强烈的购买动机，以及如何在"行为营销"中与消费者进行面对面的沟通和交流。

第十章 商业广告全攻略

> **学习目标**
> 1. 了解广告的心理效应；
> 2. 掌握如何进行合理的理性诉求；
> 3. 了解人的高级需要与情感诉求；
> 4. 注意能力在广告设计中的运用；
> 5. 了解记忆过程及其在广告中的运用；
> 6. 了解遗忘规律及其在广告中的运用。

在企业竞争越来越激烈的时代，传统的"好酒不怕巷子深"的观念已经受到了挑战。现在，好酒多的是，卖酒的人苦恼的问题是——怎样让消费者注意到你的酒香，并且找到你的酒家呢？也就是说，商家想在众多的品牌中获得一定的市场份额，首先要做的就是让消费者了解和认识你的品牌。这就要借助于广告了。

广告，顾名思义，即广而告之，通过各种媒体途径和沟通模式，来达到影响消费者对品牌、产品的态度以及产生购买行为等目的。

广告是产品与消费者之间进行互动、信息沟通的重要渠道。在建立和巩固品牌形象、引导消费和促进销售量等方面都起着举足轻重的作用。

但是，对于同一种产品，我们可以有无数的创意和设计，到底什么样的广告才会带来最佳的效果呢？广告界流行着这样一句名言："科学的广告术是依照心理学法则的。"

的确，广告的直接受众是消费者，了解他们心理活动的规律是广告成功的秘诀所在。

迪奥口红广告

吉普汽车广告

上边两张广告图片，从心理学角度分析，都可以算是比较成功的广告设计，因为它们遵循了有效广告的 AIDMA 法则。

AIDMA 法则是 1898 年由美国广告学家 E. S. 路易斯最先提出的。他认为消费者接受广告的过程分为五个阶段：A——注意（Attention），消费者注意到广告；I——兴趣

(Interest),广告成功地引起了消费者的兴趣;D——欲望(Desire),广告激发了消费者购买商品的欲望;M——记忆(Memory),消费者记住广告中的产品;A——行动(Action),最终消费者购买了该产品。除此之外,路易斯还提出过一个AIDMAS法则,在AIDMAS法则中,最后的S代表购买产品后消费者的满意程度(Satisfaction)。AIDMAS法则的模型如下图所示。

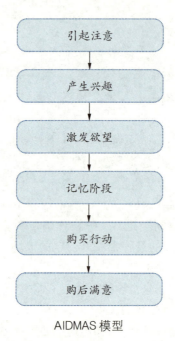

AIDMAS 模型

本章将结合心理学原理,着重阐述消费者的注意能力、注意资源、记忆能力、记忆规律、遗忘规律,以及它们在广告设计中的运用。

第一节 广告的心理效应

一、心理暗示效应

不可否认,广告影响着人们的消费习惯、喜好,甚至是流行趋势,可以说没有任何一种形式的创意传播能像广告这样影响着人们的行为。

造就广告如此具有魅力的关键之处在于其"看透"了消费者的"心理",抓住了"心理暗示"这一武器,让人们在不知不觉中受到影响。

心理暗示是指用含蓄、间接的方式,对别人的心理和行为产生影响。暗示效应往往会使别人不自觉地按照一定的方式行动,或者不加批判地接受一定的意见或信念。可见,心理暗示在本质上是指人的情感和观念会不同程度地受到别人意识的影响(Atkinson,2007)。

商家做广告的最终目的是让消费者购买自己的产品,从而提高销售量,占有更高的市场份额。但是从心理功能角度分析,广告的心理效应之一就是让消费者接受广告中的产品信息,接受其宣传的消费模式,在广告中受到耳濡目染,从而产生潜移默化的心理效应。

在利用心理暗示的基础上,广告可以分为劝诱性广告和信息性广告。

劝诱性广告重在鼓动消费者去购买,通过煽动性的言语用词,或是煽动性的场景画面,或者是吹捧产品的功能来实现,如广告中经常用"心动不如行动""还犹豫什么？赶快行动吧""机不可失,时不再来"等言语。即使在很多时候消费者根本就不需要广告商品,他们也会被那些广告词所打动,从而产生非理性的冲动性购买行为,这就是所谓的劝诱性广告。有些保健品广告非常夸张地阐述其功能,把产品效果描写得出神入化,似乎吃了它就能长命百岁、无所不能,这种广告也是劝诱性广告。

这种广告曾经非常普遍,但是逐渐引起了消费者的怀疑与反感,出现了"反暗示效应",即过分地描述或者非常夸张地突出自己的优点,反而会得到相反的效果。在其可信度和可接受度慢慢下降时,广告商开始更加注重广告的真实性,如实地阐述产品的特点,而不再是一味地把产品介绍得天花乱坠,必要的时候也会提及其缺点。这样,虽然产品看起来不再是那么完美,但是在消费者心里的可信度提高了,消费者更加愿意接受该广告。这就是所谓的**信息性广告**。

研究证明:实事求是、信息丰富的信息性广告的效果要比单纯的劝诱性广告更好。信息性广告不仅可以扩大销售,而且可以提高该产品的知名度。

经过多年的发展,广告经历了"叫卖式""强行推销式""卖点展示"等阶段,现在形成了以消费者为中心的"标榜行为模式",即在广告宣扬过程中不再以产品功能特点为中心,而以消费模式为主。一般而言,行为模式是指个体在自身发展过程中形成的一贯的处事原则与行为风格。

实战攻略 10-1

香奈儿五号香水的广告定位

20世纪美国著名影星玛丽莲·梦露在坦露她独特性感魅力的秘密时曾说,她晚上只"穿"着香奈尔五号入睡。一句看似寻常的话语,却道出了香奈儿五号蕴含的独特情调。经久不衰的香奈儿五号的每一支广告都向消费者传递着这样一个讯息,香奈儿五号的味道就是优雅高贵的女人味。使用香奈儿五号,不但是品位和情调的象征,而且它的芬芳会把浪漫唯美的爱情带到你的身边。(右图为著名影星妮可·基德曼为香奈儿五号香水拍的平面广告。)

香奈儿五号广告

二、品牌效应

广告大师大卫·奥格威是第一个大声宣称品牌时代到来的人,时间证明他的预见是正确而英明的。他认为品牌是由广告创造的,没有广告就没有伟大的品牌。可见,广告对品牌的宣传有着重要的作用。

通过接触产品广告,人们可以认识新产品,或是增加对产品的熟悉度和亲切感,逐渐地产生品牌印象。另外,广告可以让消费者对产品品牌产生情感上的共鸣。

共鸣模型是由美国广告理论专家 T. 施瓦茨在 20 世纪 70 年代提出的。他认为成功的品牌广告一定是与目标受众（消费者）产生了共鸣，广告唤起了受众内心深处的回忆，产生难以忘怀的体验经历和感受，同时广告也赋予了品牌特定的内涵和象征意义，并在消费者心目中建立起移情与联想。

任何广告在介绍产品功能特点的同时，最主要的还在于宣传产品的品牌。一般来说，在广告的最后都会提到该产品的品牌名称。

实战攻略 10-2

宝洁的品牌广告

宝洁公司飘柔洗发水的产品广告：在陈述了广告词"飘柔，就是这样自信"之后，随即就附上"宝洁公司"这个品牌标志。而其他的洗发水诸如沙宣、海飞丝等也都标有宝洁的品牌标志。

三、减少认知失调

认知失调理论由美国心理学家费斯廷格提出，他认为人的认知体系由很多认知因素构成，这些认知因素之间有的相互关联，也有的相互独立。而相互关联的认知因素又分为两种情况：一种是认知因素之间呈协调关系，另一种是认知因素之间不协调、相互矛盾。

一般而言，人们总是尽力保持自己原有认知体系内部的协调关系。在个体接受新事物的过程中，如果该事物与原有认知体系相协调，就易于被接受；如果是相矛盾的，则不容易被接受，而且会引起认知失调。**认知失调**指认知体系内部因素之间不协调或者行为与态度不一致时，产生的不愉快、紧张的心理状态。

认知失调分为很多类型，其中一种就是购买后认知失调，它指人们对某商品的认知在购买前后发生了变化，产生了不一致从而引起的失调。例如，在买衣服时，面对两件你都喜欢的衣服 A 和 B，在面料质地上，A 比 B 更好点，而 A 的价格也比 B 贵点。但是为了能买到质量更好的衣服，你不惜花更高的价钱买下 A。在穿过几次后，你却后悔了，因为你发现 A 的质量并没有比 B 好，但是你却花了比 B 多很多的价钱，你会觉得自己当初应该买 B，这就是典型的购买后认知失调现象。

减少认知失调的方法主要有三个：①改变某一认知因素；②强调某一认知因素的重要性；③增加新的认知因素。

而广告就是利用第三种方法来减少甚至是消除认知失调的。在广告中总是包含着赞赏某种产品的各类信息，或者是请专家从理论角度分析该产品的优点，又或者是让形象代言人来传递产品信息。总之，这些广告中的信息对我们个体而言是新的认知因素，而且它们可以说服自己"购买这种产品是正确的"，这样就可以减少购买后认知失调。

四、态度改变

广告的另一个心理效应就是改变消费者对产品的态度。广告设计者经常会邀请影视明星或专家、权威人士来改善消费者对产品的态度。

著名心理学家海德提出了态度的平衡理论,即 P-O-X 理论:P 代表一个人(即认知主体),O 代表另一个人,X 代表态度对象(Heider, 1983)。P、O、X 三者之间存在的态度关系具体有以下 8 种情况,如下图所示。

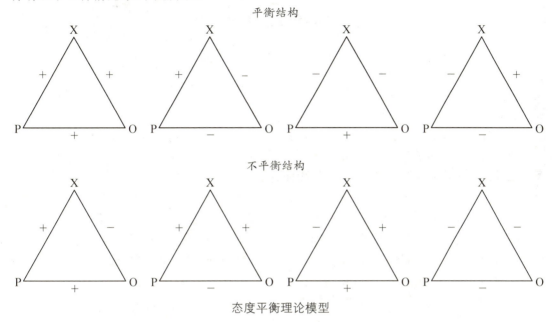

态度平衡理论模型

上图中的正号表示积极态度,而负号表示消极态度。判断三者关系是否平衡的根据为:若三角形三边符号相乘为正则为平衡结构,相乘为负则为不平衡结构。因此,上面一行代表了三者之间达到了平衡结构,是人们努力追求的状态;而下面一行则是不平衡结构,不平衡结构将会导致 P 的态度发生改变。

可见,个体对某种事物的态度会受到他人态度的影响。广告就是利用了这一心理学理论来改变消费者对产品的态度的,而改变态度是广告的主要目标之一。其具体的改变手段就是在广告中运用名人效应。

一般来说,人们在对名人的崇拜心理、移情心理的影响下,会对名人所使用或代言的产品产生信赖和喜爱。因此,选择一个众人喜欢的名人做广告,会带来良好的心理效应。人们会因为喜欢名人而喜欢该产品,即使是以前并不喜欢,也会因此而发生态度改变。这就是广告的一大心理功能——改变态度。

第二节 广告诉求——开启心灵的密码

一、诉求基础——心理需求

广告诉求是指用什么样的广告内容和形式对消费者进行说服的广告策略,即在策划广告时,对消费者说什么(what to say)和怎么说(how to say)的问题。

了解消费者的需求是广告诉求成功的前提。根据是否具有可观察性,我们将需求分为显性需求和隐性需求。显性需求指很明显、很容易被发现的需求,如:对水的需求、对衣服的需求等;隐性需求指处于一种潜伏状态的,朦胧、不清晰,连消费者本身都没有意识到的需求。对于隐性需求,就必须进行 需要唤醒,即通过一定途径来激发消费者对自身潜在需要的意识或认知,使其变为显性需求。发现并唤醒消费者的隐性需求,意味着巨大的商机。

实战攻略 10-3

卖鞋的故事

一位卖鞋的销售员到非洲的某个地方去做市场调查,结果发现那里的人们都不穿鞋子,于是很沮丧地回去告诉老板,鞋子在那里是没有市场的,但是那位老板却笑着说:"谁说那里没有市场,相反,那里将会是个鞋子的大市场。"后来事实证明,老板的话是正确的。老板敏锐地发现了人们的隐性需求,并且唤醒了它。

马斯洛指出:虽然每个人都普遍有五个层次的需要,但是不同的个体在不同的年龄阶段有着不同的优势需要。优势需要指在所有的需要中占主导支配地位的需要,如:对于婴儿来说,他们的优势需要是生理方面的,包括吃、喝、拉、撒等;而对于中年人来说,他们的优势需要则更可能是身份、地位与名誉等更高层次的需要。

在广告设计中,优势需要指广告的绝大部分目标受众的最主要需求。

实战攻略 10-4

对鞋子的优势需要

国外有家制鞋商,以为消费者对鞋子最关心的是式样,其次是价格、质地、小装饰品等。于是,把广告诉求的主题对准了鞋的式样,但是事后发现销路平平。后来,进行了实地调查,询问了大概 5000 位顾客对鞋子的关心点。结果发现:42%的顾客注重穿着舒适;32%的顾客注重鞋子的耐穿性;16%的人则认为式样新颖好看最重要;9%的人注重价格的合理实惠。于是,厂商根据这个结果,改变了原先的广告诉求点,把重点放在穿着的舒适性和耐穿性上,结果销量大大提高。

二、需要理论在广告诉求中的运用

根据马斯洛的需要层次理论,广告中大致有以下三种诉求方式。

(一) 理性诉求

人要生存必定离不开吃、穿、住等最基础的物质需要,只有在满足了这些生理需要以后,才能追求更高层次的需要。根据这种生理需要,有的广告诉求点就放在介绍产品本身的功能特点上,如:保健品能提供营养,减肥产品能使身材苗条,洗发水能使头发柔顺,等等。像这种以介绍产品的功能特点为重点的广告诉求就叫做 理性诉求。从物质角度讲,产品的功能是消费者追求的核心利益。

理性诉求中一个很有影响力的理论是 独特销售点理论——USP 理论。该理论的前提是消费者都是理性的思维者,他们在购买产品时都追求利益最大化。它认为:要想使消费者在鱼龙混杂的品牌市场中,唯独记住你的品牌名字,就必须寻找独特的广告诉求点,要新颖、有独创性,即找一个与众不同的诉求点把广告与产品品牌联系起来,让消费者通过广告记住你的产品、你的品牌。

独特销售点包括两种。一是找出其他产品都不具备、只有你的产品才具有的特点。例如,当不少矿泉水广告都千篇一律地强调其纯净、卫生、含有矿物质等特性的时候,农夫山泉的广告却独树一帜,推出独特的诉求点——"农夫山泉有点甜",突出了其口感,给人亲切和温馨的感觉,让很多人都记住了这句广告语。二是其他产品也具有该特点,但是他们忽略了,没有着重强调。例如,当各种品牌的啤酒都在宣传其口味的时候,美国的喜力滋啤酒广告中鲜明地宣称:"每一只瓶子都用蒸汽机洗过。"其实,当时各种啤酒的瓶子都是用蒸汽机洗过的,只是他们都忽略了,以为这是所有啤酒的共性,不是好的诉求点。殊不知,喜力滋啤酒广告推出以后,其销售量大大提高。

实战攻略 10-5

M&M's 巧克力

美国玛氏公司曾因新开发的 M&M's 巧克力豆无法打开销路而迫切寻找广告新思路,一位名为罗瑟·瑞夫斯的广告人发现这款巧克力豆有一个独特之处——巧克力的外层用糖衣包裹。以此为依托,瑞夫斯提出了"只溶于口,不溶于手"的品牌广告语。

在同期广告片中,出现了两只手,一只是干净的、一只是有些脏的。旁白是:"现在猜猜 M&M's 巧克力在哪只手?"

M&M's 巧克力豆随之销量大涨,风靡一时,"只溶于口,不溶于手"也成为了经典广告语。

(二)情感诉求

情感诉求是通过富有人情味的诉求方式,激发消费者积极的情感体验,满足其精神需求,从而使其产生积极的品牌态度和购买行为的广告诉求。

归属与爱是人类共有的需要,富有真情的广告能扣动人的心弦,打开人的心扉,使受众在感动中接受广告诉求。亲人、朋友和爱人是实现归属与爱的需要的基本来源。因此在广告中经常围绕亲情、友情和爱情来诠释情感。

实战攻略 10-6

雕牌洗衣粉广告

年轻的妈妈下岗了,为找工作四处奔波。懂事的小女儿心疼妈妈,帮妈妈洗衣服,她用天真可爱的童音说出:"雕牌洗衣粉只要一点点就能洗好多衣服,可省钱了!"

门帘轻动,妈妈无果而归,正想亲吻熟睡中的女儿,看到女儿的留言:"妈妈,我能帮你干活了!"年轻的妈妈不禁潸然泪下。

这则广告就成功地运用了亲情诉求,感动了众多的消费者,尤其是已为人母的女性。

像巧克力、杯装奶茶这类商品的广告往往会利用男女爱情诉求,通过浪漫而温馨的情感来吸引消费者的注意力,并感动他们。

(三) 个性诉求

在满足了低级需求后就是追求高级需求,渴望被尊重,追求自我实现。著名的市场营销学家菲利普·科特勒把人们的消费行为大致分为三个阶段:第一阶段是商品短缺期,人们追求量的消费,不管质量如何,这是最初级阶段;第二阶段是质的消费阶段,人们追求高质量商品;第三阶段是感性消费阶段,人们追求个性化消费、文化消费,追求能代表身份与地位的高层次消费。

实战攻略 10-7

"古越龙山"的广告设计

卖酒,卖的其实是一种文化,喝酒的品位代表着身份、地位,古越龙山的广告就突出了这一点。该产品针对的是40岁左右的成功男士,着重体现了新一代儒商在成功后修身养性、宠辱不惊、悠然自得的感觉,追求"人生非凡,贵在平常心"的价值观;还体现了酒品即人品的理念。

三、情绪与广告诉求

所谓**情绪**,是指人的内心体验,是对外界事物的内在感受,它包括积极的情感体验(如:喜悦、愉快、热爱等)和消极的情感体验(如:紧张、焦虑、恐惧等)。

(一) 压力诉求

心理压力是指环境中的刺激所引起的人体的一种非特异性反应。耶基斯和多德森发现,一定程度的压力会增加内驱力或动机,从而促进行为;但是过多的压力反而会引起心理焦虑,阻碍行为的发生;中等程度的压力最有利于行为的发生(Yerkes & Dodson, 1908)。压力和行为效率两者的具体关系见右图。

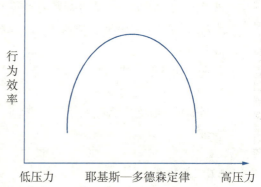

行为效率与心理压力曲线图

在广告中亦可以利用这一定律来创作,采用压力诉求方式,诱导消费者购买行为的发生。

实战攻略 10-8

椰岛鹿龟酒广告

广告讲述的是父母为了孩子,辛苦奔波,操劳一辈子。随着孩子的长大,父母逐渐地老去。广告中用动情的语气说:"面对父母的艰辛与付出,作为孩子,我们不应该做点什么来报答吗?"看着广告中的儿女都给父母送礼,你不应该送点吗?

接着,广告就呈现:"送椰岛鹿龟酒给父母!"

这则广告就是通过给消费者一定压力,促使他们购买。这种压力不仅来源于报答父母养育之恩的责任与义务,还来源于其他儿女买鹿龟酒送人的行为。

(二) 恐惧诉求

恐惧是人失去安全感时的一种基本心理状态，或由于受到威胁而引起的害怕心理，是一种试图摆脱危险的逃避情绪。

运用恐惧心理来提高诉求的广告叫恐惧广告。它可激发消费者逃避危险的情绪，从而产生改变不利状态的行为。

> **实战攻略 10 - 9**
>
> "节约用水 爱护水资源"的平面广告设计
>
>
>
> 骆驼？大象？　　　　　骆驼？老虎？
>
> 画面上大象和老虎的背上都长出了两个驼峰，旁边的文案是："若干年后，在早已完全缺水的地球上，动物进化成了这样，那么人呢？"
>
> 如果人的背上也长了驼峰，那将是多么恐怖的事情！

下图是一则保护生态环境的公益广告，其文案是："你希望我们满目都是这样的沧桑吗？请保护生态环境：青山、绿水、蓝天……保护生态就等于保护自己。"图中的满目沧桑的眼睛给人以恐惧感，而整体画面的漆黑颜色更是加剧了这种感觉，这则广告属于典型的恐惧诉求广告。

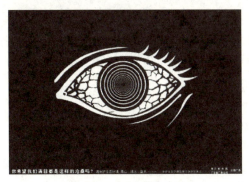

保护生态环境的公益广告

第三节　增加广告魔力的心理策略

有研究表明：美国人平均每天接触到的广告有 1500 多个，实际感觉到的不到 100 个，而真正有意识地注意到并且在大脑中进行加工的可能就只有 10 个左右。

日本著名学者川胜久曾经说过:抓住大众的眼睛和耳朵是广告的第一步。就如同AIDMA模型中所归纳的,广告作用于消费者的心理过程分为:引起注意、发生兴趣、产生欲望、记忆产品以及购买行为。而正是有了引起注意这第一步,才有可能使消费者产生随后的购买行为。可见,在当今的注意力经济(眼球经济)的时代,广告能否引起消费者的注意直接决定其是否能带来经济效益。

当广告被注意后,还需要被记住,只有这样,消费者在作出购买行为之前才有可能从记忆系统中提取该产品广告,从而作出购买该产品的行动。

一、如何吸引眼球

(一) 有意注意与广告创意

在本书的"第二章消费者就是学习者"中,我们学习了关于注意的心理学知识。其中,**有意注意**指有明确的目的,并需要一定意志努力的注意。它是一种积极主动的注意。

决定消费者对于广告的有意注意的因素,除了他们已有的购买意向外,还包括广告是否能引起他们的兴趣,其诉求点是不是他们关注的焦点等。

例如,随着生活水平的提高,人们对于"吃"的要求大大提高了,追求的不仅是"吃得饱",更是"吃得营养""吃出健康"。因此,"营养""健康"成了人们关注的焦点话题,而如何才能保持"健康"则引起了人们探索的兴趣。

实战攻略 10 - 10

肯德基之健康广告

一向背负着"垃圾食品"罪名的肯德基,其广告诉求点从"美味"转移到了"健康"。广告中特地请了肯德基食品健康咨询委员会的营养学家和医生,以营养健康的权威身份告诉大家:肯德基是有营养而健康的。

(二) 无意注意与广告创意

无意注意是指事先没有目的也不需要意志努力的注意,它是被动注意的过程。广告能否引起消费者的无意注意,主要取决于广告本身,诸如空间大小、颜色鲜艳度、刺激的物理强度、运动变化性、刺激的新异性等。

1. 空间大小与强度

心理物理学的研究表明:只有当刺激的强度达到一定的程度时才会引起心理反应,而且在一定范围内,物理强度越大,心理反应越强烈。

1860年,德国物理学家费希纳研究了刺激强度与感觉强度之间的关系,得出了**费希纳定律**,揭示了物理强度与心理反应之间的本质联系。概括来说就是感觉的变化比刺激强度的变化慢。如果某个光线的物理强度为10,该光线引起的感觉强度为1;如果把该光线的强度加倍为20,那么它此时引起的感觉强度为1.3。

广告的强度表现为大字体、大尺寸广告、响亮的宣传声等。

实战攻略 10-11

巨大的钟表广告

堪称世界广告之最的瑞士钟表户外广告牌直径达 16 米,重 6 吨,垂挂在东京一座摩天大楼上。巨大的广告牌吸引了众多消费者的眼球。

小贴士

通常,不同版面大小的报章广告会引起不同的注意率。

版面大小(厘米)	大小比率	注意率(%)
19.25	1	9.7
38.50	2	16.5
57.75	3	23.2
77.00	4	30.0
96.22	5	36.7
115.50	6	43.4
134.75	7	50.2
154.00	8	56.9
173.25	9	63.9
192.50	10	70.4

2. 颜色的心理效应

颜色是物体的一种属性,是由于光线投射到物体,根据物体的性质反射出没有被吸收的光的特性,并作用于我们的视觉系统而引起感觉的结果。

人们在不同时间对颜色的感知是不同的,即著名的浦肯野现象:在白天,黄绿色的物体最明亮;而在黄昏时,蓝绿色物体显得较亮(Brožek, 1989)。

颜色感受取决于亮度、色调和饱和度三个元素:

① 色调。心理学研究表明,黄色、橙色、红色等暖色调给人温暖、积极、乐观、兴奋的感觉;而蓝色、黑色、灰色等冷色调给人宁静、冷淡、阴冷的感觉。

② 亮度。研究表明,黄、黄绿和绿色组合时,若黄色的亮度最高,而绿色的亮度最低,则效果最和谐;若三者亮度没有调配好,则会产生不和谐的总体感觉。

③ 饱和度。饱和度即颜色的鲜艳程度。鲜艳的颜色产生的心理效应类似于暖色调,突出、显眼,使得外表尺度变大;柔弱的颜色产生的心理效应则类似于冷色调,平淡、缓和、不显眼。

> **实战攻略 10 - 12**
>
> **UBC 轴承形象设计——用红色演绎激情**
>
> 轴承作为应用最广泛的机械部件之一,在我们的生活中无处不在,但是我们很少注意它,不仅因为它不是直接消费品,更是因为它给人冷冰冰、硬邦邦的感觉。
>
> 而 UBC 轴承广告用红色枫叶来展现轴承形象,给人温暖、亲近的感觉。不仅易于引起注意,而且拉近了它与消费者的距离。

颜色除了能够影响注意知觉以外,固定地使用某种颜色还能形成一定的品牌文化,如大家非常熟悉的可口可乐使用红色、百事可乐使用蓝色等。

3. 动态变化

运动的物体更易被知觉,被注意。心理学研究表明,不仅真实运动的物体如此,似动的物体也会产生类似的心理效应。**似动现象**指对实际上没有空间位移的物体所产生的运动知觉现象,如:晚上大街上的霓虹灯的闪烁。

某品牌运动鞋广告(见彩页图八)

广告中同样可以利用刺激的运动变化性来抓住消费者的注意力。以上两张图片就利用了似动现象。图中人物都处于运动的姿势,尽管实际上整个画面是静止的,但是给人的感觉是动态的,即这些图片产生了似动的心理效应。

4. 幽默感

情绪有正面情绪(愉快、兴奋等)和负面情绪(紧张、恐惧等)两种。人们总是愿意接受能够带来正面情绪的事物,而幽默诙谐能够给人们带来愉悦的心情。现在人们承受的压力越来越大,采用诙谐幽默的广告策略来引起大家的注意,不失为一种巧妙的手段。如:越来越多的广告采用卡通人物进行宣传。

5. 利用潘多拉效应

我们经常可以在电台中听到:"欲知后事如何,且听下回分解。"电台为了提高收听率,经常在广播剧播到剧情最精彩的节骨眼上一集结束,激起了观众的好奇心。这就是利用了**潘多拉效应**,该效应是由人的好奇心和逆反心理引起的,简单地说就是"越是不想让你知道,你就越是想知道"的心理现象。在广告中巧妙地利用潘多拉效应,会收到意想不到的效果。

> **实战攻略 10-13**
>
> **悬念广告——奶酪广告**
>
> 广告创意:广告开始,一只小老鼠趁着天黑从洞里出来寻找食物。在一个墙角的捕鼠夹上看到了它最爱的奶酪。于是,小老鼠不顾危险地享用着自己的美味。随着它一脚踏到了机关,可怜的小老鼠被捕鼠夹夹住了。此时背景音乐从欢快的歌曲转换成了悲伤的曲调,就在观众们对这个广告感到丈二和尚摸不到头脑的时候,忽然背景音乐又转换成了非常富有节奏感的电子音乐,而那只"死去"的小老鼠竟然随着音乐用它的前腿一下一下撑开了捕鼠夹!
>
> 当观众为这个意想不到的结局会心一笑的时候,广告打出了产品的样子和广告词"诺兰切达奶酪,非常够味(同时含有'强壮'的意思)"。看到这样的广告词,观众们就彻底明白了广告要传达的意义,也就会深深地记住这个奶酪了。

二、如何提高广告的可记忆性

根据 AIDMA 理论,吸引消费者的注意只是广告成功的第一步,只有让他们记住广告,记住相对应的产品品牌,他们才可能产生购买行为。因此,增强广告的可记忆性是增强广告效果的关键一环。

下面我们主要讲述记忆原理在广告中的应用,即在广告播放与广告位置安排上,如何利用消费者记忆的心理机制,提高广告的可记忆性,让消费者深刻地记住它。

(一) 广告位置与播放顺序

通过前述章节的学习,大家已经知道,在记忆过程中,存在前摄抑制和后摄抑制,从而会产生记忆的首因效应和近因效应。

在心理学上,有一个很经典的实验:要求被试学习 32 个单词的词表,并在学习后进行回忆,回忆时可以不按原来的先后顺序。结果发现,在回忆顺序上,最先回忆起来的是最后呈现的项目,其次是最先呈现的项目,而最后回忆起来的是中间呈现的部分;在回忆的准确率上,最后呈现的单词错误率最低,其次是最先呈现的单词,错误率最高的是中间部分的单词。

在设计广告播放顺序和安排广告位置时,我们应该认识到以上记忆现象的存在,并且合理地运用它。如:在选择电视广告插播的时间段和插播顺序时,一般地,为了达到更好的记忆效果,我们把广告放在最开始播放的阶段,即最前面的位置,利用首因效应;或者是放在最后面的位置,利用近因效应。最好不要放在中间,这样消费者很容易把它跟其他广告混淆起来,产生记忆干扰,从而降低其记忆效果。对于报纸中的广告,最好是把广告放在头版而且显眼的位置,这样不仅仅可以让更多的读者看到,而且可以使该广告最先进入读者的大脑,产生更好的记忆效果。

(二) 记忆容量与广告的简洁性

心理学家 G. 米勒用实验证实:短时记忆的容量为 7±2 个组块,即在刺激快速呈现的条件下,大脑能短时记住的数量最多是 9 个组块,最少是 5 个组块。当然这是平均水平,大脑对于不同的记忆材料,其记忆量是不同的,具体见下表(Miller, 1956)。

不同材料的短时记忆容量

不同类型材料	短时记忆容量
数字	7.70
颜色	7.10
字母	6.35
字词	5.50
几何图形	5.30
随机图形	3.80
无意义音节	3.40

因此,我们在设计广告时就必须考虑到大脑的记忆能力,注意广告要简洁、易于记忆;不要一次性陈述过多的信息,人们对过多信息不仅无法加工,而且还会因为超过记忆负荷而引起记忆疲劳。

实战攻略 10-14

神奇数字"7±2"的应用

脑白金:送礼就送脑白金!

飘柔洗发水:就是这样自信!

可口可乐:要爽由自己!

雪碧:透心凉,心飞扬!

这些广告词的字数都在7±2范围内,处于消费者的短时记忆容量内,这样减少了他们的记忆负担,从而提高了消费者对广告的记忆效果。

(三) 重复

心理学家扎荣克做过一项实验,在学校的广告栏上印了一些由7个可发音字母组成的无意义音节词,发现在广告上刊登次数越多的无意义音节词被喜好的程度越高。这种效应被称为<u>纯粹接触效应</u>,也称为重复效应,即个体能够接触到某一外在刺激的机会越多,且不必刻意引起注意或有意地强化,个体对该刺激就越容易接受(Zajonc, 2001)。这意味着,广告商可以通过巧妙增加商品的出现次数,促进消费者对商品的喜好,从而激发其购买欲。

认知心理学关于记忆的研究表明:外界信息必须经过复述才能进入长时记忆。复述是短时记忆信息存储的有效方法,可以防止短时记忆中的信息因受到无关刺激的干扰而发生遗忘。

对于广告而言,最关键的特点就是重复性。著名广告人王铮说过:广告的根本力量在于广告的重复性。通常,用广告频率来表示一段时间内广告重复的次数。在推出新产品时,高频率的广告可以强化消费者的学习过程,从而产生深刻的品牌记忆效果。

不同次数的广告在时间上的分配不同,其广告效果是不同的。有人曾做过研究,将电视广告设置成5种时间分配,分别是每隔13个星期重复100次、26个星期重复50次、52个星期重复25次、4个星期重复100次、7个星期与6个星期各重复100次。结果表明:在短期内,集中重复可以使广告回忆达到峰值,但是一旦广告中止,回忆成绩便急剧下降;如果广告分配在较长时间内,比如一年,那么回忆分数就不会出现急剧下降的现象。

> **小贴士**
>
> 重复策略:当广告目标是新推出的产品时,应该采取在时间上的密集型策略,即连续地播放广告,而且间隔的时间应尽量短;当消费者对该产品已经有一定的熟悉度后,广告的时间间隔可以适当拉大。而对知名品牌来说,广告的作用主要是防御性的,即防止消费者遗忘该品牌,所以就不需要太密集的广告,间隔时间可以适当长些。

(四)遗忘规律

识记过的东西不能正确地再认或回忆,叫做遗忘。不论是短时记忆还是长时记忆,都会发生遗忘现象。

前面已经提到过:短时记忆的保持时间很短,如不进行及时的复述很快就会遗忘。美国心理学家彼得森通过实验表明:短时记忆的保持量随着时间的推移而快速地下降,在最初的一两秒内能保持80%~90%的信息内容,随后以曲线形式不断地下降,到18秒时仅保持10%左右甚至更低,此后变化不大,基本维持这个水平。

德国心理学家艾宾浩斯对长时记忆的遗忘规律进行了研究,发现了著名的**遗忘曲线**(见右图):长时记忆在最初的一两天时间内遗忘最快,遗忘的内容将近达到60%左右,然后遗忘的速度逐渐减慢,最后趋于零,最终剩余的记忆残留量大概在20%左右,储存在长时记忆系统中,相对稳定(Averell & Heathcote, 2011)。

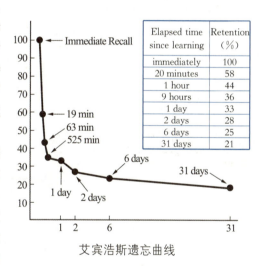

艾宾浩斯遗忘曲线

> **小贴士**
>
> 记忆策略:在建立起品牌知名度后,可适当减少广告的密度。如果继续采取密集型广告,不但起不了很好的效果、造成资源浪费,还可能会引起消费者的逆反心理。

(五)联想记忆

一则好的广告创意离不开设计者的想象能力,当然也离不开广告受众的联想能力。成功的广告应该能激起受众的联想,使他们正确地理解广告,并且产生积极的情感体验。

联想是指由当前感知的事物想起另一种事物,或由想起的一种经历想到另一种经历。

联想可以节约记忆资源,从而提高记忆效果。

联想有三大定律:

① 接近律:在时间或空间上接近的事物容易发生联想,如:想到元宵节就会想到汤圆。

② 对比律:在性质或特点上相反的事物很容易发生联想,如:由白天想到黑夜。

③ 类似律:在形状和内涵上类似的事物很容易发生联想,如:方块与圆圈。

实战攻略 10-15

我渴望……

广告画面是一个十岁左右的女孩背着个小男孩,流露出一副无辜的眼神,广告台词是:"9月1日,我渴望……"这句台词本身不完整,留给人们很大的想象空间。而在时间上又限定为9月1日,根据这个时间,人们很容易就联想到9月1日刚好是开学的日子,所以最终人们会联想到:她渴望上学。

本章关键词

心理暗示	劝诱性广告	信息性广告
共鸣模型	认知失调	P-O-X 理论
显性需求	隐性需求	需要唤醒
优势需要	理性诉求	情感诉求
心理压力	恐惧	费希纳定律
浦肯野现象	似动现象	潘多拉效应
纯粹接触效应	联想	

思考题

1. 简述广告诉求的不同方式。
2. 如果有消费者不喜欢某品牌服装,你将如何利用 P-O-X 理论去说服、改变他(她)的态度?
3. 简述可以增加广告吸引力的因素。
4. 简述可以增加广告记忆效果的因素。

★★★★★ **案例分析** ★★★★★

旺旺广告策略

旺旺集团多年来凭借着风格独特、辨识度极高的广告,成为商业世界的一个特别的存在。旺旺集团的起源可以追溯到1962年成立的宜兰食品工业股份有限公司。1977年,蔡衍明以总经理身份接掌经营权。"请注意,三年六班李子明同学""给我 O 泡,给我 O 泡""再看我就把你喝掉"这些具备极高辨识度和记忆点的经典"旺旺风格"式广告,正是出自蔡衍明之手。

"旺旺风格"看似简单,却蕴含着丰富而有效的策略。旺旺广告经常利用重复的音乐、音效、话外音来形成视觉外的刺激、记忆和条件反射。"我要O泡"的文字表达,与旺旺广告中采用的重复简单音节发生了强烈的连结,既形成了记忆点,又足以让儿童进行简单的模仿,广告传播性由此提升。不过这则广告直到现在都承受着褒贬不一的评价,不少观众认为,它的音乐土气又难听,画面幼稚且粗糙,可O泡果奶仍然取得了不错的销量,甚至数年以后成为了人们欢乐的童年记忆。这究竟是为什么呢?

国外消费行为学家的研究表明,过多地重复广告信息虽然可能引起受众的反感,但却不影响受众对信息的记忆以及日后的商品购买行为。这些令人愉快或不愉快的一面将会随时间的推移而不复存在,最终只有广告信息本身牢牢地留在消费者记忆深处。这就是睡眠者效应,即由于时间的间隔,人们容易忘记传播的来源,而只保留对内容的"模糊记忆"。经过一段时间,由广告引发的情感反应会与产品名字发生分离,但名字还是被记住了。因此,"我要O泡"的魔性旋律一次次出现在电视的各个频道,消费者在或欢乐或怒气冲冲的情绪状态中不约而同地记住了这个产品。

当然,旺旺风格式广告能成功,除了消费者本身的睡眠者效应外,广告的定位与简洁的诉求也是很重要的因素。

身着白色背心、一双大眼睛朝上眺望、张开四肢、仿佛要进入你怀抱的可爱孩子,是旺旺品牌给大多数消费者的第一印象。拟人化的形象使旺旺品牌与消费者形成了较为良好的社会联系,儿童可以将"旺仔"当作自己的朋友,大人可以将"旺仔"视作自己孩子的缩影,社会中不同年龄段的人群在与"旺仔"形成良性互动时,都可以找到自己的角色定位,"旺仔"的形象增进了消费者与品牌的情感联结。旺旺广告始终贯彻了以"儿童视角"为中心的方案,视觉呈现、场景设计、故事背景等方面,全部围绕儿童设计。"我告诉你哦,妈妈很爱我的。夏天很热,妈妈在冰箱里准备了很多旺旺碎冰冰。冰凉清爽,你家有吗?"简单的家庭场景,是儿童受众最熟悉的场景,妈妈的爱和冰凉的体验对儿童来说既简单易懂,又足够富有吸引力。将"我讲给你听"的卖点思维变成"用户视角"的买点思维,抓住儿童的眼球,进而精准把握儿童的心理,是这则广告大获成功的不二法门。

20世纪70年代,艾·里斯和杰克·特劳特提出了奠定他们营销大师地位的广告定位论。他们认为广告应该在消费者心智上下功夫,力争创造一个消费者心里独有的位置。特别是"第一说法""第一事件""第一位置"等,创造"第一"才能在消费者心中产生难以忘记的、不易混淆的优势效果。而"人旺气旺身体旺,财旺福旺运道旺,祝你旺上加旺"的旺旺大礼包广告语就抢占了这么一个独一无二的定位。

问题:

1. 简述什么是睡眠者效应。
2. 简单阐述旺旺广告能带动巨大销量的原因。
3. 根据"广告定位论",简述旺旺广告的定位。

活动任务

1. 结合案例观看旺旺广告片,体会本章所学知识。
2. 请为自己的手机设计一则广告。(提示:内容包括颜色、外形、背景或情景等,可以自己增加元素,总之要让你的广告吸引人,容易被记住。)

第十一章　营销实战——赢得消费者从心始

学习目标
1. 了解印象形成的过程；
2. 理解成功动机和同理心的意义；
3. 掌握改变消费人员态度的沟通技巧；
4. 理解冲突的起因和化解途径；
5. 了解营销服务过程。

微笑服务

微笑服务是营销人员最熟悉不过的，在以服务制胜的行业，它更是散发着无限魅力。瞧，图中那位营业员笑得多灿烂！如果你是顾客，看到如此甜美的笑容，是否也感受到了几分愉悦？那么，仅仅是她的微笑吸引了你吗？

美国营销学者布罗克曾做过一个实验。他让大零售商店化妆品柜台的售货员劝说顾客去购买同一品牌中不同价格、不同容量的乳液。这些售货员有的充当有化妆专长而与顾客无相似身份的人，有的则充当与顾客有相似身份而无专长的人。结果表明，当劝说者与顾客之间有相似身份，并说自己经常使用的是某种一定容量而又价钱公道的乳液，而这个容量实际上也正是顾客想买的容量的话，那么此类劝说最为有效。可见，相似性效果远远超过了专长效果。这也许正是商店化妆品柜台的售货员常常是年轻女性的原因吧。其实，要吸引顾客并劝说其产生购买行为，还有很多值得探讨的内容。

本章将通过考察营销人员如何营销自己、营销商品和企业来了解其中的一个关键因素——心理沟通。

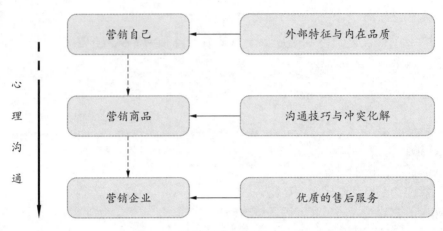

营销过程示意图

营销过程（如上图所示）是营销人员和消费者人际交往的过程，营销人员不仅要认识、把握消费者的心理状态和特征，以便对其作出比较准确的判断，而且需要考察自己的外在特征和内在品质，塑造自己给人的印象，为进一步沟通打开方便之门。

当消费者在心理上接受了营销人员，真正的商品营销就开始了。营销人员要想在营销活动中出奇制胜，就有必要搞清整个心理互动过程。如果营销人员抓住了消费者的情感，把握了沟通的技巧，消费者就会乐于接受产品，并欣然作出购买决定。当然，沟通中也潜伏着一些冲突，营销者只有弄清起因，巧妙解决，才能化险为夷。

然而，成交并不意味着营销的结束，而是打造企业品牌的开始。事实证明，全面优质的人性化服务不仅能赢得消费者对产品和服务的高度满意，更能获得消费者对企业品牌的忠诚和企业文化的长期信任。

第一节 "营销"自己

一、印象形成

当你走进大型超市，面对同一种类商品的众多售货员，是否会特别选择其中的某一个，从而向他或她咨询或是购买？情况常常是如此的。产品和服务交易的偶然性和短暂性，使得营销人员给人的第一印象显得尤为重要，包括表情、姿态、身材、仪表、年龄、服装等方面的印象。

第一印象在消费者对营销人员的认知中发生一定的作用，它可能是消费者在以后再次光顾的理由，也可能是使其今后不再前往的理由。虽然第一印象只是一些表面特征，不是内在的本质特征，但是消费者一旦对某个营销人员形成了某种印象，要想改变也是不容易的，他们还会寻找更多的信息或理由去支持这种印象。其中晕轮效应可能起到一定的作用：消费者对某营销人员形成了一个大体上的印象后，往往会以与这种印象相一致的方式去评价其所有的特征。

为了在接触消费者的最初几分钟内给其留下深刻的印象，营销人员很有必要进行精心的自我包装。当然人的身材、年龄是很难改变或不能改变的，但是自身的表情、姿态、仪表等却是可以控制的。例如，一位缺乏目光接触的营销人员，会让顾客感到不快，使沟通难以进行。如果营销人员常常将微笑挂在脸上,会为其倍添亲切感,从而获得顾客的好感。

实战攻略 11-1

希尔顿帝国兴旺的法宝

美国的老希尔顿建立了全球希尔顿饭店帝国,他经常在世界各地旅行,巡视各国的希尔顿分店。几十年来,他来到属下的每一个饭店,问的第一个问题都是:"你今天对顾客微笑了没有?"如果得到肯定的回答,他就很高兴。看来,"对顾客微笑"是老希尔顿心目中最重要的事情。这也许是希尔顿帝国兴旺的秘诀之一吧。

有研究发现:在鸡尾酒会上,那些笑容灿烂的服务员所得到的小费平均比微笑少的服务员多几倍;同样,把找回给客户的零钱放在客户的手心里,或者客户买单时拍拍客户的肩膀,同样可多拿10%的小费;接近客户,或者蹲下来与客户目光接触,同样会提高小费数目。

研究之窗 11-1

你的身姿正在"说话"

在日常生活中,你是否会经常使用身姿来进行沟通?营销过程亦是如此。

心理学家萨宾通过对生活的细致观察,总结出了一些人们经常使用的姿势,如下图所示。

如果某位营销人员常常做出如以下图15和19那样的姿势,将是很难吸引消费者的。

1. 好奇　　2. 疑惑　　3. 不感兴趣　　4. 拒绝　　5. 观察

6. 自我满足　　7. 欢迎　　8. 果断　　9. 隐秘　　10. 探究

11. 专注　　12. 暴怒　　13. 激动　　14. 舒展　　15. 奇怪、支配、怀疑

16. 鬼鬼祟祟　　17. 羞怯　　　18. 思索　　　19. 做作

各种身体姿势及意义

那么,消费者在对营销者形成印象的过程中,各种信息是同等重要的吗?美国社会心理学家阿希曾做过一项经典的研究,回答了这一疑问。他让两组被试根据形容词表来评价某个人,第一组被试的形容词表上列有七种品质:聪明、熟练、勤奋、热情、坚决、实干和谨慎;第二组被试的形容词表中,除了将"热情"换为"冷淡"外,其他均相同。结果发现第一组被试多数认为此人慷慨、幸福、人道,而第二组被试的评价几乎相反。阿希又分别用"文雅"和"粗鲁"分别代替"热情"和"冷淡",发现两组被试的评价几乎无多大差别,这表明对热情、冷淡的评价是形成他人印象的核心品质(Asch,1946)。可见,微笑服务、热情待客是有其心理学依据的。

> **小贴士**
>
> 好恶评价是印象形成的主要依据,一旦消费者把营销人员放在喜欢或不喜欢的范围内,对这个人的其他认知就会归入相应范围。心理学家罗森伯格等人发现好恶评价最常集中在一些与社交和智力有关的品质上。
>
> **好恶评价的社交和智力品质**
>
> | 评　价 | 社交的品质 | 智力的品质 |
> | --- | --- | --- |
> | 好的评价 | 有帮助的
真诚的
宽容的
好交际的
有幽默感的 | 科学的
坚决的
熟练的
聪明的
不懈的 |
> | 不好的评价 | 不幸福的
自负的
易怒的
令人厌烦的
不得人心的 | 愚蠢的
轻薄的
动摇的
不可靠的
笨拙的 |

二、成就动机

随着接触的频繁和交往的深入,营销人员的内在品质将在人际交往中起到越来越重要的作用。那么成功的营销人员应具备什么样的内在品质呢?回答这个问题并非易事,然而强烈的成就动机和胸怀顾客的同理心却是许多研究都不得不提的。

所谓**成就动机**,是指个体在完成某种任务时力图取得成功的动机。它是社会性动机的一种。**社会性动机**起源于社会性需要,与人的社会性需要相联系。成就动机对营销人员个人的发展具有重要的意义,它就像一台强大的发动机,激励着营销人员努力工作,在营销道路上取得一次又一次的成功。

营销是一项长期而艰苦的任务,营销人员常常会面对顾客的拒绝,此时成功的欲望就是营销人员再次奋起的最好驱动力。正是这种来自内心的自我驱动力,使他们全身心地投入工作,"使命必达",从而满足自我实现的需要,即最高层次的需要。所谓自我实现,就是指个人可以充分发挥其潜力和才能,对社会做出自己觉得有意义、有价值的贡献,从而实现自己的理想和抱负。

研究发现,高成就动机者往往具有以下特征:①他们往往愿意接受具有一定挑战性的任务。②他们非常想知道自己活动的成果。③他们常常以旺盛的精力,采用新的方法创造性地完成任务。④他们对自己作出的决定高度负责。⑤他们选择与他人合作共事时,往往选那些有能力的人。

实战攻略 11-2

为你的发动机加点马力吧

一位著名的营销大师正在做告别职业生涯的演说。会场座无虚席,人们急切地想知道他成功的秘诀。大幕徐徐拉开,舞台的正中央吊着一只巨大的铁球。大师走上台,用一把小铁锤朝铁球敲了一下,铁球纹丝不动。于是他每隔五秒就敲一下,这样持续不断地敲,但铁球还是纹丝不动。渐渐地,台下的人开始骚动不安,陆续有人离开,但大师还是自顾自地敲铁球。人愈走愈多,留下来的只剩零星几个。经过40分钟后,大铁球终于开始慢慢晃动了。霎时间会场立即鸦雀无声,人们聚精会神地看着铁球,那球以很小的摆度动了起来,此时台下爆发出热烈的掌声。大师最后只说了一句话:"在成功的道路上,你没有耐心去等待成功的到来,那么,你只好用一生的耐心去面对失败。"

在耐心等待的背后,你看到了什么?——那就是强烈的成就动机!

三、同理心

为口干舌燥的顾客送上一杯清水,为汗流浃背的客户递上一张纸巾,这些简单的动作却能赢得顾客的垂青,原因何在?其实很简单,因为它们表达了营销人员发自内心的共感,即同理心。

同理心是指设身处地以别人的立场去体会别人心境的心理过程。同理心既有情感的因素,更有认知的成分,营销人员要靠认知能力来实现心理换位或将心比心,做到"感人之所感"和"知人之所感"的完美结合。

营销人员在与消费者沟通时,有时无法吸引消费者,或是词不达意,甚至是与消费者发生冲突,其中很重要的一个原因就是没有用好同理心。例如,一位顾客经过几天的旅途奔波,最大的愿望就是能好好地睡一觉,但如果旅店的环境嘈杂、手续繁琐,影响到顾客即刻休息的愿望,顾客就很可能会大发雷霆。

同理心可以分为两个层次:表层的同理心和深层的同理心。对于以上这个例子,在表层同理心的水平上,营销人员看到客人疲惫的眼神、沉重的脚步,可能会说:"先生,您看上去很累,路上一定很辛苦吧!"而在深层同理心的水平上,营销人员可能会说:"先生,想必您现在最乐意看到的就是整洁而舒适的大床了吧!我会尽量简化程序,尽快为您准备好安静的房间。"显然,前者仍以自身为参照系,而后者则设身处地为顾客着想,表明了自己的态度。

要贴近顾客的心,营销人员应善于运用语言和非语言行为适时地表达自己的同理心。

研究之窗 11-2

同理心可以训练吗

哈佛大学心理学教授罗伯特·罗森索设计了一种称为非语言敏感度的同理心测验,以一位女性表达各种情感为主题制作了一系列录影带,发生的场合各异。被试只能根据单一感官辨别情感。他们针对美国等19个国家7000多人做了实验,发现对非语言信息判断力高的人有多项优点:情感调适力较强、较受欢迎、较外向、较敏感。一般而言,女性判断力较男性高。由于这项测验长达45分钟,有些人在受测过程中表现愈来愈好,显示具有不错的同理心学习能力。如果将这一方法用于训练营销人员的同理心,想必也能收到良好的效果。

第二节 "捕获"顾客心

一、心理互动模型

每个人都有过购物的经历,在购物过程中,营销人员与消费者总会进行不同程度的接触,作为消费者,你能明确地分清是自己的心理状态决定了最终的购物行为,还是营销人员的言行影响了你的购买选择吗?我们很难说清楚。事实上,营销活动是一个营销人员与消费者心理互动的过程,营销人员要想进行卓有成效的营销,就必须把握好这一动态过程。

营销人员与消费者在相互交往的过程中,会各自表现出不同的心理状态,它们可以看作是双方积极程度与情绪水平的结合。苏联学者把这种结合状态划分为四类,并通过平面直角坐标系来说明,如下页图所示。

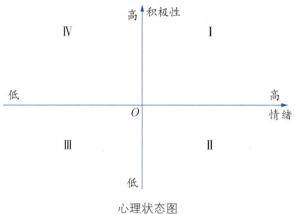

心理状态图

下面我们以小王的几次购物经历为例,来说明四个区域中消费者与营销人员的不同心理状态的结合。

- Ⅰ区状态:情绪好与积极性高的结合。如:周末,小王兴致勃勃地去市场买菜,卖菜的大妈热情地招呼他并为其选菜。
- Ⅱ区状态:情绪好与积极性低的结合。如:放假期间,小王闲着没事去逛超市,营业员的服务不冷不热,缺乏主动性。
- Ⅲ区状态:情绪坏与积极性低的结合。如:小王近来事业不顺心,路过音响店就进去逛逛,听音乐排解一下情绪,店老板这几天生意也不好,无心待客。
- Ⅳ区状态:情绪坏与积极性高的结合。如:小王因受上级批评,憋了一肚子火,下班后去咖啡店坐坐,服务生迎上前,但服务态度差。

一般而言,处于Ⅰ区状态,成交的可能性比较大;处于Ⅳ区状态,发生冲突的可能性就比较大。但是,这不是绝对的。营销人员应视消费者的情况采取相应的服务,以期产生较好的效果。

小贴士

作为营销人员,消费者处于哪种状态对其最有利呢?营销人员该如何施展其才能呢?

一般而言,处于Ⅰ区状态的消费者最易于交往;处于Ⅲ区状态的消费者最难于交往,营销人员须先影响其情绪,再调动其积极性;如果消费者处于Ⅱ区状态,营销人员最有用武之地,要想方设法感染他或她,调动其积极性;如果消费者处于Ⅳ区状态,是最危险的,营销人员应迅速辨别这类顾客,为其提供迅速而谨慎的服务,适度引导,避免冲突。

二、改变态度的沟通技巧

沟通是人与人之间的信息交流过程。它是连接营销人员与消费者的桥梁。良好的沟通能激发消费者的情绪,使其产生一种更乐于接受的心理状态,并欣然作出购买的决策。

在营销沟通中,首要的目的就是改变消费者的态度,如:消费者原来没有购买意向,沟通后产生了购买意向;或是消费者原本就有购买意向,沟通后购买欲望增强了。在前面的章节中,我们已经介绍了一些态度改变的模型,这里将结合营销人员的沟通技巧,介绍一种新的形式,即霍夫兰和韦斯提出的一项态度改变的模型,它包括影响态度改变的四个因素:宣传说服者变量、信息变量、渠道变量、信息接收者变量,如下图所示。

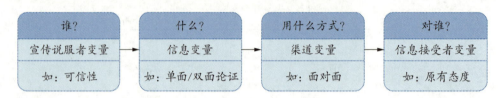

影响态度改变的因素

在营销人员与消费者沟通的过程中,宣传说服者即营销人员。营销人员的可信度、吸引力、专长性、相似性等都会影响消费者的态度改变,如:布罗克的实验就说明了售货员与顾客存在相似性的好处。信息即营销人员如何来组织沟通内容,从而引起消费者的心理反应。渠道即营销人员与消费者面对面的沟通说服。信息接收者即消费者,其智力、性格、原有态度等都是重要的影响因素。下面重点介绍营销人员如何把握沟通内容。

(一) 利用情感

精明的顾客也并非总能理性地对待每一次消费,一些令人愉快的或使人厌恶的事情往往能转变一个深思熟虑的想法,因而,营销人员利用情感与消费者沟通,常常能达到事半功倍的效果。

1. 好感

态度通常可以与好感相联系而改变,在这种积极的情感下,消费者的态度改变是比较容易的。有吸引力的营销人员正是利用了这一点。消费者较容易被那些充满自信和具有忠厚、诚恳特质的营销人员所打动。"勇敢而镇定地注视消费者"的营销者常被消费者认为更忠诚。这些细节往往能激起消费者的愉快情绪,拉近消费者与营销者的心理距离。

2. 厌恶感

营销人员也可以通过激起消费者对某件事的厌恶感来改变态度。如:通过皮肤检测使消费者意识到清洁皮肤的重要性;告诉消费者体内毒素易于积累,可能危害健康,因此使用某种产品是有必要的。

很多研究证实了厌恶感与说服效果存在相关性。大多数情况下,引起厌恶感可以提高劝说的效果,但太强的厌恶感也可能使说服的效果适得其反。因此营销人员在利用厌恶感进行说服时,一般可采用中等强度,同时还应考虑其他的因素,如:是否存在有效的应对方法。

3. 幽默感

幽默是生活的调味品,在营销沟通中,它往往能使消费者产生愉快的心境,调动购买积极性;在化解矛盾和困境时,幽默更是一剂妙方。

幽默效果会受到很多个人因素的影响,例如性别、性格、社会态度等。一般而言,男性会比女性对幽默有较正面的反应;年轻的、受过专业教育或有一定专业背景的人趋向于接收幽默的信息。但有时一些消费者并不一定能开玩笑或领略幽默,此时常会产生意想不到的负面效果。

实战攻略 11-3

小燕子的来信

日本古都奈良在青山环抱之中,名胜众多。每年春夏两季游人如织,接踵而至。4月以后,燕子也争相飞到旅馆檐下,筑窝栖息,繁衍后代。可是,招人喜爱的燕子却有随便排泄的习惯,刚出壳的雏燕更是会把粪便溅到明净的玻璃窗上、雅洁的走廊里。尽管服务员不停地擦洗,仍无济于事。于是,客人不高兴了,纷纷找管理人员抱怨此事。公关人员想出了一个解决难题的妙方——以燕子的名义给客人写一封信:

"女士们、先生们:

我们是刚从南方赶到这儿来过春天的小燕子,没有征得主人的同意,就在这儿安了家,还要生儿育女。我们的小宝贝年幼无知很不懂事,我们的习惯也不好,常常弄脏你们的玻璃窗和走廊,致使你们不愉快。我们很过意不去,请女士们、先生们多多原谅。

还有一事恳求女士们和先生们,请你们千万不要埋怨服务员,他们是经常打扫的,只是擦不胜擦,这完全是我们的过错。请你们稍等一会儿,他们就来了。

——你们的朋友:小燕子"

游客见到"小燕子"的信,都给逗乐了,心中的怨气也在笑声中悄然而去。

(来源:《读与写》)

(二) 组织沟通

1. 单面论证或双面论证

在沟通中,是只说优点好呢,还是优缺点都讲更有影响力? 这是每个营销人员都会碰到的一种沟通技巧问题,即单面论证或双面论证问题。**单面论证**是只讲优点不讲缺点;而**双面论证**是优缺点都讲,但优点盖过缺点。

霍夫兰和丘等人通过实验研究指出:当人们与说服者的观点一致或在这方面的知识经验不足时,单面论证效果比较好;如果人们与说服者的观点不一致或已具备比较充分的知识经验,特别是说服对象是受过良好教育的人,双面论证的效果远大于单面论证,因为单面论证会被看作是有偏见的,从而增强抵制作用。例如,调查发现:在消费者并不寻求对该商品进行详细了解的情况下,从正面论证更有说服力;而在消费者希望获得某些细节的情况下,从反面论证则更具说服力。如果一些营销人员只强调其商品好的一面,从心理学的角度讲,对那些知识、经验丰富或教育程度较高的消费者来说,是起不了多大作用的。

实战攻略 11-4

百分之百是最好的吗

在一些广告中,商家往往通过双面论证来增强说服力。美国"落健"生发水的一则广告中指出:在12个月的临床试验中,几乎一半使用该产品的男士长出了适中或浓密的头发,1/3 的人再生的头发比较稀疏,16%的人的头发没有再生成功。承认该产品并非 100%有效反而提高了该广告的可信度。

2. 表达顺序

营销人员在与消费者沟通中的另一个问题是,是先说优点呢,还是先说缺点? 是先论述重要的信息呢,还是次要的信息? 主张首因效应的学者认为,放在前面的信息所产生的影响更大;但主张近因效应的学者则认为,放在后面的信息产生的影响更大。

这个问题不能一概而论。一般情况下,当营销人员讲述的内容比较复杂、时间比较长时,首因效应影响较大;而在信息简明扼要时,近因效应影响较大。当营销人员只论述商品的优点时,列举优点的顺序应根据消费者的状况而定,如果消费者兴趣不大,则将最大的优点放在最前面以吸引他们的注意力;但如果消费者很感兴趣,就可以按重要程度递增的顺序来组织材料,把最重要的放在最后。当营销者既讲优点又谈缺点时,常常把好的信息放在前面,这样做可以使消费者对坏的信息产生较大的忍耐力,易于接受和理解。

小贴士

一般而言,逻辑性、说理性较强的沟通说服方式比较适合于受过良好教育的人;利用感情渲染的沟通说服方式对教育程度较低、情感丰富的人更有效。因此研究者确立了两种不同的说服方式,即中心路线说服和外围路线说服。

中心路线是突出信息中所包含的优点、性质、合理性等方面,通过系统的讨论激发消费者进行思考的方法。

外围路线是向消费者提供线索,使之未经过深入思考就接受的方法。

三、营销人员与消费者的冲突

(一) 冲突因何而起

在营销人员与消费者的心理互动模型中,我们可以看到:两者的关系并非总是友好信任的,矛盾、冲突也时有发生。所谓**冲突**,从心理学的角度讲,就是两种目标互不相容和相互排斥,是矛盾激化的一种表现。那么冲突因何而起呢?

1. 利益差距

在商品销售或营销服务中,营销人员最关心的往往是如何将商品卖给顾客,如何让顾客接受服务;而消费者最注重的则是怎样获得满意的商品和优质的服务。营销人员的迫切心情与消费者的疑虑心理就形成了反差,差距越大,冲突就越可能发生。一位只在乎顾客是否购买自己产品的营销人员是很难与顾客沟通的。

研究之窗 11-3

利益＝商品或服务－代价

在考察人际冲突中,心理学家霍曼斯提出了"社会交换理论"。按照这种理论,每次人们打交道时,必须付出代价,也要获得一定的奖励。人们常根据其所获得的结果来决定交往持续的时间以及令人满意的程度,结果可以用这样一个公式来表示:结果＝奖励－代价。

> 营销过程也是人际交往的过程,我们可以把顾客的利益用以下公式来表示,从而更好地理解他们,避免因利益差距造成冲突:利益＝商品或服务－代价。

2. 信息差距

营销人员与消费者掌握信息的渠道不同,收集到的信息量也可能会有差别,营销人员获得信息的渠道往往多于消费者;即使信息量差不多,在理解上也可能是截然不同的。例如,年轻人使用的一些词语,很多年长者就很难理解。在沟通中,营销人员应能理解不同年龄段的顾客表达的含义。

3. 情绪状态

消费者和营销人员的情绪和其他心理状态,常常是引爆冲突的催化剂。特别是当一方或双方处在一种类似狂喜、暴怒或是极度悲伤等极端的情绪时,往往最容易引发矛盾。此时,情绪上的冲动往往阻碍了理性的思考。

4. 认知偏见

人们或多或少带有偏见,而营销过程中的偏见则可能导致冲突,其中之一就是刻板印象。刻板印象是指社会上对于某一类事物产生的一种比较固定的看法,也是一种概括而笼统的看法。例如,消费者常常用"无商不奸"来形容商人。在营销中,营销人员应尽量以一种客观的角度和心态来进行沟通,同时也不可以忽略消费者所具有的刻板印象。

(二) 防止冲突与化解冲突

1. 培养营销人员的同理心,缩小彼此的心理差距

营销人员想要捕获顾客心,首先要心中装着顾客,想顾客之所想,急顾客之所急,如:为顾客介绍物美价廉的商品,为顾客提供真诚优质的服务等。

实战攻略 11－5

为顾客讨价还价

沃尔玛公司的创始人山姆·沃尔顿曾说过:"我们重视每一分钱的价值,因为我们服务的宗旨之一就是帮每一名进店的顾客省钱。每当我们省下一块钱,就赢得了顾客的一分信任。"为此,他告诫沃尔玛的员工:"你们不是在为商店讨价还价,而是在为顾客讨价还价。"

2. 隔离冲突双方

隔离是化解冲突较好、较容易的方法,即采取回避方式处理冲突。如:把营销人员调离,由另一位接替;将消费者请入休息室,由负责人听取其意见。

3. 掌握处理意见的技巧,懂得合理让步

当营销人员与消费者的实际利益发生冲突时,营销人员可借助于适当的妥协来解决问题。妥协是放弃自己的观点或修改自己的评价,使之适应对方的观点和愿望的行为。如:对于三番五次调换商品的顾客应尽量满足其要求。

> **研究之窗 11-4**
>
> 强硬？ 让步
>
> 　　心理学家科默利达曾做过一个实验：要求被试和某个假想的人就某件物品协商价格，直至达成一致。结果表明，讨价还价的最佳策略是开头采取强硬立场，然后作出小让步。

4. 由第三方调解

当营销人员与消费者双方都不肯让步时，就需要由第三方进行干预，如：商场主任、经理等。卡内维尔曾提出一个调解冲突的第三方决策选择模型，如下图所示。

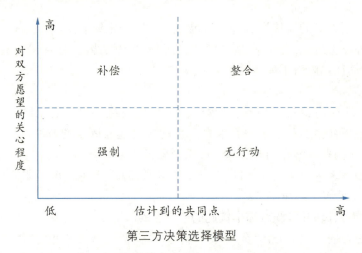

第三方决策选择模型

第三方可选择的调解冲突的四种基本策略包括：①强制，即采用以惩罚相威胁的方式，迫使冲突双方让步或达成一致，如：按照制度规定处理。②补偿，即允许给予冲突双方某种奖励或利益，使双方让步或达成一致，如：提供顾客一定的优惠政策。③整合，即双方各让一步以达成双方基本满意的协议。④无行动，即由冲突双方自行解决，第三方不加干预。

> **小贴士**
>
> 　　冲突解决中的第三方担任着三种不同的角色，即调解者、仲裁者和干预者。
> 　　调解者只对冲突双方提供建议，而不能控制冲突的最终结果；仲裁者则能控制冲突的最终结果；干预者虽能控制冲突的最终结果，但不一定能像仲裁者那样作出最后裁决，也可能不支配最终结果。

第三节　人性化服务

营销服务是指营销人员在销售商品前后，为进一步满足消费者的各种需求所采取的多项措施和手段，是伴随着商品转移而提供的劳动服务。这里侧重的是销售服务。其实，消费者购买商品的心理过程与营销人员服务的心理过程是相互联系、一一对应的，我们可以在下图中清晰地看到这一点。可见，人性化的服务也是彼此心灵沟通的过程。

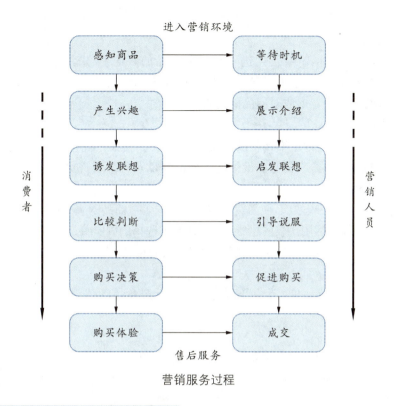

营销服务过程

一、消费者购买心理发展过程

(一) 感知商品

当消费者进入营销环境后,会有意或无意地对周围物理环境、营销人员和其他消费者产生初步印象,接着就把注意力集中在观赏商品上,不管事先有无购买意图,消费者总是希望找到自己需要或感兴趣的某件商品,这就是营销服务的基础。

研究之窗 11-5

特别的服务给特别的你

你知道如何观察并判断顾客的购买意图吗?有经验的营销人员将顾客进行了分类,并相应地采取了不同的服务方式,如下表所示。

顾客类型	顾客特征	服务方式
明确型	有明确的购买目标,脚步快,目光集中,向营销人员指明购买某种商品	主动打招呼,按要求进行服务并迅速展示
半明确型	有购买欲望,但未确定具体购买目标,脚步缓慢,目光较集中,观看商品既表现出有兴趣,又若有所思	尽量让顾客多了解商品,认真介绍,站在顾客的角度帮助挑选,促进顾客作出购买决定
参观型	无购买目的,目光不集中,常常结伴而来,边说边看,对商品评头论足	表示欢迎,对顾客提出的问题总是给予热情、耐心地回答,使顾客产生良好印象

（二）产生兴趣

一旦消费者发现目标,就会产生进一步了解商品的兴趣,集中注意,反复观察,如:商品的品牌、价格、功能、质地、颜色等。这一过程既可能由消费者个人完成,也可能由营销人员来协助完成,从而使消费者形成对商品的主观感受。

（三）诱发联想

当感知的商品给消费者留下比较满意的印象时,就可能诱发消费者的联想。如:联想到使用这种商品的愉快心情,或是它能带来的种种便利以及各种观赏价值等。

（四）比较判断

通过联想所产生的心理效应,使消费者增加或减弱了对商品购买的欲望。在购买欲望形成的过程中,消费者往往会运用比较的思维方式,对可供选择的同类商品或功能近似的替代商品进行认真细致的分析鉴别,权衡优劣。此时,营销人员的意见、评价往往起着重要的作用。

（五）购买决策

根据比较阶段的综合评价,消费者明确了对其所选商品的认识,从而作出购买决定,产生购买行为。

（六）购买体验

购买行为完成后,消费者的心理活动并没有马上结束,还会形成对购买活动的心理感受,如:对商品满意的程度,对营销人员服务水平的感觉。如果感到满意则会引起重复购买,并向他人宣传;否则,会产生不同程度的失望,甚至导致退货。

二、营销人员服务心理对策

（一）等待时机

营销人员只有观察并了解消费者的购买意图,抓住最佳接近时机,才能产生良好的效果。

一般而言,营销人员可以抓住以下有利时机进行交谈:①消费者长时间凝视某个商品的时候;②消费者突然放慢脚步或停步用眼睛盯着商品的时候;③消费者用手触摸商品的时候;④消费者像是在寻找什么的时候;⑤消费者与营销人员眼神正好相对的时候。

（二）展示介绍

了解了消费者的购买意图后,营销人员就可以根据消费者的不同特点和要求,向其展示或介绍商品。展示商品要力求诉诸多种感官的刺激,突出商品特性并加以适当的介绍。

多种感官刺激

> **小贴士**
>
> 我们平日说,人有五官,因此有五种感觉。事实上,人的感觉可分为外部感觉和内部感觉。外部感觉接受外部世界的刺激,如:视觉、听觉、嗅觉、味觉、触觉等(如上页图所示);内部感觉接受机体内部的刺激,如:运动觉、平衡觉、内脏感觉等。

(三)启发联想

诉诸多种感官的刺激后,营销人员强化了消费者的心理感受,此时要启发其兴趣和联想,促使其产生丰富的想象。

一般情况下,营销人员要启发消费者的联想,可以采取以下的方法:①提示法。对于拿不定主意的顾客,营销人员可以根据其要求进行符合其利益的提示,解除其疑虑。②提供经验数据法。利用他人的经验和数据来证明商品的使用性能、内在质量等。③实际操作法。可以由营销人员操作表演,也可以由顾客自己试用,加深其对商品使用的感受。

(四)引导说服

营销人员应细心观察消费者的感知反应,并根据其反应进行引导说服。通常,营销人员的说服途径有以下几条:①根据消费者对展示商品的不满之处加以客观地评价,委婉地说服。②提供尽可能多的同类商品让消费者进行比较选择。③根据不同消费者的特点和需求,有针对性地进行重点说服。如:对于讲求实用、低价的顾客,可以着重说明商品的高性价比。

(五)促进购买

通过启迪和说服,消费者增强了购买欲望。此时,营销人员就要帮助消费者坚持这种购买欲望,坚定购买信心,促成购买行为。

营销人员常常会采用以下方法来促进消费者的购买行为:①提供详细材料,如:商品的畅销程度、其他消费者的评价情况等。②介绍售后服务内容,如:商品售后服务的项目、期限、地点、方法及企业信誉等。③广泛征询意见,如:询问陪同顾客前来购买的同伴,特别是有影响力的同伴。

(六)成交

当消费者决定购买后,营销人员应快速、准确地办好交易手续,减少顾客等待时间,同时向顾客表示感谢,并欢迎再次惠顾。有时可适当赞美顾客的决定,或关照一些注意事项等,使消费者体验到商品和服务的双重满意。

三、服务无止境

售后服务是指销售行为结束后为消费者提供的各种服务。成功的营销人员不会把成交看成是营销的终点,而是把它看成另一个良好的开端。优质的售后服务赢得的是顾客的高度满意和信任,不仅能培养忠诚的顾客,而且有助于打造企业品牌的神话。

国内外很多知名企业都以服务制胜。我国海尔企业创造了著名的"一、二、三、四"售后服务模式;柯达公司专设了"客户服务部",由专家参与讨论,并帮助查找症结;惠而浦公司率先专门开辟了一条"售后服务专线"电话;索尼、丰田公司还成立了"顾客满意委员会"。

> **实战攻略 11-6**
>
> **IBM 的服务承诺**
>
> IBM 有一条过硬的服务项目,即公司保证在 24 小时内对任何一个顾客的意见和要求作出答复,凡是购买了该公司产品的客户,不管在世界上哪个地方,他们保证在 48 小时之内把更换的零配件送到客户手里。他们说到做到,有时为了把一个价值只有 50 美元的零件送到边远地区的用户那里,不惜动用一架直升机。

第四节 网 络 营 销

网络营销又称在线营销或电子营销,是利用数字化信息以及网络媒体的交互性来辅助营销的一种新型市场营销方式。互联网为营销带来了许多独特的便利,如降低信息传播成本、构建及时的反应和交互、精准定位推广、收集个性化数据等。网络营销并非只是"创建网站",网站背后是有着多重现实目的的真实企业,而网络营销的诉求与传统营销别无二致。

一、消费者在线购物体验

随着网络营销、电子商务的兴起,在线购物平台如雨后春笋般涌现。淘宝、京东、天猫、拼多多,这些相似又多元的在线购物平台构成了消费行为的重要阵地,成为消费者日常生活中不可或缺的一部分。在商场等实体购物场所中,良好的购物体验会增加顾客对于购物场所的满意度和忠诚度。同样,对于在线购物平台而言,购物体验也对消费者的满意度、忠诚度、购买意向有着重要影响。

从顾客行为出发,可以将在线购物体验分为三个阶段:在信息搜索阶段产生的感官体验和情感体验,在比较与选择阶段产生的思考体验和品牌体验,在消费决策阶段产生的服务体验和关联体验。下面重点介绍如何改进消费者在线购物体验。

(一)识别消费者偏好

改进消费者在线购物体验的第一步:判断他们的喜好。精准识别消费者偏好,要求营销人员拆分消费者群体,并根据每类群体的基本属性、生活习惯、消费行为等抽象出一个典型的"消费者个体"。在此基础上,通过调查,展示该消费者群体的偏好特征,形成消费者画像。

(二)简化购物旅程

为改进购物体验,营销人员需要充分了解消费者从注意某商品到最终完成消费决策的全过程。这一步骤不能仅依靠营销人员个人完成,应当邀请未来的消费者在现有的购物流程设计中真实地完成一次消费,由营销人员记录该过程,并询问消费者的体验,随后根据实际的反馈进行优化。好的购物流程设计是适当添加所需元素,然后去除一些没有必要的东西,从而使流程中的每一个元素都能帮助消费者实现他们的目标。

二、直播营销要点

网络直播不同于以往的网络社交模式,凭借实时传播、互动性强等特点满足了受众的娱乐需求和情感需求。大量资本的涌入给网络直播行业的发展带来了广阔的前景,品牌利用直播营销更是取得了巨大的成功。法国美妆品牌欧莱雅通过"零时差追戛纳"系列网络直播,创下了4小时内5.2万支明星同款口红售罄的销售记录。利用直播进行营销,需要精准把握以下要点。

(一) 主播的专业性

网络时代,由于信息爆炸,消费者在获得巨量信息时由于其专业知识的不对称,很难做出合理的消费决策。而一位具备"专业"标签的主播则被消费者认为是能够帮助自己过滤掉繁杂无价值的信息,从而做出合理消费决策的不二人选。当主播在某一垂直领域的专业性不断提高时,消费者就更容易参照其推荐,主播也在无形中树立了自身的品牌形象。

(二) 品牌公众形象

在网络直播购物日益火爆的今天,选择进行直播营销的品牌与消费者间的沟通也愈发密切。如若发生品牌安全事故或虚假宣传等负面事件,其传播性也大大提高,并且由于直播间内品牌形象与消费者的亲近,负面事件将直指品牌本身,使消费者的目光停留在品牌与负面性的联结上。因此营销人员需要尽可能把控一切影响品牌公众形象的要素,如主播的个人素质、商品宣传的真实性、负面反馈的及时处理、舆论发酵等。

(三) 直播间互动性

在直播营销中,主播成为品牌及商品的临时代言人,使得信息在消费者和品牌及商品间及时传递。良好的互动能够使消费者感到愉悦和信任,激发消费者正面的情感体验,从而促进购买行为。这便要求选择具备优秀沟通能力的主播和幕后工作人员,使直播不仅为消费者带来有效的产品信息,更能激发消费者的情感共鸣,通过满足消费者的情感需求获得其喜爱和追随。

本章关键词

好恶评价	成就动机	社会性动机
同理心	沟通	单面论证
双面论证	中心路线	外围路线
冲突	营销服务	售后服务
消费者画像		

思 考 题

1. 用头脑风暴法,谈谈作为优秀的营销人员应具备哪些素质。
2. 结合实际,说说在购买活动中,营销人员与消费者是如何相互影响的。
3. 你是否有过不愉快的购物体验?原因何在?如果你是营销人员,你会如何避免这种不愉快经历的发生?
4. 举例说明消费者的购买心理发展过程以及营销人员相应的服务心理对策。
5. 你是否曾以消费者的身份体验过直播营销?请尝试分析某次直播的营销设计,说明其优缺点并提出你的改进建议。

★★★★★ **案例分析** ★★★★★

营销人员与客户沟通的最佳方式

如何与客户建立有效的沟通？这是一个长久以来困惑着营销人员的问题。你是追求短期成功呢，还是向往与客户保持长期关系？你能如愿以偿地成功销售任何产品吗？或者说，你了解客户所需吗？你懂得与客户沟通的技巧吗？哪一种沟通形式最有效呢？这里有三种不同的沟通模式——礼貌待客式、技巧推广式、个性服务式。哪一种沟通模式更适合你呢？

为了更好地理解这三种模式，下面举一个简单的例子。有一个乳制品专卖店，里面有三个服务人员：小李、大李和老李。当你走近小李时，小李面带微笑，主动问长问短，一会儿与你寒暄天气，一会儿聊聊孩子的现状，总之聊一些与买牛奶无关的事情，小李的方式就是礼貌待客式。而大李呢，采取另外一种方式，他说，我能帮你吗？你要哪种酸奶？我们对长期客户是有优惠的，如果气温高于30℃，你可以天天来这里喝一杯免费的酸奶。你想参加这次活动吗？大李的方式是技巧推广式。老李的方式更加成熟老到，他和你谈论你的日常饮食需要，问你喝什么牛奶，是含糖的还是不含糖的。也许你正是一位糖尿病人，也许你正在减肥，而老李总会找到一种最适合你的乳制品，而且告诉你如何才能保持牛奶的营养成分。老李提供的是个性化的沟通模式。

那么，你认为以上三种模式哪一种更适合你呢？哪一种是最有效的方式呢？这三种模式之间的内在联系是什么？以下的调查也许与你的直觉不太一样。

其中一个问题是营销人员所使用的非语言服务是否始终与语言服务保持一致。如果两者是一致的，那么这三种模式就会起到非常好的效果。有些研究表明，技巧推广式更能为企业带来效益。

但是，如果提供的语言和非语言服务信息不一致时，客户则倾向于相信非语言反映出来的服务信息。也就是说，如果营销人员被训练得看起来礼貌待客，但可能身体语言流露出了他内心里并不喜欢他的工作，也不喜欢与客户打交道，那么礼貌待客就失去了意义。同样，技巧推广式也会由于营销人员的不友善或漫不经心而达不到预期效果。只有个性服务式才能将语言及非语言信息完美结合，这是营销人员与客户因长期交流而建立起深层关系的缘故。

营销人员最重要的口头沟通是开场白和结束语。因为人们在沟通时易于记住刚开始和最后发生的事情。所以销售人员与客户沟通时，要特别注意开始时的礼貌寒暄和最后的结束语。

礼貌待客讲究即时应对，包括时间即时、空间即时和语言即时。所谓时间即时，就是说向走进来的客户及时打招呼。如：只要客户走近1米之内，就要在5秒钟之内打招呼，以便让客户感受到你的热情接待；空间即时就是在距离上接近客户，接近的程度要根据各地的文化背景不同而有所区别；语言即时就是客户以不同方式表示出有问题时，能够迅速应答，而不能说："那不是我部门的事"或者"我不是你要找的人"，很小的语言差异往往会导致完全不同的结果。所以最好使用积极的语言，如"咱们一起来看看是什么问题"，就比使用被动语言"这个问题是得琢磨琢磨"要有礼貌得多。

对于技巧推广式,调查人员列出 15 种以上的方式来掌握客户与营销人员的沟通技巧,如:承诺、威胁、荣誉感、积极的尊重、消极的尊重等,都与人性的弱点有关。营销人员要充分了解人性的特点,并把它们融入营销语言中,激发起消费者被喜爱、不能错过交易、眼光独到、时髦入流等心理期待。调查显示,多数成功的营销用语都有如下规律:创造需求——引发兴趣——唤起欲望(通过任何一种人类需要)——采取行动。

个性化的沟通模式是最有效的模式,但却需要多培训、多练习。而且,与其他模式一样,它的有效性也会由于营销人员不易察觉的歧视而大打折扣。对零售业的调查显示,肥胖客户、穿着不讲究者、与营销人员不同者(如在性别、人种、年龄等方面),以及具有挑衅性的客户都常常得不到营销人员及时、礼貌的服务待遇;而对女性的服务不如对男性的服务来得迅速及时,对身体残疾的要好于对身体健康的。只有通过培训才能逐渐消除服务中的差异。

问题:

1. 试比较:在语言和非语言服务信息一致或不一致的情况下三种沟通模式的效果。
2. 试讨论个性化沟通模式是不是最有效的沟通模式。
3. 回忆你最近的一次购物经历,营销人员在与你沟通的过程中,是否运用了其中的一种沟通模式。如果有,请谈谈当时的感受。
4. 假如你是一家超市食品部的营销人员,你们即将推出一款面向白领的健康速食。你会采用哪种模式进行沟通?请据此设计一个沟通情境。

活动任务

1. 采访本地一位优秀的营销人员,了解他们对营销工作的心理感受,并结合本章第一节中所提及的营销者的内外品质写一份采访报告。

报告标题:_____

采访时间		采访地点	
采访对象		采访摘要	
采访过程			
采访总结			

2. 找一件易获得的商品,尽可能多地收集材料,了解有关的产品信息,并运用所学的沟通技巧向大家展示、介绍这件商品;通过角色扮演说服顾客购买此商品。

3. 选择邻近的一家大型商场进行现场考察,采用非参与式观察的方式,仔细观察并记录下营销人员营销服务的整个过程,注意感受营销者是如何使用语言和非语言行为表达其同理心的。

语言信息	
部分表达顾客表露的想法和感受	
完整表达顾客表露的想法和感受	
表达顾客隐藏、暗示的想法和感受	

非语言信息			
动作信息		语音信息	
目光		声调	
表情		音量	
手势		速度	
体姿		语气	

4. 回顾你使用过的在线购物网站，分析它的哪些细节给你带来了好的购物体验，哪些细节给你带来了不好的体验，并试着提出改进建议。

主要参考书目

ZHUYAOCANKAOSHUMU

(带★号为推荐阅读书籍)

[1] 艾·里斯,杰克·特劳特. 定位[M]. 邓德隆,火华强,译. 北京:机械工业出版社,2002.

[2] 保罗·唐波拉尔. 亚洲品牌之路:亚洲企业如何面向全球市场创建、发展和管理品牌[M]. 张国华,温伟德,译. 上海:上海交通大学出版社,2001.

[3] C. W. 兰姆,J. F. 海尔,C. 麦克丹尼尔. 市场营销学[M]. 时启亮,朱洪兴,等译. 上海:上海人民出版社,2005.★

[4] 曹京京,顾聪妤. 网络环境下消费者行为影响因素分析[J]. 北方经贸,2011(09):47-48.

[5] 常相全. 网络营销中消费行为和消费心理的探讨[J]. 济南大学学报(社会科学版),2002(S1):66-67.

[6] 车文博. 人本主义心理学[M]. 杭州:浙江教育出版社,2003.

[7] 陈慧,李远志. 电子商务条件下消费者购买决策影响因素探析[J]. 北京邮电大学学报(社会科学版),2007,9(2):1-4+24.

[8] 陈思. 现代营销心理学[M]. 广州:中山大学出版社,2001.

[9] 陈思. 营销心理学[M]. 广州:暨南大学出版社,2005.

[10] 陈毅文,马继伟. 电子商务中消费者购买决策及其影响因素[J]. 心理科学进展,2012,20(1):27-34.

[11] D. P. 舒尔茨,S. E. 舒尔茨. 工业与组织心理学——心理学与现代社会的工作[M]. 时勘,等译. 北京:中国轻工业出版社,2004.

[12] 杜新丽. 网络消费行为影响因素与网上商店营销策略研究[J]. 河南社会科学,2009,17(2):214-217.

[13] 高鸿业. 西方经济学[M]. 北京:中国经济出版社,1996.

[14] 高觉敷. 西方心理学的新发展[M]. 北京:人民教育出版社,1987.

[15] 何巧红. 产品包装与包装营销策略[J]. 包装工程,2002,23(6):168-170.

[16] J. C. 莫温,M. S. 迈纳. 消费者行为学[M]. 黄阁非,束珏婷,译. 北京:清华大学出版社,2003.

[17] J. 特劳特,S. 瑞维金. 新定位[M]. 李正栓,贾纪芳,译. 北京:中国财政经济出版社,2002.

[18] 杰格迪什·N. 谢斯,本瓦利·米托. 消费者行为学管理视角(第2版)[M]. 罗立彬,译. 北京:机械工业出版社,2004.

[19] L. G. 希夫曼,L. L. 卡纽克. 消费者行为学(第7版)[M]. 俞文钊,译. 上海:华东师范大学出版社,2002.★

[20] 乐国安,管健.社会心理学(第2版)[M].北京:中国人民大学出版社,2013.

[21] 李旭洋,李通屏,邵红梅,等.城镇化、互联网发展对网络消费的影响——基于省级面板数据的分析[J].社会科学研究,2018(5):38-45.

[22] 李颖颖.浅谈商品营销中包装的作用[J].现代农村科技,2012(23):74.

[23] 梁凤仪.女性的消费观[M].上海:中信出版社,1996.

[24] 梁宁建.当代认知心理学[M].上海:上海教育出版社.2003.

[25] 梁宁建.心理学导论[M].上海:上海教育出版社,2011.

[26] 林建煌.消费者行为[M].北京:北京大学出版社,2004.

[27] 刘军,王砥.消费心理学[M].北京:机械工业出版社,2009.

[28] 刘钦文.年赚中国74亿！碰瓷新疆棉花,H&M集团损失有多大[EB/OL].(2021-03-25). https://www.sohu.com/a/457318455_324659.

[29] 刘宗粤.关于逆反心理现象构架的解析[J].探索,2000(5):53-55.

[30] 卢盛忠.管理心理学[M].杭州:浙江教育出版社,1998.

[31] 马克思.资本论(第一卷)[M].北京:人民出版社,2004.

[32] 马谋超.品牌科学化研究[M].北京:中国市场出版社,2005.

[33] 迈克尔·R.所罗门.消费者行为——购买、拥有与存在(第5版)[M].张硕阳,尤丹蓉,译.北京:经济科学出版社,2003.★

[34] P.科特勒.营销管理[M].梅汝和,等译.北京:中国人民大学出版社,2001.

[35] S.普劳斯.决策与判断[M].施俊琦,译.北京:人民邮电出版社,2004.

[36] 石文典,陆剑清,宋继文,等.市场营销心理学[M].大连:东北财经大学出版社,2000.★

[37] 时蓉华.社会心理学[M].杭州:浙江教育出版社,1998.

[38] 苏伟伦,茉莉.大逆转:著名企业东山再起的成功案例[M].北京:经济科学出版社,2006.

[39] 汪青云.营销心理与实务[M].广州:暨南大学出版社,2002.

[40] 王财玉,雷雳.网络购物情境下的羊群效应:内涵、影响因素与机制[J].心理科学进展,2017,25(2):298-311.

[41] 王官诚.消费心理学[M].北京:电子工业出版社,2004.

[42] 王怀明,王咏.广告心理学[M].长沙:中南大学出版社,2003.★

[43] 王涛,杨生忠.消费者价格心理探析[J].固原师专学报,2000(04):64-66.

[44] 沃尔特·D.斯科特.广告心理学[M].李旭大,译.北京:中国发展出版社,2004.

[45] 吴涛,王建军.市场营销管理[M].北京:中国发展出版社,2005.

[46] 徐峰.卖点推广与广告运作[M].北京:中国时代经济出版社,2005.

[47] 徐萍.消费心理学教程[M].上海:上海财经大学出版社,2001.

[48] 阎国利,白学军.眼动记录法在国外运动心理学研究中的应用[J].心理学动态,1997,5(2):44-48.

[49] 杨治良.实验心理学[M].杭州:浙江教育出版社,1997.

[50] 叶弈乾,何存道,梁宁建.普通心理学(修订版)[M].上海:华东师范大学出版社,1997.

[51] 於常勇.你要哪杯冰激凌?[J].当代党员,2011(06):1.

[52] 余明阳,杨芳平.品牌学教程[M].上海:复旦大学出版社,2005.

[53] 张文贤,高伟富.高级市场营销学[M].上海:立信会计出版社,2000.

[54] 章志光.社会心理学[M].北京:人民教育出版社,1996.

[55] 周晓丹,潘丽霞."她经济"视域下女性体育符号消费思考[J].合作经济与科技,2021(14):85-87.

[56] Akbari, M. Different Impacts of advertising appeals on advertising attitude for high and low involvement products. Global Business Review, 2015, 16(3):478-493.

[57] Asch, S. E. Forming impressions of personality. The Journal of Abnormal and Social Psychology, 1946, 41(3):258-290.

[58] Atkinson, W. W. Suggestion and auto-suggestion. Whitefish, MT: Kessinger Publishing, LLC, 2007.

[59] Averell, L., Heathcote, A. The form of the forgetting curve and the fate of memories. Journal of Mathematical Psychology, 2011, 55(1):25-35.

[60] Bauer, R. A. Consumer behavior as risk raking//Hancock, R. S. Dynamic marketing for a changing world: Proceedings of the 43rd Conference of the American Marketing Association, 1960:389-398.

[61] Bone, P. F., France, K. R. Package graphics and consumer product beliefs. Journal of Business and Psychology, 2001, 15(3):467-489.

[62] Broniarczyk, S. M., Alba, J. The importance of the brand in brand extension. Journal of Marketing Research, 1994, 31(2):214-228.

[63] Brožek, J. Contributions to the history of psychology: LII. Purkinje phenomenon: The original and a later account. Perceptual and Motor Skills, 1989, 68(2):566-566.

[64] Cases, A. Perceived risk and risk-reduction strategies in Internet shopping. The International Review of Retail Distribution and Consumer Research, 2002, 12(4):375-394.

[65] Chiang, K., Dholakia, R. R. Factors driving consumer intention to shop online: an empirical investigation. Journal of Consumer Psychology, 2003, 13(1):177-183.

[66] Close, A. G., Kukar-Kinney, M. Beyond buying: Motivations behind consumers' online shopping cart use. Journal of Business Research, 2010,63(9):986-992.

[67] Davis, H. L. Dimensions of marital roles in consumer decision making. Journal of Marketing Research, 1970,7(2):168-177.

[68] Edell, J. A., Burke, M. C. The power of feelings in understanding advertising effects. Journal of Consumer Research, 1987, 14(3): 421-433.

[69] Fiske, S. T. Social beings: A core motives approach to social psychology. John Wiley & Sons, 2003.

[70] Gable, M., Wilkens, H. T., Harris, L., et al. An evaluation of subliminally embedded sexual stimuli in graphics. Journal of Advertising, 1987,16(1):26-31.

[71] Hankins, D. I., Best, R. J., Coney, K. A. Consumer behavior. New York, NY: McGraw Hill Press, 2004.

[72] Hansen, T. Consumer values, the theory of planned behaviour and online grocery shopping. International Journal of Consumer Studies, 2008,32(2):128-137.

[73] Heider, F. The psychology of interpersonal relations. Hoboken: John Wiley & Sons, 1983.

[74] Hsee, C. K., Zhang, J. General evaluability theory. Perspectives on Psychological Science, 2010,5(4):343-355.

[75] Hulland, J. S., Kleinmuntz, D. N. Factors influencing the use of internal summary evaluations versus external information in choice. Journal of Behavioral Decision Making, 1994,7(2):79-102.

[76] Huskinson, T. L. H., Haddock, G. Individual differences in attitude structure: Variance in the chronic reliance on affective and cognitive information. Journal of Experimental Social Psychology, 2004,40(1):82-90.

[77] Kahneman, D. A perspective on judgment and choice: mapping bounded rationality. American Psychologist, 2003,58(9):697-720.

[78] Kahneman, D., Knetsch, J. L., Thaler, R. H. Experimental tests of the endowment effect and the Coase Theorem. Journal of Political Economy, 1990,98(6):1325-1348.

[79] Kahneman, D., Tversky, A. Choices, values and frames. Cambridge University Press, 2000.

[80] Korgaonkar, P. K., Wolin, L. D. A multivariate analysis of web usage. Journal of Advertising Research, 1999,39(2):53-68.

[81] Kruglanski, A. W., Freund, T. The freezing and unfreezing of lay-inferences: Effects on impressional primacy, ethnic

stereotyping, and numerical anchoring. Journal of Experimental Social Psychology, 1983,19(5):448-468.

[82] Luchins, A. S. Mechanization in problem solving: The effect of Einstellung. Psychological Monographs, 1942,54(6):1-95.

[83] Miller, G. A. The magical number seven, plus or minus two: Some limits on our capacity for processing information. Psychological Review, 1956,63(2):81-97.

[84] Moon, J., Chadee, D., Tikoo, S. Culture, product type, and price influences on consumer purchase intention to buy personalized products online. Journal of Business Research, 2008,61(1):31-39.

[85] Moore, T. E. The case against subliminal manipulation. Psychology & Marketing, 1988,5(4):297-316.

[86] Raafat, R. M., Chater, N., Frith, C. Herding in humans. Trends in Cognitive Sciences, 2009,13(10):420-428.

[87] Ronayne, D., Brown, G. D. A. Multi-attribute decision by sampling: An account of the attraction, compromise and similarity effects. Journal of Mathematical Psychology, 2017,81:11-27.

[88] Schindler, R. M. The 99 price ending as a signal of a low-price appeal. Journal of Retailing, 2006,82(1):71-77.

[89] Schindler, R. M., Kirby, P. N. Patterns of rightmost digits used in advertised prices: Implications for nine-ending effects. Journal of Consumer Research, 1997,24(2):192-201.

[90] Schindler, R. M., Yalch, R. F. It seems factual, but is it? Effects of using sharp versus round numbers in advertising claims. Advances in Consumer Research, 2006,33:586-590.

[91] Schmitt, B. H. Experiential marketing: How to get customers to sense, feel, think, act, relate to your company and brands. New York: Free Press, 1999.

[92] Solomon, R. L., Corbit, J. D. An opponent-process theory of motivation: Temporal dynamics of affect. Psychological Review, 1974,81(2):119-145.

[93] Southgate, D., Westoby, N., Page, G. Creative determinants of viral video viewing. International Journal of Advertising, 2010,29(3):349-368.

[94] Tam, J. L. M. Customer satisfaction, service quality and perceived value: An integrative model. Journal of Marketing Management, 2004,20(7):897-917.

[95] Terry, D. J., Hogg, M. A. Group norms and the attitude-behavior relationship: A role for group identification. Personality & Social Psychology Bulletin, 1996,22(8):776-793.

[96] Thomas, M., Simon, D. H., Kadiyali, V. The price precision effect: Evidence from laboratory and market data. Marketing Science, 2010, 29(1): 175-190.

[97] Thorndike, E. L. A constant error in psychological ratings. Journal of Applied Psychology, 1920, 4(1): 25-29.

[98] Tversky, A., Kahneman, D. Judgment under uncertainty: Heuristics and biases. Science, 1974, 185(4157): 1124-1131.

[99] Tversky, A., Kahneman, D. The framing of decisions and the psychology of choice. Science, 1981, 211(4481): 453-458.

[100] Van der Helm, P. A. Weber-Fechner behavior in symmetry perception? Attention, Perception, & Psychologists, 2010, 72(7): 1854-1864.

[101] Wollenberg, S. Carmaker hopes to rejuvenate image with new Ad campaign. Marketing News, 1999, 12(6).

[102] Yerkes, R. M., Dodson, J. D. The relation of strength of stimulus to rapidity of habit-formation. Journal of Comparative Neurology and Psychology, 1908, 18(5): 459-482.

[103] Zaichkowsky, J. L. Measuring the involvement construct. Journal of Consumer Research, 1985, 12(3): 341-352.

[104] Zajonc, R. B. Mere exposure: A gateway to the subliminal. Current Directions in Psychological Science, 2001, 10(6): 224-228.

[105] Zajonc, R. B. Attitudinal effects of mere exposure. Journal of Personality and Social Psychology, 1968, 9(2, Pt. 2): 1-27.

[106] Zajonc, R. B. Feeling and thinking: Preferences need no inferences. American Psychologist, 1980, 35(2): 151-175.

[107] Zeithaml V. A. Consumer perceptions of price, quality, and value: a means-end model and synthesis of evidence. Journal of Marketing, 1988, 52(3): 2-22.

前言（第三版）

QIANYAN

本书是职业教育财经商贸类专业适用的基础教材。本书以国家颁布的税收法律、法规为依据，根据教育部有关职业教育税收基础课程教学的基本要求，结合职校财经管理类专业教学的特点而设计编写。

税收是国家财政收入的主要来源，是国家对经济活动进行宏观调控的重要经济手段，也是企业经营管理和会计核算时需要重点考虑的内容。税收对国家、企业和个人经济利益产生的影响，可能改变全社会的资源配置、收入分配和经济发展格局。因此，无论是制定和执行经济政策、法规的政府管理人员，还是从事生产经营的企业工作者，都应当熟悉、掌握税收政策和相关法律法规。同时，普及税收知识，培养公民良好的纳税意识，对于我国经济的繁荣起着十分重要的作用。由此可见，学习税收知识在经济类课程体系和人才培养中有着重要的作用。

2014年6月30日中共中央政治局召开会议，审议通过了《深化财税体制改革总体方案》，重点推进三个方面的改革，其中包括深化税收制度的改革，提出"优化税制结构、完善税收功能、稳定宏观税负、推进依法治税，建立有利于科学发展、社会公平、市场统一的税收制度体系，充分发挥税收筹集财政收入、调节分配、促进结构优化的职能作用"的总要求，深化税收制度改革重点锁定六大税种，包括增值税、消费税、资源税、环境保护税、房地产税和个人所得税。目前，主要改革任务已基本完成：一是贯彻税收法定原则，2007年通过企业所得税法；在2011年通过车船税法的基础上，税收立法进程加速；2016年通过环境保护税法；2017年通过烟叶税法和船舶吨税法；2018年通过车辆购置税法、耕地占用税法和个人所得税法；2019年通过资源税法。2018年以来，印花税法、城市维护建设税法、土地增值税法、增值税法、消费税法、契税法以及税收征收管理法等修改草案相继公开向大众征求意见。二是落实更大规模减税降费政策。比如：连续三次降低增值税税率，实施增值税留抵税额退税、加计抵扣农产品进项税额、取消购置不动产分次抵扣、对生产性和生活性服务业应纳税额的加计抵减；实施小微企业普遍性减税政策，提高小规模纳税人增值税起征点、扩大享受小型微利企业的企业所得税优惠范围等。尤其是2019年，出台了被称为"史上最大规模"的减税降费政策，全年减税降费实际规模超过20 000亿元，占GDP的比重超过2%，

前言（第三版）

QIANYAN

共涉及 12 个税种、19 个费种。

为适用教学需要，紧密联系税收征管实际，本次改版将近年来税制改革的内容充实到教材中，并对变化和废止的税收法规进行了调整和清理，修订过程中总共参考已落地生效的相关税收文件多达五十多个。

本书较为全面地介绍了税收的基础理论和基本知识，我国现行的税收法律和法规，各种税的征收规定和计税方法。结合理论联系实际的学习方法，可以提高学习者理解、运用和遵守执行国家税法的水平以及分析、解决税收实际问题的能力，为将来从事的工作打下坚实的基础。本书的特点是好用好读，表现为内容贴近实际，紧密结合工作实践，辅以大量的案例分析帮助理解；同时充分考虑到教学的实际需要，尽力做到各章内容相对独立，篇幅大体均衡，便于教师根据不同的学时要求有所取舍地讲授内容。本书还配有习题集，可供学习者巩固所学知识。

本书主要作为职业学校税收基础课程教学用书，也可作为企业办税人员的岗位培训或自学用书。

本书由胡越川主编。由于作者水平有限，在编写过程中难免会出现一些错误和疏漏之处，恳请读者予以指正。

编　者

2021 年 7 月

目 录

第一章 税收与税法概述 1
- 第一节 税收概述 2
- 第二节 税收制度概述 8
- 第三节 税法的构成要素 11

第二章 增值税 17
- 第一节 增值税概述 18
- 第二节 增值税纳税人和扣缴义务人 21
- 第三节 增值税一般纳税人和小规模纳税人 22
- 第四节 增值税征税范围 23
- 第五节 增值税税率 28
- 第六节 增值税计税方法 29
- 第七节 一般计税方法——销项税额 31
- 第八节 一般计税方法——进项税额 39
- 第九节 一般计税方法——应纳税额抵减 47
- 第十节 简易计税方法和代扣代缴应纳税额的计算 50
- 第十一节 增值税减免税规定 56
- 第十二节 增值税进出口业务 66
- 第十三节 增值税征收管理 75
- 第十四节 增值税发票的使用与管理 77

第三章 消费税 83
- 第一节 消费税概述 84
- 第二节 消费税纳税人、征税范围和税率 85
- 第三节 消费税一般业务应纳税额的计算 90
- 第四节 消费税特殊业务应纳税额的计算 92
- 第五节 进口环节应纳消费税的计算 101
- 第六节 出口应税消费品退(免)税规定 102
- 第七节 消费税征收管理 103

第四章 企业所得税 105
- 第一节 企业所得税概述 106

目　录

MULU

第二节	企业所得税纳税人、征收对象和适用税率	106
第三节	应纳税所得额确认——收入总额	112
第四节	应纳税所得额确认——各项扣除	120
第五节	资产税务处理	133
第六节	企业所得税应纳税额的计算	139
第七节	企业所得税的税收优惠	145
第八节	非居民企业源泉扣缴所得税	160
第九节	企业所得税的征收管理	164

第五章　个人所得税　169

第一节	个人所得税概述	170
第二节	个人所得税的纳税人及纳税义务	172
第三节	所得来源地	173
第四节	个人所得税的征税范围	175
第五节	个人所得税的征收方式	179
第六节	个人所得税税率	180
第七节	专项附加扣除	183
第八节	居民个人取得综合所得应纳税额的计算	188
第九节	非居民个人取得工资、薪金，劳务报酬，稿酬和特许权使用费所得应纳税额的计算	196
第十节	经营所得应纳税额的计算	197
第十一节	财产租赁、财产转让、利息股息红利和偶然所得应纳税额的计算	199
第十二节	个人取得应税所得的特殊性税务处理	208
第十三节	居民个人境外所得抵免	214
第十四节	个人所得税的税收优惠	217
第十五节	个人所得税的征收管理	218

第六章　城市维护建设税、教育费附加和地方教育附加及烟叶税　223

第一节	城市维护建设税	224
第二节	教育费附加和地方教育附加	226
第三节	烟叶税	226

目 录

第七章　关税和船舶吨税　　229

第一节　关税　　230
第二节　船舶吨税　　237

第八章　资源税和环境保护税　　241

第一节　资源税　　242
第二节　环境保护税　　250

第九章　城镇土地使用税和耕地占用税　　261

第一节　城镇土地使用税　　262
第二节　耕地占用税　　264

第十章　房产税、契税和土地增值税　　269

第一节　房产税　　270
第二节　契税　　275
第三节　土地增值税　　278

第十一章　车辆购置税、车船税和印花税　　287

第一节　车辆购置税　　288
第二节　车船税　　291
第三节　印花税　　296

第一章 税收与税法概述

第一节　税收概述

一、税收的基础知识

（一）税收的定义

税收是国家为了满足社会公共需要，凭借政治权力，按照法律的规定，强制、无偿地对一部分社会产品进行的一种分配。它是国家取得财政收入的主要来源。

对这一概念可从以下几个方面把握：

1. 税收分配的主体是国家。
2. 税收分配凭借的是国家的政治权力，而不是财产权利。
3. 税收分配的目的是为了满足社会公共需要。
4. 税收分配是按照法律的规定进行的征税活动。
5. 税收是国家最重要的财政收入来源。

因而，税收作为一种分配形式，本质上是国家与纳税人之间的一种分配关系。由于在这种分配关系中，国家居于主导地位，是通过国家制定的税法来实施分配的，因此税收又具体体现了一种以国家为主体的分配关系。

> **小知识 1-1　社会公共需要**
>
> 社会公共需要是指社会安全、公共秩序、公民基本权利的维护和经济发展的条件等公众共同利益的需要。只能由政府提供，区别于个体需要。
>
> 社会公共需要的特征如下：①它是社会公众共同的需要，不是社会成员个体需要的加总；②它是每一位社会成员可以无差别享用的需要，彼此间并不排斥；③社会成员享用公共需要就要付出代价，但付出与享用不作配比。

（二）税收的特征

税收的特征是不同的社会形态下税收所具有的共性，是税与非税的重要区别。与其他财政收入形式相比，税收具有强制性、无偿性和固定性三大基本特征。

1. 强制性

税收的强制性是指国家征税是凭借其政治权力，通过颁布法律或法令实施的。任何单位和个人都不得违抗，否则就要受到法律的制裁。

首先，税收的强制性是由国家政治权力的强制性决定的；其次，税收的强制性是由税收法律的强制性加以体现的，与纳税人是否自觉自愿纳税的动机无关。法律规范是国家征税权力的后盾，当出现税务违法行为时，国家就可以依法进行制裁。对纳税人而言，一方面要依法纳税，另一方面纳税人的合法权益也将得到法律的保护。从这个意义上说，强制性就是法律的制约性。

2. 无偿性

税收的无偿性是指国家征税后,税款即归国家所有,既不需要再归还纳税人,也不需要向纳税人支付任何报酬或代价。

税收的无偿性是相对的。对具体的纳税人来说,纳税后并未获得任何报酬,从这个意义上说,税收不具有偿还性或返还性。也就是说,国家征税不是与纳税人进行利益的等量交换,税款缴纳之后,即转归国家所有,不再直接归还给某个纳税人。但从国家与全体纳税人的一般性利益关系来看,国家在履行其职能过程中为全体纳税人提供了和平安定的社会环境、良好的社会秩序和便利的公共设施及各种服务,由社会全体成员共同享用。从这个意义上讲,税收又具有整体有偿的特点,即税收是国家对全体纳税人的一般利益返还,而不是对某个纳税人直接、个别的利益返还。

3. 固定性

税收的固定性是指课税对象及每一单位课税对象的征收比例或征收数额是相对固定的,而且是以法律形式事先规定的。征税只能按规定标准征收,而不能无限度地征收。

也就是说,税收的固定性强调的是税收征纳要按法律规定的标准进行,这个法定的标准必须具有一定的稳定性。纳税人按规定标准纳税,同样,征税机关也只能按规定标准征税,不得随意更改这个标准。由此还可看出,税收的固定性体现了税收是连续征收和缴纳的,这使税收能成为政府经常性的财政收入。

但是,对税收固定性的理解也不能绝对化,将税收的固定性理解为税法、税制是长期固定不变的,则是不正确的。

综上所述,税收的上述三个特征是密切相关、不可分割的统一体。判断一种财政收入形式是否为税收,取决于它是否同时具备上述三个基本特征,而不是取决于它的名称。税收的特征是税收区别于其他形式财政收入(如:国有企业上缴利润、国债和规费等)的基本标志。

小知识 1-2　除税收以外的财政收入

利润:国家凭借生产资料所有权取得财政收入的一种形式。例如,国资委所监管的国有独资企业按年度净利润上缴3%—10%的利润。

国债:国家以债务人身份发行公债而取得财政收入的一种形式。例如:财政部发行的国库券。

规费:政府机关为单位和居民个人提供某种特定服务,或是批准使用国家的某些权利等而收取的报酬或经济补偿,是国家财政收入的一种形式。

二、税收的职能

税收职能是指税收所具有的满足国家需要的能力。税收的职能可概括为筹集资金职能、资源配置职能、收入分配职能和宏观调控职能。

(一) 筹集资金职能

税收的筹集资金职能是指税收所具有的从社会成员处强制性地取得一部分收入,以便政府实现其提供公共产品,满足公共需要的功能。税收筹资既要足额稳定,又应适度合理,以利于社会经济的发展。

1. 收入足额稳定

税收收入足额是指税收要为政府筹集足额资金,以满足社会公共需要。税收足额是一个相对的概念,是相对于政府支出而言的。同样额度的税收相对于支出比较小的政府是足额的,而相对于支出比较大的政府却是不足额的,因此,政府支出要受财政收入的制约。税收收入稳定是指税收收入要相对稳定在与国民生产总值或国民收入的一定比例相符的水平上。正常情况下,税收应保持持续稳定的增长。

2. 收入适度合理

税收收入的足额稳定,是从短期来考虑保证财政的需要,而税收收入的适度合理,则是从长期来考虑保证财政的需要。税收收入的适度是指对税收收入取之有度,税收征收率不能过高,要尽可能避免过度征收而伤害企业和个人的积极性,影响经济的持续、稳定发展,最终又影响税收收入的增长。税收收入的合理是指在税收收入总量适度的前提下,取之于不同经济主体的税收,要相对合理。要照顾到地区差异、行业差异、资源条件差异等因素,做到多得多征、少得少征、无得不征。

(二)资源配置职能

税收的资源配置职能是指税收所具有的通过一定的税收政策、制度影响个人、企业的经济活动,从而使社会经济资源得以重新组合、安排的功能。税收的资源配置职能主要体现在以下几方面:

1. 平衡供求关系

无论是在计划经济的情况下,还是在市场经济的情况下,商品价格的高低变化都会对商品的供求产生重要影响,而税收作为决定商品价格的一个重要变量因素,其变动会影响商品价格的变动,从而影响商品供求的变化。

2. 合理经济结构

经济结构是指不同产品、不同行业、不同产业、不同地区、不同所有制和不同组织形式企业的合理组合。虽然税收不决定经济结构,但能够通过区别对待的税收政策,影响产品或企业的成本、利润,从而影响经济结构。

3. 有效配置资源

市场经济下的资源配置主要是指发挥市场的基础性作用,但是市场调节有一定的盲目性,需要国家从全社会的整体利益出发,通过宏观调控实现资源的合理配置。比如,就调整投资结构来看,通过征税或税收优惠可以引导投资方向。

(三)收入分配职能

税收的收入分配职能是指税收所具有的影响社会成员收入分配格局的功能。税收收入分配职能主要体现在调整要素分配格局和不同收入阶层的收入水平上。

1. 所得税对个人收入分配的影响

对个人收入征收所得税,减少个人可支配收入,既降低了个人收入水平,也调整了个人收入结构,影响了个人间收入分配的差异。所得税对个人收入分配的影响主要是累进税率的变化。累进税率随个人收入增加而递增,累进税率幅度越大,个人所得税的再分配功能也越强。

2. 货物和劳务税对个人收入分配的影响

货物和劳务税是指对企业销售商品和提供劳务所取得的收入征收的一种税。在货物和劳务税由消费者负担的情况下,既降低了个人购买能力,也调整了个人消费结构。例如,选择对非生活必需品和奢侈品征收流转税,可以对个人收入分配产生累进效果。这是因为随个人收入的增加,个人支出用于购买非生活必需品和奢侈品的比重也会增加。因此,选择对非生活必需品和奢侈品征税,可使这部分税收占个人收入比重随个人收入增加而递增,使按比例征收的流转税产生累进效果,从而缩小高收入者和低收入者之间的收入差异。

(四)宏观调控职能

税收的宏观调控职能是指通过一定的税收政策、制度,影响社会经济运行、促进社会经济稳定发展的功能。

1. 控制需求总量

社会需求由消费需求和投资需求构成。对个人收入和支出征税,将影响个人的消费支出;对企业收入和支出征税,将影响企业投资支出。可以根据经济情况的变化,制定相机抉择的税收政策措施来实现经济稳定。在总需求过度而引起经济膨胀时,选择增税的紧缩性税收政策,以控制需求总量;在总需求不足而引起经济萎缩时,选择减税的扩张性税收政策,以扩大需求总量。

2. 调节供给结构

因总供给不足引起的经济失衡,往往是由于供给结构不合理引起的。当国民经济中的某些关键部门(如:能源、交通等部门)发展滞后,就会因经济结构失衡而拖累整个经济的发展,使供给不能满足需求。在这种情况下,可通过促进关键部门尤其是滞后于经济发展的"瓶颈"部门的供给来促进经济平衡。比如,通过减税政策来实现供给结构的调整:降低流转税有利于降低企业生产成本,扩大企业产出;降低企业所得税有利于提高企业盈利水平,增强企业扩大再生产能力。因此,减税政策是刺激生产、增加投资、扩大供给的重要措施。当然,税收本身又是一把双刃剑,会同时对需求和供给产生双重影响。控制需求的同时限制了供给,刺激供给的同时也会扩大需求,这就取决于需求和供给关系中矛盾的主要方面。

三、税收的原则

税收原则,即政府征税所应遵循的基本准则,通常是指一个社会治税的指导思想。税收原则伴随着社会、经济的发展而调整变化,具有鲜明的时代特征。

我国从社会、经济、财政、管理四个方面将税收原则归纳为"公平、效率、适度、法治"四项原则。

(一)公平原则

所谓税收公平原则,又称公平税负原则,是指政府征税要使纳税人所承受的负担与其经济状况相适应,并且在纳税人之间保持均衡。

税收公平原则是由税收自身的性质决定的。首先,国家征税带有强制性,从利益的角度看,征税毕竟是纳税人利益的直接减少,如果政府征税不公,则征税的阻力就会很大。因此,国家通过征税将一部分私人财产转化为社会所有的前提必须是公平税负。其次,税收属于分配范畴。收入分配的核心要求是公平、公正。所谓"不患寡而患不均",而社会公平问题历来是影响社会稳定的重要因素之一。

税收公平原则具体包含两层内容:横向公平和纵向公平。所谓横向公平,简单地说,就是纳税能力相同的人应负担相同的税;而纵向公平,是指纳税能力不同的人,负担的税不应相同,纳税能力越强,其税负应越重。

在现实中,政府征税要遵循公平的要求,首先是要求税收保持中性,即对所有从事经营的纳税人,要一视同仁、同等对待,以便为经营者创造一个良好的税收环境,促进经营者进行公平竞争。其次是对于客观上存在的不公平因素(如:资源禀赋差异等),需要通过差别征税实施调节,以创造大体同等或者说大体公平的客观竞争环境。

强调税收公平,对我国在社会主义市场经济体制下的税制建设与完善具有重要的指导意义。由于我国市场发育还很不健全,存在不公平竞争的外部因素较多,如何完善税制,使税制更具公平性,为市场经济发展创造一个公平、合理的税收环境是一个重要的现实问题。

(二)效率原则

所谓税收效率原则,是指国家征税要有利于资源的有效配置和经济机制的运行,提高税务行政管理效率。税收效率原则具体包括行政效率和经济效率两个方面的内容。

1. 税收的行政效率

税收的行政效率可以通过税收成本率,即税收的行政成本占税收收入的比率来反映,有效率就是要求以尽可能少的税收行政成本征收尽可能多的税收收入,即税收成本率越低越好。

在现实中,如何提高税收的行政效率是税收征管所要达到的主要目标。

> **小知识 1-3　税收成本**
>
> 税收成本是指征纳双方在征税和纳税过程中所付出的一切代价的总和,具体包括征税成本、纳税成本及课税负效应三个部分。
>
> 征税成本:政府为取得税收收入而支付的各种费用,包括直接成本和间接成本。直接成本是指税务部门的税务设计成本(包括税法及相关政策的设计和宣传等)、税收的征收成本和开展纳税检查并处理违规案件的查处成本这三个部分。间接成本则是指社会各相关部门及团体、组织等为政府组织税收收入而承担的各项费用。
>
> 纳税成本:纳税人为履行纳税义务所付出的耗费。
>
> 课税负效应:政府课税对经济运行和纳税主体决策会产生不可避免的扭曲,从而造成超过政府税收收入的额外经济损失。

2. 税收的经济效率

经济效率是税收效率原则的更高层次。税收的经济效率第一层次的要求是税收的"额外负担"最小,即在政府必然要征税的前提下,要求政府征税要尽量减少对经济行为的扭曲。那么,怎样的征税方式才能减少对经济的扭曲呢?通常认为,要保持税收中性。

税收的经济效率第二层次的要求是保护税本。税本,就是税收的本源。原则上,税收分配不能有碍国民生产。

税收的经济效率第三层次的要求是通过税收分配来提高资源配置的效率。从税收本身来说,不合理的税制会引起资源配置的扭曲;但若税制设计合理,税收政策运用得当,则不仅可以降低税收的经济成本,而且可以弥补市场的缺陷,提高经济的运行效率,使资源配置更加有效。税收效率原则的高层次要求,就是要积极发挥税收的调控作用,以期有效地促进经济的发展。

总之,讲究行政效率是征税最基本、最直接的要求,而追求经济效率,则是税收的高层次要求,它同时也反映了人们对税收调控作用认识的提高。

小知识 1-4 税收中性

所谓税收中性,是指国家征税使社会付出的代价应以征税数额为限,不会造成其他影响。从宏观上讲,征税后仅仅是从全社会总产品中扣除了一部分,不会影响经济体制本身的运行;从纳税人来讲,纳税人仅仅负担所征收的税额,不会有额外的负担。"税收中性"只是一个相对概念,通常用来表示政府利用税收干预经济的程度。

(三)适度原则

税收适度原则,是指政府征税应兼顾需要与可能,做到取之有度。这里,"需要"是指财政的需要,"可能"则是指税收负担的可能,即经济的承受能力。遵循适度原则,要求税收负担适中,税收收入既能满足正常的财政支出需要,又能与经济发展保持协调和同步,并在此基础上,使宏观税收负担尽量从轻。

如果说公平原则和效率原则是从社会和经济角度考察税收所应遵循的原则,那么,适度原则则是从财政角度对税收的量的一个基本规定。同时,适度原则并不排斥收入充裕的要求,拉弗曲线就反映了这一原理。

小知识 1-5 拉弗曲线

拉弗曲线是说明政府税收与税率之间关系的曲线,由美国供给学派经济学家阿瑟·拉弗提出。当税率为零时,税收为零;而当税率上升时,税收逐渐增加;当税率增加到一定点时,税收额达到最大,这是最佳税率,如再提高税率,则税收额将会减少。该曲线说明税收收入并不总是与税率成正比的,税率越高不等于收入越充裕,而可能出现相反的结果。即当税负(率)超过某个临界点后,实际所实现的税收收入反而会下降。因为高税率会挫伤人们生产与投资的积极性,收入减少,政府的税收也减少。税率过高会导致税源的萎缩。

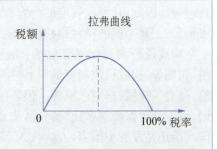

(四) 法治原则

税收的法治原则,是指政府征税应以法律为依据,依法治税。法治原则的内容包括两个方面:税收的程序规范原则和征收内容明确原则。前者要求税收程序,包括税收的立法程序、执法程序和司法程序法定;后者则要求征税内容法定。

从税收实践看,税收与法律是密切相关的。只有税收法定,以法律形式明确纳税义务,才能真正体现税收的"强制性",实现税收的"无偿"征收。此外,法律"公开、公正、公平"的特性,也有助于税收的公平和提高效率。特别是在征纳关系中,相对于政府,纳税人客观上处于弱势地位,因此,有必要通过法律规范来提高纳税人的法律地位,确保纳税人的权利。目前,我国法制建设还不够健全。市场经济是法制经济,我国要发展社会主义市场经济,需要依法治国,更需要依法治税。

第二节 税收制度概述

一、税收制度及其相关基本知识

税收制度简称"税制",是指国家以法律形式规定的各种税收法律、法规的总称,或者说是国家以法律形式确定的各种课税制度的总和。

税收制度有广义和狭义之分。广义的税收制度是指国家以法律形式规定的税种设置及各项税收征收管理制度,它一般包括税法通则,以及各税种的基本法律、法规、条例、实施细则、具体规定和征收管理办法等。狭义的税收制度是指国家设置某一具体税种的课征制度,它由纳税人、征税对象、税率、纳税环节、纳税期限、税收优惠、罚则等基本要素所组成。从税收制度的形式来看,一个国家的税收制度可按照构成方法和形式分为简单型税制及复合型税制。简单型税制主要是指税种单一、结构简单的税收制度;而复合型税制主要是指由多个税种构成的税收制度。在现代社会中,世界各国一般都采用多种税并存的复合型税制。一个国家为了取得财政收入或调节社会经济活动,必须设置一定数量的税种,并规定每种税的征收和缴纳办法,包括对什么征税、向谁征税、征多少税,以及何时纳税、何地纳税、按什么手续纳税、不纳税如何处理等。因此,从税收制度的内容看,税收制度包括两个层次的内容:一是不同的税收要素构成税种;二是不同的税种构成税收制度。

构成税种的要素主要包括:纳税人、征税对象、税目、税率、纳税环节、纳税期限、减税免税、罚则等;构成税收制度的税种主要包括:增值税、消费税、企业所得税、个人所得税、遗产税、社会保障税、房地产税等。但各国会根据自身的客观情况开征与之相适应的税种。比如我国,由于社会保险制度比较完善,主要以收费形式筹集资金,就没有开征社会保障税;考虑到我国当前还是发展中国家,人均收入不高,所以暂时未开征遗产税。

二、税收的分类

现代国家的税制一般都是由多个税种组成的复合型税制,各税种既相互区别又相互联系。由于研究的目的和分析的角度不同,税收分类可以有不同的依据,也就有不同的分类方法。

（一）按征税对象分类

按征税对象的性质分类,最能反映现代税制结构,因而也是各国常用的主要税收分类方法。譬如我国税制按此分类方法,将税收一般分为货物与劳务税、所得税、资源税、行为税和财产税五大类。货物与劳务税是指以商品流转额和非商品流转额为征税对象征收的税,如:增值税、消费税、关税等;所得税是指以纳税人一定时期的所得额为征税对象征收的税,其税额的多少取决于纳税人有无所得和所得的多少,如:企业所得税、个人所得税等;财产税是指以纳税人所有或属其支配的财产为征税对象征收的税,如:房产税、车船税等;行为税是指以特定行为作为征税对象征收的税,如:环境保护税、印花税等;资源税是指对开发利用的各种自然资源征收的税,如:资源税、城镇土地使用税等。

> **小知识 1-6　税制结构**
>
> 税制结构是指税收制度中税种的构成及各税种在其中所占的地位。根据主体税种的不同,当今世界各国主要存在两大税制结构模式。
>
> 一是以所得税为主体的税制结构:在以所得税为主体的税制结构中,企业所得税、个人所得税和社会保障税普遍征收并占据主导地位,同时辅之以货物与劳务税和财产税等,以起到弥补所得税功能欠缺的作用。
>
> 二是以货物与劳务税为主体的税制结构:在这类税制结构中,增值税、消费税、关税等税种作为国家税收收入的主要筹集方式,其税额占税收收入总额比重大,并对社会经济生活起主要调节作用。以所得税、财产税、行为税作为辅助,起到弥补货物与劳务税税制功能欠缺的作用。

（二）按照税法的基本内容和效力的不同分类

按照税法的基本内容和效力的不同,可分为税收基本法和税收普通法。

税收基本法也称税收通则,是税法体系的主体和核心,在整个税收法律体系中居于母法地位,对各实体法和程序法起着统帅作用。我国目前没有税收基本法。

税收普通法是根据税收基本法的原则,对税收基本法固定的事项分别立法实施的法律,例如,企业所得税法、税收征收管理法等。

（三）按计税标准分类

税收按计税标准的不同可分为从价税和从量税。

从价税是指以征税对象的价值形式作为计税依据的税,如:增值税、企业所得税等。

从量税是指以征税对象的重量、容积、面积、数量等作为计税依据的税,如:城镇土地使用税、车船税等。

从量税的税额随课税对象实物量的变化而变化,不受价格影响。从价税的税额随课税对象的价格变化发生同向变化,收入弹性大。

（四）按税收收入的归属权分类

按税收收入的归属权不同,全部税种可划分为中央税、地方税与中央地方共享税。

中央税,即属于中央财政固定收入,由中央集中管理和使用的税种,如：消费税等。

地方税,即属于地方财政固定收入,由地方管理和使用的税种,如：房产税等。

中央和地方共享税,即由中央和地方共同管理与使用的税种,如：增值税等。

（五）按税负能否转嫁分类

按税负能否转嫁,可将税收分为直接税和间接税。

直接税一般是指税收负担直接由纳税人负担,税负较难转嫁的税,如：企业所得税、个人所得税等。

间接税一般是指税收负担可以转嫁给他人负担的税,如：增值税、消费税等。

一般来说,按所得课税和按财产课税属于直接税,按商品流转额课税属于间接税。

（六）按税收与价格的关系分类

按照税收与价格的关系可将税收划分为价内税和价外税。

价内税,税金是价格的组成部分,称为价内税,如：消费税。

价外税,税金独立于计税价格之外的,称为价外税,如：增值税。

价内税的负担较为隐蔽,能适应价税合一的税收征管要求；价外税的负担较为明显,能较好地满足价税分离的税收征管要求。

（七）按照税法的职能作用的不同分类

按照税法的职能作用的不同,可分为税收实体法和税收程序法。

税收实体法主要是指确定税种立法,具体规定各税种的征收对象、征收范围、税目、税率、纳税地点等。

税收程序法是指税务管理方面的法律。

（八）按照国家行使税收管辖权的不同分类

按照国家行使税收管辖权的不同可分为国内税法和国际税法。

国内税法是规定一个国家内部的税收制度。

国际税法是指国家间形成的税收制度,主要包括双边协议、条约和国际惯例等。一般说来,国际税法效力高于国内税法。

三、我国现行税收体系

（一）实体法体系

(1) 货物和劳务税类。包括增值税、消费税和关税。

(2) 所得税类。包括企业所得税、个人所得税、土地增值税。

(3) 财产和行为税类。包括房产税、车船税、印花税、契税。

(4) 资源税类。包括资源税、环境保护税和城镇土地使用税。

(5)特定目的税类。包括城市维护建设税、车辆购置税、耕地占用税、船舶吨税和烟叶税。

上述税种共有18个,其中的关税和船舶吨税由海关负责征收管理,其他税种由税务机关负责征收管理(其中进口环节增值税和消费税由海关代征)。

(二)税收程序法体系。

(1)由税务机关负责征收的税种的征收管理,按照全国人大常委会发布实施的《税收征收管理法》执行。

(2)由海关机关负责征收的税种的征收管理,按照《海关法》及《进出口关税条例》等有关规定执行。

四、税收收入的划分

税收是国家的财政收入,最终归属于各级政府部门。根据国务院关于实行分税制财政管理体制的规定,我国的税收收入分为中央政府固定收入、地方政府固定收入和中央政府与地方政府共享收入,以此来划分中央政府和地方政府财政收入。

(一)中央政府固定收入

包括消费税(含进口环节海关代征的部分)、车辆购置税、关税、船舶吨税、海关代征的进口环节增值税。

(二)地方政府固定收入

包括城镇土地使用税、耕地占用税、土地增值税、房产税、车船税、契税、环境保护税和烟叶税。

(三)中央政府与地方政府共享收入

主要包括以下税种。

(1)增值税(不含进口环节由海关代征的部分):中央政府分享50%,地方政府分享50%。

(2)企业所得税:中国铁路总公司、各银行总行、海洋石油企业等缴纳的部分归中央政府,其余部分中央与地方政府按60%与40%的比例分享。

(3)个人所得税:除储蓄存款利息所得的个人所得税外,其余部分的分享比例与企业所得税相同。

(4)资源税:海洋石油企业缴纳的部分归中央政府,其余部分归地方政府。

(5)城市维护建设税:中国铁路总公司、各银行总行、各保险总公司集中缴纳的部分归中央政府,其余部分归地方政府。

(6)印花税:除证券交易印花税归中央政府,其余部分归地方政府。

第三节 税法的构成要素

对谁征税?对什么征税,征多少税?这是税法必须明确的,这就是税法基本要素:纳税人、征税对象和税率,这是税法的核心和重点,一般称为"税收三要素"。另外,还有纳税环节、纳税期限、纳税地点、减税免税、罚则等其他要素。

一、纳税人

纳税人是纳税义务人的简称,是税法规定直接负有纳税义务的单位和个人。法律术语称为课税主体。从法律角度划分,纳税人包括法人和自然人两种。

所谓法人,是指依法成立并能独立行使法定权利和承担法定义务的企业或社会组织。一般来说,法人纳税人大多是公司或企业。所谓自然人,一般是指公民或居民个人。

纳税人是税收制度构成的最基本要素,任何税种都有纳税人。同一纳税人依法可能要承担多个税种的纳税义务。

纳税人应当与负税人进行区别,两者有时可能相同,有时不同。由于税负转嫁的存在,纳税人在向国家缴纳税款之后,税款可能由纳税人直接负担,也可能通过税负转嫁由他人负担。就是说纳税人与负税人有时是一致的,有时是不一致的。当税收负担发生转嫁,纳税人就不是负税人。否则,纳税人与负税人为同一人。如果说纳税人是法律上的纳税主体,负税人则是经济上的纳税主体。

小知识 1-7　负税人、税收负担和税负转嫁

负税人:税收的实际负担者,或者说最终承担税收的人。

税收负担:简称"税负",是指纳税人因履行纳税义务而承受的一种经济负担。

税负转嫁:纳税人通过购入或售出商品价格的变动,或通过其他手段,将全部或部分税收转移给他人负担。

另一个与纳税人相关的概念是扣缴义务人。在税收法律关系中,扣缴义务人是一种特殊的纳税主体,处在征税主体与纳税主体之间。一方面,代扣、代收税款时,它代表国家行使征税权;另一方面,在税款上缴国库时,又在履行纳税主体的义务。一般在零星收入、税源分散的情况下,税法上明确规定扣缴义务人,以加强对税收源的控制,从而达到防止偷税、简化纳税手续、确保国家财政收入的目的。扣缴义务人必须严格履行其职责,并将所扣缴的税款按规定期限缴库,否则依照税法规定,视情节轻重给予一定的处罚。对税法规定的扣缴义务人,税务机关应向其颁发代扣代缴证书,并付给扣缴义务人代扣代缴手续费。

小知识 1-8　代扣代缴和代收代缴

代扣代缴:持有纳税人收入的单位和个人从持有的纳税收入中扣缴其应纳税款并向税务机关解缴的行为。

代收代缴:与纳税人有经济往来业务的单位和个人借助经济往来关系,向纳税人收取其应纳税款并向税务机关解缴的行为。

两者的区别:代扣代缴义务人直接持有纳税人的收入从中直接扣除纳税人的应纳税款;代收代缴义务人在与纳税人的经济往来中收取纳税人的应纳税款并代为缴纳。

二、征税对象

征税对象是税法规定的征税标的物,法律术语称为课税客体。征税对象是一种税区别于另一种税的主要标志,体现着征收范围的广度,是税收制度的基本要素之一。每一种税都必须明确规定对什么征税。一般来说,不同的税种有着不同的课税对象,征税对象按其性质的不同,通常划分为三大类,即商品、所得或收益、财产及行为。

三、税率

税率是应纳税额与征税对象数额之间的法定比例,是计算税额的尺度,体现着征税的深度。税收的固定性特征主要是通过税率来体现的。税率主要有比例税率、累进税率和定额税率三种基本形式。

(一) 比例税率

比例税率是指不论征税对象数额的大小,只规定一个百分比的税率。它是一种应用最广、最常见的税率,一般适用于流转税。比例税率包括统一比例税率、差别比例税率和幅度比例税率。

(二) 定额税率

定额税率是税率的一种特殊形式。它不是按照征税对象规定征收比例,而是按照征税对象的计量单位规定固定税额,所以又称固定税额,一般适用于从量计征的税种。定额税率在具体运用上有地区差别税额、幅度税额和分类分级税额。

(三) 累进税率

累进税率是指同一征税对象,随数量的增大,征税比例也随之增高的税率。即按征税对象数额的大小,划分若干等级,每个等级由低到高规定相应的税率,征税对象数额越大税率越高,数额越小税率越低。累进税率一般适用于所得税。按照累进依据和累进方式的不同,累进税率又可分为全额累进税率、超额累进税率、全率累进税率、超率累进税率等。累进税率能够贯彻量能负担的原则,适应纳税人的负担能力,可以灵活地调节收入、调节所得,因而使税收负担更为合理。

累进税率常用的是全额累进税率和超额累进税率。

(1) 全额累进税率:征税对象的全部数额都按照与之相应等级的税率计税,一定征税对象的数额只适用一个等级的税率。

(2) 超额累进税率:征税对象的不同级距部分,分别按照各级距的适用税率计税,各级税额之和为应纳税额。

全额累进税率与超额累进税率相比较,具有不同优缺点。一是在名义税率相同的情况下,全额累进税率的累进程度高、税负重;超额累进税率的累进程度低、税负轻。二是在所得额级距的临界点附近,全额累进税率会出现税负增加超过所得额增加的不合理现象;超额累进税率则不存在这个问题。三是在计算上,全额累进税率计算简便,超额累进税率计算复杂。但这些只是技术上的问题,可采用"速算扣除数"的办法予以解决。用全额累进税率计算的应纳税额减去速算扣除数,即为用超额累进税率计算得出的应纳税额。

> **小知识 1-9　速算扣除数**
>
> 速算扣除数是指按全额累进税率计算的税额与按超额累进税率计算的税额之间的差额。

（3）超率累进税率：即以征税对象数额的相对比例划分若干级距，分别规定对应的差别税率，相对比例每超过一个级距的，对超过的部分按高一级的税率计算应纳税额。目前采用此类税率的是土地增值税。

四、税目

税目是征税对象的具体化，反映了具体的征税范围、体现了一个税种的征收广度。

税目具有两方面的作用：一是明确具体的征税范围；二是对具体征税项目进行归类和界定，以便针对不同的税目确定差别税率，利用税率的高低体现国家的经济政策。

税目设计有两种方法：一种是列举法，另一种是概括法。

五、计税依据

计税依据又称税基，是征税对象在数量上的具体化，是计算应纳税款的依据。

计税依据有两种形态：一种是价值形态，称为从价计征，即把不同品种、规格、质量的商品或财产按统一的货币标准计量，可以简化计算手续，有利于平衡税收负担，但其税额直接受价格涨落的影响；另一种是实物形态，称为从量计征，即税额不受商品价格高低的影响。计税依据的大小直接关系到应纳税额。

> **小知识 1-10　从量计征、从价计征和复合计征**
>
> 从量计征：以征税对象的数量、容积、重量、面积等为计税依据。如：车船税、城镇土地使用税。
>
> 从价计征：以征税对象的价值为计税依据。所谓征税对象的价值，可以是商品的销售收入额、劳务收入额、所得额等。如：增值税、企业所得税。
>
> 复合计征：同时适用从量计征和从价计征。如：消费税（如：卷烟和白酒）。

六、纳税环节

纳税环节是指商品在流转过程中缴纳税款的环节。任何税种都要确定纳税环节，有的比较明确、固定，有的则需要在许多流转环节中选择确定。征税方式有两种，即一次课征制和多次课征制。

（1）一次课征制：在生产、批发、零售诸环节中，原则上选择在某一个环节征税。如：消费税。

（2）多次课征制：实行在多个流转环节都征税。如：增值税。

七、纳税期限和纳税地点

(一)纳税期限

纳税期限是指纳税人向国家缴纳税款的法定期限。它是税收强制性、固定性在征收时间上的体现。纳税期限是衡量征纳双方是否按时行使征税权力和履行纳税义务的尺度。

我国现行税制的纳税期限有三种形式。

(1) 按期纳税：即根据纳税义务的发生时间来确定纳税间隔期，实行按日纳税，纳税间隔期分1天、3天、5天、10天、15天、一个月或者一个季度。

(2) 按次纳税：即根据纳税行为的发生次数确定纳税期限。

(3) 按年计征,分期预缴：即按规定的期限预缴税款，年度结束后汇算清缴，多退少补。

(二)纳税地点

纳税地点是指纳税人申报缴纳税款的地点。我国现行税制规定的纳税地点大致可分为四类：一是固定业户的纳税地点；二是固定业户到外县(市)经营的纳税地点；三是非固定业户或临时经营户的纳税地点；四是进口货物的纳税地点。

八、减税免税

减税免税是对某些纳税人和征税对象给予鼓励和照顾的一种措施。

(一)免税

免税是指按照税法规定免除全部应纳税款，是对某些纳税人或征税对象给予鼓励、扶持或照顾的特殊规定，是世界各国及各个税种普遍采用的一种税收优惠方式。

免税一般可以分为法定免税、特定免税和临时免税三种。

(二)减税

减税又称税收减征，是指按照税收法律、法规减除纳税人一部分应纳税款。它是对某些纳税人、征税对象进行扶持、鼓励或照顾，以减轻其税收负担的一种特殊规定。与免税一样，它也是税收严肃性与灵活性结合而制定的政策措施，是普遍采取的税收优惠方式。减税一般分为法定减税、特定减税和临时减税。

与减税免税有直接关系的还有起征点和免征额两个要素。其中，起征点是指开始计征税款的界限。课税对象数额没达到起征点的不征税，达到起征点的就按全部数额征税。免征额是指在课税对象全部数额中免予征税的数额。它是按照一定标准从课税对象全部数额中预先扣除的数额，免征额部分不征税，只对超过免征额的部分征税。起征点和免征额具有不同的作用。前者优惠的是个别纳税人，后者则是惠及所有纳税人。

九、罚则

罚则是指对有违反税法行为的纳税人采取的惩罚措施，包括加收滞纳金、处理罚款、送交人民法院依法处理等。罚则是税收强制性在税收制度中的体现，纳税人必须按期足额缴纳税款，凡有拖欠税款、逾期不缴税、偷税、逃税等违反税法行为的，都应受到制裁(包括法律制裁和行政处罚制裁等)。

第二章　增值税

第一节 增值税概述

一、增值税的概念

增值税是指以纳税人发生增值税应税交易过程中计算的增值额为征税对象征收的一种税。

增值额一般是指提供应税商品或劳务而取得的收入价格与该项商品或劳务的外购成本价格之间的差额。从理论上看,增值额是企业在生产经营过程中新创造的那部分价值,从一个企业商品或劳务生产经营全过程看,增值额为该企业商品或劳务的销售额扣除外购商品或劳务金额后的差额。就商品经营的全过程来看,增值额是该商品从生产到流通各个环节的增值额之和,等于该货物的最终销售价格。

具体从一个生产经营单位的角度看,增值额是指该单位销售商品所取得的收入额扣除为生产这种商品所消耗的外购原材料、辅料等的价款后的余额;从一项进入最终消费领域的商品的角度看,增值额是指该商品经历各个生产、流通环节时人们所新创造的价值之和,也就是该商品的最终销售价格。由于增值税是以增值额作为征税对象,与一般流转税(譬如已经废止的营业税)按销售额征税显然不同,增值税虽然道道环节征税但不重叠征收,情况如表2-1所示。

表2-1　　　　　　　　增值税征收环节及对应计算(假设税率为10%)

增值税计算 生产经营环节	购买价 ①	销售价 ②	增值额 ③=②-①	应纳增值税 ④=③×10%
棉花种植商	0	200	200	20
面纱生产商	200	300	100	10
棉布生产商	300	350	50	5
服装生产商	350	650	300	30
服装销售商	650	800	150	15
合计	—	—	800	80

从表2-1不难看出:①每道环节增值额的合计数就是该商品的最终销售价格;②每道环节应纳增值税之和,就是最终销售价格与适用税率的乘积。

二、增值税的计税方法

(一)直接计算法

直接计算法是指首先将销售额减除购进额计算出增值额,然后用增值额乘以适用税率计算出应纳税额,所以也叫"扣额法"。用公式表示为:

$$增值额 = 销售额 - 购进额$$
$$应纳增值税额 = 增值额 \times 税率$$

该法只能在增值税单一税率的情况下才能适用,当销售项目与购进项目适用不同税率时,直接计算法无法使用。

(二)间接计算法

间接计算法是指先将销售额乘以适用税率计算出增值税,然后从中扣除由上一环节转嫁过来的增值税,所以又叫"扣税法",用公式表示为:

$$应纳增值税额 = 销售额 \times 税率 - 购进额 \times 税率$$

实务中把"销售额×税率"称作"销项税额",把"购进额×税率"称作"进项税额"。进项税额实际就是上一环节缴纳由下一环节承担的销项税额。

间接计算法适用多税率增值税制度。

此外,由于上述进项税额是在外购业务发生时确认的,所以间接计算法又称作"购入扣税法"。

应该说,购入扣税法与扣额法本质都是按增值额计算应纳税额,但购入扣税法简便易行,尤其是适用于多档税率的增值税制度,因此,现在大多数国家均采用购入扣税法。

我国在增值税试行初期曾经同时采用扣税法和扣额法,1986年后统一采用扣税法,从1994年起,统一实行凭法定扣除凭证注明的增值税进行抵扣的"购入扣税法"增值税制度。情况如表2-2所示。

表2-2 购入扣税法的计算(假设税率均为10%)

生产经营环节 \ 增值税计算	进项税额 ①=上一环节的③	销售额 ②	销项税额 ③=②×10%	应纳增值税 ④=③-①	含税销售额 ⑤=②+③
棉花种植商	0	200	20	20	220
面纱生产商	20	300	30	10	330
棉布生产商	30	350	35	5	385
服装生产商	35	650	65	30	715
服装销售商	65	800	80	15	880
合计	—	—	—	80	—

从表2-2不难看出:每一道环节缴纳的增值税累计数(80)等于最终销售额乘以适用税率(800×10%),且包括在最终销售价格内(800+80)。所以,增值税属于价外税,生产经营商的购买价和销售价均不含增值税,也就是企业的利润不含增值税。增值税是转嫁的,上一环节的增值税通过价格转移给下一环节承担。

三、增值税的作用

(一)有利于较好地体现税负公平的原则

从计税原理看,增值税虽然以销售额作为计税依据,但由于实行税款抵扣制,实际上只对纳税义务人自己创造的尚未征过税的收入进行课税,即只对毛利部分课税。这样可以避免对销售额重复征税,使同一商品的税收负担具有一致性。这种一致性首先表现在同一商品上,不管是全能厂生产,还是专业厂生产,税收负担都一样;其次,同一种商品,无论其生产经营企业的客观条件如何,也不管其原料构成情况或物化劳动转移价值大小,税收负担也是一致的。商品税收负担的这种一致性,使增值税具有了"中性"的特征。正是由于这种中性的特征,使增值税较好地体现了税负公平的原则。

(二) 有利于利用内在的调节机制适应经济发展

增值税是以增值额作为课税对象的。就整个社会而言,增值额大体上相当于国民收入额,其税率一经确定,也就把国家以增值税的形式从国民收入中提取的财政收入固定下来。国民收入增加,增值税的收入额会自动随之同比例增长;反之,国民收入下降,增值税的收入额会自动随之同比例下降。就一件产品和一个企业而言,由于盈利是构成增值额的主要内容之一,各环节应纳增值税额同产品和企业的盈利水平有一定程度的直接联系。当物质消耗的变化影响到产品盈利水平的升降时,产品或企业的应纳增值税额会自动地随着盈利水平的升降而变化。增值税这种内在的、主动的调节机制,较好地适应了经济的发展变化,可以及时、灵活地发挥其调节作用。

(三) 有利于进出口贸易的发展

增值税的税率是按照商品的整体税负设计的,商品出口时,按照增值税税率计算的税额,是该商品在各个流转环节所缴纳的全部税款。按此退税,可以使商品、劳务以不含税价格进入国际市场;同样,当商品、劳务进口时,只要按进口额乘以税率征一次税,就可以使进口商品的税负与本国生产同类产品的税负相同。增值税的这种出口能彻底退税、进口能足额征税的优点,在国际间贸易竞争日趋激烈的情况下,尤其受到各国政府的重视。

(四) 有利于保证财政收入的稳定增长

增值税实行普遍征收,其课税范围涉及社会的生产、流通、消费、劳务等诸多生产经营领域。凡从事货物销售、提供应税劳务和进口货物的单位和个人,只要取得增值额都要缴纳增值税,税基极为广阔。增值税在货物销售或应税劳务提供的环节课征,其税款随同销售额一并向购买方收取。纳税义务人不必为生产经营资金"垫付"缴税,可以保证财政收入的及时入库。2019年,国内增值税62 346亿元,占全部税收收入的39.46%,在所有税种中排名第一。

(五) 有利于加强税收管理

增值税以其所具有的中性特征,而使各种生产结构生产的产品和流转环节多寡不一的商品税负公平,这一方面既避免了重复课税,也使纳税义务人不能通过改变生产结构而逃避税收。实行增值税可以使税收的征收管理更加严密,能有效地防止偷漏税。因为实行增值税,一般是以发票注明的税款为依据实行税款抵扣,一个纳税义务人的扣除税额就是另一个纳税义务人供应商品或劳务时已经缴纳的税额,这就使具有购销关系的两个纳税义务人之间形成一种相互牵制的关系。供应商品或劳务的纳税义务人如果逃税,发票上未注明税款,购买商品的纳税义务人就不能进行税款扣除,这样本应由供应商缴纳的税款就会落在购入者的身上。如果供应商逃税,却仍然在发票上注明税款,则税务机关可以通过对具有购销关系的两个纳税义务人进行交叉稽核来发现逃税的现象,从而防止偷税漏税的发生。

第二节 增值税纳税人和扣缴义务人

一、纳税义务人

在中华人民共和国境内(以下简称"中国境内")发生应税交易且销售额达到增值税起征点的单位和个人,以及进口货物的收货人,为增值税的纳税人。

增值税起征点为季销售额三十万元。销售额未达到增值税起征点的单位和个人,不是增值税的纳税人;销售额未达到增值税起征点的单位和个人,可以自愿选择依照税法的规定缴纳增值税。所称单位,是指企业、行政单位、事业单位、军事单位、社会团体和其他单位;所称个人,是指个体工商户和自然人。

小知识 2-1　起征点和免征额

起征点是征税对象达到一定数额开始征税的起点,未超过起征点的,免税,超过起征点的,全额征税。

免征额是对征税对象的全部或者部分予以征税豁免,未超过免征额的,免税,超过免征额的,就超过免征额以上的部分征税。

另外需要注意:

(1)单位以承包、承租、挂靠方式经营的,承包人、承租人、挂靠人(统称承包人)以发包人、出租人、被挂靠人(统称发包人)名义对外经营并由发包人承担相关法律责任的,以该发包人为纳税义务人。否则,以承包人为纳税义务人。

(2)资管产品运营过程中发生的增值税应税行为,以资管产品管理人为增值税纳税义务人,按照现行规定缴纳增值税。

二、扣缴义务人

境外单位和个人在境内发生应税交易,以购买方为扣缴义务人。国务院另有规定的,从其规定。

所称在境内发生应税交易是指:①销售货物的,货物的起运地或者所在地在境内;②销售服务、无形资产(自然资源使用权除外)的,销售方为境内单位和个人,或者服务、无形资产在境内消费;③销售不动产、转让自然资源使用权的,不动产、自然资源所在地在境内;④销售金融商品的,销售方为境内单位和个人,或者金融商品在境内发行。

第三节　增值税一般纳税人和小规模纳税人

由于增值税采取购入扣税法计算，特别是专用发票的使用，对纳税人的会计核算水平有较高要求，有必要对纳税人进行分类管理。对经营规模大的、会计核算水平高的登记为一般纳税人，按照一般计税方法计算缴纳增值税；对经营规模小的、会计核算水平不高的登记为小规模纳税人，按照简易计税方法计算缴纳增值税。一般计税方法就是购入扣税法，简易计税方法是指按照销售额依照征收率直接计算应纳税额，不扣除进项税额。

现行增值税小规模纳税人经营规模标准为年应征增值税销售额500万元及以下。所称年应税销售额，是指纳税义务人在连续不超过12个月或四个季度的经营期内累计应征增值税销售额，包括纳税申报销售额、稽查查补销售额、纳税评估调整销售额。

一、一般纳税人登记管理

(1) 纳税人年应税销售额超过小规模纳税人规定标准（以下简称规定标准）的，除以下第(3)条规定外，应当向主管税务机关办理一般纳税人登记。

(2) 新开业登记的纳税人或者年应税销售额未超过规定标准的纳税人，会计核算健全，能够提供准确税务资料的，可以向主管税务机关办理一般纳税人登记。

所称会计核算健全，是指能够按照国家统一的会计制度规定设置账簿，根据合法、有效凭证进行核算。

(3) 下列纳税人不办理一般纳税人登记：

① 按照政策规定选择按照小规模纳税人纳税的。这指的是非企业性单位、不经常发生应税交易的企业和个体工商户，可选择按照小规模纳税人纳税。如果选择按照小规模纳税人纳税，自然不登记为一般纳税人。

② 年应税销售额超过规定标准的自然人。

(4) 一般纳税人资格登记的程序。

纳税人办理一般纳税人资格登记的程序如下：

① 纳税人向主管税务机关填报"增值税一般纳税人资格登记表"，并提供税务登记证件；

② 纳税人填报内容与税务登记信息一致的，主管税务机关当场登记；

③ 纳税人填报内容与税务登记信息不一致，或者不符合填列要求的，税务机关应当场告知纳税人需要补正的内容。

纳税人自一般纳税人生效之日起，按照一般计税方法计算应纳税额，并可以按照规定领用增值税专用发票，财政部、国家税务总局另有规定的除外。

(5) 纳税人应当向其机构所在地主管税务机关申请一般纳税人资格登记。

一般纳税人总分支机构不在同一县（市）的，应分别向其机构所在地主管税务机关申请办理一般纳税人认定手续。

(6) 除国家税务总局另有规定外，纳税人一经登记为一般纳税人后，不得转为小规模纳税人。

二、小规模纳税人登记管理

小规模纳税人是指年销售额在规定标准以下，并且会计核算不健全，不能按规定报送有关税务资料的增值税纳税人。

应当注意的是,新开业登记的纳税人既可以登记一般纳税人,也可以登记小规模纳税人。如果登记小规模纳税人,在连续不超过 12 个月或 4 个季度的经营期内累计应征增值税销售额未超过 500 万元的,可以保留小规模纳税人资格,如果会计核算健全也可以登记一般纳税人,但在连续不超过 12 个月或 4 个季度的经营期内累计应征增值税销售额超过 500 万元的,应当及时登记一般纳税人,如果逾期不办理的,次月起按销售额依照增值税税率计算应纳税额,不得抵扣进项税额,直至纳税人办理相关手续为止。

自 2018 年 5 月 1 日起,转登记日前连续 12 个月(以 1 个月为 1 个纳税期)或者连续 4 个季度(以 1 个季度为 1 个纳税期)累计销售额未超过 500 万元的一般纳税义务人,在国家税务总局规定的期限前,可选择转登记为小规模纳税义务人(以下称转登记纳税人)。

转登记纳税人自转登记日的下期起,按照简易计税方法计算缴纳增值税;转登记日当期仍按照一般纳税人的有关规定计算缴纳增值税。转登记纳税人尚未申报抵扣的进项税额以及转登记日当期的期末留抵税额,计入"应交税费—待抵扣进项税额"核算。

自转登记日的下期起连续不超过 12 个月或者连续不超过 4 个季度的经营期内,转登记纳税人应税销售额超过 500 万元的,应当按照《增值税一般纳税人登记管理办法》的有关规定,向主管税务机关办理一般纳税人登记。除国家税务总局另有规定外,转登记纳税人按规定再次登记为一般纳税人,不得再转登记为小规模纳税人。

第四节 增值税征税范围

一、征税范围的一般规定

在境内发生增值税应税交易,以及进口货物,应当依照税法规定缴纳增值税。

所称应税交易,是指销售货物、服务、无形资产、不动产和金融商品。

(一) 销售、进口货物

销售货物,是指有偿转让货物的所有权。所称货物,指有形动产,包括电力、热力、气体在内。

报关出口货物适用退(免)税规定的,向主管税务机关申报办理退(免)税。

对报关进口的货物应当缴纳增值税,应纳增值税由海关在报关进口环节代征。进口货物,是指货物的起运地在境外,目的地在境内。

(二) 销售服务

销售服务,是指有偿提供服务。所称服务,包括加工修理修配服务、交通运输服务、邮政服务、电信服务、建筑服务、金融服务、现代服务、生活服务。

1. 加工修理修配服务

这里的"加工"是指受托加工,即委托方提供原料及主要材料,受托方按照委托方的要求制造货物,加工后的货物所有权仍归委托方,受托方以加工费作为销售收入。"修理修配"是指受托对损伤或丧失功能的货物进行修复,使其恢复原状和功能。

2. 交通运输服务

交通运输服务是指利用运输工具将货物或者旅客送达目的地,使其空间位置得到转移的业务活动,包括陆路运输服务、水路运输服务、航空运输服务和管道运输服务。

3. 邮政服务

邮政服务是指中国邮政集团公司及其所属邮政企业提供邮件寄递、邮政汇兑和机要通信等邮政基本服务的业务活动,包括邮政普遍服务、邮政特殊服务和其他邮政服务。

4. 电信服务

电信服务是指利用有线、无线的电磁系统或者光电系统等各种通信网络资源,提供语音通话服务,传送、发射、接收或者应用图像、短信等电子数据和信息的业务活动,包括基础电信服务和增值电信服务。

5. 建筑服务

建筑服务是指各类建筑物、构筑物及其附属设施的建造、修缮、装饰,线路、管道、设备、设施等的安装以及其他工程作业的业务活动,包括工程服务、安装服务、修缮服务、装饰服务和其他建筑服务。

6. 金融服务

金融服务是指经营金融保险的业务活动,包括贷款服务、直接收费金融服务和保险服务。

7. 现代服务

现代服务是指围绕制造业、文化产业、现代物流产业等提供技术性、知识性服务的业务活动,具体包括:

(1) 研发和技术服务,包括研发服务、合同能源管理服务、工程勘察勘探服务、专业技术服务。

(2) 信息技术服务,包括软件服务、电路设计及测试服务、信息系统服务、业务流程管理服务和信息系统增值服务。

(3) 文化创意服务,包括设计服务、知识产权服务、广告服务和会议展览服务。

(4) 物流辅助服务包括航空服务、港口码头服务、货运客运场站服务、打捞救助服务、装卸搬运服务、仓储服务和收派服务。

(5) 租赁服务,从租赁服务性质分为融资租赁服务和经营租赁服务,从租赁标的物分为有形动产租赁和不动产租赁。

(6) 鉴证咨询服务,包括认证服务、鉴证服务和咨询服务。

(7) 广播影视服务,包括广播影视节目(作品)的制作服务、发行服务和播映(含放映)服务。

(8) 商务辅助服务,包括企业管理服务、经纪代理服务、人力资源服务、安全保护服务。

(9) 其他现代服务。

8. 生活服务

生活服务是指为满足城乡居民日常生活需求提供的各类服务活动,具体包括:

(1) 文化体育服务,包括文化服务和体育服务。

(2) 教育医疗服务,包括教育服务和医疗服务。
(3) 旅游娱乐服务,包括旅游服务和娱乐服务。
(4) 餐饮住宿服务,包括餐饮服务和住宿服务。
(5) 居民日常服务,是指主要为满足居民个人及其家庭日常生活需求提供的服务,包括市容市政管理、家政、婚庆、养老、殡葬、照料和护理、救助救济、美容美发、按摩、桑拿、氧吧、足疗、沐浴、洗染、摄影扩印等服务。
(6) 其他生活服务。

(三) 销售无形资产

销售无形资产,是指转让无形资产所有权或者使用权的业务活动。无形资产是指不具实物形态,但能带来经济利益的资产,包括技术、商标、著作权、商誉、自然资源使用权和其他权益性无形资产。

技术,包括专利技术和非专利技术。

自然资源使用权,包括土地使用权、海域使用权、探矿权、采矿权、取水权和其他自然资源使用权。

其他权益性无形资产,包括基础设施资产经营权、公共事业特许权、配额、经营权(包括特许经营权、连锁经营权、其他经营权)、经销权、分销权、代理权、会员权、席位权、网络游戏虚拟道具、域名、名称权、肖像权、冠名权、转会费等。

(四) 销售不动产

销售不动产,是指转让不动产所有权的业务活动。不动产,是指不能移动或者移动后会引起性质、形状改变的财产,包括建筑物、构筑物等。

建筑物,包括住宅、商业营业用房、办公楼等可供居住、工作或者进行其他活动的建造物。

构筑物,包括道路、桥梁、隧道、水坝等建造物。

转让建筑物有限产权或者永久使用权的,转让在建的建筑物或者构筑物所有权的,以及在转让建筑物或者构筑物时一并转让其所占土地的使用权的,按照销售不动产缴纳增值税。

二、在境内发生应税交易的界定

(1) 在境内销售货物和劳务,是指:第一,所销售的货物的起运地或所在地在境内;第二,所销售的劳务发生在境内。

(2) 在境内销售服务、无形资产或者不动产,是指:第一,服务(租赁不动产除外)或者无形资产(自然资源使用权除外)的销售方或者购买方在境内;第二,所销售或者租赁的不动产在境内;第三,所销售自然资源使用权的自然资源在境内。

(3) 下列情形不属于在境内销售服务或无形资产:
① 境外单位或者个人向境内单位或者个人销售完全在境外发生的服务。
一是为出境的函件、包裹在境外提供的邮政服务、收派服务;
二是向境内单位或者个人提供的工程施工地点在境外的建筑服务、工程监理服务;
三是向境内单位或者个人提供的工程、矿产资源在境外的工程勘察勘探服务;
四是向境内单位或者个人提供的会议展览地点在境外的会议展览服务。
② 境外单位或者个人向境内单位或者个人销售完全在境外使用的无形资产。

③ 境外单位或者个人向境内单位或者个人出租完全在境外使用的有形动产。
④ 财政部和国家税务总局规定的其他情形。

【例 2-1】 甲建筑公司 2019 年发生如下业务：
(1) 向境内单位提供的工程施工地点在境内的建筑服务；
(2) 向境外单位提供的工程施工地点在境外的建筑服务；
(3) 接受境外单位提供的工程施工地点在境内的工程监理服务；
(4) 接受境外单位提供的工程施工地点在境外的工程监理服务。

要求：试分析上述业务是否征收增值税。如果征收增值税，纳税人或者扣缴义务人是谁？

【答案】

应当履行增值税纳税义务的前提是纳税人在中国境内发生应税交易。

业务(1)：建筑服务的销售方在境内，应缴纳增值税，纳税人为甲建筑公司。

业务(2)：建筑服务的销售方在境内，应缴纳增值税，纳税人为甲建筑公司。但是，境内企业提供的建筑服务，如果工程地点在境外，可以享受免征增值税政策。

业务(3)：境外单位向境内单位提供的工程在境内的工程勘察勘探服务，属于在境内销售服务，应征收增值税，纳税人为境外单位，扣缴义务人为甲建筑公司，甲建筑公司在对外支付服务费用时代扣代缴增值税。

业务(4)：境外单位向境内单位提供的工程施工地点在境外的工程监理服务，不属于在境内销售服务，不征收增值税。要注意的是，不征税与免税是两个不同的概念。

三、非应税交易

下列项目视为非应税交易，不征收增值税：
(1) 员工为受雇单位或者雇主提供取得工资薪金的服务；
(2) 行政单位收缴的行政事业性收费、政府性基金；
(3) 因征收征用而取得补偿；
(4) 存款利息收入；
(5) 国务院财政、税务主管部门规定的其他情形。

【例 2-2】 某生产企业为一般纳税人，2020 年 1 月取得政府市政动迁征用土地的补偿金 3 000 万元，存入工商银行取得存款利息收入 50 万元。

请问：该企业取得的收入是否征收增值税？

【答案】

属于非应税交易收入，不征收增值税。

四、视同应税交易

视同应税交易(或视同销售)是税法术语，一般针对会计核算而言。纳税人发生的一些交易，根据会计准则和会计制度的规定不通过损益核算，不形成收入或利润，但并不代表在税收意义上没有应税收入或所得，此类业务仍应按税法规定申报纳税，此时便产生所谓税法与会计的差异。应当注意的是，在日常交易中这些情况很正常，不仅增值税如此、企业所得税、土地增值税等都是如此。

下列情形视同应税交易，应当依照税法规定缴纳增值税：
(1) 单位和个体工商户将自产或者委托加工的货物用于集体福利或者个人消费；

(2) 单位和个体工商户无偿赠送货物,但用于公益事业的除外;

(3) 单位和个人无偿赠送无形资产、不动产或者金融商品,但用于公益事业的除外;

(4) 国务院财政、税务主管部门规定的其他情形。

上述第(2)项所称"货物",包括自产或者委托加工的货物,也包括购进的货物。

【例2-3】某服装厂为一般纳税人,2019年12月将库存的外购布料(购进成本价5万元,已抵扣进项税额)和自制服装(生产成本价10万元,不含税售价15万元)发给职工作为福利。

要求:计算该服装厂上述业务的销项税额和进项税额转出金额。

【答案】

自制服装用于职工福利视同应税交易,按照销售价格确定销售额。外购布料用于职工福利,进项税额不得抵扣,应按照实际成本计算进项税额转出额。

销项税额 $= 15 \times 13\% = 1.95$(万元);

进项税额转出 $= 5 \times 13\% = 0.65$(万元)。

【例2-4】某机械生产企业为一般纳税人,2019年12月将库存外购的原材料(成本价5万元,已抵扣进项税额)和当月生产的电子设备(生产成本价10万元,不含税售价15万元)用于生产设备的更新改造;将库存外购的原材料(购进成本价3万元)和当月生产的电子设备(生产成本价6万元,不含税售价8万元)用于厂房的更新改造。

要求:计算该企业上述业务的销项税额和进项税额转出金额。

【答案】

生产设备的更新改造和厂房的更新改造都属于应税项目,所耗用钢材的进项税额准予抵扣,所使用的自制电机不征收增值税,以后转让生产设备和厂房时,应当计算缴纳增值税。

【例2-5】2019年12月,某房地产企业将2017年4月购置的不动产无偿赠给其子公司用于生产经营,不动产市场不含税销售价格3 000万元。

问题:该企业上述行为是否征收增值税?

【答案】

应当视同发生应税交易征收增值税。

销项税额 $= 3\,000 \times 9\% = 270$(万元)。

五、特殊事项税务处理

(1) 被保险人获得的保险赔付不征收增值税。

(2) 纳税人销售货物的同时代办保险而向购买方收取的保险费,以及从事汽车销售的纳税人向购买方收取的代购买方缴纳的车辆购置税、牌照费,不作为价外费用征收增值税。

(3) 纳税人在资产重组过程中,通过合并、分立、出售、置换等方式,将全部或者部分实物资产以及与其相关联的债权、债务和劳动力一并转让给其他单位和个人,不属于增值税的征税范围,其中涉及的货物转让,不征收增值税。

(4) 财政补贴收入。纳税人取得的财政补贴收入,与其销售货物、劳务、服务、无形资产、不动产的收入或者数量直接挂钩的,应按规定计算缴纳增值税。纳税人取得的其他情形的财政补贴收入,不属于增值税应税收入,不征收增值税。

(5) 罚没物品。执法部门和单位查处的属于一般商业部门经营的商品,具备拍卖条件的,由执法部门或单位商同级财政部门同意后,公开拍卖。其拍卖收入作为罚没收入由执法部门和单位如数上缴财政,不予征税。对经营单位购入拍卖物品再销售的应照章征收增值税。

（6）融资性售后回租业务中承租方出售资产。融资性售后回租业务中承租方出售资产的行为，不属于增值税征收范围，不征收增值税。融资性售后回租业务中承租方出售资产的行为，实际是以资产作为载体的融资行为，资产实际所有权没有转移，所以不征收增值税。

六、混合销售和兼营

由于现行增值税设有多档适用税率，发生具体应税交易时判断适用税率存在一定难度，所以税法明确以下两个概念：混合销售和兼营，以方便纳税人判断。

（一）混合销售

纳税人一项应税交易涉及两个以上税率或者征收率的，从主适用税率或者征收率。

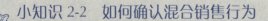

小知识 2-2　如何确认混合销售行为

混合销售通常是指纳税人发生一项应税交易既涉及货物又涉及服务，两者存在从属关系，款项也是从一个购买方取得的。例如，某家电大卖场以赊销形式销售大型家电，在正常市场价格的基础上加收逾期支付货款的利息，电视属于有形动产，利息属于服务，故此种行为即为混合销售行为。由于混合销售同时会涉及不同税率，这就需要按销售额中为主的部分确定了。

（二）兼营

纳税义务人发生适用不同税率或者征收率的应税交易，应当分别核算适用不同税率或者征收率的销售额；未分别核算的，从高适用税率。

小知识 2-3　如何确认兼营行为

兼营行为通常是指纳税人发生两个以上的应税交易，即所谓"多种经营"行为，销售货物与提供服务没有从属关系，价款也来源于不同的购买方。例如，某家电大卖场销售大型家电，同时兼营家电的修理、修配、保养等服务，则其修理、修配、保养即属于兼营服务，只要分别核算货物和服务的销售额，可以按各自适用税率申报缴纳增值税。

第五节　增值税税率

现行增值税税率有三档。

（1）纳税人销售货物，销售加工修理修配、有形动产租赁服务，进口货物，除以下第（2）项、第（4）项、第（5）项规定外，税率为 13％。

加工修理修配和有形动产租赁服务的具体范围，请参阅本章第四节"增值税征税范围"中的相关内容。

（2）纳税人销售交通运输、邮政、基础电信、建筑、不动产租赁服务，销售不动产，转让土地使用权，销售或者进口下列货物，除以下第（4）项、第（5）项规定外，税率为 9％。

① 农产品、食用植物油、食用盐；
② 自来水、暖气、冷气、热水、煤气、石油液化气、天然气、二甲醚、沼气、居民用煤炭制品；
③ 图书、报纸、杂志、音像制品、电子出版物；
④ 饲料、化肥、农药、农机、农膜。

（3）纳税人销售服务、无形资产、金融商品，除以上第（1）项、第（2）项和以下第（5）项规定外，税率为 6％。

销售无形资产和金融商品范围请参阅本章第四节"增值税征税范围"相关内容。

（4）纳税义务人出口货物，税率为零；国务院另有规定的除外。
（5）境内单位和个人跨境销售国务院规定范围内的服务、无形资产，税率为零。

小知识 2-4　增值税免税与零税率

增值税适用零税率与增值税免税是不同的。增值税免税，是指纳税义务人免除其本身负担的应纳增值税额，其外购货物、劳务、服务等所支付的增值税不得抵扣，只能计入成本、费用自行承担。增值税适用零税率，是指纳税义务人销售环节不计算增值税，而且其外购货物、劳务、服务等所支付的增值税亦可退还，实现增值税税负为零。

假设某企业销售商品含税销售价格为 226 万元，适用税率为 13％，外购该商品取得增值税专用发票注明价款 100 万元，增值税 13 万元。下面分析一下在最终商品含税价格不变的情况下，应税、免税和零税率对企业毛利的影响。

应税：应纳增值税 = 226 ÷（1 + 13％）× 13％ - 13 = 13（万元），毛利 = 200 - 100 = 100（万元）；

免税：免征增值税，不计算销项税额，进项税额也不得抵扣，计入成本，毛利 = 226 - 113 = 113（万元）；

零税率：免征增值税，不计算销项税额，退还外购货物的进项税额 13 万元，毛利 = 226 - 100 = 126（万元）。

第六节　增值税计税方法

增值税应纳税额计算的方法有三种：一般计税方法、简易计税方法和扣缴计税方法。

一、一般计税方法

一般纳税人适用一般计税方法,按月计算应纳税额。计税公式如下:

$$应纳税额 = 销项税额 - 实际抵扣税额$$

一般纳税人兼营适用简易计税方法缴纳增值税的业务的,计算公式为:

$$应纳税额 = 销项税额 - 实际抵扣税额 + 按简易计税方法计算的应纳税额$$

其中:

$$销项税额 = \sum(按适用税率计税销售额 \times 适用税率)$$

$$实际抵扣税额 = 本期进项税额 + 上期留抵税额 - 本期进项税额转出额 - 本期退还的留抵税额$$

在计算应纳税额时注意以下规则:

① 应纳税额以零为限,当实际抵扣税额大于销项税额时,未实际抵扣税额(留抵税额)符合条件的予以退还;不符合条件不予退还的,可以结转下期抵扣销项税额。

② 当期留抵税额不得抵减当期按简易计税方法计算的应纳税额。

【例2-6】某企业为一般纳税人,2020年1月销项税额100万元,进项税额50万元,进项税额转出额5万元,期初无留抵税额,当期按简易办法征收增值税额2万元。

要求:计算当月应纳增值税。

【答案】

当期应纳增值税 $= 100 - (50 - 5) + 2 = 57$(万元)。

【例2-7】承前例,如果其他不变,当期进项税额为120万元。

要求:计算应纳增值税。

【答案】

当期准予抵扣的进项税额 $= 120 - 5 = 115$(万元),大于当期销项税额100万元,当期实际准予抵扣的数额应以当期销项税额为限,所以当期应纳增值税 $= (100 - 100) + 2 = 2$(万元),留抵税额 $= 115 - 100 = 15$(万元)结转下期抵扣。

【例2-8】某企业为一般纳税人,2020年1月销项税额30万元,进项税额35万元,期初无留抵税额;2020年2月销项税额50万元,进项税额35万元。

要求:计算1、2月份应纳增值税。

【答案】

1月:留抵税额 $= 35 - 30 = 5$(万元);

2月:应纳增值税 $= 50 - (35 + 5) = 10$(万元)。

二、简易计税方法

简易计税方法的计算公式为:

$$应纳税额 = 销售额 \times 征收率$$

简易计税方法适用小规模纳税人以及一般纳税人发生的税法列举的特定业务。

三、扣缴计税方法

境外单位和个人在境内提供应税劳务和应税服务,在境内未设有经营机构的,扣缴义务人按照下列公式计算应扣缴的税额:

$$应扣缴税额＝接收方支付的价款÷(1＋税率)×税率$$

应当指出的是,在计算扣缴增值税时,不得使用征收率。

第七节 一般计税方法——销项税额

现行增值税实行价外税,即纳税人发生应税交易时向购买方收取的价款中不应包含增值税税款,价款和税款在开具增值税专用发票时分别注明。但是,在某些特殊情况下,纳税义务人销售货物或劳务时会将价款和税款合并定价(即含税销售额),此时,应将含税销售额换算成不含税销售额,作为增值税的计税依据。其换算公式为:

$$不含税销售额＝含税销售额÷(1＋税率或征收率)$$

计算销项税额的关键是销售额的确定。

$$销项税款＝不含税销售额×适用税率$$

一、销售额确认的一般规定

销售额,是指纳税人发生应税交易取得的与之相关的对价,包括全部货币或者非货币形式的经济利益,不包括按照一般计税方法计算的销项税额和按照简易计税方法计算的应纳税额。国务院规定可以差额计算销售额的,从其规定。但下列项目不包括在内:

(1) 受托加工应征消费税的消费品所代收代缴的消费税。
(2) 同时符合以下条件的代垫运输费用:
① 承运部门的运输费用发票开具给购买方的;
② 纳税义务人将该项发票转交给购买方的。
(3) 同时符合以下条件代为收取的政府性基金或者行政事业性费用:
① 由国务院或者财政部批准设立的政府性基金,由国务院或者省级人民政府及其财政、价格主管部门批准设立的行政事业性收费;
② 收取时开具省级以上财政部门印制的财政票据;
③ 所收款项全额上缴财政。
(4) 销售货物的同时因代办保险等向购买方收取的保险费,以及向购买方收取的代购买方缴纳的车辆购置税、车辆牌照费。

二、特殊销售方式下的销售额确认

1. 以折扣方式销售

(1) 折扣销售。折扣销售也称商业折扣,是指销货方在销售货物或应税劳务时,因购货方购货数量较大等原因而给予购买方的价格优惠(如:购买5件,销售价格折扣2%;购买10件,折扣5%等)。商业折扣属于"事先"折扣,根据税法规定,按折扣后销售额计算销项税额,如果销售额和折扣额在同一张发票上"金额栏"分别注明的,可按折扣后的余额作为销售额计算增值税;如果仅在"备注栏"注明,不论其在财务上如何处理,均不得从销售额中减除折扣额。

【例2-9】某公司为一般纳税人,销售甲商品,不含税销售价100万元,为促销打八折销售。

要求:计算甲商品的销项税额。

【答案】

销项税额 = (100 − 20) × 13% = 10.4(万元)。

该公司开具增值税专用发票时,应将销售额100万元和折扣额20万元在同一张发票上"金额栏"分别注明。

(2) 销售折扣。销售折扣也称现金折扣,属于"事后"折扣,作为融资费用计入财务费用,按折扣前销售额计算销项税额并开具发票。

【例2-10】某公司为一般纳税义务人,销售甲商品,不含税销售价100万元。为尽早回笼货款与购买方约定,10天内付款按不含税价格打九五折收款。

要求:计算甲商品的销项税额。

【答案】

销项税额 = 100 × 13% = 13(万元);

折扣额 = 100 × 5% = 5(万元),计入"财务费用",不得冲减销售额。

(3) 销售折让。属于"事后"折扣,应由购买方向税务机关提出申请,由销售方开具红字增值税专用发票,销售方冲减销项税额,购买方冲减进项税额。

【例2-11】A公司销售商品给B公司,双方均为一般纳税义务人。商品不含税销售价100万元。合同约定销售完成100万元的,年底按不含税销售额支付返利10%。

问题:购销双方应如何进行税务处理?

【答案】

A公司:销项税额 = 100 × 13 = 13(万元);

支付返利开具红字增值税专用发票,冲减销项税额 = 10 × 13% = 1.3(万元)。

B公司:进项税额 = 100 × 13 = 13(万元);

取得返利凭红字增值税专用发票冲减进项税额,进项税额转出 = 10 × 13% = 1.3(万元)。

2. 以旧换新方式销售

采取以旧换新方式销售货物的,应按新货物的同期销售价格确定销售额,不得扣减旧货物的收购价格,但金银饰品除外。

【例2-12】某家电商场为一般纳税义务人,采取"以旧换新"销售冰箱,旧冰箱每台可折价100元。新冰箱每台零售含税价4 520元,本月共销售100台,实际收取销售款442 000元。

问题：该商场如何进行税务处理？

【答案】

新冰箱应按原价确定计税销售额，不得扣减旧冰箱的收购价格。

销项税额＝4 520×100÷(1＋13%)×13%＝52 000(元)。

3. 以还本方式销售

采取还本销售方式销售货物，其销售额就是货物的销售价格，不得从销售额中减除还本支出。

4. 以物易物和易物抵债方式销售

以物易物双方都应作购销处理，以各自发出的货物核算销售额并计算销项税额，以各自收到的货物按规定核算购货额并计算进项税额。

以物抵债，债务人以货物抵债的应视同销售货物。

【例 2-13】甲企业和乙企业均为增值税一般纳税义务人，销售货物税率为 13%。甲公司以自产的 A 产品与乙公司的 B 商品进行交换，双方对换入的资产均作为库存商品核算。甲产品的账面价值为 70 000 元，公允价值(不含税，下同)为 80 000 元。乙商品的账面价值为 85 000 元，公允价值为 80 000 元。双方均开具增值税专用发票。

问题：双方如何进行税务处理？

【答案】

双方按公允价 80 000 元计提销项税额 10 400 元，并按取得的增值税专用发票抵扣进项税额 10 400 元。

【例 2-14】甲企业(债务人)与乙企业(债权人)达成债务重组协议，甲企业以含税价 90.4 万元的库存商品抵偿所欠乙企业对应的应付账款，开具增值税专用发票。

问题：双方如何进行税务处理？

【答案】

甲公司计提销项税额＝90.4÷(1＋13%)×13%＝10.4(万元)

乙公司准予抵扣进项税额 10.4 万元。

5. 直销方式销售货物

(1) 直销企业先将货物销售给直销员，直销员再将货物销售给消费者的，直销企业的销售额为其向直销员收取的全部价款和价外费用。直销员将货物销售给消费者时，应按照现行规定缴纳增值税。

(2) 直销企业通过直销员向消费者销售货物，直接向消费者收取货款，直销企业的销售额为其向消费者收取的全部价款和价外费用。

三、其他情况下的销售额确认

1. 销售额为非货币形式或发生视同应税交易行为时销售额的确认

(1) 销售额为非货币形式的，按照市场公允价格确定销售额。

(2) 纳税人发生视同应税交易行为但没有销售额的，或者应税交易的价格明显偏低或者偏高且不具有合理商业目的的，税务机关有权按照合理的方法核定其销售额。

税务机关要求纳税人按照以下顺序确定销售额：

① 按纳税人当月同类应税交易的平均销售价格确定;
② 按其他纳税人最近时期同类应税交易的平均销售价格确定;
③ 如果以上两种价格都没有,则按组成计税价格确定销售额,公式为:

$$组成计税价格 = 成本 \times (1 + 成本利润率)$$

公式中的成本利润率确定为10%。

如果是应税消费品,公式为:

$$组成计税价格 = 成本 \times (1 + 成本利润率) + 消费税$$
$$或:组成计税价格 = 成本 \times (1 + 成本利润率) \div (1 - 消费税税率)$$

应税消费品的成本利润率,请详见第三章第四节具体内容。

2. 出租、出借包装物情况下销售额的确定

纳税人为销售货物而出租、出借包装物收取的押金,单独记账核算的,不并入销售额征税。但对因逾期未收回包装物不再退还的押金,应按所包装货物适用税率或征收率征收增值税。

纳税义务人为销售货物出租、出借包装物而收取的押金,无论包装物周转使用期限长短,超过一年(含一年)以上仍不退还的均并入销售额征税。

销售除啤酒、黄酒外的其他酒类产品而收取的包装物押金,无论是否返还以及会计上如何核算,均应并入当期销售额征税。对销售啤酒、黄酒所收取的押金,按上述一般押金的规定处理。

【例2-15】某生产企业为一般纳税人,销售甲商品同时收取周转用包装物押金。甲商品适用税率为13%。2019年底该企业"其他应付款——存入保证金(甲商品)"项目贷方余额50 000元,其中包括2018年5月销售甲商品收取的押金22 600元,包装物尚未归还。

问题:该企业应如何进行税务处理?

【答案】

因包装物超过约定归还期限一年,押金应予没收形成企业收入,应缴纳增值税。

销项税额 = 22 600 ÷ (1 + 13%) × 13% = 2 600(元)。

3. 销售自产机器设备的同时提供安装服务的销售额确认

一般纳税人销售自产机器设备的同时提供安装服务,应分别核算机器设备和安装服务的销售额,安装服务可以按照甲供工程选择适用简易计税方法计税。

一般纳税人销售外购机器设备的同时提供安装服务,如果已经按照兼营的有关规定,分别核算机器设备和安装服务的销售额,安装服务可以按照甲供工程选择适用简易计税方法计税。

【例2-16】某电梯制造企业为一般纳税人,2019年12月销售自制电梯取得不含税销售额3 000万元,同时与购买方约定以甲供工程方式进行电梯安装业务,另收取不含税安装费300万元。当月外购货物、劳务、服务等取得增值税专用发票注明的增值税250万元,其中安装电梯业务应分摊的进项税额10万元。

要求:计算当月应纳增值税。

【答案】

应纳增值税 = 3 000 × 13% − (250 − 10) + 300 × 3% = 390 − 240 + 9 = 159(万元)。

四、销售额可以按差额确认的情形

1. 如何理解按差额确认销售额

在营业税改征增值税前,为避免重复征税,营业税设置了不少按"差额"确认计税营业额的规定,如:从事融资租赁业务准予扣除设备和利息支出,建筑总承包价款准予扣除分包支付的价款,从事代理业务准予扣除代收代付的行政事业收费等。在营业税改征增值税后,由于一般纳税人采取扣税法计征增值税,只有取得增值税专用发票方能作为进项税额的抵扣凭证,而上述业务中,支付的款项有些可以取得增值税专用发票,如:购买设备、支付建筑分包款等,但有些目前尚无法取得增值税专用发票,如:支付利息、代收代付行政事业收费等,如果在计算应税销售额时支出项目既不能扣除销售额,又不能作为进项税额抵扣,便会增加纳税人的税收负担。因此,为了不增加纳税人税收负担,过渡政策中仍然保留了部分按"差额"确认销售额的规定,即按差额确认销售额后计算销项税额,再按取得的抵扣凭证确认进项税额抵扣。下面举个例子:

【例2-17】某知识产权代理公司为一般纳税人,当月取得含税代理费收入200万元,支付给知识产权局专利申请费、审查费、登记费等180万元,取得行政性收费收据。购买经营用的电脑一台,取得增值税专用发票注明的不含税购进额2万元,增值税0.26万元。营业税改征增值税前,代理业务征收营业税可以按差额征税,适用税率为5%;营业税改征增值税后,适用税率为6%。

要求:分析营业税改征增值税前后税负变化。

【答案】
(1) 营业税:
在营业税时代,支付的费用可以直接抵减营业额后计算营业税。
应纳营业税=(200−180)×5%=1(万元)。
(2) 增值税:
营业税改征增值税后继续保留直接抵减销售额的规定。
应纳增值税=(200−180)÷(1+6%)×6%−2×13%=11.32−10.19−0.26=0.87(万元)。
(3) 税负变化:
税负减少=1−0.87=0.13(万元);0.13÷1×100%=13%,即税负下降13%。

从例2-17看来,按差额征税的计税公式为:

应纳税额=(不含税销售额−不含税扣除额)×适用税率−不含税购进额×适用税率

上述公式可继续推导为:

应纳税额=不含税销售额×适用税率−不含税扣除额×适用税率−不含税购进额×适用税率

在会计核算时,"不含税扣除额×适用税率"作为"销项税额抵减"项目进行会计处理。

则: 应纳税额=销项税额−销项税额抵减额−进项税额

按差额计算销项税额除了计算比较复杂外,如何开具增值税发票也较为复杂。从理论上看,如果销售方按销售额的差额计提销项税额,按销售额的全额开具增值税专用发票,会造成购买方抵扣的进项税额大于销售方申报的销项税额情形,故税法规定销售方除特殊情况外应按差额开具增值税专用发票,扣除额开具增值税普通发票,或者采用"差额开票"方式开具一张增值税专用发票,以防止出现销售方税缴得少,购买方税扣得多的情况出现。但对有些业务,比如融资租赁、转让不动产等,规定可按全额开具增值税专用发票,而对金融商品转让则规定不得开具增值税专用发票。

在以下解析按差额征税政策时未明确按差额开具增值税专用发票的,即可以全额开具增值税专用发票。

2. 按差额确认销售额的情形

(1) 金融商品转让,按照卖出价扣除买入价后的余额为销售额。

转让金融商品出现的正负差,按盈亏相抵后的余额为销售额。若相抵后出现负差,可结转下一纳税期与下期转让金融商品销售额相抵,但年末时仍出现负差的,不得转入下一个会计年度。

金融商品的买入价,可以选择按照加权平均法或者移动加权平均法进行核算,选择后36个月内不得变更。

金融商品转让,不得开具增值税专用发票。

【例2-18】某企业为一般纳税人,2019年第四季度买卖股票业务如下:10月转让股票,买入价400万元,卖出价500万元,当月进项税额1.2万元;11月转让股票,买入价300万元,卖出价250万元,当月进项税额1.5万元;12月转让股票,买入价600万元,卖出价800万元,当月进项税额1.8万元。该企业按月申报缴纳增值税。

要求:计算该企业2019年第四季度应纳增值税。

【解析】

10月:应纳增值税 = $(500-400) \div (1+6\%) \times 6\% - 1.2 = 4.46$(万元)。

11月:$(250-300) \div (1+6\%) \times 6\% = -2.83$(万元),抵减下月应纳增值税;进项税额1.5万元结转下月抵扣。

12月:应纳增值税 = $(800-600) \div (1+6\%) \times 6\% - 2.83 - (1.5+1.8) = 5.19$(万元)。

(2) 经纪代理服务,以取得的全部价款和价外费用,扣除向委托方收取并代为支付的政府性基金或者行政事业性收费后的余额为销售额。向委托方收取的政府性基金或者行政事业性收费,不得开具增值税专用发票。

(3) 融资租赁和融资性售后回租业务。

① 经人民银行、银监会或者商务部批准从事融资租赁业务的试点纳税人,提供融资租赁服务,以取得的全部价款和价外费用,扣除支付的借款利息(包括外汇借款和人民币借款利息)、发行债券利息和车辆购置税后的余额为销售额。

② 经人民银行、银监会或者商务部批准从事融资租赁业务的试点纳税人,提供融资性售后回租服务,以取得的全部价款和价外费用(不含本金),扣除对外支付的借款利息(包括外汇借款和人民币借款利息)、发行债券利息后的余额作为销售额。

【例2-19】甲融资租赁公司与乙生产企业(均为一般纳税人)签订融资租赁协议,租赁期3年。甲融资租赁公司购买生产设备,取得增值税专用发票注明金额1 000万元,税额130万元,支付融资利息100万元,取得增值税普通发票,取得价税合计租赁销售额1 500万元。租赁期外购货物、服务的进项税额共3万元,取得增值税专用发票。

要求:计算甲融资租赁公司上述业务租赁期内合计应纳增值税。

【答案】
甲融资租赁企业：
应纳增值税＝(1500－100)÷(1＋13％)×13％－130－3＝161.06－130－3＝28.06(万元)，可以按价税合计1500万元开具增值税专用发票。
乙生产企业：
准予按取得的增值税专用发票注明的增值税(172.57万元)抵扣。

【例2-20】丙租赁公司与丁生产企业(均为一般纳税人)签订融资性售后回租协议，租赁期3年。丁生产企业将自有的生产设备销售给丙租赁公司再融资性租回，丙租赁公司支付本金1000万元。丙租赁公司向丁生产企业收取利息300万元，开具增值税普通发票。丙租赁公司租赁期内支付利息100万元，外购货物进项税额2万元，取得增值税专用发票。
要求：计算丙租赁公司上述业务租赁期内合计应纳增值税。
【答案】
丙租赁公司：
应纳增值税＝(300－100)÷(1＋6％)×6％－2＝9.32(万元)，不得开具增值税专用发票。
丁生产企业：
支付利息的进项税额不得抵扣。

(4)航空运输企业的销售额，不包括代收的机场建设费和代售其他航空运输企业客票而代收转付的价款。

(5)一般纳税人提供客运场站服务，以其取得的全部价款和价外费用，扣除支付给承运方运费后的余额为销售额。

(6)提供旅游服务，可以选择以取得的全部价款和价外费用，扣除向旅游服务购买方收取并支付给其他单位或者个人的住宿费、餐饮费、交通费、签证费、门票费和支付给其他接团旅游企业的旅游费用后的余额为销售额。

选择上述办法计算销售额的试点纳税人，向旅游服务购买方收取并支付的上述费用，不得开具增值税专用发票，可以开具增值税普通发票。

【例2-21】某旅游企业为一般纳税人，2019年12月取得旅游业务含税销售额1000万元，支付向旅游服务购买方收取并支付给其他单位或者个人的住宿费、餐饮费、交通费、签证费、门票费800万元，取得增值税普通发票和行政性收费的财政票据。当月外购货物取得增值税专用发票注明的增值税2.6万元。
要求：计算应纳增值税。
【答案】
应纳增值税＝(1000－800)÷(1＋6％)×6％－2.6＝11.32－2.6＝8.72(万元)。
向旅游服务购买方收取并支付给其他单位或者个人的费用不得开具增值税专用发票。

(7)提供建筑服务适用简易计税方法的，以取得的全部价款和价外费用扣除支付的分包款后的余额为销售额。

【例2-22】甲建筑企业与发包方(均为一般纳税人)2019年12月1日前签订建筑合同，含税金额1000万元，分包给乙建筑企业300万元，取得增值税普通发票。甲企业当期外购货物进项税额45万元，乙企业当期外购货物进项税额16万元。双方选择简易计税方法。
要求：计算甲、乙企业应纳增值税。

【答案】

甲建筑企业：应纳增值税＝(1 000－300)÷(1＋3%)×3%＝20.39(万元)；

乙建筑企业：应纳增值税＝300÷(1＋3%)×3%＝8.74(万元)。

简易计税进项税额不得抵扣。

(8) 房地产开发企业中的一般纳税人销售其开发的房地产项目(选择简易计税方法的房地产老项目除外)，以取得的全部价款和价外费用，扣除受让土地时向政府部门支付的土地价款后的余额为销售额。

房地产老项目，是指《建筑工程施工许可证》注明的合同开工日期在2016年4月30日前的房地产项目。

【例2-23】某房地产开发企业为一般纳税人，自行开发住宅项目。2018年10月竞拍取得土地一块，取得省级财政收据注明支付土地价款100 000万元、拆迁费20 000万元。2019年8月1日取得《建筑工程施工许可证》并与建筑商签订开工合同，建设面积43 000平方米，可售面积40 000平方米。

要求：计算该项目销售时每一平方米准予扣除的土地成本。

【答案】

每平方米准予扣除土地价款＝120 000÷40 000＝30 000(元)。

(9) 一般纳税人转让其2016年4月30日前取得(不含自建)的不动产，可以选择适用简易计税方法计税，以取得的全部价款和价外费用扣除不动产购置原价或者取得不动产时的作价后的余额为销售额。

(10) 小规模纳税人转让其取得(不含自建)的不动产，以取得的全部价款和价外费用扣除不动产购置原价或者取得不动产时的作价后的余额为销售额。

(11) 提供劳务派遣服务，可以选择差额纳税，以取得的全部价款和价外费用，扣除代用工单位支付给劳务派遣员工的工资、福利和为其办理社会保险及住房公积金后的余额为销售额，按照简易计税方法以5%的征收率计算缴纳增值税。选择差额纳税的纳税人，向用工单位收取用于支付给劳务派遣员工工资、福利和为其办理社会保险及住房公积金的费用，不得开具增值税专用发票，可以开具增值税普通发票。

提供安全保护服务可以比照上述规定征税。

(12) 提供人力资源外包服务，按照经纪代理服务缴纳增值税，其销售额不包括受客户单位委托代为向客户单位员工发放的工资和代理缴纳的社会保险、住房公积金。向委托方收取并代为发放的工资和代理缴纳的社会保险、住房公积金，不得开具增值税专用发票，可以开具普通发票。

一般纳税人提供人力资源外包服务，可以选择适用简易计税方法，按照5%的征收率计算缴纳增值税。

(13) 转让2016年4月30日前取得的土地使用权，可以选择适用简易计税方法，以取得的全部价款和价外费用减去取得该土地使用权的原价后的余额为销售额，按照5%的征收率计算缴纳增值税。

(14) 提供物业管理服务，向服务接受方收取的自来水水费，以扣除其对外支付的自来水水费后的余额为销售额，按照简易计税方法以3%的征收率计算缴纳增值税。

(15) 境外单位通过教育部考试中心及其直属单位在境内开展考试，教育部考试中心及其直属单位应以取得的考试费收入扣除支付给境外单位考试费后的余额为销售额，按提供"教育辅助服务"缴纳增值税;就代为收取并支付给境外单位的考试费统一扣缴增值税。

(16) 提供签证代理服务,以取得的全部价款和价外费用,扣除向服务接受方收取并代为支付给外交部和外国驻华使(领)馆的签证费、认证费后的余额为销售额。

(17) 航空运输销售代理企业提供境内机票代理服务,以取得的全部价款和价外费用,扣除向客户收取并支付给航空运输企业或其他航空运输销售代理企业的境内机票净结算款和相关费用后的余额为销售额。

需要注意的是,上述从全部价款和价外费用中扣除价款,应当取得符合法律、行政法规和国家税务总局规定的有效凭证。否则,不得扣除。

上述凭证是指:

① 支付给境内单位或者个人的款项,以发票为合法有效凭证;

② 支付给境外单位或者个人的款项,以该单位或者个人的签收单据为合法有效凭证,税务机关对签收单据有疑义的,可以要求其提供境外公证机构的确认证明;

③ 缴纳的税款,以完税凭证为合法有效凭证;

④ 融资性售后回租服务中向承租方收取的有形动产价款本金,以承租方开具的发票为合法有效凭证;

⑤ 扣除政府性基金或者行政事业性收费,以省级以上财政部门印制的财政票据为合法有效凭证;

⑥ 国家税务总局规定的其他凭证。

第八节 一般计税方法——进项税额

进项税额是指一般纳税人在购进货物或接受应税劳务时所支付的或负担的增值税额。

进项税额是与销项税额相对应的另一个概念。在开具增值税专用发票的情况下,它们之间的对应关系是:销售方收取的销项税额,就是购买方支付的进项税额。

对于任何一个一般纳税人而言,由于其在经营活动中,既会发生销售行为,又会发生购进行为。因此,每一个一般纳税人都会有收取的销项税额和支付的进项税额。增值税的核心业务就是用增值税纳税人收取的销项税额抵扣其支付的进项税额,其余额为纳税人实际应缴纳的增值税税额。但是,并不是纳税人支付的所有进项税额都可以从销项税额中抵扣。税法对可以抵扣和不能抵扣的进项税额的项目作了严格的规定,比如,必须取得进项税额扣除凭证,否则不得扣除。

应当注意的是,小规模纳税人采用简易办法按照征收率计算应纳增值税,不允许抵扣进项税额。

一、准予从销项税额中抵扣的进项税额

进项税额应当凭合法有效凭证抵扣。

(1) 从销售方取得的增值税专用发票上注明的增值税额。增值税专用发票票样如图 2-1 所示;

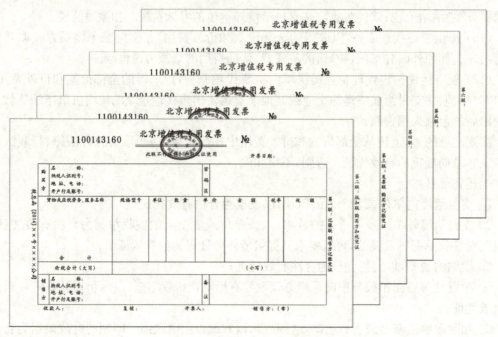

图 2-1　增值税专用发票票样

> **小知识 2-5　小规模纳税人自行开具增值税专用发票**
>
> 　　一般纳税人可以自行开具增值税专用发票,为了管理的需要,小规模纳税人需要向税务机关申请由税务机关为其代开增值税专用发票。自 2020 年 2 月 1 日起,增值税小规模纳税人(其他个人除外)发生增值税应税交易需要开具增值税专用发票的,可以自愿使用增值税发票管理系统自行开具。选择自行开具增值税专用发票的小规模纳税人,税务机关不再为其代开增值税专用发票。其他个人发生应税交易需要发票的,应向税务机关申请代开增值税发票。其他个人指自然人。
>
> 　　纳税人(包括其他个人)申请代开增值税发票的办理流程为:先是在办税服务厅指定窗口:①提交"代开增值税发票缴纳税款申报单";②自然人申请代开发票,提交身份证件及复印件;其他纳税人申请代开发票,提交加载统一社会信用代码的营业执照(或税务登记证或组织机构代码证)、经办人身份证件及复印件。再是在同一窗口缴纳有关税费、领取发票。

(2) 从海关取得的海关进口增值税专用缴款书上注明的增值税额。

纳税人进口货物以海关电子缴税方式缴纳税款后,可以通过"互联网+海关"——一体化网上办事平台"我要查"相关功能下载电子版"海关专用缴款书",或向海关现场申请打印纸质"海关专用缴款书"。电子版"海关专用缴款书"包括两部分,符合会计信息化相关标准的数据流文件(相关标准由财政部会同海关总署制定),以及版式文件,版式文件样例如图 2-2 所示:

海关　专用缴款书（格式）

收入系统：　　　填发日期：　　　年　月　日　　　号码 No.

收款单位	收入机关			缴款单位（人）	名　　称	
	税　　目		预算级次		账　　号	
	收款国库				开户银行	

税号	货物名称	数量	单位	完税价格（¥）	税率（％）	税款金额（¥）

金额人民币（大写）		合计（¥）	
申请单位编号	报关单编号	填制单位	收款国库（银行）
合同（批文）号	运输工具（号）		
缴款期限	提装货单号		
备注		制单人_____ 复核人_____	

自填发缴款书之日起 15 日内缴纳税款（期末遇星期六、星期日或法定节假日顺延），逾期缴纳按日加收税款总额万分之五的滞纳金。

图 2-2　海关专用缴款书样例

（3）从境外单位或者个人购进服务、无形资产或者不动产，按照规定应当扣缴增值税的，准予从销项税额中抵扣的进项税额为自税务机关取得的解缴税款的完税凭证上注明的增值税额。

纳税人凭完税凭证抵扣进项税额的，应当具备书面合同、付款证明和境外单位的对账单或者发票。资料不全的，其进项税额不得从销项税额中抵扣。

（4）购进农产品进项税额的确认。

① 购进农产品，取得一般纳税人开具的增值税专用发票或海关进口增值税专用缴款书的，以增值税专用发票或海关进口增值税专用缴款书上注明的增值税额为进项税额；从按照简易计税方法依照3％征收率计算缴纳增值税的小规模纳税人取得增值税专用发票的，以增值税专用发票上注明的金额和9％的扣除率计算进项税额；取得（开具）农产品销售发票或收购发票的，以农产品销售发票或收购发票上注明的农产品买价和9％的扣除率计算进项税额。

② 纳税人购进用于生产销售或委托受托加工13％税率货物的农产品，在扣除9％进项税额的基础上再按1％的扣除率加计扣除进项税额。

③ 纳税人从批发、零售环节购进适用免征增值税政策的蔬菜、部分鲜活肉蛋而取得的普通发票，不得作为计算抵扣进项税额的凭证。

④ 对纳税人按规定缴纳的烟叶税，准予并入烟叶产品的买价计算增值税的进项税额，并在计算缴纳增值税时予以抵扣。

烟叶收购单位收购烟叶时按照国家有关规定以现金形式直接补贴烟农的生产投入补贴，属于农产品买价，烟叶收购单位，应将此价外补贴与烟叶收购价格在同一张农产品收购发票或者销售发票上分别注明,否则,价外补贴不得计算增值税进项税额进行抵扣。

收购烟叶的进项税额计算公式如下:

进项税额=(烟叶收购金额+烟叶税应纳税额)×扣除率

【例 2-24】 某粮油企业为一般纳税人,2020 年 1 月从农产品生产者手中收购粮食支付收购金额 300 万元,开具农产品收购凭证。

要求:计算该企业收购粮食准予抵扣的进项税额。

【答案】

进项税额=300×9%=27(万元)。

【例 2-25】 某卷烟生产企业为增值税一般纳税义务人,2020 年 2 月从烟叶种植者手中收购烟叶支付收购金额 30 万元,另支付了价外补贴 3 万元。

要求:计算收购烟叶准予抵扣的进项税额

【答案】

烟叶税=30×(1+10%)×20%=6.6(万元)。

进项税额=(30+3+6.6)×9%=3.56(万元)。

(5)支付道路、桥、闸通行费进项税额的确认。

① 支付的道路通行费,按照收费公路通行费增值税电子普通发票上注明的增值税额抵扣进项税额。

② 纳税人支付的桥、闸通行费,暂凭取得的通行费发票上注明的收费金额按照下列公式计算可抵扣的进项税额:

桥、闸通行费可抵扣进项税额=桥、闸通行费发票上注明的金额÷(1+5%)×5%

二、扣税凭证用途确认

应当注意的是,进项税额抵扣除了取得法定扣除凭证外,还需经过网上用途确认(比如是用于内销抵扣还是出口退税),否则不得扣除。

随着增值税发票管理系统全面信息化管理,销售方开具增值税发票的信息上传给税务机关后,购买方可以在增值税发票综合服务平台上及时查询、确认购进货物的发票信息,因此,纳税人取得 2017 年 1 月 1 日及以后开具的增值税专用发票、海关进口增值税专用缴款书、机动车销售统一发票、收费公路通行费增值税电子普通发票,取消认证确认、稽核比对、申报抵扣的期限。纳税人在进行增值税纳税申报时,应当通过本省(自治区、直辖市和计划单列市)增值税发票综合服务平台对上述扣税凭证信息进行用途确认。

如果取得海关专用缴款书,应按以下规则进行申报抵扣:

(1)纳税人取得仅注明一个缴款单位信息的海关缴款书,应当登录本省(区、市)增值税发票综合服务平台查询、选择用于申报抵扣或出口退税的海关缴款书信息。通过增值税发票综合服务平台查询到的海关缴款书信息与实际情况不一致或未查询到对应信息的,应当上传海关缴款书信息,经系统稽核比对相符后,纳税人登录增值税发票综合服务平台查询、选择用于申报抵扣或出口退税的海关缴款书信息。

(2)纳税人取得注明两个缴款单位信息的海关缴款书,应当上传海关缴款书信息,经系统稽核比对相符后,纳税人登录增值税发票综合服务平台查询、选择用于申报抵扣或出口退税的海关缴款书信息。

> **小知识 2-6　增值税发票综合服务平台**
>
> 为进一步优化税收营商环境,深化税务系统"放管服"改革,方便纳税人开具和使用增值税发票,税务总局将增值税发票选择确认平台升级为增值税发票综合服务平台,为纳税人提供发票用途确认、风险提示、信息下载等服务。纳税人取得增值税专用发票、机动车销售统一发票、收费公路通行费增值税电子普通发票后,如需用于申报抵扣增值税进项税额或申请出口退税、代办退税,应当登录增值税发票综合服务平台确认发票用途。增值税发票综合服务平台登录地址由国家税务总局、各省(自治区、直辖市和计划单列市)税务局确定并公布。

三、不得从销项税额中抵扣的进项税额

在日常生产经营过程中,纳税人部分购买项目并非直接用于生产经营活动,在现行增值税采取"购入扣税法"的情况下,纳税人已在购进时抵扣了进项税额的外购项目可能发生用途改变而不得抵扣,因此,税法规定了不得作为进项税额抵扣的情形,包括:

(1) 用于简易计税方法计税项目、免征增值税项目、集体福利或者个人消费的购进货物、服务、无形资产、不动产和金融商品对应的进项税额,其中涉及的固定资产、无形资产和不动产,仅指专用于上述项目的固定资产、无形资产和不动产。

纳税人租入固定资产、不动产,既适用一般计税方法计税项目,又适用简易计税方法计税项目、免征增值税项目、集体福利或者个人消费的,其进项税额准予从销项税额中全额抵扣。

纳税人的交际应酬消费属于个人消费。

(2) 非正常损失项目对应的进项税额。

非正常损失是指因管理不善造成货物被盗、丢失、霉烂变质,以及因违反法律法规造成货物或者不动产被依法没收、销毁、拆除的情形。

(3) 购进并直接用于消费的餐饮服务、居民日常服务和娱乐服务对应的进项税额。

购进不直接消费而是转售的上述服务,对应的进项税额准予抵扣销项税额。比如,餐饮企业之间购买的用于转售的餐饮服务的进项税额是准予抵扣,如果企业因生产经营需要进行业务招待而发生餐饮费用,因为直接消费了,所以相应的进项税额不得抵扣。

(4) 购进贷款服务对应的进项税额。

纳税人接受贷款服务向贷款方支付的与该笔贷款直接相关的投融资顾问费、手续费、咨询费等费用,其进项税额不得从销项税额中抵扣。

(5) 国务院规定的其他进项税额。

【例 2-26】 某企业为一般纳税人,当月库存原材料因管理不善而被盗,账面成本 10 万元,其中运费成本 2 万元。

要求:计算不得抵扣的进项税额。

【答案】

发生非正常损失的项目对应已经抵扣的进项税额,应做进项税额转出处理。

进项税额转出 $= (10-2) \times 13\% + 2 \times 9\% = 1.22$(万元)。

【例 2-27】某企业为一般纳税人,当月将库存商品作为福利发给职工,账面成本 20 万元,因生产经营需要购买并直接消费餐饮服务不含税金额 2 万元,支付利息不含税金额 30 万元。

要求:计算准予抵扣的进项税额。

【答案】

购买且直接消费的餐饮服务,贷款服务发生的进项税额不得抵扣;外购货物作为职工福利,进项税额已经抵扣的,应做进项税额转出处理。

进项税额转出 $=20\times13\%=2.6$(万元)。

小知识 2-7　集体福利或者个人消费

集体福利或者个人消费是指企业内部设置的供职工使用的食堂、浴室、理发室、宿舍、幼儿园等福利设施及其设备、物品等,或者以福利、奖励、津贴等形式发放给职工个人的物品。

四、不得抵扣进项税额的计算

已抵扣进项税额的购入项目如发生不得抵扣事项时,应作进项税额转出处理。具体计算办法如下:

(1) 已抵扣进项税额的购进货物(不含固定资产)、劳务、服务,用于免征增值税项目、集体福利或者个人消费和发生非正常损失的,应当将该进项税额从当期进项税额中扣减;无法确定该进项税额的,按照当期实际成本计算应扣减的进项税额。

纳税人兼营简易计税方法计税项目、免征增值税项目而无法划分不得抵扣的进项税额,按照下列公式计算不得抵扣的进项税额:

不得抵扣的进项税额=当期无法划分的全部进项税额×(当期简易计税方法计税项目销售额+免征增值税项目销售额)÷当期全部销售额

主管税务机关可以按照上述公式依据年度数据对不得抵扣的进项税额进行清算。

(2) 纳税人已抵扣进项税额的固定资产、不动产,发生非正常损失,或者改变用途,专用于简易计税方法计税项目、免征增值税项目、集体福利或者个人消费的,按照下列公式计算不得抵扣的进项税额,并从当期进项税额中扣减:

不得抵扣的进项税额=已抵扣进项税额×固定资产、不动产净值率

固定资产、不动产净值率=(不动产净值÷不动产原值)×100%

按照规定不得抵扣进项税额的固定资产、不动产,发生用途改变,用于允许抵扣进项税额项目的,按照下列公式在改变用途的次月计算可抵扣进项税额。

可抵扣进项税额=增值税扣税凭证注明或计算的进项税额×固定资产、不动产净值率

(3) 纳税人销售自行开发的房地产项目,兼有一般计税方法计税、简易计税方法计税、免征增值税的房地产项目而无法划分不得抵扣的进项税额的,应以《建筑工程施工许可证》注明的"建设规模"为依据进行划分。

不得抵扣的进项税额＝当期无法划分的全部进项税额×(简易计税、
　　　　　　　　　　免税房地产项目建设规模÷房地产项目总建设规模)

【例 2-28】某企业为一般纳税人,当月销售甲商品(适用税率 13%)和乙商品(法定免税),甲商品不含税销售额 200 万元,乙商品销售额 100 万元,当月进项税额 33 万元,其中,确认甲商品对应的进项税额 3 万元,其他无法确认。

要求：计算该企业应纳增值税。

【答案】

不得抵扣的进项税额＝(33－3)×100÷(200＋100)＝10(万元)；

应纳增值税＝200×13%－(33－10)＝3(万元)。

【例 2-29】某建筑企业为一般纳税人,承接 A 项目和 B 项目的建造,A 建筑项目适用一般计税方法,B 项目适用简易计税方法。2019 年 12 月 A 项目不含税销售额 1 000 万元,B 项目不含税销售额 250 万元。当月外购货物、支付服务的进项税额共 100 万元(其中可以确认 A 项目的进项税额 60 万元,B 项目进项税额 10 万元,其余 30 万元无法在 A 项目和 B 项目划分),取得增值税专用发票经增值税发票选择确认平台勾选,期初无留抵税额。

要求：计算该企业当月应纳增值税。

【答案】

不得抵扣的进项税额＝30×(250÷1 250)＝6(万元)；

应纳增值税＝1 000×9%－(100－10－6)＋250×3%＝13.5(万元)。

五、平销返利

平销返利是指生产企业以商业企业经销价或高于商业企业经销价的价格将货物销售给商业企业,商业企业再以进货成本甚至低于进货成本的价格进行销售,生产企业则以返还利润等方式弥补商业企业的进销差价损失。

对商业企业向供货方收取的与商品销售量、销售额挂钩(譬如以一定比例、金额、数量计算)的各种返还收入,均应冲减当期增值税进项税额,计算公式为：

当期应冲减进项税额＝当期取得的返还资金÷(1＋所购货物适用增值税税率)×
　　　　　　　　　所购货物适用增值税税率

【例 2-30】某商场为一般纳税人,2019 年 12 月从商品供应方取得与商品销售量挂钩的返利 113 万元；提供相关服务取得供应方支付的上架费、促销费等含税销售额 30 万元,手续费含税销售额 5 万元。

问题：该商场应如何进行税务处理？

【答案】

进项税额转出＝113÷(1＋13%)×13%＝13(万元)；

应纳增值税＝(30＋5)÷(1＋6%)×6%＝1.98(万元)。

六、申请退还增量留抵税额

为贯彻落实党中央、国务院决策部署,推进增值税实质性减税,进一步推进企业高质量发展,自 2019 年 4 月 1 日起实行增值税留抵税额退税政策。

(一)退税政策的实施时间和基本要求

自 2019 年 4 月 1 日起,增量留抵税额准予按规定计算退还。

所称增量留抵税额,是指与 2019 年 3 月底相比新增加的期末留抵税额。同时符合以下条件的纳税人,可以向主管税务机关申请退还增量留抵税额:

(1) 自 2019 年 4 月税款所属期起,连续六个月(按季纳税的,连续两个季度)增量留抵税额均大于零,且第六个月增量留抵税额不低于 50 万元。

(2) 纳税信用等级为 A 级或者 B 级。

(3) 申请退税前 36 个月未发生骗取留抵退税、出口退税或虚开增值税专用发票情形的。

(4) 申请退税前 36 个月未因偷税被税务机关处罚两次及以上的。

(5) 自 2019 年 4 月 1 日起未享受即征即退、先征后返(退)政策的。

(二)退税金额的计算

纳税人当期允许退还的增量留抵税额,按照以下公式计算:

$$允许退还的增量留抵税额 = 增量留抵税额 \times 进项构成比例 \times 60\%$$

进项构成比例,为 2019 年 4 月至申请退税前一税款所属期内已抵扣的增值税专用发票(含税控机动车销售统一发票)、海关进口增值税专用缴款书、解缴税款完税凭证注明的增值税额占同期全部已抵扣进项税额的比重。

在计算允许退还的增量留抵税额的进项构成比例时,纳税人在 2019 年 4 月至申请退税前一税款所属期内按规定转出的进项税额,无需从已抵扣的增值税专用发票、机动车销售统一发票、海关进口增值税专用缴款书、解缴税款完税凭证注明的增值税额中扣减。

(三)申请退税的时间

纳税人应在增值税纳税申报期内,向主管税务机关申请退还留抵税额。纳税人申请办理留抵退税,应于符合留抵退税条件的次月起,在增值税纳税申报期内,完成本期增值税纳税申报后,通过电子税务局或办税服务厅提交"退(抵)税申请表"。

退税后如果按照规定再次满足退税条件的,可以继续向主管税务机关申请退还留抵税额,但连续期间应重新起算,不得重复计算。

(四)取得退税款的会计处理

纳税人取得退还的留抵税额后,应相应调减当期留抵税额,在会计核算时作进项税额转出处理。

【例 2-31】某公司为一般纳税人,2019 年 3 月底留抵税额 100 万元。4 月份至 9 月份进项构成比例为 90%,假设满足其他申请退税的条件。2019 年 4 月至 9 月期末留抵税额如下:

单位:万元

月份	4	5	6	7	8	9
期末留抵税额	110	115	105	128	160	175

要求：计算该公司允许退还的增值税。

【答案】

月月有增量留抵税额且第 6 个月的新增留抵税额超过 50 万元的所属月份为 2019 年 9 月。

允许退还的增量留抵税额＝增量留抵税额×进项构成比例×60％＝(175－100)×90％×60％＝40.5(万元)。

在办理增值税纳税申报时，退还的增值税应做进项税额转出的税务处理：

借：其他应收款——应退增值税　　　　　　　　　405 000

　　贷：应交税费——应交增值税(进项税额转出)　　　　405 000

(五) 其他相关规定

自 2019 年 6 月 1 日起，部分现代制造业企业，生产并销售非金属矿物制品、通用设备、专用设备及计算机、通信和其他电子设备销售额占全部销售额的比重超过 50％的纳税人，同时符合以下条件的，可以向主管税务机关申请退还增量留抵税额：

(1) 增量留抵税额大于零。

比照其他行业企业，本条件是最大的区别，意味着只要每月有增量留抵税额，每月可以退税而不是至少等 6 个月；并且在退税时也不再要求增量留抵税额必须超过 50 万元。

(2) 纳税信用等级为 A 级或者 B 级。

(3) 申请退税前 36 个月未发生骗取留抵退税、出口退税或虚开增值税专用发票情形的。

(4) 申请退税前 36 个月未因偷税被税务机关处罚两次及以上的。

(5) 自 2019 年 4 月 1 日起未享受即征即退、先征后返(退)政策的。

所称增量留抵税额，是指与 2019 年 3 月底相比新增加的期末留抵税额。部分现代制造业企业增量留抵税额退税的计算同上述案例。

第九节　一般计税方法——应纳税额抵减

一、应纳税额加计抵减

(一) 什么是"应纳税额加计抵减"

自 2019 年 4 月 1 日至 2021 年 12 月 31 日，允许生产、生活性服务业纳税人按照当期可抵扣进项税额加计 10％，抵减应纳税额(以下称加计抵减政策)。

(二) 加计抵减政策具体规定

(1) 所称生产、生活性服务业纳税人，是指提供邮政服务、电信服务、现代服务、生活服务(以下称四项服务)取得的销售额占全部销售额的比重超过 50％的纳税人。

2019 年 3 月 31 日前设立的纳税人，自 2018 年 4 月至 2019 年 3 月期间的销售额(经营期不满 12 个月的，按照实际经营期的销售额)符合上述规定条件的，自 2019 年 4 月 1 日起适用加计抵减政策。

2019年4月1日后设立的纳税人,自设立之日起3个月的销售额符合上述规定条件的,自登记为一般纳税人之日起适用加计抵减政策。

纳税人确定适用加计抵减政策后,当年内不再调整,以后年度是否适用,根据上年度销售额计算确定。

纳税人可计提但未计提的加计抵减额,可在确定适用加计抵减政策当期一并计提。

(2) 纳税人应按照当期可抵扣进项税额的10%计提当期加计抵减额。按照现行规定不得从销项税额中抵扣的进项税额,不得计提加计抵减额;已计提加计抵减额的进项税额,按规定作进项税额转出的,应在进项税额转出当期,相应调减加计抵减额。计算公式如下:

当期计提加计抵减额＝当期可抵扣进项税额×10%

当期可抵减加计抵减额＝上期末加计抵减额余额＋当期计提加计抵减额－当期调减加计抵减额

(3) 纳税人应按照现行规定计算一般计税方法下的应纳税额(以下称抵减前的应纳税额)后,区分以下情形加计抵减:

① 抵减前的应纳税额等于零的,当期可抵减加计抵减额全部结转下期抵减;

② 抵减前的应纳税额大于零,且大于当期可抵减加计抵减额的,当期可抵减加计抵减额全额从抵减前的应纳税额中抵减;

③ 抵减前的应纳税额大于零,且小于或等于当期可抵减加计抵减额的,以当期可抵减加计抵减额抵减应纳税额至零。未抵减完的当期可抵减加计抵减额,结转下期继续抵减。

(4) 纳税人出口货物劳务、发生跨境应税行为不适用加计抵减政策,其对应的进项税额不得计提加计抵减额。

纳税人兼营出口货物劳务、发生跨境应税行为且无法划分不得计提加计抵减额的进项税额,按照以下公式计算:

不得计提加计抵减额的进项税额＝当期无法划分的全部进项税额×当期出口货物劳务和发生跨境应税行为的销售额÷当期全部销售额

(5) 纳税人应单独核算加计抵减额的计提、抵减、调减、结余等变动情况。骗取适用加计抵减政策或虚增加计抵减额的,按照《税收征收管理法》等有关规定处理。

(6) 加计抵减政策执行到期后,纳税人不再计提加计抵减额,结余的加计抵减额停止抵减。

(7) 规定取得增值税留抵退税款的,不得再申请享受增值税即征即退、先征后返(退)政策。

(8) 2019年10月1日至2021年12月31日,允许生活性服务业纳税人按照当期可抵扣进项税额加计15%,抵减应纳税额。

所称生活性服务业纳税人,是指提供生活服务取得的销售额占全部销售额的比重超过50%的纳税人。

生活服务的具体范围包括:文化艺术、体育、教育、卫生、旅游、娱乐、餐饮、住宿、居民服务、社会工作、其他生活服务。

计算公式如下:

当期计提加计抵减额＝当期可抵扣进项税额×15%

其余有关问题,比照加计抵减10%的相关规定。

【例2-32】甲公司(现代服务业)于2010年5月8日设立,一般纳税人。2018年4月1日至2019年3月30日的全部销售额(不含增值税,下同)为2850万元,其中提供现代服务的销售额为1880万元,其余为销售货物的销售额。

2019年5月,提供现代服务的销售额为236万元,适用税率为6%,开具增值税专用发票;销售货物的销售额为79万元,适用税率为13%,开具增值税普通发票。当月外购货物、服务等取得增值税专用发票注明的税额为10万元。上月外购原材料本月发生非正常损失确认的进项税额1万元。2019年4月末无留抵税额和结转抵减额。

要求:计算该企业享受加计抵减政策后实际缴纳的增值税。

【答案】

加计抵减本期发生额:10×10%=1(万元);
加计抵减本期调减额:1×10%=0.1(万元);
本期可抵减额:0+1−0.1=0.9(万元);
本期销项税额:236×6%+79×13%=24.43(万元);
本期实际抵扣进项税额:10−1=9(万元);
本期应纳增值税:24.43−9=15.43(万元)>0.9万元;
本期实际抵减额:0.9万元;
本期实际应纳增值税:15.43−0.9=14.53(万元)。

【例2-33】某餐饮企业于2010年5月8日设立,登记为一般纳税人。2018年10月1日至2019年9月30日的全部销售额(不含增值税,下同)为2850万元,其中提供餐饮服务的销售额为2150万元,其余为出租不动产的销售额。

2019年10月,提供餐饮服务的销售额为236万元,适用税率为6%;出租不动产的销售额为79万元,适用征收率为5%。当月外购货物、服务等取得增值税专用发票注明的税额为8万元,其中,本月用于不动产出租业务的进项税额1万元。2019年4月末无留抵税额和结转抵减额。

要求:计算该企业享受加计抵减政策后实际缴纳的增值税。

【答案】

加计抵减本期发生额:8×15%=1.2(万元);
加计抵减本期调减额:1×15%=0.15(万元);
本期可抵减额:0+1.2−0.15=1.05(万元);
本期销项税额:236×6%=14.16(万元);
本期实际抵扣进项税额:8−1=7(万元);
本期应纳增值税:14.16−7=7.16(万元)>1.05万元;
本期实际抵减额:1.05万元;
本期实际应纳增值税:7.16−1.05+79×5%=10.06(万元)。

二、增值税税控系统专用设备和技术维护费用抵减应纳税额

(1)纳税人初次购买增值税税控系统专用设备(包括分开票机)支付的费用,可凭购买增值税税控系统专用设备取得的增值税专用发票,在增值税应纳税额中全额抵减(抵减额为价税合计额),不足抵减的可结转下期继续抵减。增值税纳税人非初次购买增值税税控系统专用设

备支付的费用,由其自行负担,不得在增值税应纳税额中抵减。

(2) 纳税人缴纳的技术维护费,可凭技术维护服务单位开具的技术维护费发票,在增值税应纳税额中全额抵减,不足抵减的可结转下期继续抵减。技术维护费按照价格主管部门核定的标准执行。

(3) 一般纳税人支付的两项费用在增值税应纳税额中全额抵减的,其增值税专用发票不作为增值税抵扣凭证,其进项税额不得从销项税额中抵扣。

【例 2-34】某企业为一般纳税人,当月初次购买税控设备支付价款 1.13 万元,取得增值税专用发票注明进项税额 0.13 万元;支付技术维护费价税合计 0.1 万元,取得增值税普通发票。当月销项税额 25 万元,进项税额 20 万元。

要求:计算当月应纳增值税。

【答案】

应纳增值税 = (25 - 20) - 1.13 - 0.1 = 3.77(万元)。

应当注意的是,小规模纳税人也可以享受增值税税控系统专用设备和技术维护费用抵减应纳税额的政策。

【例 2-35】某企业为小规模纳税人,当月初次购买税控设备支付价款 0.12 万元,支付技术维护费 0.03 万元,均取得增值税普通发票。当月取得含税销售额 6 万元。

要求:计算当月应纳增值税。

【答案】

应纳增值税 = 60 000 ÷ (1 + 3%) × 3% - 1 200 - 300 = 247.57(元)。

第十节 简易计税方法和代扣代缴应纳税额的计算

一、简易计税方法应纳税额的计算

简易计税方法是增值税计税方法中的一种,是指按照销售额和增值税征收率计算税额,且不得抵扣进项税额的计税方法。

简易计税方法适用于小规模纳税人发生应税交易应纳税额的计算。

简易计税方法也适用于一般纳税人发生税法规定的特定应税交易时应纳税额的计算。一般纳税人发生税法规定的特定应税交易可以选择适用简易计税方法计税,但一经选择,36 个月内不得变更。

(一) 小规模纳税人

小规模纳税人适用简易计税方法计算缴纳增值税,征收率为 3%。计税公式为:

$$应纳增值税 = 不含税销售额 \times 3\%$$
$$不含税销售额 = 含税销售额 \div (1 + 3\%)$$

【例 2-36】某餐饮企业为小规模纳税人,按季申报缴纳增值税。2019 年第四季度取得含税销售额 45 万元。

要求：计算该企业2019年第四季度应纳增值税。

【答案】

应纳增值税 = 450 000 ÷ (1 + 3%) × 3% = 13 106.8(元)。

(二) 纳税人销售自己使用过的固定资产

所谓固定资产，是指使用期限超过12个月的机器、机械、运输工具以及其他与生产经营有关的设备、工具、器具等。所谓自己使用过的固定资产，是指纳税义务人根据财务会计制度已经计提折旧的固定资产。

1. 一般纳税人

（1）一般纳税人销售自己使用过的属于购入时不得抵扣且未抵扣进项税额的固定资产，按简易办法依照3%征收率减按2%征收增值税，只能开具增值税普通发票。计税公式为：

应纳增值税 = 不含税销售额 × 2%

不含税销售额 = 含税销售额 ÷ (1 + 3%)

一般纳税人也可以选择按以下办法计算缴纳增值税，可以开具增值税专用发票。计税公式为：

应纳税 = 不含税销售额 × 3%

不含税销售额 = 含税销售额 ÷ (1 + 3%)

（2）一般纳税人销售自己使用过的属于购入时可以抵扣进项税额的固定资产，按适用税率计算缴纳增值税。计税公式为：

销项税额 = 不含税销售额 × 13%(或9%)

不含税销售额 = 含税销售额 ÷ (1 + 13% 或 9%)

2. 小规模纳税人

（1）小规模纳税人销售自己使用过的固定资产，依照3%征收率减按2%征收增值税，只能开具增值税普通发票。计税公式为：

应纳增值税 = 不含税销售额 × 2%

不含税销售额 = 含税收入 ÷ (1 + 3%)

（2）小规模纳税义务人销售自己使用过的除固定资产以外的物品，应按3%的征收率征增值税。计税公式为：

应纳增值税 = 不含税销售额 × 3%

不含税销售额 = 含税销售额 ÷ (1 + 3%)

3. 自然人

自然人销售自己使用过的物品，免征增值税。

【例2-37】某交通运输企业为一般纳税人，2020年2月转让其2016年1月购置的货运车辆，转让收入价税合计51.5万元，开具增值税普通发票。

要求：计算该企业应纳增值税。

【答案】

交通运输企业 2016 年 4 月 30 日前征收营业税,购置货运车辆不得抵扣增值税,所以,现在使用后转让可以按照简易计税方法计算应纳增值税。

应纳税额=51.5÷(1+3%)×2%=1(万元)。

该企业可以开具增值税普通发票。

如果因购买方要求开具增值税专用发票,则:

应纳税额=51.5÷(1+3%)×3%=1.5(万元)。

如果货运车辆在 2016 年 5 月 1 日以后购置的,营业税改征增值税改革已全面执行,交通运输企业购买货车可以抵扣进项税额,所以,现在转让时应计提销项税额。

销项税额=51.5÷(1+13%)×13%=5.92(万元)。

(三) 销售二手车

自 2020 年 5 月 1 日至 2023 年 12 月 31 日,从事二手车经销的纳税人销售其收购的二手车,由原按照简易办法依 3% 征收率减按 2% 征收增值税,改为减按 0.5% 征收增值税。计税公式如下:

$$销售额=含税销售额÷(1+0.5\%)$$

$$应纳税额=销售额×0.5\%$$

所称二手车,是指从办理完注册登记手续至达到国家强制报废标准之前进行交易并转移所有权的车辆,具体范围按照国务院商务主管部门出台的二手车流通管理办法执行。

所称从事二手车经销的纳税人,是指取得二手车经销业务资质,从事二手车买卖的纳税人。

【例 2-38】

某从事二手车经销的纳税人为增值税一般纳税人,2020 年 5 月销售收购的二手车取得含税销售额 560 000 元。

要求:计算当月应纳增值税。

【答案】

应纳增值税=560 000÷(1+0.5%)×0.5%=2 786.07(元)。

(四) 纳税人销售旧货

纳税义务人销售旧货按照简易办法依照 3% 征收率减按 2% 征收增值税。计税公式为:

$$应纳增值税=不含税销售额×2\%$$

$$不含税销售额=含税销售额÷(1+3\%)$$

所谓旧货,是指进入二次流通的具有部分使用价值的货物,但不包括自然人自己使用过的物品。

【例 2-39】 王先生置换小汽车,旧车销售取得转让收入 6 万元。

要求:计算王先生应纳增值税。

【答案】

王先生转让使用过的物品免征增值税。

(五) 一般纳税人销售自产货物可选择按简易方法征收增值税的情形

一般纳税义务人销售自产的下列货物可选择按照简易办法依照 3% 征收率计算缴纳增

值税：

(1) 县级及县级以下小型水力发电单位生产的电力；

(2) 自产建筑用和生产建筑材料所用的砂、土、石料；

(3) 以自己采掘的砂、土、石料或其他矿物连续生产的砖、瓦、石灰(不含黏土实心砖、瓦)；

(4) 用微生物、微生物代谢产物、动物毒素、人或动物的血液或组织制成的生物制品；

(5) 自产自来水；

(6) 自产的商品混凝土(仅限于以水泥为原料生产的水泥混凝土)；

(7) 单采血浆站销售非临床用人体血液；

(8) 寄售商店代销寄售商品；

(9) 典当业销售死当物品；

(10) 药品经营企业销售生物制品；

(11) 经国务院或国务院授权机关批准的免税商店零售的免税品。

计税公式为：

$$应纳增值税 = 不含税销售额 \times 3\%$$

$$不含税销售额 = 含税销售额 \div (1 + 3\%)$$

(六) 一般纳税人销售应税服务可选择按简易方法征收增值税的情形

(1) 一般纳税人销售下列应税服务可以选择适用简易计税方法按3%征收率计算缴纳增值税：

① 一般纳税人提供的公共交通运输服务。公共交通运输服务，包括轮客渡、公交客运、地铁、城市轻轨、出租车、长途客运、班车。其中，班车是指按固定路线、固定时间运营并在固定站点停靠的运送旅客的陆路运输。

② 一般纳税人，以营业税改征增值税改革前购进或者自制的有形动产为标的物提供的经营租赁服务。

③ 被认定为动漫企业的一般纳税人，为开发动漫产品提供的动漫脚本编撰、形象设计、背景设计、动画设计、分镜、动画制作、摄制、描线、上色、画面合成、配音、配乐、音效合成、剪辑、字幕制作、压缩转码(面向网络动漫、手机动漫格式适配)服务，以及在境内转让动漫版权(包括动漫品牌、形象或者内容的授权及再授权)。

④ 一般纳税人提供的电影放映服务、仓储服务、装卸搬运服务、收派件服务、文化体育服务、非学历教育服务和教育辅助服务。

⑤ 以清包方式提供的建筑服务。这是指施工方不采购建筑工程所需的材料或只采购辅助材料，并收取人工费、管理费或者其他费用的建筑服务。

⑥ 为甲供工程提供的建筑服务。甲供工程，是指全部或部分设备、材料、动力由工程发包方自行采购的建筑工程。

⑦ 为建筑工程老项目提供的建筑服务。建筑工程老项目，是指：第一，《建筑工程施工许可证》注明的合同开工日期在2016年4月30日前的建筑工程项目；第二，未取得《建筑工程施工许可证》的，建筑工程承包合同注明的开工日期在2016年4月30日前的建筑工程项目；第三，《建筑工程施工许可证》未注明合同开工日期，但建筑工程承包合同注明的开工日期在2016年4月30日前的建筑工程项目。

⑧ 收取 2016 年 4 月 30 日前开工的高速公路的车辆通行费。

⑨ 非企业性单位中的一般纳税人提供的研发和技术服务、信息技术服务、鉴证咨询服务,以及销售技术、著作权等无形资产,以及技术转让、技术开发和与之相关的技术咨询、技术服务。

⑩ 建筑工程总承包单位为房屋建筑的地基与基础、主体结构提供工程服务,建设单位自行采购全部或部分钢材、混凝土、砌体材料、预制构件的,适用简易计税方法计税的。

计税公式为:

$$应纳增值税=不含增值税销售额×3\%$$

$$不含增值税销售额=含增值税收入÷(1+3\%)$$

【例 2-40】某出租汽车公司为增值税一般纳税义务人,2019 年 12 月出租车运营含增值税收入 200 万元。该企业选择适用按简易办法计征增值税。

要求:计算该公司当月应纳增值税。

【答案】

应纳增值税=200÷(1+3%)×3%=5.83(万元)。

【例 2-41】某电影放映企业为一般纳税人,2019 年 12 月取得含税销售额 100 万元。

要求:计算该企业当月应纳增值税。

【答案】

应纳增值税=100÷(1+3%)×3%=2.91(万元)。

(2) 一般纳税人销售下列服务可以选择适用简易计税方法按 5% 征收率缴纳增值税:

① 销售 2016 年 4 月 30 日前取得的不动产。

② 销售自行开发的房地产老项目。

③ 转让 2016 年 4 月 30 日前取得的土地使用权。

④ 出租 2016 年 4 月 30 日前取得的不动产。

⑤ 收取 2016 年 4 月 30 日前开工的一级公路、二级公路、桥、闸通行费。

⑥ 提供劳务派遣服务选择按差额征税的。

计税公式为:

$$应纳增值税=不含税销售额×5\%$$

$$不含税销售额=含税销售额÷(1+5\%)$$

【例 2-42】某房产企业为一般纳税人,2019 年 12 月出租 2016 年 4 月 30 日前取得的不动产的含税租赁收入 210 万元,出租 2016 年 5 月 1 日后取得的不动产的含税租赁收入 545 万元。假设当月未发生增值税进项税额。

要求:计算该企业当月应纳增值税。

【答案】

应纳增值税=210÷(1+5%)×5%+545÷(1+9%)×9%=10+45=55(万元)。

(七) 中外合作油气田开采销售原油、天然气

这种情况适用征收率为 5%。计税公式为:

$$应纳增值税=不含税销售额×5\%$$

$$不含税销售额=含税销售额÷(1+5\%)$$

（八）拍卖行拍卖货物

对拍卖行受托拍卖增值税应税货物，向买方收取的全部价款和价外费用，应当按照3%的征收率征收增值税。拍卖货物属免税货物范围的，可以免征增值税。

$$应纳增值税 = 不含税销售额 \times 3\%$$

$$不含税销售额 = 含税销售额 \div (1 + 3\%)$$

（九）资管产品管理人运营资管产品过程中发生的增值税应税行为

资管产品管理人运营资管产品过程中发生的增值税应税行为，暂适用简易计税方法，按照3%的征收率缴纳增值税。

资管产品管理人，包括银行、信托公司、公募基金管理公司及其子公司、证券公司及其子公司、期货公司及其子公司、私募基金管理人、保险资产管理公司、专业保险资产管理机构、养老保险公司。

资管产品，包括银行理财产品、资金信托（包括集合资金信托、单一资金信托）、财产权信托、公开募集证券投资基金、特定客户资产管理计划、集合资产管理计划、定向资产管理计划、私募投资基金、债权投资计划、股权投资计划、股债结合型投资计划、资产支持计划、组合类保险资产管理产品、养老保障管理产品。

计税公式为：

$$应纳增值税 = 不含税销售额 \times 3\%$$

$$不含税销售额 = 含税销售额 \div (1 + 3\%)$$

二、对外支付代扣代缴增值税的计算

境外单位和个人在境内提供应税劳务和应税服务，在境内未设有经营机构的，扣缴义务人按照下列公式计算应扣缴的税额：

$$应扣缴税额 = 接收方支付的价款 \div (1 + 税率) \times 税率$$

【例2-43】 某省某市甲公司为增值税一般纳税义务人，按合同约定支付给境外A公司非专利技术使用费212万元，支付给境外B公司设计费106万元。A公司和B公司在境内无经营机构，要求甲公司直接对外支付款项。

要求：计算甲公司应代扣代缴的增值税。

【答案】

（1）非专利技术使用费：

A公司为纳税人，甲公司为扣缴义务人，所代扣代缴的税款向甲公司机构所在地主管税务机关缴纳。

甲公司代扣代缴增值税 = 212 ÷ (1 + 6%) × 6% = 12（万元），取得完税凭证上注明的增值税准予作为进项税额抵扣。

（2）支付设计费：

B公司为纳税人，甲公司为扣缴义务人，所代扣代缴的税款向甲公司机构所在地主管税务机关缴纳。

甲公司代扣代缴增值税＝106÷(1＋6%)×6%＝6(万元)，取得完税凭证上注明的增值税准予作为进项税额抵扣。

第十一节 增值税减免税规定

一、法定减免税

下列项目免征增值税：
(1) 农业生产者销售的自产农产品；
(2) 避孕药品和用具；
(3) 古旧图书；
(4) 直接用于科学研究、科学试验和教学的进口仪器、设备；
(5) 外国政府、国际组织无偿援助的进口物资和设备；
(6) 由残疾人的组织直接进口供残疾人专用的物品；
(7) 自然人销售的自己使用过的物品；
(8) 托儿所、幼儿园、养老院、残疾人福利机构提供的育养服务,婚姻介绍,殡葬服务；
(9) 残疾人员个人提供的服务；
(10) 医院、诊所和其他医疗机构提供的医疗服务；
(11) 学校和其他教育机构提供的教育服务,学生勤工俭学提供的服务；
(12) 农业机耕、排灌、病虫害防治、植物保护、农牧保险以及相关技术培训业务,家禽、牲畜、水生动物的配种和疾病防治；
(13) 纪念馆、博物馆、文化馆、文物保护单位管理机构、美术馆、展览馆、书画院、图书馆举办文化活动的门票收入,宗教场所举办文化、宗教活动的门票收入；
(14) 境内保险机构为出口货物提供的保险产品。

除上述规定外,根据国民经济和社会发展的需要,或者由于突发事件等原因对纳税人经营活动产生重大影响的,国务院可以制定增值税专项优惠政策,报全国人民代表大会常务委员会备案。

纳税人兼营增值税减税、免税项目的,应当单独核算增值税减税、免税项目的销售额；未单独核算的项目,不得减税、免税。

纳税人发生应税交易适用减税、免税规定的,可以选择放弃减税、免税,依照本法规定缴纳增值税。

纳税人同时适用两个以上减税、免税项目的,可以分不同减税、免税项目选择放弃。放弃的减税、免税项目三十六个月内不得再减税、免税。

二、起征点

(一) 一般规定

起征点指起始征税的临界点,未超过起征点的,免税,超过起征点的,全额征税。

在境内发生应税交易且销售额达到增值税起征点的单位和个人为增值税的纳税人。

销售额未达到增值税起征点的单位和个人,不是增值税法规定的纳税人;销售额未达到增值税起征点的单位和个人,可以自愿选择按增值税法的规定缴纳增值税。

根据《增值税法征求意见稿》,增值税起征点为月销售额10万元(或者季销售额30万元)。

(二)小规模纳税人免征增值税政策

为贯彻落实党中央、国务院决策部署,进一步支持小微企业发展,自2019年1月1日至2021年12月31日,对小规模纳税人实施以下增值税优惠政策:

(1)小规模纳税人发生增值税应税销售行为,合计月销售额未超过10万元(以一个季度为一个纳税期的,季度销售额未超过30万元,下同)的,免征增值税;合计月销售额超过10万元的,就全部销售额计算缴纳增值税。

小规模纳税人发生增值税应税销售行为,合计月销售额超过10万元,但扣除本期发生的销售不动产的销售额后未超过10万元的,其销售货物、劳务、服务、无形资产取得的销售额免征增值税。

(2)适用增值税差额征税政策的小规模纳税人,以差额后的销售额确定是否可以享受本公告规定的免征增值税政策。

(3)按固定期限纳税的小规模纳税人可以选择以一个月或一个季度为纳税期限,一经选择,一个会计年度内不得变更。

(4)自然人采取一次性收取租金形式出租不动产取得的租金收入,可在对应的租赁期内平均分摊,分摊后的月租金收入未超过10万元的,免征增值税。

(5)按照现行规定应当预缴增值税税款的小规模纳税人,凡在预缴地实现的月销售额未超过10万元的,当期无需预缴税款。本公告下发前已预缴税款的,可以向预缴地主管税务机关申请退还。

(6)小规模纳税人月销售额未超过10万元的,当期因开具增值税专用发票已经缴纳的税款,在增值税专用发票全部联次追回或者按规定开具红字专用发票后,可以向主管税务机关申请退还。

【例2-44】 某小微企业为小规模纳税义务人,按季度申报缴纳增值税。2019年第四季度累计含税销售额303 850元。

要求:计算该企业该季度应纳增值税。

【答案】

不含税销售额=303 850÷(1+3%)=295 000(元),该季度销售额未超过30万元,因而免征增值税。

为支持广大个体工商户在做好新冠肺炎疫情防控同时加快复工复业,自2020年3月1日至12月31日,对湖北省增值税小规模纳税人,适用3%征收率的应税销售收入,免征增值税;适用3%预征率的预缴增值税项目,暂停预缴增值税。除湖北省外,其他省、自治区、直辖市的增值税小规模纳税人,适用3%征收率的应税销售收入,减按1%征收率征收增值税;适用3%预征率的预缴增值税项目,减按1%预征率预缴增值税。

减按1%征收率征收增值税的,按下列公式计算应纳税额:

销售额=含税销售额÷(1+1%)

应纳增值税=销售额×1%

【例2-45】武汉市某小规模纳税人,2020年第二季度销售货物取得含税销售额505 000元。

要求:计算该企业第二季度应纳增值税。

【答案】

虽然超过增值税起征点(30万元),但自2020年3月1日至12月31日,对湖北省增值税小规模纳税人,适用3%征收率的应税销售收入,免征增值税。

【例2-46】北京市某小规模纳税人,2020年第二季度销售货物取得含税销售额606 000元。

要求:计算该企业第二季度应纳增值税。

【答案】

应纳增值税 = 606 000 ÷ (1 + 1%) × 1% = 6 000(元)。

三、财政部和国家税务总局规定的减免税

(一)销售再生资源(废旧物资)

单位和个人销售再生资源,应当依照规定缴纳增值税,但个人(不含个体工商户)销售自己使用过的废旧物品免征增值税。增值税一般纳税义务人购进再生资源,应当凭取得的增值税条例及其细则规定的扣税凭证抵扣进项税额。

对符合条件的增值税一般纳税义务人销售再生资源缴纳的增值税实行先征后退政策。

(二)销售有机肥产品

纳税义务人生产销售和批发、零售有机肥产品免征增值税。

享受上述免税政策的有机肥产品是指有机肥料、有机—无机复合肥料和生物有机肥。

(三)鼓励资源综合利用政策

(1) 对销售下列自产货物实行免征增值税政策:

① 再生水;

② 以废旧轮胎为全部生产原料生产的胶粉;

③ 翻新轮胎;

④ 生产原料中掺兑废渣比例不低于30%的特定建材产品。

(2) 对污水处理劳务免征增值税。

(3) 对销售下列自产货物实行增值税即征即退的政策:

① 以工业废气为原料生产的高纯度二氧化碳产品;

② 以垃圾为燃料生产的电力或者热力;

③ 以煤炭开采过程中伴生的舍弃物油母页岩为原料生产的页岩油;

④ 以废旧沥青混凝土为原料生产的再生沥青混凝土。废旧沥青混凝土用量占生产原料的比重不低于30%;

⑤ 采用旋窑法工艺生产并且生产原料中掺兑废渣比例不低于30%的水泥(包括水泥熟料)。

(4) 销售下列自产货物实现的增值税实行即征即退50%的政策:

① 以退役军用发射药为原料生产的涂料硝化棉粉。退役军用发射药在生产原料中的比

重不低于90%；

② 对燃煤发电厂及各类工业企业产生的烟气、高硫天然气进行脱硫生产的副产品；

③ 以废弃酒糟和酿酒底锅水为原料生产的蒸汽、活性炭、白炭黑、乳酸、乳酸钙、沼气。废弃酒糟和酿酒底锅水在生产原料中所占的比重不低于80%；

④ 以煤矸石、煤泥、石煤、油母页岩为燃料生产的电力和热力。煤矸石、煤泥、石煤、油母页岩用量占发电燃料的比重不低于60%；

⑤ 利用风力生产的电力；

⑥ 部分新型墙体材料产品。

(5) 对销售自产的综合利用生物柴油实行增值税先征后退的政策。

所谓综合利用生物柴油，是指以废弃的动物油和植物油为原料生产的柴油。废弃的动物油和植物油用量占生产原料的比重不低于70%。

(6) 对增值税一般纳税义务人生产的黏土实心砖、瓦，一律按适用税率征收增值税，不得采取简易办法征收增值税。

(四) 农民专业合作社有关税收政策

(1) 对农民专业合作社销售本社成员生产的农业产品，视同农业生产者销售自产农业产品免征增值税。

(2) 增值税一般纳税义务人从农民专业合作社购进的免税农业产品，可按13%的扣除率计算抵扣增值税进项税额。

(3) 对农民专业合作社向本社成员销售的农膜、种子、种苗、化肥、农药、农机，免征增值税。

(五) 批发、零售部分农产品

对从事蔬菜、部分鲜活肉蛋产品的批发、零售的纳税义务人免征增值税。

(六) 销售软件产品

增值税一般纳税义务人销售其自行开发生产的软件产品（包括将进口软件产品进行本地化改造后对外销售），按13%税率征收增值税后，对其增值税实际税负超过3%的部分实行即征即退的政策。

所谓软件产品，是指信息处理程序及相关文档和数据。软件产品包括计算机软件产品、信息系统和嵌入式软件产品。

【例 2-47】 某软件生产企业为增值税一般纳税义务人，2019年销售自行开发的计算机软件产品使用权取得不含税销售额1 000万元，全年准予抵扣的进项税额60万元。

要求：计算该企业应纳增值税和即征即退的增值税。

【答案】

应纳增值税 = 1 000 × 13% − 60 = 70(万元)；

实际税负 = 70 ÷ 1 000 × 100% = 7%；

即征即退增值税 = 1 000 × (7% − 3%) = 40(万元)；

该企业实际负担增值税 = 70 − 40 = 30(万元)。

假设全年准予抵扣的进项税额110万元，其他条件不变，则：

应纳增值税 $=1\,000 \times 13\% - 110 = 20$（万元）；

实际税负 $= 20 \div 1\,000 \times 100\% = 2\%$，小于 3%，不退增值税。

（七）租赁企业进口飞机

租赁企业一般贸易项下进口飞机并租给国内航空公司使用的，享受与国内航空公司进口飞机同等税收优惠政策，即进口空载重量在 25 吨以上的飞机减按 5% 征收进口环节增值税。

（八）其他情况

自 2018 年 11 月 30 日至 2023 年 11 月 29 日，对经国务院批准对外开放的货物期货品种保税交割业务，暂免征收增值税。

> **小知识 2-8　法定免税与即征即退**
>
> 法定免税（简称"免税"）与即征即退都属于免征增值税政策范畴，只是具体处理不同。免税是指纳税义务人取得收入不计提销项税额，外购货物也不得计算抵扣进项税额；即征即退是指纳税义务人取得收入应计提销项税额，也可按规定计算抵扣进项税额，应纳增值税先予以缴纳，税务机关审核后全部（或部分）退还给纳税义务人。另外，免税项目不得开具增值税专用发票（可以开具增值税普通发票），即征即退项目准予开具增值税专用发票。

四、营业税改征增值税试点过渡政策的规定

（一）免征增值税项目

(1) 托儿所、幼儿园提供的保育和教育服务。

(2) 养老机构提供的养老服务。

(3) 残疾人福利机构提供的育养服务。

(4) 婚姻介绍服务。

(5) 殡葬服务。

(6) 残疾人员本人为社会提供的服务。

(7) 医疗机构提供的医疗服务。

(8) 从事学历教育的学校提供的教育服务。

境外教育机构与境内从事学历教育的学校开展中外合作办学，提供学历教育服务取得的收入免征增值税。

(9) 学生勤工俭学提供的服务。

(10) 农业机耕、排灌、病虫害防治、植物保护、农牧保险以及相关技术培训业务，家禽、牲畜、水生动物的配种和疾病防治。

(11) 纪念馆、博物馆、文化馆、文物保护单位管理机构、美术馆、展览馆、书画院、图书馆在自己的场所提供文化体育服务取得的第一道门票收入。

(12) 寺院、宫观、清真寺和教堂举办文化、宗教活动的门票收入。

(13) 行政单位之外的其他单位收取的符合《试点实施办法》第十条规定条件的政府性基金和行政事业性收费。

(14) 个人转让著作权。

(15) 个人销售自建自用住房。

(16) 公共租赁住房经营管理单位出租公共租赁住房。

(17) 台湾航运公司、航空公司从事海峡两岸海上直航、空中直航业务在大陆取得的运输收入。

(18) 纳税义务人提供的直接或者间接国际货物运输代理服务。

(19) 以下利息收入：

① 金融机构农户小额贷款。

② 国家助学贷款。

③ 国债、地方政府债。

④ 人民银行对金融机构的贷款。

⑤ 住房公积金管理中心用住房公积金在指定的委托银行发放的个人住房贷款。

⑥ 外汇管理部门在从事国家外汇储备经营过程中，委托金融机构发放的外汇贷款。

(20) 被撤销金融机构以货物、不动产、无形资产、有价证券、票据等财产清偿债务。

(21) 保险公司开办的一年期以上人身保险产品取得的保费收入。

(22) 下列金融商品转让收入：

① 合格境外投资者(QFII)委托境内公司在我国从事证券买卖业务。

② 香港市场投资者(包括单位和个人)通过沪港通买卖上海证券交易所上市 A 股。

③ 对香港市场投资者(包括单位和个人)通过基金互认买卖内地基金份额。

④ 证券投资基金(封闭式证券投资基金，开放式证券投资基金)管理人运用基金买卖股票、债券。

⑤ 个人从事金融商品转让业务。

(23) 金融同业往来利息收入。

(24) 同时符合条件的担保机构从事中小企业信用担保或者再担保业务取得的收入(不含信用评级、咨询、培训等收入)三年内免征增值税。

(25) 国家商品储备管理单位及其直属企业承担商品储备任务，从中央或者地方财政取得的利息补贴收入和价差补贴收入。

(26) 纳税义务人提供技术转让、技术开发和与之相关的技术咨询、技术服务。

(27) 同时符合条件的合同能源管理服务。

(28) 政府举办的从事学历教育的高等、中等和初等学校(不含下属单位)，举办进修班、培训班取得的全部归该学校所有的收入。

(29) 政府举办的职业学校设立的主要为在校学生提供实习场所，并由学校出资自办、由学校负责经营管理、经营收入归学校所有的企业，从事《销售服务、无形资产或者不动产注释》中"现代服务"(不含融资租赁服务、广告服务和其他现代服务)、"生活服务"(不含文化体育服务、其他生活服务和桑拿、氧吧)业务活动取得的收入。

(30) 家政服务企业由员工制家政服务员提供家政服务取得的收入。

(31) 福利彩票、体育彩票的发行收入。

(32) 军队空余房产租赁收入。

(33) 为了配合国家住房制度改革，企业、行政事业单位按房改成本价、标准价出售住房取得的收入。

(34) 将土地使用权转让给农业生产者用于农业生产。

(35) 涉及家庭财产分割的个人无偿转让不动产、土地使用权。

(36) 土地所有者出让土地使用权和土地使用者将土地使用权归还给土地所有者。

(37) 县级以上地方人民政府或自然资源行政主管部门出让、转让或收回自然资源使用权(不含土地使用权)。

(38) 随军家属就业。

① 为安置随军家属就业而新开办的企业,自领取税务登记证之日起,其提供的应税服务三年内免征增值税。

② 从事个体经营的随军家属,自办理税务登记事项之日起,其提供的应税服务三年内免征增值税。

(39) 军队转业干部就业。

① 从事个体经营的军队转业干部,自领取税务登记证之日起,其提供的应税服务三年内免征增值税。

② 为安置自主择业的军队转业干部就业而新开办的企业,凡安置自主择业的军队转业干部占企业总人数60%(含)以上的,自领取税务登记证之日起,其提供的应税服务三年内免征增值税。

(40) 纳税人将国有农用地出租给农业生产者用于农业生产,免征增值税。

(41) 社会团体收取的会费,免征增值税。

(42) 青藏铁路公司提供的运输服务。

(43) 提供邮政普遍服务和邮政特殊服务。

(44) 全国社会保障基金理事会、全国社会保障基金投资管理人运用全国社会保障基金买卖证券投资基金、股票、债券取得的金融商品转让收入。

(45) 自2019年1月1日至2021年12月31日,对国家级、省级科技企业孵化器、大学科技园和国家备案众创空间在孵对象提供孵化服务取得的收入,免征增值税。

(二) 即征即退增值税

(1) 一般纳税义务人提供管道运输服务,对其增值税实际税负超过3%的部分实行增值税即征即退政策。

(2) 经人民银行、银监会或者商务部批准从事融资租赁业务的试点纳税义务人中的一般纳税义务人,提供有形动产融资租赁服务和有形动产融资性售后回租服务,对其增值税实际税负超过3%的部分实行增值税即征即退政策。

(三) 扣减增值税规定

1. 退役士兵创业就业

(1) 自主就业退役士兵从事个体经营的,自办理个体工商户登记当月起,在3年(36个月,下同)内按每户每年12 000元为限额依次扣减其当年实际应缴纳的增值税、城市维护建设税、教育费附加、地方教育附加和个人所得税。限额标准最高可上浮20%,各省、自治区、直辖市人民政府可根据本地区实际情况在此幅度内确定具体限额标准。

纳税人年度应缴纳税款小于上述扣减限额的,减免税额以其实际缴纳的税款为限;大于上述扣减限额的,以上述扣减限额为限。纳税人的实际经营期不足1年的,应当按月换算其减免税限额。换算公式为:减免税限额=年度减免税限额÷12×实际经营月数。城市维护建设税、教育费附加、地方教育附加的计税依据是享受本项税收优惠政策前的增值税应纳税额。

(2) 企业招用自主就业退役士兵,与其签订1年以上期限劳动合同并依法缴纳社会保险费的,自签订劳动合同并缴纳社会保险当月起,在3年内按实际招用人数予以定额依次扣减增值税、城市维护建设税、教育费附加、地方教育附加和企业所得税优惠。定额标准为每人每年6 000元,最高可上浮50%,各省、自治区、直辖市人民政府可根据本地区实际情况在此幅度内确定具体定额标准。

企业按招用人数和签订的劳动合同时间核算企业减免税总额,在核算减免税总额内每月依次扣减增值税、城市维护建设税、教育费附加和地方教育附加。企业实际应缴纳的增值税、城市维护建设税、教育费附加和地方教育附加小于核算减免税总额的,以实际应缴纳的增值税、城市维护建设税、教育费附加和地方教育附加为限;实际应缴纳的增值税、城市维护建设税、教育费附加和地方教育附加大于核算减免税总额的,以核算减免税总额为限。

2. 重点群体创业就业

(1) 建档立卡贫困人口、持"就业创业证"(注明"自主创业税收政策"或"毕业年度内自主创业税收政策")或"就业失业登记证"(注明"自主创业税收政策")的人员,从事个体经营的,自办理个体工商户登记当月起,在3年(36个月,下同)内按每户每年12 000元为限额依次扣减其当年实际应缴纳的增值税、城市维护建设税、教育费附加、地方教育附加和个人所得税。限额标准最高可上浮20%,各省、自治区、直辖市人民政府可根据本地区实际情况在此幅度内确定具体限额标准。

纳税人年度应缴纳税款小于上述扣减限额的,减免税额以其实际缴纳的税款为限;大于上述扣减限额的,以上述扣减限额为限。

(2) 企业招用建档立卡贫困人口,以及在人力资源社会保障部门公共就业服务机构登记失业半年以上且持"就业创业证"或"就业失业登记证"(注明"企业吸纳税收政策")的人员,与其签订1年以上期限劳动合同并依法缴纳社会保险费的,自签订劳动合同并缴纳社会保险当月起,在3年内按实际招用人数予以定额依次扣减增值税、城市维护建设税、教育费附加、地方教育附加和企业所得税优惠。定额标准为每人每年6 000元,最高可上浮30%,各省、自治区、直辖市人民政府可根据本地区实际情况在此幅度内确定具体定额标准。城市维护建设税、教育费附加、地方教育附加的计税依据是享受本项税收优惠政策前的增值税应纳税额。

按上述标准计算的税收扣减额应在企业当年实际应缴纳的增值税、城市维护建设税、教育费附加、地方教育附加和企业所得税税额中扣减,当年扣减不完的,不得结转下年使用。

3. 个人转让住房

个人将购买不足两年的住房对外销售的,按照5%的征收率全额缴纳增值税;个人将购买两年以上(含两年)的住房对外销售的,免征增值税。上述政策适用于北京市、上海市、广州市和深圳市之外的地区。

个人将购买不足两年的住房对外销售的,按照5%的征收率全额缴纳增值税;个人将购买两年以上(含两年)的非普通住房对外销售的,以销售收入减去购买住房价款后的差额按照5%的征收率缴纳增值税;个人将购买两年以上(含两年)的普通住房对外销售的,免征增值税。

上述政策仅适用于北京市、上海市、广州市和深圳市。

（四）促进我国宣传文化事业发展的增值税优惠政策

自 2018 年 1 月 1 日起至 2020 年 12 月 31 日，执行下列增值税先征后退政策。

（1）对下列出版物在出版环节执行增值税 100% 先征后退的政策：

① 中国共产党和各民主党派的各级组织的机关报纸和机关期刊，各级人大、政协、政府、工会、共青团、妇联、残联、科协的机关报纸和机关期刊，新华社的机关报纸和机关期刊，军事部门的机关报纸和机关期刊。

上述各级组织不含其所属部门。机关报纸和机关期刊增值税先征后退范围掌握在一个单位一份报纸和一份期刊以内。

② 专为少年儿童出版发行的报纸和期刊，中小学的学生课本。

③ 专为老年人出版发行的报纸和期刊。

④ 少数民族文字出版物。

⑤ 盲文图书和盲文期刊。

⑥ 经批准在内蒙古、广西、西藏、宁夏、新疆五个自治区内注册的出版单位出版的出版物。

⑦ 其他税法列举的图书、报纸和期刊。

（2）对下列出版物在出版环节执行增值税先征后退 50% 的政策：

① 各类图书、期刊、音像制品、电子出版物，但上述第（1）项规定执行增值税 100% 先征后退的出版物除外。

② 其他税法列举的报纸。

（3）对下列印刷、制作业务执行增值税 100% 先征后退的政策：

① 对少数民族文字出版物的印刷或制作业务。

② 税法列举的新疆维吾尔自治区印刷企业的印刷业务。

自 2018 年 1 月 1 日起至 2020 年 12 月 31 日，免征图书批发、零售环节增值税。

自 2018 年 1 月 1 日起至 2020 年 12 月 31 日，对科普单位的门票收入，以及县级及以上党政部门和科协开展科普活动的门票收入免征增值税。

五、跨境应税行为适用免税政策的规定

下列跨境应税行为免征增值税：

（1）工程项目在境外的建筑服务。

（2）工程项目在境外的工程监理服务。

（3）工程、矿产资源在境外的工程勘察勘探服务。

（4）会议展览地点在境外的会议展览服务。

（5）存储地点在境外的仓储服务。

（6）标的物在境外使用的有形动产租赁服务。

（7）在境外提供的广播影视节目（作品）的播映服务。

（8）在境外提供的文化体育服务、教育医疗服务、旅游服务。

（9）为出口货物提供的邮政服务、收派服务、保险服务。

（10）向境外单位销售的完全在境外消费的电信服务。

（11）向境外单位销售的完全在境外消费的知识产权服务。

(12) 向境外单位销售的完全在境外消费的物流辅助服务（仓储服务、收派服务除外）。

(13) 向境外单位销售的完全在境外消费的鉴证咨询服务。

(14) 向境外单位销售的完全在境外消费的专业技术服务。

(15) 向境外单位销售的完全在境外消费的商务辅助服务。

(16) 向境外单位销售的广告投放地在境外的广告服务。

(17) 向境外单位销售的完全在境外消费的无形资产（技术除外）。

(18) 为境外单位之间的货币资金融通及其他金融业务提供的直接收费金融服务，且该服务与境内的货物、无形资产和不动产无关。

(19) 属于以下情形的国际运输服务：

① 以无运输工具承运方式提供的国际运输服务。

② 以水路运输方式提供国际运输服务但未取得"国际船舶运输经营许可证"的。

③ 以公路运输方式提供国际运输服务但未取得"道路运输经营许可证"或者"国际汽车运输行车许可证"，或者"道路运输经营许可证"的经营范围未包括"国际运输"的。

④ 以航空运输方式提供国际运输服务但未取得"公共航空运输企业经营许可证"，或者其经营范围未包括"国际航空客货邮运输业务"的。

⑤ 以航空运输方式提供国际运输服务但未持有"通用航空经营许可证"，或者其经营范围未包括"公务飞行"的。

(20) 符合零税率政策但适用简易计税方法或声明放弃适用零税率选择免税的下列应税行为：

① 国际运输服务。

② 航天运输服务。

③ 向境外单位提供的完全在境外消费的下列服务：研发服务；合同能源管理服务；设计服务；广播影视节目（作品）的制作和发行服务；软件服务；电路设计及测试服务；信息系统服务；业务流程管理服务；离岸服务外包业务。

④ 向境外单位转让完全在境外消费的技术。

六、跨境应税行为适用增值税零税率

中华人民共和国境内（以下称境内）的单位和个人销售的下列服务和无形资产，适用增值税零税率：

(1) 国际运输服务。

国际运输服务，是指：

① 在境内载运旅客或者货物出境。

② 在境外载运旅客或者货物入境。

③ 在境外载运旅客或者货物。

(2) 航天运输服务。

(3) 向境外单位提供的完全在境外消费的下列服务：

① 研发服务。

② 合同能源管理服务。

③ 设计服务。

④ 广播影视节目（作品）的制作和发行服务。

⑤ 软件服务。

⑥ 电路设计及测试服务。
⑦ 信息系统服务。
⑧ 业务流程管理服务。
⑨ 离岸服务外包业务。

离岸服务外包业务,包括信息技术外包服务(ITO)、技术性业务流程外包服务(BPO)、技术性知识流程外包服务(KPO),其所涉及的具体业务活动,按照《销售服务、无形资产、不动产注释》中相对应的业务活动执行。
⑩ 转让技术。
(4)财政部和国家税务总局规定的其他服务。

七、支持新型冠状病毒感染的肺炎疫情防控的税收政策

自2020年1月1日起(截止日期视疫情情况另行公告):
(1)对纳税人运输疫情防控重点保障物资取得的收入,免征增值税。
(2)对纳税人提供公共交通运输服务、生活服务,以及为居民提供必需生活物资快递收派服务取得的收入,免征增值税。
(3)疫情防控重点保障物资生产企业可以按月向主管税务机关申请全额退还增值税增量留抵税额。

所称增量留抵税额,是指与2019年12月底相比新增加的期末留抵税额。
(4)单位和个体工商户将自产、委托加工或购买的货物,通过公益性社会组织和县级以上人民政府及其部门等国家机关,或者直接向承担疫情防治任务的医院,无偿捐赠用于应对新型冠状病毒感染的肺炎疫情的,免征增值税、消费税、城市维护建设税、教育费附加、地方教育附加。
(5)对纳税人提供电影放映服务取得的收入免征增值税。

所称电影放映服务,是指持有《电影放映经营许可证》的单位利用专业的电影院放映设备,为观众提供的电影视听服务。

第十二节 增值税进出口业务

增值税本质上是消费税,即增值税应在消费环节征收,所以,对出口货物的企业,所在国不征收增值税,已经征收的应退还给出口企业;对进口货物的企业,所在国在货物进口时征收增值税。

一、进口环节应纳增值税计算

(一)进口货物的纳税人

进口货物的收货人或办理报关手续的单位和个人,为进口货物增值税的纳税义务人。纳税人进口货物应纳增值税由海关代征。

(二)进口货物的适用税率

进口货物增值税税率与增值税现行增值税税率相同,为13%和9%。

对跨境电子商务零售进口商品的单次交易限值为人民币5 000元,个人年度交易限值在人民币26 000元以内的跨境电子商务零售进口商品,按法定应纳税额的70%征收增值税;对超过单次限值、累加后超过个人年度限值的单次交易,以及完税价格超过5 000元限值的单个不可分割商品,均全额征收增值税。

(三) 进口货物应纳税额的计算

纳税人进口货物,按照组成计税价格和适用的税率计算应纳税额。计税公式为:

1. 组成计税价格

$$组成计税价格 = 关税完税价格 + 关税$$

如果进口货物属于应税消费品的,计税公式为:

$$组成计税价格 = 关税完税价格 + 关税 + 消费税$$
$$或 = (关税完税价 + 关税)/(1 - 消费税比例税率)$$
$$或 = (关税完税价 + 关税 + 定额消费税)/(1 - 消费税比例税率)$$

2. 应纳税额

$$应纳税额 = 组成计税价格 \times 增值税适用税率$$

【例2-48】 某进出口公司为增值税一般纳税义务人,2020年1月进口货物一批。该批货物在国外的买价为100万元,该批货物运抵我国海关前发生的包装费、运输费、保险费等共计30万元。货物报关后,商场按规定缴纳了进口环节的增值税并取得了海关开具的完税凭证。假定该批进口货物在国内全部销售,取得含税销售额226万元。假设关税税率为10%。

要求:计算进口环节应纳关税、增值税,以及国内销售应纳增值税。

【答案】

(1) 进口环节应纳关税

关税完税价格 = 100 + 30 = 130(万元);

进口环节应纳关税 = 130 × 10% = 13(万元)。

(2) 进口环节应纳增值税

组成计税价格 = 130 + 13 = 143(万元);

进口环节应纳增值税 = 143 × 13% = 18.59(万元)。

(3) 国内销售应纳增值税

国内销售应纳增值税 = 226 ÷ (1 + 13%) × 13% − 18.59 = 7.41(万元)。

小知识2-9 到岸价

到岸价(CIF):CIF是Cost、Insurance、Freight三个单词的第一个字母大写组成,中文意思为成本、保险费加运费。具体指当货物在装运港越过船舷时,卖方即完成交货。货物自装运港到目的港的运费保险费等由卖方支付,但货物装船后发生的损坏及灭失的风险由买方承担。到岸价是计算进口关税的计税依据,所以也称关税完税价格。

二、出口退(免)增值税计算

出口货物退(免)税是指在国际贸易业务中,对我国报关出口的货物、劳务和服务退还或免征在国内各生产和流转环节按税法规定交纳的增值税和消费税。

增值税的出口退税具体是由出口适用零税率来体现的。首先,对出口货物在出口环节免征增值税(销项税额);其次,对货物在出口前实际承担的增值税(进项税额),按规定的退税率计算后予以退还,简称退(免)税。如果退还全部进项税额,就实现了增值税零税率。

应当注意的是,只有一般纳税人存在退增值税问题,小规模纳税人不存在退增值税问题。

(一)出口货物和劳务退(免)税政策

对下列出口货物和劳务,除适用增值税免税政策和征税政策外,实行退(免)税政策。

1. 出口企业出口货物

出口企业出口货物主要有三种形式:

(1)生产企业出口自产的货物。

比如:某服装生产企业购进B布料,加工成衣出口,则:免征成衣的增值税(不计算销项税额,下同),退还布料的进项税额。

(2)外贸企业出口收购的货物。

比如:某外贸企业从某服装生产企业购进成衣后直接出口,则:免征成衣的增值税,退还成衣的进项税额。

(3)外贸企业接受其他出口企业委托代理出口的货物。

比如:某外贸企业接受某成衣生产企业的委托代理成衣的出口,则:视为成衣生产企业出口成衣,按照上述享受退(免)税政策。

2. 出口企业对外提供加工修理修配劳务

对外提供加工修理修配劳务,是指对进境复出口货物或从事国际运输的运输工具进行的加工修理修配。

3. 其他视同出口货物或劳务

(1)报关出口特殊货物。

包括:出口企业对外援助、对外承包、境外投资的出口货物等。

(2)报关出口但未实际离境的货物。

包括:出口企业经海关报关进入国家批准的特殊区域并销售给特殊区域内单位或境外单位、个人的货物等。

(3)非报关出口在境内销售的货物。

包括:免税品经营企业销售的货物、销售给用于"中标电机产品"的国内项目等。

(二)增值税退(免)税办法

适用增值税退(免)税政策的出口货物和劳务,按照下列规定实行增值税免抵退税或免退税办法。

1. 免抵退税办法

生产企业出口自产货物和视同自产货物以及对外提供加工修理修配劳务,适用免抵退税办法,即:出口销售额免征增值税,出口货物相应的进项税额抵减内销应纳增值税额,未抵减完的部分予以退还。

生产企业按照免抵退税办法办理出口退税,是因为生产企业的外购项目成千上万,很难在内销和外销货物之间准确地划分,所以,进项税额不分开核算。

2. 免退税办法

外贸企业出口货物和劳务,适用免退税办法,即:出口销售额免征增值税,出口货物相应的进项税额予以退还。

外贸企业按照免退税方法办理出口退税,是因为外贸企业内销和外销货物的进项税额是分别核算的,外销货物的进项税额可以准确计算。

3. 免税办法

出口业务取得的销售额免征增值税,但并不是所有出口货物或劳务都可以办理退税的,比如出口购买时免征增值税的货物,因为不存在进项税额,也就谈不上退还增值税了,再比如小规模纳税人出口货物,出口销售额免税,也不存在退还进项税额问题。

(三)出口货物退税率

从理论上讲,出口货物的增值税实行零税率,即意味着实征实退。但根据我国实际情况和进出口经济环境的变化,增值税的出口退税率常有调整,与征税率不完全一致。现行(2019年4月1日起实施)出口退税率有13%、10%、9%、6%、0%五档,适用不同的出口货物和劳务。其中0%表示不退税。

(四)出口退税额的计算

1. "免抵退税"办法

有进出口经营权的一般纳税义务人生产企业自营出口或委托外贸企业代理出口自产货物,除另有规定外,增值税出口退税一律采用"免、抵、退"办法。"免"税是指对生产企业出口的自产货物,免征本企业出口销售环节增值税。"抵"税是指生产企业出口自产货物所耗用的原材料、零部件、燃料、动力等所含应予退还的进项税额,抵顶内销货物的应纳税额。"退"税是指生产企业出口的自产货物在当月内应抵顶的进项税额大于应纳税额时,对未抵顶完的部分予以退税。具体计算公式如下:

(1)当期应纳税额的计算。

当期应纳税额＝当期内销货物的销项税额－(当期进项税额－
当期免抵退税不得免征和抵扣税额)－上期留抵税额

其中:

当期免抵退税不得免征和抵扣税额＝出口货物离岸价×外汇人民币牌价×(出口货物征税率－
出口货物退税率)－免抵退税不得免征和抵扣税额抵减额

出口货物离岸价(FOB)以出口发票计算的离岸价为准。若以其他价格条件成交的,应扣除按会计制度规定允许冲减出口销售收入的运费、保险费、佣金等。

免抵退税不得免征和抵扣税额抵减额＝免税购进原材料价格×
（出口货物征税率－出口货物退税率）

免税购进原材料包括从国内购进免税原材料和进料加工免税进口料件，其中进料加工免税进口料件的价格为组成计税价格。

进料加工免税进口料件的组成计税价格＝货物到岸价＋海关实征关税和消费税

（2）免抵退税额的计算。

免抵退税额＝出口货物离岸价×外汇人民币牌价×
出口货物退税率－免抵退税额抵减额

其中：
① 出口货物离岸价的含义同上。
② 免抵退税抵减额＝免税购进原材料价格×出口货物退税率。
（3）当期应退税额和免抵税额的计算
① 如当期期末留抵税额≤当期免抵退税额，则：

当期应退税额＝当期期末留抵税额
当期免抵税额＝当期免抵退税额－当期应退税额

② 如当期期末留抵税额＞当期免抵退税额，则：

当期应退税额＝当期免抵退税额
当期免抵税额＝0

小知识 2-10 离岸价

离岸价（FOB）：FOB 是 Free On Board 的首字母缩写。具体指由买方负责派船接运货物，卖方应在合同规定的装运港和规定的期限内，将货物装上买方指定的船只，并及时通知买方。货物在装上指定的船上时，风险即由卖方转移至买方（不包括运费、保险费）。离岸价是计算出口退税的主要依据之一。

【例 2-49】某自营出口生产企业为一般纳税人，2019 年 11 月至 12 月发生如下业务：

11 月，以银行存款支付外购 A 材料的价款，取得增值税专用发票注明的价款 300 万元，增值税 39 万元。当月出口 B 产品（适用税率 13%，退税率 10%），实现销售额 200 万元，货款未收；内销 B 产品取得不含税销售额 50 万元，货款存入银行。

12 月，以银行存款支付外购 A 材料的价款，取得增值税专用发票注明的价款 200 万元，增值税 26 万元。当月出口 B 产品，实现销售额 300 万元，货款未收；内销 B 产品取得不含税销售额 100 万元，货款存入银行。

要求：计算该生产企业 11 月和 12 月应退增值税并做会计处理。

【答案】

2019年11月：

(1) 购进原材料。

借：原材料 300
  应交税费——应交增值税(进项税额) 39
   贷：银行存款 339

(2) 外销。

借：应收账款 200
   贷：主营业务收入 200

不得免征、抵扣税额抵减额＝200×(13％－10％)＝6(万元)。

借：主营业务成本 6
   贷：应交税费——应交增值税(进项税额转出) 6

(3) 内销。

借：银行存款 56.5
   贷：主营业务收入 50
     应交税费——应交增值税(销项税额) 6.5

(4) 计算月末应纳税额或留抵税额。

应纳增值税＝6.5－(39－6)＝－26.5(万元)

免抵退税额＝200×10％＝20(万元)，小于26.5万元，退增值税20万元。

借：其他应收款——应收出口退税款 20
   贷：应交税费——应交增值税(出口退税) 20

(5) 期末留抵税额。

期末留抵税额＝26.5－20＝6.5(万元)

(6) 收到退税款。

借：银行存款 20
   贷：其他应收款——应收出口退税款 20

增值税明细核算如表2-3所示：

表2-3　　　　　应交税费——应交增值税　　　　　单位：万元

借方发生额及余额			贷方发生额及余额		
摘要	项目	金额	摘要	项目	金额
期初余额		0			
购进原材料	进项税额	39			
			内销	销项税额	6.5
			抵减额	进项税额转出	6
			应退税额	出口退税	20
期末余额		6.5			

2019年12月：

(1) 购进原材料。

借：原材料 200
　　应交税费——应交增值税(进项税额) 26
　　　贷：银行存款 226

(2) 外销。

借：应收账款 300
　　　贷：主营业务收入 300

进项税额转出额=300×(13%-10%)=9(万元)。

借：主营业务成本 9
　　　贷：应交税费——应交增值税(进项税额转出) 9

(3) 内销。

借：银行存款 113
　　　贷：主营业务收入 100
　　　　　应交税费——应交增值税(销项税额) 13

(4) 计算应纳税额或留抵税额。

应纳增值税=13-(26-9)-6.5=-10.5(万元)

免抵退税额=300×10%=30(万元)，大于10.5万元，退增值税10.5万元；

(5) 免抵税额。

免抵税额=30-10.5=19.5(万元)。

借：其他应收款——应收出口退税款 10.5
　　应交税费——应交增值税(出口抵减内销产品应纳税额) 19.5
　　　贷：应交税费——应交增值税(出口退税) 30

期末无留抵税额。

(6) 收到退税时。

借：银行存款 10.5
　　　贷：其他应收款——应收出口退税款 10.5

增值税明细核算如表2-4所示：

表2-4　　　　　　　　　应交税费——应交增值税　　　　　　　　单位：万元

借方发生额及余额			贷方发生额及余额		
摘要	项目	金额	摘要	项目	金额
期初余额		6.5			
购进原材料	进项税额	26			
			内销	销项税额	13
免抵税额	出口抵减内销产品应纳税额	19.5	抵减额	进项税额转出	9
			应退税额	出口退税	30
期末余额		0			

2. 免退税办法

属于一般纳税义务人的外贸企业收购货物后直接出口或委托外贸企业代理出口货物的，实行免退税。"免"税是指对外贸企业出口的货物，免征本企业出口销售环节增值税。"退"税是指依据购进货物所取得的增值税专用发票上列明的进项金额和该出口货物适用的退税率计算应退税额，予以退税。

由于外贸企业内销业务与外销业务分别核算，所以不存在生产企业"抵"的问题。具体计算公式如下：

$$应退税额 = 外贸收购不含增值税购进金额 \times 退税率$$

【例 2-50】某外贸企业为增值税一般纳税义务人，2019 年 12 月收购 A 商品（适用税率 13%，退税率 10%），取得增值税专用发票注明价款 200 万元，增值税 26 万元。当月全部出口，离岸价 300 万元。

要求：计算该外贸企业当月应退增值税并做会计处理。

【答案】

进项税额转出 = 200 × (13% − 10%) = 6（万元）；

应退增值税 = 200 × 10% = 20（万元）。

借：其他应收款——应收出口退税款　　　　　　　　　　20
　　贷：应交税费——应交增值税（出口退税）　　　　　　　　20
借：主营业务成本　　　　　　　　　　　　　　　　　6
　　贷：应交税费——应交增值税（进项税额转出）　　　　　　6

增值税明细核算如表 2-5 所示：

表 2-5　　　　　　　应交税费——应交增值税　　　　　　　单位：万元

借方发生额及余额			贷方发生额及余额		
摘要	项目	金额	摘要	项目	金额
期初余额		0			
购进原材料	进项税额	26			
			抵减额	进项税额转出	6
			应退税额	出口退税	20
期末余额		0			

3. 免税法

小规模纳税义务人出口的货物，一律实行"免税不退税"。这是因为小规模纳税义务人不存在进项税额，只能享受免税。

【例 2-51】某生产企业为增值税小规模纳税人，2019 年 12 月委托外贸企业代理出口货物，实现出口销售额 38 万元。

要求：计算该小规模纳税人出口货物应退增值税。

【答案】小规模纳税人出口货物实行"免税不退税"政策,即:出口取得销售额免征增值税,外购货物承担的增值税不予退还。

4. 出口货物、劳务和服务不享受退(免)税的情形

并不是由增值税一般纳税义务人所有报关出口的货物、劳务和服务均可以享受零税率待遇,有些只能享受免税(进项税额不退),如:收购免税货物出口、来料加工复出口、出口企业未按规定申报或未补齐增值税退(免)税凭证等;有些还要征税,如:出口根据国务院决定明确的取消出口退(免)税的货物、出口企业增值税退(免)税凭证有伪造或内容不实的货物等。

(五)提供应税服务退(免)税政策

境内的单位和个人销售的下列服务和无形资产,适用增值税零税率:

(1) 国际运输服务。

国际运输服务是指:

① 在境内载运旅客或者货物出境;

② 在境外载运旅客或者货物入境;

③ 在境外载运旅客或者货物。

(2) 航天运输服务。

(3) 向境外单位提供的完全在境外消费的下列服务:

① 研发服务;

② 合同能源管理服务;

③ 设计服务;

④ 广播影视节目(作品)的制作和发行服务;

⑤ 软件服务;

⑥ 电路设计及测试服务;

⑦ 信息系统服务;

⑧ 业务流程管理服务;

⑨ 离岸服务外包业务;

⑩ 转让技术。

(4) 财政部和国家税务总局规定的其他服务。

需要注意的是,与出口货物退、免税计算不同,出口应税服务退税率为其适用的增值税税率。

【例 2-52】某科技型企业为一般纳税人,从事研发服务,2019 年 12 月外购设备,取得增值税专用发票注明价款 50 万元,增值税 6.5 万元;购买原材料等,取得增值税专用发票注明的价款 20 万元,增值税 2.6 万元。当月向境外企业提供研发服务取得销售额 800 万元;向境内单位提供研发服务取得不含税销售额 100 万元。研发服务退税率为 6%。

要求:计算该企业当月应退增值税。

【答案】

(1) 进项税额:

$6.5+2.6=9.1$(万元)。

(2) 应纳增值税:

向境外企业提供研发服务收入免税;向境内单位提供研发服务应纳增值税。

6-(6.5+2.6)=-3.1(万元),期末形成留抵税额。

(3) 免抵退税额:

800×6%=48(万元)>3.1万元,应退增值税3.1万元。

(4) 免抵税额:

48-3.1=44.9(万元)。

第十三节 增值税征收管理

一、纳税义务发生时间

纳税义务发生时间是指纳税义务人发生应税交易应当承担纳税义务的起始时间。

增值税纳税义务发生时间,按下列规定确定:

(1) 发生应税交易,纳税义务发生时间为收讫销售款项或者取得索取销售款项凭据的当天;先开具发票的,为开具发票的当天。

纳税义务人收讫销售款项或者取得索取销售款项凭据的当天,按销售结算方式的不同,具体为:

① 采取直接收款方式销售货物,不论货物是否发出,均为收到销售款或者取得索取销售款凭据的当天;

② 采取托收承付和委托银行收款方式销售货物,为发出货物并办妥托收手续的当天;

③ 采取赊销和分期收款方式销售货物,为书面合同约定的收款日期的当天,无书面合同的或者书面合同没有约定收款日期的,为货物发出的当天;

④ 采取预收货款方式销售货物,为货物发出的当天,但生产销售生产工期超过12个月的大型机械设备、船舶、飞机等货物,为收到预收款或者书面合同约定的收款日期当天;

⑤ 委托其他纳税义务人代销货物,为收到代销单位的代销清单或者收到全部或者部分货款的当天;未收到代销清单及货款的,为发出代销货物满180天的当天;

⑥ 提供加工、修理修配劳务,为提供加工、修理修配劳务同时收讫销售款或者取得索取销售款凭据的当天;

⑦ 提供租赁服务采取预收款方式的,为收到预收款的当天;

⑧ 从事金融商品转让的,为金融商品所有权转移的当天。

(2) 视同发生应税交易,纳税义务发生时间为视同发生应税交易完成的当天。

(3) 进口货物,纳税义务发生时间为进入关境的当天。

增值税扣缴义务发生时间为纳税人增值税纳税义务发生的当天。

二、纳税期限

根据《增值税暂行条例》和"营改增"通知,增值税的纳税期限分别为1日、3日、5日、10日、15日、1个月或者1个季度。纳税人的具体纳税期限,由主管税务机关根据纳税人应纳税额的大小分别核定;不能按照固定期限纳税的,可以按次纳税。

纳税人以一个月或以一个季度为一期纳税的,自期满之日起 15 日内申报纳税;以 1 日、3 日、5 日、10 日或者 15 日为一期纳税的,自期满之日起 5 日内预缴税款,于次月 1 日起至 15 日内申报纳税并结清上月应纳税款。

扣缴义务人解缴税款的计税期间和申报纳税期限,依照前两款规定执行。

纳税人进口货物,应当自海关填发海关进口增值税专用缴款书之日起 15 日内缴纳税款。

三、纳税地点

增值税纳税地点,按下列规定确定:

(1) 有固定生产经营场所的纳税人,应当向其机构所在地或者居住地主管税务机关申报纳税。

总机构和分支机构不在同一县(市)的,应当分别向各自所在地的主管税务机关申报纳税;经国务院财政、税务主管部门或者其授权的财政、税务机关批准,可以由总机构汇总向总机构所在地的主管税务机关申报纳税。

(2) 无固定生产经营场所的纳税人,应当向其应税交易发生地主管税务机关申报纳税;未申报纳税的,由其机构所在地或者居住地主管税务机关补征税款。

(3) 自然人提供建筑服务,销售或者租赁不动产,转让自然资源使用权,应当向建筑服务发生地、不动产所在地、自然资源所在地主管税务机关申报纳税。

(4) 进口货物的纳税人,应当向报关地海关申报纳税。

(5) 扣缴义务人,应当向其机构所在地或者居住地主管税务机关申报缴纳扣缴的税款。

四、总分机构纳税人汇总缴纳增值税

(1) 经财政部和国家税务总局批准的总机构纳税人及其分支机构,准予汇总缴纳增值税。

(2) 总机构应当汇总计算总机构及其分支机构发生《应税服务范围注释》所列业务的应交增值税,抵减分支机构发生《应税服务范围注释》所列业务已缴纳的增值税税款(包括预缴和补缴的增值税税款)后,在总机构所在地解缴入库。总机构销售货物、提供加工修理修配劳务,按照增值税暂行条例及相关规定就地申报缴纳增值税。

(3) 总机构汇总的应征增值税销售额,为总机构及其分支机构发生《应税服务范围注释》所列业务的应征增值税销售额。

(4) 总机构汇总的销项税额,按照上述第(3)条规定的应征增值税销售额和增值税适用税率计算。

(5) 总机构汇总的进项税额,是指总机构及其分支机构因发生《应税服务范围注释》所列业务而购进货物或者接受加工修理修配劳务和应税服务,支付或者负担的增值税税额。总机构及其分支机构用于发生《应税服务范围注释》所列业务之外的进项税额不得汇总。

(6) 分支机构发生《应税服务范围注释》所列业务,按照应征增值税销售额和预征率计算缴纳增值税。计算公式如下:

$$应预缴的增值税 = 应征增值税销售额 \times 预征率$$

预征率由财政部和国家税务总局规定,并适时予以调整。

分支机构销售货物、提供加工修理修配劳务,按照增值税暂行条例及相关规定就地申报缴纳增值税。

(7) 分支机构发生《应税服务范围注释》所列业务当期已预缴的增值税税款,在总机构当期增值税应纳税额中抵减不完的,可以结转下期继续抵减。

(8) 每年的第一个纳税申报期结束后,对上一年度总分机构汇总纳税情况进行清算。总机构和分支机构年度清算应交增值税,按照各自销售收入占比和总机构汇总的上一年度应交增值税税额计算。分支机构预缴的增值税超过其年度清算应交增值税的,通过暂停以后纳税申报期预缴增值税的方式予以解决。分支机构预缴的增值税小于其年度清算应交增值税的,差额部分在以后纳税申报期由分支机构在预缴增值税时一并就地补缴入库。

【例 2-53】某市汇总缴纳增值税的航空运输公司 2019 年全年资料如下:
(1) 总公司发生应税服务销售额 10 000 万元;
(2) 甲省分公司发生应税服务销售额 12 000 万元;
(3) 乙省分公司发生应税服务销售额 8 000 万元;
(4) 总公司、分公司提供应税服务而发生的进项税额为 2 300 万元。
要求:计算该公司预缴、清算增值税。

【答案】
(1) 甲省分公司预缴增值税 = 12 000 × 1‰ = 120(万元);
(2) 乙省分公司预缴增值税 = 8 000 × 1‰ = 80(万元);
(3) 总机构预缴增值税 = (10 000 + 12 000 + 8 000) × 9% − 2 300 − 120 − 80 = 200(万元);
(4) 总机构清算应纳增值税 = (10 000 + 12 000 + 8 000) × 9% − 2 300 = 400(万元);
总、分机构清算退补增值税:
① 甲省分公司:
应纳增值税 = 400 × (12 000 ÷ 30 000) = 160(万元);
应补增值税 = 160 − 120 = 40(万元)。
② 乙省分公司:
应纳增值税 = 400 × (8 000 ÷ 30 000) = 106.67(万元);
应补增值税 = 106.67 − 80 = 26.67(万元)。
③ 总机构:
应纳增值税 = 400 × (10 000 ÷ 30 000) = 133.33(万元);
应退增值税 = 200 − 133.33 = 66.67(万元)。

第十四节 增值税发票的使用与管理

一、增值税发票种类

(一) 增值税专用发票

增值税专用发票是指增值税一般纳税义务人销售货物或者提供应税劳务时开具的发票,是购买方支付增值税额并可按照增值税有关规定据以抵扣增值税进项税额的凭证。

增值税专用发票由基本联次或者基本联次附加其他联次构成,基本联次为三联,分别为发票联、抵扣联和记账联。发票联,作为购买方核算采购成本和增值税进项税额的记账凭证;抵扣联,作为购买方报送主管税务机关认证和留存备查的凭证;记账联,作为销售方核算销售收入和增值税销项税额的记账凭证。其他联次的用途,由一般纳税义务人自行确定。

一般纳税义务人应通过增值税防伪税控系统使用专用发票。所谓使用,包括领购、开具、缴销、认证纸质专用发票及其相应的数据电文。

为适应税收现代化建设需要,着眼于税制改革的长远规划,满足增值税一体化管理要求,切实减轻基层税务机关和纳税义务人的负担,国家税务总局对现行增值税发票系统进行了整合升级,在全国范围推行增值税发票系统升级版。增值税发票系统升级版是对增值税防伪税控系统、货物运输业增值税专用发票税控系统、稽核系统以及税务数字证书系统等进行整合升级完善。实现纳税义务人经过税务数字证书安全认证、加密开具的发票数据,通过互联网实时上传至税务机关,生成增值税发票电子底账,作为纳税申报、发票数据查验以及税源管理、数据分析利用的依据。纳税义务人应在联网状态下在线使用增值税发票系统升级版开具发票。增值税发票系统升级版可自动上传已开具的发票明细数据。

自 2020 年 2 月 1 日起,增值税小规模纳税人(其他个人除外)发生增值税应税行为,需要开具增值税专用发票的,可以自愿使用增值税发票管理系统自行开具。选择自行开具增值税专用发票的小规模纳税人,税务机关不再为其代开增值税专用发票。

(二)增值税普通发票

增值税普通发票是指增值税一般纳税义务人销售货物或者提供应税劳务时涉及不得开具增值税专用发票事项时所使用的发票,购买方支付增值税额不得作为进项税额抵扣。

普通发票由基本联次或者基本联次附加其他联次构成,基本联次为两联,分别为发票联和记账联,无抵扣联,这是普通发票与增值税专用发票最大的区别。

增值税普通发票的管理同增值税专用发票的要求一致。

(三)增值税电子普通发票

为进一步适应经济社会发展和税收现代化建设需要,税务总局在增值税发票系统升级版基础上,组织开发了增值税电子发票系统,经过前期试点,系统运行平稳,具备了全国推行的条件,决定自 2015 年 12 月 1 日起在全国范围推行。

推行通过增值税电子发票系统开具的增值税电子普通发票,对降低纳税人经营成本,节约社会资源,方便消费者保存使用发票,营造健康公平的税收环境有着重要作用。

增值税电子普通发票的开票方和受票方需要纸质发票的,可以自行打印增值税电子普通发票的版式文件,其法律效力、基本用途、基本使用规定等与税务机关监制的增值税普通发票相同。

二、增值税专用发票开具范围

一般纳税义务人销售货物或者提供应税劳务,应向购买方开具专用发票。

商业企业一般纳税义务人零售的烟、酒、食品、服装、鞋帽(不包括劳保专用部分)、化妆品等消费品不得开具专用发票。

增值税小规模纳税义务人需要开具专用发票的,可向主管税务机关申请代开。

销售免税货物不得开具专用发票,但法律、法规及国家税务总局另有规定的除外。

三、发票开具要求

(1) 项目齐全,与实际交易相符;
(2) 字迹清楚,不得压线、错格;
(3) 发票联和抵扣联加盖财务专用章或者发票专用章;
(4) 按照增值税纳税义务的发生时间开具。

对不符合上列要求的专用发票,购买方有权拒收。

一般纳税人发生应税交易可汇总开具专用发票。汇总开具专用发票的,同时使用防伪税控系统开具《销售货物或者提供应税劳务清单》,并加盖财务专用章或者发票专用章。

四、开票平台要求

自 2016 年 5 月 1 日起,增值税纳税人,应使用新系统选择相应的编码开具增值税发票。税务总局随时在增值税发票税控开票软件中更新《商品和服务税收分类编码表》纳税人应当按照更新后的《商品和服务税收分类编码表》开具增值税发票。

自 2018 年 1 月 1 日起,纳税人通过增值税发票管理新系统开具增值税发票(包括:增值税专用发票、增值税普通发票、增值税电子普通发票)时,商品和服务税收分类编码对应的简称会自动显示并打印在发票票面"货物或应税劳务、服务名称"或"项目"栏次中。

五、开具增值税发票的强制性要求

(1) 按照现行政策规定适用差额征税办法缴纳增值税,且不得全额开具增值税发票的(财政部、税务总局另有规定的除外),纳税人自行开具或者税务机关代开增值税发票时,通过新系统中差额征税开票功能,录入含税销售额(或含税评估额)和扣除额,系统自动计算税额和不含税金额,备注栏自动打印"差额征税"字样,发票开具不应与其他应税行为混开。

(2) 提供建筑服务,纳税人自行开具或者税务机关代开增值税发票时,应在发票的备注栏注明建筑服务发生地县(市、区)名称及项目名称。

(3) 销售不动产,纳税人自行开具或者税务机关代开增值税发票时,应在发票"货物或应税劳务、服务名称"栏填写不动产名称及房屋产权证书号码(无房屋产权证书的可不填写),"单位"栏填写面积单位,备注栏注明不动产的详细地址。

(4) 出租不动产,纳税人自行开具或者税务机关代开增值税发票时,应在备注栏注明不动产的详细地址。

(5) 个人出租住房适用优惠政策减按 1.5% 征收,纳税人自行开具或者税务机关代开增值税发票时,通过新系统中征收率减按 1.5% 征收开票功能,录入含税销售额,系统自动计算税额和不含税金额,发票开具不应与其他应税行为混开。

(6) 税务机关代开增值税发票时,"销售方开户行及账号"栏填写税收完税凭证字轨及号码或系统税票号码(免税代开增值税普通发票可不填写)。

(7) 为跨县(市、区)提供不动产经营租赁服务、建筑服务的小规模纳税人(不包括其他个人),代开增值税发票时,在发票备注栏中自动打印"YD"字样。

六、销货退回或销售折让专用发票的处理

一般纳税义务人在开具专用发票当月,发生销货退回、开票有误等情况,收到退回的发票联、抵扣联符合作废条件的,按作废处理;开具时发现有误的,可即时作废。作废专用发票必须在防伪税控系统中将相应的数据电文按作废处理,即在纸质专用发票(含未打印的专用发票)各联次上注明"作废"字样,全联次留存。

一般纳税义务人取得专用发票后,发生销货退回、开票有误等情形但不符合作废条件的,或者因销货部分退回及发生销售折让的,购买方应向主管税务机关填报"开具红字增值税专用发票申请单"(以下简称"申请单")。"申请单"所对应的蓝字专用发票应经税务机关认证。

经认证结果为"认证相符"并且已经抵扣增值税进项税额的,一般纳税义务人在填报"申请单"时不填写相对应的蓝字专用发票信息。

经认证结果为"纳税义务人识别号认证不符""专用发票代码、号码认证不符"的,一般纳税义务人在填报"申请单"时应填写相对应的蓝字专用发票信息。

七、丢失专用发票的处理流程

纳税人同时丢失已开具增值税专用发票或机动车销售统一发票的发票联和抵扣联,可凭加盖销售方发票专用章的相应发票记账联复印件,作为增值税进项税额的抵扣凭证、退税凭证或记账凭证。

纳税人丢失已开具增值税专用发票或机动车销售统一发票的抵扣联,可凭相应发票的发票联复印件,作为增值税进项税额的抵扣凭证或退税凭证;纳税人丢失已开具增值税专用发票或机动车销售统一发票的发票联,可凭相应发票的抵扣联复印件,作为记账凭证。

八、增值税专用发票分类分级规范化管理

对增值税发票实行分类分级规范化管理,以提高工作效率,减少办税环节。

(1) 以下纳税义务人可一次领取不超过三个月的增值税发票用量,纳税义务人需要调整增值税发票用量、手续齐全的,按照纳税义务人需要即时办理:

① 纳税信用等级评定为 A 级的纳税义务人;

② 纳税信用好、税收风险等级低的其他类型纳税义务人。

(2) 上述纳税义务人两年内有涉税违法行为、移交司法机关处理记录,或者正在接受税务机关立案稽查的,不适用本条第(1)项规定。

(3) 辅导期一般纳税义务人专用发票限量限额管理工作,按照《增值税一般纳税义务人纳税辅导期管理办法》有关规定执行。

九、虚开增值税专用发票的处理

虚开发票是指在没有任何购销事实的前提下,为他人、为自己或让他人为自己或介绍他人开具发票的行为。虚开发票属于严重的违法行为。

纳税义务人虚开增值税专用发票,未就其虚开金额申报并缴纳增值税的,应按照其虚开金额补缴增值税;已就其虚开金额申报并缴纳增值税的,不再按照其虚开金额补缴增值税。税务机关对纳税义务人虚开增值税专用发票的行为,应按《税收征收管理法》及《发票管理办法》的有关规定给予处罚。纳税义务人取得虚开的增值税专用发票,不得作为增值税合法有效的扣

税凭证抵扣其进项税额。

对外开具增值税专用发票同时符合以下情形的,不属于对外虚开增值税专用发票:

（1）纳税义务人向受票方纳税义务人销售了货物,或者提供了增值税应税劳务、应税服务;

（2）纳税义务人向受票方纳税义务人收取了所销售货物、所提供应税劳务或者应税服务的款项,或者取得了索取销售款项的凭据;

（3）纳税义务人按规定向受票方纳税义务人开具的增值税专用发票相关内容,与所销售货物、所提供应税劳务或者应税服务相符,且该增值税专用发票是纳税义务人合法取得、并以自己名义开具的。

受票方纳税义务人取得的符合上述情形的增值税专用发票,可以作为增值税扣税凭证抵扣进项税额。

十、异常增值税扣税凭证

（1）符合下列情形之一的增值税专用发票,列入异常凭证范围:

① 纳税人丢失、被盗税控专用设备中未开具或已开具未上传的增值税专用发票;

② 非正常户纳税人未向税务机关申报或未按规定缴纳税款的增值税专用发票;

③ 增值税发票管理系统稽核比对发现"比对不符""缺联""作废"的增值税专用发票;

④ 经税务总局、省税务局大数据分析发现,纳税人开具的增值税专用发票存在涉嫌虚开、未按规定缴纳增值税等情形的;

⑤ 商贸企业购进、销售货物名称严重背离的;生产企业无实际生产加工能力且无委托加工,或生产能耗与销售情况严重不符,或购进货物并不能直接生产其销售的货物且无委托加工的;

⑥ 直接走逃失踪不纳税申报,或虽然申报但通过填列增值税纳税申报表相关栏次,规避税务机关审核比对,进行虚假申报的。

（2）增值税一般纳税人申报抵扣异常凭证,同时符合下列情形的,其对应开具的增值税专用发票列入异常凭证范围:

① 异常凭证进项税额累计占同期全部增值税专用发票进项税额70%（含）以上的;

② 异常凭证进项税额累计超过5万元的。

纳税人尚未申报抵扣、尚未申报出口退税或已作进项税额转出的异常凭证,其涉及的进项税额不计入异常凭证进项税额的计算。

（3）增值税一般纳税人取得的增值税专用发票列入异常凭证范围的,应按照以下规定处理:

① 尚未申报抵扣增值税进项税额的,暂不允许抵扣。已经申报抵扣增值税进项税额的,除另有规定外,一律作进项税额转出处理。

② 尚未申报出口退税或者已申报但尚未办理出口退税的,除另有规定外,暂不允许办理出口退税。适用增值税免抵退税办法的纳税人已经办理出口退税的,应根据列入异常凭证范围的增值税专用发票上注明的增值税额作进项税额转出处理;适用增值税免退税办法的纳税人已经办理出口退税的,税务机关应按照现行规定对列入异常凭证范围的增值税专用发票对应的已退税款追回。

纳税人因骗取出口退税停止出口退（免）税期间取得的增值税专用发票列入异常凭证范围

的,按照上述第①项规定执行。

③ 消费税纳税人以外购或委托加工收回的已税消费品为原料连续生产应税消费品,尚未申报扣除原料已纳消费税税款的,暂不允许抵扣;已经申报抵扣的,冲减当期允许抵扣的消费税税款,当期不足冲减的应当补缴税款。

④ 纳税信用 A 级纳税人取得异常凭证且已经申报抵扣增值税、办理出口退税或抵扣消费税的,可以自接到税务机关通知之日起 10 个工作日内,向主管税务机关提出核实申请。经税务机关核实,符合现行增值税进项税额抵扣、出口退税或消费税抵扣相关规定的,可不作进项税额转出、追回已退税款、冲减当期允许抵扣的消费税税款等处理。纳税人逾期未提出核实申请的,应于期满后按照上述第①项、第②项、第③项规定作相关处理。

⑤ 纳税人对税务机关认定的异常凭证存有异议,可以向主管税务机关提出核实申请。经税务机关核实,符合现行增值税进项税额抵扣或出口退税相关规定的,纳税人可继续申报抵扣或者重新申报出口退税;符合消费税抵扣规定且已缴纳消费税税款的,纳税人可继续申报抵扣消费税税款。

(4) 经税务总局、省税务局大数据分析发现存在涉税风险的纳税人,不得离线开具发票,其开票人员在使用开票软件时,应当按照税务机关指定的方式进行人员身份信息实名验证。

(5) 新办理增值税一般纳税人登记的纳税人,自首次开票之日起 3 个月内不得离线开具发票,按照有关规定不使用网络办税或不具备风险条件的特定纳税人除外。

第三章　消费税

第一节 消费税概述

一、概念

消费税是指以特定的消费品或消费行为为征税对象征收的一种流转税。

消费税的征税范围主要是消费品,世界各国一般都将烟、酒等非生活必需品或奢侈品纳入到消费税的征税范围,对生活必需消费品一般不征税。

二、消费税的基本特征

消费税是世界各国广泛开征的一种税种,与其他税种比较,我国的消费税主要有以下特点:

(一)课税对象具有选择性

消费税的课税对象并不是所有的消费品和消费行为,而是在大量消费品和消费行为中有选择地确定征税项目。我国目前的消费税主要是对奢侈品、高能耗以及污染环境的消费品等进行征税,对和人民群众生活密切相关的基本生活必需品,不征收消费税。

(二)课税环节具有相对单一性

在消费品的生产销售环节、批发环节以及零售环节等可供选择的征税环节中,我国的消费税主要选择了进口、生产销售环节进行征税,部分应税消费品分别在批发、零售环节征税,但除少数情况外都实行单环节课征制,即某一应税消费品在某个环节征税后,其他环节不再征税。

(三)征税方法具有多样性

消费税一般以消费品的销售额为计税依据,按照比例税率进行征税,但为了适应不同消费品的特殊情况,同时方便征管、简化计算,我国对部分消费品实行了按数量定额征收消费税;此外,我国的消费税在计税方法上对少数消费品还实行既从价又从量征收的复合征税办法。

(四)课税目的具有调节性

消费税除了具有很强的积聚财政收入的功能,还是重要的税收杠杆,征收消费税是国家实现多重调控目标的重要手段。利用征税范围的选择和税率的差异,不但可以调节产品结构,引导资源配置,弥补增值税在调控上的不足,体现政府促进环保和节约资源等要求,而且可以在调节收入分配上发挥一定的作用。

(五)税收负担具有转嫁性

消费税是价内税,也就是说消费税包含在消费品的价格内,消费品的最终购买者(即消费者)在支付商品价格的同时,也就承担了税负。表面上看,消费税在生产环节由生产厂商缴纳,实际上税负却通过商品价格转嫁了。

三、开征消费税的意义

消费税是世界上很多国家包括我国的一种重要税种,在筹集财政收入、调节经济方面发挥着重要的作用。具体来说,开征消费税的意义主要体现在以下几个方面:

(一)稳定财政收入

尽管消费税征税范围不大,但某些征税项目(如:烟、酒等)却由于销售额大或者税率高等原因,为国家积累了大量财政收入。在我国,消费税是中央税,其税收收入是中央财政收入的重要来源之一。此外,我国目前的消费税是1994年伴随着增值税的改革开征的,其前身为产品税,为了防止因普遍实行增值税后部分原征收高额产品税的产品税负大幅度下降,有必要对这些产品征收消费税,从而稳定财政收入和税收负担。

(二)调节产业结构和消费结构

消费税通过征税范围的选择和税率设置的差异化,充分体现"寓禁于征"的思想。需要对某些消费品(产业)进行限制的,就对其征税并采用高税率,通过征税抬高其价格,利用价格杠杆减少其生产和消费,像卷烟、白酒等危害人们身体健康的消费品,消费税的税收负担很重;需要对某些消费品(产业)进行鼓励的,就不征税或者采用较低的税率,例如,对生活必需品不征收消费税、对小排量的小汽车适用比大排量的小汽车更低的税率等。

通过对产业结构和消费结构的调整,同时也使得消费税具备了促进资源节约和环境保护的功能。例如,对一次性木筷子和实木地板的征税,有利于节约资源、保护环境。

(三)调节收入分配

消费税在确定征税范围时,有意识地通过对高档、奢侈消费品进行征税而对基本生活必需品不征税,从而增加了高收入阶层人群购买高档、奢侈消费品的负担,这有利于缓和高低收入人群之间的收入差距,配合个人所得税、财产税等税种实现公平的目标。

第二节 消费税纳税人、征税范围和税率

一、消费税纳税人

在中华人民共和国境内(以下简称境内)销售、委托加工和进口应税消费品的单位和个人,为消费税的纳税人,应当依照《消费税法》规定缴纳消费税。具体来说,消费税的纳税义务人包括:

(1)生产应税消费品的单位和个人。这是消费税最主要的纳税义务人,主要集中在制造业。

(2)委托加工应税消费品的单位和个人。委托加工应税消费品的单位和个人应纳的消费税,除受托方为个人外,由受托方在向委托方交货时代收代缴。

(3)进口应税消费品的单位和个人。进口应税消费品应当向海关申报缴纳消费税。

(4)批发应税消费品的单位和个人。从事卷烟批发业务的单位和个人,按批发销售的所有牌号、规格的卷烟征收批发环节的消费税。

(5) 零售应税消费品的单位和个人。从事零售金银饰品、钻石及其饰品在零售环节征收消费税；从事零售超豪华小汽车的单位和个人，在零售环节加征一道消费税。

(6) 自产自用应税消费品的纳税义务人。

对纳税义务人自产自用应税消费品，尽管没有销售，但考虑到外购消费品包含消费税，如果自产自用不征消费税，则税收负担不均衡，容易引发偷税现象，所以除有特别规定，自产自用应税消费品应当在移送使用时缴纳消费税。

二、消费税的征税范围和税率

(一) 消费税的征税范围

消费税的征税范围为在境内生产、委托加工和进口应税消费品。

这里所说的"境内"，是指生产、委托加工和进口应当征收消费税货物的起运地或所在地在境内。

需要说明的是：所谓"应税消费品"，本身也是货物，所以，消费税的征税范围与增值税的征税范围是重叠的，我国的消费税是在增值税普遍征收的基础上再征收的一道税，只是消费税的征税范围小于增值税的征税范围。

消费税的征税范围会根据经济发展和国家政策的变化而做适当调整。下一轮消费税的改革，将进一步加强调节职能，将污染重、能耗大产品以及奢侈消费品纳入消费税征税范围；对重污染、高耗能、高档奢侈品实行高税率，对节能和环保产品实行低税率或免税。

(二) 消费税的税目税率表

目前列入消费税征税范围的税目共有 15 个。每个税目根据国家的一定政策确定适用税率。消费税的税率除了比例税率以外，部分消费品采用了定额税率，对卷烟和白酒在按比例税率征税的同时，还需按照定额税率再征一道税。

消费税具体税目税率如表 3-1 所示。

表 3-1　　　　　　　　　　消费税税目税率表

税　目	税率		
	生产(进口)环节	批发环节	零售环节
一、烟			
1. 卷烟			
(1) 甲类卷烟	56%加 0.003 元/支	11%加 0.005 元/支	
(2) 乙类卷烟	36%加 0.003 元/支		
2. 雪茄烟	36%		
3. 烟丝	30%		
二、酒			
1. 白酒	20%加 0.5 元/500 克 (或者 500 毫升)		

续 表

税 目	税率		
	生产(进口)环节	批发环节	零售环节
2. 黄酒	240元/吨		
3. 啤酒			
(1) 甲类啤酒	250元/吨		
(2) 乙类啤酒	220元/吨		
4. 其他酒	10%		
三、高档化妆品	15%		
四、贵重首饰及珠宝玉石			
1. 金银首饰、铂金首饰和钻石及钻石饰品			5%
2. 其他贵重首饰和珠宝玉石	10%		
五、鞭炮焰火	15%		
六、成品油			
1. 汽油	1.52元/升		
2. 柴油	1.2元/升		
3. 航空煤油	1.2元/升		
4. 石脑油	1.52元/升		
5. 溶剂油	1.52元/升		
6. 润滑油	1.52元/升		
7. 燃料油	1.2元/升		
七、摩托车			
1. 气缸容量250毫升	3%		
2. 气缸容量在250毫升(不含)以上的	10%		
八、小汽车			
1. 乘用车			
(1) 气缸容量(排气量,下同)在1.0升(含1.0升)以下的	1%		
(2) 气缸容量在1.0升以上至1.5升(含1.5升)的	3%		
(3) 气缸容量在1.5升以上至2.0升(含2.0升)的	5%		
(4) 气缸容量在2.0升以上至2.5升(含2.5升)的	9%		
(5) 气缸容量在2.5升以上至3.0升(含3.0升)的	12%		
(6) 气缸容量在3.0升以上至4.0升(含4.0升)的	25%		
(7) 气缸容量在4.0升以上的	40%		
2. 中轻型商用客车	5%		

续　表

税　目	税率		
	生产(进口)环节	批发环节	零售环节
3. 超豪华小汽车	按子税目1和子税目2的规定征收		10%
九、高尔夫球及球具	10%		
十、高档手表	20%		
十一、游艇	10%		
十二、木制一次性筷子	5%		
十三、实木地板	5%		
十四、电池	4%		
十五、涂料	4%		

(三) 消费税税目税率表注释

1. 烟

卷烟消费税在生产和批发两个环节征收后,批发企业在计算纳税时不得扣除已含的生产环节的消费税税款。从事卷烟批发业务的纳税义务人应将卷烟销售额与其他商品销售额分开核算;未分开核算的,一并征收消费税。从事卷烟批发业务纳税义务人之间销售的卷烟不缴纳消费税。

2. 酒

(1) 以蒸馏酒或食用酒精为酒基,同时符合以下条件的配制酒,按消费税税目税率表中"其他酒"10%的适用税率征收消费税。

① 具有国家相关部门批准的国食健字或卫食健字文号;

② 酒精度低于38度(含)。

(2) 以发酵酒为酒基,酒精度低于20度(含)的配制酒,按消费税税目税率表中"其他酒"10%的适用税率征收消费税。

(3) 其他配制酒,按消费税税目税率表中"白酒"的适用税率征收消费税。

上述蒸馏酒或食用酒精为酒基是指酒基中蒸馏酒或食用酒精的比重超过80%(含);发酵酒为酒基是指酒基中发酵酒的比重超过80%(含)。

(4) 调味料酒,按照国家标准生产的调味料酒属于调味品,不属于配置酒和泡制酒,对调味料酒不征收消费税。

(5) 葡萄酒消费税适用"酒"税目下设的"其他酒"子目。

(6) 对饮食业、商业、娱乐业举办的啤酒屋(啤酒坊)利用啤酒生产设备生产的啤酒,应当征收消费税。果啤属于啤酒,按啤酒征收消费税。

3. 高档化妆品

此项的征税范围包括高档美容、修饰类化妆品、高档护肤类化妆品和成套化妆品。高档美容、修饰类化妆品和高档护肤类化妆品是指生产(进口)环节销售(完税)价格(不含增值税)在10元/毫升(克)或15元/片(张)及以上的美容、修饰类化妆品和护肤类化妆品。

4. 鞭炮焰火

鞭炮焰火不包括体育上用的发令纸、鞭炮药引线。

5. 成品油

(1) 变压器油、导热类油等绝缘油类产品不属于应征消费税的"润滑油"范围,不征收消费税。

(2) 润滑脂是润滑产品,属润滑油消费税征税范围,生产、加工润滑脂应当征收消费税。单位和个人外购润滑油大包装经简单加工改成小包装或者外购润滑油不经加工只贴商标的行为,视同应税消费品的生产行为。

(3) 对成品油生产企业在生产成品油过程中,作为燃料、动力及原料消耗掉的自产成品油,免征消费税。对用于其他用途或直接对外销售的成品油照章征收消费税。

(4) 航空煤油暂缓征收消费税。

(5) 同时符合下列条件的纯生物柴油免征消费税:

① 生产原料中废弃的动物油和植物油用量所占比重不低于70%;

② 生产的纯生物柴油符合国家《柴油机燃料调合生物柴油(BD100)》标准。

6. 小汽车

(1) 电动汽车不属于本税目征收范围。

(2) 车身长度大于7米(含),并且座位在10～23座(含)以下的商用客车,不属于中轻型商用客车征税范围,不征收消费税。

(3) 沙滩车、雪地车、卡丁车、高尔夫车不属于消费税征收范围。

(4) "小汽车"税目下增设"超豪华小汽车"子税目。征税范围为每辆零售价格130万元(不含增值税)及以上的乘用车和中轻型商用客车,即乘用车和中轻型商用客车子税目中的超豪华小汽车。对超豪华小汽车,在生产(进口)环节按现行税率征收消费税基础上,在零售环节加征消费税,税率为10%。

7. 高尔夫球及球具

其征收范围包括高尔夫球、高尔夫球杆、高尔夫球包(袋)。高尔夫球杆的杆头、杆身和握把均属于本税目的征收范围。

8. 高档手表

高档手表指销售价格(不含增值税)每只在10 000元(含)以上的各类手表。

9. 游艇

其征收范围包括艇身长度大于8米(含)小于90米(含),内置发动机,可以在水上移动,一般为私人或团体购置,主要用于水上运动和休闲娱乐等非营利活动的各类机动艇。

10. 实木地板

征税范围包括各类规格的实木地板、实木指接地板、实木复合地板及用于装饰墙壁、天棚的侧端面为榫、槽的实木装饰板以及未经涂饰的素板。

11. 电池

电池范围包括:原电池、蓄电池、燃料电池、太阳能电池和其他电池。

对无汞原电池、金属氢化物镍蓄电池（又称"氢镍蓄电池"或"镍氢蓄电池"）、锂原电池、锂离子蓄电池、太阳能电池、燃料电池和全钒液流电池免征消费税。

12. 涂料

涂料是指涂于物体表面能形成具有保护、装饰或特殊性能的固态涂膜的一类液体或固体材料的总称。

（四）消费税税率适用的规定

纳税义务人兼营不同税率的应税消费品，应当分别核算不同税率应税消费品的销售额、销售数量；未分别核算销售额、销售数量，或者将不同税率的应税消费品组成成套消费品销售的，从高适用税率。

第三节 消费税一般业务应纳税额的计算

消费税实行从价计税、从量计税，或者从价和从量复合计税（以下简称复合计税）的办法计算应纳税额。

一、从价计税

实行从价计税办法计算的应纳税额＝销售额×比例税率。

销售额，是指纳税义务人销售应税消费品取得的与之相关的对价，包括全部货币或者非货币形式的经济利益。

销售额不包括应向购买方收取的增值税税额。如果纳税义务人的销售额包含了增值税税额，应当换算为不含增值税的销售额，换算公式为：

<u>应税消费品的销售额＝含税销售额÷（1＋增值税税率或征收率）</u>

纳税义务人凡发生有偿转让应税消费品所有权的行为，均应当计算缴纳消费税。有偿转让不但包括销售消费品后取得货币收入及其他经济利益，还包括非销售行为取得经济利益。例如，用应税消费品换取生产资料和消费资料、用应税消费品支付代扣代缴手续费或支付销售回扣、将应税消费品在销售数量之外另付给购货方或中间人作为奖励和报酬等，对此类行为，征收消费税。但下列项目不包括在内：

（1）同时符合以下条件的代垫运输费用：

① 承运部门的运输费用发票开具给购买方的；

② 纳税义务人将该项发票转交给购买方的。

（2）同时符合以下条件代为收取的政府性基金或者行政事业性收费：

① 由国务院或者财政部批准设立的政府性基金，由国务院或者省级人民政府及其财政、价格主管部门批准设立的行政事业性收费；

② 收取时开具省级以上财政部门印制的财政票据；

③ 所收款项全额上缴财政。

应当特别注意的是，从内容分析，消费税的计税销售额同增值税的计税销售额是一致的，即都含消费税而不含增值税。这是因为消费税是价内税,增值税是价外税。从会计核算上可以看出,增值税通过负债类科目"应交税费"核算,消费税则是通过损益类科目"税金及附加"核算,消费税是企业营业收入的组成部分,所以,增值税反映在资产负债表,消费税反映在利润表。一般所谓"含税价"、"不含税价"所称的"税",指的是增值税。

纳税义务人销售的应税消费品,应以人民币计算销售额。如果纳税义务人以人民币以外的货币结算销售额的,应当折合成人民币计算。人民币折合率可以选择结算当天或者当月1日的国家外汇牌价(原则上是中间价),选定后一年内不得变更。

二、从量计税

从量计税即以每单位应税消费品的重量、容积或数量为计税依据,按每单位应税消费品规定固定税额。

实行从量计税办法计算的应纳税额=销售数量×定额税率。

目前对黄酒、啤酒和成品油实行定额税率。

在实际销售过程中,有时纳税义务人会将计量单位混用,为了规范不同产品的计量单位,方便纳税,税法规定了吨与升两个计量单位之间的换算标准,具体如表3-2所示。

表3-2

应税消费品(吨)	升(每吨折合升)	应税消费品(吨)	升(每吨折合升)
啤酒	988	溶剂油	1 282
黄酒	962	润滑油	1 126
汽油	1 388	燃料油	1 015
柴油	1 176	航空煤油	1 246
石脑油	1 385		

纳税义务人发生应当按照定额税率征收消费税情形的,其销售数量的确定按照如下规定:
(1) 销售应税消费品的,为应税消费品的销售数量;
(2) 自产自用应税消费品的,为应税消费品的移送使用数量;
(3) 委托加工应税消费品的,为纳税义务人收回的应税消费品数量;
(4) 进口的应税消费品,为海关核定的应税消费品进口数量。

【例3-1】某生产企业为一般纳税义务人,2020年1月销售汽油1万吨,开具增值税专用发票注明的销售额7 000万元。

要求:计算该企业当月应纳消费税。

【答案】

应纳消费税=10 000×1 388×1.52=21 097 600(元)。

三、复合计算方法

实行复合计税办法计算的应纳税额=销售额×比例税率+销售数量×定额税率。

目前对卷烟和白酒两种应税消费品采取复合计税方法。

另外注意,卷烟在批发环节、超豪华小汽车在零售环节都加征一道消费税,但情况有区别:卷烟批发环节采取的是复合计税方法,超豪华小汽车零售环节采取的是从价计税方法。

【例3-2】某卷烟生产企业为一般纳税义务人,2019年12月销售自产卷烟1 000标准箱(每箱50 000支)给卷烟批发企业,开具增值税专用发票上注明的销售额3 000万元,本期可以扣除的进项税额250万元;卷烟批发企业当月销售950箱给卷烟零售企业,开具增值税专用发票上注明的销售额3 800万元。卷烟批发企业除购进卷烟外无其他可抵扣的进项税额,增值税专用发票通过增值税发票综合服务平台的确认。

要求:计算卷烟生产企业和卷烟批发企业当月应纳增值税和应纳消费税。

【答案】

(1)卷烟生产企业:

增值税=3 000×13%-250=140(万元)

消费税税率:30 000÷250=120(元/条)>70元/条,税率为56%;

消费税=3 000×56%+1 000×(5×0.003)=1 695(万元)。

(2)卷烟批发企业:

增值税=3 800×13%-390=104(万元)。

消费税税率:11%;

消费税=3 800×11%+950×(5×0.005)=441.75(万元)。

第四节 消费税特殊业务应纳税额的计算

一、自产自用应税消费品的征税规定

除了正常对外销售,纳税义务人有时也会将应税消费品用于赞助、广告或者用于企业内部集体福利,或者用于连续再生产等,对此,税法做了如下规定:

纳税义务人将自己生产的应税消费品用于连续生产应税消费品的,不纳税。"将应税消费品用于连续生产应税消费品"是指应税消费品作为生产最终应税消费品的直接材料,并构成最终产品实体。如此规定,体现了税不重征和计税简便的原则,避免了重复征税。比如,卷烟厂生产的烟丝,如果用于本厂连续生产卷烟,该烟丝就不缴纳消费税,只对生产出来的卷烟征收消费税;成品油生产企业将自产石脑油用于本企业连续生产汽油等应税消费品,不缴纳消费税。

纳税义务人将自产应税消费品用于生产非应税消费品或用于在建工程、管理部门、非生产机构、提供劳务以及用于馈赠、赞助、广告、样品、职工福利奖励等,应当视同对外销售,于移送使用时缴纳消费税。

纳税义务人自产自用应税消费品从形式上看,并没有取得销售收入。但考虑到购进应税消费品自用含有消费税,如果自产消费品自用不征税的话,势必造成负担不公,从而鼓励纳税义务人自产自用。为了平衡外购使用与自产自用之间的税收负担,应当对自用行为征税。

纳税义务人自产自用的应税消费品,按照纳税义务人生产的同类消费品的销售价格计算纳税。同类消费品的销售价格是指纳税义务人当月销售的同类消费品的销售价格,如果当月

同类消费品各期销售价格高低不同,应按销售数量加权平均计算,但销售的应税消费品有下列情况之一的,不得列入加权平均计算:一是销售价格明显偏低且无正当理由的;二是无销售价格的。

当月无销售或者当月未完结,应按照同类消费品上月或者最近月份的销售价格计算纳税。

如果没有同类消费品销售价格的,按照组成计税价格计算纳税。组成计税价格计算公式分以下两种情况。

(一)实行从价计税办法的

$$组成计税价格 = 成本 \times (1 + 成本利润率) \div (1 - 比例税率)$$

上述公式中所说的"成本",是指应税消费品的产品生产成本。

$$应纳税额 = 组成计税价格 \times 比例税率$$

(二)实行复合计税办法的

$$组成计税价格 = (成本 + 利润 + 自产自用数量 \times 定额税率) \div (1 - 比例税率)$$

所称成本,是指应税消费品的产品生产成本。

所称利润,是指根据应税消费品的全国平均成本利润率计算的利润。应税消费品全国平均成本利润率由国家税务总局确定,具体见表3-3所示。

表3-3

货物名称	利润率	货物名称	利润率
1. 甲类卷烟	10%	11. 摩托车	6%
2. 乙类卷烟	5%	12. 高尔夫球及球具	10%
3. 雪茄烟	5%	13. 高档手表	20%
4. 烟丝	5%	14. 游艇	10%
5. 粮食白酒	10%	15. 木制一次性筷子	5%
6. 薯类白酒	5%	16. 实木地板	5%
7. 其他酒	5%	17. 乘用车	8%
8. 高档化妆品	5%	18. 中轻型商用客车	5%
9. 鞭炮、焰火	5%	19. 电池	4%
10. 贵重首饰及珠宝玉石	6%	20. 涂料	7%

【例3-3】某化妆品生产企业为一般纳税义务人,2020年1月将试制的高档化妆品(新产品,未定价)发给职工作为福利,高档化妆品的生产成本价50万元。

要求:计算该企业当月应纳消费税。

【答案】

应纳消费税 = 50 × (1 + 5%) ÷ (1 − 30%) × 30% = 22.5(万元)。

【例3-4】某黄酒生产企业为一般纳税义务人,2020年1月将自制黄酒10吨(新产品,未定价)对外无偿赠送,黄酒生产成本价50万元。

要求：计算当月应纳消费税。

【答案】

应纳消费税 = 10 × 0.024 = 0.24(万元)。

【例 3-5】 某白酒生产企业为一般纳税义务人,将自制粮食白酒2吨(新产品,未定价)作为股息红利向股东分配,白酒生产成本价20 000元。

要求：计算当月应纳消费税。

【答案】

组成计税价格 = [20 000 × (1 + 10%) + 2 × 2 000 × 0.5] ÷ (1 − 20%) = 30 000(元);

应纳消费税 = 30 000 × 20% + 2 × 2 000 × 0.5 = 8 000(元)。

二、外购应税消费品已纳消费税的扣除

外购的应税消费品用于连续生产应税消费品的,符合下列情形的所纳消费税税款准予按规定抵扣：

(1) 烟丝生产卷烟的；

(2) 鞭炮、焰火生产鞭炮、焰火的；

(3) 杆头、杆身和握把生产高尔夫球杆的；

(4) 木制一次性筷子生产木制一次性筷子的；

(5) 实木地板生产实木地板的；

(6) 石脑油、燃料油生产成品油的；

(7) 汽油、柴油、润滑油分别生产汽油、柴油、润滑油的；

(8) 集团内部企业间用啤酒液生产啤酒的；

(9) 葡萄酒生产葡萄酒的；

(10) 高档化妆品生产高档化妆品的。

除第(6)、(7)、(8)项外,上述准予抵扣的情形仅限于进口或从同税目纳税义务人购进的应税消费品。

纳税义务人应凭合法有效凭证抵扣消费税。所称外购,包括国内采购和进口。

应当特别指出的是,不是所有已税消费品连续生产应税消费品都可以抵扣消费税,只有税法列举的项目,方可抵扣。比如,用外购已税白酒连续生产白酒销售缴纳消费税时,不得抵扣消费税。

上述当期准予扣除外购应税消费品已纳消费税税款的计算方法分以下两种情况。

(一) 实行从价定率办法计算

当期准予扣除外购应税消费品已纳税款 = 当期准予扣除外购应税消费品买价 × 外购应税消费品适用税率

当期准予扣除外购应税消费品买价 = 期初库存外购应税消费品买价 + 当期购进的外购应税消费品买价 − 期末库存的外购应税消费品买价

(二) 实行从量定额办法计算

当期准予扣除外购应税消费品已纳税款 = 当期准予扣除外购应税消费品数量 × 外购应税消费品单位税额

当期准予扣除外购应税消费品数量 = 期初库存外购应税消费品数量 + 当期购进外购应税消费品数量 − 期末库存外购应税消费品数量

外购、进口的已税消费品用于连续生产应税消费品的,应凭通过增值税发票选择确认平台确认的增值税专用发票、海关进口消费税专用缴款书,以及税收缴款书(代扣代收专用),按规定计算扣除已纳消费税税款,其他凭证不得作为消费税扣除凭证。

生产企业用外购的已纳税珠宝玉石生产的改在零售环节征收消费税的金银首饰(镶嵌首饰),在计税时一律不得扣除外购珠宝玉石的已纳税款。

对当期投入生产的原材料可抵扣的已纳消费税大于当期应纳消费税情形的,按当期应纳消费税的数额申报抵扣,不足抵扣部分结转下一期申报抵扣的方式处理。

【例3-6】某地板生产企业为一般纳税义务人,以外购已征消费税实木地板为原料生产实木地板,2019年12月期初库存实木地板成本90万元,外购实木地板取得增值税专用发票注明价款100万元,增值税17万元;生产实木地板领用库存外购实木地板成本105万元,销售实木地板取得不含税销售额130万元。

要求:计算当月销售实木地板应纳消费税。

【答案】

应纳消费税 = 130 × 5% − 105 × 5% = 1.25(万元)。

【例3-7】某白酒生产企业为一般纳税义务人,以外购已征消费税白酒为原料生产白酒,2019年12月期初库存白酒成本180万元,外购白酒取得增值税专用发票注明价款200万元,增值税34万元;生产白酒领用库存外购白酒成本190万元,销售白酒11.5吨,取得不含税销售额280万元。

要求:计算当月销售白酒应纳消费税。

【答案】

外购已征税白酒生产白酒销售,不得扣除外购白酒已纳消费税。

应纳消费税 = 2 800 000 × 20% + 11.5 × 2 000 × 0.5 = 560 000 + 11 500 = 571 500(元)。

三、委托加工应税消费品应纳税额计算

(一) 什么是委托加工

委托加工应税消费品是指由委托方提供原料和主要材料,受托方只收取加工费和代垫部分辅助材料加工应税消费品的应税行为。

由于委托加工应税消费品在征管上同自制应税消费品不完全一致,为了防止企业假借委托加工逃避纳税义务,税法规定凡不符合上述委托加工规定的,不得作为委托加工。例如,由受托方提供原材料生产的应税消费品,或者受托方先将原材料卖给委托方,然后再接受加工的应税消费品,以及由受托方以委托方名义购进原材料生产的应税消费品,不论纳税义务人在财

务上是否作销售处理,都不得作为委托加工应税消费品,而应按受托方销售自制消费品进行税务处理。

严格确定委托加工应税消费品的条件,主要是由于委托加工应税消费品是由受托方代收代缴消费税的,且受托方只就其加工劳务缴纳增值税。如果委托方不能提供原材料和主要材料,而是受托方以某种形式提供原料,那就不能称之为是委托加工,而是受托方在自制应税消费品了。如果将自制应税消费品视作委托加工,受托方将只以加工劳务缴纳增值税,逃避了自制应税消费品应缴纳消费税的责任;同时,往往会出现受托方确定计税价格偏低,代收代缴虚假消费税的现象,这是税法所不允许的。

(二)委托加工应税消费品的税务处理

按税法规定,委托加工应税消费品应纳消费税,由受托方在向委托方交货时代收代缴(例外规定:委托个人加工应税消费品,应当由委托方收回后在委托方所在地自行缴税)。如果受托方没有按有关规定代收代缴消费税,或没有履行代收代缴义务,则应当由委托方补缴税款(受托方不必补税,但按照征管法规定应承担相应责任)。对委托方补征税款的计税依据是:如果收回的应税消费品已直接销售,按销售额计算补征;如果收回的应税消费品尚未销售或用于连续生产等,按组成计税价格计算补征。

小知识 3-1　扣缴义务人的法律责任

我国税收征管法明确规定,扣缴义务人应扣未扣、应收而不收税款的,由税务机关向纳税义务人追缴税款,对扣缴义务人处应扣未扣、应收未收税款百分之五十以上三倍以下的罚款。

同时,征管法实施细则又规定,纳税义务人拒绝代扣、代收税款的,扣缴义务人应当向税务机关报告,由税务机关直接向纳税义务人追缴税款、滞纳金;纳税义务人拒不缴纳的,依照税收征管法规定强制执行。

委托加工的应税消费品,受托方在交货时已代收代缴消费税,委托方收回后直接销售的,不再征收消费税。

但需要注意的是,委托方将收回的应税消费品,以不高于受托方的计税价格出售的,为直接出售,不再缴纳消费税;委托方以高于受托方的计税价格出售的,不属于直接出售,需按照规定申报缴纳消费税,在计税时准予扣除受托方已代收代缴的消费税。

(三)代收代缴消费税的计算

委托加工的应税消费品,按照受托方的同类消费品的销售价格计算纳税;没有同类消费品销售价格的,按照组成计税价格计算纳税。

实行从价定率办法计算纳税的组成计税价格计算公式:

$$组成计税价格=(材料成本+加工费)\div(1-比例税率)$$

实行复合计税办法计算纳税的组成计税价格计算公式:

$$组成计税价格=(材料成本+加工费+委托加工数量\times 定额税率)\div(1-比例税率)$$

所谓材料成本,是指委托方所提供加工材料的实际成本。

委托加工应税消费品的纳税义务人,必须在委托加工合同上如实注明(或者以其他方式提供)材料成本,凡未提供材料成本的,受托方主管税务机关有权核定其材料成本。

所谓加工费,是指受托方加工应税消费品向委托方所收取的全部费用(包括代垫辅助材料的实际成本)。

(四)委托加工应税消费品已纳消费税的扣除

委托加工收回的应税消费品用于连续生产应税消费品的,符合下列情形的所纳消费税税款准予按规定抵扣:

(1) 烟丝生产卷烟的;
(2) 鞭炮、焰火生产鞭炮、焰火的;
(3) 杆头、杆身和握把生产高尔夫球杆的;
(4) 木制一次性筷子生产木制一次性筷子的;
(5) 实木地板生产实木地板的;
(6) 石脑油、燃料油生产成品油的;
(7) 汽油、柴油、润滑油分别生产汽油、柴油、润滑油的;
(8) 集团内部企业间用啤酒液生产啤酒的;
(9) 葡萄酒生产葡萄酒的;
(10) 高档化妆品生产高档化妆品的。

上述委托加工收回的应税消费品连续生产的应税消费品准予从应纳消费税税额中按当期生产领用数量计算扣除其已纳消费税款。计算公式如下:

$$当期准予扣除的委托加工应税消费品已纳税款 = 期初库存的委托加工应税消费品已纳税款 + 当期收回的委托加工应税消费品已纳税款 - 期末库存的委托加工应税消费品已纳税款$$

委托加工收回应税消费品连续生产的抵扣凭证为"代扣代收税款凭证"。纳税义务人未提供"代扣代收税款凭证"的,不予扣除受托方代收代缴的消费税。

纳税义务人用委托加工收回的已税珠宝玉石生产的改在零售环节征收消费税的金银首饰,在计税时一律不得扣除委托加工收回的珠宝玉石已纳的消费税税款。

纳税义务人用委托加工收回的其他应税消费品连续生产应税消费品,比如用委托加工的酒精连续生产白酒等,一律不能扣除已纳税款。

对当期投入生产的原材料可抵扣的已纳消费税大于当期应纳消费税情形的,按当期应纳消费税的数额申报抵扣,不足抵扣的部分结转下一期申报抵扣的方式处理。

【例3-8】甲企业委托乙企业生产木制一次性筷子。甲企业提供的主要原材料实际成本为21万元,支付的不含税加工费为2万元。乙企业代垫辅料的不含税金额为0.96万元。

要求:计算乙企业代收代缴消费税。

【答案】

组成计税价格 = $(21+2+0.96) \div (1-5\%) = 25.22$(万元);

代扣代缴消费税 = $25.22 \times 5\% = 1.26$(万元)。

【例3-9】A企业委托B企业加工化妆品,B企业加工完成并交货,同类化妆品消费税计税价格 20 万元。A 企业收回已税化妆品后 50% 用于连续生产化妆品后销售,实现销售额 15 万元,另外 50% 加价 10% 直接销售,实现销售额 11 万元。以上价格均不含增值税。

要求:计算当月 A 企业销售化妆品应纳消费税(不含 B 企业代收代缴消费税)。

【答案】
B 企业代扣代缴消费税 = 20 × 30% = 6(万元);
A 企业应纳消费税 = 15 × 30% − 6 × 50% + 11 × 30% − 6 × 50% = 1.8(万元)。

四、计税销售额的特殊规定

(一)计税价格的核定权限

纳税义务人销售或自产自用应税消费品,计税价格明显偏低又无正当理由的,税务机关有权核定其计税价格。应税消费品计税价格的核定权限规定如下:

(1) 卷烟和白酒的计税价格由国家税务总局核定;
(2) 其他应税消费品的计税价格由各省、自治区、直辖市税务机关核定;
(3) 进口应税消费品的计税价格由海关核定。

(二)生产销售白酒计税价格的确定

白酒生产企业销售给销售单位的白酒(包括自产和委托加工收回),生产企业消费税计税价格低于销售单位对外销售价格(不含增值税,下同)70% 以下的,税务机关应核定消费税最低计税价格。

白酒消费税最低计税价格核定标准如下:

(1) 白酒生产企业销售给销售单位的白酒,生产企业消费税计税价格高于销售单位对外销售价格 70% 以上(含 70%)的,税务机关暂不核定消费税最低计税价格。

(2) 白酒生产企业销售给销售单位的白酒,生产企业消费税计税价格低于销售单位对外销售价格 70% 以下的,消费税最低计税价格由税务机关根据生产规模、白酒品牌、利润水平等情况在销售单位对外销售价格 50%—70% 范围内自行核定。其中生产规模较大,利润水平较高的企业生产的需要核定消费税最低计税价格的白酒,税务机关核价幅度原则上应选择在销售单位对外销售价格 60%—70% 范围内。

已核定最低计税价格的白酒,生产企业实际销售价格高于消费税最低计税价格的,按实际销售价格申报纳税;实际销售价格低于消费税最低计税价格的,按最低计税价格申报纳税。

已核定最低计税价格的白酒,销售单位对外销售价格持续上涨或下降时间达到三个月以上、累计上涨或下降幅度在 20% 以上(含 20%)的白酒,税务机关重新核定最低计税价格。

【例 3-10】某大型白酒生产企业为一般纳税人,当月销售给关联的销售公司自制白酒,不含税包销价 6 万元/吨,当月销售 20 吨;销售公司对外销售不含税售价 15 万元/吨,当月销售 22 吨。该生产企业当月以实际销售数量和包销价计算缴纳了消费税。

要求:计算该生产企业应补缴的消费税。

【答案】
6 ÷ 15 × 100% = 40%,低于 70%,税务机关可以核定最低出厂价为 9—10.5 万元/吨。如果税务机关最终核定价为 10 万元/吨,白酒生产企业应补缴消费税 = 20 × (10 − 6) × 20% = 16(万元)。

（三）纳税义务人自己设立的非独立核算门市部的计税价格

纳税义务人通过自己设立的非独立核算门市部销售自产应税消费品，应当按照门市部对外销售额或者销售数量计算征收消费税。

【例 3-11】某啤酒厂当月发往市内非独立核算门市部啤酒 10 吨，当月该门市部销售啤酒 12 吨，不含税销售额 4.2 万元。

要求：计算当月该厂应纳消费税。

【答案】

应纳消费税 = 12 × 250 = 3 000（元）。

（四）自制应税消费品用于以物易物、投资入股和抵偿债务的计税价格

纳税义务人自产应税消费品用于换取生产资料和消费资料，投资入股和抵偿债务等方面，应当按纳税义务人同类应税消费品最高销售价格（非加权平均价格）作为计税依据。

【例 3-12】某汽车生产企业为一般纳税人，2019 年 12 月以自制汽车 60 辆（2.0 升）作为对价，取得被投资企业股权。当月销售同类汽车每辆的最高售价为 19.5 万元，最低售价为 18.5 万元，上述价格均不含税。

要求：计算当月该厂应纳消费税。

【答案】

应纳消费税 = 60 × 19.5 × 5% = 58.5（万元）。

五、金银首饰征收消费税的规定

（一）纳税义务人、征税范围和税率

在我国境内从事金银首饰零售业务的单位和个人，以及委托加工、委托代销金银首饰的受托方，都是金银首饰消费税的纳税义务人。

金银首饰的零售业务是指将金银首饰销售给金银首饰生产、加工、批发、零售单位（以下简称"经营单位"）以外的单位和个人的业务。

下列行为视同零售业务征收消费税：

（1）为经营单位以外的单位和个人加工金银首饰，加工包括带料加工、翻新改制、以旧换新等业务，但不包括修理、清洗；

（2）经营单位将金银首饰用于馈赠、赞助、集资、广告样品、职工福利、奖励等；

（3）金银首饰经营单位兼营生产、加工、批发、零售业务的，应分别核算销售额，未分别核算或者划分不清的，一律视同零售征收消费税。

在零售环节征收消费税的金银首饰具体范围包括：金银和金基、银基合金首饰，以及金、银和金基、银基的镶嵌首饰，但不包括镀金（银）、包金（银）首饰及镀金（银）、包金（银）的镶嵌首饰（简称非金银首饰），对上述非金银首饰仍在生产环节征税。

铂金首饰、钻石及钻石饰品，也在零售环节征收消费税。

对既销售金银首饰，又销售非金银首饰的生产经营单位，应将两类商品划分清楚，分别核算销售额。凡划分不清楚或不能分别核算的，在哪个环节按哪个环节的税率全额征税。金银首饰与其他产品组成成套产品销售的，应按销售额全额征收消费税。

金银首饰零售环节消费税税率为5%。

(二) 计税依据

(1) 纳税义务人销售金银首饰，其计税依据为不含增值税的销售额。如果纳税义务人销售金银首饰的销售额中未扣除增值税税额，在计算消费税时，应按"从价定率计算方法"的换算公式换算为不含增值税税额的销售额。

(2) 金银首饰连同包装物销售的，无论包装物是否单独计价，也无论会计上如何核算，均应并入金银首饰的销售额，计征消费税。

(3) 带料加工的金银首饰，应按受托方销售同类金银首饰的销售价格确定计税依据征收消费税。没有同类金银首饰销售价格的，按照组成计税价格计算纳税。

组成计税价格的计算公式为：

$$组成计税价格 = (材料成本 + 加工费) \div (1 - 5\%)$$

(4) 纳税义务人采用以旧换新（含翻新改制）方式销售金银首饰，应按实际收取的不含增值税的全部价款确定计税依据征收消费税。

(5) 生产、批发、零售单位将金银首饰用于馈赠、赞助、集资、广告、样品、职工福利、奖励等方面，应按纳税义务人销售同类金银首饰的销售价格确定计税依据征收消费税；没有同类金银首饰销售价格的，按照组成计税价格计算纳税。

组成计税价格的计算公式为：

$$组成计税价格 = 购进原价 \times (1 + 成本利润率) \div (1 - 5\%)$$

纳税义务人为生产企业时，公式中的"购进原价"为生产成本。成本利润率为6%。

(6) 用已纳税珠宝玉石生产的镶嵌金银首饰，在计税时不再执行前述准予扣除已纳消费税税款的规定，即已纳税金不得扣除。

【例3-13】 A生产企业当月销售金银饰品销售额100万元，非金银饰品销售额200万元给B零售商店，开具增值税专用发票，A生产企业当月进项税额35万元。当月B零售商店销售金银饰品销售额150万元，非金银饰品销售额230万元。以上销售额均不含增值税。A、B企业均为一般纳税人。

要求：计算A、B企业应纳增值税和消费税。

【答案】

(1) 如果A、B企业均将金银饰品和非金银饰品分别核算的，应纳消费税计算如下：

A生产企业：

应纳增值税 = 300 × 13% − 35 = 4（万元）；

应纳消费税 = 200 × 10% = 20（万元）。

B零售商店：

应纳增值税 = 380 × 13% − 39 = 10.4（万元）；

应纳消费税 = 150 × 5% = 7.5（万元）。

(2) 如果A、B企业均未将金银饰品和非金银饰品分别核算，应纳消费税计算如下：

A生产企业：

应纳消费税 = 300 × 10% = 30（万元）；

B 零售商店：
应纳消费税＝380×5%＝19(万元)。

第五节　进口环节应纳消费税的计算

一、进口应税消费品纳税义务人

进口应征消费税货物，由进口人或者其代理人向报关地海关申报缴纳消费税，税款由海关代征。

二、进口应税消费品应纳税额计算

(一)实行从价定率办法计算

纳税义务人进口的应税消费品实行从价定率办法计算的，按照组成计税价格计算纳税。

应纳税额＝组成计税价格×比例税率
组成计税价格＝(关税完税价格＋关税)÷(1－比例税率)

所谓关税完税价格，是指海关核定的关税计税价格。

(二)实行从量定额办法计算

纳税义务人进口的应税消费品实行从量定额办法计算的，按进口数量计算纳税。

应纳税额＝进口数量×定额税率

(三)实行复合计税办法计算

纳税义务人进口的应税消费品实行复合计税办法计算的，按下列公式计算纳税：

应纳税额＝组成计税价格×比例税率＋进口数量×定额税率
组成计税价格＝(关税完税价格＋关税＋进口数量×定额税率)÷(1－比例税率)

【例3-14】某商贸公司为一般纳税人，2019年12月进口乘用车20辆，该型乘用车的气缸容量为2.5升，合计成交价500万元，到岸前发生的运费50万元，保险费3万元。乘用车关税税率25%。

要求：计算该公司进口环节应缴纳的关税和消费税。

【答案】
(1) 关税完税价格＝500＋50＋3＝553(万元)；
应纳关税＝553×25%＝138.25(万元)。
(2) 消费税组成计税价格＝(553＋138.25)÷(1－9%)＝759.62(万元)；
应纳消费税＝759.62×9%＝68.37(万元)。

> **小知识 3-2　关于海关代征税收**
>
> 目前,我国海关除了征收关税以外,还代征进口环节增值税和消费税。那么,海关征收的关税以及代征的增值税和消费税,是否适用税收征管法呢?
>
> 我国现行税收征管法第二条规定,凡依法由税务机关征收的各种税收的征收管理,均适用本法。征管法同时明确,税务机关是指各级税务局、税务分局、税务所和省以下税务局的稽查局。征管法同时也明确,关税及海关代征税收的征收管理,依照法律、行政法规的有关规定执行。所以,海关不属于征管法的约束对象,海关征收的关税及代征的增值税、消费税不适用税收征管法,而应当适用海关法等有关法规。

第六节　出口应税消费品退(免)税规定

一、基本规定

出口应税消费品退(免)税范围的规定、程序、审核及管理与出口货物退(免)增值税有许多一致的地方,在前面增值税一章中已有详细叙述,本节不再重复,这里仅就出口应税消费品退(免)消费税不同于退(免)增值税的特殊规定作介绍。

生产企业直接出口应税消费品或委托外贸企业出口应税消费品,按规定直接予以免税,不再计算应退消费税。

外贸企业出口应税消费品,如按规定实行先征后退办法的,先由生产厂家按规定计算缴纳消费税,然后由外贸企业计算应退消费税。

二、退税率

计算出口应税消费品应退消费税仍采用该应税消费品适用的消费税税率。

企业如果将不同税率的消费品同时出口,在计算应退消费税时,应该分开核算和申报,凡划分不清的,一律从低适用税率计算应退消费税税额。

三、出口应税消费品退税的计算

外贸企业从生产企业购进货物直接出口或受其他外贸企业委托代理出口应税消费品,属于从价定率计征消费税的,应依照外贸企业从工厂购进货物时征收消费税的价格计算退税,其公式为:

$$应退消费税税额 = 出口货物的工厂销售额 \times 比例税率$$

属于从量定额计征消费税的应依照购进和报关出口的数量计算,其公式为:

$$应退消费税税额 = 出口数量 \times 定额税率$$

【例 3-15】某外贸公司为一般纳税人,外购服装取得增值税专用发票注明的价款 100 万元,增值税13万元;外购化妆品取得增值税专用发票注明的价款200万元,增值税26万元。服装增值税退税率13%,化妆品增值税退税率11%,化妆品消费税税率30%。2016年11月上述商品全部出口,离岸价400万元。

要求:计算该公司当月应退增值税和消费税。

【答案】

应退增值税=100×13%+200×11%=35(万元);

应退消费税=200×30%=60(万元)。

第七节 消费税征收管理

一、纳税义务发生时间

(1) 纳税义务人销售应税消费品,纳税义务发生时间为收讫销售款项或者取得索取销售款项凭据的当天;先开具发票的,为开具发票的当天。

(2) 委托加工应税消费品,除受托方为个人外,由受托方在向委托方交货时代收代缴税款,纳税义务发生时间为受托方向委托方交货的当天。

(3) 未对外销售,自用应税消费品纳税义务发生时间为移送货物的当天。

(4) 进口应税消费品,纳税义务发生时间为报关进口的当天。

二、纳税地点

(1) 纳税义务人销售应税消费品的,以及自用应税消费品的,除国务院财政、税务主管部门另有规定外,应当向纳税义务人机构所在地或者居住地的主管税务机关申报纳税。

(2) 委托加工应税消费品的,除受托方为个人外,由受托方向机构所在地的主管税务机关解缴消费税税款。

(3) 进口应税消费品的,应当向报关地海关申报纳税。

三、纳税期限

(1) 按照《消费税暂行条例》规定,消费税的纳税期限分别为1日、3日、5日、10日、15日、1个月或者1个季度。纳税人的具体纳税期限,由主管税务机关根据纳税人应纳税额的大小分别核定;不能按照固定期限纳税的,可以按次纳税。

纳税人以一个月或以一个季度为一期纳税的,自期满之日起15日内申报纳税;以1日、3日、5日、10日或者15日为一期纳税的,自期满之日起5日内预缴税款,于次月1日起至15日内申报纳税并结清上月应纳税款。

扣缴义务人解缴税款的计税期间和申报纳税期限,依照前两款规定执行。

(2) 纳税义务人进口应税消费品,应当自海关填发海关进口消费税专用缴款书之日起15日内缴纳税款。

第四章　企业所得税

第一节　企业所得税概述

一、企业所得税的概念

企业所得税是以企业的法定所得为征税对象的一种税。

二、企业所得税的特点

（一）以净所得为征税对象

企业所得税的计税依据是纳税义务人的收入总额扣除各项税法规定的成本、费用、税金、损失等支出后的净所得额，它不等于企业实现的会计利润额。

（二）采取综合税制

企业所得税对纳税义务人在一定时期（通常为一年）内取得的各项所得，不分其来源渠道和所得性质，综合（合并）计算征收税款。

（三）纳税义务人和实际负税人通常是一致的

企业所得税属于直接税，税负较难转嫁，纳税义务人和实际负税人基本一致，因而可以直接调节纳税义务人的所得。

（四）实行按年计征、分期预缴的征收管理办法

企业所得税以全年的应纳税所得额作为计税依据，分月或分季预缴，年终汇算清缴，与会计年度及核算期限一致，有利于税收的征收管理和企业核算期限的一致性。

三、企业所得税的作用

企业所得税在促进企业改善经营管理活动，提升企业盈利能力，调节产业结构，促进经济发展以及为国家建设筹集资金具有重要的作用。

2019 年，我国企业所得税收入 35 323 亿元，仅次于增值税收入，同比增长 10%，占税收总收入 156 401 亿元的 22.58%。

第二节　企业所得税纳税人、征收对象和适用税率

一、企业所得税纳税人

（一）企业所得税纳税人的界定

在中华人民共和国境内（以下简称"中国境内"）企业和其他取得收入的组织（以下统称"企

业")为企业所得税的纳税义务人,依照《企业所得税法》的规定缴纳企业所得税。

依照中国法律、行政法规成立的个人独资企业、合伙企业不适用企业所得税法。

现行企业所得税以企业、单位法人为纳税人,由于个人独资企业和合伙企业不具有法人资格,故不适用企业所得税法。个人独资企业以自然人投资者为纳税义务人,缴纳个人所得税。合伙企业以每一个合伙人为纳税义务人,合伙人是自然人的,缴纳个人所得税;合伙人是法人的,缴纳企业所得税。合伙企业的合伙人征收所得税采取"先分后税"的方法。所以,个人独资企业、合伙企业与具有法人资格的企业(公司制企业)在所得税的计算方法上,完全不同。

【例 4-1】某有限合伙企业共有三个合伙人,其中,两个自然人投资者各出资 60 万元,各占全部出资额的 30%,A 有限责任公司(法人)出资 80 万元,占全部出资额的 40%。2019 年该有限合伙企业的应纳税所得额为 100 万元。

问题:该合伙企业的合伙人如何确认应纳税所得额计征所得税?

【答案】

合伙企业不是完整的民事主体,不具有法人资格,不属于企业所得税纳税义务人,不征收企业所得税。合伙企业的合伙人采取"先分后税"的方法确认各自的应纳税所得额并计算缴纳所得税。两个自然人合伙人各自按照归属于本人的应纳税所得额 30 万元(100×30%),按税法规定的标准扣除费用后,按五级超额累进税率计征个人所得税;A 公司按照归属于本公司的应纳税所得额 40 万元(100×40%),按适用税率计征企业所得税。

小知识 4-1　法人

法人是相对于自然人而言的:自然人是以生命为存在特征的个人,我们每个人都是自然人。法人是在法律上人格化了的、依法具有民事权利能力和民事行为能力并独立享有民事权利、承担民事义务的社会组织。我国主要法人形式包括国家机关、事业单位、社会团体和企业。企业法人主要包括有限责任公司和股份有限公司。

【例 4-2】某公司共有三个投资者,两个自然人各出资 60 万元,各占全部实收资本的 30%,B 公司出资 80 万元,占全部实收资本的 40%。2019 年该公司的应纳税所得额为 100 万元,适用税率为 25%。

问题:该公司应如何计算企业所得税?

【答案】

该公司作为企业所得税法规定的纳税义务人应缴纳企业所得税。应纳企业所得税=100×25%=25(万元)。税后利润分配给自然人股东,还应缴纳个人所得税,税率为 20%;境内法人投资者从该公司分得的税后利润,免征企业所得税。

(二)居民企业与非居民企业划分

企业所得税纳税义务人分为居民企业和非居民企业。

1. 居民企业

居民企业是指依法在中国境内成立,或者依照外国(地区)法律成立但实际管理机构在中国境内的企业。

所称依法在中国境内成立的企业,包括依照中国法律、行政法规在中国境内成立的企业、事业单位、社会团体以及其他取得收入的组织。

所称依照外国(地区)法律成立的企业,包括依照外国(地区)法律成立的企业和其他取得收入的组织。

实际管理机构是指对企业的生产经营、人员、账务、财产等实施实质性全面管理和控制的机构。具体制定标准为:

(1) 企业负责实施日常生产经营管理运作的高层管理人员及其高层管理部门履行职责的场所主要位于中国境内;

(2) 企业的财务决策(如:借款、放款、融资、财务风险管理等)和人事决策(如:任命、解聘和薪酬等)由位于中国境内的机构或人员决定,或需要得到位于中国境内的机构或人员批准;

(3) 企业的主要财产、会计账簿、公司印章、董事会和股东会议纪要档案等位于或存放于中国境内;

(4) 企业一半(含一半)以上有投票权的董事或高层管理人员经常居住于中国境内。

在境外注册的中资控股企业如同时符合以上判定标准的,应判定其为实际管理机构在中国境内的居民企业(也称非境内注册居民企业)。

【例4-3】北京的甲公司持有新加坡BG公司100%的股权,BG公司在北京市朝阳区设立分支机构(非法人)。经国家税务总局确认,该分支机构对BG公司的生产经营、人员、账务、财产等实施实质性全面管理和控制。

要求:请判定BG公司纳税义务人身份?

【答案】

由于BG公司在我国境内的分支机构对BG公司的生产经营、人员、账务、财产等实施实质性全面管理,构成BG公司在中国境内的实际管理机构,从而可判定BG公司为中国境内的居民企业,即:境外注册的居民企业,应就其来源于境内和来源于境外的所得依法缴纳企业所得税,纳税地点为北京分支机构所在地。

2. 非居民企业

非居民企业是指依照外国(地区)法律成立且实际管理机构不在中国境内,但在中国境内设立机构、场所的,或者在中国境内未设立机构、场所,但有来源于中国境内所得的企业。

非居民企业在中国境内设立的机构、场所,是指在中国境内从事生产经营活动的下列机构、场所:

(1) 管理机构、营业机构、办事机构;

(2) 工厂、农场、开采自然资源的场所;

(3) 提供劳务的场所;

(4) 从事建筑、安装、装配、修理、勘探等工程作业的场所;

(5) 其他从事生产经营活动的机构、场所。

非居民企业委托营业代理单位在中国境内从事生产经营活动的,包括委托单位或者个人经常代其签订合同,或者储存、交付货物等,该营业代理单位应被视为非居民企业在中国境内设立的机构、场所。

在香港特别行政区、澳门特别行政区和台湾地区成立的企业,参照非居民企业有关规定。

应当注意的是,所称机构、场所与之前提及的实际管理机构之间,既有联系,也有区别:

当外国企业在境内设立的机构、场所不具有对该企业的生产经营、人员、账务、财产等实施实质性全面管理和控制的,该外国企业便是非居民企业,反之,境内设立的机构、场所具有对该企业的生产经营、人员、账务、财产等实施实质性全面管理和控制的,则该外国企业就是居民企业。

> **小知识 4-2　居民企业和非居民企业的界定标准**
>
> 由于居民企业与非居民企业承担不同的纳税义务,因而界定其身份是十分重要的。确认居民企业的国际标准主要有:注册地标准、总机构所在地标准和实际管理机构所在地标准等。我国实行注册地标准和实际管理机构所在地标准。

(三)居民企业和非居民企业的纳税义务

1. 居民企业纳税义务

居民企业应当就其来源于中国境内、境外的所得缴纳企业所得税。

境外注册中资控股企业判定其为实际管理机构在中国境内的居民企业,应实施相应的税收管理,履行居民企业纳税义务,就其来源于中国境内、境外的所得征收企业所得税。

2. 非居民企业纳税义务

非居民企业纳税义务分两种情况。

(1)非居民企业在中国境内设立机构、场所的,应当就其所设机构、场所取得的来源于中国境内的所得,以及发生在中国境外但与其所设机构、场所有实际联系的所得缴纳企业所得税。

实际联系是指非居民企业在中国境内设立的机构、场所,拥有据以取得所得的股权、债权,以及拥有、管理、控制据以取得所得的财产等。

(2)非居民企业在中国境内未设立机构、场所的,或者虽设立机构、场所但取得的所得与其所设机构、场所没有实际联系的,应当就其来源于中国境内的所得缴纳企业所得税。

【例 4-4】在纽约注册的 A 银行(总部,也是实际管理机构)在北京投资设立了中外合资甲银行,即 A 银行在中国境内的子公司,又在上海浦东新区设立 A 银行上海分行(非法人)。甲银行和 A 银行上海分行的客户遍布全球。

要求:请判断甲银行、A 银行的纳税义务。

【答案】

甲银行为中国的居民企业,应当就其来源于中国境内和境外的所得自行申报缴纳企业所得税,适用税率为 25%。

由于 A 银行在境外注册且实际管理机构也在境外,所以 A 银行是属于非居民企业,A 银行上海分行是非居民企业在我国境内设立的机构、场所。A 银行应当就其来源于中国境内的与其所设分行业务没有实际联系的所得缴纳企业所得税,适用税率为 10%,税款由境内的所得支付者履行代扣代缴;A 银行来源于境外的所得不适用我国的企业所得税法。A 银行上海分行应当就其来源于中国境内的所得,以及发生在中国境外但与该分行业务有实际联系的所得计算缴纳企业所得税,适用税率为 25%,应纳税额自行向主管税务机关申报。

具体如图 4-1 所示。

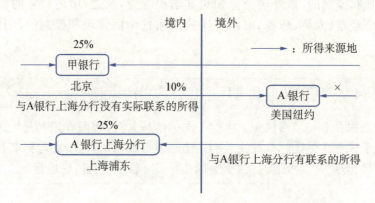

图 4-1　甲银行与 A 银行及其上海分行的纳税义务分析

另外，根据我国与其他国家（或地区）缔结的税收协定（或安排），"机构、场所"一般表述为"常设机构"。常设机构的概念主要用于确定缔约国一方对缔约国另一方企业利润的征税权。根据税收协定中对营业利润的规定，中国不得对外国企业的利润征税，除非该企业通过其设在中国的常设机构进行营业。

常设机构除之前提及的 5 种类型外，还包括以下两种情形：

① 建筑工地，建筑、装配或安装工程，或者与其有关的监督管理活动，但仅以该工地、工程或活动连续六个月以上的为限。

即对于境外企业在我国的建筑工地，建筑、装配或安装工程，或者与其有关的监督管理活动，仅在此类工地、工程或活动持续时间为六个月以上的，构成常设机构，未达到该规定时间的则不构成常设机构。

② 企业通过雇员或雇佣的其他人员在缔约国一方提供的劳务活动，包括咨询劳务活动，但仅以该性质的活动（为同一项目或相关的项目）在任何 12 个月中连续或累计超过 183 天以上为限。

即境外企业派其雇员或其雇佣的其他人员到境内企业提供劳务，仅以任何 12 个月内这些人员为从事劳务活动在我国境内停留连续或累计超过 183 天的，构成常设机构。

【例 4-5】甲公司拟在香港上市，聘请香港当地的 A 会计师事务所进行审计、咨询等业务，合同支付费用金额 300 万元。A 会计师事务所的相关人员为完成审计业务，自业务开始的 2018 年 7 月 10 日至业务结束 2019 年 7 月 25 日，累计在境内工作时间为 220 天。

要求：请判断 A 会计师事务源于大陆的所得是否应该缴纳企业所得税。

【答案】

由于 A 会计师事务所通过雇员在大陆提供审计、咨询劳务活动，劳务发生地在境内，且在连续的 12 个月中累计停留时间超过 183 天，构成在大陆设有常设机构，适用上述非居民企业纳税义务的第 1 种情况，应征收企业所得税。甲公司应按照税务机关核定的利润率计算出 300 万元服务费用中的利润，按 25% 的税率计算应纳企业所得税，税款由甲公司对外支付时代扣代缴。

二、企业所得税的征税对象

（一）企业所得税的征税对象

企业所得税的征税对象为企业取得的各项应税所得。所称所得，包括销售货物所得、提供劳务所得、转让财产所得、股息红利等权益性投资所得、利息所得、租金所得、特许权使用费所得、接受捐赠所得和其他所得。

（二）企业所得税的计税依据

企业所得税采取从价定率方式计算应纳税额。

（三）所得来源地的确定

由于非居民纳税义务人按其取得的来源于境内的所得征收企业所得税，所以判断其所得的来源地显得十分重要。来源于中国境内、境外的所得，应按照以下原则确定所得来源地：

（1）销售货物所得，按照交易活动发生地确定；

（2）提供劳务所得，按照劳务发生地确定；

（3）转让财产所得，不动产转让所得按照不动产所在地确定，动产转让所得，按照转让动产的企业或者机构、场所所在地确定，权益性投资资产转让所得，按照被投资企业所在地确定；

（4）股息、红利等权益性投资所得，按照分配所得的企业所在地确定；

（5）利息所得、租金所得、特许权使用费所得，按照负担、支付所得的企业或者机构、场所所在地确定，或者按照负担、支付所得的个人住所所在地确定；

（6）其他所得，由国务院财政、税务主管部门确定。

【例4-6】C公司为新加坡居民企业，持有上海A公司29%股份（投资成本87万元）。2019年1月，A公司股东会决定向所有股东分配利润100万元。2020年1月，C公司将其持有股份转让给北京D公司，转让价格500万元。

问题：上述业务如何进行税务处理？

【答案】

由于分配利润的A公司在境内，C公司分得的利润属于源于境内所得，应在我国履行纳税义务，应纳所得税由支付股息的A公司代扣代缴，应代扣代缴企业所得税=100×29%×10%=2.9（万元），如果符合条件，可递延预提该笔企业所得税（参考第七节税收优惠）。由于A公司在境内，C公司转让所持A公司的股权取得的所得也属于源于境内所得，应在我国履行纳税义务，应纳所得税由受让股权的D公司代扣代缴，应代扣代缴企业所得税=(500－87)×10%=41.3（万元）。

三、企业所得税的适用税率

（1）居民企业，适用税率为25%；

（2）非居民企业在中国境内设立机构、场所的，适用税率为25%；

（3）非居民企业在中国境内未设立机构、场所，或者虽设立机构、场所但取得的所得与其所设机构、场所没有实际联系的，适用税率为20%（实际减按10%征收）。

此外，国家对重点扶持和鼓励发展的产业和项目，给予企业所得税优惠税率，具体内容详见本章第七节税收优惠。

第三节 应纳税所得额确认——收入总额

一、应纳税所得额

根据《企业所得税法》规定,企业的应纳税所得额乘以适用税率,减除依照税法关于税收优惠的规定减免和抵免的税额后的余额,为应纳企业所得税额。显然,确认年度应纳税所得额是计算企业所得税的关键。

企业每一纳税年度的收入总额,减除不征税收入、免税收入、各项扣除以及允许弥补的以前年度亏损后的余额,为应纳税所得额。显然,确认应纳税所得额的关键是确认收入总额和各项扣除。

在实际工作中,纳税义务人一般先计算确认当年的利润总额,然后在次年企业所得税汇算清缴时,通过填写企业所得税纳税申报表及相关附表,调整会计制度与企业所得税制度两者之间存在的差异,最终计算得出应纳税所得额。所以,应纳税所得额的计算还可用以下公式表示:

应纳税所得额 = 利润总额 + 纳税调整增加额 − 纳税调整减少额 − 允许弥补的以前年度亏损

利润总额,是由企业依照国家统一会计制度的规定计算得出的。

企业应纳税所得额的计算,以权责发生制为原则,属于当期的收入和费用,不论款项是否收付,均作为当期的收入和费用;不属于当期的收入和费用,即使款项已经在当期收付,也不作为当期的收入和费用。国务院财政、税务主管部门另有规定的除外。

在计算应纳税所得额时,企业财务、会计处理办法与税收法律、行政法规的规定不一致的,应当依照税收法律、行政法规的规定计算。这是企业所得税法的一条极其重要的原则,总览全局,可以说是企业所得税法的灵魂。如果企业所得税法规定不明确的,在没有明确规定之前,可暂按企业财务、会计规定计算。

中华人民共和国政府同外国政府订立有关税收的协定与企业所得税法有不同规定的,依照协定的规定办理。

> **小知识 4-3　权责发生制和收付实现制**
>
> 在纳税主体的经济活动中,经济业务的发生和货币的收付不是完全一致的,即存在着现金流动与经济活动的分离,由此而产生两个确认和记录会计要素的标准:一个标准是根据货币收付与否作为收入或费用确认和记录的依据,称为收付实现制;另一个标准是以取得收款权利或付款责任作为记录收入或费用的依据,称为权责发生制。权责发生制和收付实现制在处理收入和费用时的原则是不同的,所以,同一会计事项按不同的会计处理标准进行处理,其结果可能是相同的,也可能是不同的。权责发生制便于计算企业的经营成果,是应用较为广泛的企业会计核算方法,为我国大多数企业所采纳。

二、收入总额

企业以货币形式和非货币形式从各种来源取得的收入,计算收入总额。

收入总额的货币形式,包括现金、存款、应收账款、应收票据、准备持有至到期的债券投资以及债务的豁免等。

收入总额的非货币形式,包括固定资产、生物资产、无形资产、股权投资、存货、不准备持有至到期的债券投资、劳务以及有关权益等。企业以非货币形式取得的收入,应当按照公允价值确定收入额,即按照市场价格确定。

(一)收入总额的组成

1. 销售商品收入

销售商品收入即企业销售商品、产品、原材料、包装物、低值易耗品以及其他存货取得的收入。

2. 提供劳务收入

提供劳务收入即企业从事建筑安装、修理修配、交通运输、仓储租赁、金融保险、邮电通信、咨询经纪、文化体育、科学研究、技术服务、教育培训、餐饮住宿、中介代理、卫生保健、社区服务、旅游、娱乐、加工,以及其他劳务服务活动取得的收入。

3. 转让财产收入

转让财产收入即企业转让固定资产、生物资产、无形资产、股权、债权等财产取得的收入。

其中,企业转让股权应按下列规定进行税务处理:企业转让股权收入,应于转让协议生效且完成股权变更手续时,确认收入的实现。转让股权收入扣除为取得该股权所发生的成本后,为股权转让所得。企业在计算股权转让所得时,不得扣除被投资企业未分配利润等股东留存收益中按该项股权所可能分配的金额。

需要注意的是,投资企业从被投资企业撤回或减少投资,其取得的资产中,相当于初始出资的部分,应确认为投资收回;相当于被投资企业累计未分配利润和累计盈余公积按减少实收资本比例计算的部分,应确认为股息所得;其余部分确认为投资资产转让所得。

【例4-7】2001年1月,A公司与其他股东出资设立D企业,A公司持股60%。2018年末D企业净资产3 000万元,其中:实收资本1 000万元,盈余公积500万元,未分配利润1 500万元。2019年1月,A企业转让其持有D企业的全部股权,转让价格为1 800万元。

要求:(1)计算A企业转让股权应纳税所得额。

(2)如果B企业全部撤回对D企业的投资,取得资产1 800万元,计算A企业应纳税所得额。

【答案】

(1)A企业转让股权应纳税所得额=1 800−1 000×60%=1 200(万元),不得扣除D企业未分配利润等股东留存收益中按A企业所能分配的金额1 200万元(2 000×60%)。

(2)如果B企业全部撤回D企业的股权,取得资产1 800万元,D企业未分配利润等股东留存收益中按A企业所能分配的金额1 200万元可以作为股息红利所得,则:A企业应纳税所得额=1 800−1 000×60%−2 000×60%=0(万元),确认为股息红利所得的1 200万元可以免征企业所得税。

4. 股息、红利等权益性投资收益

这是指企业因权益性投资从被投资方取得的收入。企业权益性投资取得股息、红利等收入，应以被投资企业股东会或股东大会作出利润分配或转股决定的日期，确定收入的实现。

被投资企业按规定将累计未分配利润和累计盈余公积转为股本的，作为投资方企业的股息、红利收入，投资方企业应增加该项长期投资的计税基础。

被投资企业将股权（票）溢价所形成的资本公积转为股本的，不作为投资方企业的股息、红利收入，投资方企业也不得增加该项长期投资的计税基础。

> **小知识 4-4　留存收益**
>
> 留存收益是指企业从历年实现的利润中提取或留存于企业的内部积累，它来源于企业的生产经营活动所实现的净利润，包括企业的盈余公积金和未分配利润两个部分。其中，盈余公积金是有特定用途的累积盈余，未分配利润是没有指定用途的累积盈余。留存收益属于税后利润，投资方将税后利润分配给股东，为避免重复征收，投资方可以享受免税待遇。

5. 利息收入

这是指企业将资金提供他人使用但不构成权益性投资，或者因他人占用本企业资金取得的收入，包括存款利息、贷款利息、债券利息、欠款利息等收入。

利息收入应当按照合同约定的债务人应付利息的日期确认收入的实现。

此外，还应注意利息收入确认的特别规定。

（1）金融企业的贷款利息收入。

考虑到金融企业利息收入具有特殊性，税法对其作出特别的规定：

金融企业按规定发放的贷款，属于未逾期贷款（含展期，下同），应根据先收利息后收本金的原则，按贷款合同确认的利率和结算利息的期限计算利息，并于债务人应付利息的日期确认收入的实现；属于逾期贷款，其逾期后发生的应收利息，应于实际收到的日期，或者虽未实际收到，但会计上确认为利息的日期，确认收入的实现。

金融企业已确认为利息收入的应收利息，逾期 90 天仍未收回，且会计上已冲减了当期利息收入的，准予抵扣当期应纳税所得额。金融企业已冲减了利息收入的应收未收利息，以后年度收回时，应计入当期应纳税所得额计算纳税。

（2）企业发行永续债的收入。

永续债是指依照法定程序发行、附赎回（续期）选择权或无明确到期日的债券。

企业投资永续债的利息收入具有债权性投资和权益性投资的双重特征，所以，税法对投资永续债的利息收入的税务处理作出特别规定：

企业发行的永续债，可以适用股息、红利企业所得税政策，即：投资方取得的永续债利息收入属于股息、红利性质，按照现行企业所得税政策相关规定进行处理。其中，发行方和投资方均为居民企业的，永续债利息收入可以适用企业所得税法规定的居民企业之间的股息、红利等权益性投资收益免征企业所得税规定；同时发行方支付的永续债利息支出不得在企业所得税税前扣除。

企业发行符合规定条件的永续债，也可以按照债券利息适用企业所得税政策，即：发行方支付的永续债利息支出准予在其企业所得税税前扣除；投资方取得的永续债利息收入应当依法纳税。所称符合规定条件，是指符合下列条件中5条（含）以上的永续债：

① 被投资企业对该项投资具有还本义务；
② 有明确约定的利率和付息频率；
③ 有一定的投资期限；
④ 投资方对被投资企业净资产不拥有所有权；
⑤ 投资方不参与被投资企业日常生产经营活动；
⑥ 被投资企业可以赎回，或满足特定条件后可以赎回；
⑦ 被投资企业将该项投资计入负债；
⑧ 该项投资不承担被投资企业股东同等的经营风险；
⑨ 该项投资的清偿顺序位于被投资企业股东持有的股份之前。

发行永续债的企业对每一永续债产品的税收处理方法一经确定，不得变更。企业对永续债采取的税收处理办法与会计核算方式不一致的，发行方、投资方在进行税收处理时须作出相应纳税调整。

6. 租金收入

这是指企业提供固定资产、包装物或者其他有形资产的使用权取得的收入。

租金收入应当按照合同约定的承租人应付租金的日期确认收入的实现。

如果租赁合同或协议中规定租赁期限跨年度，且租金是提前一次性支付的，根据收入与费用配比原则，出租人可对上述已确认的收入，在租赁期内，分期均匀计入相关年度收入。

应当注意的是，上述租金收入指的是提供经营性租赁服务取得的租金收入。

7. 特许权使用费收入

这是指企业提供专利权、非专利技术、商标权、著作权，以及其他特许权的使用权取得的收入。

特许权使用费收入应当按照合同约定的特许权使用人应付特许权使用费的日期确认收入的实现。

8. 接受捐赠收入

这是指企业接受的来自其他企业、组织或者个人无偿给予的货币性资产、非货币性资产。接受捐赠收入应当按照实际收到捐赠资产的日期确认收入的实现。

【例4-8】A企业2019年12月接受其他单位无偿捐赠，取得现金10万元，生产设备一台，取得增值税专用发票注明的金额20万元，税额2.6万元。

问题：该企业当年应如何进行税务处理？

【答案】

企业取得无偿赠与的资产应作如下会计处理：

借：银行存款	10.0	
固定资产	20.0	
应交税费——应交增值税（进项税额）	2.6	
贷：营业外收入		32.6

接受捐赠收入应当按照实际收到捐赠资产的日期确认收入的实现。

应纳税所得额＝10＋22.6＝32.6(万元)，会计处理与税务处理一致。

9. 其他收入

这是指企业取得的除以上第1项至第8项规定收入外的其他收入，包括企业资产溢余收入、逾期未退包装物押金收入、确实无法偿付的应付款项、已作坏账损失处理后又收回的应收款项、债务重组收入、补贴收入、违约金收入、汇兑收益等。

（二）收入总额确认的特殊规定

1. 销售商品确认收入实现的时间

销售商品应按以下规定确认收入实现时间：

（1）销售商品采用托收承付方式的，在办妥托收手续时确认收入。

（2）销售商品采取预收款方式的，在发出商品时确认收入。

（3）销售商品需要安装和检验的，在购买方接受商品以及安装和检验完毕时确认收入。如果安装程序比较简单，可在发出商品时确认收入。

（4）销售商品采用支付手续费方式委托代销的，在收到代销清单时确认收入。

（5）采用售后回购方式销售商品的，销售的商品按售价确认收入，回购的商品作为购进商品处理。有证据表明不符合销售收入确认条件的，如以销售商品方式进行融资，收到的款项应确认为负债，回购价格大于原售价的，差额应在回购期间确认为利息费用。

（6）销售商品以旧换新的，销售商品应当按照销售商品收入确认条件确认收入，回收的商品作为购进商品处理。

（7）企业为促进商品销售而在商品价格上给予的价格扣除属于商业折扣，商品销售涉及商业折扣的，应当按照扣除商业折扣后的金额确定销售商品收入金额。

债权人为鼓励债务人在规定的期限内付款而向债务人提供的债务扣除属于现金折扣，销售商品涉及现金折扣的，应当按扣除现金折扣前的金额确定销售商品收入金额，现金折扣在实际发生时再作为财务费用扣除。

企业因售出商品的质量不合格等原因而在售价上给予减让属于销售折让；企业因售出商品质量、品种不符合要求等原因而发生的退货属于销售退回。企业已经确认销售收入的售出商品发生销售折让和销售退回，应当在发生当期冲减当期销售商品收入。

（8）融资性售后回租业务中，承租人出售资产的行为，不确认为销售收入。对融资性租赁的资产，仍按承租人出售前原账面价值作为计税基础计提折旧。租赁期间，承租人支付的属于融资利息的部分，作为企业财务费用在税前扣除。

2. 分期确认收入实现

企业的下列生产经营业务可以分期确认收入的实现：

（1）以分期收款方式销售货物的，按照合同约定的收款日期确认收入的实现。

（2）企业受托加工制造大型机械设备、船舶、飞机，以及从事建筑、安装、装配工程业务或者提供其他劳务等，持续时间超过12个月的，按照纳税年度内完工进度或者完成的工作量确认收入的实现。企业提供的劳务完工进度，可选用下列方法确定：

① 已完工作的测量；

② 已提供劳务占劳务总量的比例；

③ 发生成本占总成本的比例。

3. 采取产品分成方式取得收入的

应当按照企业分得产品的日期确认收入的实现,其收入额按照产品的公允价值确定。

4. 房地产企业收入总额确认的特殊规定

房地产开发企业通过正式签订"房地产销售合同"或"房地产预售合同"所取得的收入,应确认为销售收入的实现,具体按以下规定确认:

(1) 采取一次性全额收款方式销售开发产品的,应于实际收讫价款或取得索取价款凭据之日,确认收入的实现。

(2) 采取分期收款方式销售开发产品的,应按销售合同或协议约定的价款和付款日确认收入的实现。付款方提前付款的,应在实际付款日确认收入的实现。

(3) 采取银行按揭方式销售开发产品的,应按销售合同或协议约定的价款确定收入额,其首付款应于实际收到日确认收入的实现,余款在银行按揭贷款办理转账之日确认收入的实现。

5. 视同销售

(1) 企业发生非货币性资产交换,以及将货物、财产、劳务用于捐赠、偿债、赞助、集资、广告、样品、交际应酬、职工福利或者利润分配等用途的,应当视同销售货物、转让财产或者提供劳务确认收入。

企业发生以上规定情形的,除另有规定外,应按照被移送资产、服务的公允价值确定销售收入,对应资产、服务成本可视为视同销售成本予以扣除。

(2) 企业发生下列情形的处置资产,除将资产转移至境外以外,由于资产所有权属在形式和实质上均不发生改变,可作为内部处置资产,不视同销售确认收入,相关资产的计税基础延续计算:

① 将资产用于生产、制造、加工另一产品;
② 改变资产形状、结构或性能;
③ 改变资产用途(如:自建商品房转为自用或经营);
④ 将资产在总机构及其分支机构之间转移;
⑤ 上述两种或两种以上情形的混合;
⑥ 其他不改变资产所有权属的用途。

另外要注意的是,企业以"买一赠一"等方式组合销售本企业商品的,不属于捐赠,应将总的销售金额按各项商品的公允价值的比例来分摊确认各项的销售收入。

【例4-9】A公司生产饼干,将本公司生产的100盒饼干发放给企业职工。每盒饼干成本70元,市场零售价为每盒100元。

问题:上述业务如何进行税务处理?

【答案】若适用《企业会计准则》,会计处理对于收入的确认、销售成本的结转以及相关税费的处理,与企业正常商品销售的会计处理相同;同时应当按照该产品的公允价值和相关税费确定职工薪酬金额,并计入当期损益或相关资产成本。在税务处理时,A公司应分解为两个行为:一是按照产品公允价值10 000元确认收入,并结转成本7 000元;二是按照产品公允价值10 000元作为职工福利费支出。税务处理与会计处理一致,不需做纳税调整。

【例4-10】B公司从A公司购买了100盒饼干,发放给企业职工,饼干的售价为每盒100元。

问题:上述业务如何进行税务处理?

【答案】

企业以外购的商品作为非货币性福利提供给职工的,会计处理不确认视同销售,但按照会计准则规定应按照该商品的公允价值和相关税费确定职工薪酬的金额,并计入当期损益或相关资产成本。因此B公司应按照产品公允价值10 000元作为职工福利费确认管理费用。在税务处理时应同时按照饼干的公允价值10 000元调增视同销售收入和视同销售成本,税务处理与会计处理产生差异。

【例4-11】C公司从事兴趣班教育,每节课程收取500元。为了达到促销目的,C公司给10位潜在客户提供一节免费试听课。

问题：上述业务如何进行税务处理？

【答案】

C公司从事兴趣班教育,每节课程收取500元。为了达到促销目的,C公司给10位潜在客户提供一节免费试听课。在税务处理时C公司一是应视同提供劳务,按公允价格5 000元确认视同提供劳务收入；二是按5 000元确认促销费用。

【例4-12】某商店A商品不含税零售价100元/个,成本价60元/个。以"买四送一"方式进行促销,当月销售A商品400个,赠送A商品100个。

问题：上述业务如何进行税务处理？

【答案】

赠送100个A商品不属于捐赠,不视同销售,但应将实物折扣换算成价格折扣。

销售金额 = 400 × 100 = 40 000(元)；

公允价值 = 500 × 100 = 50 000(元)；

销售单价 = 100 × (40 000/50 000) = 80(元)；

销售收入 = 500 × 80 = 40 000(元)；

销售成本 = 500 × 60 = 30 000(元)。

小知识4-5 视同销售

视同销售是指在会计上不作为销售核算,而在税收上作为销售,确认收入计缴税金的商品或劳务的转移行为。视同销售业务不仅涉及企业所得税,还涉及增值税、土地增值税等税种。

（三）不征税收入与免税收入

1. 不征税收入

不征税收入包括财政拨款,依法收取并纳入财政管理的行政事业性收费、政府性基金,国务院规定的其他不征税收入。

（1）财政拨款。

财政拨款即各级人民政府对纳入预算管理的事业单位、社会团体等组织拨付的财政资金,但国务院和国务院财政、税务主管部门另有规定的除外。

纳入预算管理的事业单位、社会团体等组织按照核定的预算和经费报领关系收到的由财政部门或上级单位拨入的财政补助收入,准予作为不征税收入,在计算应纳税所得额时从收入总额中减除,但国务院和国务院财政、税务主管部门另有规定的除外。

(2) 依法收取并纳入财政管理的行政事业性收费、政府性基金。

行政事业性收费是指依照法律法规等有关规定,按照国务院规定程序批准,在实施社会公共管理,以及在向公民、法人或者其他组织提供特定公共服务过程中,向特定对象收取并纳入财政管理的费用。

政府性基金是指企业依照法律、行政法规等有关规定,代政府收取的具有专项用途的财政资金。

对企业依照法律、法规及国务院有关规定收取并上缴财政的政府性基金和行政事业性收费,准予作为不征税收入,于上缴财政的当年在计算应纳税所得额时从收入总额中减除;未上缴财政的部分,不得从收入总额中减除。

(3) 国务院规定的其他不征税收入。

这是指企业取得的,由国务院财政、税务主管部门规定专项用途并经国务院批准的财政性资金。

需注意的是,企业取得的各类财政性资金,除属于国家投资和资金使用后要求归还本金的以外,均应计入企业当年收入总额。

对企业取得的由国务院财政、税务主管部门规定专项用途并经国务院批准的财政性资金,准予作为不征税收入,在计算应纳税所得额时从收入总额中减除。

企业从县级以上各级人民政府财政部门及其他部门取得的应计入收入总额的财政性资金,凡同时符合以下条件的,可以作为不征税收入,在计算应纳税所得额时从收入总额中减除:

① 企业能够提供规定资金专项用途的资金拨付文件;
② 财政部门或其他拨付资金的政府部门对该资金有专门的资金管理办法或具体管理要求;
③ 企业对该资金以及以该资金发生的支出单独进行核算。

上述不征税收入用于支出所形成的费用,不得在计算应纳税所得额时扣除;用于支出所形成的资产,其计算的折旧、摊销不得在计算应纳税所得额时扣除。

企业将符合上述规定条件的财政性资金作不征税收入处理后,在五年(60个月)内未发生支出且未缴回财政部门或其他拨付资金的政府部门的部分,应计入取得该资金第六年的应税收入总额;计入应税收入总额的财政性资金发生的支出,允许在计算应纳税所得额时扣除。

对社保基金会及养老基金投资管理机构在国务院批准的投资范围内,运用养老基金投资取得的归属于养老基金的投资收益,作为企业所得税不征税收入。

2. 免税收入的税务处理

免税收入包括国债利息收入,符合条件的居民企业之间的股息、红利等权益性投资收益,在中国境内设立机构、场所的非居民企业从居民企业取得与该机构、场所有实际联系的股息、红利等权益性投资收益,以及符合条件的非营利性组织的收入。

免税收入的税务处理详见本章第七节。

> **小知识 4-6　不征税收入与免税收入**
>
> 　　不征税收入不属于税收优惠,而免税收入属于税收优惠。不征税收入由于从根源和性质上,不属于营利性活动带来的经济利益,是专门从事特定目的的收入,这些收入从企业所得税原理上讲不应列为征税范围。如政府预算拨款,依法收取并纳入财政管理的行政事业性收费、政府性基金等。不征税收入用于支出所形成的费用,不得在计算应纳税所得额时扣除。用于支出所形成的资产,其计算的折旧、摊销不得在计算应纳税所得额时扣除。也就是说,不征税项目不参与应纳税所得额的计算。
>
> 　　免税收入是纳税义务人应税收入的重要组成部分,只是国家为了实现某些经济和社会目标,在特定时期或对特定项目取得的经济利益给予的税收优惠照顾,而在一定时期又有可能恢复征税的收入范围。如:国债利息收入,符合条件的居民企业之间的股息、红利收入,在中国境内设立机构、场所的非居民企业从居民企业取得与该机构、场所有实际联系的股息、红利收入,符合条件的非营利公益组织的收入等。免税收入用于支出所形成的费用,除有特别规定,准予在计算应纳税所得额时扣除。

【例 4-13】 某企业 2019 年取得市政府科委相关部门经费 500 万元,要求该企业进行技术研发。当年发生项目相关费用支出 200 万元。该企业会计处理如下:取得经费时借记"银行存款"500 万元,贷记"递延收益"500 万元;发生费用支出时借记"管理费用"200 万元,贷记"银行存款"200 万元,同时借记"递延收益"200 万元,贷记"其他收益"200 万元。该企业能够提供规定资金专项用途的资金拨付文件和资金管理办法,并对该资金发生的支出单独进行核算。

要求:上述业务如何进行税务处理?

【答案】

由于该企业取得特定用途的财政资金符合相关规定,会计处理时未计入损益,此时无需作纳税调整处理。发生支出时,企业借记"管理费用",贷记"其他收益",都计入损益,而根据税法规定,计入"管理费用"的支出应作纳税调增处理,结转"其他收益"的金额应作纳税调减处理,即:纳税调增所得额 200 万元,同时纳税调减所得额 200 万元。

第四节　应纳税所得额确认——各项扣除

一、确定各项扣除的原则

(一)相关性

企业准予扣除的支出,应是与取得收入直接相关的。

企业的不征税收入用于支出所形成的费用或者财产,不得扣除或者计算对应的折旧、摊销扣除。

（二）合理性

企业准予扣除的支出，应符合生产经营活动常规；计入当期损益或者有关资产成本的支出，应当是必要的、正常的。

（三）区分收益性支出和资本性支出

企业发生的支出应当区分收益性支出和资本性支出。收益性支出在发生当期直接扣除；资本性支出应当分期扣除或者计入有关资产成本，不得在发生当期直接扣除。

（四）不重复扣除

除另有规定外，企业实际发生的成本、费用、税金、损失和其他支出，不得重复扣除。

二、各项扣除的一般规定

企业实际发生的与取得收入有关的、合理的支出，包括成本、费用、税金、损失和其他支出，准予在计算应纳税所得额时扣除。

成本是指企业在生产经营活动中发生的销售成本、销货成本、业务支出以及其他耗费。

费用是指企业在生产经营活动中发生的销售费用、管理费用和财务费用，但已经计入成本的有关费用除外。

税金是指企业发生的除去企业所得税和允许抵扣的增值税以外的各项税金及其附加。

损失是指企业在生产经营活动中发生的固定资产和存货的盘亏、毁损、报废损失，转让财产损失，呆账损失，坏账损失，自然灾害等不可抗力因素造成的损失以及其他损失。企业发生的损失，减除责任人赔偿和保险赔款后的余额，依照国务院财政、税务主管部门的规定扣除。企业已经作为损失处理的资产，在以后纳税年度又全部收回或者部分收回时，应当计入当期收入。

其他支出是指除成本、费用、税金、损失外，企业在生产经营活动中发生的与生产经营活动有关的、合理的支出。

小知识4-7　企业缴纳各项税金的列支渠道

企业缴纳的各种税金及附加在会计核算时有不同的列支渠道，有些可以在支付的当期直接计入损益，有些应该计入存货、固定资产等，通过计算结转营业成本、费用时计入损益，有些则不得计入损益。具体列支渠道如下：

（1）"税金及附加"：包括消费税、出口关税、资源税、土地增值税、印花税、房产税、城镇土地使用税、车船税、城市维护建设税、教育费附加和地方教育附加。

（2）"营业成本"、"期间费用"和"营业外支出"等：包括不得抵扣的增值税、进口关税、消费税、耕地占用税、车辆购置税、烟叶税和契税等。

（3）在计算应纳税所得额时，缴纳的企业所得税和增值税，以及未计入职工薪酬的由企业承担的职工个人所得税等，不得在税前扣除。

三、各项扣除的特殊规定

（一）工资薪金

（1）工资薪金是指企业每一纳税年度支付给在本企业任职或者受雇的员工所有现金形式或者非现金形式的劳动报酬，包括基本工资、奖金、津贴、补贴、年终加薪、加班工资，以及与员工任职或者受雇有关的其他支出。

（2）企业发生的合理的工资薪金支出，准予扣除。所谓"合理的工资薪金支出"，是指企业按照股东大会、董事会、薪酬委员会或相关管理机构制订的工资薪金制度规定，实际发放给员工的工资薪金。确认工资薪金的合理性应把握的原则是：

① 企业制订了较为规范的员工工资薪金制度；
② 企业所制订的工资薪金制度符合行业及地区水平；
③ 企业在一定时期所发放的工资薪金是相对固定的，工资薪金的调整是有序进行的；
④ 企业对实际发放的工资薪金，已依法履行了代扣代缴个人所得税的义务；
⑤ 有关工资薪金的安排，不以减少或逃避税款为目的。

（3）属于国有性质的企业，其工资薪金不得超过政府有关部门给予的限定数额；超过部分不得计入企业工资薪金总额，也不得在计算企业应纳税所得额时扣除。

（4）企业在年度汇算清缴结束前向员工实际支付的已预提汇缴年度工资薪金，准予在汇缴年度按规定扣除。

（5）企业接受外部劳务派遣用工所实际发生的费用，应分两种情况按规定在税前扣除：按照协议（合同）约定直接支付给劳务派遣公司的费用，应作为劳务费支出；直接支付给员工个人的费用，应作为工资薪金支出和职工福利费支出。其中属于工资薪金支出的费用，准予计入企业工资薪金总额的基数，作为计算其他各项相关费用扣除的依据。

（6）上市公司建立职工股权激励计划，对股权激励计划实行后立即可以行权的，可以根据实际行权时该股票的公允价格与激励对象实际行权支付价格的差额和数量，计算确定作为当年上市公司工资薪金支出，依照税法规定进行税前扣除。对股权激励计划实行后，需待一定服务年限或者达到规定业绩条件（以下简称等待期）方可行权的，等待期内会计上计算确认的相关成本费用，不得在对应年度计算缴纳企业所得税时扣除。在股权激励计划可行权后，方可根据该股票实际行权时的公允价格与当年激励对象实际行权支付价格的差额及数量，计算确定作为当年上市公司工资薪金支出，依照税法规定进行税前扣除。

> **小知识 4-8　职工股权激励计划**
>
> 上市公司建立职工股权激励计划，并按我国企业会计准则的有关规定，在股权激励计划授予激励对象时，按照该股票的公允价格及数量，计算确定作为上市公司相关年度的成本或费用，作为换取激励对象提供服务的对价。

（7）企业按人力资源和社会保障部关于《违反和解除劳动合同的经济补偿办法》规定实际支付给职工的经济补偿金，可在企业所得税税前扣除。企业向本企业退休人员发放的补助不得在税前扣除。

应注意的是,雇主为雇员负担的个人所得税款,属于个人工资薪金的一部分。凡单独作为企业管理费列支的,在计算企业所得税时不得在税前扣除。

(二) 职工社会保险费

(1) 企业依照国务院有关主管部门或者省级人民政府规定的范围和标准为职工缴纳的基本养老保险费、基本医疗保险费、失业保险费、工伤保险费、生育保险费等基本社会保险费和住房公积金,准予扣除。

(2) 企业为投资者或者职工支付的补充养老保险费、补充医疗保险费,在国务院财政、税务主管部门规定的范围和标准内,准予扣除。具体标准为:根据国家有关政策规定,为在本企业任职或者受雇的全体员工支付的补充养老保险费、补充医疗保险费,分别在不超过职工工资总额5%标准内的部分,在计算应纳税所得额时准予扣除;超过的部分,不予扣除。

(三) 职工商业保险费

除企业依照国家有关规定为特殊工种职工支付的人身安全保险费和国务院财政、税务主管部门规定可以扣除的其他商业保险费(如:为从事高危工种职工投保的工伤保险、为因公出差的职工按次投保的航空意外险)以外,企业为投资者或职工支付的商业保险费,不得扣除。

> **小知识4-9　社会保险基金**
>
> 我国的社会保障包括社会保险、社会救助、社会福利和慈善事业,其中社会保险是核心内容,它包括养老保险、医疗保险、失业保险、工伤保险和生育保险。社会保障是通过建立社会保险基金来实现的。社会保险基金的来源主要包括企业和投保人依法缴纳的社会保险费、社会保险基金的增值性收入、政府投入资金以及各种捐赠收入等。

(四) 职工福利费支出、工会经费和职工教育经费支出

(1) 企业发生的职工福利费支出,不超过工资薪金总额14%的部分,准予扣除。

企业职工福利费包括以下内容:

① 尚未实行分离办社会职能的企业,其内设福利部门所发生的设备、设施和人员费用,包括职工食堂、职工浴室、理发室、医务所、托儿所、疗养院等集体福利部门的设备、设施及维修保养费用和福利部门工作人员的工资薪金、社会保险费、住房公积金及劳务费等。

② 为职工卫生保健、生活、住房、交通等所发放的各项补贴和非货币性福利,包括企业向职工发放的因公外地就医费用、未实行医疗统筹企业职工医疗费用、职工供养直系亲属医疗补贴、供暖费补贴、职工防暑降温费、职工困难补贴、救济费、职工食堂经费补贴及职工交通补贴(包括为员工报销的燃油费)等。

③ 按照其他规定发生的其他职工福利费,包括丧葬补助费、抚恤费、安家费、探亲假路费等。

此外,企业发生的职工体检费用属于职工卫生保健方面的支出,可以作为职工福利费支出,按照相关规定税前扣除。企业为员工提供集体宿舍的支出,属于企业为员工提供的用于住

房方面的非货币性福利,可以作为福利费支出,按照相关规定税前扣除。

(2) 企业拨缴的工会经费,不超过工资薪金总额2%的部分,准予扣除。企业应凭工会组织开具的"工会经费拨缴款专用收据"在税前扣除。凡不能出具"工会经费拨缴款专用收据"的,其提取的职工工会经费不得在企业所得税税前扣除。

(3) 企业发生的职工教育经费支出,不超过工资薪金总额8%的部分,准予在计算企业所得税应纳税所得额时扣除;超过部分,准予在以后纳税年度结转扣除。

为职工培训而发生的费用应归属于职工教育经费,企业培训涉及的交通费、餐费、住宿费应作为职工教育经费税前扣除。

集成电路设计企业和符合条件的软件生产企业发生的职工教育经费中的职工培训费用,可以全额在企业所得税税前扣除。软件生产企业应准确划分职工教育经费中的职工培训费支出,对于不能准确划分的,以及准确划分后职工教育经费中扣除职工培训费用的余额,一律按照上述规定的比例扣除。

核力发电企业为培养核电厂操纵员发生的培养费用,可作为企业的发电成本在税前扣除。企业应将核电厂操纵员培养费与员工的职工教育经费严格区分,单独核算,员工实际发生的职工教育经费支出不得计入核电厂操纵员培养费直接扣除。

航空企业实际发生的飞行员养成费、飞行训练费、乘务训练费、空中保卫员训练费等空勤训练费用,可以作为航空企业运输成本在税前扣除。

【例4-14】A企业2018年利润总额1 000万元,已计入成本费用的工资薪金总额2 000万元,实际发生职工福利费260万元,工会经费40万元,职工教育经费60万元。A企业2019年利润总额1 200万元,已计入成本费用的工资薪金总额2 200万元,实际发生职工福利费450万元,工会经费44万元,职工教育经费45万元。

要求:计算2018年和2019年应纳税所得额。

【答案】

2018年:工资薪金据实扣除;职工福利费和工会经费未超过标准,据实扣除;职工教育经费未超过标准,据实扣除。应纳税所得额=1 000(万元)。

2019年:工资薪金据实扣除;职工福利费超过标准,纳税调增所得额=450-2 200×14%=142(万元),职工教育经费和工会经费未超过标准,据实扣除。职工教育经费扣除限额=2 200×8%=176(万元),实际发生额45万元。

应纳税所得额=1 200+142=1 342(万元)。

(五) 利息和借款费用

(1) 企业在生产经营活动中发生的、合理的、不需要资本化的借款费用,准予扣除。

企业为购置、建造固定资产、无形资产和经过12个月以上的建造才能达到预定可销售状态的存货发生借款的,在有关资产购置、建造期间发生的合理的借款费用,应当作为资本性支出计入有关资产的成本,并依照规定扣除。

(2) 企业在生产经营活动中发生的下列利息支出,准予扣除:

① 非金融企业向金融企业借款的利息支出、金融企业的各项存款利息支出和同业拆借利息支出、企业经批准发行债券的利息支出;

② 非金融企业向非金融企业借款的利息支出,不超过按照金融企业同期同类贷款利率计算的数额的部分。鉴于目前我国对金融企业利率要求的具体情况,企业在按照合同要求首次

支付利息并进行税前扣除时,应提供"金融企业的同期同类贷款利率情况说明",以证明其利息支出的合理性。

(3)在计算应纳税所得额时,企业实际支付给关联方的利息支出,不超过以下规定比例和税法及其实施条例有关规定计算的部分,准予扣除,超过的部分不得在发生当期和以后年度扣除。企业实际支付给关联方的利息支出,其接受关联方债权性投资与其权益性投资比例为:金融企业,为5∶1;其他企业,为2∶1。

债权性投资是指企业直接或者间接从关联方获得的,需要偿还本金和支付利息或者需要以其他具有支付利息性质的方式予以补偿的融资。权益性投资是指企业资产负债表所列示的所有者权益余额。

企业如果能够按照税法及其实施条例的有关规定提供相关资料,并证明相关交易活动符合独立交易原则的;或者该企业的实际税负不高于境内关联方的,其实际支付给境内关联方的利息支出,在计算应纳税所得额时准予扣除。

(4)企业集团或其成员企业统一向金融机构借款分摊集团内部其他成员企业使用的,借入方凡能出具从金融机构取得借款的证明文件,可以在使用借款的企业间合理地分摊利息费用,使用借款的企业分摊的合理利息准予在税前扣除。

(5)企业通过发行债券、取得贷款、吸收保户储金等方式融资而发生的合理的费用支出,符合资本化条件的,应计入相关资产成本;不符合资本化条件的,应作为财务费用,准予在企业所得税前据实扣除。

(6)企业向自然人借款的利息支出企业所得税税前扣除应按下列规定处理:

① 企业向股东或其他与企业有关联关系的自然人借款的利息支出,比照上述第(3)条关于支付给关联方利息支出的规定,计算企业所得税扣除额。

② 企业向内部职工或其他人员借款的利息支出,其借款情况同时符合以下条件的,其利息支出在不超过按照金融企业同期同类贷款利率计算的数额的部分,准予扣除。

第一,企业与个人之间的借贷是真实、合法、有效的,并且不具有非法集资目的或其他违反法律、法规的行为;

第二,企业与个人之间签订了借款合同。

【例4-15】A企业因生产经营需要,发生以下融资业务:

向中国工商银行本地分行借款1 000万元,借款期一年,年利率10%;经批准发行债券,支付到期利息500万元;因生产经营需要向B企业(非关联企业)借款500万元,借款期半年,支付利息50万元。

要求:计算利息纳税调增额。

【答案】

支付给银行利息准予扣除;支付债券利息准予扣除;支付给B企业利息不得超过同期银行利率,准予扣除=500×10%÷2=25(万元),纳税调增额=50-25=25(万元)。

【例4-16】A企业为C企业的母公司,持有C企业60%股权。2019年A企业出借1 500万元给C企业,借款期一年(自2019年1月1日起),年利率10%(同期银行年利率8%),当年C企业平均净资产800万元(其中:实收资本300万元)。

问题:C企业应如何进行税务处理?

【答案】

C企业实际支付利息=1 500×10%=150(万元);债资比例=1 500÷800=1.875,小于

2；准予扣除利息＝1 500×8％＝120(万元)，纳税调增＝150－120＝30(万元)。

如果A企业平均净资产500万元，则：

债资比例＝1 500÷500＝3，大于2；准予扣除利息＝2×500×8％＝80(万元)，纳税调增＝150－80＝70(万元)。

(六)汇兑损失

企业在货币交易中以及纳税年度终了时，将人民币以外的货币性资产、负债按照期末即期人民币汇率中间价折算为人民币时产生的汇兑损失，除已经计入有关资产成本以及向所有者进行利润分配相关的部分外，准予扣除。

(七)业务招待费支出

在实际操作中，企业因发生业务招待行为而产生的费用一般作为业务招待费。业务招待费通常包括与企业生产经营活动有关的宴请客户及因接待业务相关人员发生的餐费、住宿费、交通费及其他费用，以及向客户及业务相关人员赠送礼品等开支。

企业发生的与生产经营活动有关的业务招待费支出，按照发生额的60％扣除，但最高不得超过当年销售(营业)收入的5‰。

上述所称销售(营业)收入包括：营业收入、视同销售收入，对从事股权投资业务的企业(包括集团公司总部、创业投资企业等)，其从被投资企业所取得的股息红利、股权转让收入，可以按规定的比例计算业务招待费扣除限额。

房地产开发企业预售房地产收入也可以按规定的比例计算业务招待费扣除限额，但在该项预收款结转会计收入时不得重复计算业务招待费扣除限额。

考虑到企业在筹建期间没有经营收入，发生的与筹办活动有关的业务招待费支出，可按实际发生额的60％计入企业筹办费在税前扣除。

【例4-17】 某企业2019年产品销售收入1 650万元，转让材料收入100万元，出租房产收入200万元，视同销售收入50万元，管理费用200万元，其中：业务招待费30万元。(上述收入均不含增值税)

要求：计算该企业业务招待费纳税调整额。

【答案】

销售(营业)收入＝1 650＋100＋200＋50＝2 000(万元)。

2 000×0.5％＝10(万元)，30×60％＝18(万元)，准予扣除10万元，纳税调增所得额＝30－10＝20(万元)。

假设A企业实际发生业务招待费为8万元，则：

8×60％＝4.8(万元)，准予扣除4.8万元，纳税调增所得额＝8－4.8＝3.2(万元)。

(八)广告费和业务宣传费支出

企业发生的符合条件的广告费和业务宣传费支出，除国务院财政、税务主管部门另有规定外，不超过当年销售(营业)收入15％的部分，准予扣除；超过部分，准予在以后纳税年度结转扣除。

对化妆品制造或销售、医药制造和饮料制造(不含酒类制造)企业发生的广告费和业务宣传费支出，不超过当年销售(营业)收入30％的部分，准予扣除；超过部分，准予在以后纳税年度结转扣除。

上述所称销售(营业)收入包括营业收入和视同销售收入。

企业在筹建期间,发生的符合条件的广告费和业务宣传费,可按实际发生额计入企业筹办费,并按有关规定在税前扣除。

烟草企业的烟草广告费和业务宣传费支出,一律不得在计算应纳税所得额时扣除。

【例4-18】某服装生产企业2017年至2019年相关指标见表4-1。

表4-1   单位:万元

年份	销售收入	利润总额	实际发生的广告费
2017年	1 000	100	200
2018年	2 000	220	320
2019年	3 000	350	300

要求:计算该企业2017年至2019年广告费和业务宣传费准予扣除金额、纳税调整金额、应纳税所得额以及结转调整金额。

【答案】见表4-2计算过程。

表4-2   单位:万元

年份	销售收入	利润总额	实际发生广告费	广告费扣除限额	调整所得额	应纳税所得额	结转以后年度扣除额
2017年	1 000	100	200	150	+50	150	50
2018年	2 000	220	320	300	+20	240	70
2019年	3 000	350	300	450	−70	280	0

(九) 专项资金

企业依照法律、行政法规有关规定提取的用于环境保护、生态恢复等方面的专项资金,准予扣除。上述专项资金提取后改变用途的,不得扣除。

小知识4-10 企业承担社会责任的支出

我国的经济发展走过一段相对较长的粗放型发展模式道路,很大程度上是以牺牲自然环境为代价的,企业所承担的相应自然环境的保护义务较少,这类社会义务也常为企业所忽视。因而国家通过各种政策,包括税收政策,来鼓励企业履行此类义务。

(十) 财产保险支出

企业参加财产保险,按照规定缴纳的保险费,准予扣除。

企业职工因公出差乘坐交通工具发生的人身意外保险费支出,准予企业在计算应纳税所得额时扣除。企业参加雇主责任险、公众责任险等责任保险,按照规定缴纳的保险费,准予在企业所得税税前扣除。

(十一) 租赁费

企业根据生产经营活动的需要租入固定资产支付的租赁费,按照以下方法扣除:
① 以经营租赁方式租入固定资产发生的租赁费支出,按照租赁期限均匀扣除;
② 以融资租赁方式租入固定资产发生的租赁费支出,按照规定构成融资租入固定资产价值的部分应当提取折旧费用,分期扣除。

(十二) 劳动保护支出

企业发生的合理的劳动保护支出,准予扣除。

企业根据其工作性质和特点,由企业统一制作并要求员工工作时统一着装所发生的工作服饰费用,符合生产经营活动常规的,可以作为企业合理的支出给予税前扣除。

(十三) 管理费

(1) 企业之间支付的管理费、企业内营业机构之间支付的租金和特许权使用费,以及非银行企业内营业机构之间支付的利息,不得扣除。

(2) 母公司为其子公司提供各种服务而发生的费用,应按照独立企业之间公平交易原则确定的服务价格,作为企业正常的劳务费用进行税务处理。母子公司未按照独立企业之间的业务往来收取价款的,税务机关有权予以调整。

母公司向其子公司提供各项服务,双方应签订服务合同或协议,明确规定提供服务的内容、收费标准及金额等。凡按上述合同或协议规定所发生的服务费,母公司应作为营业收入申报纳税,子公司则作为成本费用在税前扣除。

(3) 非居民企业在中国境内设立的机构、场所,就其中国境外总机构发生的与该机构、场所生产经营有关的费用,能够提供总机构出具的费用汇集范围、定额、分配依据和方法等证明文件,并且合理分摊的,准予扣除。

(十四) 公益性捐赠支出

(1) 企业通过公益性社会组织或者县级(含县级)以上人民政府及其组成部门和直属机构,用于慈善活动、公益事业的捐赠支出,在年度利润总额12%以内的部分,准予在计算应纳税所得额时扣除;超过年度利润总额12%的部分,准予结转以后三年内在计算应纳税所得额时扣除。企业在对公益性捐赠支出计算扣除时,应先扣除以前年度结转的捐赠支出,再扣除当年发生的捐赠支出。

所称公益性社会组织,应当依法取得公益性捐赠税前扣除资格。

所称年度利润总额,是指企业依照国家统一会计制度的规定计算的大于零的数额。

(2) 自2019年1月1日至2022年12月31日,企业通过公益性社会组织或者县级(含县级)以上人民政府及其组成部门和直属机构,用于目标脱贫地区的扶贫捐赠支出,准予在计算企业所得税应纳税所得额时据实扣除。在政策执行期限内,目标脱贫地区实现脱贫的,可继续适用上述政策。"目标脱贫地区"包括832个国家扶贫开发工作重点县、集中连片特困地区县

(新疆阿克苏地区6县1市享受片区政策)和建档立卡贫困村。

(3) 企业通过公益性社会组织或者县级以上人民政府及其部门等国家机关,捐赠用于应对新型冠状病毒感染的肺炎疫情的现金和物品,允许在计算应纳税所得额时全额扣除。

企业同时准予全额扣除的公益性捐赠和其他公益性捐赠支出,在计算公益性捐赠支出年度扣除限额时,准予全额扣除的捐赠支出不计算在内。

【例4-19】某企业2018年利润总额为1 000万元,在"营业外支出"列支公益性捐赠款项180万元。2019年利润总额为1 200万元,在"营业外支出"列支用于目标脱贫地区的扶贫捐赠支出60万元,其他公益性捐赠款项100万元。无其他纳税调整事项。

要求:计算该企业2018年和2019年的应纳企业所得税。

【答案】

2018年:

应纳税所得额 = 1 000 + (180 − 1 000 × 12%) = 1 060(万元);

应纳企业所得税 = 1 060 × 25% = 265(万元)。

结转以后3年扣除的捐赠额60万元。

2019年:

用于目标脱贫地区的扶贫捐赠支出60万元据实扣除。

1 200 × 12% = 144 > 100万元,当年其他公益性捐赠可以据实扣除。

应纳税所得额 = 1 200 − (144 − 100) = 1 156(万元);

应纳企业所得税 = 1 156 × 25% = 289(万元);

结转以后2年扣除的捐赠额为16(60 − 44)万元。

(十五) 手续费及佣金支出

(1) 企业发生与生产经营有关的手续费及佣金支出,不超过以下规定计算限额以内的部分,准予扣除;超过部分,不得扣除。

① 保险企业发生与其经营活动有关的手续费及佣金支出,不超过当年全部保费收入扣除退保金等后余额的18%(含本数)的部分,在计算应纳税所得额时准予扣除;超过部分,允许结转以后年度扣除。

② 房产开发企业委托境外机构销售开发产品的,其支付境外机构的销售费用(含佣金或手续费)不超过委托销售收入10%的部分,准予据实扣除。

③ 电信企业在发展客户、拓展业务等过程中因委托销售电话入网卡、电话充值卡所发生的手续费及佣金支出,不超过企业当年收入总额5%的部分,准予在计算企业所得税前据实扣除。

④ 其他企业,按与具有合法经营资格中介服务机构或个人(不含交易双方及其雇员、代理人和代表人等)所签订服务协议或合同确认的收入金额的5%计算限额。

(2) 从事代理服务、主营业务收入为手续费、佣金的企业(如:证券、期货、保险代理等企业),其为取得该类收入而实际发生的营业成本(包括手续费及佣金支出),准予在企业所得税前据实扣除。企业为发行权益性证券支付给有关证券承销机构的手续费及佣金不得在税前扣除。

(3) 企业应与具有合法经营资格中介服务企业或个人签订代办协议或合同,并按国家有关规定支付手续费及佣金。除委托个人代理外,企业以现金等非转账方式支付的手续费及佣金不得在税前扣除。

(十六) 会务费和差旅费

纳税义务人发生的与其经营活动有关的合理的差旅费、会议费，主管税务机关要求提供证明资料的，应能够提供证明其真实性的合法凭证，否则，不得在税前扣除。

会议费证明材料应包括：会议时间、地点、出席人员、内容、目的、费用标准、支付凭证等内容。

差旅费的证明材料应包括：出差人员姓名、地点、时间、任务、支付凭证等内容。

(十七) 公允价值变动收益和资产减值损失

(1) 企业以公允价值计量的金融资产、金融负债以及投资性房地产等，持有期间公允价值的变动不计入应纳税所得额；在实际处置或结算时，处置取得的价款扣除其历史成本后的差额应计入处置或结算期间的应纳税所得额。

(2) 不符合国务院财政、税务主管部门规定的各项资产减值准备、风险准备等准备金支出，不得扣除。符合国务院财政、税务主管部门规定的各项准备金支出准予扣除，比如：政策性银行、商业银行、财务公司、城乡信用社、金融租赁公司的贷款准备金，保险公司的保险保障基金，证券行业的证券交易所风险基金，中小企业融资(信用)担保机构的担保赔偿准备等。

(十八) 资产评估增值

企业在改制中资产评估增值不计入应纳税所得额；资产的计税基础按其原有计税基础确定；资产增值部分的折旧或者摊销不得在税前扣除。

企业资产评估增值相关材料应由改制后的企业留存备查。

(十九) 资产损失

企业发生的资产损失准予在企业所得税前扣除。

准予在企业所得税税前扣除的资产损失，是指企业在实际处置、转让上述资产过程中发生的合理损失(以下简称"实际资产损失")，以及企业虽未实际处置、转让上述资产，但符合规定条件计算确认的损失(以下简称"法定资产损失")。

企业实际资产损失，应当在其实际发生且会计上已作损失处理的年度申报扣除；法定资产损失，应当在企业向主管税务机关提供证据资料证明该项资产已符合法定资产损失确认条件，且会计上已作损失处理的年度申报扣除。

企业以前年度发生的资产损失未能在当年税前扣除的，可以向税务机关说明并进行专项申报扣除。其中，属于实际资产损失，准予追补至该项损失发生年度扣除，其追补确认期限一般不得超过五年。属于法定资产损失，应在申报年度扣除。

企业向税务机关申报扣除资产损失，仅需填报企业所得税年度纳税申报表中的"资产损失税前扣除及纳税调整明细表"，不再报送资产损失相关资料。相关资料由企业留存备查。

企业应当完整保存资产损失相关资料，保证资料的真实性、合法性。

（二十）其他项目

依照有关法律、行政法规和国家有关税法规定准予扣除的其他项目有：会员费、违约金、诉讼费用等。

四、不得扣除项目

在计算应纳税所得额时，下列支出不得扣除：
(1) 向投资者支付的股息、红利等权益性投资的收益款项；
(2) 企业所得税税款；
(3) 税收滞纳金；
(4) 罚金、罚款和被没收财物的损失；
(5) 准予在计算应纳税所得额时扣除的公益性捐赠支出以外的捐赠支出；
(6) 企业发生的与生产经营活动无关的各种非广告性质的赞助支出；
(7) 不符合国务院财政、税务主管部门规定的各项资产减值准备、风险准备等准备金支出；
(8) 与取得收入无关的其他支出。

五、亏损弥补

（一）亏损的概念

亏损指的是企业依照规定将每一纳税年度的收入总额减除不征税收入、免税收入和各项扣除后小于零的数额。也就是说，税法意义上的亏损，并不是指利润表反映的亏损，而是指企业所得税纳税申报表上填报的"纳税调整后所得"小于零的数额。

（二）亏损弥补的一般规定

企业纳税年度发生的亏损，准予向以后年度结转，用以后年度的所得弥补，除有规定外，结转年限最长不得超过五年。

（三）亏损弥补的特殊规定

(1) 企业在汇总计算缴纳企业所得税时，其境外营业机构的亏损不得抵减境内营业机构的盈利。
(2) 被投资企业发生的经营亏损，由被投资企业按规定结转弥补；投资企业不得调整减低其投资成本，也不得将其确认为投资损失。
(3) 税务机关对企业以前年度纳税情况进行检查时，调增的应纳税所得额，凡企业以前年度发生亏损且该亏损属于企业所得税法规定允许弥补的，应允许调增的应纳税所得额弥补该亏损。弥补该亏损后仍有余额的，按照企业所得税法规定计算缴纳企业所得税。对检查调增的应纳税所得额应根据其情节，依照《税收征收管理法》有关规定进行处理或处罚。
(4) 企业合并符合特殊性税务处理的，可由合并企业弥补的被合并企业亏损的限额，按下列公式计算：
合并企业弥补被合并企业亏损的限额＝被合并企业净资产公允价值×截至合并业务发生

当年年末国家发行的最长期限的国债利率

(5) 自2018年1月1日起,当年具备高新技术企业或科技型中小企业资格(以下统称资格)的企业,其具备资格年度之前5个年度发生的尚未弥补完的亏损,准予结转以后年度弥补,最长结转年限由5年延长至10年。

(6) 受疫情影响较大的困难行业企业2020年度发生的亏损,最长结转年限由5年延长至8年。

困难行业企业,包括交通运输、餐饮、住宿、旅游(指旅行社及相关服务、游览景区管理两类)四大类,具体判断标准按照现行《国民经济行业分类》执行。困难行业企业2020年度主营业务收入须占收入总额(剔除不征税收入和投资收益)的50%以上。

【例4-20】某企业当年境内总机构的应纳税所得额为1000万元,境外某国分支机构亏损200万元。

要求:计算该企业当年申报的应纳税所得额。

【答案】应纳税所得额为1000万元,境外分支机构亏损只能由境外以后的盈利弥补。

【例4-21】某企业历年资料如表4-3所示。

表4-3　　　　　　　　　　　　　　　　　　　　　　　　　　　　　　　　　　　　　　单位:万元

年份	2013年	2014年	2015年	2016年	2017年	2018年	2019年
利润总额	−100	−10	10	20	20	20	100
纳税调整金额	0	5	5	0	5	10	20
纳税调整后所得额	−100	−5	15	20	25	30	120

要求:计算2019年应纳税所得额。

【答案】亏损弥补按"纳税调整后所得"所列数额计算:2013年亏损100万元,以2015年至2018年所得(90万元)弥补,未弥补的亏损10万元,不得用2019年及以后年度所得弥补;2014年亏损5万元,准予弥补至2019年,则2019年应纳税所得额=120−5=115(万元)。

【例4-22】某企业2017年度企业所得税汇算清缴最终确认的当年纳税调整后所得为−100万元,以前年度准予弥补的累计亏损60万元。2018年10月,税务稽查入户检查发现该企业2017年通过少计收入、多计成本费用等方法,少计当年应纳税所得额120万元。该企业所得税税率为25%。

要求:计算税务稽查应当补缴的企业所得税。

【答案】凡企业以前年度发生亏损且该亏损属于企业所得税法规定允许弥补的,应允许调增的应纳税所得额弥补该亏损,由于累计可以弥补的亏损160万元超过调增应纳税所得额120万元,当年不征收企业所得税,可以结转以后年度弥补的亏损为40万元。

如果查补所得额为180万元,弥补亏损后的余额20万元应当计算缴纳企业所得税,补缴企业所得税=20×25%=5(万元)。

【例4-23】A公司为高新技术企业,2018年9月取得高新技术企业证书,2018年至2021年具备资格。亏损情况如下:

年度	年度所得(或亏损)	原可弥补亏损年度	现可弥补亏损年度
2013	−300	2014~2018	2014~2023
2014	−200	2015~2019	2015~2024
2015	−100	2016~2020	2016~2025
2016	0		
2017	200		
2018	50		
2019	100		

要求:(1)计算2018年应纳税所得额。
(2)计算2019年应纳税所得额。

【答案】

(1)2017年底,2013年度发生的亏损尚未弥补为100万元,可用2018年所得弥补,2018年应纳税所得额为0。

(2)2013年度仍未弥补完的亏损还有50万元,在延长高新技术企业弥补亏损期限的政策尚未出台前不得再用2019年的所得弥补。政策出台后可以弥补了,2019年所得先弥补2013年的亏损50万元,再弥补2014年度的亏损50万元,所以2019年度应纳税所得额也为0。

第五节 资产税务处理

一、资产税务处理的基本规定

企业的各项资产,包括固定资产、生物资产、无形资产、长期待摊费用、投资资产、存货等,都是以历史成本为计税基础的。所谓历史成本,是指企业取得该项资产时实际发生的支出。

企业持有各项资产期间资产增值或者减值,除国务院财政、税务主管部门规定可以确认损益外,不得调整该资产的计税基础。

除国务院财政、税务主管部门另有规定外,企业在重组过程中,应当在交易发生时确认有关资产的转让所得或者损失,相关资产应当按照交易价格重新确定计税基础。

企业转让资产,该项资产的净值,准予在计算应纳税所得额时扣除。财产净值是指有关资产、财产的计税基础减除已经按照规定扣除的折旧、折耗、摊销、准备金等后的余额。

小知识 4-11　会计计量属性

会计计量属性包括历史成本、重置成本、可变现净值、现值和公允价值。

二、固定资产

固定资产是指企业为生产产品、提供劳务、出租或者经营管理而持有的、使用时间超过12个月的非货币性资产,包括房屋、建筑物、机器、机械、运输工具,以及其他与生产经营活动有关的设备、器具、工具等。

(一) 准予扣除折旧的固定资产范围

在计算应纳税所得额时,企业按照规定计算的固定资产折旧,准予扣除。但下列固定资产不得计算折旧扣除:
(1) 房屋、建筑物以外未投入使用的固定资产;
(2) 以经营租赁方式租入的固定资产;
(3) 以融资租赁方式租出的固定资产;
(4) 已足额提取折旧仍继续使用的固定资产;
(5) 与经营活动无关的固定资产;
(6) 单独估价作为固定资产入账的土地;
(7) 其他不得计算折旧扣除的固定资产。

(二) 固定资产计税基础的确定

(1) 外购的固定资产,以购买价款和支付的相关税费以及直接归属于使该资产达到预定用途发生的其他支出为计税基础;
(2) 自行建造的固定资产,以竣工结算前发生的支出为计税基础;
(3) 融资租入的固定资产,以租赁合同约定的付款总额和承租人在签订租赁合同过程中发生的相关费用为计税基础,租赁合同未约定付款总额的,以该资产的公允价值和承租人在签订租赁合同过程中发生的相关费用为计税基础;
(4) 盘盈的固定资产,以同类固定资产的重置完全价值为计税基础;
(5) 通过捐赠、投资、非货币性资产交换、债务重组等方式取得的固定资产,以该资产的公允价值和支付的相关税费为计税基础;
(6) 改建的固定资产,除已足额提取折旧的固定资产和租入固定资产的改建支出外,以改建过程中发生的改建支出增加计税基础。

(三) 固定资产折旧的计算

(1) 固定资产按照直线法计算的折旧,准予扣除;
(2) 企业应当自固定资产投入使用月份的次月起计算折旧;停止使用的固定资产,应当自停止使用月份的次月起停止计算折旧;
(3) 企业应当根据固定资产的性质和使用情况,合理确定固定资产的预计净残值。固定资产的预计净残值一经确定,不得变更。

(四) 固定资产折旧的最低年限

1. 固定资产最低折旧年限

除国务院财政、税务主管部门另有规定外,固定资产计算折旧的最低年限如下:

(1) 房屋、建筑物为20年；

(2) 飞机、火车、轮船、机器、机械和其他生产设备为10年；

(3) 与生产经营活动有关的器具、工具、家具等为5年；

(4) 飞机、火车、轮船以外的运输工具为4年；

(5) 电子设备为3年；

(6) 企业外购的软件，凡符合固定资产或无形资产确认条件的，可以按照固定资产或无形资产进行核算，其折旧或摊销年限可以适当缩短，最短为2年(含)；

(7) 集成电路生产企业的生产设备，其折旧年限可以适当缩短，最短为3年(含)。

2. 企业会计核算实际执行的折旧年限与上述税法规定的年限存在差异的调整

企业会计核算实际执行的折旧年限与上述税法规定的年限存在差异的，应按下列原则进行纳税调整：

(1) 企业固定资产会计折旧年限如果短于税法规定的最低折旧年限，其按会计折旧年限计提的折旧高于按税法规定的最低折旧年限计提的折旧部分，应调增当期应纳税所得额；企业固定资产会计折旧年限已期满且会计折旧已提足，但税法规定的最低折旧年限尚未到期且税收折旧尚未足额扣除，其未足额扣除的部分准予在剩余的税收折旧年限继续按规定扣除。

(2) 企业固定资产会计折旧年限如果长于税法规定的最低折旧年限，其折旧应按会计折旧年限计算扣除，税法另有规定除外。

(3) 企业按会计规定提取的固定资产减值准备，不得税前扣除，其折旧仍按税法确定的固定资产计税基础计算扣除。

(4) 企业按税法规定实行加速折旧的，其按加速折旧办法计算的折旧额可全额在税前扣除。

【例4-24】 某企业2010年底购进一台生产设备，实际成本100万元。根据职业判断，在现有使用环境、强度等条件下，使用年限为5年，税法规定最低使用年限为10年。相关资料如表4-4所示：

表4-4   单位：万元

年份	2011年	2012年	2013年	2014年	2015年	2016年	2017年	2018年	2019年	2020年
账载金额	20	20	20	20	20	0	0	0	0	0

要求：计算该设备2011年至2020年每年纳税调整额(不考虑净残值)。

【答案】 见表4-5。

表4-5   单位：万元

年份	2011年	2012年	2013年	2014年	2015年	2016年	2017年	2018年	2019年	2020年
账载金额	20	20	20	20	20	0	0	0	0	0
税收金额	10	10	10	10	10	10	10	10	10	10
差异调整	+10	+10	+10	+10	+10	-10	-10	-10	-10	-10

前5年每年纳税调增所得额10万元,后5年每年纳税调减10万元。

【例4-25】某企业2010年底购进一台生产设备,实际成本500万元,使用年限为10年。2014年末计提资产减值准备120万元,自2015年1月1日起,每年计提折旧30万元。相关资料如表4-6所示:

表4-6　　　　　　　　　　　　　　　　　　　　　　　　　　　　　　　　　　　　单位:万元

年份	2011年	2012年	2013年	2014年	2015年	2016年	2017年	2018年	2019年	2020年
折旧或准备金	50	50	50	170	30	30	30	30	30	30

要求:计算该设备2011年至2020年每年纳税调整额(不考虑净残值)。

【答案】见表4-7。

表4-7　　　　　　　　　　　　　　　　　　　　　　　　　　　　　　　　　　　　单位:万元

年份	2011年	2012年	2013年	2014年	2015年	2016年	2017年	2018年	2019年	2020年
折旧或准备金	50	50	50	170	30	30	30	30	30	30
税收金额	50	50	50	50	50	50	50	50	50	50
差异调整	0	0	0	+120	−20	−20	−20	−20	−20	−20

小知识4-12　永久性差异与暂时性差异

永久性差异是指某一会计期间,由于会计准则和税法在计算收益、费用或损失时的口径不同所产生的税前会计利润与应纳税所得额之间的差异。这种差异在某一时间发生,在以后时间还可能继续发生,但不能在以后的时期内转回。该种差异只影响当期,不影响其他会计期间。

暂时性差异是指资产或负债的计税基础与其列示在会计报表上的账面价值之间的差异。根据暂时性差异对未来期间应税金额影响不同,分为应纳税暂时性差异和可抵扣暂时性差异。以后年度当会计报表上列示有资产收回或者负债偿还时,该差异会产生应课税金额或扣除金额。

(五)关于投资性房地产折旧问题

(1)对于以成本模式计量的投资性房地产,由于会计处理已计算折旧或摊销,因此可以按照税收关于固定资产或无形资产(土地使用权)的相关规定计算折旧或摊销从税前扣除。

(2)考虑到以公允价值模式计量的投资性房地产是企业的投资资产,不属于消耗性资产,不需要通过折旧或摊销的方式予以补偿,因此会计核算不计算折旧或摊销。在税务处理时遵从会计处理方式,以公允价值模式计量的投资性房地产不得计算折旧或摊销从税前扣除。

三、生产性生物资产

企业生物资产包括消耗性生物资产、生产性生物资产和公益性生物资产。生产性生物资产是指企业为生产农产品、提供劳务或者出租等而持有的生物资产,包括经济林、薪炭林、产畜和役畜等。生产性生物资产准予计算扣除折旧。

(一) 生产性生物资产计税基础的确定

(1) 外购的生产性生物资产,以购买价款和支付的相关税费为计税基础;

(2) 通过捐赠、投资、非货币性资产交换、债务重组等方式取得的生产性生物资产,以该资产的公允价值和支付的相关税费为计税基础。

(二) 生产性生物资产折旧的计算

(1) 生产性生物资产按照直线法计算的折旧,准予扣除;

(2) 企业应当自生产性生物资产投入使用月份的次月起计算折旧,停止使用的生产性生物资产,应当自停止使用月份的次月起停止计算折旧;

(3) 企业应当根据生产性生物资产的性质和使用情况,合理确定生产性生物资产的预计净残值。生产性生物资产的预计净残值一经确定,不得变更。

(三) 生产性生物资产折旧的最低年限

生产性生物资产计算折旧的最低年限如下:
(1) 林木类生产性生物资产为 10 年;
(2) 畜类生产性生物资产为 3 年。

四、无形资产

无形资产是指企业为生产产品、提供劳务、出租或者经营管理而持有的、没有实物形态的非货币性长期资产,包括专利权、商标权、著作权、土地使用权、非专利技术、商誉等。

(一) 准予扣除摊销费用的无形资产范围

在计算应纳税所得额时,企业按照规定计算的无形资产摊销费用,准予扣除。但下列无形资产不得计算摊销费用扣除:
(1) 自行开发的支出已在计算应纳税所得额时扣除的无形资产;
(2) 自创商誉;
(3) 与经营活动无关的无形资产;
(4) 其他不得计算摊销费用扣除的无形资产。

(二) 无形资产计税基础的确定

无形资产按照以下方法确定计税基础:
(1) 外购的无形资产,以购买价款和支付的相关税费,以及直接归属于使该资产达到预定用途发生的其他支出为计税基础;
(2) 自行开发的无形资产,以开发过程中该资产符合资本化条件后至达到预定用途前发生的支出为计税基础；

(3) 通过捐赠、投资、非货币性资产交换、债务重组等方式取得的无形资产，以该资产的公允价值和支付的相关税费为计税基础。

(三) 无形资产摊销费用的计算

(1) 无形资产按照直线法计算的摊销费用，准予扣除；

(2) 无形资产的摊销年限不得低于10年；

作为投资或者受让的无形资产，有关法律规定或者合同约定了使用年限的，可以按照规定或者约定的使用年限分期摊销。

(3) 外购商誉的支出，在企业整体转让或者清算时，准予扣除。

五、长期待摊费用

(一) 固定资产的改建支出

(1) 固定资产的改建支出是指改变房屋或者建筑物结构、延长使用年限等发生的支出。

改建的固定资产，除已足额提取折旧的固定资产和租入固定资产的改建支出外，以改建过程中发生的改建支出增加计税基础，并应适当延长折旧年限。

(2) 企业对房屋、建筑物固定资产在未足额提取折旧前进行改扩建的，如属于推倒重置的，该资产原值减除提取折旧后的净值，应并入重置后的固定资产计税成本，并在该固定资产投入使用后的次月起，按照税法规定的折旧年限，一并计提折旧；如属于提升功能、增加面积的，该固定资产的改扩建支出，并入该固定资产计税基础，并从改扩建完工投入使用后的次月起，重新按税法规定的该固定资产折旧年限计提折旧；如该改扩建后的固定资产尚可使用的年限低于税法规定的最低年限的，可以按尚可使用的年限计提折旧。

(3) 在计算应纳税所得额时，企业发生的下列改建支出作为长期待摊费用，按照规定摊销的，准予扣除：

① 已足额提取折旧的固定资产的改建支出，按照固定资产预计尚可使用年限分期摊销；

② 租入固定资产。

(二) 固定资产的大修理支出

固定资产大修理支出是指同时符合下列条件的支出：

(1) 修理支出达到取得固定资产时的计税基础50%以上；

(2) 修理后固定资产的使用年限延长两年以上。

固定资产大修理支出，按照固定资产尚可使用年限分期摊销。

(三) 其他应当作为长期待摊费用的支出

其他应当作为长期待摊费用的支出，自支出发生月份的次月起，分期摊销，摊销年限不得低于3年。

企业的开(筹)办费，可以在开始经营之日的当年一次性扣除，也可以按照新税法有关长期待摊费用的规定处理，但一经选定，不得改变。企业在新税法实施以前年度的未摊销完的开办费，也可根据上述规定处理。

六、投资资产

投资资产是指企业对外进行权益性投资和债权性投资形成的资产。

企业对外投资期间,投资资产的成本在计算应纳税所得额时不得扣除。企业在转让或者处置投资资产时,投资资产的成本,准予扣除。

投资资产按照以下方法确定成本:

(1) 通过支付现金方式取得的投资资产,以购买价款为成本;

(2) 通过支付现金以外的方式取得的投资资产,以该资产的公允价值和支付的相关税费为成本。

七、存货

存货是指企业持有以备出售的产品或者商品、处在生产过程中的在产品、在生产或者提供劳务过程中耗用的材料和物料等。

企业使用或者销售存货,按照规定计算的存货成本,准予在计算应纳税所得额时扣除。

存货按照以下方法确定成本:

(1) 通过支付现金方式取得的存货,以购买价款和支付的相关税费为成本;

(2) 通过支付现金以外的方式取得的存货,以该存货的公允价值和支付的相关税费为成本;

(3) 生产性生物资产收获的农产品,以产出或者采收过程中发生的材料费、人工费和分摊的间接费用等必要支出为成本。

企业使用或者销售存货的成本计算方法,可以在先进先出法、加权平均法、个别计价法中选用一种。计价方法一经选用,不得随意变更。

第六节 企业所得税应纳税额的计算

一、应纳税额的计算公式

应纳税额＝应纳税所得额×适用税率－减免税额－抵免税额

公式中的减免税额和抵免税额是指依照《企业所得税法》和国务院的税收优惠规定减征、免征和抵免的应纳税额。

二、境外缴纳所得税的抵免

(一) 境外缴纳所得税抵免的基本规定

(1) 企业取得的下列所得已在境外缴纳的所得税税额,可以从其当期应纳税额中抵免,抵免限额为该项所得依照企业所得税法及其实施条例规定计算的应纳税额;超过抵免限额的部分,可以在以后五个年度内,用每年度抵免限额抵免当年应抵税额后的余额进行抵补:

① 居民企业来源于中国境外的应税所得；
② 非居民企业在中国境内设立机构、场所，取得发生在中国境外但与该机构、场所有实际联系的应税所得。

所称已在境外缴纳的所得税税额，是指企业来源于中国境外的所得依照中国境外税收法律以及相关规定应当缴纳并已经实际缴纳的企业所得税性质的税款。

所称5个年度，是指从企业取得的来源于中国境外的所得，已经在中国境外缴纳的企业所得税性质的税额超过抵免限额的当年的次年起连续5个纳税年度。

(2) 抵免限额的计算

抵免限额的计算公式为：

某国(或地区，下同)所得税抵免限额＝规定计算的应纳税总额×来源于某国的应纳税所得额÷中国境内、境外应纳税所得总额

据以计算上述公式中"中国境内、境外所得依照企业所得税法及实施条例的规定计算的应纳税总额"的税率，除国务院财政、税务主管部门另有规定外，应为25%。

上述计算公式也可以简化为：来源于某国的应纳税所得额×25%。

企业按照规定计算的当期境内、境外应纳税所得总额小于零的，应以零计算当期境内、境外应纳税所得总额，其当期境外所得税的抵免限额也为零。

自2017年1月1日起，企业可以选择按国别分别计算(即"分国不分项")，或者不按国别汇总计算(即"不分国不分项")其来源于境外的应纳税所得额，并按照规定的税率，分别计算其可抵免境外所得税税额和抵免限额。上述方式一经选择，5年内不得改变。

(二) 境外缴纳所得税抵免的计算

1. 直接抵免

直接抵免主要适用于企业就来源于境外的营业利润所得在境外所缴纳的企业所得税，以及就来源于或发生于境外的股息、红利等权益性投资所得、利息、租金、特许权使用费、财产转让等所得在境外被源泉扣缴的预提所得税。

【例4-26】某企业2019年度境内应纳税所得额为300万元，适用25%的企业所得税税率。另外，该企业分别在A、B两国设有分支机构，我国与A、B两国已经缔结避免双重征税的协定。在A国设有M分支机构和N分支机构，按照国内税法计算的应纳税所得额分别为100万元和－30万元；在B国设有X分支机构和Y分支机构，按照国内税法计算的应纳税所得额分别为－70万元和40万元。A国的分支机构缴纳企业所得税15万元，B国分支机构未缴纳企业所得税。

要求：(1) 如果该企业选择"分国不分项"，计算该企业汇总时在我国应缴纳的企业所得税税额；

(2) 如果该企业选择"不分国不分项"，计算该企业汇总时在我国应缴纳的企业所得税税额。

【答案】

(1) 如果该企业选择"分国不分项"：

根据企业所得税法规定，选择"分国不分项"的，某国的所得和亏损可以相抵，但国与国的

所得与亏损不得相抵;某国当年亏损只能以该国以后年度的所得弥补;境外的亏损不得抵减境内的所得。

① 该企业按我国税法计算的境内、境外所得的应纳税额。

应纳税额=[300+(100-30)]×25%=92.5(万元)。

② A、B两国的抵免限额。

A国抵免限额=92.5×[70÷(300+70)]=17.5(万元);

B国抵免限额=0。

在A国缴纳的所得税为15万元,低于扣除限额17.5万元,可全额抵免。

在B国缴纳的所得税为0,抵免限额为0。

③ 汇总时在我国应缴纳的所得税=92.5-15=77.5(万元)。

(2) 如果该企业选择"不分国(地区)不分项":

根据企业所得税法规定,选择"不分国不分项"的,不仅某国的所得和亏损可以相抵,国与国的所得与亏损也可以相抵。

① 该企业按我国税法计算的境内、境外所得的应纳税额。

应纳税额=[300+(100-30-70+40)]×25%=85(万元)。

② 汇总的境外抵免限额。

境外所得税抵免限额=(100-30-70+40)×25%=10(万元),小于境外缴纳的所得税,准予抵免10万元。

③ 汇总时在我国应缴纳的所得税=85-10=75(万元)。

2. 间接抵免

居民企业从其直接或者间接控制的外国企业分得的来源于中国境外的股息、红利等权益性投资收益,外国企业在境外实际缴纳的所得税税额中属于该项所得负担的部分,可以作为该居民企业的可抵免境外所得税税额,在企业所得税法及其实施条例规定的抵免限额内应予抵免。

直接控制是指居民企业直接持有外国企业20%以上股份。间接控制是指居民企业以间接持股方式持有外国企业20%以上股份。

企业在境外取得的股息所得,在按规定计算该企业境外股息所得的可抵免所得税额和抵免限额时,由该企业直接或者间接持有20%以上股份的外国企业,限于五层外国企业,即:

第一层:企业直接持有20%以上股份的外国企业;

第二层至第五层:单一上一层外国企业直接持有20%以上股份,且由该企业直接持有或通过一个或多个符合财税〔2009〕125号文件第六条规定持股方式的外国企业间接持有总和达到20%以上股份的外国企业。

【例4-27】A公司在甲国设立M公司,A公司持股50%。M公司2018年税前利润5 000万元(人民币,下同),按照甲国税法规定缴纳公司所得税1 200万元。M公司股东会宣告分配股息、红利2 000万元。双边税收协定明确预提所得税税率为10%。A公司全年利润10 000万元。M公司未对外进行权益性投资。

要求:计算A企业取得股息红利应补缴的企业所得税。

【答案】

(1) A公司应分得股息红利=2 000×50%=1 000(万元)。

(2) 缴纳的境外所得税：

A公司首先间接承担M公司缴纳的公司所得税,在取得税后利润时直接承担了10%的预提所得税。

直接承担预提所得税＝1 000×10%＝100(万元)；

间接承担公司所得税＝1 200×(1 000/3 800)＝315.79(万元)；

合计：315.79＋100＝415.79(万元)。

(3) 境外应纳税所得额：

1 000＋315.79＝1 315.79(万元)。

(4) 抵免限额：

1 315.79×25%＝328.95(万元)。

(5) 实际抵免税额：

抵免限额328.95万元小于415.79万元,实际抵免所得税328.95万元。

(6) 应纳所得税：

10 000×25%＋328.95－328.95＝2 500(万元)。

(7) 境外应纳税结转以后年度(5年内)抵免额：

415.79－328.95＝86.84(万元)。

> **小知识 4-13　间接抵免**
>
> 间接抵免是指母公司所在的居住国,允许母公司将其子公司已缴纳东道国的所得税中,应由母公司分得股息承担的那部分税额,来冲抵母公司应纳税额的方法。具体可分为一层抵免和多层抵免。我国现在所执行的是三层抵免的方法。

三、企业所得税核定征收

(一) 居民企业

1. 居民企业具有下列情形之一的,核定征收企业所得税

(1) 依照法律、行政法规的规定可以不设置账簿的；

(2) 依照法律、行政法规的规定应当设置但未设置账簿的；

(3) 擅自销毁账簿或者拒不提供纳税资料的；

(4) 虽设置账簿,但账目混乱或者成本资料、收入凭证、费用凭证残缺不全,难以查账的；

(5) 发生纳税义务,未按照规定的期限办理纳税申报,经税务机关责令限期申报,逾期仍不申报的；

(6) 申报的计税依据明显偏低,又无正当理由的。

2. 不得核定征收企业所得税的纳税义务人

(1) 享受《企业所得税法》及其实施条例和国务院规定的一项或几项企业所得税优惠政策的企业(不包括仅享受《企业所得税法》第二十六条规定免税收入优惠政策的企业)；

(2) 汇总纳税企业；

(3) 上市公司；

(4) 银行、信用社、小额贷款公司、保险公司、证券公司、期货公司、信托投资公司、金融资产管理公司、融资租赁公司、担保公司、财务公司、典当公司等金融企业；

(5) 会计、审计、资产评估、税务、房地产估价、土地估价、工程造价、律师、价格鉴证、公证机构、基层法律服务机构、专利代理、商标代理以及其他经济鉴证类社会中介机构；

(6) 国家税务总局规定的其他企业。

3. 应核定其应税所得率的情况

(1) 能正确核算（查实）收入总额，但不能正确核算（查实）成本费用总额的；

(2) 能正确核算（查实）成本费用总额，但不能正确核算（查实）收入总额的；

(3) 通过合理的方法，能计算和推定纳税义务人收入总额或成本费用总额的。

纳税义务人不属于以上情形的，核定其应纳所得税额。

4. 采用应税所得率方式核定征收企业所得税的情况

应纳所得税额计算公式如下：

应纳所得税额＝应纳税所得额×适用税率

应纳税所得额＝应税收入额×应税所得率

或：应纳税所得额＝成本（费用）支出额÷（1－应税所得率）×应税所得率

应税收入额＝收入总额－不征税收入－免税收入

其中，收入总额为企业以货币形式和非货币形式从各种来源取得的收入。

实行应税所得率方式核定征收企业所得税的纳税义务人，经营多业的，无论其经营项目是否单独核算，均由税务机关根据其主营项目确定适用的应税所得率。

主营项目应为纳税义务人所有经营项目中，收入总额或者成本（费用）支出额或者耗用原材料、燃料、动力数量所占比重最大的项目。

5. 应税所得率的确认

应税所得率具体如表4-8所示。

表4-8　　　　　　　　　　分行业应税所得率

行业	应税所得率	行业	应税所得率
农、林、牧、渔业	3%～10%	建筑业	8%～20%
制造业	5%～15%	饮食业	8%～25%
批发和零售贸易业	4%～15%	娱乐业	15%～30%
交通运输业	7%～15%	其他行业	10%～30%

另外，为鼓励跨境电商企业发展，对综试区内的跨境电商企业，同时符合下列条件的，试行核定征收企业所得税办法：

(1) 在综试区注册，并在注册地跨境电子商务线上综合服务平台登记出口货物日期、名称、计量单位、数量、单价、金额的；

(2) 出口货物通过综试区所在地海关办理电子商务出口申报手续的；

(3) 出口货物未取得有效进货凭证，其增值税、消费税享受免税政策的。

综试区内核定征收的跨境电商企业应准确核算收入总额，并采用应税所得率方式核定征收企业所得税。应税所得率统一按照4%确定。

【例 4-28】 某小百货店为小规模纳税义务人，2019年含增值税销售收入412万元，企业所得税按收入总额核定征收，税务机关核定应税所得率为4%。

要求：计算该商店全年应纳增值税及附加和企业所得税。

【答案】

应纳增值税 = 412 ÷ (1 + 3%) × 3% = 12（万元）；

应缴税收附加 = 12 × (7% + 3% + 2%) = 1.44（万元）；

应纳税所得额 = 412 ÷ (1 + 3%) × 4% = 16（万元）；

企业所得税 = 16 × 25% = 4（万元）。

（二）非居民企业

非居民企业在境内设立的机构场所，因会计账簿不健全，资料残缺难以查账，或者其他原因不能准确计算并据实申报其应纳税所得额的，税务机关有权采取以下方法核定其应纳税所得额：

1. 按收入总额核定应纳税所得额

适用于能够正确核算收入或通过合理方法推定收入总额，但不能正确核算成本费用的非居民企业。计算公式如下：

$$应纳税所得额 = 收入总额 × 经税务机关核定的利润率$$

2. 按成本费用核定应纳税所得额

适用于能够正确核算成本费用，但不能正确核算收入总额的非居民企业。计算公式如下：

$$应纳税所得额 = 成本费用总额 ÷ (1 - 经税务机关核定的利润率) × 经税务机关核定的利润率$$

3. 按经费支出换算收入核定应纳税所得额

适用于能够正确核算经费支出总额，但不能正确核算收入总额和成本费用的非居民企业。计算公式：

$$应纳税所得额 = 经费支出总额 ÷ (1 - 经税务机关核定的利润率) × 经税务机关核定的利润率$$

4. 税务机关确定非居民企业的利润率的标准

(1) 从事承包工程作业、设计和咨询劳务的，利润率为15%~30%；

(2) 从事管理服务的，利润率为30%~50%；

(3) 从事其他劳务或劳务以外经营活动的，利润率不低于15%。

税务机关有根据认为非居民企业的实际利润率明显高于上述标准的，可以按照比上述标准更高的利润率核定其应纳税所得额。

【例 4-29】 外国某旅游公司驻京办事处为小规模纳税义务人，从事旅游推介、宣传和代理相关服务，主管税务机关按经费支出换算收入核定应纳税所得额计。2019年该办事处经费支出总额为206万元，核定利润率为20%。

要求：计算2019年该办事处应纳企业所得税。

【答案】

应纳税所得额＝206÷(1－20%)×20%＝51.5(万元)；

应纳企业所得税＝51.5×25%＝12.88(万元)。

第七节 企业所得税的税收优惠

国家对重点扶持和鼓励发展的产业和项目，给予企业所得税优惠，包括免税收入、减计收入、加计扣除、加速折旧、所得减免、抵扣应纳税所得额、减低税率、税额抵免等。

一、免税收入

(1) 国债利息收入，即企业持有国务院财政部门发行的国债取得的利息收入。

① 企业到期前转让国债，或者从非发行者投资购买的国债，其持有期间尚未兑付的国债利息收入，按以下公式计算确定：

$$国债利息收入＝国债金额×(适用年利率÷365)×持有天数$$

企业从发行者直接投资购买的国债持有至到期，其从发行者取得的国债利息收入，全额免征企业所得税；企业到期前转让国债，或者从非发行者投资购买的国债，其按上述公式计算的国债利息收入，免征企业所得税。

【例4-30】A企业2018年7月1日以面值购买记账式一年期国债1 000万元，年利率3.3%，到期一次性兑现利息。A企业持有到期。

要求：计算A企业可以免税的利息收入。不考虑其他税费。

【答案】

可以免税的国债利息收入＝1 000×3.3%＝33(万元)。

【例4-31】承上例，如果A企业持有到2018年12月31日转让，B企业购入后持有到期。

要求：计算A企业和B企业可以免税的利息收入。不考虑其他税费。

【答案】

A企业可以免税的利息收入＝1 000×3.3%×(184÷365)＝16.64(万元)；

B企业可以免税的利息收入＝1 000×3.3%×(181÷365)＝16.36(万元)。

② 企业转让或到期兑付国债取得的价款，减除其购买国债成本，并扣除其持有期间按照上述公式计算的国债利息收入以及交易过程中相关税费后的余额，为企业转让国债收益(损失)。企业转让国债，应作为转让财产，其取得的收益(损失)应作为企业应纳税所得额计算纳税。

③ 对企业取得的2012年及以后年度发行的地方政府债券利息收入，免征企业所得税和个人所得税。地方政府债券是指经国务院批准同意，以省、自治区、直辖市和计划单列市政府为发行和偿还主体的债券。

另外，对企业投资者持有2019—2023年发行的铁路债券取得的利息收入，减半征收企业所得税。铁路债券是指以中国铁路总公司为发行和偿还主体的债券，包括中国铁路建设债券、中期票据、短期融资券等债务融资工具。

（2）符合条件的居民企业之间的股息、红利等权益性投资收益，即居民企业直接投资于其他居民企业取得的投资收益。

（3）在中国境内设立机构、场所的非居民企业从居民企业取得与该机构、场所有实际联系的股息、红利等权益性投资收益。

凡取得上述(2)、(3)项投资收益的，均不包括连续持有居民企业公开发行并上市流通的股票不足12个月取得的投资收益。只要企业持有上市公司股票满12个月，无论是不足12个月取得的股息红利还是持满12个月取得的股息红利均可以作为免税的股息红利。

【例4-32】 某有限责任公司2019年实现净利润2 500万元，提取法定盈余公积后未分配利润2 250万元，年初未分配利润余额500万元。2020年2月董事会决议向所有股东分配利润1 200万元。公司股东及持股比例如表4-9所示：

表4-9

股东	居民企业	非居民企业
持股比例	51%	49%

要求：居民企业和非居民企业取得利润应如何进行税务处理？

【答案】

居民企业分得税后利润＝1 200×51%＝612（万元），居民企业直接投资于其他居民企业取得的投资收益，免征企业所得税。

非居民企业分得税后利润＝1 200×49%＝588（万元），非居民企业直接投资于居民企业取得的投资收益，应缴纳企业所得税，税率为10%，应缴纳的企业所得税由该公司履行代扣代缴义务。

（4）符合条件的非营利组织的收入。

符合条件的非营利组织是指同时符合下列条件的组织：

① 依法履行非营利组织登记手续；

② 从事公益性或者非营利性活动；

③ 取得的收入除用于与该组织有关的、合理的支出外，全部用于登记核定或者章程规定的公益性或者非营利性事业；

④ 财产及其孳息不用于分配；

⑤ 按照登记核定或者章程规定，该组织注销后的剩余财产用于公益性或者非营利性目的，或者由登记管理机关转赠给与该组织性质、宗旨相同的组织，并向社会公告；

⑥ 投入人对投入该组织的财产不保留或者享有任何财产权利；

⑦ 工作人员工资福利开支控制在规定的比例内，不变相分配该组织的财产。

符合条件的非营利组织的收入，不包括非营利组织从事营利性活动取得的收入，但国务院财政、税务主管部门另有规定的除外。

非营利组织的下列收入为免税收入：

① 接受其他单位或者个人捐赠的收入；

② 除财政拨款以外的其他政府补助收入，但不包括因政府购买服务取得的收入；

③ 按照省级以上民政、财政部门规定收取的会费；
④ 不征税收入和免税收入孳生的银行存款利息收入；
⑤ 财政部、国家税务总局规定的其他收入。

二、免征、减征企业所得税

（一）从事农、林、牧、渔业项目的所得

（1）企业从事下列项目的所得，免征企业所得税：
① 蔬菜、谷物、薯类、油料、豆类、棉花、麻类、糖料、水果、坚果的种植；
② 农作物新品种的选育；
③ 中药材的种植；
④ 林木的培育和种植；
⑤ 牲畜、家禽的饲养；
⑥ 林产品的采集；
⑦ 灌溉、农产品初加工、兽医、农技推广、农机作业和维修等农、林、牧、渔服务业项目；
⑧ 远洋捕捞。
（2）企业从事下列项目的所得，减半征收企业所得税：
① 花卉、茶以及其他饮料作物和香料作物的种植；
② 海水养殖、内陆养殖。

（二）从事国家重点扶持的公共基础设施项目投资经营的所得

所谓国家重点扶持的公共基础设施项目，是指《公共基础设施项目企业所得税优惠目录》规定的港口码头、机场、铁路、公路、城市公共交通、电力、水利等项目。

企业从事规定的国家重点扶持的公共基础设施项目的投资经营所得，自项目取得第一笔生产经营收入所属纳税年度起，第一年至第三年免征企业所得税，第四年至第六年减半征收企业所得税。

企业承包经营、承包建设和内部自建自用本条规定的项目，不得享受上述企业所得税优惠。

（三）从事符合条件的环境保护、节能节水项目的所得

符合条件的环境保护、节能节水项目，包括公共污水处理、公共垃圾处理、沼气综合开发利用、节能减排技术改造、海水淡化等。项目的具体条件和范围由国务院财政、税务主管部门商国务院有关部门制订，报国务院批准后公布施行。

企业从事规定的符合条件的环境保护、节能节水项目的所得，自项目取得第一笔生产经营收入所属纳税年度起，第一年至第三年免征企业所得税，第四年至第六年减半征收企业所得税。

企业从事上述第（二）、（三）项规定享受减免税优惠的项目，在减免税期限内转让的，受让方自受让之日起，可以在剩余期限内享受规定的减免税优惠；减免税期限届满后转让的，受让方不得就该项目重复享受减免税优惠。

(四) 符合条件的技术转让所得

(1) 所谓符合条件的技术转让所得免征、减征企业所得税,是指一个纳税年度内,居民企业技术转让所得不超过 500 万元的部分,免征企业所得税;超过 500 万元的部分,减半征收企业所得税。

技术转让的范围,包括居民企业转让专利技术、计算机软件著作权、集成电路布图设计权、植物新品种、生物医药新品种,以及财政部和国家税务总局确定的其他技术。其中:专利技术,是指法律授予独占权的发明、实用新型和非简单改变产品图案的外观设计。

(2) 所谓技术转让,是指居民企业转让其拥有符合上述规定技术的所有权或五年以上(含五年)非独占许可使用权的行为。居民企业从直接或间接持有股权之和达到 100% 的关联方取得的技术转让所得,不享受技术转让减免企业所得税优惠政策。

享受减免企业所得税优惠的技术转让应符合以下条件:
① 享受优惠的技术转让主体是企业所得税法规定的居民企业;
② 技术转让属于财政部、国家税务总局规定的范围;
③ 境内技术转让经省级以上科技部门认定;
④ 向境外转让技术经省级以上商务部门认定;
⑤ 国务院税务主管部门规定的其他条件。

(3) 属于与技术转让项目密不可分的技术咨询、技术服务、技术培训等收入,可以计入技术转让收入。可以计入技术转让收入的技术咨询、技术服务、技术培训收入,是指转让方为使受让方掌握所转让的技术投入使用、实现产业化而提供的必要的技术咨询、技术服务、技术培训所产生的收入,并应同时符合以下条件:
① 在技术转让合同中约定的与该技术转让相关的技术咨询、技术服务、技术培训;
② 技术咨询、技术服务、技术培训收入与该技术转让项目收入一并收取价款。

【例 4-33】某生产企业 2019 年利润总额 1 000 万元(其中符合条件的技术转让所得 600 万元)。适用税率为 25%。

要求:计算该企业当年应纳企业所得税。

【答案】

技术转让所得 500 万元以下的部分免征企业所得税,超过 500 万元以上的部分减半征收企业所得税,减免所得额 = 500 + (600 − 500) × 50% = 550(万元);

应纳税所得额 = 1 000 − 550 = 450(万元);

应纳所得税额 = 450 × 25% = 112.5(万元)。

(五) 关于鼓励证券投资基金发展的优惠政策

(1) 对证券投资基金从证券市场中取得的收入,包括买卖股票、债券的差价收入,股权的股息、红利收入,债券的利息收入及其他收入,暂不征收企业所得税。

(2) 对投资者从证券投资基金分配中取得的收入,暂不征收企业所得税。

(3) 对证券投资基金管理人运用基金买卖股票、债券的差价收入,暂不征收企业所得税。

三、优惠税率

(一)小型微利企业

(1) 自2019年1月1日至2021年12月31日,对小型微利企业年应纳税所得额不超过100万元的部分,减按25%计入应纳税所得额,按20%的税率缴纳企业所得税;对年应纳税所得额超过100万元但不超过300万元的部分,减按50%计入应纳税所得额,按20%的税率缴纳企业所得税。

小型微利企业无论按查账征收方式或核定征收方式缴纳企业所得税,均可享受上述优惠政策。

(2) 所称小型微利企业是指从事国家非限制和禁止行业,且同时符合年度应纳税所得额不超过300万元、从业人数不超过300人、资产总额不超过5 000万元等三个条件的企业。

(3) 从业人数,包括与企业建立劳动关系的职工人数和企业接受的劳务派遣用工人数。所称从业人数和资产总额指标,应按企业全年的季度平均值确定。具体计算公式如下:

$$季度平均值=(季初值+季末值)\div 2$$
$$全年季度平均值=全年各季度平均值之和\div 4$$

年度中间开业或者终止经营活动的,以其实际经营期作为一个纳税年度确定上述相关指标。

(4) 小型微利企业在预缴和汇算清缴企业所得税时,通过填写纳税申报表相关内容,即可享受小型微利企业所得税减免政策。

【例4-34】某企业从事国家非限制和禁止行业,2019年应纳税所得额为300万元,该企业从业人数不超过80人,资产总额不超过1 500万元。

要求:计算该企业2019年应纳企业所得税。

【答案】该企业符合小型微利企业条件,应纳企业所得税=100×5%+200×10%=25(万元)。

【例4-35】某企业从事国家非限制和禁止行业,2019年应纳税所得额为301万元,该企业从业人数不超过180人,资产总额不超过2 500万元。

要求:计算该企业2019年应纳企业所得税。

【答案】该企业不符合小型微利企业条件,应纳企业所得税=301×25%=75.25(万元)。

另,该企业应纳税所得额增加1万元,企业所得税多征收50.25万元。

(二)国家需要重点扶持的高新技术企业

(1) 国家需要重点扶持的高新技术企业,减按15%的税率征收企业所得税。

(2) 享受税收优惠的企业必须同时满足以下条件:

① 在中国境内(不含港、澳、台地区)注册的企业,近三年内通过自主研发、受让、受赠、并购等方式,或通过五年以上的独占许可方式,对其主要产品(服务)的核心技术拥有自主知识产权。

② 产品(服务)属于《国家重点支持的高新技术领域》规定的范围。

③ 具有大学专科以上学历的科技人员占企业当年职工总数的30%以上，其中研发人员占企业当年职工总数的10%以上。

④ 企业为获得科学技术(不包括人文、社会科学)新知识，创造性运用科学技术新知识，或实质性改进技术、产品(服务)而持续进行了研究开发活动，且近三个会计年度的研究开发费用总额占销售收入总额的比例符合如下要求：

一是最近一年销售收入小于5 000万元的企业，比例不低于6%；

二是最近一年销售收入在5 000万元至20 000万元的企业，比例不低于4%；

三是最近一年销售收入在20 000万元以上的企业，比例不低于3%。

其中，企业在中国境内发生的研究开发费用总额占全部研究开发费用总额的比例不低于60%。企业注册成立时间不足三年的，按实际经营年限计算。

⑤ 高新技术产品(服务)收入占企业当年总收入的60%以上；

⑥ 企业研究开发组织管理水平、科技成果转化能力、自主知识产权数量、销售与总资产成长性等指标符合《高新技术企业认定管理工作指引》的要求。

(三) 从事污染防治的第三方企业

(1) 对符合条件的从事污染防治的第三方企业(以下称第三方防治企业)减按15%的税率征收企业所得税。

所称第三方防治企业是指受排污企业或政府委托，负责环境污染治理设施(包括自动连续监测设施，下同)运营维护的企业。

(2) 所称第三方防治企业应当同时符合以下条件：

① 在中国境内(不包括港、澳、台地区)依法注册的居民企业；

② 具有1年以上连续从事环境污染治理设施运营实践，且能够保证设施正常运行；

③ 具有至少5名从事本领域工作且具有环保相关专业中级及以上技术职称的技术人员，或者至少2名从事本领域工作且具有环保相关专业高级及以上技术职称的技术人员；

④ 从事环境保护设施运营服务的年度营业收入占总收入的比例不低于60%；

⑤ 具备检验能力，拥有自有实验室，仪器配置可满足运行服务范围内常规污染物指标的检测需求；

⑥ 保证其运营的环境保护设施正常运行，使污染物排放指标能够连续稳定达到国家或者地方规定的排放标准要求；

⑦ 具有良好的纳税信用，近三年内纳税信用等级未被评定为C级或D级。

(四) 非居民企业取得源于境内的所得

(1) 非居民企业在中国境内未设立机构、场所的，或者虽设立机构、场所但取得的所得与其所设机构、场所没有实际联系的，应当就其来源于中国境内的所得缴纳企业所得税，税率(也称征收率)减按10%计算。由于按上述税率计算的所得税由境内支付人履行代扣代缴，所以也称"预提所得税"。

(2) 非居民企业的下列所得可以免征企业所得税：

① 外国政府向中国政府提供贷款取得的利息所得；

② 国际金融组织向中国政府和居民企业提供优惠贷款取得的利息所得；

③ 经国务院批准的其他所得。

(3) 非居民企业来源于境内所得应当征收企业所得税的,按照下列方法计算其应纳税所得额:

① 股息、红利等权益性投资收益和利息、租金、特许权使用费所得,以收入全额为应纳税所得额;

② 转让财产所得,以收入全额减除财产净值后的余额为应纳税所得额;

③ 其他所得,参照前两项规定的方法计算应纳税所得额。

(4) 随着开放型经济发展,外商投资企业不断融入我国经济,在经济增长、产业升级、技术进步中发挥了越来越重要的作用,以分配利润进行的再投资活动也越来越多。与此同时,全球税收政策呈现新变化新特点,不少国家出台了鼓励投资的税收优惠政策。在此背景下,根据党中央、国务院部署,《国务院关于促进外资增长若干措施的通知》(国发〔2017〕39号)提出,对境外投资者从中国境内居民企业分配的利润,直接投资于鼓励类投资项目,凡符合规定条件的,实行递延纳税政策,暂不征收预提所得税。从而为外商投资企业长期发展创造更好环境,鼓励境外投资者持续在华投资经营,扩大互利共赢合作。

具体规定如下:

一是对境外投资者从中国境内居民企业分配的利润,用于境内直接投资暂不征收预提所得税。直接投资应属于非禁止外商投资的项目和领域。

二是境外投资者暂不征收预提所得税须同时满足以下条件:

① 境外投资者以分得利润进行的直接投资,包括境外投资者以分得利润进行的增资、新建、股权收购等权益性投资行为,但不包括新增、转增、收购上市公司股份(符合条件的战略投资除外)。具体是指:

• 新增或转增中国境内居民企业实收资本或者资本公积,包括补缴其在境内居民企业已经认缴的注册资本,增加实收资本或资本公积的;

• 在中国境内投资新设居民企业;

• 从非关联方收购中国境内居民企业股权;

• 财政部、税务总局规定的其他方式。

境外投资者采取上述投资行为所投资的企业统称为被投资企业。

② 境外投资者分得的利润属于中国境内居民企业向投资者实际分配已经实现的留存收益而形成的股息、红利等权益性投资收益。

③ 境外投资者用于直接投资的利润以现金形式支付的,相关款项从利润分配企业的账户直接转入被投资企业或股权转让方账户,在直接投资前不得在境内外其他账户周转;境外投资者用于直接投资的利润以实物、有价证券等非现金形式支付的,相关资产所有权直接从利润分配企业转入被投资企业或股权转让方,在直接投资前不得由其他企业、个人代为持有或临时持有。

三是境外投资者符合上述规定条件的,应按照税收管理要求进行申报并如实向利润分配企业提供其符合政策条件的资料。利润分配企业经适当审核后认为境外投资者符合本规定的,可暂不扣缴预提所得税,并向其主管税务机关履行备案手续。

> **小知识 4-14　国际法从优兼从轻原则**
>
> 根据国际惯例，我国与其他国家和地区签订的税收协定（或安排），其级次高于国内法，所以，税收协定（或安排）明确的税率与企业所得税法税率不同的，应贯彻"国际法从优"同时"兼从轻"原则。例如，我国与 A 国签订的税收协定明确支付股息的适用税率为 5%，则按 5% 计算预提所得税；我国与 B 国签订的税收协定明确支付股息的适用税率为 15%，则按 10% 计算预提所得税。

四、民族自治地方所得税减免

民族自治地方的自治机关对本民族自治地方的企业应缴纳的企业所得税中属于地方分享的部分，可以决定减征或者免征。自治州、自治县决定减征或者免征的，必须报省、自治区、直辖市人民政府批准。

对民族自治地方内国家限制和禁止行业的企业，不得减征或者免征企业所得税。

五、加速折旧

（1）企业的固定资产由于技术进步等原因，确需加速折旧的，可以缩短折旧年限或者采取加速折旧的方法。这些固定资产包括：

① 由于技术进步，产品更新换代较快的固定资产；

② 常年处于强震动、高腐蚀状态的固定资产。

采取缩短折旧年限方法的，其折旧年限不得低于规定最低年限的 60%；采取加速折旧方法的，可以采取双倍余额递减法或者年数总和法。

（2）自 2014 年 1 月 1 日起，对所有行业企业在 2014 年 1 月 1 日后新购进用于研发的仪器、设备，单位价值不超过 100 万元的，允许一次性计入当期成本费用在税前扣除；超过 100 万元的，可按 60% 比例缩短折旧年限，或采取双倍余额递减等方法加速折旧。

自 2014 年 1 月 1 日起，对所有行业企业持有的固定资产，单位价值不超过 5 000 元的，可以一次性在计算应纳税所得额时扣除。企业在 2013 年 12 月 31 日前持有的单位价值不超过 5 000 元的固定资产，其折余价值部分，2014 年 1 月 1 日以后可以在计算应纳税所得额时一次性扣除。

自 2014 年 1 月 1 日起，对生物药品制造业，专用设备制造业，铁路、船舶、航空航天和其他运输设备制造业，计算机、通信和其他电子设备制造业，仪器仪表制造业，信息传输、软件和信息技术服务业等六大行业企业在 2014 年 1 月 1 日后新购进的固定资产，允许按规定年限的 60% 缩短折旧年限，或采取双倍余额递减等加速折旧方法。加速折旧方法一经确定，一般不得变更。

（3）自 2015 年 1 月 1 日起，对轻工、纺织、机械、汽车等四个领域重点行业的企业新购进的固定资产，可由企业选择缩短折旧年限或采取加速折旧的方法。

（4）自 2019 年 1 月 1 日起，上述（2）所称的六大行业企业和（3）所称的四个领域重点行业企业新购置固定资产加速折旧政策扩大到所有制造业企业。

（5）企业在 2018 年 1 月 1 日至 2020 年 12 月 31 日期间新购进的设备、器具，单位价值不超过500万元的,允许一次性计入当期成本费用在计算应纳税所得额时扣除,不再分年度计算折旧(以下简称一次性税前扣除政策)。

① 所称设备、器具,是指除房屋、建筑物以外的固定资产(以下简称固定资产)。
② 固定资产在投入使用月份的次月所属年度一次性税前扣除。
③ 企业选择享受一次性税前扣除政策的,其资产的税务处理可与会计处理不一致。
④ 企业根据自身生产经营核算需要,可自行选择享受一次性税前扣除政策。未选择享受一次性税前扣除政策的,以后年度不得再变更。

(6) 企业按照《企业所得税优惠政策事项办理办法的规定》办理享受政策的相关手续,主要留存备查资料如下:
① 有关固定资产购进时点的资料(如以货币形式购进固定资产的发票,以分期付款或赊销方式购进固定资产的到货时间说明,自行建造固定资产的竣工决算情况说明等);
② 固定资产记账凭证;
③ 核算有关资产税务处理与会计处理差异的台账。

(7) 单位价值超过500万元的固定资产,仍按照上述(1)、(2)、(3)和(4)相关规定执行。

【例4-36】某金融企业为增值税一般纳税义务人,2019年6月购进大型电子设备一套,取得增值税专用发票注明的金额300万元,税额39万元,支付运费取得增值税专用发票注明的金额10万元,税额0.9万元,上述发票注明开票时间均为6月份。另外发生安装费20万元。6月底设备投入使用。该企业选择享受一次性扣除政策,会计处理按10年计提折旧(不考虑净残值)。

要求:计算购进电子设备的原值、折旧的账载金额、折旧的税收金额和汇算清缴纳税调整所得额。

【答案】
设备原值=300+10+20=330(万元);
折旧的账载金额:330÷120×6=16.5(万元);
折旧的税收金额:330万元;
纳税调减所得额:330-16.5=313.5(万元)。

【例4-37】某制造企业为增值税一般纳税义务人,2019年6月购进专用设备取得增值税专用发票注明的金额800万元,税额104万元,支付运费取得增值税专用发票注明的金额20万元,税额1.8万元,上述发票注明开票时间均为6月份。另外发生设备的安装费50万元。6月底设备投入使用。该企业选择享受加速折旧政策(按最低年限60%),会计处理按10年计提折旧(不考虑净残值)。

要求:计算购进专用设备的原值、折旧的账载金额、折旧的税收金额和汇算清缴纳税调整所得额。

【答案】
设备原值=800+20+50=870(万元);
折旧的账载金额:870/120×6=43.5(万元);
折旧的税收金额:870/72×6=72.5(万元);
纳税调减所得额:72.5-43.5=29(万元)。

六、费用加计扣除

(一) 研发费用

1. 研发费用加计扣除比例

企业开展研发活动中实际发生的研发费用,未形成无形资产计入当期损益的,在按规定据实扣除的基础上,在2018年1月1日至2020年12月31日期间,再按照实际发生额的75%在税前加计扣除;形成无形资产的,在上述期间按照无形资产成本的175%在税前摊销。

2. 研发费用的具体范围

(1) 人员人工费用。包括直接从事研发活动人员的工资薪金、基本养老保险费、基本医疗保险费、失业保险费、工伤保险费、生育保险费和住房公积金,以及外聘研发人员的劳务费用。

(2) 直接投入费用。包括研发活动直接消耗的材料、燃料和动力费用。用于中间试验和产品试制的模具、工艺装备开发及制造费,不构成固定资产的样品、样机及一般测试手段购置费,试制产品的检验费。用于研发活动的仪器、设备的运行维护、调整、检验、维修等费用,以及通过经营租赁方式租入用于研发活动的仪器、设备的租赁费。

(3) 折旧费用。包括用于研发活动的仪器、设备的折旧费。

(4) 无形资产摊销。包括用于研发活动的软件、专利权、非专利技术(包括许可证、专有技术、设计和计算方法等)的摊销费用。

(5) 新产品设计费、新工艺规程制定费、新药研制的临床试验费、勘探开发技术的现场试验费。

(6) 其他相关费用。包括与研发活动直接相关的其他费用,如:技术图书资料费、资料翻译费、专家咨询费、高新科技研发保险费,研发成果的检索、分析、评议、论证、鉴定、评审、评估、验收费用,知识产权的申请费、注册费、代理费、差旅费、会议费等。此项费用总额不得超过可加计扣除研发费用总额的10%。

3. 不适用税前加计扣除政策的行业

(1) 烟草制造业。
(2) 住宿和餐饮业。
(3) 批发和零售业。
(4) 房地产业。
(5) 租赁和商务服务业。
(6) 娱乐业。
(7) 财政部和国家税务总局规定的其他行业。

4. 不适用税前加计扣除政策的情况

(1) 企业产品(服务)的常规性升级。
(2) 对某项科研成果的直接应用,如:直接采用公开的新工艺、材料、装置、产品、服务或知识等。
(3) 企业在商品化后为顾客提供的技术支持活动。
(4) 对现存产品、服务、技术、材料或工艺流程进行的重复或简单改变。

(5) 市场调查研究、效率调查或管理研究。

(6) 作为工业(服务)流程环节或常规的质量控制、测试分析、维修维护。

(7) 社会科学、艺术或人文方面的研究。

5. 特别事项的处理

(1) 企业委托外部机构或个人进行研发活动所发生的费用,按照费用实际发生额的80%计入委托方研发费用并计算加计扣除,受托方不得再进行加计扣除。委托外部研究开发费用实际发生额应按照独立交易原则确定。

企业委托境外机构或个人进行研发活动所发生的费用,按照费用实际发生额的80%计入委托方的委托境外研发费用。委托境外研发费用不超过境内符合条件的研发费用三分之二的部分,可以按规定在企业所得税前加计扣除。

(2) 企业共同合作开发的项目,由合作各方就自身实际承担的研发费用分别计算加计扣除。

(3) 企业集团根据生产经营和科技开发的实际情况,对技术要求高、投资数额大,需要集中研发的项目,其实际发生的研发费用,可以按照权利和义务相一致、费用支出和收益分享相配比的原则,合理确定研发费用的分摊方法,在受益成员企业间进行分摊,由相关成员企业分别计算、加计扣除。

(4) 企业为获得创新性、创意性、突破性的产品进行创意设计活动而发生的相关费用,可按规定进行税前加计扣除。这里的创意设计活动是指多媒体软件、动漫游戏软件开发,数字动漫、游戏设计制作;房屋建筑工程设计(绿色建筑评价标准为三星)、风景园林工程专项设计;工业设计、多媒体设计、动漫及衍生产品设计、模型设计等。

【例 4-38】 A 药厂 2019 年企业实际发生研究开发费用 2 000 万元。研发费用符合费用化条件,全部计入管理费用。经税务检查发现,第六项其他相关费用为 180 万元,第一项至第五项研究开发费用中包括以下支出:不动产租赁费 50 万元,新药工艺规程制定费 30 万元,聘请高等院校专家咨询费用 20 万元,与研发有关的差旅费 15 万元。

要求:计算该药厂 2019 年度研发费用加计抵扣金额。

【答案】

专家咨询费和差旅费用属于第六项其他相关费用,不动产租赁费不得作为加计扣除基数。则,第一至第五项研究开发费用 = 2 000 − 180 − 50 − 20 − 15 = 1 735(万元),第六项其他相关费用合计为 180 + 20 + 15 = 215(万元)。第六项其他相关费用限额 = 1 735 ÷ (1 − 10%) × 10% = 192.78(万元),研发费加计扣除基数 = 1 735 + 192.78 = 1 927.78(万元),加计扣除金额 = 1 927.78 × 75% = 1 445.84(万元),做纳税调减处理。

(二) 安置残疾人员及国家鼓励安置的其他就业人员所支付的工资

所谓企业安置残疾人员所支付的工资的加计扣除,是指企业安置残疾人员的,在按照支付给残疾职工工资据实扣除的基础上,按照支付给残疾职工工资的100%加计扣除。残疾人员的范围适用《中华人民共和国残疾人保障法》的有关规定。

企业享受安置残疾职工工资100%加计扣除应同时具备如下条件:

① 依法与安置的每位残疾人签订了一年以上(含一年)的劳动合同或服务协议,并且安置的每位残疾人在企业有实际上岗工作;

② 为安置的每位残疾人按月足额缴纳了企业所在区县人民政府根据国家政策规定的基

本养老保险、基本医疗保险、失业保险和工伤保险等社会保险；

③ 定期通过银行等金融机构向安置的每位残疾人实际支付了不低于企业所在区县适用的经省级人民政府批准的最低工资标准的工资；

④ 具备安置残疾人上岗工作的基本设施。

企业安置国家鼓励安置的其他就业人员所支付的工资的加计扣除办法，由国务院另行规定。

【例4-39】某企业2019年利润总额为1 000万元，计入成本费用的工资总额为3 000万元，其中支付给残疾职工工资300万元。没有其他纳税调整事项。

要求：计算该企业2019年应缴纳的企业所得税。

【答案】

应纳税所得额 = 1 000 - 300 × 100% = 700（万元）；

应纳企业所得税 = 700 × 25% = 175（万元）。

七、创业投资

（1）创业投资企业从事国家需要重点扶持和鼓励的创业投资，可以按投资额的一定比例抵扣应纳税所得额。

所谓抵扣应纳税所得额，是指创业投资企业采取股权投资方式，投资于未上市的中小高新技术企业两年以上的，可以按照其投资额的70%在股权持有满两年（24个月，下同）的当年抵扣该创业投资企业的应纳税所得额；当年不足抵扣的，可在以后纳税年度结转抵扣。

所谓中小高新技术企业，是指按照《高新技术企业认定管理办法》和《高新技术企业认定管理工作指引》取得高新技术企业资格，且年销售额和资产总额均不超过2亿元、从业人数不超过500人的企业。

（2）有限合伙制创业投资企业采取股权投资方式投资于未上市的中小高新技术企业满两年的，其法人合伙人可按照对未上市中小高新技术企业投资额的70%抵扣该法人合伙人从该有限合伙制创业投资企业分得的应纳税所得额，当年不足抵扣的，可以在以后纳税年度结转抵扣。

所谓满两年，是指2015年10月1日起，有限合伙制创业投资企业投资于未上市中小高新技术企业的实缴投资满两年，同时，法人合伙人对该有限合伙制创业投资企业的实缴出资也应满两年。

如果法人合伙人投资于多个符合条件的有限合伙制创业投资企业，可合并计算其可抵扣的投资额和应分得的应纳税所得额。当年不足抵扣的，可结转以后纳税年度继续抵扣；当年抵扣后有结余的，应按照企业所得税法的规定计算缴纳企业所得税。

有限合伙制创业投资企业的法人合伙人对未上市中小高新技术企业的投资额，按照有限合伙制创业投资企业对中小高新技术企业的投资额和合伙协议约定的法人合伙人占有限合伙制创业投资企业的出资比例计算确定。其中，有限合伙制创业投资企业对中小高新技术企业的投资额按实缴投资额计算；法人合伙人占有限合伙制创业投资企业的出资比例，按法人合伙人对有限合伙制创业投资企业的实缴出资额占该有限合伙制创业投资企业的全部实缴出资额的比例计算。

【例4-40】M公司2015年1月权益性投资K企业（未上市小型高新技术企业），投资成本2 000万元。M公司2019年利润总额3 000万元，无其他纳税调整事项。

要求：计算2019年M公司的应纳企业所得税。

【答案】

风险投资抵免限额 = 2 000 × 70% = 1 400（万元）；

应纳税所得额 = 3 000 − 1 400 = 1 600(万元);
应纳企业所得税 = 1 600 × 25% = 400(万元)。

【例 4-41】 2014 年 1 月,M 公司和 2 个自然人共同出资成立 N 有限合伙制创业投资企业(以下简称 N 企业),M 公司投资比例为 60%,其余两个投资者比例分别为 30% 和 10%。2016 年 1 月,N 企业权益性投资 W 企业(未上市小型高新技术企业),投资成本 2 000 万元。N 企业 2019 年利润总额 1 500 万元,无其他纳税调整事项。

问题:上述业务如何进行税务处理?

【答案】

(1) 合伙制企业采取"先分后税"的方法征收所得税,M 公司按确认的应纳税所得额征收企业所得税,个人投资者按"个体工商户生产经营所得"项目征收个人所得税。M 公司可以享受风险投资抵免所得额的优惠政策,个人投资者不得享受上述优惠政策。

(2) M 公司确认来自 N 公司的应纳税所得额:
风险投资抵免限额 = 2 000 × 70% × 60% = 840(万元);
应纳税所得额 = 1 500 × 60% − 840 = 60(万元)。

八、资源综合利用

企业综合利用资源,生产符合国家产业政策规定的产品所取得的收入,可以在计算应纳税所得额时减计收入。

减计收入是指企业以《资源综合利用企业所得税优惠目录》规定的资源作为主要原材料,生产国家非限制和禁止并符合国家和行业相关标准的产品取得的收入,减按 90% 计入收入总额。

上述产品中主要原材料占生产产品材料的比例不得低于《资源综合利用企业所得税优惠目录》规定的标准。

【例 4-42】 某企业综合利用资源,生产符合国家产业政策规定的产品所取得的收入 1 000 万元,生产其他产品取得收入 500 万元,当年利润总额 500 万元。无其他纳税调整事项。

要求:计算该企业应纳企业所得税。

【答案】

应纳税所得额 = 500 − 1 000 × 10% = 400(万元);
应纳企业所得税 = 400 × 25% = 100(万元)。

九、专项投资税额抵免

企业购置用于环境保护、节能节水、安全生产等专用设备的投资额,可以按一定比例实行税额抵免。具体办法为:

企业购置并实际使用《环境保护专用设备企业所得税优惠目录》、《节能节水专用设备企业所得税优惠目录》和《安全生产专用设备企业所得税优惠目录》规定的环境保护、节能节水、安全生产等专用设备的,该专用设备的投资额的 10% 可以从企业当年的应纳税额中抵免;当年不足抵免的,可以在以后 5 个纳税年度结转抵免。

纳税义务人购进并实际使用的上述专用设备并取得增值税专用发票的,在按照规定进行税额抵免时,如增值税进项税额允许抵扣,其专用设备投资额不再包括增值税进项税额;如增值税进项税额不允许抵扣,其专用设备投资额应为增值税专用发票上注明的价税合计金额。企业购买专用设备取得普通发票的,其专用设备投资额为普通发票上注明的金额。

享受上述规定的企业所得税优惠的企业,应当实际购置并由自身实际投入使用规定的专用设备;企业购置规定的专用设备在五年内转让、出租的,应当停止享受企业所得税优惠,并补缴已经抵免的企业所得税税款。

【例 4-43】 某企业(增值税一般纳税义务人)2019 年购进环境保护专用设备,取得增值税专用发票注明金额 100 万元,税额 13 万元;购进节能节水专用设备,取得增值税专用发票注明金额 200 万元,税额 26 万元,因主观原因逾期认证;购进安全生产专用设备,取得普通发票,注明金额 80 万元。

要求:计算 2019 年准予抵减的企业所得税。

【答案】
抵减企业所得税 = (100 + 226 + 80) × 10% = 40.6(万元)。

十、鼓励软件产业和集成电路产业发展的优惠政策

(一)鼓励软件产业发展税收优惠

(1)软件生产企业实行增值税即征即退政策所退还的税款,由企业用于研究开发软件产品和扩大再生产,不作为企业所得税应税收入,不予征收企业所得税。

(2)依法成立且符合条件的集成电路设计企业和软件企业,在 2018 年 12 月 31 日前自获利年度起计算优惠期,第一年至第二年免征企业所得税,第三年至第五年按照 25% 的法定税率减半征收企业所得税,并享受至期满为止。

(3)国家规划布局内的重点软件生产企业,如当年未享受免税优惠的,减按 10% 的税率征收企业所得税。

(4)软件生产企业的职工培训费用,可按实际发生额在计算应纳税所得额时扣除。

(5)企事业单位购进软件,凡符合固定资产或无形资产确认条件的,可以按照固定资产或无形资产进行核算,经主管税务机关核准,其折旧或摊销年限可以适当缩短,最短为 2 年。

(6)集成电路设计企业视同软件企业,享受上述软件企业的有关企业所得税政策。

(二)鼓励集成电路产业发展税收优惠

(1) 2018 年 1 月 1 日后投资新设的集成电路线宽小于 130 纳米,且经营期在 10 年以上的集成电路生产企业或项目,第一年至第二年免征企业所得税,第三年至第五年按照 25% 的法定税率减半征收企业所得税,并享受至期满为止。

(2) 2018 年 1 月 1 日后投资新设的集成电路线宽小于 65 纳米或投资额超过 150 亿元,且经营期在 15 年以上的集成电路生产企业或项目,第一年至第五年免征企业所得税,第六年至第十年按照 25% 的法定税率减半征收企业所得税,并享受至期满为止。

对于按照集成电路生产企业享受上述第(1)条、第(2)条税收优惠政策的,优惠期自企业获利年度起计算;对于按照集成电路生产项目享受上述优惠的,优惠期自项目取得第一笔生产经营收入所属纳税年度起计算。

(3)集成电路生产企业的生产性设备,经主管税务机关核准,其折旧年限可以适当缩短,最短为 3 年。

十一、鼓励动漫产业发展的优惠政策

经认定的动漫企业自主开发、生产动漫产品,可申请享受国家现行鼓励软件产业发展的所得税优惠政策。

十二、技术先进型服务企业优惠政策

(1) 对经认定的技术先进型服务企业,减按15%的税率征收企业所得税。

(2) 享受企业所得税优惠政策的技术先进型服务企业必须同时符合以下条件:

① 在中国境内(不包括港、澳、台地区)注册的法人企业;

② 从事《技术先进型服务业务认定范围(试行)》中的一种或多种技术先进型服务业务,采用先进技术或具备较强的研发能力;

③ 具有大专以上学历的员工占企业职工总数的50%以上;

④ 从事《技术先进型服务业务认定范围(试行)》中的技术先进型服务业务取得的收入占企业当年总收入的50%以上;

⑤ 从事离岸服务外包业务取得的收入不低于企业当年总收入的35%。

从事离岸服务外包业务取得的收入,是指企业根据境外单位与其签订的委托合同,由本企业或其直接转包的企业为境外单位提供《技术先进型服务业务认定范围(试行)》中所规定的信息技术外包服务(ITO)、技术性业务流程外包服务(BPO)和技术性知识流程外包服务(KPO),而从上述境外单位取得的收入。

十三、西部大开发税收优惠政策

自2011年1月1日至2020年12月31日,对设在西部地区的鼓励类产业企业减按15%的税率征收企业所得税。

上述鼓励类产业企业是指以《西部地区鼓励类产业目录》中规定的产业项目为主营业务,且其主营业务收入占企业收入总额70%以上的企业。《西部地区鼓励类产业目录》另行发布。

所谓西部地区包括重庆市、四川省、贵州省、云南省、西藏自治区、陕西省、甘肃省、宁夏回族自治区、青海省、新疆维吾尔自治区、内蒙古自治区和广西壮族自治区。湖南省湘西土家族苗族自治州、湖北省恩施土家族苗族自治州、吉林省延边朝鲜族自治州,可以比照西部地区的税收政策执行。

自2021年1月1日起,上述主营业务收入占企业收入总额的比例降至60%。

小知识4-15　企业所得税优惠方式

企业所得税优惠方式有三种形式:

一是税基式,即通过抵减应纳税所得额方式使纳税义务人享受优惠,具体形式包括:减计收入、减免所得、加计扣除费用、免税收入等。

二是税率式,即通过降低税率的方式使纳税义务人享受优惠,如:高新技术企业15%、小型微利企业20%等。

三是税额式,即通过减免应纳税额的方式使纳税义务人享受优惠,如:居民企业境外所得税抵免、购置用于环境保护、节能节水、安全生产等专用设备的投资额按10%抵减应纳税额等。

十四、支持新型冠状病毒感染的肺炎疫情防控的税收政策

(1) 自2020年1月1日起(截止日期视疫情情况另行公告):

① 企业通过公益性社会组织或者县级以上人民政府及其部门等国家机关,捐赠用于应对新型冠状病毒感染的肺炎疫情的现金和物品,允许在计算应纳税所得额时全额扣除。

企业直接向承担疫情防治任务的医院捐赠用于应对新型冠状病毒感染的肺炎疫情的物品,允许在计算应纳税所得额时全额扣除。

② 对疫情防控重点保障物资生产企业为扩大产能新购置的相关设备,允许一次性计入当期成本费用在企业所得税税前扣除。

(2) 受疫情影响较大的困难行业企业2020年度发生的亏损,最长结转年限由5年延长至8年。

困难行业企业,包括交通运输、餐饮、住宿、旅游(指旅行社及相关服务、游览景区管理两类)四大类,具体判断标准按照现行《国民经济行业分类》执行。困难行业企业2020年度主营业务收入须占收入总额(剔除不征税收入和投资收益)的50%以上。

对电影行业企业2020年度发生的亏损,最长结转年限由5年延长至8年。

电影行业企业限于电影制作、发行和放映等企业,不包括通过互联网、电信网、广播电视网等信息网络传播电影的企业。

十五、企业所得税优惠政策事项办理

(1) 企业享受优惠事项采取"自行判别、申报享受、相关资料留存备查"的办理方式。企业应当根据经营情况以及相关税收规定自行判断是否符合优惠事项规定的条件,符合条件的可以按照《企业所得税优惠事项管理目录》列示的时间自行计算减免税额,并通过填报企业所得税纳税申报表享受税收优惠。同时,按照本办法的规定归集和留存相关资料备查。

(2) 所称留存备查资料是指与企业享受优惠事项有关的合同、协议、凭证、证书、文件、账册、说明等资料。企业享受优惠事项的,应当在完成年度汇算清缴后,将留存备查资料归集齐全并整理完成,以备税务机关核查。

(3) 企业对优惠事项留存备查资料的真实性、合法性承担法律责任。

企业留存备查资料应从企业享受优惠事项当年的企业所得税汇算清缴期结束次日起保留10年。

(4) 企业未能按照税务机关要求提供留存备查资料,或者提供的留存备查资料与实际生产经营情况、财务核算情况、相关技术领域、产业、目录、资格证书等不符,无法证实符合优惠事项规定条件的,或者存在弄虚作假情况的,税务机关将依法追缴其已享受的企业所得税优惠,并按照税收征管法等相关规定处理。

第八节 非居民企业源泉扣缴所得税

一、基本规定

非居民企业在中国境内未设立机构、场所的,或者虽设立机构、场所但取得的所得与其所

设机构、场所没有实际联系的,应当就其来源于中国境内的所得缴纳企业所得税。应缴纳的所得税,实行源泉扣缴,以支付人为扣缴义务人,税款由扣缴义务人在每次支付或者到期应支付时,从支付或者到期应支付的款项中扣缴。如前所述,由于应纳所得税由支付人代扣代缴,故称预提所得税。

随着对外经济交往的不断扩大和加深,境内企业对外支付业务越来越多,避税与反避税、逃税与反逃税的斗争也越来越激烈。加强对非居民企业源于境内所得的征收管理,是近年来国家重点关注的问题,也是涉及维护我国税收利益的重大问题。

二、预提所得税的计算

(一) 预提所得税计算

$$预提所得税 = 应纳税所得额 \times 实际征收率$$

实际征收率是指企业所得税法及其实施条例等相关法律法规规定的税率(10%),或者税收协定(或安排)规定的更低的税率。

非居民企业需要享受以下税收协定待遇的,应向主管税务机关或者有权审批的税务机关提出享受税收协定待遇审批申请:

(1) 税收协定股息条款;
(2) 税收协定利息条款;
(3) 税收协定特许权使用费条款;
(4) 税收协定财产收益条款。

同一非居民企业的同一项所得需要多次享受应提请审批的同一项税收协定待遇的,在首次办理享受税收协定待遇审批后的三个公历年度内(含本年度)可免予向同一主管税务机关就同一项所得重复提出审批申请。

在申请享受我国对外签署的税收协定中对股息、利息和特许权使用费等条款税收待遇时,缔约国居民需要向税务机关提供资料,进行受益所有人的认定,否则不得享受税收协定待遇。受益所有人是指对所得或所得据以产生的权利或财产具有所有权和支配权的人。

(二) 应纳税所得额的计算

预提所得税的应纳税所得额,按照下列方法确定:

(1) 股息、红利等权益性投资收益和利息、租金、特许权使用费所得,以收入全额为应纳税所得额。
(2) 转让财产所得,以收入全额减去财产净值后的余额为应纳税所得额。
(3) 其他所得,参照前两项规定的方法计算应纳税所得额。

扣缴义务人与非居民企业签订有关的业务合同时,凡合同中约定由扣缴义务人负担应纳税款的,应将非居民企业取得的不含税所得换算为含税所得后计算征税。

为贯彻落实党中央、国务院决策部署,进一步鼓励境外投资者在华投资,对境外投资者从中国境内居民企业分配的利润,用于境内直接投资所有非禁止外商投资的项目和领域,暂不征收预提所得税。境外投资者暂不征收预提所得税须同时满足以下条件:

① 境外投资者以分得利润进行的直接投资,包括境外投资者以分得利润进行的增资、新

建、股权收购等权益性投资行为,但不包括新增、转增、收购上市公司股份(符合条件的战略投资除外)。

② 境外投资者分得的利润属于中国境内居民企业向投资者实际分配已经实现的留存收益而形成的股息、红利等权益性投资收益。

③ 境外投资者用于直接投资的利润以现金形式支付的,相关款项从利润分配企业的账户直接转入被投资企业或股权转让方账户,在直接投资前不得在境内外其他账户周转;境外投资者用于直接投资的利润以实物、有价证券等非现金形式支付的,相关资产所有权直接从利润分配企业转入被投资企业或股权转让方,在直接投资前不得由其他企业、个人代为持有或临时持有。

境外投资者通过股权转让、回购、清算等方式实际收回享受暂不征收预提所得税政策待遇的直接投资,在实际收取相应款项后 7 日内,按规定程序向税务部门申报补缴递延的税款。

另外,在确定预提所得税时应注意:

1. 担保

非居民企业取得来源于中国境内的担保费,应按照对利息所得规定的税率计算缴纳企业所得税。

2. 融资租赁

在中国境内未设立机构、场所的非居民企业,以融资租赁方式将设备、物件等租给中国境内企业使用,租赁期满后设备、物件所有权归中国境内企业(包括租赁期满后作价转让给中国境内企业),非居民企业按照合同约定的期限收取租金,应以租赁费(包括租赁期满后作价转让给中国境内企业的价款)扣除设备、物件价款后的余额,作为贷款利息所得计算缴纳企业所得税,由中国境内企业在支付时代扣代缴。

3. 转让土地使用权

非居民企业在中国境内未设立机构、场所而转让中国境内土地使用权,或者虽设立机构、场所但取得的土地使用权转让所得与其所设机构、场所没有实际联系的,应以其取得的土地使用权转让收入总额减除计税基础后的余额作为土地使用权转让所得计算缴纳企业所得税,并由扣缴义务人在支付时代扣代缴。

4. 出租不动产

非居民企业出租位于中国境内的房屋、建筑物等不动产,对未在中国境内设立机构、场所进行日常管理的,以其取得的租金收入全额计算、缴纳企业所得税,由中国境内的承租人在每次支付或到期应支付时代扣代缴。如果非居民企业委派人员在中国境内或者委托中国境内其他单位或个人对上述不动产进行日常管理的,应视为其在中国境内设立机构、场所,非居民企业应在税法规定的期限内自行申报缴纳企业所得税。

5. 转让股权

股权转让收入减除股权净值后的余额为股权转让所得应纳税所得额。企业在计算股权转让所得时,不得扣除被投资企业未分配利润等股东留存收益中按该项股权所可能分配的金额。多次投资或收购的同项股权被部分转让的,从该项股权全部成本中按照转让比例计算确定被转让股权对应的成本。

6. 间接转让中国应税财产

境外投资方(实际控制方)间接转让中国应税财产(包括中国居民企业股权、境内不动产以及境内常设机构的财产),如果被转让的境外控股公司所在国(地区)实际税负低于12.5%或者对其居民境外所得不征所得税的,应自股权转让合同签订之日起30日内,向被转让股权的中国居民企业所在地主管税务机关提供相关资料,以便主管税务机关对交易是否具有合理的商业目的作出判断。如果境外投资方(实际控制方)通过滥用组织形式等安排间接转让中国应税财产,且不具有合理的商业目的,规避企业所得税纳税义务的,主管税务机关层报税务总局审核后可以按照经济实质对该股权转让交易重新定性,否定被用作税收安排的境外控股公司的存在。

7. 扣缴义务人与非居民企业签订业务合同

凡合同中约定由扣缴义务人实际承担应纳税款的,应将非居民企业取得的不含税所得换算为含税所得计算并解缴应扣税款。

【例4-44】境内M公司按合同应支付给境外A公司特许权使用费106万元。

要求:计算M公司预提所得税。

【答案】

预提所得税 = 106 ÷ (1 + 6%) × 10% = 10(万元);

如果A公司在境内无营业机构但有营业代理人且通过该代理人对外支付的,由该代理人代扣代缴此项预提所得税。

【例4-45】境外B公司转让其广州的房产(原值1 000万元,累计折旧200万元)给深圳的N企业,N公司按协定应支付购房款3 000万元。

问题:上述业务应如何进行税务处理?

【答案】

不动产在境内,所得来源地也在境内,B公司应在我国履行纳税义务,税款由不动产受让方(N公司)代扣代缴,纳税地点在深圳。

应纳税所得额 = 3 000 - (1 000 - 200) = 2 200(万元);

预提所得税 = 2 200 × 10% = 220(万元)。

【例4-46】境外D公司转让其投资上海Q公司的股权(D公司占Q公司实收资本8 000万元的60%)给北京的R公司,R公司按协定应支付受让股权价款13 000万元。

问题:上述业务应如何进行税务处理?

【答案】

Q公司在上海,故所得来源地为境内,D公司转让股权所得应在我国履行纳税义务,应纳税款由受让股权的R公司代扣代缴,纳税地点在北京。

应纳税所得额 = 13 000 - 8 000 × 60% = 8 200(万元);

预提所得税 = 8 200 × 10% = 820(万元)。

【例4-47】境外E公司转让其投资上海市T公司的股权(E公司占T公司实收资本3 000万元的40%)给香港的S公司,S公司按协定应支付受让股权价款5 000万元(在境外支付)。

问题:上述业务应如何进行税务处理?

【答案】

T公司在上海,故所得来源地为境内,E公司转让股权所得应在我国履行纳税义务,应纳税款应当由E公司向T公司主管税务机关自行(或委托他人)申报缴纳,纳税地点在上海。

应纳税所得额 = 5 000 - 3 000 × 40% = 3 800(万元);

应纳所得税 = 3 800 × 10% = 380(万元)。

【例4-48】境外F公司投资香港H公司(F公司拥有H公司49%的股权),H公司投资上海W公司(H公司拥有W公司50%的股权)。2015年1月,F公司将其持有的H公司的全部股权转让给爱尔兰K公司,K公司按协定应支付受让股权价款8 000万元(在境外支付)。

问题:上述业务应如何进行税务处理?

【答案】

H公司在香港,故所得来源地为境外,F公司转让股权所得不用在我国履行纳税义务。但是,如果有足够证据证明H公司是以逃避或减少税收、转移或累积利润等为目的,而不从事制造、经销、管理等实质性经营活动而设立的公司(也就是所称的"导管公司"、"壳公司"),我国主管税务机关可以对该项股权交易是否具有合理的商业目的作出判断。如果境外投资方(实际控制方F公司)通过滥用组织形式等安排间接转让境内W公司股权,且不具有合理的商业目的,规避企业所得税纳税义务的,主管税务机关层报税务总局审核后可以按照经济实质对该股权转让交易重新定性,否定被用作税收安排的境外控股公司(H公司)的存在。此时,可以判定F公司直接转让W公司的股权(即所谓的"穿透"原则),我国仍保有税收征收权利。

第九节 企业所得税的征收管理

一、纳税地点

(一)居民企业

居民企业以企业登记注册地为纳税地点;但登记注册地在境外的,以实际管理机构所在地为纳税地点。企业登记注册地是指企业依照国家有关规定登记注册的住所地。

(二)非居民企业设在境内的机构、场所

非居民企业取得《企业所得税法》第三条第二款规定的所得(本章"非居民企业纳税义务"的第一种情形),以机构、场所所在地为纳税地点。

在境内设立多个机构、场所的非居民企业,可选择由其主要机构、场所汇总其他境内机构、场所缴纳企业所得税的。汇总纳税的各机构、场所实行"统一计算、分级管理、就地预缴、汇总清算、财政调库"的企业所得税征收管理办法。除另有规定外,相关税款计算、税款分摊、缴库或退库地点、缴库或退库比例、征管流程等事项,比照居民企业汇总缴纳企业所得税的规定执行。(参考以下居民企业汇总纳税相关内容)

(三)非居民企业

非居民企业取得本法第三条第三款规定的所得(本章"非居民企业纳税义务"的第二种情形),以扣缴义务人所在地为纳税地点。

(四)居民企业汇总纳税

除国务院另有规定外,企业(母公司和子公司)之间不得合并缴纳企业所得税。

居民企业在中国境内设立不具有法人资格的营业机构的,应当汇总计算并缴纳企业所得税。企业汇总计算并缴纳企业所得税时,应当统一核算应纳税所得额。具体办法如下:

1. 统一计算

其是指企业总机构统一计算包括企业所属各个不具有法人资格的营业机构、场所在内的全部应纳税所得额、应纳税额。

2. 分级管理

其是指总机构、分支机构所在地的主管税务机关都有对当地机构进行企业所得税管理的责任,总机构和分支机构应分别接受机构所在地主管税务机关的管理。

3. 就地预缴

其是指总机构、分支机构应分月或分季分别向所在地主管税务机关申报预缴企业所得税。总机构和分支机构分期预缴的企业所得税时,50%在各分支机构间分摊预缴,50%由总机构预缴。总机构预缴的部分,其中25%就地入库,25%预缴入中央国库。

4. 汇总清算

其是指在年度终了后,总机构负责进行企业所得税的年度汇算清缴,统一计算企业的年度应纳所得额,抵减总机构、分支机构当年已就地分期预缴的企业所得税款后,多退少补税款。

5. 财政调库

其是指财政部定期将缴入中央国库的跨地区总分机构企业所得税待分配收入,按照核定的系数调整至地方金库。

二、纳税期限

(一) 纳税年度的确定

企业所得税按纳税年度计算。纳税年度自公历1月1日起至12月31日止。

企业在一个纳税年度中间开业,或者终止经营活动,使该纳税年度的实际经营期不足12个月的,应当以其实际经营期为一个纳税年度。

企业依法清算时,应当以清算期间作为一个纳税年度。

(二) 税款预缴和年度清算期限

1. 税款预缴

企业所得税分月或者分季预缴。

企业应当自月份或者季度终了之日起15日内,向税务机关报送预缴企业所得税纳税申报表,预缴税款。

企业根据规定分月或者分季预缴企业所得税时,应当按照月度或者季度的实际利润额(会计利润总额减除以前年度待弥补亏损以及不征税收入、免税收入后的余额)预缴;按照月度或者季度的实际利润额预缴有困难的,可以按照上一纳税年度应纳税所得额的月度或者季度平均额预缴,或者按照经税务机关认可的其他方法预缴。预缴方法一经确定,该纳税年度内不得随意变更。

2. 年度清算

企业应当自年度终了之日起 5 个月内,向税务机关报送年度企业所得税纳税申报表,并汇算清缴,结清应缴应退税款。企业在报送企业所得税纳税申报表时,应当按照规定附送财务会计报告和其他有关资料。

企业在纳税年度内无论盈利或者亏损,都应当依照规定的期限,向税务机关报送预缴企业所得税纳税申报表、年度企业所得税纳税申报表、财务会计报告和税务机关规定应当报送的其他有关资料。

(三) 注销清算

企业在年度中间终止经营活动的,应当自实际经营终止之日起 60 日内,向税务机关办理当期企业所得税汇算清缴。

企业应当在办理注销登记前,就其清算所得向税务机关申报并依法缴纳企业所得税。

下列企业应进行清算的所得税处理:

① 按《公司法》、《企业破产法》等规定需要进行清算的企业;
② 企业重组中需要按清算处理的企业。

企业应将整个清算期作为一个独立的纳税年度计算清算所得。

清算所得是指企业的全部资产可变现价值或者交易价格减除资产净值、清算费用以及相关税费等后的余额。

投资方企业从被清算企业分得的剩余资产,其中相当于从被清算企业累计未分配利润和累计盈余公积中应分得的部分,应当确认为股息所得;剩余资产减除上述股息所得后的余额,超过或者低于投资成本的部分,应当确认为投资资产转让所得或者损失。

【例 4-49】2019 年 12 月,D 企业(A 公司股权占 60%,陈某股权占 40%)宣告终止经营。至清算期结束,D 企业剩余资产 3 000 万元(其中:实收资本 1 000 万元,盈余公积 500 万元,未分配利润 1 500 万元)全部归还给股东,正式办理税务和工商注销。

问题:A 公司和陈某取得 D 企业的剩余资产如何进行税务处理?

【答案】

A 公司:

取得剩余资产 = 3 000×60% = 1 800(万元),其中:股息所得 = 2 000×60% = 1 200(万元),免征企业所得税;

资产转让应纳税所得额 = 1 800 − 1 200 − 600 = 0(万元)。

陈某:

取得剩余资产 = 3 000×40% = 1 200(万元),其中:股息所得 = 2 000×40% = 800(万元),应纳个人所得税 = 800×20% = 160(万元);

资产转让应纳税所得额 = 1 200 − 800 − 400 = 0(万元)。

> **小知识 4-16　剩余资产**
>
> 剩余资产是指企业依法终止经营,完成各项法定清算程序、缴纳税费后,所剩下的应归还给投资方的净资产(所有者权益),包括实收资本、资本公积、盈余公积和未分配利润等。

(四) 汇率折算

企业缴纳的企业所得税以人民币计算。所得以人民币以外的货币计算的,应当折合人民币计算并缴纳税款。

企业所得以人民币以外的货币计算的,预缴企业所得税时,应当按照月度或者季度最后一日的人民币汇率中间价,折合成人民币计算应纳税所得额。年度终了汇算清缴时,对已经按照月度或者季度预缴税款的,不再重新折合计算,只就该纳税年度内未缴纳企业所得税的部分,按照纳税年度最后一日的人民币汇率中间价,折合成人民币计算应纳税所得额。

经税务机关检查确认,企业少计或者多计所得的,应当按照检查确认补税或者退税时的上一个月最后一日的人民币汇率中间价,将少计或者多计的所得折合成人民币计算应纳税所得额,再计算应补缴或者应退的税款。

第五章 个人所得税

第一节 个人所得税概述

一、个人所得税的概念

个人所得税是指以个人取得的各项应税所得为征税对象的一种税。

二、个人所得税的类型

世界各国的个人所得税制度大体可分为三种类型：综合所得税制、分类所得税制和混合所得税制。这三种个人所得税制度各有所长，各国可根据本国实际选择运用。

我国现行个人所得税采用的是综合与分类相结合的所得税制。

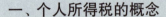

小知识 5-1 综合所得税制、分类所得税制、混合所得税制

综合所得税制：将个人不同收入合并为全年收入总额，扣除一定费用后按统一税率计算纳税。优点是考虑了纳税义务人的负担能力，较好地体现了量能负担的原则；缺点是税收管理难度大，管理成本高。

分类所得税制：对个人不同来源、性质的个人所得项目，规定不同费用扣除标准，按不同税率计算应纳税额。优点是税制简单，计算方便。缺点是费用扣除不合理。纳税义务人收入项目越多，费用扣除额也越多，不能准确地体现"公平税负、量能负担"的原则。

混合所得税制：融合了综合所得税制和分类所得税制长处的一种制度。

三、征收个人所得税的意义

（一）实现社会分配公平

根据国家统计局发布的数据，2017年我国居民收入的总体基尼系数为0.467，已超过0.45的临界点。这从一个侧面反映了目前我国收入分配的差距已经突破了合理的限度。个人收入差距的扩大超过了一定的度，不仅会影响社会的安定，而且对经济的持续增长也是不利的。要构建和谐社会，体现社会公平正义，就必须正视目前的收入差距，要在发展的基础上，有效地运用经济手段和法律手段来调控收入差距，使居民的收入差距保持在一个基本合理的范围内。通过征收个人所得税，本着"对高收入者多征税、中等收入者少征税、低收入者不征税"的原则，对实现社会财富公平分配的目标具有重要意义。当然，就税收调控来说，为强化税收对个人收入分配的调控功能，不但要完善个人所得税制度，还要建立健全财产税、房地产税、社会保障税和遗产税等各项制度，形成完整的收入分配的税收调控体系，尽量缩小规避税收调节的空间，确保收入分配差距保持在一个合理的范围之内。

（二）增强公民纳税意识

虽然我国《宪法》明确规定公民有依法纳税的义务，但是由于历史原因，我国公民的纳税意识一直较为淡薄，义务观念也比较缺乏。通过开征个人所得税，建立个人所得税纳税申报制度，特别是实行源泉扣缴和自行申报制度，加强个人所得税征收管理和对违反税法行为的处罚等措施，可以逐步在纳税过程中培养、普及我国公民依法履行纳税义务的观念，有利于提高全体公民的法制意识。

（三）促进国内需求发展

《中共中央国务院关于完善促进消费体制机制进一步激发居民消费潜力的若干意见》中提出："健全消费政策体系，进一步研究制定鼓励和引导居民消费的政策。推动消费税立法。推进个人所得税改革，合理提高个人所得税基本减除费用标准，适当增加专项附加扣除，逐步建立综合和分类相结合的个人所得税制度。"

本次个人所得税改革，整体税负下降，可增加居民，尤其是中低收入居民的可支配收入，从而增加消费，促进内需的发展。

（四）完善企业内部分配

随着企业不断优化工资收入结构，逐步实现职工收入工资化、工资货币化、发放透明化，使得职工工资水平与劳动力市场价位相适应、与增强企业市场竞争力相匹配，这在客观上要求企业工资分配制度与之相适应。

本次个人所得税改革，工资、薪金所得从原来按月计算变为按年计算，企业不再受制于年度工资发放形式对缴纳个人所得税的影响，有利于企业根据年度工资总额更灵活地设计工资分配方案，有利于发挥年薪制的绩效考核优势，从而调动职工的积极性。

（五）增加国家财政收入

在多数发达国家，个人所得税都是主要的财政收入形式，有的甚至占整个财政收入的90%以上。我国自开征个人所得税以来，收入规模逐年快速增长，1994年仅为72亿元，2008年达到3 722亿元，而到了2018年高达13 872亿元。个人所得税占全部税收总额的比例也从1994年1.4%提高到2018年的8.87%。随着我国居民的收入水平不断提高，税法的不断完善，个人所得税的税源将不断扩大，个人所得税的财政意义也将会越来越大。

小知识5-2　洛伦兹曲线与基尼系数

洛伦兹曲线（Lorenz curve）是奥地利经济学家洛伦兹于1907年提出的反映社会财富差距的模型。经数理统计，如果将社会家庭从最贫穷到最富有分成五档（各为20%），如果其占有社会财富如果是同比例的，说明社会财富分配绝对公平（图中的直线），但事实上财富分配并不是同比例的（图中的曲线），也就是说，相同比例的家庭占有社会财富的比例是不同的，社会财富分配存在的不公平现象。

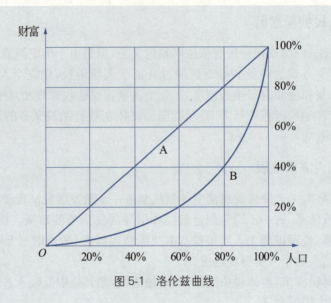

图 5-1　洛伦兹曲线

基尼系数(Gini Coefficient)是意大利经济学家基尼于 1922 年提出的定量测定收入分配差异程度的指标。其经济含义是：在全部居民收入中用于不平均分配的百分比。基尼系数以公式表示为：A/(A+B)。该系数大于 0、小于 1。系数越大，社会财富分配差距越大。根据联合国有关组织规定：若低于 0.2 表示收入绝对平均；0.2—0.3 表示比较平均；0.3—0.4 表示相对合理；0.4—0.5 表示收入差距较大；0.6 以上表示收入差距悬殊。

第二节　个人所得税的纳税人及纳税义务

世界各国的个人所得税制度，都是按照属地兼属人原则确定税收管辖权的。依据这一原则，凡居民个人，就其来源于国内外的所得征税；凡非居民个人，则仅就其来源于国内的所得征税，居民个人与非居民个人承担不同的纳税义务。因此，如何准确判定居民个人和非居民个人身份显得十分重要。

按照国际惯例，区别居民个人与非居民个人的标准包括两方面：一是住所标准，二是居住时间标准。我国根据世界上多数国家的做法，采用了按住所和居住时间两项标准来确认。

一、居民个人及其纳税义务

在中国境内有住所，或者无住所而一个纳税年度内在中国境内居住累计满 183 天的个人，为居民个人。居民个人从中国境内和境外取得的所得缴纳个人所得税。即，居民个人应履行全面的纳税义务。

所称在中国境内有住所,是指因户籍、家庭、经济利益关系而在中国境内习惯性居住。

所称从中国境内和中国境外取得的所得,分别是指来源于中国境内的所得和来源于中国境外的所得。

纳税年度,自公历1月1日起至12月31日止。

无住所个人一个纳税年度内在中国境内累计居住天数,按照个人在中国境内累计停留的天数计算。在中国境内停留的当天满24小时的,计入中国境内居住天数,在中国境内停留的当天不足24小时的,不计入中国境内居住天数。

无住所个人一般指外籍人员、港澳台同胞和海外侨胞(华侨)。

应当注意的是,公民(或国民)与居民是两个不同的概念。公民是指取得一国法律资格,具有一国国籍的人,但不一定是该国的居民;同样,不具有一国国籍的人,可以成为该国的居民。

二、非居民个人及其纳税义务

在中国境内无住所又不居住,或者无住所而一个纳税年度内在中国境内居住累计不满183天的个人,为非居民个人。非居民个人从中国境内取得的所得缴纳个人所得税。即,非居民个人应履行有限的纳税义务。

应当注意的是,非居民个人首先是无住所个人。

【例5-1】陈先生为香港居民,在深圳工作,每周一早上来深圳上班,周五晚上回香港。

分析:陈先生周一和周五当天停留都不足24小时,因此不计入境内居住天数,再加上周六、周日2天也不计入,这样,每周可计入的天数仅为3天,按全年52周计算,李先生全年在境内居住天数为156天,未超过183天,不构成居民个人,陈先生取得的全部境外所得,不缴纳个人所得税。

小知识5-3 海外侨胞(华侨)身份的认定

华侨是指定居在国外的中国公民。由于税法将华侨视为无住所个人,与有住所个人的纳税义务不同,承担有限纳税义务,所以判定华侨身份十分重要。根据现行规定,华侨身份的具体界定如下:①"定居"是指中国公民已取得住在国长期或者永久居留权,并已在住在国连续居留两年,两年内累计居留不少于18个月;②中国公民虽未取得住在国长期或者永久居留权,但已取得住在国连续五年以上(含五年)合法居留资格,五年内在住在国累计居留不少于30个月的,视为华侨;③中国公民出国留学(包括公派和自费)在外学习期间,或因公务出国(包括外派劳务人员)在外工作期间,均不视为华侨。

第三节 所得来源地

判断所得来源地是确认该项所得是否征收个人所得税的一个重要依据,这对非居民个人显得尤其重要,因为非居民个人仅就其来源于境内的所得征收个人所得税。

一、来源于中国境内的所得

除国务院财政、税务主管部门另有规定外,下列所得,不论支付地点是否在中国境内,均视为来源于中国境内的所得:

(1) 因任职、受雇、履约等而在中国境内提供劳务取得的所得。

其中,个人取得归属于中国境内(以下称境内)工作期间的工资薪金所得为来源于境内的工资薪金所得。境内工作期间按照个人在境内工作天数计算,包括其在境内的实际工作日以及境内工作期间在境内、境外享受的公休假、个人休假、接受培训的天数。在境内、境外单位同时担任职务或者仅在境外单位任职的个人,在境内停留的当天不足 24 小时的,按照半天计算境内工作天数。

(2) 在中国境内开展经营活动而取得与经营活动相关的所得。

(3) 将财产出租给承租人在中国境内使用而取得的所得。

(4) 许可各种特许权在中国境内使用而取得的所得。

(5) 转让中国境内的不动产、土地使用权取得的所得;转让对中国境内企事业单位和其他经济组织投资形成的权益性资产取得的所得;在中国境内转让动产以及其他财产取得的所得。

(6) 由中国境内企事业单位和其他经济组织以及居民个人支付或负担的稿酬所得、偶然所得。

(7) 从中国境内企事业单位和其他经济组织或者居民个人取得的利息、股息、红利所得。

二、来源于中国境外的所得

(1) 因任职、受雇、履约等在中国境外提供劳务取得的所得。

(2) 中国境外企业以及其他组织支付且负担的稿酬所得。

(3) 许可各种特许权在中国境外使用而取得的所得。

(4) 在中国境外从事生产、经营活动而取得的与生产、经营活动相关的所得。

(5) 从中国境外企业、其他组织以及非居民个人取得的利息、股息、红利所得。

(6) 将财产出租给承租人在中国境外使用而取得的所得。

(7) 转让中国境外的不动产、转让对中国境外企业以及其他组织投资形成的股票、股权以及其他权益性资产(以下称权益性资产)或者在中国境外转让其他财产取得的所得。但转让对中国境外企业以及其他组织投资形成的权益性资产,该权益性资产被转让前三年(连续 36 个公历月份)内的任一时间,被投资企业或其他组织的资产公允价值 50% 以上直接或间接来自位于中国境内的不动产的,取得的所得为来源于中国境内的所得。

(8) 中国境外企业、其他组织以及非居民个人支付且负担的偶然所得。

(9) 财政部、税务总局另有规定的,按照相关规定执行。

需要指出的是,所得来源地与所得支付地点是两个不同的概念,有可能同时在境内或境外,也可能一个在境内,一个在境外,比如在境内企业上班但工资是境外雇主支付的。另外,现行税法中关于"中国境内"的概念,是指中国大陆地区,不包括中国香港、澳门和台湾地区。

第四节　个人所得税的征税范围

个人所得税的征收范围指的是个人所得税具体的应税项目,凡列举的征税,未列举的不征税。现行《个人所得税法》中列举的个人应纳税所得项目共有 9 项。个人取得的所得,如果难以界定应纳税所得项目的,由国务院税务主管部门确定。

一、工资、薪金所得

工资、薪金所得,是指个人因任职或者受雇取得的工资、薪金、奖金、年终加薪、劳动分红、津贴、补贴以及与任职或者受雇有关的其他所得。工资、薪金所得属于非个人独立劳动所得。

根据我国个人收入构成情况,国家规定了一些非工资性质的补贴、津贴可免于征税,这些项目主要包括:

(1) 独生子女补贴。

(2) 托儿补助费。

(3) 差旅费津贴、误餐补助。

上述误餐补助是指按财政部门规定,个人因公在城区、郊区工作,不能在工作单位或返回就餐,确实需要在外用餐的,根据实际误餐顿数,按规定的标准发给的误餐费,但不包括单位以误餐补助名义发给职工的补助、津贴。

(4) 公务用车,通信补贴收入。个人因公务用车和通信制度改革而取得的公务用车,通信补贴收入,扣除一定标准的公务费用后,按照"工资、薪金"所得项目计征个人所得税。按月发放的,并入当月"工资、薪金"所得计征个人所得税;不按月发放的,分解到所属月份并与该月份"工资、薪金"所得合并后计征个人所得税。公务费用的扣除标准,由省级地方税务局根据纳税义务人公务交通,通信费用的实际发生情况调查测算,报经省级人民政府批准后确定,并报国家税务总局备案。

(5) 职工福利方面的各项费用。任职单位按国家规定从福利费或者工会经费中向其支付的临时性生活困难补助免税。但属于以下情形取得的收入不属于免税的福利费范围,应当并入纳税义务人的工资,薪金收入计征个人所得税:

一是从超出国家规定的比例或基数发生的福利费,工会经费中支付给个人的各种补贴、补助;二是从福利费和工会经费中支付给单位职工的人人有份的补贴、补助;三是单位为个人购买汽车、住房、电子计算机等不属于临时性生活困难补助性质的支出。

(6) 劳动保护的各项支出。劳动保护支出是指确因工作需要为雇员配备或提供工作服,手套,安全保护用品,防暑降温用品等所发生的支出。

(7) 社会保险。这些包括基本养老保险费、基本医疗保险费、住房公积金、失业保险费、生育保险费、工伤保险待遇。

(8) 外籍人员特定补贴。外籍人员特定补贴不征税,具体包括:以非现金形式或实报实销形式取得的合理的住房补贴、伙食补贴和洗衣费;到中国任职或离职,以实报实销形式取得的搬迁收入;按合理标准取得的境内、外出差补贴探亲费、语言培训费和子女教育费补贴。

2019 年 1 月 1 日至 2021 年 12 月 31 日期间,外籍个人符合居民个人条件的,可以选择享受个人所得税专项附加扣除,也可以选择享受住房补贴、语言训练费、子女教育费等津贴、补贴免税优惠政策,但不得同时享受。外籍个人一经选择,在一个纳税年度内不得变更。

自2022年1月1日起,外籍个人不再享受住房补贴、语言训练费、子女教育费津补贴免税优惠政策,应按规定享受专项附加扣除。

(9)退休人员再任职取得的收入。退休人员再任职取得的收入,按"工资、薪金所得"应税项目缴纳个人所得税。所称的"退休人员再任职",应同时符合以下四个条件:一是受雇人员与用人单位签订一年以上(含一年)劳动合同(协议),存在长期或连续的雇佣与被雇佣关系;二是受雇人员因事假、病假、休假等原因不能正常出勤时,仍享受固定或基本工资收入;三是受雇人员与单位其他正式职工享受同等福利、培训及其他待遇;四是受雇人员的职务晋升、职称评定等工作由用人单位负责组织。

> **小知识 5-4　非独立个人劳务**
>
> 所谓非独立个人劳动,是指个人所从事的是由他人指定、安排并接受管理的劳动、工作,或服务于公司、工厂、行政事业单位,个人与任职企业、单位存在着雇佣和被雇佣关系。工资、薪金所得属于非独立个人劳动取得的劳动报酬。

二、劳务报酬所得

劳务报酬所得,指个人从事劳务取得的所得,包括从事设计、装潢、安装、制图、化验、测试、医疗、法律、会计、咨询、讲学、新闻、广播、翻译、审稿、书画、雕刻、影视、录音、录像、演出、表演、广告、展览、技术服务、介绍服务、经纪服务、代办服务以及其他劳务取得的所得。劳务报酬所得属于独立个人劳动取得的所得。

在实际征收管理中,工资薪金所得与劳务报酬所得的区分是个难点。一般说来,个人兼职取得的收入应按照"劳务报酬所得"应税项目缴纳个人所得税。如果纳税义务人与有关单位签订的劳务合同表明其与该单位的关系是劳务服务关系,不是雇主与雇员关系,应该界定为劳务报酬所得,具体判断时可以参考以下几个方面的证据:一是医疗保险、社会保险、假期工资、津贴补贴、福利待遇等方面不享受单位雇员待遇;二是其从事劳务服务所取得的报酬,是按相对的小时、周、月或一次性计算支付;三是其劳务服务的范围是固定的或有限的,并对其完成的工作负有质量责任;四是其为提供合同规定的劳务所相应发生的各项费用,由其个人负担。

个人担任公司董事、监事,且不在公司任职、受雇所取得的董事费收入,也属于劳务报酬性质,按劳务报酬所得项目征收个人所得税。但个人在公司(包括关联公司)任职、受雇,同时兼任董事、监事的,应将董事费、监事费与个人工资收入合并,统一按工资、薪金所得项目缴纳个人所得税。

企业、单位支付工资、薪金的形式除了现金外,还有以实物、有价证券等形式支付的,例如,发放实物代替发放奖金,以免收差旅费、旅游费方式对营销业绩突出的人员提供旅游、会务、考察等活动实行奖励等,均应按税法规定申报缴纳个人所得税。其中,对企业雇员享受的此类奖励,应与当期的工资薪金合并,按照"工资、薪金所得"项目征收个人所得税;对其他人员享受的此类奖励,应作为当期的劳务收入,按照"劳务报酬所得"项目征收个人所得税。

在校学生因参与勤工俭学活动(包括参与学校组织的勤工俭学活动)而取得属于个人所得税法规定的应税所得项目的所得,应依法缴纳个人所得税。

> **小知识 5-5　独立个人劳务**
>
> 　　劳务报酬一般属于个人独立从事自由职业取得的所得或者属于独立个人劳动所得。从事劳务的个人与被服务单位未办理劳动部门认可的合法用工手续,两者没有稳定的劳动人事关系,纯属个人独立提供劳务取得的所得。例如:技术人员利用业余时间为其他单位从事工程设计和相关图纸绘制,其取得的收入为劳务报酬,而在本单位从事相同工作所取得的收入为工资、薪金所得;同样,演员从剧团领取的是工资、薪金所得,而在外从事与本剧团无关的演出收入,则为劳务报酬所得。

三、稿酬所得

　　稿酬所得,是指个人因其作品以图书、报刊形式出版、发表而取得的所得。

　　任职、受雇于报纸、杂志等单位的记者、编辑等专业人员,因在本单位的报纸、杂志上发表作品取得的所得,属于因任职、受雇而取得的所得,应与其当月工资收入合并,按"工资、薪金所得"项目征收个人所得税。

　　除上述专业人员以外,其他人员在本单位的报纸、杂志上发表作品取得的所得,应按"稿酬所得"项目征收个人所得税。

　　出版社的专业作者撰写、编写或翻译的作品,由本社以图书形式出版而取得的稿费收入,应按"稿酬所得"项目计算缴纳个人所得税。

四、特许权使用费所得

　　特许权使用费所得,是指个人提供专利权、商标权、著作权、非专利技术以及其他特许权的使用权取得的所得。提供著作权的使用权取得的所得,不包括稿酬所得。

　　特许权主要包括以下四种权利:

(一)专利权

专利权即由国家专利主管部门依法授予专利申请人在一定期限内对某项发明创造享有专利利用的权利。

(二)商标权

商标权即商标注册人依法取得的其注册商标在核定商品上使用的独占使用权。

(三)著作权

著作权也称版权,是指作者对其创作的文学、科学和艺术作品依法享有的某些特殊权利。具体包括发表权、署名权、修改权、保护权、使用权和获得报酬权。

(四)非专利技术

非专利技术即专利技术以外的技术。这类技术大多尚处于保密状态,仅为特定人知晓并占有。企业员工在其工资福利待遇与其工作大致相当及与企业其他员工相比没有异常的情况下,由于向本企业提供所需相关技术而取得本企业支付的对价,与其任职、受雇无关,而与其提供有关技术直接相关,属于非专利技术所得,上述收入,应按"特许权使用费所得"项目缴纳个人所得税,税款由该企业在支付时代扣代缴。

五、经营所得

经营所得,是指:
(1) 个人通过在中国境内注册登记的个体工商户、个人独资企业、合伙企业从事生产、经营活动取得的所得。
(2) 个人依法取得执照,从事办学、医疗、咨询以及其他有偿服务活动取得的所得。
(3) 个人承包、承租、转包、转租取得的所得。
(4) 个人从事其他生产、经营活动取得的所得。

需要注意的是:因承包、承租、转包、转租的经营方式以及经营成果分配方式不同,具体适用应税项目有所区别:承包、承租人对企业经营成果不拥有所有权,仅按合同规定取得一定所得的,按"工资、薪金所得"项目征收个人所得税;承包、承租人按合同规定只向发包人、出租人缴纳一定费用,缴纳费用后的经营成果归承包人、出租人所有的,则按"经营所得"项目征收个人所得税。

六、利息、股息、红利所得

利息、股息、红利所得,是指个人拥有债权、股权等而取得的利息、股息、红利性质的所得。

利息是指存款、贷款和债券的利息;股息、红利是指个人拥有公司、企业股权,按规定比例派发的股息金和分配的红利。

七、财产租赁所得

财产租赁所得,是指个人出租不动产、土地使用权、机器设备、车船以及其他财产而取得的所得。

八、财产转让所得

财产转让所得,是指个人转让有价证券、股权、合伙企业中的财产份额、不动产、土地使用权、机器设备、车船以及其他财产取得的所得。

个人发生非货币性资产交换,以及将财产用于捐赠、偿债、赞助、投资等用途的,应当视同转让财产并缴纳个人所得税,但国务院财政、税务主管部门另有规定的除外。

九、偶然所得

偶然所得,是指个人得奖、中奖、中彩以及其他偶然性质的所得。
其他偶然性质的所得包括:
(1) 个人为单位和个人提供担保获得收入。
(2) 企业为个人支付的不竞争款项。

资产购买方企业向个人支付的不竞争款项,属于个人因偶然因素取得的一次性所得,应按照"偶然所得"项目计算缴纳个人所得税,税款由资产购买方企业在向资产出售方企业自然人股东支付不竞争款项时代扣代缴。

(3) 房屋产权所有人将房屋产权无偿赠与他人的,受赠人因无偿受赠房屋取得的受赠收入。符合以下情形的,对当事双方不征收个人所得税:

① 房屋产权所有人将房屋产权无偿赠与配偶、父母、子女、祖父母、外祖父母、孙子女、外孙子女、兄弟姐妹;

② 房屋产权所有人将房屋产权无偿赠与对其承担直接抚养或者赡养义务的抚养人或者赡养人;

③ 房屋产权所有人死亡,依法取得房屋产权的法定继承人、遗嘱继承人或者受遗赠人。

(4) 企业在业务宣传、广告等活动中,随机向本单位以外的个人赠送礼品(包括网络红包,下同),以及企业在年会、座谈会、庆典以及其他活动中向本单位以外的个人赠送礼品,个人取得的礼品收入。但企业赠送的具有价格折扣或折让性质的消费券、代金券、抵用券、优惠券等礼品除外。

(5) 企业对累积消费达到一定额度的顾客,给予额外抽奖机会,个人的获奖所得。

个人所得的形式包括现金、实物、有价证券和其他形式的经济利益。所得为实物的,应当按照取得的凭证上所注明的价格计算应纳税所得额;无凭证的实物或者凭证上所注明的价格明显偏低的,参照市场价格核定应纳税所得额。所得为有价证券的,根据票面价格和市场价格核定应纳税所得额。所得为其他形式的经济利益的,参照市场价格核定应纳税所得额。

各项所得的计算,以人民币为单位。所得为人民币以外货币的,按照办理纳税申报或扣缴申报的上一月最后一日人民币汇率中间价,折合成人民币计算应纳税所得额。年度终了后办理汇算清缴的,对已经按月、按季或者按次预缴税款的人民币以外货币所得,不再重新折算;对应当补缴税款的所得部分,按照上一纳税年度最后一日人民币汇率中间价,折合成人民币计算应纳税所得额。

第五节　个人所得税的征收方式

现行个人所得税实行综合与分类相结合的征收方式。

一、综合征收方式

居民个人取得工资、薪金所得,劳务报酬所得,稿酬所得和特许权使用费所得,由扣缴义务人在支付所得时按月或者按次分项计算预扣预缴的个人所得税。纳税年度终了后,居民个人将取得的上述四项所得合并计算全年应纳税所得额,即综合所得,按年计算应纳税额,抵扣预扣预缴的个人所得税,向指定税务机关办理汇算清缴、多退少补。

二、分类征收方式

(1) 非居民个人取得工资、薪金所得,劳务报酬所得,稿酬所得和特许权使用费所得,由扣缴义务人在支付所得时按月或者按次分项计算个人所得税并代扣代缴。

（2）纳税义务人取得经营所得，由纳税义务人按月或按季预缴个人所得税。年度终了后，按全年应纳税所得额计算应纳税额，扣除预缴个人所得税，向主管税务机关办理汇算清缴，多退少补。

（3）纳税义务人取得利息、股息、红利所得，财产租赁所得，财产转让所得，偶然所得，分别计算个人所得税，由扣缴义务人在支付时代扣代缴个人所得税。

上述征收方式总结为下表（表5-1）：

表 5-1

纳税义务人 所得项目	非居民个人	居民个人
1. 工资、薪金所得	按月计算，扣缴义务人代扣代缴	扣缴义务人按月（次）预扣预缴，纳税义务人合并四项所得（综合所得），按年计算应纳税额，次年3月1日至6月30日办理汇算清缴，多退少补
2. 劳务报酬所得	按次（或按月）计算，扣缴义务人代扣代缴	
3. 稿酬所得	按次计算，扣缴义务人代扣代缴	
4. 特许权使用费所得	按次计算，扣缴义务人代扣代缴	
5. 经营所得	按年计算，按月（季）预缴，次年3月31日前办理汇算清缴，多退少补	
6. 利息、股息、红利所得	按次计算，扣缴义务人代扣代缴	
7. 财产租赁所得	按月计算，扣缴义务人代扣代缴	
8. 财产转让所得	按次计算，扣缴义务人代扣代缴	
9. 偶然所得	按次计算，扣缴义务人代扣代缴	

考虑到非居民个人取得综合所得代扣代缴个人所得税与居民个人取得综合所得先预扣预缴再自行汇算清缴的办法不同，税法规定：非居民个人取得综合所得在一个纳税年度内税款扣缴方法保持不变，达到居民个人条件时，应当告知扣缴义务人基础信息变化情况，年度终了后按照居民个人有关规定办理汇算清缴。

第六节 个人所得税税率

个人所得税税率包括超额累进税率和比例税率两类，分别适用于应纳税额的预扣预缴、代扣代缴和汇算清缴。

一、税率表一

税率表一（表5-2），适用居民个人确定工资、薪金所得预扣预缴税款的计算，居民个人综合所得年度汇算清缴应纳税额的计算。

表 5-2

级数	全年应纳税所得额	税率(%)	速算扣除数
1	不超过 36 000 元	3	0
2	超过 36 000 元至 144 000 元的部分	10	2 520
3	超过 144 000 元至 300 000 元的部分	20	16 920
4	超过 300 000 元至 420 000 元的部分	25	31 920
5	超过 420 000 元至 660 000 元的部分	30	52 920
6	超过 660 000 元至 960 000 元的部分	35	85 920
7	超过 960 000 元的部分	45	181 920

注：本表所称全年应纳税所得额是指依照《个人所得税法》第六条的规定，居民个人取得综合所得以每一纳税年度收入额减除费用六万元以及专项扣除、专项附加扣除和依法确定的其他扣除后的余额。

二、税率表二

税率表二(表 5-3)，适用经营所得按月或按季预缴税款的计算，年度汇算清缴应纳税额的计算。

表 5-3

级数	全年应纳税所得额	税率(%)	速算扣除数
1	不超过 30 000 元的	5	0
2	超过 30 000 元至 90 000 元的部分	10	1 500
3	超过 90 000 元至 300 000 元的部分	20	10 500
4	超过 300 000 元至 500 000 元的部分	30	40 500
5	超过 500 000 元的部分	35	65 500

注：本表所称全年应纳税所得额是指依照《个人所得税法》第六条的规定，以每一纳税年度的收入总额减除成本、费用以及损失后的余额。

三、税率表三

税率表三(表 5-4)，适用非居民个人取得工资、薪金所得，劳务报酬所得，稿酬所得和特许权使用费所得代扣代缴税款的计算。

表 5-4

级数	月应纳税所得额	税率(%)	速算扣除数
1	不超过 3 000 元	3	0
2	超过 3 000 元至 12 000 元的部分	10	210
3	超过 12 000 元至 25 000 元的部分	20	1 410

续　表

级数	月应纳税所得额	税率(%)	速算扣除数
4	超过25 000元至35 000元的部分	25	2 660
5	超过35 000元至55 000元的部分	30	4 410
6	超过55 000元至80 000元的部分	35	7 160
7	超过80 000元的部分	45	15 160

四、预扣率

预扣率(表5-5)适用居民个人取得劳务报酬所得预扣预缴税款的计算。

表5-5

级数	预扣预缴含税应纳税所得额	预扣率(%)	速算扣除数
1	不超过20 000元	20	0
2	超过20 000元至50 000元的部分	30	2 000
3	超过50 000元的部分	40	7 000

五、稿酬所得，特许权使用费所得，财产租赁所得，财产转让所得，股息、利息、红利所得和偶然所得的税率

上述所得适用比例税率，税率为20%。个人出租住房取得租赁所得，减按10%征收个人所得税。

应当注意的是，上述税率中，有的仅用于税款的代扣代缴，有的同时适用于税款的预扣预缴和汇算清缴。比如居民个人纳税年度内取得的工资、薪金所得按照税率表一计算预扣预缴的个人所得税，取得的劳务报酬所得按照预扣率计算预扣预缴的个人所得税，取得稿酬所得和特许权使用费所得按比例税率20%计算预扣预缴的个人所得税。年度终了后，该居民个人将以上综合所得按税率表一计算全年的个人所得税，减除已预扣预缴的税款，差额"多退少补"。所以，居民个人取得工资、薪金所得，其预扣预缴和汇算清缴用的是同一个税率表。适用税率的使用参见表5-6。

表5-6

序号	所得项目	纳税义务人		非居民个人
		居民个人		
		预扣预缴	汇算清缴	代扣代缴
1	工资薪金所得	税率表一	税率表一	税率表三
2	劳务报酬所得	预扣率		
3	稿酬所得	20%		

续表

序号	所得项目	纳税义务人		非居民个人
		居民个人		
		预扣预缴	汇算清缴	代扣代缴
4	特许权使用费所得	20%		
5	经营所得	税率表二		
6	利息、股息、红利所得	20%		
7	财产租赁所得	20%		
8	财产转让所得	20%		
9	偶然所得	20%		

第七节 专项附加扣除

2018年9月6日召开的国务院常务会议,确定落实新修订的个人所得税法的配套措施,为广大群众减负。会议指出,抓紧按照让广大群众得到更多实惠的要求,明确子女教育、继续教育、大病医疗、普通住房贷款利息、住房租金、赡养老人支出6项专项附加扣除的具体范围和标准,使群众应纳税收入在减除基本费用标准的基础上,再享有教育、医疗、养老等多方面附加扣除,进一步减轻群众税收负担,增加居民实际收入、增强消费能力。

2018年12月22日,国务院《关于印发个人所得税专项附加扣除暂行办法的通知》发布,自2019年1月1日起施行。

一、什么是专项附加扣除

所称个人所得税专项附加扣除,是指个人所得税法规定的子女教育、继续教育、大病医疗、住房贷款利息或者住房租金、赡养老人等6项专项附加扣除。

二、专项附加扣除办法

享受子女教育、继续教育、住房贷款利息或者住房租金、赡养老人专项附加扣除的纳税义务人,自符合条件开始,可以向支付工资、薪金所得的扣缴义务人提供上述专项附加扣除有关信息,由扣缴义务人在预扣预缴税款时,按其在本单位本年可享受的累计扣除额办理扣除;也可以在次年3月1日至6月30日内,向汇缴地主管税务机关办理汇算清缴申报时扣除。

纳税义务人同时从两处以上取得工资、薪金所得,并由扣缴义务人办理上述专项附加扣除的,对同一专项附加扣除项目,一个纳税年度内,纳税义务人只能选择从其中一处扣除。

享受大病医疗专项附加扣除的纳税义务人,由其在次年3月1日至6月30日内,自行向汇缴地主管税务机关办理汇算清缴申报时扣除。

纳税义务人选择在扣缴义务人发放工资、薪金所得时享受专项附加扣除的,首次享受时应当填写并向扣缴义务人报送"扣除信息表";纳税年度中间相关信息发生变化的,纳税义务人应当更新"扣除信息表"相应栏次,并及时报送给扣缴义务人。

更换工作单位的纳税义务人,需要由新任职、受雇扣缴义务人办理专项附加扣除的,应当在入职的当月,填写并向扣缴义务人报送"扣除信息表"。

纳税义务人可以通过远程办税端、电子或者纸质报表等方式,向扣缴义务人或者主管税务机关报送个人专项附加扣除信息。

专项附加扣除的具体标准和内容如下:

(一) 子女教育

详见表5-7。

表5-7

扣除标准	适用范围		扣除主体	扣除时间	留存备查资料
每个子女1 000元/月	学前教育	年满3岁至小学入学前	父母分别按扣除标准的50%扣除,也可以选择由其中一方按扣除标准的100%扣除。具体扣除方式在一个纳税年度内不得变更	按月,或汇算清缴时	纳税义务人子女在中国境外接受教育的,纳税义务人应当留存境外学校录取通知书、留学签证等相关教育的证明资料备查
	全日制学历教育	义务教育(小学和初中教育)			
		高中阶段教育(普通高中、中等职业、技工教育)			
		高等教育(大学专科、大学本科、硕士研究生、博士研究生教育)			

注:学前教育阶段,为子女年满3周岁当月至小学入学前一月。学历教育,为子女接受全日制学历教育入学的当月至全日制学历教育结束的当月。学历教育的期间,包含因病或其他非主观原因休学但学籍继续保留的休学期间,以及施教机构按规定组织实施的寒暑假等假期。

(二) 继续教育

详见表5-8。

表5-8

扣除标准	适用范围	扣除主体	扣除时间	留存备查资料
400元/月	境内学历教育	同一学历(学位)的继续教育扣除期限不能超过48个月	个人接受本科及以下学历(学位)继续教育,符合规定扣除条件的,可选择由其父母扣除,也可以选择由本人扣除	在学历(学位)教育期间按月,或汇算清缴时	纳税义务人接受技能人员职业资格继续教育、专业技术人员职业资格继续教育的,应当留存相关证书等资料备查
3 600元/年	境内继续教育	接受技能人员职业资格继续教育、专业技术人员职业资格继续教育	本人	在取得相关证书的年度	

注:学历(学位)继续教育,为在中国境内接受学历(学位)继续教育入学的当月至学历(学位)继续教育结束的当月,同一学历(学位)继续教育的扣除期限最长不得超过48个月。技能人员职业资格继续教育、专业技术人员职业资格继续教育,为取得相关证书的当年。学历教育和学历(学位)继续教育的期间,包含因病或其他非主观原因休学但学籍继续保留的休学期间,以及施教机构按规定组织实施的寒暑假等假期。

（三）大病医疗

详见表 5-9。

表 5-9

扣除标准	适用范围	扣除主体	扣除时间	留存备查资料
在一个纳税年度内，纳税义务人发生的与基本医疗相关的医药费支出，扣除医保报销后个人负担累计超过 15 000 元的部分，在 80 000 元限额内据实扣除	指医保目录范围内的自付部分	可选择由本人或其配偶扣除；未成年子女发生的医药费支出可选择由其父母一方扣除 纳税义务人及其配偶、未成年子女发生的医药费用支出可按规定标准分别计算扣除	办理汇算清缴时	纳税义务人应当留存医疗服务收费及医保报销相关票据原件（或复印件）等资料

注：大病医疗，为医疗保障信息系统记录的医药费用实际支出的当年。

（四）住房租金

详见表 5-10。

表 5-10

扣除标准		适用范围	扣除主体	扣除时间	留存备查资料
1 500 元/月	位于直辖市、省会城市、计划单列市	纳税义务人在主要工作城市没有自有住房而发生的住房租金支出。纳税义务人的配偶在纳税义务人的主要工作城市有自有住房的，视同纳税义务人在主要工作城市有自有住房。主要工作城市是指纳税义务人任职受雇的直辖市、计划单列市、副省级城市、地级市（地区、州、盟）全部区域范围。纳税义务人无任职受雇单位的，为受理其综合所得汇算清缴的税务机关所在地	夫妻双方主要工作城市相同的，只能由一方扣除住房租金支出。住房租金支出由签订租赁房屋合同的承租人扣除。纳税义务人及其配偶在一个纳税年度内不能同时分别享受住房贷款利息和住房租金专项附加扣除	在租赁房屋期间按月，或者汇算清缴时	纳税义务人应当留存住房租赁合同、协议等资料备查
1 100 元/月	位于其他城市的，市辖区户籍人口超过 100 万的				
800 元/月	位于其他城市的，市辖区户籍人口不超过 100 万（含）的				

注：住房租金，为租赁合同（协议）约定的房屋租赁期开始的当月至租赁期结束的当月。提前终止合同（协议）的，以实际租赁期限为准。纳税义务人及其配偶在一个纳税年度内不能同时分别享受住房贷款利息和住房租金专项附加扣除。

（五）住房贷款利息

详见表 5-11。

表 5-11

扣除标准	适用范围	扣除主体	扣除时间	留存备查资料
1 000元/月	本人或配偶单独或共同使用商业银行或住房公积金个人住房贷款为本人或其配偶购买中国境内住房，在实际发生贷款利息的年度扣除，扣除期限不超过240个月。纳税义务人只能享受一次首套住房贷款利息扣除。首套住房贷款是指购买住房享受首套住房贷款利率的住房贷款	经夫妻双方约定，可以选择由其中一方扣除。具体扣除方式在一个纳税年度内不能变更。夫妻双方婚前分别购买住房发生的首套住房贷款，其贷款利息支出，婚后可以选择其中一套购买的住房，由购买方按扣除标准的100%扣除，也可以由夫妻双方对各自购买的住房分别按扣除标准的50%扣除，具体扣除方式在一个纳税年度内不能变更	在偿还贷款期间按月，或者汇算清缴时	纳税义务人应当留存住房贷款合同、贷款还款支出凭证备查

注：住房贷款利息，为贷款合同约定开始还款的当月至贷款全部归还或贷款合同终止的当月，扣除期限最长不得超过240个月。

（六）赡养老人

详见表5-12。

表 5-12

扣除标准	适用范围	扣除主体		扣除时间	留存备查资料
一位或一位以上被赡养人2 000元/月	被赡养人是指年满60岁的父母，以及子女均已去世的年满60岁的祖父母、外祖父母	独生子女	本人	按月，或汇算清缴时	约定或者指定分摊签订书面分摊协议
		非独生子女	由其与兄弟姐妹分摊每月2 000元的扣除额度，每人分摊的额度不能超过每月1 000元。可以由赡养人均摊或者约定分摊，也可以由被赡养人指定分摊。约定或者指定分摊需签订书面分摊协议，指定分摊优先于约定分摊。具体分摊方式和额度在一个纳税年度内不能变更		

三、专项附加扣除的核实

有关部门和单位应当向税务部门提供或协助核实以下与专项附加扣除有关的信息：

（1）公安部门有关身份信息、户籍信息、出入境证件信息、出国留学人员信息、公民死亡标识等信息；

（2）卫生健康部门有关出生医学证明信息、独生子女信息；

（3）民政部门、外交部门、最高法院有关婚姻登记信息；

（4）教育部门有关学生学籍信息（包括学历继续教育学生学籍信息），或者在相关部门备案的境外教育机构资质信息；

（5）人力资源社会保障等部门有关学历继续教育（职业技能教育）学生学籍信息、职业资格继续教育、技术资格继续教育信息；

（6）住房城乡建设部门有关房屋（含公租房）租赁信息、住房公积金管理机构有关住房公积金贷款还款支出信息；

（7）自然资源部门有关不动产登记信息；

（8）中国人民银行、金融监督管理部门有关住房商业贷款还款支出信息；

（9）医疗保障部门有关在医疗保障信息系统记录的个人负担的医药费用信息；

（10）国务院税务主管部门确定需要提供的其他涉税信息。

有关部门和单位拥有专项附加扣除涉税信息，但未按规定要求向税务机关提供的，拥有涉税信息的部门或者单位的主要负责人及相关人员承担相应责任。

四、专项附加扣除的后续管理

（1）纳税义务人应当将《扣除信息表》及相关资料留存备查，自法定汇算清缴期结束后保存五年。

纳税义务人报送给扣缴义务人的《扣除信息表》，扣缴义务人应当自预扣预缴年度的次年起留存五年。

（2）纳税义务人向扣缴义务人提供专项附加扣除信息的，扣缴义务人应当按照规定予以扣除，不得拒绝。扣缴义务人应当为纳税义务人报送的专项附加扣除信息保密。

（3）扣缴义务人应当及时按照纳税义务人提供的信息计算办理扣缴申报，不得擅自更改纳税义务人提供的相关信息。

扣缴义务人发现纳税义务人提供的信息与实际情况不符，可以要求纳税义务人修改。纳税义务人拒绝修改的，扣缴义务人应当向主管税务机关报告，税务机关应当及时处理。

除纳税义务人另有要求外，扣缴义务人应当于年度终了后两个月内，向纳税义务人提供已办理的专项附加扣除项目及金额等信息。

（4）税务机关定期对纳税义务人提供的专项附加扣除信息开展抽查。

（5）税务机关核查时，纳税义务人无法提供留存备查资料，或者留存备查资料不能支持相关情况的，税务机关可以要求纳税义务人提供其他佐证；不能提供其他佐证材料，或者佐证材料仍不足以支持的，不得享受相关专项附加扣除。

居民个人填报专项附加扣除信息存在明显错误，经税务机关通知，居民个人拒不更正或者不说明情况的，税务机关可暂停纳税义务人享受专项附加扣除。居民个人按规定更正相关信息或者说明情况后，经税务机关确认，居民个人可继续享受专项附加扣除，以前月份未享受扣除的，可按规定追补扣除。

（6）税务机关核查专项附加扣除情况时，可以提请有关单位和个人协助核查，相关单位和个人应当协助。

（7）纳税义务人有下列情形之一的，主管税务机关应当责令其改正；情形严重的，应当纳入有关信用信息系统，并按照国家有关规定实施联合惩戒；涉及违反税收征管法等法律法规的，税务机关依法进行处理：

① 报送虚假专项附加扣除信息；

② 重复享受专项附加扣除；

③ 超范围或标准享受专项附加扣除；

④ 拒不提供留存备查资料；

⑤ 税务总局规定的其他情形。

纳税义务人在任职、受雇单位报送虚假扣除信息的,税务机关责令改正的同时,通知扣缴义务人。

第八节 居民个人取得综合所得应纳税额的计算

如前所述,扣缴义务人向居民个人支付工资薪金所得、劳务报酬所得、稿酬所得和特许权使用费所得,应按月或按次预扣预缴个人所得税。年度终了后,居民个人按取得的综合所得合并按年计算应纳税额,于次年3月1日至6月30日向指定税务机关办理汇算清缴,多退少补。所以,居民个人取得综合所得应纳税额的计算,包括预扣预缴和汇算清缴两个部分。

一、居民个人取得综合所得应纳税额的预扣预缴

(一)居民个人取得工资、薪金所得应纳税额的预扣预缴

扣缴义务人向居民个人支付工资、薪金所得时,应当按照累计预扣法计算预扣税款,并按月办理扣缴申报。

累计预扣法,是指扣缴义务人在一个纳税年度内预扣预缴税款时,以纳税义务人在本单位截至当前月份工资、薪金所得累计收入减除累计免税收入、累计减除费用、累计专项扣除、累计专项附加扣除和累计依法确定的其他扣除后的余额为累计预扣预缴应纳税所得额,适用税率表一,计算累计应预扣预缴税额,再减除累计减免税额和累计已预扣预缴税额,其余额为本期应预扣预缴税额。余额为负值时,暂不退税。纳税年度终了后余额仍为负值时,由纳税义务人通过办理综合所得年度汇算清缴,税款多退少补。

具体计算公式如下:

本期应预扣预缴税额=(累计预扣预缴应纳税所得额×预扣率—
速算扣除数)—累计减免税额—累计已预扣预缴税额
累计预扣预缴应纳税所得额=累计收入—累计免税收入—累计减除费用—累计专项扣除—累计专项附加扣除—累计依法确定的其他扣除

其中:累计减除费用,按照5 000元/月乘以纳税义务人当年截至本月在本单位的任职受雇月份数计算。

居民个人向扣缴义务人提供有关信息并依法要求办理专项附加扣除的,扣缴义务人应当按照规定在工资、薪金所得按月预扣预缴税款时予以扣除,不得拒绝。

【例5-2】陈先生为某单位职员,2019年1—3月份工资所得分别为18 000元、35 000元和10 000元。1月份发放2018年度年终奖30 000元。每月个人负担的"三费一金"2 500元,每月专项附加扣除:子女教育1 000元,赡养老人2 000元。无其他扣除项目和免税项目所得。陈先生年终奖选择享受过渡政策。

要求:计算陈先生2019年1—3月份每月预扣预缴的个人所得税。个人所得税由陈先生负担。

(注：本章例题除特别说明外，均指个人所得税由纳税义务人本人负担。)

【答案】

1月份预扣预缴个人所得税：

(1) 30 000÷12＝2 500(元)，税率为3%。

代扣代缴年终奖个人所得税＝30 000×3%＝900(元)；

年终奖金选择过渡政策的，单独申报缴纳，不再纳入综合所得计算。

(注：关于年终奖金选择享受过渡政策应纳税额的计算，请参见本章第十二节的内容。)

(2) 本月累计应纳税所得额＝18 000－5 000－2 500－3 000＝7 500(元)。

(3) 本月累计预缴预扣税额＝7 500×3%＝225(元)。

2月份预扣预缴个人所得税：

(1) 本月累计应纳税所得额＝(18 000＋35 000)－5 000×2－2 500×2－3 000×2＝32 000(元)。

(2) 本月累计预缴预扣税额＝32 000×3%＝960(元)；

本月实际预缴预扣税额＝960－225＝735(元)。

3月份预扣预缴个人所得税：

(1) 本月累计应纳税所得额＝(18 000＋35 000＋10 000)－5 000×3－2 500×3－3 000×3＝31 500(元)。

(2) 本月累计预缴预扣税额＝31 500×3%＝945(元)。

(3) 本月实际预缴预扣税额＝945－960＝－15(元)；

本月不缴纳个人所得税，也暂不退税。四月份至十二月份个人所得税预扣预缴的计算以此类推。

【例5-3】陈先生为某单位职工，2019年1月份发放2018年度年终奖金30 000元，陈先生选择享受过渡政策。2019年年薪21万元，其中在2020年1月发放的年终奖金30 000元。工资每月发放情况如表5-13所示：

表5-13　　　　　　　　　　　　　　　　　　　　　　　　　　　　　　　　　　　单位：元

月份	1	2	3	4	5	6	7	8	9	10	11	12	合计
工资	10 000	30 000	10 000	10 000	10 000	18 000	10 000	10 000	15 000	10 000	15 000	32 000	180 000
社保	2 200	2 200	2 200	2 850	2 850	2 850	2 850	2 850	2 850	2 850	2 850	2 850	32 250
附加	3 000	3 000	3 000	3 000	3 000	3 000	3 000	3 000	3 000	3 000	3 000	3 000	36 000

除子女教育和赡养老人专项附加扣除项目外，陈先生无其他扣除项目。2015年9月儿子开始读小学，陈先生及其配偶的父母亲2018年12月都已超过60岁，且夫妻双方均为独生子女。夫妻双方决定全部由陈先生扣除费用。

要求：计算陈先生2019年每月预扣预缴个人所得税和全年应纳个人所得税。

【答案】

2018年度的年终奖应纳税：

确定适用税率：30 000÷12＝2 500(元)，适用税率为3%。

年终奖不并入综合所得，单独申报纳税。

应纳税额＝30 000×3%＝900(元)。

2019年取得工资预扣预缴税款：

根据题意，子女教育全部由陈先生扣除，儿子每月扣除1 000元。赡养老人费用只能由子女扣除，所以陈先生每月扣除2 000元。

预扣预缴个人所得税(180 000－60 000－32 250－36 000)×10%－2 520＝2 655(元)。

每月预扣预缴税款计算如表5-14所示：

表5-14

月份	工资所得	累计工资所得	累计减除费用	累计专项扣除	累计附加扣除	累计应纳税所得额	适用税率	速算扣除数	累计应纳税额	累计预扣税额	本期预扣税额
1	10 000	10 000	5 000	2 200	3 000	0	3%	0	0	0	0
2	30 000	40 000	10 000	4 400	6 000	19 600	3%	0	588	588	588
3	10 000	50 000	15 000	6 600	9 000	19 400	3%	0	582	588	0
4	10 000	60 000	20 000	9 450	12 000	18 550	3%	0	556.5	588	0
5	10 000	70 000	25 000	12 300	15 000	17 700	3%	0	531	588	0
6	18 000	88 000	30 000	15 150	18 000	24 850	3%	0	745.5	745.5	157.5
7	10 000	98 000	35 000	18 000	21 000	24 000	3%	0	720	745.5	0
8	10 000	108 000	40 000	20 850	24 000	23 150	3%	0	694.5	745.5	0
9	15 000	123 000	45 000	23 700	27 000	27 300	3%	0	819	819	73.5
10	10 000	133 000	50 000	26 550	30 000	26 450	3%	0	793.5	819	0
11	15 000	148 000	55 000	29 400	33 000	30 600	3%	0	918	918	99
12	32 000	180 000	60 000	32 250	36 000	51 750	10%	2 520	2 655	2 655	1 737
累计	—	180 000	60 000	32 250	36 000	51 750	10%	2 520	2 655	2 655	0

如果职工除工资、薪金所得外没有劳务报酬、稿酬和特许权使用费所得，且只有一处工资、薪金所得，纳税年度内预缴税款时足额申报专项附加扣除项目的，扣缴义务人12月份的累计预缴税额，即为该纳税义务人年度综合所得汇算清缴的应纳税额，相当于扣缴义务人为纳税义务人完成了汇算清缴。

(二) 居民个人取得劳务报酬所得、稿酬所得、特许权使用费所得应纳税额的预扣预缴

扣缴义务人向居民个人支付劳务报酬所得、稿酬所得、特许权使用费所得时，应当按照以下方法按次或者按月预扣预缴税款：

劳务报酬所得、稿酬所得、特许权使用费所得以收入减除费用后的余额为收入额；其中，稿酬所得的收入额减按70%计算。

减除费用：预扣预缴税款时，劳务报酬所得、稿酬所得、特许权使用费所得每次收入不超过4 000元的，减除费用按800元计算；每次收入4 000元以上的，减除费用按收入的20%计算。

应纳税所得额：劳务报酬所得、稿酬所得、特许权使用费所得，以每次收入额为预扣预缴应纳税所得额，计算应预扣预缴税额。劳务报酬所得适用劳务报酬所得预扣率，稿酬所得、特许权使用费所得适用20%的比例预扣率。

【例5-4】 某居民个人取得劳务报酬所得2 000元。

要求：计算支付单位应预扣预缴的个人所得税。

【答案】

收入额：2 000－800＝1 200（元）；

应预扣预缴税额：1 200×20%＝240（元）。

【例5-5】 某居民个人取得劳务报酬所得30 000元。

要求：计算支付单位应预扣预缴的个人所得税。

【答案】

收入额：30 000×（1－20%）＝24 000（元）；

应预扣预缴税额：24 000×30%－2 000＝5 200（元）。

【例5-6】 某居民个人取得劳务报酬所得70 000元。

要求：计算支付单位应预扣预缴的个人所得税。

【答案】

收入额：70 000×（1－20%）＝56 000（元）；

应预扣预缴税额：56 000×40%－7 000＝15 400（元）。

【例5-7】 某居民个人取得稿酬所得40 000元。

要求：计算支付单位应预扣预缴的个人所得税。

【答案】

收入额：40 000×（1－20%）×70%＝22 400（元）；

应预扣预缴税额：22 400×20%＝4 480（元）。

【例5-8】 某居民个人取得特许权使用费所得50 000元。

要求：计算支付单位应预扣预缴的个人所得税。

【答案】

收入额：50 000×（1－20%）＝40 000（元）；

应预扣预缴税额：40 000×20%＝8 000（元）。

如果纳税义务人取得劳务报酬所得，个人所得税由支付单位负担的，应将不含税所得还原为含税所得计算预扣预缴的个人所得税。

适用预扣率如表5-15所示：

表5-15

级数	预扣预缴不含税应纳税所得额	预扣率（%）	速算扣除数	换算系数（%）
1	不超过3 360元	20	0	无
2	超过3 360元至21 000元的部分	20	0	84
3	超过21 000元至49 500元的部分	30	2 000	76
4	超过49 500元的部分	40	7 000	68

(1) 不含税收入额为 3 360 元(即含税收入额 4 000 元)以下的：

$$应纳税所得额=(不含税收入额-800)\div(1-税率)$$

(2) 不含税收入额为 3 360 元(即含税收入额 4 000 元)以上的：

$$应纳税所得额=[(不含税收入额-速算扣除数)\times(1-20\%)]\div换算系数$$

(3) 应纳税额计算：

$$应纳税额=应纳税所得额\times适用税率-速算扣除数$$

【例 5-9】某居民个人取得劳务报酬 48 000 元，个人所得税由支付单位负担。

要求：计算支付单位应预扣预缴的个人所得税。

【答案】

代付个人所得税的应纳税所得额=[(48 000-2 000)×(1-20%)]÷76%=48 421.05(元)；

应代付个人所得税=48 421.05×30%-2 000=12 526.32(元)。

支付单位计入费用的金额：48 000+12 526.32=60 526.32(元)。

如果个人所得税由本人承担，则：

应代扣个人所得税=60 526.32×(1-20%)×30%-2 000=12 526.32(元)。

该居民个人取得的税后所得：60 526.32-12 526.32=48 000(元)。

应当注意的是，居民个人需要办理年度综合所得汇算清缴的，应当依法计算劳务报酬所得、稿酬所得、特许权使用费所得的收入额，并入年度综合所得计算应纳税款，税款多退少补。

二、居民个人取得综合所得应纳税额的汇算清缴

(一) 综合所得应纳税所得额的计算

居民个人的综合所得，以每一纳税年度的收入额减除费用六万元以及专项扣除、专项附加扣除和依法确定的其他扣除后的余额，为应纳税所得额。

计算公式如下：

$$居民个人综合所得=每一纳税年度的收入额-准予扣除的金额$$

1. 收入额

收入额包括工资薪金所得、劳务报酬所得、稿酬所得和特许权使用费所得。

劳务报酬所得、稿酬所得、特许权使用费所得以收入减除 20% 的费用后的余额为收入额。稿酬所得的收入额减按 70% 计算。

计算公式如下：

$$每一纳税年度的收入额=工资、薪金所得+劳务报酬所得\times80\%+稿酬所得\times56\%+特许权使用费所得\times80\%$$

2. 准予扣除的金额

计算公式如下：

准予扣除的金额＝减除费用＋专项扣除＋专项附加扣除＋依法规定的其他扣除

其中：

① 减除费用。减除费用标准为5 000元/月,60 000元/年。

② 专项扣除。专项扣除,包括居民个人按照国家规定的范围和标准缴纳的基本养老保险、基本医疗保险、失业保险等社会保险费和住房公积金等。

③ 专项附加扣除。专项附加扣除,包括子女教育、继续教育、大病医疗、住房贷款利息或者住房租金、赡养老人等支出,具体范围、标准和实施步骤由国务院确定,并报全国人民代表大会常务委员会备案。

④ 依法确定的其他扣除。依法确定的其他扣除,包括个人缴付符合国家规定的企业年金、职业年金,个人购买符合国家规定的商业健康保险、税收递延型商业养老保险的支出,以及国务院规定可以扣除的其他项目。

应当注意的是,费用减除、专项扣除、专项附加扣除和依法确定的其他扣除,以居民个人一个纳税年度的应纳税所得额为限额；一个纳税年度扣除不完的,不结转以后年度扣除。

(二)综合所得应纳税额多退少补的计算

应纳税额＝年度综合所得×适用税率－速算扣除数

汇算清缴应退(补)税额＝应纳税额－累计预扣预缴税额

【例5-10】陈先生为某单位职工,2019年年薪21万元,其中年终奖金30 000元在2020年发放,全年发放工资如表5-16所示(1月份工资不包括发放的2018年度年终奖金30 000元)：

表5-16 单位：元

月份	1	2	3	4	5	6	7	8	9	10	11	12	合计
工资	10 000	30 000	10 000	10 000	10 000	18 000	10 000	10 000	15 000	10 000	15 000	32 000	180 000
社保	2 200	2 200	2 200	2 850	2 850	2 850	2 850	2 850	2 850	2 850	2 850	2 850	32 250

陈先生选择年终奖享受过渡政策。

另外,陈先生在不同单位分月取得劳务报酬3次,分别为3 000元、6 000元和30 000元；稿酬2次,分别为4 000元和8 000元；取得转让著作权收入50 000元。

2019年1月确认,除子女教育和赡养老人扣除项目外,陈先生无其他附加扣除项目。2015年9月儿子开始读小学,女儿2019年7月满3周岁；陈先生及其配偶的父母亲2018年12月都已超过60岁,且夫妻双方均为独生子女。夫妻双方决定全部由陈先生扣除费用。

要求：(1)计算陈先生2019年工资薪金预扣预缴个人所得税；(2)计算其他综合所得预扣预缴个人所得税；(3)计算汇算清缴应退(补)个人所得税；(4)填写纳税申报表。(个人所得税均由陈先生承担)

【答案】

陈先生2018年度年终奖应纳个人所得税：

30 000÷12＝2 500(元),适用税率为3%,应纳税额＝30 000×3%＝900(元)。

(1)工资薪金预扣预缴个人所得税。

① 准于扣除的专项附加扣除金额＝12×1 000＋6×1 000＋12×2 000＝42 000(元)；

工资薪金应纳税所得额＝180 000－32 250－42 000－60 000＝45 750(元)。

② 累计预扣预缴个人所得税＝45 750×10％－2 520＝2 055(元)。

(2) 其他综合所得预扣预缴个人所得税。

① 劳务报酬：(3 000－800)×20％＋6 000×(1－20％)×20％＋30 000×(1－20％)×30％－2 000＝440＋960＋5 200＝6 600(元)。

② 稿酬：(4 000－800)×20％×70％＋8 000×(1－20％)×20％×70％＝448＋896＝1 344(元)。

③ 特许权使用费：50 000×(1－20％)×20％＝8 000(元)。

其他综合所得共预扣预缴个人所得税＝6 600＋1 344＋8 000＝15 944(元)。

(3) 计算2020年陈先生汇算清缴退(补)个人所得税。

① 全年综合所得＝180 000＋(3 000＋6 000＋30 000)×80％＋(4 000＋8 000)×56％＋50 000×80％－60 000－32 250－42 000＝180 000＋31 200＋6 720＋40 000－60 000－32 250－42 000＝123 670(元)。

② 全年应纳个人所得税＝123 670×10％－2 520＝9 847(元)。

③ 汇算清缴应退个人所得税＝(2 055＋15 944)－9 847＝8 152(元)。

(4) 填写纳税申报表。

个人所得税年度自行纳税申报表

税款所属期：2019年1月1日至2019年12月31日

纳税义务人姓名：陈××

纳税义务人识别号：31010219×××214913　　　　金额单位：人民币元(列至角分)

项　目	行次	金额
一、收入合计(1＝2＋3＋4＋5)	1	281 000
(一)工资、薪金所得	2	180 000
(二)劳务报酬所得	3	39 000
(三)稿酬所得	4	12 000
(四)特许权使用费所得	5	50 000
二、费用合计	6	20 200
三、免税收入合计	7	2 880
四、减除费用	8	60 000
五、专项扣除合计(9＝10＋11＋12＋13)	9	32 250
(一)基本养老保险费	10	
(二)基本医疗保险费	11	
(三)失业保险费	12	
(四)住房公积金	13	

续表

项　　目	行次	金额
六、专项附加扣除合计（14＝15＋16＋17＋18＋19＋20）	14	42 000
（一）子女教育	15	18 000
（二）继续教育	16	
（三）大病医疗	17	
（四）住房贷款利息	18	
（五）住房租金	19	
（六）赡养老人	20	24 000
七、其他扣除合计（21＝22＋23＋24＋25＋26）	21	
（一）年金	22	
（二）商业健康保险	23	
（三）税延养老保险	24	
（四）允许扣除的税费	25	
（五）其他	26	
八、准予扣除的捐赠额	27	
九、应纳税所得额（28＝1－6－7－8－9－14－21－27）	28	123 670
十、税率(%)	29	10%
十一、速算扣除数	30	2 520
十二、应纳税额（31＝28×29－30）	31	9 847
十三、减免税额（填写附表）	32	
十四、已缴税额	33	17 999
十五、应补/退税额（34＝31－32－33）	34	－8 152

无住所个人附报信息

在华停留天数		已在华停留年数	

谨声明：本表是根据国家税收法律法规及相关规定填报的，是真实的、可靠的、完整的。

纳税义务人签字：陈×× 2020年6月15日

经办人签字： 经办人身份证件号码： 代理机构签章： 代理机构统一社会信用代码：	受理人： 受理税务机关(章)： 受理日期：　　年　月　日

第九节 非居民个人取得工资、薪金，劳务报酬，稿酬和特许权使用费所得应纳税额的计算

扣缴义务人向非居民个人支付工资、薪金所得，劳务报酬所得，稿酬所得和特许权使用费所得时，按照税率表三，按月或者按次计算应纳个人所得税，由扣缴义务人代扣代缴。

非居民个人的工资、薪金所得，以每月收入额减除费用5 000元后的余额为应纳税所得额；劳务报酬所得、稿酬所得、特许权使用费所得，以每次收入额为应纳税所得额。劳务报酬所得、稿酬所得、特许权使用费所得以收入减除20%的费用后的余额为收入额。稿酬所得的收入额减按70%计算。

一、工资、薪金所得

$$应纳税所得额 = 每月工资、薪金所得 - 5\,000元$$
$$应纳税额 = 应纳税所得额 \times 适用税率 - 速算扣除数$$

【例5-11】某非居民个人当月取得工资薪金50 000元，无专项附加扣除。
要求：计算支付单位代扣代缴个人所得税。
【答案】
代扣代缴个人所得税 $= (50\,000 - 5\,000) \times 30\% - 4\,410 = 9\,090$（元）。

二、劳务报酬所得

$$应纳税所得额 = 劳务报酬收入 \times (1 - 20\%)$$
$$应纳税额 = 应纳税所得额 \times 适用税率 - 速算扣除数$$

【例5-12】某非居民个人取得劳务报酬20 000元。
要求：计算支付单位代扣代缴个人所得税。
【答案】
代扣代缴个人所得税 $= 20\,000 \times (1 - 20\%) \times 20\% - 1\,410 = 1\,790$（元）。

三、稿酬所得

$$应纳税所得额 = 稿酬收入 \times (1 - 20\%) \times (1 - 30\%)$$
$$应纳税额 = 应纳税所得额 \times 适用税率 - 速算扣除数$$

【例5-13】某非居民个人取得稿酬3 000元。
要求：计算支付单位代扣代缴个人所得税。
【答案】
代扣代缴人所得税 $= 3\,000 \times (1 - 20\%) \times (1 - 30\%) \times 3\% = 50.4$（元）。

四、特许权使用费所得

$$应纳税所得额 = 特许权使用费收入 \times (1 - 20\%)$$

应纳税额＝应纳税所得额×适用税率－速算扣除数

【例 5-14】 某非居民个人取得特许权使用费所得 50 000 元。

要求：计算支付单位代扣代缴个人所得税。

【答案】

代扣代缴税额＝50 000×80％×30％－4 410＝7 590(元)。

第十节　经营所得应纳税额的计算

一、计税基本规定

(1) 纳税义务人的经营所得，以每一纳税年度的收入总额，减除成本、费用、税金、损失、其他支出以及允许弥补的以前年度亏损后的余额，为应纳税所得额。

个体工商户的经营所得应纳税额的计算公式为：

应纳税额＝应纳税所得额×适用税率－速算扣除数

收入总额包括销售货物收入、提供劳务收入、转让财产收入、利息收入、租金收入、接受捐赠收入、其他收入。

成本是指个体工商户在生产经营活动中发生的销售成本、销货成本、业务支出以及其他耗费。

费用是指个体工商户在生产经营活动中发生的销售费用、管理费用和财务费用，已经计入成本的有关费用除外。

税金是指个体工商户在生产经营活动中发生的除个人所得税和允许抵扣的增值税以外的各项税金及其附加。

损失是指个体工商户在生产经营活动中发生的固定资产和存货的盘亏、毁损、报废损失，转让财产损失，坏账损失，自然灾害等不可抗力因素造成的损失以及其他损失。

其他支出是指除成本、费用、税金、损失外，个体工商户在生产经营活动中发生的与生产经营活动有关的、合理的支出。

(2) 在计算应纳税所得额时，下列支出不得扣除：

① 个人所得税税款；

② 税收滞纳金；

③ 罚金、罚款和被没收财物的损失；

④ 不符合扣除规定的捐赠支出；

⑤ 赞助支出；

⑥ 用于个人和家庭的支出；

⑦ 与取得生产经营收入无关的其他支出；

⑧ 国家税务总局规定不准扣除的支出。

(3) 个体工商户生产经营活动中，应当分别核算生产经营费用和个人、家庭费用。对于生产经营与个人、家庭生活混用难以分清的费用，其 40％视为与生产经营有关费用，准予扣除。

(4) 个体工商户纳税年度发生的亏损,准予向以后年度结转,用以后年度的生产经营所得弥补,但结转年限最长不得超过五年。

二、扣除项目及标准

(1) 个体工商户实际支付给从业人员的、合理的工资薪金支出,准予扣除。

个体工商户业主的费用扣除标准5 000元/月(60 000元/年)。个体工商户业主的工资薪金支出不得税前扣除。

(2) 个体工商户按照国务院有关主管部门或者省级人民政府规定的范围和标准为其业主和从业人员缴纳的基本养老保险费、基本医疗保险费、失业保险费、生育保险费、工伤保险费和住房公积金,准予扣除。

个体工商户为从业人员缴纳的补充养老保险费、补充医疗保险费,分别在不超过从业人员工资总额5%标准内的部分据实扣除;超过部分,不得扣除。

个体工商户业主本人缴纳的补充养老保险费、补充医疗保险费,以当地(地级市)上年度社会平均工资的3倍为计算基数,分别在不超过该计算基数5%标准内的部分据实扣除;超过部分,不得扣除。

(3) 个体工商户在生产经营活动中发生的合理的不需要资本化的借款费用,准予扣除。

(4) 个体工商户在生产经营活动中发生的下列利息支出,准予扣除:

① 向金融企业借款的利息支出;

② 向非金融企业和个人借款的利息支出,不超过按照金融企业同期同类贷款利率计算的数额部分。

(5) 个体工商户向当地工会组织拨缴的工会经费、实际发生的职工福利费支出、职工教育经费支出分别在工资薪金总额2%、14%、2.5%的标准内据实扣除。

工资薪金总额是指允许在当期税前扣除的工资薪金支出数额。

职工教育经费的实际发生数额超出规定比例当期不能扣除的数额,准予在以后纳税年度结转扣除。

个体工商户业主本人向当地工会组织缴纳的工会经费、实际发生的职工福利费支出、职工教育经费支出,以当地(地级市)上年度社会平均工资的3倍为计算基数,在上述第(5)条规定比例内据实扣除。

(6) 个体工商户发生的与生产经营活动有关的业务招待费,按照实际发生额的60%扣除,但最高不得超过当年销售(营业)收入的5‰。

业主自申请营业执照之日起至开始生产经营之日止所发生的业务招待费,按照实际发生额的60%计入个体工商户的开办费。

(7) 个体工商户每一纳税年度发生的与其生产经营活动直接相关的广告费和业务宣传费不超过当年销售(营业)收入15%的部分,可以据实扣除;超过的部分,准予在以后纳税年度结转扣除。

(8) 个体工商户按照规定缴纳的摊位费、行政性收费、协会会费等,按实际发生数额扣除。

(9) 个体工商户通过公益性社会团体或者县级以上人民政府及其部门,用于《中华人民共和国公益事业捐赠法》规定的公益事业的捐赠,捐赠额不超过其应纳税所得额30%的部分可以据实扣除。个体工商户直接对受益人的捐赠不得扣除。

(10) 个体工商户研究开发新产品、新技术、新工艺所发生的开发费用,以及研究开发新产品、新技术而购置单台价值在10万元以下的测试仪器和试验性装置的购置费准予直接扣除；单台价值在10万元以上(含10万元)的测试仪器和试验性装置,按固定资产管理,不得在当期直接扣除。

【例5-15】 某小型运输公司系个体工商户,账证健全,2019年12月取得营业收入为320 000元,准许扣除的当月成本、费用(未包括业主工资)及相关税金共计为250 600元。1—11月累计应纳税所得额为88 400元,1—11月累计已预缴个人所得税为5 000元。当年仅享赡养老人专项附加扣除。

要求：计算该个体工商户2019年度应补缴的个人所得税。

【答案】
全年应纳税所得额＝320 000－250 600＋88 400－60 000－24 000＝73 800(元)；
全年应缴纳个人所得税＝73 800×10％－1 500＝5 880(元)；
该个体工商户2019年度应补缴个人所得税＝5 880－5 000＝880(元)。

第十一节　财产租赁、财产转让、利息股息红利和偶然所得应纳税额的计算

一、财产租赁所得应纳税额的计算

(一) 应纳税所得额的计算

财产租赁所得,以纳税义务人每次取得的收入,定额或者定率减除费用后的余额为应纳税所得额。财产租赁过程中缴纳的税费准予扣除。

个人出租房屋适用简易计税方法缴纳增值税,按5％征收率计算缴纳增值税,出租住房的,减按1.5％计算缴纳增值税。个人出租房屋的个人所得税应税收入不含增值税。

所谓财产租赁过程中缴纳的税费,包括城建税、教育费附加和地方教育附加以及房产税。对个人出租住房,房产税按4％税率征收。

出租租入的住房,在计算应纳税所得额时准予扣除支付的租金。

财产租赁所得以一个月内取得的收入为一次计算。

在确定财产租赁所得时,纳税义务人出租财产过程实际发生的修缮费用准予按有效、准确的凭证予以扣除。修缮费用以每次扣除800元为限,超过800元的部分,准予在下一次继续扣除,直至扣完为止。

所谓定额或者定率减除费用,是指每次收入不超过4 000元的,减除费用800元；每次收入在4 000元以上的,减除20％的费用。

综上,各项税、费应按以下程序依次扣除：
① 财产租赁过程中缴纳的税费。
② 向出租方支付的租金。
③ 纳税义务人负担的实际发生的修缮费用。
④ 税法规定的费用扣除标准。

应纳税所得额的计算公式：

每次（月）收入不超过 4 000 元的：

应纳税所得额＝每次（月）收入额－缴纳的税费－租房租金－
修缮费用（800 元为限）－800 元

每次（月）收入超过 4 000 元的：

应纳税所得额＝[每次（月）收入额－缴纳的税费－租房租金－
修缮费用（800 元为限）]×（1－20%）

（二）应纳税额的计算公式

应纳税额＝应纳税所得额×适用税率

财产租赁所得适用 20% 比例税率，但对个人按市场价格出租的居民住房取得的所得，按 10% 税率征收个人所得税。

【例 5-16】 刘某于 2019 年 1 月将其自有的面积为 150 平方米的住房出租给张某居住。刘某每月取得租金收入（不含增值税）6 000 元。当年 2 月份因下水道堵塞找人修理，发生修理费用 1 000 元，取得维修部门的增值税普通发票。

要求：计算刘某 2019 年一季度租金收入应缴纳的个人所得税。

【答案】

每月住房租赁收入未超过增值税起征点，免征增值税。出租住房的房产税适用税率为 4%，个人所得税适用税率为 10%。因此，刘某一季度各月应纳个人所得税为：

1 月份：

应纳税所得额＝(6 000－6 000×4%)×(1－20%)＝4 608（元）；

应纳税额＝4 608×10%＝460.8（元）。

2 月份：

应纳税所得额＝(6 000－6 000×4%－800)×(1－20%)＝3 968（元）；

应纳税额＝3 968×10%＝396.8（元）。

3 月份：

应纳税所得额＝(6 000－6 000×4%－200)×(1－20%)＝4 448（元）；

应纳税额＝4 448×10%＝444.8（元）。

在税务征收管理实务中，有些地区为了简化租赁费应纳税款的计算，采取按租赁费收入直接乘以核定的综合征收率（包括城市维护建设税、教育费附加和地方教育附加、房产税和个人所得税）计算应纳税款。具体计算公式为：

应纳税款＝租赁费收入×综合征收率

【例 5-17】 承上例，如果当地适用核定征税方式，个人所得税和其他税费的综合负担率为 3.5%。

要求：计算刘某 2019 年一季度租金收入应缴纳的个人所得税。

【答案】

应纳个人所得税＝6 000×3.5%×3＝630（元）。

二、财产转让所得应纳税额的计算

(一) 应纳税所得额的计算

财产转让所得,按照一次转让财产的收入额减除财产原值和合理费用后的余额计算纳税。

财产原值,按照下列方法计算:

(1) 有价证券,为买入价以及买入时按照规定交纳的有关费用;
(2) 建筑物,为建造费或者购进价格以及其他有关费用;
(3) 土地使用权,为取得土地使用权所支付的金额、开发土地的费用以及其他有关费用;
(4) 机器设备、车船,为购进价格、运输费、安装费以及其他有关费用;
(5) 其他财产,参照前款规定的方法确定财产原值。

纳税义务人未提供完整、准确的财产原值凭证,不能按照规定的方法确定财产原值的,由主管税务机关核定财产原值。

所称合理费用,是指卖出财产时按照规定支付的有关税费。

财产转让所得计算公式为:

$$应纳税所得额 = 每次收入额 - 财产原值 - 合理费用$$

(二) 应纳税额的计算

$$应纳税额 = 应纳税所得额 \times 20\%$$

(三) 转让特定财产的税务处理

1. 个人转让购置的债权

个人通过招标、竞拍或其他方式购置债权以后,通过相关司法或行政程序主张债权而取得的所得,应按照"财产转让所得"项目缴纳个人所得税。

个人通过上述方式取得"打包"债权,只处置部分债权的,其应纳税所得额按以下方式确定:

① 以每次处置部分债权的所得,作为一次财产转让所得征税。
② 其应税收入按照个人取得的货币资产和非货币资产的评估价值或市场价值的合计数确定。

所处置债权成本费用(即财产原值),按下列公式计算:

$$当次处置债权成本费用 = 个人购置"打包"债权实际支出 \times 当次处置债权账面价值$$
$$(或拍卖机构公布价值) \div "打包"债权账面价值(或拍卖机构公布价值)$$

个人购买和处置债权过程中发生的拍卖招标手续费、诉讼费、审计评估费以及缴纳的税金等合理税费,在计算个人所得税时允许扣除。

【例 5-18】王先生通过公开竞拍以 210 万元现金购置 A 企业的两项债权,打包债权原值 700 万元(其中甲企业 500 万元,乙企业 200 万元)。通过相关司法程序主张债权而分别取得甲企业 250 万元和乙企业 80 万元。

要求：计算王先生应纳个人所得税。

【答案】
第一次转让债权所得应纳个人所得税＝[250－210×(500/700)]×20％＝20(万元)；
第二次转让债权所得应纳个人所得税＝[80－210×(200/700)]×20％＝4(万元)。

2. 个人转让住房

① 对住房转让所得征收个人所得税时，以实际成交价格为转让收入。纳税义务人申报的住房成交价格明显低于市场价格且无正当理由的，征收机关有权依法根据有关信息核定其转让收入，但必须保证各税种计税价格一致。

② 对转让住房收入计算个人所得税应纳税所得额时，纳税义务人可凭原购房合同、发票等有效凭证，经税务机关审核后，允许从其转让收入中减除房屋原值、转让住房过程中缴纳的税金及有关合理费用。

个人转让房屋的个人所得税应税收入不含增值税，其取得房屋时所支付价款中包含的增值税计入财产原值，计算转让所得时可扣除的税费不包括本次转让缴纳的增值税。

③ 纳税义务人未提供完整、准确的房屋原值凭证，不能正确计算房屋原值和应纳税额的，税务机关可对其实行核定征收，即按纳税义务人住房转让收入的一定比例核定应纳个人所得税额。具体比例由省级地方税务局或者省级地方税务局授权的地市级地方税务局根据纳税义务人出售住房的所处区域、地理位置、建造时间、房屋类型、住房平均价格水平等因素，在住房转让收入1％—3％的幅度内确定。

【例5-19】 沈某转让商品房一套，售价(不含增值税)2 600 000元，在卖房过程中按规定支付交易费等相关税费(不含本次转让缴纳的增值税)95 000元；商品房购置成本800 000元，在买房过程中按规定支付交易费等相关税费35 000元，发生合理费用60 000元。相关成本费用均能提供有效合法凭证。

要求：计算其应纳个人所得税。

【答案】
应纳税所得额＝2 600 000－95 000－(800 000＋35 000＋60 000)＝1 610 000(元)；
应纳税额＝1 610 000×20％＝322 000(元)。

3. 个人转让离婚析产房屋

① 通过离婚析产的方式分割房屋产权是夫妻双方对共同共有财产的处置，个人因离婚办理房屋产权过户手续，不征收个人所得税。

② 个人转让离婚析产房屋所取得的收入，允许扣除其相应的财产原值和合理费用后，余额按照规定的税率缴纳个人所得税；其相应的财产原值，为房屋初次购置全部原值和相关税费之和乘以转让者占房屋所有权的比例。

4. 个人拍卖文物

① 作者将自己的文字作品手稿原件或复印件拍卖取得的所得，应以其转让收入额减除800元(转让收入额4 000元以下)或者20％(转让收入额4 000元以上)后的余额为应纳税所得额，按照"特许权使用费"所得项目适用20％的税率预扣预缴个人所得税。

② 个人拍卖除文字作品原稿及复印件外的其他财产，应以其转让收入额减除财产原值和合理费用后的余额为应纳税所得额，按照"财产转让所得"项目适用20％的税率缴纳个人所得税。

对个人财产拍卖所得征收个人所得税时,以该项财产最终拍卖成交价格为其转让收入额。个人财产拍卖所得适用"财产转让所得"项目计算应纳税所得额时,纳税义务人凭合法有效凭证(税务机关监制的正式发票、相关境外交易单据或海关报关单据、完税证明等),从其转让收入额中减除相应的财产原值、拍卖财产过程中缴纳的税金及有关合理费用。纳税义务人如不能提供合法、完整、准确的财产原值凭证,不能正确计算财产原值的,按转让收入额的3%征收率计算缴纳个人所得税;拍卖品为经文物部门认定是海外回流文物的,按转让收入额的2%征收率计算缴纳个人所得税。

5. 个人转让非上市公司股权

(1) 股权的定义。

所谓股权是指自然人股东(以下简称"个人")投资于在中国境内成立的企业或组织(以下统称"被投资企业",不包括个人独资企业和合伙企业)的股权或股份。

(2) 股权转让的形式。

所谓股权转让是指个人将股权转让给其他个人或法人的行为,包括以下情形:

① 出售股权;

② 公司回购股权;

③ 发行人首次公开发行新股时,被投资企业股东将其持有的股份以公开发行方式一并向投资者发售;

④ 股权被司法或行政机关强制过户;

⑤ 以股权对外投资或进行其他非货币性交易;

⑥ 以股权抵偿债务;

⑦ 其他股权转移行为。

(3) 股权转让应纳税所得额的确认。

个人转让股权,以股权转让收入减除股权原值和合理费用后的余额为应纳税所得额,按"财产转让所得"缴纳个人所得税。

合理费用是指股权转让时按照规定支付的有关税费。

(4) 股权转让纳税义务人和扣缴义务人。

个人股权转让所得个人所得税,以股权转让方为纳税义务人,以受让方为扣缴义务人。

(5) 股权转让收入的确认。

股权转让收入是指转让方因股权转让而获得的现金、实物、有价证券和其他形式的经济利益。

股权转让收入应当按照公平交易原则确定。符合下列情形之一的,主管税务机关可以核定股权转让收入:

① 申报的股权转让收入明显偏低且无正当理由的;

② 未按照规定期限办理纳税申报,经税务机关责令限期申报,逾期仍不申报的;

③ 转让方无法提供或拒不提供股权转让收入的有关资料;

④ 其他应核定股权转让收入的情形。

符合下列情形之一,视为股权转让收入明显偏低:

① 申报的股权转让收入低于股权对应的净资产份额的。其中,被投资企业拥有土地使用权、房屋、房地产企业未销售房产、知识产权、探矿权、采矿权、股权等资产的,申报的股权转让

收入低于股权对应的净资产公允价值份额的;

② 申报的股权转让收入低于初始投资成本或低于取得该股权所支付的价款及相关税费的;

③ 申报的股权转让收入低于相同或类似条件下同一企业、同一股东或其他股东股权转让收入的;

④ 申报的股权转让收入低于相同或类似条件下同类行业的企业股权转让收入的;

⑤ 不具合理性的无偿让渡股权或股份的;

⑥ 主管税务机关认定的其他情形。

符合下列条件之一的股权转让收入明显偏低,视为有正当理由:

① 能出具有效文件,证明被投资企业因国家政策调整,生产经营受到重大影响,导致低价转让股权的;

② 继承或将股权转让给其能提供具有法律效力身份关系证明的配偶、父母、子女、祖父母、外祖父母、孙子女、外孙子女、兄弟姐妹以及对转让人承担直接抚养或者赡养义务的抚养人或者赡养人;

③ 相关法律、政府文件或企业章程规定,并有相关资料充分证明,转让价格合理且真实的本企业员工持有的不能对外转让股权的内部转让;

④ 股权转让双方能够提供有效证据证明其合理性的其他合理情形。

主管税务机关应依次按照下列方法核定股权转让收入:

① 净资产核定法。

股权转让收入按照每股净资产或股权对应的净资产份额核定。

被投资企业的土地使用权、房屋、房地产企业未销售房产、知识产权、探矿权、采矿权、股权等资产占企业总资产比例超过20%的,主管税务机关可参照纳税义务人提供的具有法定资质的中介机构出具的资产评估报告核定股权转让收入。

6个月内再次发生股权转让且被投资企业净资产未发生重大变化的,主管税务机关可参照上一次股权转让时被投资企业的资产评估报告核定此次股权转让收入。

② 类比法。

• 参照相同或类似条件下同一企业、同一股东或其他股东股权转让收入核定;

• 参照相同或类似条件下同类行业企业股权转让收入核定;

• 其他合理方法。

主管税务机关采用以上方法核定股权转让收入存在困难的,可以采取其他合理方法核定。

(6) 转让股权原值的确认。

个人转让股权的原值依照以下方法确认:

① 以现金出资方式取得的股权,按照实际支付的价款与取得股权直接相关的合理税费之和确认股权原值;

② 以非货币性资产出资方式取得的股权,按照税务机关认可或核定的投资入股时非货币性资产价格与取得股权直接相关的合理税费之和确认股权原值;

③ 通过无偿让渡方式取得股权,具备《股权转让所得个人所得税管理办法(试行)》(以下简称"管理办法")第十三条第二项所列情形的,按取得股权发生的合理税费与原持有人的股权原值之和确认股权原值;

④ 被投资企业以资本公积、盈余公积、未分配利润转增股本,个人股东已依法缴纳个人所

得税的,以转增额和相关税费之和确认其新转增股本的股权原值;

⑤ 除以上情形外,由主管税务机关按照避免重复征收个人所得税的原则合理确认股权原值。

(7) 纳税申报。

个人股权转让所得个人所得税以被投资企业所在地税务机关为主管税务机关。

具有下列情形之一的,扣缴义务人、纳税义务人应当依法在次月15日内向主管税务机关申报纳税:

① 受让方已支付或部分支付股权转让价款的;

② 股权转让协议已签订生效的;

③ 受让方已经实际履行股东职责或者享受股东权益的;

④ 国家有关部门判决、登记或公告生效的;

⑤ 管理办法第三条第四至第七项行为已完成的;

⑥ 税务机关认定的其他有证据表明股权已发生转移的情形。

另外应注意的是,个人在上海证券交易所、深圳证券交易所转让从上市公司公开发行和转让市场取得的上市公司股票,转让限售股,以及其他有特别规定的股权转让,不适用上述规定。

【例5-20】2010年10月,陈某与其他自然人股东新设A公司,注册资本300万元,陈某认缴20%。

2010年12月,陈某的出资额全部到位。

2012年1月,A公司将未分配利润100万元向全体股东分配。

2014年10月,A公司将未分配利润500万元转增资本。

2017年1月,陈某将其持有的50%股权转让给新股东李某。2016年A公司经资产评估,净资产公允价为1500万元。

请回答如下问题:

(1) 2010年12月,陈某出资额多少?

(2) 2012年1月,陈某取得税后股息红利多少?

(3) 2014年10月,如果A公司转增资本时未代扣代交股东个人所得税,陈某转让股权应纳个人所得税多少?

【答案】

(1) $300 \times 20\% = 60$(万元)。

(2) $100 \times 20\% - 100 \times 20\% \times 20\% = 16$(万元)。

(3) 转让所得 $= 1\,500 \times 20\% \times 50\% - 60 \times 50\% = 120$(万元);

应纳个人所得税 $= 120 \times 20\% = 24$(万元)。

6. 个人非货币性资产投资

个人以非货币性资产投资,属于个人转让非货币性资产和投资同时发生。对个人转让非货币性资产的所得,应按照"财产转让所得"项目,依法计算缴纳个人所得税。

个人以非货币性资产投资,应按评估后的公允价值确认非货币性资产转让收入。非货币性资产转让收入减除该资产原值及合理税费后的余额为应纳税所得额。

个人以非货币性资产投资,应于非货币性资产转让、取得被投资企业股权时,确认非货币性资产转让收入的实现。

个人应在发生上述应税行为的次月 15 日内向主管税务机关申报纳税。纳税义务人一次性缴税有困难的,可合理确定分期缴纳计划并报主管税务机关备案后,自发生上述应税行为之日起不超过 5 个公历年度内(含)分期缴纳个人所得税。

个人以非货币性资产投资交易过程中取得现金补价的,现金部分应优先用于缴税;现金不足以缴纳的部分,可分期缴纳。

个人在分期缴税期间转让其持有的上述全部或部分股权,并取得现金收入的,该现金收入应优先用于缴纳尚未缴清的税款。

【例 5-21】 黄某 2015 年 5 月以自有房产(原值 300 万元,评估价 600 万元)作为出资,与其他投资者新设 M 公司,占 M 公司(实收资本 1 000 万元)权益的 60%。黄某确定 5 年分期缴纳非货币资产转让所得应纳个人所得税的计划并报主管税务机关备案。

2017 年,M 公司宣告分配股息 200 万元。

2018 年末,M 公司账面净资产 2 500 万元,其中:实收资本 1 000 万元,留存收益 1 500 万元。

2019 年初,黄某决定转让其全部股权,与受让人李某签订协议明确的转让价格为 1 500 万元,李某以现金支付。因 M 公司房产价值超过总资产 20%,黄某提供了具有法定资质的中介机构出具的资产评估报告,报告注明 M 公司净资产公允价为 3 000 万元。

要求:分析黄某上述业务正确的税务处理。

【答案】

(1) 2015 年 5 月黄某将非货币资产投资的增值额应作为财产转让所得征收个人所得税,股权的计税基础调整为 600 万元。

应纳个人所得税 $=(600-300) \times 20\% = 60$(万元)。

黄某确定分期缴纳计划并报主管税务机关备案后,自发生上述应税行为之日起不超过 5 个公历年度内(含)分期缴纳个人所得税,自 2015 年起,每年应纳个人所得税为 12 万元,2015 年缴纳个人所得税 12 万元。

(2) 2016 年应纳分期缴纳个人所得税 12 万元。

(3) 2017 年黄某取得股息应按股息红利所得征收个人所得税,税款由 M 公司代扣代缴,代扣代缴个人所得税 $=200 \times 60\% \times 20\% = 24$(万元),另应纳分期缴纳个人所得税 12 万元。

(4) 2018 年应纳分期缴纳个人所得税 12 万元。

(5) 2019 年黄某转让股权按财产转让所得征收个人所得税,转让价格应按资产评估报告注明的 M 公司净资产公允价和黄某所占权益计算。

股权转让收入 $=3 000 \times 60\% = 1 800$(万元),应纳个人所得税 $=(1 800-600) \times 20\% = 240$(万元),另应纳分期缴纳个人所得税 12 万元。

需要注意的是,如果黄某投资时资产增值额未履行纳税义务,则转让时应纳个人所得税 $=(1 800-300) \times 20\% = 300$(万元)。

三、利息、股息、红利所得应纳税额的计算

利息、股息、红利所得,以个人每次取得的收入额为应纳税所得额,不得从收入中扣除任何费用。

每次收入是指支付单位或者个人每次支付利息、股息、红利时,个人取得的收入。

利息、股息、红利所得适用 20% 比例税率,计算公式为:

应纳税额＝应纳税所得额（每次收入额）×20%

【例 5-22】 黄先生为某公司的股东，持有该公司10.8%的权益。2019年董事会宣告将以前年度未分配利润800万元向股东分配。

要求：计算该公司分配利润时应代扣代缴黄先生的个人所得税。

【答案】

应代扣代缴黄先生个人所得税＝800×10.8%×20%＝17.28（万元）。

此外应注意：

• 中小高新技术企业以未分配利润、盈余公积、资本公积向个人股东转增股本时，个人股东一次缴纳个人所得税确有困难的，可根据实际情况自行制定分期缴税计划，在不超过5个公历年度内（含）分期缴纳，并将有关资料报主管税务机关备案。个人股东获得转增的股本，应按照"利息、股息、红利所得"项目，适用20%税率征收个人所得税。

股东转让股权并取得现金收入的，该现金收入应优先用于缴纳尚未缴清的税款。在股东转让该部分股权之前，企业依法宣告破产，股东进行相关权益处置后没有取得收益或收益小于初始投资额的，主管税务机关对其尚未缴纳的个人所得税可不予追征。

• 为促进资本市场发展和股市全流通，国家陆续出台了一些股权转让所得和利息所得的优惠政策，主要规定如下：

① 个人在公开市场转让上市公司股票暂不征收个人所得税。

② 个人从公开发行和转让市场取得的上市公司股票，持股期限在一个月以内（含一个月）的，其股息红利所得全额计入应纳税所得额；持股期限在一个月以上至一年（含一年）的，暂减按50%计入应纳税所得额；持股期限超过一年的，暂免征收个人所得税。上述所得统一适用20%的税率计征个人所得税。

以上所称上市公司是指在上海证券交易所、深圳证券交易所挂牌交易的上市公司；持股期限是指个人从公开发行和转让市场取得上市公司股票之日至转让交割该股票之日前一日的持有时间。

股份制企业在分配股息、红利时，以股票形式向股东个人支付应得的股息、红利（即派发红股）的，应以派发红股的股票票面金额为收入额，按利息、股息、红利项目计征个人所得税。

上市公司派发股息红利时，对个人持股1年以内（含1年）的，上市公司暂不扣缴个人所得税；待个人转让股票时，证券登记结算公司根据其持股期限计算应纳税额，由证券公司等股份托管机构从个人资金账户中扣收并划付证券登记结算公司，证券登记结算公司应于次月5个工作日内划付上市公司，上市公司在收到税款当月的法定申报期内向主管税务机关申报缴纳。

③ 个人持有全国中小企业股份转让系统（简称"全国股份转让系统"）挂牌公司的股票，持股期限在一个月以内（含一个月）的，其股息红利所得全额计入应纳税所得额；持股期限在一个月以上至一年（含一年）的，暂减按50%计入应纳税所得额；持股期限超过一年的，暂免征收个人所得税。上述所得统一适用20%的税率计征个人所得税。

以上所称挂牌公司是指股票在全国股份转让系统挂牌公开转让的非上市公众公司；持股期限是指个人取得挂牌公司股票之日至转让交割该股票之日前一日的持有时间。

【例 5-23】 沈先生2018年1月购买甲上市公司的股票10 000股，每股成交价25元。甲上市公司于2018年2月宣告上半年利润分配方案为每10股送3股，定于2018年3月实施。沈先生在 2018 年 9 月转让该上市公司全部股票,成交价每股 29 元。

要求:计算沈先生上述业务应纳个人所得税。

【答案】

转让股票所得暂免征收个人所得税。

股票持有时间超过 1 个月未超过 1 年,取得股息红利所得减半征收个人所得税,应纳个人所得税 = 10 000 × 0.3 × 50% × 20% = 300(元)。

四、偶然所得的计税方法

偶然所得,以每次收入额为应纳税所得额,不得扣除任何费用。

偶然所得适用 20% 的比例税率。应纳税额的计算公式为:

$$应纳税额 = 应纳税所得额 \times 20\%$$

【例 5-24】 陈某在参加某企业的业务宣传活动中取得赠送礼品,市场价格为 200 元;参加该企业庆典取得赠送的礼品价值 1 000 元。餐饮消费的有奖发票中奖所得 500 元的。

要求:计算陈某应纳个人所得税。

【答案】

应纳个人所得税 = (200 + 1 000) × 20% = 240(元),有奖发票中奖所得未出过 800 元的,免征个人所得税。

第十二节 个人取得应税所得的特殊性税务处理

一、居民个人取得全年一次性奖金

(1) 全年一次性奖金是指行政机关、企事业单位等扣缴义务人根据其全年经济效益和对雇员全年工作业绩的综合考核情况,向雇员发放的一次性奖金,也包括年终加薪、实行年薪制和绩效工资办法的单位根据考核情况兑现的年薪和绩效工资。

(2) 居民个人取得全年一次性奖金,在 2021 年 12 月 31 日前,不并入当年综合所得,以全年一次性奖金收入除以 12 个月得到的数额,按照税率表三,确定适用税率和速算扣除数,单独计算纳税。计算公式为:

$$应纳税额 = 全年一次性奖金收入 \times 适用税率 - 速算扣除数$$

在一个纳税年度内,对每一个纳税义务人,该计税办法只允许采用一次。

居民个人取得全年一次性奖金,也可以选择并入当年综合所得计算纳税。

(3) 自 2022 年 1 月 1 日起,居民个人取得全年一次性奖金,应并入当年综合所得计算缴纳个人所得税。

【例 5-25】 陈某 2019 年 1 月工资 12 000 元,个人承担的三险一金 2 000 元,专项附加扣除 3 000 元,另发放年终奖 24 000 元。假设陈某选择年终奖不并入当年综合所得计算纳税。

要求:计算陈某应纳个人所得税。(个人所得税由陈某负担)

【答案】

24 000÷12＝2 000(元),适用税率：3%,速算扣除数0。

年终奖代扣代缴个人所得税＝24 000×3%＝720(元);

当月工资预扣预缴个人所得税＝(12 000－2 000－3 000－5 000)×3%＝60(元)。

年终奖不属于综合所得,不参与汇算清缴。

【例5-26】王某2019年1月工资10 000元,个人承担的三险一金1 500元,专项附加扣除3 000元,另发放年终奖21 600元。假设王某选择年终奖并入当年综合所得计算纳税。

要求：计算王某应纳个人所得税。(个人所得税由王某负担)

【答案】

当月工资预扣预缴税额＝(10 000＋21 600－1 500－3 000－5 000)×3%＝663(元)。

年终奖并入综合所得参与汇算清缴。

(4)中央企业负责人取得年度绩效薪金延期兑现收入和任期奖励。

中央企业负责人取得年度绩效薪金延期兑现收入和任期奖励,在2021年12月31日前,按上述取得全年一次性奖金计算应纳个人所得税;2022年1月1日之后的政策另行明确。

二、上市公司股票激励所得

(1)居民个人取得股票期权、股票增值权、限制性股票和股票奖励等股票激励,符合相关条件的,在2021年12月31日前,不并入当年综合所得,全额单独适用税率表一计算纳税。计算公式为：

股权激励收入＝(行权股票的每股市场价－员工取得该股票期权支付的每股施权价)×股票数量

应纳税额＝股权激励收入×适用税率－速算扣除数

(2)居民个人一个纳税年度内取得两次以上(含两次)股权激励的,应合并按上述第1项规定计算纳税。

(3)2022年1月1日之后的股权激励政策另行明确。

【例5-27】某上市公司王先生2019年3月股票行权10 000股,每股市场价(行权当日收盘价)30元,每股施权价(购买价)5元。

要求：计算王先生应纳个人所得税。(个人所得税由王某负担)

【答案】

股权激励收入＝(30－5)×10 000＝250 000(元);

应纳税额＝250 000×20%－16 920＝33 080(元)。

解禁后在二级市场转让免税。

【例5-28】上市公司郑先生2019年3月股票行权5 000股,每股市场价30元,每股施权价5元;6月股票行权5 000股,每股市场价40元。

要求：计算郑先生应纳个人所得税。(个人所得税由郑先生负担)

【答案】

股权激励收入＝[(30－5)×5 000＋(40－5)×5 000]＝300 000(元);

应纳税额＝300 000×20%－16 920＝43 080(元)。

三、关于非上市公司股权激励所得

(1)非上市公司授予本公司员工的股票期权、股权期权、限制性股票和股权奖励,符合规定条件的,经向主管税务机关备案,可实行递延纳税政策,即员工在取得股权激励时可暂不纳税,递延至转让该股权时纳税;股权转让时,按照股权转让收入减除股权取得成本以及合理税费后的差额,适用"财产转让所得"项目,按照20%的税率计算缴纳个人所得税。

股权转让时,股票(权)期权取得成本按行权价确定,限制性股票取得成本按实际出资额确定,股权奖励取得成本为零。

(2)享受递延纳税政策的非上市公司股权激励(包括股票期权、股权期权、限制性股票和股权奖励,下同)须同时满足相关条件并向税务机关备案。

【例5-29】某非上市公司职工陈先生被授予股权期权10 000股。符合条件后全部行权,支付10元/股。若干年后陈先生一次全部股权转让,取得收入30万元。

要求:计算陈先生应纳个人所得税。

【答案】

(1)行权时暂不征收个人所得税。

(2)转让股权时应纳个人所得税=(300 000-10 000×10)×20%=40 000(元)。

如果股权奖励,应纳个人所得税=300 000×20%=60 000(元)。

四、个人领取企业年金、职业年金

个人达到国家规定的退休年龄,领取的企业年金、职业年金,符合相关规定的,不并入综合所得,全额单独计算应纳税款。其中按月领取的,适用税率表三计算纳税;按季领取的,平均分摊计入各月,按每月领取额适用税率表三计算纳税;按年领取的,适用税率表一计算纳税。

五、关于解除劳动关系、提前退休、内部退养的一次性补偿收入

(一)解除劳动合同补偿收入

个人与用人单位解除劳动关系取得一次性补偿收入(包括用人单位发放的经济补偿金、生活补助费和其他补助费),在当地上年职工平均工资3倍数额以内的部分,免征个人所得税;超过3倍数额的部分,不并入当年综合所得,单独适用税率表一,计算纳税。

【例5-30】王先生2019年10月离职,单位按规定给予经济补偿30万元。假设本市2018年职工平均工资8.8万元。

要求:计算王先生应纳个人所得税。(个人所得税由王先生负担)

【答案】

应纳税所得额=300 000-3×88 000=36 000(元);

应纳税额=36 000×3%=1 080(元)。

(二)办理提前退休补偿收入

个人办理提前退休手续而取得的一次性补贴收入,应按照办理提前退休手续至法定离退休年龄之间实际年度数平均分摊,确定适用税率和速算扣除数,单独适用税率表一,计算纳税。计算公式为:

应纳税额={〔(一次性补贴收入÷办理提前退休手续至法定退休年龄的实际年度数)-费用扣除标准〕×适用税率-速算扣除数}×办理提前退休手续至法定退休年龄的实际年度数

【例5-31】王先生2019年10月提前退休,单位按规定给予经济补偿30万元,离法定退休

还有3年。

要求：计算王先生应纳个人所得税。（个人所得税由王先生负担）

【答案】

应纳税额=｛[(300 000÷3)−60 000]×10%−2 520｝×3=4 440(元)。

(三)办理内部退养补偿收入

实行内部退养的个人在其办理内部退养手续后至法定离退休年龄之间从原任职单位取得的工资、薪金，不属于离退休工资，应按"工资、薪金所得"项目计征个人所得税。

个人在办理内部退养手续后从原任职单位取得的一次性收入，应按办理内部退养手续后至法定离退休年龄之间的所属月份进行平均，并与领取当月的"工资、薪金"所得合并后减除当月费用扣除标准，以余额为基数，按税率表三确认适用税率和速算扣除数，再将当月工资、薪金加上取得的一次性收入，减去费用扣除标准，按税率表三计征个人所得税。

【例5-32】王先生2019年10月办理内退，当月取得一次性补偿15万元，离法定退休还有3年，全年每月工资8 000元，专项附加扣除1 000元，无其他扣除。

要求：计算王先生2019年应纳个人所得税。

【答案】

(1) 一次性补偿单独按月度税率表计算个人所得税；每月工资按累计预扣法预扣预缴个人所得税，次年汇算清缴。

(2) 一次性补偿应纳税额计算：

确认适用税率：8 000+150 000/36−5 000=7 166.67(元)，适用税率为10%，速算扣除数为210元。

应纳税额=(8 000+150 000−5 000)×10%−210=15 090(元)；

当月工资预扣预缴税额=(8 000−5 000−1 000)×3%=60(元)；

实际缴纳=15 090−60=15 030(元)；

全年合计缴纳个人所得税=(8 000×12−5 000×12−1 000×12)×3%+15 030=720+15 030=15 750(元)。

> **小知识5-6　一次性补偿金**
>
> 1. 内部退养
>
> 职工距退休年龄不到5年的，经本人申请、企业领导批准，可以退出工作岗位休养。职工退出工作岗位休养期间，由企业发给生活费。企业和退出工作岗位休养的职工应当按照有关规定缴纳基本养老保险费。职工退出工作岗位休养期间达到国家规定的退休年龄时，按照规定办理退休手续。职工退出工作岗位休养期间视为工龄，与其以前的工龄合并计算。
>
> 2. 提前解除劳动合同
>
> 企业因生产经营发生重大变化，必须裁减职工的，对劳动合同制职工，经企业职工代表大会讨论同意，可以提前解除劳动合同，但是应当按照合同约定履行义务；合同没有约定的，企业对被提前解除劳动合同的职工，按照其在本企业工作的年限，工龄每满一年，发给相当于本人一个月标准工资的补偿费。

3. 提前退休

提前退休是指员工在没有达到国家或企业规定的年龄或服务期限时就退休的行为。比如：工龄满 30 年、或工龄满 20 年且离正式退休还有 5 年的公务员，患有职业病的，从事符合国家规定的特殊工种人员等，经本人提出、单位领导同意、社保部门备案，可以办理提前退休手续，但提前退休的年份不得超过 5 年。

六、关于单位低价向职工售房的政策

单位按低于购置或建造成本价格出售住房给职工，职工因此而少支出的差价部分，符合《财政部国家税务总局关于单位低价向职工售房有关个人所得税问题的通知》(财税〔2007〕13号)第二条规定的，不并入当年综合所得，以差价收入除以 12 个月得到的数额，按照税率表三确定适用税率和速算扣除数，单独计算纳税。计算公式为：

应纳税额 = 职工实际支付的购房价款低于该房屋的购置或建造成本价格的差额 × 适用税率 − 速算扣除数

【例 5-33】 陈某任职单位以 100 万元价格转让自建住房给陈某。该住房建造成本价 120 万元，转让时公允价 250 万元。

要求：计算陈某应纳个人所得税。（个人所得税由陈某负担，不考虑其他税费）

【答案】

实际支付的购房价款低于该房屋的购置或建造成本价格的差额 = 120 − 100 = 20(万元)；

确定税率：200 000 ÷ 12 = 16 666.67(元)，适用税率为 20%。

应纳税额 = 200 000 × 20% − 1 410 = 38 590(元)。

七、保险营销员、证券经纪人佣金收入

保险营销员、证券经纪人取得的佣金收入，属于劳务报酬所得，以不含增值税的收入减除 20% 的费用后的余额为收入额，收入额减去展业成本以及附加税费后，并入当年综合所得，按照税率表一计算预扣预缴个人所得税。保险营销员、证券经纪人展业成本按照收入额的 25% 计算。

扣缴义务人向保险营销员、证券经纪人支付佣金收入时，应按照累计预扣法计算预扣税款。

累计应纳税所得额 = 累计收入额 − 累计减除费用 − 累计其他扣除

支付单位在计算预扣税款的应纳税所得额时暂不扣除专项扣除和专项附加扣除，待年度终了后，纳税义务人自行办理汇算清缴申报时扣除。

【例 5-34】 王先生从事保险营销，2019 年 1—2 月份保险代理佣金收入分别为 3 万元和 5 万元，已办理临时税务登记。王先生无其他综合所得。

要求：计算 2019 年 1—2 月保险公司每月应预扣预缴的个人所得税。

【答案】

王先生当月佣金收入未超过增值税起征点 10 万元，免征增值税。

1月份：

应纳税所得额 = 30 000 × 80% − 30 000 × 80% × 25% − 5 000 = 13 000(万元)；

累计预扣预交税款 = 13 000 × 3% = 390(元)；

本月预扣预交税款：390元。

2月份：

累计所得额 = (30 000 + 50 000) × 80% − (30 000 + 50 000) × 80% × 25% − 2 × 5 000 = 38 000(元)；

累计预扣预交税款 = 38 000 × 10% − 2 520 = 1 280(元)；

本月预扣预交税款：1 280 − 390 = 890(元)。

八、公益性捐赠扣除

个人将其所得对教育、扶贫、济困等公益慈善事业进行捐赠，捐赠额未超过纳税义务人申报的应纳税所得额30%的部分，可以从其应纳税所得额中扣除；国务院规定对公益慈善事业捐赠实行全额税前扣除的，从其规定。

所称个人将其所得对教育、扶贫、济困等公益慈善事业进行捐赠，是指个人将其所得通过中国境内的公益性社会组织、国家机关向教育、扶贫、济困等公益慈善事业的捐赠；所称应纳税所得额，是指计算扣除捐赠额之前的应纳税所得额。

【例5-35】陈某2019年工资收入50万元，劳务报酬20万元。向北京冬奥会捐款20 000元，通过社会组织向某高等院校捐款180 000万元。专项扣除和专项附加扣除金额为10万元。

要求：计算陈某2019年应纳个人所得税。

【答案】

综合所得应纳税所得额 = 500 000 + 200 000 × 80% − 100 000 = 560 000(元)；

560 000 × 30% = 168 000(元) 小于 180 000元，准予扣除 168 000元。向北京冬奥会捐款据实扣除。

应纳税额 = (560 000 − 20 000 − 168 000) × 25% − 31 920 = 61 080(元)。

九、网络红包

对个人取得企业派发的现金网络红包，应按照偶然所得项目计算缴纳个人所得税，税款由派发红包的企业代扣代缴。

对个人取得企业派发的且用于购买该企业商品(产品)或服务才能使用的非现金网络红包，包括各种消费券、代金券、抵用券、优惠券等，以及个人因购买该企业商品或服务达到一定额度而取得企业返还的现金网络红包，属于企业销售商品(产品)或提供服务的价格折扣、折让，不征收个人所得税。

个人之间派发的现金网络红包，不属于《个人所得税法》规定的应税所得，不征收个人所得税。

第十三节 居民个人境外所得抵免

一、居民个人境外所得抵免的基本规定

居民个人从境外取得的所得应依法缴纳个人所得税,并自行向税务机关办理纳税申报。

居民个人在一个纳税年度内来源于中国境外的所得,依照所得来源国家(地区)税收法律规定在中国境外已缴纳的所得税税额允许在抵免限额内从其该纳税年度应纳税额中抵免,但抵免额不得超过该纳税义务人境外所得依照《个人所得税法》规定计算的应纳税额。

所称纳税人境外所得依照《个人所得税法》规定计算的应纳税额,是居民个人抵免已在境外缴纳的综合所得、经营所得以及其他所得的所得税税额的限额(以下简称抵免限额)。除国务院财政、税务主管部门另有规定外,来源于中国境外一个国家(地区)的综合所得抵免限额、经营所得抵免限额以及其他所得抵免限额之和,为来源于该国家(地区)所得的抵免限额。

居民个人在中国境外一个国家(地区)实际已经缴纳的个人所得税税额,低于来源于该国家(地区)所得的抵免限额的,应当在中国缴纳差额部分的税款;超过来源于该国家(地区)所得的抵免限额的,其超过部分不得在本纳税年度的应纳税额中抵免,但是可以在以后纳税年度来源于该国家(地区)所得的抵免限额的余额中补扣。补扣期限最长不得超过五年。

二、居民个人境外所得抵免的具体规定

居民个人境外所得抵免涉及以下概念:来源于境内所得、来源于境外所得、境内和境外所得应纳税额、可抵免的境外所得税税额、可抵免限额、实际抵免税额。

(一) 来源于境内所得和来源于境外所得

请参考本章第三节相关内容。

(二) 境内和境外所得应纳税额

居民个人应当按照以下方法计算当期境内和境外所得应纳税额:

(1) 居民个人来源于中国境外的综合所得,应当与境内综合所得合并计算应纳税额;

(2) 居民个人来源于中国境外的经营所得,应当与境内经营所得合并计算应纳税额。居民个人来源于境外的经营所得,按照个人所得税法及其实施条例的有关规定计算的亏损,不得抵减其境内或他国(地区)的应纳税所得额,但可以用来源于同一国家(地区)以后年度的经营所得按中国税法规定弥补;

(3) 居民个人来源于中国境外的利息、股息、红利所得,财产租赁所得,财产转让所得和偶然所得(以下称其他分类所得),不与境内所得合并,应当分别单独计算应纳税额。

(三) 可抵免的境外所得税税额

可抵免的境外所得税税额,是指居民个人取得境外所得,依照该所得来源国(地区)税收法律应当缴纳且实际已经缴纳的所得税性质的税额。可抵免的境外所得税额不包括以下情形:

（1）按照境外所得税法律属于错缴或错征的境外所得税税额；

（2）按照我国政府签订的避免双重征税协定以及内地与香港、澳门签订的避免双重征税安排（以下统称税收协定）规定不应征收的境外所得税税额；

（3）因少缴或迟缴境外所得税而追加的利息、滞纳金或罚款；

（4）境外所得税纳税人或者其利害关系人从境外征税主体得到实际返还或补偿的境外所得税税款；

（5）按照我国个人所得税法及其实施条例规定，已经免税的境外所得负担的境外所得税税款。

（四）可抵免限额

居民个人来源于一国（地区）的综合所得、经营所得以及其他分类所得项目的应纳税额为其抵免限额，按照下列公式计算：

（1）来源于一国（地区）综合所得的抵免限额＝中国境内和境外综合所得依照税法规定计算的综合所得应纳税额×来源于该国（地区）的综合所得收入额÷中国境内和境外综合所得收入额合计

（2）来源于一国（地区）经营所得的抵免限额＝中国境内和境外经营所得依照税法规定计算的经营所得应纳税额×来源于该国（地区）的经营所得应纳税所得额÷中国境内和境外经营所得应纳税所得额合计

（3）来源于一国（地区）其他分类所得的抵免限额＝该国（地区）的其他分类所得依照税法规定计算的应纳税额

（4）来源于一国（地区）所得的抵免限额＝来源于该国（地区）综合所得抵免限额＋来源于该国（地区）经营所得抵免限额＋来源于该国（地区）其他分类所得抵免限额

需要注意的是，居民个人从与我国签订税收协定的国家（地区）取得的所得，按照该国（地区）税收法律享受免税或减税待遇，且该免税或减税的数额按照税收协定饶让条款规定应视同已缴税额在中国的应纳税额中抵免的，该免税或减税数额可作为居民个人实际缴纳的境外所得税税额按规定申报税收抵免。

（五）可抵免额

居民个人一个纳税年度内来源于一国（地区）的所得实际已经缴纳的所得税税额，低于依照规定计算出的来源于该国（地区）该纳税年度所得的抵免限额的，应以实际缴纳税额作为抵免额进行抵免；超过来源于该国（地区）该纳税年度所得的抵免限额的，应在限额内进行抵免，超过部分可以在以后五个纳税年度内结转抵免。

【例5-36】居民个人李先生2019年境内任职的工资收入20万元，兼职的劳务报酬收入10万元，已预缴税款6 080元。在甲国任职的工资收入30万元，兼职的劳务报酬收入15万元，已在甲国缴纳个人所得税42 150元；在甲国取得股息红利收入50万元，该项在甲国免征个人所得税。境内专项扣除2.8万元，专项附加扣除4.2万元。我国与甲国的税收协定签订有税收饶让条款。

要求：计算李某自行申报应补缴的税款。

【答案】

李先生为居民个人，其境内和境外所得应缴纳个人所得税，境外已缴纳的税款准予按照税法规定抵免。

(1) 境内和境外所得应纳税额：

境内综合所得收入额 = 200 000 + 100 000 − 100 000 × 20% = 280 000(元)；

甲国综合所得收入额 = 300 000 + 150 000 − 150 000 × 20% = 420 000(元)；

境内外综合所得应纳税所得额 = (280 000 + 420 000 − 28 000 − 42 000 − 60 000) × 30% − 52 920 = 118 080(元)；

股息红利所得应纳税额 = 500 000 × 20% = 100 000(元)；

境内和境外所得应纳税额 = 118 080 + 100 000 = 218 080(元)。

(2) 抵免限额：

综合所得抵免限额 = 118 080 × 420 000/700 000 = 70 848(元)；

股息红利所得抵免限额 = 500 000 × 20% = 100 000(元)；

来源于甲国的抵免限额 = 70 848 + 100 000 = 170 848(元)。

(3) 可抵免的境外所得税税额：

42 125 + 0 = 42 125(元)。

(4) 实际抵免税额：

42 125 元 < 170 848 元，实际抵免税额为 42 125 元。

(5) 应补缴税额：

218 080 − 6 080 − 42 125 = 169 875(元)。

三、居民个人取得境外所得的税务管理

(1) 纳税申报时间。居民个人从中国境外取得所得的,应当在取得所得的次年 3 月 1 日至 6 月 30 日内申报纳税。

(2) 纳税申报受理税务机关的确认。居民个人取得境外所得,应当向中国境内任职、受雇单位所在地主管税务机关办理纳税申报；在中国境内没有任职、受雇单位的,向户籍所在地或中国境内经常居住地主管税务机关办理纳税申报；户籍所在地与中国境内经常居住地不一致的,选择其中一地主管税务机关办理纳税申报；在中国境内没有户籍的,向中国境内经常居住地主管税务机关办理纳税申报。

(3) 居民个人申报境外所得税收抵免时,除另有规定外,应当提供境外征税主体出具的税款所属年度的完税证明、税收缴款书或者纳税记录等纳税凭证,未提供符合要求的纳税凭证,不予抵免。纳税人确实无法提供纳税凭证的,可同时凭境外所得纳税申报表(或者境外征税主体确认的缴税通知书)以及对应的银行缴款凭证办理境外所得抵免事宜。

(4) 居民个人已申报境外所得、未进行税收抵免,在以后纳税年度取得纳税凭证并申报境外所得税收抵免的,可以追溯至该境外所得所属纳税年度进行抵免,但追溯年度不得超过五年。自取得该项境外所得的五个年度内,境外征税主体出具的税款所属纳税年度纳税凭证载明的实际缴纳税额发生变化的,按实际缴纳税额重新计算并办理补退税,不加收税收滞纳金,不退还利息。

(5) 居民个人取得来源于境外的所得或者实际已经在境外缴纳的所得税税额为人民币以外货币的,应当按照上一纳税年度最后一日人民币汇率中间价折合人民币计算。

第十四节　个人所得税的税收优惠

一、税法规定的免征个人所得税项目

下列各项个人所得，免征个人所得税：

（1）省级人民政府、国务院部委和中国人民解放军军以上单位，以及外国组织、国际组织颁发的科学、教育、技术、文化、卫生、体育、环境保护等方面的奖金。

（2）国债和国家发行的金融债券利息。这是指个人持有中华人民共和国财政部发行的债券而取得的利息；所称国家发行的金融债券利息，是指个人持有经国务院批准发行的金融债券而取得的利息。

（3）按照国家统一规定发给的补贴、津贴，是指按照国务院规定发给的政府特殊津贴、院士津贴，以及国务院规定免予缴纳个人所得税的其他补贴、津贴。

（4）福利费、抚恤金、救济金。福利费、抚恤金、救济金，是指根据国家有关规定，从企业、事业单位、国家机关、社会组织提留的福利费或者工会经费中支付给个人的生活补助费；所称救济金，是指各级人民政府民政部门支付给个人的生活困难补助费。

（5）保险赔款。

（6）军人的转业费、复员费、退役金。

（7）按照国家统一规定发给干部、职工的安家费、退职费、基本养老金或者退休费、离休费、离休生活补助费。

（8）依照有关法律规定应予免税的各国驻华使馆、领事馆的外交代表、领事官员和其他人员的所得。这是指依照《中华人民共和国外交特权与豁免条例》和《中华人民共和国领事特权与豁免条例》规定免税的所得。

（9）中国政府参加的国际公约、签订的协议中规定免税的所得。

（10）国务院规定的其他免税所得。

第（10）项免税规定，由国务院报全国人民代表大会常务委员会备案。

二、税法规定的减征个人所得税项目

有下列情形之一的，可以减征个人所得税，具体幅度和期限，由省、自治区、直辖市人民政府规定，并报同级人民代表大会常务委员会备案：

（1）残疾、孤老人员和烈属的所得。残疾、孤老人员和烈属取得综合所得办理汇算清缴时，汇算清缴地与预扣预缴地规定不一致的，用预扣预缴地规定计算的减免税额与用汇算清缴地规定计算的减免税额相比较，按照孰高值确定减免税额。

（2）因自然灾害遭受重大损失的。

三、国务院财政、税务主管部门规定的减免个人所得税项目

（1）对乡、镇以上人民政府或经县以上人民政府主管部门批准成立的有机构、有章程的见义勇为基金或者类似性质组织，奖励见义勇为者的奖金或奖品，经主管税务机关核准，免征个人所得税。

(2)达到离休、退休年龄,但确因工作需要,适当延长离休退休年龄的高级专家(指享受国家发放的政府特殊津贴的专家、学者),其在延长离休退休期间的工资、薪金所得,视同退休工资、离休工资免征个人所得税。

(3)企业和个人按照省级以上人民政府规定的比例提取并缴付的住房公积金、医疗保险金、基本养老保险金、失业保险金,不计入个人当期的工资、薪金收入,免予征收个人所得税。超过规定的比例缴付的部分计征个人所得税。

个人领取原提存的住房公积金、医疗保险金、基本养老保险金时,免予征收个人所得税。

(4)对居民储蓄存款利息暂停征收个人所得税。

(5)生育妇女按照县级以上人民政府根据国家有关规定制定的生育保险办法,取得的生育津贴、生育医疗费或其他属于生育保险性质的津贴、补贴,免征个人所得税。

(6)对工伤职工及其近亲属按照《工伤保险条例》规定取得的工伤保险待遇,免征个人所得税。

(7)对个体工商户或个人,以及个人独资企业和合伙企业从事种植业、养殖业、饲养业和捕捞业取得的所得暂不征收个人所得税。

(8)个人举报、协查各种违法、犯罪行为而获得的奖金,免征个人所得税。

(9)个人办理代扣代缴税款手续,按规定取得的扣缴手续费,免征个人所得税。

(10)个人转让自用达5年以上并且是唯一家庭居住用房取得的所得。

(11)外籍人员从外商投资企业取得的股息红利所得,免征个人所得税。

(12)符合条件的外籍专家工资薪金所得,免征个人所得税。

(13)对被拆迁人按照国家有关城镇房屋拆迁管理办法规定的标准取得的拆迁补偿款,免征个人所得税。

(14)个人取得的下列中奖所得,暂免征收个人所得税:

① 单张有奖发票奖金所得不超过800元的,暂免征收个人所得税;超过800元的,全额按"偶然所得"征收个人所得税。

② 购买福利彩票、体育彩票一次中奖收入不超过10 000元的,暂免征收个人所得税;超过10 000元的,全额按"偶然所得"征收个人所得税。

(15)个人通过公益性社会组织或者县级以上人民政府及其部门等国家机关,捐赠用于应对新型冠状病毒感染的肺炎疫情的现金和物品,允许在计算应纳税所得额时全额扣除。

个人直接向承担疫情防治任务的医院捐赠用于应对新型冠状病毒感染的肺炎疫情的物品,允许在计算应纳税所得额时全额扣除。捐赠人凭承担疫情防治任务的医院开具的捐赠接收函办理税前扣除事宜。

第十五节 个人所得税的征收管理

一、个人所得税扣缴申报管理

(一)全员全额申报基本规定

扣缴义务人向个人支付应税款项时,应当依照个人所得税法规定预扣或者代扣税款,扣缴义务人每月或者每次预扣、代扣的税款,应当在次月十五日内缴入国库,并向税务机关报送《个人所得税扣缴申报表》。

所称支付,包括现金支付、汇拨支付、转账支付和以有价证券、实物以及其他形式的支付。

扣缴义务人,是指向个人支付所得的单位或者个人。扣缴义务人应当依法办理全员全额扣缴申报。

全员全额扣缴申报,是指扣缴义务人应当在代扣税款的次月十五日内,向主管税务机关报送其支付所得的所有个人的有关信息、支付所得数额、扣除事项和数额、扣缴税款的具体数额和总额以及其他相关涉税信息资料。

(二) 实行个人所得税全员全额扣缴申报的应税所得

实行个人所得税全员全额扣缴申报的应税所得包括:
(1) 工资、薪金所得;
(2) 劳务报酬所得;
(3) 稿酬所得;
(4) 特许权使用费所得;
(5) 利息、股息、红利所得;
(6) 财产租赁所得;
(7) 财产转让所得;
(8) 偶然所得。

(三) 扣缴义务人的法定义务

扣缴义务人应当按照纳税义务人提供的信息计算税款、办理扣缴申报,不得擅自更改纳税义务人提供的信息。

扣缴义务人发现纳税义务人提供的信息与实际情况不符的,可以要求纳税义务人修改。纳税义务人拒绝修改的,扣缴义务人应当报告税务机关,税务机关应当及时处理。

纳税义务人发现扣缴义务人提供或者扣缴申报的个人信息、支付所得、扣缴税款等信息与实际情况不符的,有权要求扣缴义务人修改。扣缴义务人拒绝修改的,纳税义务人应当报告税务机关,税务机关应当及时处理。

扣缴义务人应当依法对纳税义务人报送的专项附加扣除等相关涉税信息和资料保密。

扣缴义务人依法履行代扣代缴义务,纳税义务人不得拒绝。纳税义务人拒绝的,扣缴义务人应当及时报告税务机关。

支付工资、薪金所得的扣缴义务人应当于年度终了后两个月内,向纳税义务人提供其个人所得和已扣缴税款等信息。纳税义务人年度中间需要提供上述信息的,扣缴义务人应当提供。纳税义务人取得除工资、薪金所得以外的其他所得,扣缴义务人应当在扣缴税款后,及时向纳税义务人提供其个人所得和已扣缴税款等信息。

扣缴义务人有未按照规定向税务机关报送资料和信息、未按照纳税义务人提供信息虚报虚扣专项附加扣除、应扣未扣税款、不缴或少缴已扣税款、借用或冒用他人身份等行为的,依照《税收征收管理法》等相关法律、行政法规处理。

二、个人所得税自行纳税申报管理

(一) 个人所得税纳税申报对象

有下列情形之一的,纳税义务人应当依法办理纳税申报:
(1) 取得综合所得需要办理汇算清缴;
(2) 取得应税所得没有扣缴义务人;
(3) 取得应税所得,扣缴义务人未扣缴税款;
(4) 取得境外所得;
(5) 因移居境外注销中国户籍;
(6) 非居民个人在中国境内从两处以上取得工资、薪金所得;
(7) 国务院规定的其他情形。

(二) 取得综合所得需要办理汇算清缴的纳税申报

1. 需要办理汇算清缴的情形

取得综合所得且符合下列情形之一的纳税义务人,应当依法办理汇算清缴:
(1) 从两处以上取得综合所得,且综合所得年收入额减除专项扣除后的余额超过 6 万元;
(2) 取得劳务报酬所得、稿酬所得、特许权使用费所得中一项或者多项所得,且综合所得年收入额减除专项扣除的余额超过 6 万元;
(3) 纳税年度内预缴税额低于应纳税额;
(4) 纳税义务人申请退税。

2. 无需办理汇算清缴的情形

经国务院批准,符合下列情形之一的,纳税义务人不需要办理年度汇算:
① 纳税义务人需要补税但综合所得年收入不超过 12 万元的;
② 纳税义务人年度汇算需补税金额不超过 400 元的;
③ 纳税义务人已预缴税额与年度应纳税额一致或不申请年度汇算退税的。

3. 办理汇算清缴注意事项

需要办理汇算清缴的纳税义务人,应当在取得所得的次年 3 月 1 日至 6 月 30 日内,向任职、受雇单位所在地主管税务机关办理纳税申报,并报送《个人所得税年度自行纳税申报表》。纳税义务人有两处以上任职、受雇单位的,选择向其中一处任职、受雇单位所在地主管税务机关办理纳税申报;纳税义务人没有任职、受雇单位的,向户籍所在地或经常居住地主管税务机关办理纳税申报。

4. 办理方式

纳税义务人可自主选择下列办理方式:
① 自行办理年度汇算;
② 通过取得工资薪金或连续性取得劳务报酬所得的扣缴义务人代为办理。由扣缴义务人代办年度汇算的,纳税义务人应及时向扣缴义务人提供本人除本单位以外的年度综合所得收入、扣除、享受税收优惠等信息资料,并对其真实性、准确性、完整性负责;

③ 委托涉税专业服务机构或其他单位及个人（以下称受托人）代为办理,受托人需与纳税义务人签订授权书并妥善留存。

5. 年度汇算的退税、补税

纳税义务人申请年度汇算退税,应当提供其在中国境内开设的符合条件的银行账户。税务机关按规定审核后,按照国库管理有关规定,在接受年度汇算申报的税务机关所在地(即汇算清缴地)就地办理税款退库。纳税义务人未提供本人有效银行账户,或者提供的信息资料有误的,税务机关将通知纳税义务人更正,纳税义务人按要求更正后依法办理退税。

为使纳税义务人尽早获取退税,纳税义务人年度综合所得收入额不超过6万元且已预缴个人所得税的,税务机关在网上税务局(包括个人所得税手机APP)提供便捷退税功能,纳税义务人可以在次年3月1日至5月31日期间,通过简易申报表办理年度汇算退税。

纳税义务人办理年度汇算补税的,可以通过网上银行、POS机刷卡、银行柜台、非银行支付机构等转账方式缴纳。

(三) 取得经营所得的纳税申报

个体工商户业主、个人独资企业投资者、合伙企业个人合伙人、承包承租经营者个人以及其他从事生产、经营活动的个人取得经营所得,按年计算个人所得税,由纳税义务人在月度或季度终了后15日内,向经营管理所在地主管税务机关办理预缴纳税申报,并报送《个人所得税经营所得纳税申报表(A表)》。在取得所得的次年3月31日前,向经营管理所在地主管税务机关办理汇算清缴,并报送《个人所得税经营所得纳税申报表(B表)》。

(四) 取得应税所得,扣缴义务人未扣缴税款的纳税申报

纳税义务人取得应税所得,扣缴义务人未扣缴税款的,应当区别以下情形办理纳税申报:

(1) 居民个人取得综合所得的,按照上述第(二)条办理。

(2) 非居民个人取得工资、薪金所得,劳务报酬所得,稿酬所得,特许权使用费所得的,应当在取得所得的次年6月30日前,向扣缴义务人所在地主管税务机关办理纳税申报,并报送《个人所得税自行纳税申报表(A表)》。有两个以上扣缴义务人均未扣缴税款的,选择向其中一处扣缴义务人所在地主管税务机关办理纳税申报。

非居民个人在次年6月30日前离境(临时离境除外)的,应当在离境前办理纳税申报。

(五) 纳税义务人取得利息、股息、红利所得,财产租赁所得,财产转让所得和偶然所得的纳税申报

应当在取得所得的次年6月30日前,按相关规定向主管税务机关办理纳税申报,并报送《个人所得税自行纳税申报表(A表)》。税务机关通知限期缴纳的,纳税义务人应当按照期限缴纳税款。

(六) 取得境外所得的纳税申报

居民个人从中国境外取得所得的,应当在取得所得的次年3月1日至6月30日内,向中国境内任职、受雇单位所在地主管税务机关办理纳税申报;在中国境内没有任职、受雇单位的,向户籍所在地或中国境内经常居住地主管税务机关办理纳税申报;户籍所在地与中国境内经

常居住地不一致的,选择其中一地主管税务机关办理纳税申报;在中国境内没有户籍的,向中国境内经常居住地主管税务机关办理纳税申报。

纳税义务人取得境外所得办理纳税申报的具体规定,另行公告。

(七)因移居境外注销中国户籍的纳税申报

纳税义务人因移居境外注销中国户籍的,应当在申请注销中国户籍前,向户籍所在地主管税务机关办理纳税申报,进行税款清算。

(1)纳税义务人在注销户籍年度取得综合所得的,应当在注销户籍前,办理当年综合所得的汇算清缴,并报送《个人所得税年度自行纳税申报表》。尚未办理上一年度综合所得汇算清缴的,应当在办理注销户籍纳税申报时一并办理。

(2)纳税义务人在注销户籍年度取得经营所得的,应当在注销户籍前,办理当年经营所得的汇算清缴,并报送《个人所得税经营所得纳税申报表(B表)》。从两处以上取得经营所得的,还应当一并报送《个人所得税经营所得纳税申报表(C表)》。尚未办理上一年度经营所得汇算清缴的,应当在办理注销户籍纳税申报时一并办理。

(3)纳税义务人在注销户籍当年取得利息、股息、红利所得,财产租赁所得,财产转让所得和偶然所得的,应当在注销户籍前,申报当年上述所得的完税情况,并报送《个人所得税自行纳税申报表(A表)》。

(4)纳税义务人有未缴或者少缴税款的,应当在注销户籍前,结清欠缴或未缴的税款。纳税义务人存在分期缴税且未缴纳完毕的,应当在注销户籍前,结清尚未缴纳的税款。

(5)纳税义务人办理注销户籍纳税申报时,需要办理专项附加扣除、依法确定的其他扣除的,应当向税务机关报送《个人所得税专项附加扣除信息表》《商业健康保险税前扣除情况明细表》《个人税收递延型商业养老保险税前扣除情况明细表》等。

(八)非居民个人在中国境内从两处以上取得工资、薪金所得的纳税申报

非居民个人在中国境内从两处以上取得工资、薪金所得的,应当在取得所得的次月15日内,向其中一处任职、受雇单位所在地主管税务机关办理纳税申报,并报送《个人所得税自行纳税申报表(A表)》。

三、个人所得税特别纳税调整

有下列情形之一的,税务机关有权按照合理方法进行纳税调整:

(1)个人与其关联方之间的业务往来不符合独立交易原则而减少本人或者其关联方应纳税额,且无正当理由;

(2)居民个人控制的,或者居民个人和居民企业共同控制的设立在实际税负明显偏低的国家(地区)的企业,无合理经营需要,对应当归属于居民个人的利润不作分配或者减少分配;

(3)个人实施其他不具有合理商业目的的安排而获取不当税收利益。

税务机关依照前款规定作出纳税调整,需要补征税款的,应当补征税款,并依法加收利息。加收的利息,应当按照税款所属纳税申报期最后一日中国人民银行公布的与补税期间同期的人民币贷款基准利率计算,自税款纳税申报期满次日起至补缴税款期限届满之日止按日加收。纳税义务人在补缴税款期限届满前补缴税款的,利息加收至补缴税款之日。

第六章 城市维护建设税、教育费附加和地方教育附加及烟叶税

第一节　城市维护建设税

一、概念

城市维护建设税是以纳税义务人实际缴纳增值税、消费税税额为依据征收的一种附加税。

城市维护建设税开征的目的主要在于为加强城市的维护建设，扩大和稳定城市维护建设资金的来源。

二、纳税义务人和代扣代缴义务人

在中华人民共和国境内（以下简称境内）缴纳增值税、消费税的单位和个人，为城市维护建设税的纳税人，应当依照本法规定缴纳城市维护建设税。

城市维护建设税的代扣代缴、代收代缴，一律比照增值税、消费税的有关规定办理，即：增值税、消费税的代扣代缴、代收代缴义务人同时也是城市维护建设税的代扣代缴、代收代缴义务人。

三、征税范围

城市维护建设税的征税范围较广，具体包括城市、县城、建制镇，以及税法规定征收增值税、消费税的其他地区。

四、税率

城建税的税率，是指纳税义务人应缴纳的城建税税额与纳税义务人实际缴纳的增值税、消费税税额之间的比率。城建税按纳税义务人所在地的不同，设置了三档地区差别比例税率，除特殊规定外，即：

（1）纳税义务人所在地为市区的，税率为7%；
（2）纳税义务人所在地为县城、镇的，税率为5%；
（3）纳税义务人所在地不在市区、县城或者镇的，税率为1%；
（4）开采海洋石油资源的中外合作油（气）田所在地在海上，其城市维护建设税适用1%的税率。

城建税的适用税率，应当按纳税义务人所在地的规定税率执行。但是，对下列两种情况，可按缴纳增值税、消费税所在地的规定税率就地缴纳城建税：

一是由受托方代扣代缴、代收代缴增值税、消费税的单位和个人，其代扣代缴、代收代缴的城建税按受托方所在地适用税率执行。

二是流动经营等无固定纳税地点的单位和个人，在经营地缴纳增值税、消费税的，其城建税的缴纳按经营地适用税率执行。

五、计税依据

城市维护建设税的计税依据为纳税人实际缴纳的增值税、消费税税额，以及出口货物、劳务或者跨境销售服务、无形资产增值税免抵税额。

对进口货物或者境外单位和个人向境内销售劳务、服务、无形资产缴纳的增值税、消费税税额,不征收城市维护建设税。

对实行增值税期末留抵退税的纳税人,允许其从城市维护建设税、教育费附加和地方教育附加的计税(征)依据中扣除退还的增值税税额。

六、计税方法

城市维护建设税的应纳税额按照纳税人实际缴纳的增值税、消费税税额和出口货物、劳务或者跨境销售服务、无形资产增值税免抵税额乘以税率计算。

城市维护建设税的计税公式如下:

应纳税额＝纳税义务人实际缴纳的增值税、消费税税额×适用税率

对实行增值税期末留抵退税的纳税人,允许其从城市维护建设税的计税依据中扣除退还的增值税税额。

【例6-1】某市生产企业为增值税一般纳税义务人。2020年2月进口原材料一批,向海关缴纳进口环节增值税10万元;在国内销售甲产品缴纳增值税30万元、消费税50万元,由于缴纳消费税时逾期,被处以加收滞纳金1万元。

要求：计算该企业2月应纳城市维护建设税。

【答案】

应纳城市维护建设税＝(30＋50)×7％＝5.6(万元)。

【例6-2】某县甲卷烟厂委托某市乙卷烟厂加工一批雪茄烟,委托方提供原材料55万元,支付加工费9万元(不含增值税),雪茄烟消费税税率为36％,这批雪茄烟无同类产品市场价格。

要求：计算乙卷烟厂代收代缴消费税和城市维护建设税。

【答案】

受托方代收代缴消费税组成计税价格＝(55＋9)÷(1－36％)＝100(万元)；

代收代缴消费税＝100×36％＝36(万元)；

代收代缴城市维护建设税＝36×7％＝2.52(万元)。

七、减免税规定

城市维护建设税是以实际缴纳的增值税、消费税税额作为计税依据并同时征收的,故不单独予以减免税。税法规定对纳税义务人减免增值税和消费税时,相应也就减免了城市维护建设税。

经国务院批准,为支持国家重大水利工程建设,对国家重大水利工程建设基金免征城市维护建设税和教育费附加。

2019年1月1日至2021年12月31日,由省、自治区、直辖市人民政府根据本地区实际情况,以及宏观调控需要确定,对增值税小规模纳税人可以在50％的税额幅度内减征城市维护建设税。

对出口货物、劳务和跨境销售服务、无形资产以及因优惠政策退还增值税、消费税的,不退还已缴纳的城市维护建设税。

八、征收管理

城市维护建设税的征收管理比照增值税、消费税的有关规定办理。

第二节 教育费附加和地方教育附加

一、概念

教育费附加和地方教育附加是对缴纳增值税、消费税的单位和个人,就其实际缴纳的税额为计算依据征收的一种附加费。征收教育费附加和地方教育附加是为贯彻落实《中共中央关于教育体制改革的决定》,加快发展地方教育事业,扩大地方教育经费的资金来源。

二、征收范围及计征依据

教育费附加和地方教育附加对缴纳增值税、消费税的单位和个人征收,以其实际缴纳的增值税、消费税为计征依据,分别与增值税、消费税同时缴纳。

三、计征比率

现行教育费附加征收比率统一为3%,地方教育附加征收比率统一为2%。

除国务院另有规定者外,任何地区、部门不得擅自提高或者降低教育费附加和地方教育附加的计征比率。

四、计税方法

教育费附加和地方教育附加的计算公式为:

应纳教育费附加或地方教育附加 = 实际缴纳的增值税、消费税 × 征收比率(3% 或 2%)

五、减免规定

教育费附加和地方教育附加是以实际缴纳的增值税、消费税税额作为计税依据并同时征收的,故不单独予以减免税。税法规定对纳税义务人减免增值税和消费税时,相应也就减免了教育费附加和地方教育附加。

对按月纳税的月销售额不超过10万元(含10万元),以及按季纳税的季度销售额不超过30万元(含30万元)的缴纳义务人,免征教育费附加、地方教育附加。

第三节 烟叶税

一、纳税义务人和征税范围

(一)纳税义务人

在中华人民共和国境内,依照《中华人民共和国烟草专卖法》的规定收购烟叶的单位为烟叶税的纳税人。纳税人应当依照《中华人民共和国烟叶税法》规定缴纳烟叶税。

所称"收购烟叶的单位",是指依照《中华人民共和国烟草专卖法》的规定有权收购烟叶的烟草公司或者受其委托收购烟叶的单位。

(二)征税范围

所称烟叶,是指烤烟叶、晾晒烟叶。

所称"晾晒烟叶",包括列入名晾晒烟名录的晾晒烟叶和未列入名晾晒烟名录的其他晾晒烟叶。

二、税率与应纳税额的计算

(一)税率

烟叶税税率为20%。

(二)计税依据和应纳税额的计算

1. 计税依据计算

烟叶税的计税依据为纳税义务人收购烟叶实际支付的价款总额。

纳税人收购烟叶实际支付的价款总额包括纳税人支付给烟叶生产销售单位和个人的烟叶收购价款和价外补贴。其中,价外补贴统一按烟叶收购价款的10%计算。

依照《中华人民共和国烟草专卖法》查处没收的违法收购的烟叶,由收购罚没烟叶的单位按照购买金额计算缴纳烟叶税。

2. 应纳税额计算

烟叶税的应纳税额按照纳税义务人收购烟叶实际支付的价款总额乘以税率计算。计算公式如下:

$$应纳税额 = 实际支付的价款总额 \times 税率$$

【例6-3】某烟草公司系增值税一般纳税人,2020年1月在产地收购烟叶,实际支付收购价款100万元。

要求:计算该烟草公司应纳烟叶税。

【答案】

应纳烟叶税 = (100 + 100 × 10%) × 20% = 22(万元)。

三、征收管理

(一)征税主体

烟叶税由税务机关依照《烟叶税法》和《税收征收管理法》的有关规定征收管理。

(二)纳税义务发生时间

烟叶税的纳税义务发生时间为纳税人收购烟叶的当日。收购烟叶的当日是指纳税人向烟叶销售者付讫收购烟叶款项或者开具收购烟叶凭据的当日。

(三) 纳税地点

纳税人应当向烟叶收购地的主管税务机关申报缴纳烟叶税。"烟叶收购地的主管税务机关",是指烟叶收购地的县级地方税务局或者其所指定的税务分局、所。

(四) 纳税期限

烟叶税按月计征,纳税人应当于纳税义务发生月终了之日起 15 日内申报并缴纳税款。

第七章　关税和船舶吨税

第一节 关税

一、征税对象和纳税人

（一）征税对象

关税是海关依法对进出境货物、物品征收的一种税。

所谓"境"指关境，是国家《海关法》全面实施的领域。

货物是指贸易性商品；物品指入境旅客随身携带的行李物品、个人邮递物品、各种运输工具上的服务人员携带进口的自用物品、馈赠物品以及其他方式进境的个人物品。

（二）纳税人

进口货物的收货人、出口货物的发货人、进出境物品的所有人，是关税的纳税义务人。

进出口货物的收、发货人是依法取得对外贸易经营权，并进口或者出口货物的法人或者其他社会团体。

进出口物品的所有人包括该物品的所有人和推定为所有人的人。

一般情况下，对于携带进境的物品，推定其携带人为所有人；对分离运输的行李，推定相应的进出境旅客为所有人；对以邮递方式进境的物品，推定其收件人为所有人；以邮递或其他运输方式出境的物品，推定其寄件人或托运人为所有人。

二、关税税率

（一）进口关税税率

1. 税率设置与适用

我国现行进口税则设有最惠国税率、协定税率、特惠税率、普通税率、关税配额税率等税率。对进口的相同货物，根据不同的出口国或地区，结合双边协议签订的情况，适用不同的税率。

（1）最惠国税率，适用原产于共同适用最惠国待遇条款的世界贸易组织成员的进口货物、原产于与中华人民共和国签订含有相互给予最惠国待遇条款的双边贸易协定的国家或者地区的进口货物，以及原产于中华人民共和国境内的进口货物。

（2）协定税率，适用原产于与中华人民共和国签订含有关税优惠条款的区域性贸易协定的国家或者地区的进口货物。

（3）特惠税率，适用原产于与中华人民共和国签订含有特殊关税优惠条款的贸易协定的国家或者地区的进口货物。

（4）普通税率，适用原产于除适用最惠国税率、协定税率、特惠税率所列国家或地区以外的国家或者地区的进口货物，以及原产地不明的进口货物。

（5）关税配额税率，适用实行关税配额管理的进口货物。进口关税配额管理的货物包括部分农产品(小麦、玉米、稻谷和大米、棉花、食糖、羊毛以及毛条)及化肥。

(6) 暂定进口税率,适用暂定进口税率是国家对部分进口货物实行的一种临时性进口关税税率。一般根据国民经济发展的实际需要和进口关税税率的总体调整情况,对部分进口货物实行暂定税率,以更有效地发挥关税在提高国内竞争能力、促进企业技术进步、保障经济运行等方面的作用。

2. 征收关税的标准

按征收关税的标准,可以分为从价税、从量税、选择税、复合税和滑准税。

(二) 出口关税税率

现行出口关税税则对100余种商品计征出口关税,实行0—25%的暂定税率,此外,根据需要对其他200多种商品征收暂定税率。

(三) 特别关税

特别关税包括报复性关税、反倾销税与反补贴税、保障性关税。

(1) 报复性关税是指为报复他国对本国出口货物的关税歧视,而对相关国家的进口货物征收的一种进口附加税。任何国家或者地区对其进口的原产于我国的货物征收歧视性关税或者给予其他歧视性待遇的,我国对原产于该国家或者地区的进口货物征收报复性关税,税率由具体情况定。

(2) 反倾销税就是对倾销商品所征收的进口附加税。当进口国因外国倾销某种产品,国内产业受到损害时,征收相当于出口国国内市场价格与倾销价格之间差额的进口税。

(3) 反补贴税是指对进口商品使用的一种超过正常关税的特殊关税,目的在于为了抵消国外竞争者得到奖励和补助产生的影响,从而保护进口国的制造商。

(4) 保障性关税指当某类商品进口量剧增,对我国相关产业带来巨大威胁或损害时,按照WTO有关规则。可以启动一般保障措施,即在与有实质利益的国家或地区进行磋商后,在一定时期内提高该项商品的进口关税或采取数量限制措施,以保护国内相关产业不受损害。

特别关税由国务院关税税则委员会决定,海关总署负责实施。

三、原产地规定

确定进境货物原产国的主要原因之一,是便于正确运用进口税则的各栏税率,对产自不同国家或地区的进口货物适用不同的关税税率。我国原产地规定基本上采用了"全部产地生产标准""实质性加工标准"两种国际上通用的原产地标准。

(一) 全部产地生产标准

全部产地生产标准是指进口货物"完全在一个国家内生产或制造",生产或制造国即为该货物的原产国。

(二) 实质性加工标准

实质性加工标准是适用于确定有两个或两个以上国家参与生产的产品的原产国的标准,其基本含义是:经过几个国家加工、制造的进口货物,以最后一个对货物进行经济上可以视为实质性加工的国家作为有关货物的原产国。"实质性加工"是指产品加工后,在进出口税则中四位数税号一级的税则归类已经有了改变,或者加工增值部分所占新产品总值的比例已超过30%及以上的。如图7-1所示。

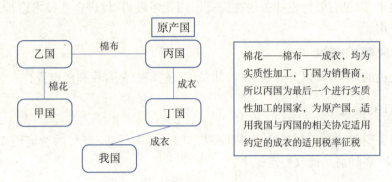

图 7-1　实质性加工标准举例

(三) 其他

对机器、仪器、器材或车辆所用零件、部件、配件、备件及工具,如与主件同时进口且数量合理的,其原产地按主件的原产地确定,分别进口的则按各自的原产地确定。

四、进口货物关税完税价格

关税完税价格即关税的计税依据,是计算关税的关键。

《海关法》规定,进出口货物的完税价格,由海关以该货物的成交价格为基础审查确定。成交价格不能确定时,完税价格由海关依法估定。

海关按照《海关审定进出口货物完税价格办法》,审定进出口货物的完税价格。

(一) 一般进口货物的关税完税价格

根据《海关法》规定,进口货物的完税价格包括货物的货价、货物运抵我国境内输入地点起卸前的运输及其相关费用、保险费。

进口货物的完税价格的确定方法包括成交价格估价方法和海关估价方法。

1. 成交价格估价方法

进口货物的成交价格,是指卖方向我国境内销售该货物时买方为进口该货物向卖方实付、应付的,并按照《完税价格办法》有关规定调整后的价款总额,包括直接支付的价款和间接支付的价款。

(1) 进口货物的成交价格应当符合下列条件:

① 对买方处置或者使用该货物不予限制,但法律、行政法规规定实施的限制、对货物转售地域的限制和对货物价格无实质性影响的限制除外;

② 该货物的成交价格没有因搭售或者其他因素的影响而无法确定;

③ 卖方不得从买方直接或者间接获得因该货物进口后转售、处置或者使用而产生的任何收益,或者虽有收益但能够按照《完税价格办法》的规定进行调整;

④ 买卖双方没有特殊关系,或者虽有特殊关系但未对成交价格产生影响。

(2) 应计入完税价格的调整项目：

货物的货价以成交价格为基础。进口货物的成交价格是指买方为购买该货物，并按《完税价格办法》有关规定调整后的实付或应付价格。

进口货物的下列费用应当计入完税价格：

① 由买方负担的购货佣金以外的佣金和经纪费；

② 由买方负担的在审查确定完税价格时与该货物视为一体的容器的费用；

③ 由买方负担的包装材料费用和包装劳务费用；

④ 与该货物的生产和向中华人民共和国境内销售有关的，由买方以免费或者以低于成本的方式提供并可以按适当比例分摊的料件、工具、模具、消耗材料及类似货物的价款，以及在境外开发、设计等相关服务的费用；

⑤ 作为该货物向中华人民共和国境内销售的条件，买方必须支付的、与该货物有关的特许权使用费；

⑥ 卖方直接或者间接从买方获得的该货物进口后转售、处置或者使用的收益。

(3) 不计入完税价格的调整项目：

① 厂房、机械、设备等货物进口后的建设、安装、装配、维修或者技术援助费用，但保修费用除外；

② 进口货物运抵我国境内输入地点之后发生的运输费用及其相关费用、保险费；

③ 进口关税、进口环节海关代征税及其他国内税；

④ 为在境内复制进口货物而支付的费用；

⑤ 境内外技术培训及境外考察费用；

⑥ 同时符合以下条件的利息：利息费用是买方为购买进口货物而融资所产生的；有书面的融资协议的；利息费用单独列明的；纳税义务人可以证明有关利率不高于在融资当时当地此类交易通常应当具有的利率水平，且没有融资安排的相同或者类似进口货物的价格与进口货物的实付、应付价格非常接近的。

【例7-1】某外贸公司进口A商品，货价1 000万元，货物运抵境内输入地点起卸前的运输费用38万元，及相关费用15万元，保险费16万元。根据相关进口业务的合同，A商品货价包括支付购货佣金30万元、经纪费10万元、境内复制权费20万元、包装材料和包装劳务费用18万元和货物运抵境内输入地点之后的运输费用5万元。

要求：计算A商品的关税完税价。

【答案】

关税完税价=(1 000-30-20-5)+38+15+16=1 014(万元)。

如果A商品未包括购货佣金等费用而是另外支付，其他条件不变，则：

关税完税价=(1 000+10+18)+38+15+16=1 097(万元)。

(二) 进口货物海关估价方法

进口货物的价格不符合成交价格条件或者成交价格不能确定的，海关经了解有关情况，并与纳税义务人进行价格磋商后，海关应当依次以相同货物成交价格方法、类似货物成交价格方法、倒扣价格方法、计算价格方法及其他合理方法确定的价格为基础，估定完税价格。

如果进口货物的收货人提出要求，并提供相关资料，经海关同意，可以选择倒扣价格方法和计算价格方法的适用次序。

(三) 进出口货物完税价格中的运输及相关费用、保险费的计算

(1) 进口货物的运输及其相关费用,应当按照由买方实际支付或者应当支付的费用计算。如果进口货物的运输及其相关费用无法确定的,海关应当按照该货物进口同期的正常运输成本审查确定。

(2) 运输工具作为进口货物,利用自身动力进境的,海关在审查确定完税价格时,不再另行计入运输及其相关费用。

(3) 如果进口货物的保险费无法确定或者未实际发生,海关应当按照"货价加运费"两者总额的 3‰ 计算保险费,其计算公式如下:

$$保险费 = (货价 + 运费) \times 3‰$$

(4) 邮运进口的货物,应当以邮费作为运输及其相关费用、保险费。

【例 7-2】某公司进口商品成交价 300 万元,到岸起卸前运费和保险费无法确认。同期运输行业公布的运费率 5%。适用关税税率为 20%。

要求:计算上述业务应纳关税。

【答案】

运费 $= 300 \times 5\% = 15$(万元);

保险费 $= (300 + 15) \times 3‰ = 0.945$(万元);

关税完税价 $= 300 + 15 + 0.945 = 315.95$(万元)。

即:关税完税价 $= 300 \times (1 + 5\%) \times (1 + 0.3\%) = 315.95$(万元);

应纳关税 $= 315.95 \times 20\% = 63.19$(万元)。

五、出口货物的完税价格

出口货物的完税价格由海关以该货物的成交价格为基础审查确定,并且应当包括货物运至中华人民共和国境内输出地点装载前的运输及其相关费用、保险费。

出口货物的成交价格,是指该货物出口销售时,卖方为出口该货物应当向买方直接收取和间接收取的价款总额。

六、应纳税额的计算

(一) 从价计征应纳税额的计算

$$关税税额 = 应税进(出)口货物数量 \times 单位完税价格 \times 税率$$

(二) 从量计征应纳税额的计算

$$关税税额 = 应税进(出)口货物数量 \times 单位货物税额$$

(三) 复合计征应纳税额的计算

我国目前实行的复合税都是先计征从量税,再计征从价税。

$$关税税额=应税进(出)口货物数量×单位货物税额+$$
$$应税进(出)口货物数量×单位完税价格×税率$$

(四) 滑准税应纳税额的计算

$$关税税额=应税进(出)口货物数量×单位完税价格×滑准税税率$$

【例 7-3】进口货车,成交价 160 万元,境外运费 12 万元,保险费 8 万元。关税税率 20%。

要求:计算进口货车应缴纳增值税。

【答案】

进口货车关税完税价格＝160＋12＋8＝180(万元);

进口货车应缴纳关税＝180×20%＝36(万元);

进口关税应缴纳增值税＝(180＋36)×13%＝28.08(万元)。

【例 7-4】进口仪器设备一台,国外买价 64 000 元,运抵我国入关前支付的运费 4 200 元、保险费 3 800 元;入关后运抵企业所在地,取得运输公司开具的增值税专用发票,注明运费 1 600 元、税额 176 元。关税税率 12%。

要求:计算仪器设备进口环节应缴纳的关税和增值税。

【答案】

进口仪器设备关税完税价格＝64 000＋4 200＋3 800＝72 000(元);

进口仪器设备应缴纳关税＝72 000×12%＝8 640(元);

进口仪器设备应缴纳增值税＝(72 000＋8 640)×13%＝10 483.2(元)。

【例 7-5】进口原油 5 000 吨,支付买价 2 000 万元、运抵我国境内输入地点起卸前的运输费用 60 万元,保险费无法确定。进口关税税率为 1%。

要求:计算进口原油应缴纳增值税。

【答案】

进口原油关税完税价格＝(2 000＋60)×(1＋3‰)＝2 066.18(万元);

进口原油应缴纳关税＝2 066.18×1%＝20.66(万元);

进口原油应缴纳增值税＝(2 066.18＋20.66)×13%＝271.29(万元)。

七、跨境电子商务零售进口税收政策

(1) 跨境电子商务零售(企业对消费者,即 B2C)进口商品按照货物征收关税和进口环节增值税、消费税,购买跨境电子商务零售进口商品的个人作为纳税义务人,实际交易价格(包括货物零售价格、运费和保险费)作为完税价格,电子商务企业、电子商务交易平台企业或物流企业可作为代收代缴义务人。已经购买的电商进口商品属于消费者个人使用的最终商品,不得进入国内市场再次销售。

(2) 跨境电子商务零售进口商品的单次交易限值为人民币 5 000 元,个人年度交易限值为人民币 26 000 元。在限值以内进口的跨境电子商务零售进口商品,关税税率暂设为 0%;进口环节增值税、消费税取消免征税额,暂按法定应纳税额的 70%征收。超过单次限值、累加后超过个人年度限值的单次交易,以及完税价格超过 5 000 元限值的单个不可分割商品,均按照一般贸易方式全额征税。

完税价格超过 5 000 元单次交易限值但低于 26 000 元年度交易限值,且订单下仅一件商品时,可以自跨境电商零售渠道进口,按照货物税率全额征收关税和进口环节增值税、消费税,交易额计入年度交易总额,但年度交易总额超过年度交易限值的,应按一般贸易管理。

(3) 跨境电子商务零售进口商品自海关放行之日起 30 日内退货的,可申请退税,并相应调整个人年度交易总额。

八、税收减免规定

(一) 法定减免税

法定减免税是税法中明确列出的减税或免税。符合税法规定可予减免税的进出口货物,纳税义务人无须提出申请,海关可按规定直接予以减免税。海关对法定减免税货物一般不进行后续管理。

下列进出口货物,免征关税:
(1) 关税税额在人民币 50 元以下的一票货物;
(2) 无商业价值的广告品和货样;
(3) 外国政府、国际组织无偿赠送的物资;
(4) 在海关放行前损失的货物;
(5) 进出境运输工具装载的途中必需的燃料、物料和饮食用品;
(6) 在海关放行前遭受损坏的货物,可以根据海关认定的受损程度减征关税;
(7) 我国缔结或者参加的国际条约规定减征、免征关税的货物、物品,按照规定予以减免税;
(8) 法律规定减征、免征关税的其他货物和物品。

(二) 特定减免税

特定减免税也称政策性减免税。在法定减免税之外,国家按照国际通行规则和我国实际情况,制定发布的有关进出口货物减免关税的政策,称为特定或政策性减免税。特定减免税货物一般有地区、企业和用途的限制,海关需要进行后续管理,也需要进行减免税统计。包括:科教用品、残疾人专用品、慈善捐赠物资。

(三) 暂时减免税

经海关核准暂时进境并在 6 个月内复运出境的施工机械、工程车辆、工程船舶等,准予暂时免缴关税和进口环节增值税。上述货物超过半年仍留在境内使用的,应自第 7 个月起,按月征收关税和进口环节增值税。

(1) 在展览会、交易会、会议及类似活动中展示或者使用的货物;
(2) 文化、体育交流活动中使用的表演、比赛用品;
(3) 进行新闻报道或者摄制电影、电视节目使用的仪器、设备及用品;
(4) 开展科研、教学、医疗活动使用的仪器、设备及用品;
(5) 在本款第(1)项至第(4)项所列活动中使用的交通工具及特种车辆;
(6) 货样;
(7) 供安装、调试、检测设备时使用的仪器工具;
(8) 盛装货物的容器;

(9) 其他用于非商业目的的货物。

九、关税征收管理

(一) 关税缴纳

进口货物自运输工具申报进境之日起 14 日内,出口货物在货物运抵海关监管区后装货的 24 小时以前,应由进出口货物的纳税义务人向货物进(出)境地海关申报,海关根据税则归类和完税价格计算应缴纳的关税和进口环节代征税,并填发税款缴款书。

纳税义务人应当自海关填发税款缴款书之日起 15 日内,向指定银行缴纳税款。如关税缴纳期限的最后一日是周末或法定节假日,则关税缴纳期限顺延至周末或法定节假日过后的第一个工作日。为方便纳税义务人,经申请且海关同意,进(出)口货物的纳税义务人可以在设有海关的指运地(启运地)办理海关申报、纳税手续。

关税纳税义务人因不可抗力或者在国家税收政策调整的情形下,不能按期缴纳税款的,经海关总署批准,可以延期缴纳税款,但最长不得超过 6 个月。

(二) 关税的强制执行

关税强制措施主要有两类:

(1) 征收关税滞纳金。滞纳金自关税缴纳期限届满滞纳之日起,至纳税义务人缴纳关税之日止,按滞纳税款万分之五的比例按日征收,周末或法定节假日不予扣除。具体计算公式为:

$$关税滞纳金金额 = 滞纳关税税额 \times 滞纳金征收比率 \times 滞纳天数$$

(2) 强制征收。如纳税义务人自海关填发缴款书之日起 3 个月仍未缴纳税款,经海关关长批准,海关可以采取强制扣缴、变价抵缴等强制措施。强制扣缴即海关从纳税义务人在开户银行或者其他金融机构的存款中直接扣缴税款。变价抵缴即海关将应税货物依法变卖,以变卖所得抵缴税款。

第二节 船舶吨税

一、征税范围和税率

(一) 征税范围

自中华人民共和国境外港口进入境内港口的船舶(以下称应税船舶),应当依照《中华人民共和国船舶吨税法》缴纳船舶吨税(以下简称吨税)。

(二) 税率

吨税的税目、税率依照《吨税税目税率表》执行。

吨税设置优惠税率和普通税率。

中华人民共和国籍的应税船舶,船籍国(地区)与中华人民共和国签订含有相互给予船舶税费最惠国待遇条款的条约或者协定的应税船舶,适用优惠税率。其他应税船舶,适用普通税率。

吨税按照船舶净吨位和吨税执照期限征收。

应税船舶负责人在每次申报纳税时,可以按照《吨税税目税率表》(见表7-1)选择申领一种期限的吨税执照。

表 7-1　　　　　　　　　　　　　吨税税目税率表

税目 (按船舶净吨位划分)	税率(元/净吨)						备注
	普通税率 (按执照期限划分)			优惠税率 (按执照期限划分)			
	1年	90日	30日	1年	90日	30日	
不超过2 000净吨	12.6	4.2	2.1	9.0	3.0	1.5	拖船和非机动驳船分别按相同净吨位船舶税率的50%计征税款
超过2 000净吨,但不超过10 000净吨	24.0	8.0	4.0	17.4	5.8	2.9	
超过10 000净吨,但不超过50 000净吨	27.6	9.2	4.6	19.8	6.6	3.3	
超过50 000净吨	31.8	10.6	5.3	22.8	7.6	3.8	

注:净吨位,是指由船籍国(地区)政府签发或者授权签发的船舶吨位证明书上标明的净吨位。非机动船舶,是指自身没有动力装置,依靠外力驱动的船舶。非机动驳船,是指在船舶登记机关登记为驳船的非机动船舶。拖船,是指专门用于拖(推)动运输船舶的专业作业船舶。吨税执照期限,是指按照公历年、日计算的期间。

应当注意的是,应税船舶在吨税执照期限内,因税目税率调整或者船籍改变而导致适用税率变化的,吨税执照继续有效。因船籍改变而导致适用税率变化的,应税船舶在办理出入境手续时,应当提供船籍改变的证明文件。

二、应纳税额计算

吨税的应纳税额按照船舶净吨位乘以适用税率计算。净吨位,是指由船籍国(地区)政府授权签发的船舶吨位证明书上标明的净吨位。计算公式如下:

应纳税额 = 船舶净吨位 × 定额税率

【例7-6】B国某运输公司一艘货轮驶入我国某港口,该货轮净吨位为30 000吨,货轮负责人已向我国该海关领取了吨税执照,在港口停留期限为30天,B国与我国签订有相互给予船舶最惠国待遇条款。

要求:计算该货轮负责人应向我国海关缴纳的船舶吨税。

【答案】

根据船舶吨税的相关规定,该货轮应享受优惠税率,每净吨位为3.3元;

应缴纳船舶吨税 = 30 000 × 3.3 = 99 000(元)。

三、征收管理

（一）征税机关

吨税由海关负责征收。海关征收吨税应当制发缴款凭证。

（二）吨税执照申领和使用

应税船舶负责人缴纳吨税或者提供担保后，海关按照其申领的执照期限填发吨税执照。

应税船舶在进入港口办理入境手续时，应当向海关申报纳税领取吨税执照，或者交验吨税执照（或者申请核验吨税执照电子信息）。应税船舶在离开港口办理出境手续时，应当交验吨税执照（或者申请核验吨税执照电子信息）。

应税船舶负责人申领吨税执照时，应当向海关提供下列文件：

(1) 船舶国籍证书或者海事部门签发的船舶国籍证书收存证明；
(2) 船舶吨位证明。

应税船舶因不可抗力在未设立海关地点停泊的，船舶负责人应当立即向附近海关报告，并在不可抗力原因消除后，依法向海关申报纳税。

（三）纳税义务发生时间

吨税纳税义务发生时间为应税船舶进入港口的当日。

应税船舶在吨税执照期满后尚未离开港口的，应当申领新的吨税执照，自上一次执照期满的次日起续缴吨税。

（四）纳税期限

应税船舶负责人应当自海关填发吨税缴款凭证之日起 15 日内缴清税款。未按期缴清税款的，自滞纳税款之日起至缴清税款之日止，按日加收滞纳税款 5‰ 的税款滞纳金。

（五）罚则

应税船舶有下列行为之一的，由海关责令限期改正，处 2 000 元以上 30 000 元以下的罚款；不缴或者少缴应纳税款的，处不缴或者少缴税款 50% 以上 5 倍以下的罚款，但罚款不得低于 2 000 元：

(1) 未按照规定申报纳税、领取吨税执照；
(2) 未按照规定交验吨税执照（或者申请核验吨税执照电子信息）以及提供其他证明文件。

四、税收优惠

（一）直接优惠

下列船舶免征吨税：

(1) 应纳税额在人民币 50 元以下的船舶。
(2) 自境外以购买、受赠、继承等方式取得船舶所有权的初次进口到港的空载船舶。

（3）吨税执照期满后24小时内不上下客货的船舶。

（4）非机动船舶(不包括非机动驳船)。

（5）捕捞、养殖渔船。捕捞、养殖渔船，是指在中华人民共和国渔业船舶管理部门登记为捕捞船或者养殖船的船舶。

（6）避难、防疫隔离、修理、改造、终止运营或者拆解，并不上下客货的船舶。

（7）军队、武装警察部队专用或者征用的船舶。

（8）警用船舶。

（9）依照法律规定应当予以免税的外国驻华使领馆、国际组织驻华代表机构及其有关人员的船舶。

（10）国务院规定的其他船舶。

前款第(10)项免税规定，由国务院报全国人民代表大会常务委员会备案。

（二）延期纳税

在吨税执照期限内，应税船舶发生下列情形之一的，海关按照实际发生的天数批注延长吨税执照期限：

（1）避难、防疫隔离、修理、改造，并不上下客货；

（2）军队、武装警察部队征用。

第八章 资源税和环境保护税

第一节 资源税

一、纳税义务人和扣缴义务人

(一)纳税义务人

资源税的纳税义务人是指在中华人民共和国领域及管辖海域开采本条例规定的矿产品或者生产盐(以下称开采或者生产应税产品)的单位和个人。

进口应税产品不征收资源税。

出口应税产品不免不退资源税。

以应税产品投资、分配、抵债、赠与、以物易物等,应视同销售缴纳资源税。

(二)扣缴义务人

收购未税矿产品的单位和个人为资源税的扣缴义务人。

(1)独立矿山、联合企业收购未税矿产品的单位,按照本单位应税产品税额标准,依据收购的数量代扣代缴资源税。

(2)其他收购单位收购的未税矿产品,按税务机关核定的应税产品税额标准,依据收购的数量代扣代缴资源税。

二、税目与税率

(一)税目

资源税税目包括5大类,包括:①原油;②天然气;③煤炭;④金属矿;⑤其他非金属矿。

纳税人在开采主矿产品的过程中伴采的其他应税矿产品,凡未单独规定适用税额的,一律按主矿产品或视同主矿产品税目征收资源税。

(二)税率(见表8-1)

表 8-1

序号	税目		征税对象	税率幅度
1	金属矿	铁矿	精矿	1%—6%
2		金矿	金锭	1%—4%
3		铜矿	精矿	2%—8%
4		铝土矿	原矿	3%—9%
5		铅锌矿	精矿	2%—6%
6		镍矿	精矿	2%—6%
7		锡矿	精矿	2%—6%

续表

序号	税目		征税对象	税率幅度
8	非金属矿	未列举名称的其他金属矿产品	原矿或精矿	税率不超过20%
9		石墨	精矿	3%—10%
10		硅藻土	精矿	1%—6%
11		高岭土	原矿	1%—6%
12		萤石	精矿	1%—6%
13		石灰石	原矿	1%—6%
14		硫铁矿	精矿	1%—6%
15		磷矿	原矿	3%—8%
16		氯化钾	精矿	3%—8%
17		硫酸钾	精矿	6%—12%
18		井矿盐	氯化钠初级产品	1%—6%
19		湖盐	氯化钠初级产品	1%—6%
20		提取地下卤水晒制的盐	氯化钠初级产品	3%—15%
21		煤层(成)气	原矿	1%—2%
22		粘土、砂石	原矿	每吨或立方米0.1元—5元
23		未列举名称的其他非金属矿产品	原矿或精矿	从量税率每吨或立方米不超过30元；从价税率不超过20%
25	原油		指开采的天然原油,不包括人造石油	6%—10%
26	天然气		指专门开采或者与原油同时开采的天然气	6%—10%
27	煤炭		包括原煤和以未税原煤(指自采原煤)加工的洗选煤	2%—10%

注：①铝土矿包括耐火级矾土、研磨级矾土等高铝粘土。②氯化钠初级产品是指井矿盐、湖盐原盐、提取地下卤水晒制的盐和海盐原盐,包括固体和液体形态的初级产品。③海盐是指海水晒制的盐,不包括提取地下卤水晒制的盐。④轻稀土按地区执行不同的适用税率,其中,内蒙古为11.5%、四川为9.5%、山东为7.5%。

中重稀土资源税适用税率为27%。

钨资源税适用税率为6.5%。

钼资源税适用税率为11%。

纳税人开采或者生产不同税目应税产品的,应当分别核算不同税目应税产品的销售额或者销售数量；未分别核算或者不能准确提供不同税目应税产品的销售额或者销售数量的,从高适用税率。

三、计税依据

资源税的计税依据为销售额或销售量。

（一）从价定率征收的计税依据

1. 销售额的认定

从价定率征收的计税依据为销售额。销售额是指纳税人销售应税产品向购买方收取的全部价款和价外费用,但不包括收取的增值税销项税额。

价外费用,包括价外向购买方收取的手续费、补贴、基金、集资费、返还利润、奖励费、违约金、滞纳金、延期付款利息、赔偿金、代收款项、代垫款项、包装费、包装物租金、储备费、优质费以及其他各种性质的价外收费。

但下列项目不包括在内：

（1）同时符合以下条件的代垫运输费用：

① 承运部门的运输费用发票开具给购买方的；

② 纳税人将该项发票转交给购买方的。

（2）由国务院或者财政部批准设立的政府性基金,由国务院或者省级人民政府及其财政、价格主管部门批准设立的行政事业性收费。收取时开具省级以上财政部门印制的财政票据,所收款项全额上缴财政。

纳税人以人民币以外的货币结算销售额的,应当折合成人民币计算。其销售额的人民币折合率可以选择销售额发生的当天或者当月1日的人民币汇率中间价。纳税人应在事先确定采用何种折合率计算,确定后1年内不得变更。

2. 运杂费的扣除

对同时符合以下条件的运杂费用,纳税人在计算应税产品计税销售额时,可予以扣减：

（1）包含在应税产品销售收入中；

（2）属于纳税人销售应税产品环节发生的运杂费用,具体是指运送应税产品从坑口或者洗选（加工）地到车站、码头或者购买方指定地点的运杂费用；

（3）取得相关运杂费用发票或者其他合法有效凭据；

（4）将运杂费用与计税销售额分别进行核算。

纳税人扣减的运杂费用明显偏高导致应税产品价格偏低且无正当理由的,主管税务机关可以合理调整计税价格。

3. 关于原矿销售额与精矿销售额的换算或折算

对同一种应税产品,征税对象为精矿的,纳税人销售原矿时,应将原矿销售额换算为精矿销售额缴纳资源税；征税对象为原矿的,纳税人销售自采原矿加工的精矿,应将精矿销售额折算为原矿销售额缴纳资源税。换算比或折算率原则上应通过原矿售价、精矿售价和选矿比计算,也可通过原矿销售额、加工环节平均成本和利润计算。

4. 特殊销售情形

（1）纳税人开采应税矿产品由其关联单位对外销售的,按其关联单位的销售额征收资源税。

(2) 纳税人既有对外销售的应税产品,又有将应税产品用于除连续生产应税产品以外的其他方面的(包括用于非生产项目和生产非应税产品),则自用的这部分应税产品按纳税人对外销售应税产品平均价格计算销售额征收资源税。

(3) 纳税人将其开采的应税产品直接出口的,按其离岸价(不含增值税)计算销售额征收资源税。

(4) 纳税人申报的应税产品销售额明显偏低并且无正当理由的,有视同销售应税产品行为而无销售额的,除财政部、国家税务总局另有规定外,按下列顺序确定销售额:

① 按纳税人最近时期同类产品的平均销售价格确定;
② 按其他纳税人最近时期同类产品的平均销售价格确定;
③ 按组成计税价格确定。

$$组成计税价格 = 成本 \times (1 + 成本利润率) \div (1 - 税率)$$

公式中的成本,指生产成本。成本利润率由省、自治区、直辖市地方税务局确定。

(5) 纳税人用已纳资源税的应税产品进一步加工应税产品销售的,不再缴纳资源税。纳税人以未税产品和已税产品混合销售或者混合加工为应税产品销售的,应当准确核算已税产品的购进金额,在计算加工后的应税产品销售额时,准予扣减已税产品的购进金额;未分别核算的,一并计算缴纳资源税。

(二) 从量定额征收的计税依据

实行从量定额征收的以销售数量为计税依据。销售数量的具体规定为:

(1) 销售数量,包括纳税人开采或者生产应税产品的实际销售数量和视同销售的自用数量。

(2) 纳税人不能准确提供应税产品销售数量的,以应税产品的产量或者主管税务机关确定的折算比换算成的数量为计征资源税的销售数量。

(三) 视同销售的情形

视同销售包括以下情形:

(1) 纳税人以自采原矿直接加工为非应税产品的,视同原矿销售;
(2) 纳税人以自采原矿洗选(加工)后的精矿连续生产非应税产品的,视同精矿销售;
(3) 以应税产品投资、分配、抵债、赠与、以物易物等,视同应税产品销售。

四、应纳税额的计算

(一) 从价定率应纳税额的计算

实行从价定率征收的,根据应税产品的销售额规定的适用税率计算应纳税额,具体计算公式为:

$$应纳税额 = 销售额 \times 适用税率$$

【例8-1】某油田为一般纳税人,2019年12月销售原油30 000吨,开具增值税专用发票注明的销售额为15 000万元,增值税为1 950万元,资源税适用税率为6%。

要求:计算该油田当月应纳资源税。

【答案】

应纳资源税＝15 000×6％＝900(万元)。

【例8-2】某铁矿企业为一般纳税人,2019年12月销售铁矿石10 000吨,开具增值税专用发票注明的销售额为100万元,增值税为13万元,资源税适用税率为2％。

要求:计算当月该铁矿企业应纳资源税。

【答案】

铁矿石资源税暂减按40％征收。

应纳资源税＝100×2％×40％＝0.8(万元)。

(二) 从量定额应纳税额计算

实行从量定额征收的,根据应税产品的课税数量和规定的单位税额可以计算应纳税额,具体计算公式为:

$$应纳税额＝课税数量×适用的单位税额$$
$$代扣代缴应纳税额＝收购未税矿产品的数量×适用的单位税额$$

【例8-3】某企业为小规模纳税人,2019年12月销售砂石1 000吨,开具增值税普通发票注明的价税合计金额为20.6万元。当地砂石资源税单位税额为0.3元/吨。

要求:计算该企业当月应纳资源税。

【答案】

应纳资源税＝1 000×0.3＝300(元)。

【例8-4】某煤矿为一般纳税人,2019年12月共生产原煤30 000吨,其中:当月销售20 000吨,开具增值税专用发票注明的销售额为2 500万元;8 000吨用于连续生产洗选煤6 500吨,当月销售其中的6 000吨,开具增值税专用发票注明的销售额为1 500万元;当月职工福利设施领用自产的洗选煤10吨。洗选煤折算率85％,当地煤炭适用税率为6％。

要求:计算该煤矿当月应纳资源税。

【答案】

应纳资源税＝[2 500＋1 500×85％＋10×(1 500/6 000)×85％]×6％
　　　　　＝(2 500＋1 275＋2.125)×6％
　　　　　＝226.63(万元)

【例8-5】某石化企业为一般纳税人,2019年12月发生如下业务:

(1) 从境外进口原油30 000吨,取得海关进口增值税专用缴款书注明的完税价格13 500万元。

(2) 开采原油20 000吨,对外销售5 000吨,取得增值税专用发票注明的价税合计销售额3 107.5万元(其中包括销售环节发生的运杂费用16.95万元),另外收取延期付款的利息万元5.65万元,包装费11.3万元。

(3) 用开采的原油23 000吨连续生产成汽油16 000吨。

(4) 当地原油资源税税率为8％。

要求:计算该石化企业当月应纳资源税。

【答案】

业务(1):进口应税矿产品不征收资源税。

业务(2)：销售应税矿产品应缴纳资源税。应纳资源税＝(3 107.5－16.95＋5.65＋11.3)÷(1＋13％)×8％＝2 750×8％＝220(万元)。

业务(3)：应税矿产品用于生产非应税矿产品的，应缴纳资源税，销售额按同期同类产品销售额确认。应纳资源税＝23 000×(2 750÷5 000)×8％＝12 650×8％＝1 012(万元)。

该石化企业当月应纳资源税＝220＋1 012＝1 232(万元)。

五、减税、免税项目

(一) 原油、天然气优惠政策

(1) 开采原油过程中用于加热、修井的原油，免税。

(2) 油田范围内运输稠油过程中用于加热的原油、天然气，免征资源税。

(3) 稠油、高凝油和高含硫天然气资源减征40％。

(4) 三次采油资源税减征30％。

(5) 对低丰度油气田资源税暂减征20％。

(6) 对深水油气田资源税减征30％。

(二) 矿产资源优惠政策

(1) 铁矿石资源税减按40％征收资源税。

(2) 低品位矿、尾矿再利用等，可以减免税。

(3) 对地面抽采煤层气暂不征收资源税。

(4) 对衰竭期煤矿开采的煤炭，资源税减征30％。

(5) 对依法在建筑物下、铁路下、水体下通过充填开采方式采出的矿产资源，减征50％。

(6) 对鼓励利用的低品位矿、废石、废矿、废渣、废水、废气等提取的矿产品，由省级人民政府根据实际情况确定是否给予减税或免税。

(7) 为促进共伴生矿的综合利用，纳税人开采销售共伴生矿，共伴生矿与主矿产品销售额分开核算的，对共伴生矿暂不计征资源税；没有分开核算的，共伴生矿按主矿产品的税目和适用税率计征资源税。财政部、国家税务总局另有规定的，从其规定。

六、征收管理

(一) 纳税义务发生时间

(1) 纳税人销售应税产品，其纳税义务发生时间为：

① 纳税人采取分期收款结算方式的，其纳税义务发生时间，为销售合同规定的收款日期的当天。

② 纳税人采取预收货款结算方式的，其纳税义务发生时间，为发出应税产品的当天。

③ 纳税人采取其他结算方式的，其纳税义务发生时间，为收讫销售款或者取得索取销售款凭据的当天。

(2) 纳税人自产自用应税产品的纳税义务发生时间，为移送使用应税产品的当天。

(3) 扣缴义务人代扣代缴税款的纳税义务发生时间，为支付首笔货款或者开具应支付货款凭据的当天。

（二）纳税期限

（1）纳税期限是纳税人发生纳税义务后缴纳税款的期限。资源税的纳税期限为1日、3日、5日、10日、15日或者1个月，纳税人的纳税期限由主管税务机关根据实际情况具体核定。不能按固定期限计算纳税的，可以按次计算纳税。

（2）纳税人以1个月为一期纳税的，自期满之日起10日内申报纳税；以1日、3日、5日、10日或者15日为一期纳税的，自期满之日起5日内预缴税款，于次月1日起10日内申报纳税并结清上月税款。

（三）纳税环节和纳税地点

1. 纳税环节

（1）资源税在应税产品的销售或自用环节计算缴纳。纳税人以自采原矿加工精矿产品的，在原矿移送使用时不缴纳资源税，在精矿销售或自用时缴纳资源税。

（2）纳税人以自采原矿直接加工为非应税产品或者以自采原矿加工的精矿连续生产非应税产品的，在原矿或者精矿移送环节计算缴纳资源税。

（3）以应税产品投资、分配、抵债、赠与、以物易物等，在应税产品所有权转移时计算缴纳资源税。

（4）纳税人以自采原矿加工金锭的，在金锭销售或自用时缴纳资源税。纳税人销售自采原矿或者自采原矿加工的金精矿、粗金，在原矿或者金精矿、粗金销售时缴纳资源税，在移送使用时不缴纳资源税。

2. 纳税地点

（1）纳税人开采或者生产资源税应税产品，应当依法向开采地或者生产地主管税务机关申报缴纳资源税。

（2）如果纳税人应纳的资源税属于跨省开采，其下属生产单位与核算单位不在同一省、自治区、直辖市的，对其开采的矿产品一律在开采地或者生产地纳税。实行从量计征的应税产品，其应纳税款一律由独立核算的单位按照每个开采地或者生产地的销售量及适用的单位税额计算划拨；实行从价计征的应税产品，其应纳税款一律由独立核算的单位按照每个开采地或者生产地的实际销售量、单位销售价格及适用税率计算划拨。

（3）扣缴义务人代扣代缴的资源税，应当向收购地主管税务机关缴纳。

七、水资源税改革试点实施办法

（一）纳税义务人

除规定情形外，水资源税纳税人为直接取用地表水、地下水的单位和个人，包括江、河、湖泊（含水库）和取用地下水资源的单位和个人。

下列情形，不缴纳水资源税：

① 农村集体经济组织及其成员从本集体经济组织的水塘、水库中取用水的；

② 家庭生活和零星散养、圈养畜禽饮用等少量取用水的；

③ 水利工程管理单位为配置或者调度水资源取水的；

④ 为保障矿井等地下工程施工安全和生产安全必须进行临时应急取用(排)水的；
⑤ 为消除对公共安全或者公共利益的危害临时应急取水的；
⑥ 为农业抗旱和维护生态与环境必须临时应急取水的。

（二）最低平均税额

表8-2　　　　　　　　试点省份水资源税最低平均税额表　　　　　单位：元/立方米

省（区、市）	地表水最低平均税额	地下水最低平均税额	省（区、市）	地表水最低平均税额	地下水最低平均税额
北京	1.6	4	河南	0.4	1.5
天津	0.8	4	四川	0.1	0.2
山西	0.5	2	陕西	0.3	0.7
内蒙古	0.5	2	宁夏	0.3	0.7
山东	0.4	1.5			

（三）应纳税额计算

水资源税实行从量计征。计算公式如下：

$$应纳税额 = 实际取用水量 \times 适用税额$$

（1）对一般取水按照实际取用水量征收。
（2）对采矿和工程建设疏干排水的，按照排水量征税。
（3）水力发电和火力发电贯流式(不含循环式)冷却取用水的，按照实际发电量征税。

（四）税收优惠

下列情形，予以免征或者减征水资源税：
（1）规定限额内的农业生产取用水，免征水资源税；
（2）取用污水处理再生水，免征水资源税；
（3）除接入城镇公共供水管网以外，军队、武警部队通过其他方式取用水的，免征水资源税；
（4）抽水蓄能发电取用水，免征水资源税；
（5）采油排水经分离净化后在封闭管道回注的，免征水资源税；
（6）财政部、税务总局规定的其他免征或者减征水资源税情形。

（五）征收管理

水资源税的纳税义务发生时间为纳税人取用水资源的当日。
除农业生产取用水外，水资源税按季或者按月征收，由主管税务机关根据实际情况确定。对超过规定限额的农业生产取用水水资源税可按年征收。不能按固定期限计算纳税的，可以按次申报纳税。

纳税人应当自纳税期满或者纳税义务发生之日起 15 日内申报纳税。

纳税人应当向生产经营所在地的税务机关申报缴纳水资源税。

在试点省份内取用水,其纳税地点需要调整的,由省级财政、税务部门决定。

跨省(区、市)调度的水资源,由调入区域所在地的税务机关征收水资源税。

第二节 环境保护税

一、纳税义务人

在中华人民共和国领域和中华人民共和国管辖的其他海域,直接向环境排放应税污染物的企业事业单位和其他生产经营者为环境保护税的纳税人,应当依照《环境保护税法》的规定缴纳环境保护税。

所称应税污染物,是指《环境保护税税目税额表》、《应税污染物和当量值表》规定的大气污染物、水污染物、固体废物和噪声。

有下列情形之一的,不属于直接向环境排放污染物,不缴纳相应污染物的环境保护税:

(1)企业事业单位和其他生产经营者向依法设立的污水集中处理、生活垃圾集中处理场所排放应税污染物的;

(2)企业事业单位和其他生产经营者在符合国家和地方环境保护标准的设施、场所贮存或者处置固体废物的;

(3)达到省级人民政府确定的规模标准并且有污染物排放口的畜禽养殖场,应当依法缴纳环境保护税,但依法对畜禽养殖废弃物进行综合利用和无害化处理的。

二、税目与税率

环境保护税的税目、税额,依照《环境保护税税目税额表》(见表 8-3)执行。

表 8-3　　　　　　　　　环境保护税税目税额表

税目		计税单位	税额	备注
大气污染物		每污染当量	1.2 元至 12 元	
水污染物		每污染当量	1.4 元至 14 元	
固体废物	煤矸石	每吨	5 元	
	尾矿	每吨	15 元	
	危险废物	每吨	1 000 元	
	冶炼渣、粉煤灰、炉渣、其他固体废物(含半固态、液态废物)	每吨	25 元	

续表

税目		计税单位	税额	备注
噪声	工业噪声	超标1—3分贝	每月350元	1. 一个单位边界上有多处噪声超标，根据最高一处超标声级计算应纳税额；当沿边界长度超过100米有两处以上噪声超标，按照两个单位计算应纳税额。 2. 一个单位有不同地点作业场所的，应当分别计算应纳税额，合并计征。 3. 昼、夜均超标的环境噪声，昼、夜分别计算应纳税额，累计计征。 4. 声源一个月内超标不足15天的，减半计算应纳税额。 5. 夜间频繁突发和夜间偶然突发厂界超标噪声，按等效声级和峰值噪声两种指标中超标分贝值高的一项计算应纳税额
		超标4—6分贝	每月700元	
		超标7—9分贝	每月1 400元	
		超标10—12分贝	每月2 800元	
		超标13—15分贝	每月5 600元	
		超标16分贝以上	每月11 200元	

应税大气污染物和水污染物的具体适用税额的确定和调整，由省、自治区、直辖市人民政府统筹考虑本地区环境承载能力、污染物排放现状和经济社会生态发展目标要求，在《环境保护税税目税额表》规定的税额幅度内提出，报同级人民代表大会常务委员会决定，并报全国人民代表大会常务委员会和国务院备案。

三、计税依据

（一）应税大气污染物

应税大气污染物的污染当量数，以该污染物的排放量除以该污染物的污染当量值计算。以公式表示：

应税大气污染物的污染当量数＝该污染物的排放量÷该污染物的污染当量值

每种应税大气污染物的具体污染当量值，依照《应税污染物和当量值表》（见表8-4）执行。

表8-4　　　　　　　　　应税污染物和当量值表

一、第一类水污染物污染当量值			
污染物	污染当量值（千克）	污染物	污染当量值（千克）
1. 总汞	0.000 5	6. 总铅	0.025
2. 总镉	0.005	7. 总镍	0.025
3. 总铬	0.04	8. 苯并(a)芘	0.000 000 3
4. 六价铬	0.02	9. 总铍	0.01
5. 总砷	0.02	10. 总银	0.02

二、第二类水污染物污染当量值

污染物	污染当量值(千克)	备注
1. 悬浮物(SS)	4	
2. 生化需氧量(BOD_5)	0.5	同一排放口中的化学需氧量、生化需氧量和总有机碳,只征收一项
3. 化学需氧量(COD_{cr})	1	
4. 总有机碳(TOC)	0.49	
5. 石油类	0.1	
6. 动植物油	0.16	
7. 挥发酚	0.08	
8. 总氰化物	0.05	
9. 硫化物	0.125	
10. 氨氮	0.8	
11. 氟化物	0.5	
12. 甲醛	0.125	
13. 苯胺类	0.2	
14. 硝基苯类	0.2	
15. 阴离子表面活性剂(LAS)	0.2	
16. 总铜	0.1	
17. 总锌	0.2	
18. 总锰	0.2	
19. 彩色显影剂(CD-2)	0.2	
20. 总磷	0.25	
21. 单质磷(以P计)	0.05	
22. 有机磷农药(以P计)	0.05	
23. 乐果	0.05	
24. 甲基对硫磷	0.05	
25. 马拉硫磷	0.05	
26. 对硫磷	0.05	
27. 五氯酚及五氯酚钠(以五氯酚计)	0.25	
28. 三氯甲烷	0.04	
29. 可吸附有机卤化物(AOX)(以Cl计)	0.25	
30. 四氯化碳	0.04	
31. 三氯乙烯	0.04	

续 表

二、第二类水污染物污染当量值

污染物	污染当量值（千克）	备注
32. 四氯乙烯	0.04	
33. 苯	0.02	
34. 甲苯	0.02	
35. 乙苯	0.02	
36. 邻-二甲苯	0.02	
37. 对-二甲苯	0.02	
38. 间-二甲苯	0.02	
39. 氯苯	0.02	
40. 邻二氯苯	0.02	
41. 对二氯苯	0.02	
42. 对硝基氯苯	0.02	
43. 2,4-二硝基氯苯	0.02	
44. 苯酚	0.02	
45. 间-甲酚	0.02	
46. 2,4-二氯酚	0.02	
47. 2,4,6-三氯酚	0.02	
48. 邻苯二甲酸二丁酯	0.02	
49. 邻苯二甲酸二辛酯	0.02	
50. 丙烯腈	0.125	
51. 总硒	0.02	

三、pH值、色度、大肠菌群数、余氯量水污染物污染当量值

污染物		污染当量值	备注
1. pH值	1.0—1,13—14 2.1—2,12—13 3.2—3,11—12 4.3—4,10—11 5.4—5,9—10 6.5—6	0.06 吨污水 0.125 吨污水 0.25 吨污水 0.5 吨污水 1 吨污水 5 吨污水	pH值5—6指大于等于5,小于6;pH值9—10指大于9,小于等于10,其余类推
2. 色度		5 吨水·倍	
3. 大肠菌群数（超标）		3.3 吨污水	大肠菌群数和余氯量只征收一项
4. 余氯量（用氯消毒的医院废水）		3.3 吨污水	

续 表

四、禽畜养殖业、小型企业和第三产业水污染物污染当量值
（本表仅适用于计算无法进行实际监测或者物料衡算的禽畜养殖业、小型企业和第三产业等小型排污者的水污染物污染当量数）

类型		污染当量值	备注
禽畜养殖场	1. 牛	0.1 头	仅对存栏规模大于 50 头牛、500 头猪、5 000 羽鸡鸭等的禽畜养殖场征收
	2. 猪	1 头	
	3. 鸡、鸭等家禽	30 羽	
4. 小型企业		1.8 吨污水	
5. 饮食娱乐服务业		0.5 吨污水	
6. 医院	消毒	0.14 床	医院病床数大于 20 张的按照本表计算污染当量数
		2.8 吨污水	
	不消毒	0.07 床	
		1.4 吨污水	

五、大气污染物污染当量值

污染物	污染当量值（千克）	污染物	污染当量值（千克）
1. 二氧化硫	0.95	21. 苯	0.05
2. 氮氧化物	0.95	22. 甲苯	0.18
3. 一氧化碳	16.7	23. 二甲苯	0.27
4. 氯气	0.34	24. 苯并(a)芘	0.000 002
5. 氯化氢	10.75	25. 甲醛	0.09
6. 氟化物	0.87	26. 乙醛	0.45
7. 氰化氢	0.005	27. 丙烯醛	0.06
8. 硫酸雾	0.6	28. 甲醇	0.67
9. 铬酸雾	0.000 7	29. 酚类	0.35
10. 汞及其化合物	0.000 1	30. 沥青烟	0.19
11. 一般性粉尘	4	31. 苯胺类	0.21
12. 石棉尘	0.53	32. 氯苯类	0.72
13. 玻璃棉尘	2.13	33. 硝基苯	0.17
14. 碳黑尘	0.59	34. 丙烯腈	0.22
15. 铅及其化合物	0.02	35. 氯乙烯	0.55
16. 镉及其化合物	0.03	36. 光气	0.04
17. 铍及其化合物	0.000 4	37. 硫化氢	0.29
18. 镍及其化合物	0.13	38. 氨	9.09
19. 锡及其化合物	0.27	39. 三甲胺	0.32
20. 烟尘	2.18	40. 甲硫醇	0.04

续 表

五、大气污染物污染当量值			
污染物	污染当量值(千克)	污染物	污染当量值(千克)
41. 甲硫醚	0.28	43. 苯乙烯	25
42. 二甲二硫	0.28	44. 二硫化碳	20

考虑到向大气排放废气中含有多种不同的污染物(如一氧化碳、二氧化碳等),所以,在计算大气污染物的污染当量数时,每一排放口或者没有排放口的应税大气污染物,按照污染当量数从大到小排序,对前三项污染物征收环境保护税。

【例 8-6】某企业 2019 年 12 月向大气直接排放废气,经检测其中含有二氧化硫 20 千克。

要求:计算该企业当月应税大气污染物的污染当量数。

【答案】根据大气污染物当量值表,二氧化硫污染当量值为 0.95(千克)。则:污染物当量数为:$20 \div 0.95 = 21.05$,即计税依据为 21.05,乘以单位税额就是应纳资源税。如果废气中含有多种污染物,则在计算出各自的当量值后进行从大到小排序,对排在前三项的污染物征收环境保护税。

(二) 应税水污染物

应税水污染物的污染当量数,以该污染物的排放量除以该污染物的污染当量值计算。以公式表示:

应税水污染物的污染当量数=该污染物的排放量÷该污染物的污染当量值

每种应税水污染物的具体污染当量值,依照《应税污染物和当量值表》执行。

考虑到水排放量中含有许多不同的污染物,如总铅、总砷、总镍等,所以,在计算水污染物的污染当量数时,每一排放口的应税水污染物,按照《应税污染物和当量值表》,区分第一类水污染物和其他类水污染物,按照污染当量数从大到小排序,对第一类水污染物按照前五项征收环境保护税,对其他类水污染物按照前三项征收环境保护税。

【例 8-7】某企业 2019 年 12 月向水体直接排放污水,经检测其中含有第一类水污染物总铅 30 千克。

要求:计算该企业应税水污染物的污染当量数。

【答案】根据第一类水污染物当量值表,总铅污染当量值为 0.025(千克)。则:污染物当量数为:$30 \div 0.025 = 1\ 200$。如果污水中含有多种污染物,则在计算出各自的当量值后进行从大到小排序,对第一类水污染物按照前五项征收环境保护税,对第二类水污染物按照前三项征收环境保护税。

应当注意的是,纳税人有下列情形之一的,以其当期应税大气污染物、水污染物的产生量作为污染物的排放量:

(1) 未依法安装使用污染物自动监测设备或者未将污染物自动监测设备与环境保护主管部门的监控设备联网;

(2) 损毁或者擅自移动、改变污染物自动监测设备;

(3) 篡改、伪造污染物监测数据;

(4) 通过暗管、渗井、渗坑、灌注或者稀释排放以及不正常运行防治污染设施等方式违法排放应税污染物;

(5) 进行虚假纳税申报。

(三) 应税固体废物

应税固体废物的计税依据，按照固体废物的排放量确定。

固体废物的排放量＝当期固体废物的产生量－当期固体废物的综合利用量－当期固体废物的贮存量－当期固体废物的处置量

应当注意的是，纳税人有下列情形之一的，以其当期应税固体废物的产生量作为固体废物的排放量：一是非法倾倒应税固体废物；二是进行虚假纳税申报。

【例8-8】某矿业企业2019年12月生产经营过程中产生1 500吨尾矿，其中综合利用800吨，贮存量200吨，处置量300吨。

要求：计算该矿业企业当月固体废物排放量。

【答案】固体废物排放量＝1 500－500－200－300＝500(吨)。

(四) 应税噪声

应税噪声的计税依据，按照超过国家规定标准的分贝数确定。超过国家规定标准的分贝数是指实际产生的工业噪声与国家规定的工业噪声排放标准值之间的差额。

噪声超标分贝数不是整数值的，按四舍五入取整。一个单位的同一监测点当月有多个监测数据超标的，以最高一次超标声级计算应纳税额。声源一个月内累计昼间超标不足15昼或者累计夜间超标不足15夜的，分别减半计算应纳税额。

【例8-9】某企业只有一个生产场所，只在昼间生产，厂界外声环境功能区类别为2类，生产时产生的噪声为70分贝，《工业企业厂界环境噪声排放限值》规定的2类环境功能区类别的噪声排放限制为60分贝，当月超标天数为20天。

要求：计算该企业当月应税噪声的计税依据。

【答案】超标分贝数＝70－60＝10(分贝)。

(五) 应税大气污染物、水污染物、固体废物的排放量和噪声的分贝数确定的顺序

应税大气污染物、水污染物、固体废物的排放量和噪声的分贝数，按照下列方法和顺序计算：

(1) 纳税人安装使用符合国家规定和监测规范的污染物自动监测设备的，按照污染物自动监测数据计算；

(2) 纳税人未安装使用污染物自动监测设备的，按照监测机构出具的符合国家有关规定和监测规范的监测数据计算；

(3) 因排放污染物种类多等原因不具备监测条件的，按照国务院环境保护主管部门规定的排污系数、物料衡算方法计算；

(4) 不能按照上述第(1)项至第(3)项规定的方法计算的，按照省、自治区、直辖市人民政府环境保护主管部门规定的抽样测算的方法核定计算。

四、应纳税额的计算

(一) 应税大气污染物应纳税额的计算

$$应税大气污染物应纳税额＝污染当量数×适用税额$$

【例 8-10】 某企业 2019 年 12 月向大气直接排放二氧化硫 100 千克、氟化物 200 千克,一氧化碳 150 千克、氯化氢 60 千克。当地环境保护税污染当量单位税额为 5 元。假设该企业只有一个排放口。

要求：计算该企业当月应纳环境保护税。

【答案】

(1) 计算污染物的污染当量数：

二氧化硫污染当量数＝100÷0.95＝105.26；

氟化物污染当量数＝200÷0.87＝229.89；

一氧化碳污染当量数＝150÷16.7＝8.98；

氯化氢污染当量数＝60÷10.75＝5.58。

(2) 从大到小排序：

氟化物(229.89),二氧化硫(105.26),一氧化碳(8.98),氯化氢(5.58),取前三项。

(3) 计算应纳税额：

(229.89＋105.26＋8.89)×5＝1 720.2(元)。

(二)应水污染物应纳税额的计算

应税水污染物的应纳税额＝污染当量数×适用税额

【例 8-11】 甲化工厂是环境保护税纳税人,仅有 1 个污水排放口且直接向河中排放,已安装自动检测设备。数据显示,2019 年 12 月,排放口共排放污水 50 万吨(折合 50 万立方米),其中,含一类应税污染物浓度分别为：六价铬 0.5 mg/L；总砷 0.6 mg/L；总铅 1.0 mg/L；总镍 1.1 mg/L；总铍 0.005 mg/L；总铬 1.5 mg/L；二类应税污染物浓度分别为：总氰化物 0.5 mg/L；硫化物 0.025 mg/L；氨氮 25 mg/L；氟化物 10 mg/L。当地水污染物税额：3 元/污染当量。

要求：计算甲化工厂 2019 年 12 月应纳环境保护税。

【答案】

污染当量计算及排序如表 8-5 所示。

表 8-5

分类	一类污染物					二类污染物				
排放总量(L)	名称	浓度 mg/L	当量值(kg)	污染当量	排序	名称	浓度 mg/L	当量值(kg)	污染当量	排序
500 000 000	六价铬	0.5	0.02	12 500	5	总氰化物	0.5	0.05	5 000	3
	总砷	0.6	0.02	15 000	4	硫化物	0.025	0.125	100	4
	总铅	1	0.025	20 000	2	氨氮	25	0.8	15 625	1
	总镍	1.1	0.025	22 000	1	氟化物	10	0.5	10 000	2
	总铍	0.005	0.01	250	6					
	总铬	1.5	0.04	18 750	3					
	前五项合计			88 250		前三项合计			30 625	

计算过程：
- 一类污染物

六价铬：排放总量×浓度值÷当量值＝500 000 000×0.5÷1 000 000÷0.02＝12 500；

总铅、总砷、总镍、总铍、总铬的计算同上。

- 二类污染物

总氰化物：500 000 000×0.5÷1 000 000÷0.05＝5 000；

硫化物、氨氮、氟化物的计算同上。

- 排序取数

一类污染物前五项合计：

22 000＋20 000＋18 750＋15 000＋12 500＝88 250。

二类污染物前三项合计：

15 625＋10 000＋5 000＝30 625。

总排污量＝88 250＋30 625＝118 875。

应纳税额＝118 875×3＝356 625（元）。

（三）固体物应纳税额的计算

> 应纳税额＝（当期固体废物的产生量－当期固体废物的综合利用量－
> 当期固体废物的贮存量－当期固体废物的处置量）×适用税额

【例8-12】 某企业2019年12月生产经营过程中产生500吨废渣，其中综合利用300吨，贮存量100吨。固体废物污染物单位税额为每吨25元。

要求：计算该矿业企业当月应纳环境保护税。

【答案】 固体废物排放量＝500－300－100＝100（吨）；

应纳环境保护税＝100×25＝2 500（元）。

（四）应税噪声应纳税额的计算

应税噪声的应纳税额为超过国家规定标准分贝数乘以对应的具体适用税额。

> 应纳税额＝超过标准的分贝×适用税额

【例8-13】 某企业只有一个生产场所，只在昼间生产，厂界外声环境功能区类别为1类，生产时产生的噪声为65分贝，《工业企业厂界环境噪声排放限值》规定的1类环境功能区类别的噪声排放限制为55分贝，当月超标天数为18天。

要求：计算该企业当月应税噪声的计税依据和应纳环境保护税。

【答案】 超标分贝数＝65－55＝10（分贝）。

根据《环境保护税税目税率表》，当月应纳环境保护税为2 800元。

五、税收减免

（一）暂免征税项目

下列情形，暂予免征环境保护税：

(1) 农业生产(不包括规模化养殖)排放应税污染物的;
(2) 机动车、铁路机车、非道路移动机械、船舶和航空器等流动污染源排放应税污染物的;
(3) 依法设立的城乡污水集中处理、生活垃圾集中处理场所排放相应应税污染物,不超过国家和地方规定的排放标准的;
(4) 纳税人综合利用的固体废物,符合国家和地方环境保护标准的;
(5) 国务院批准免税的其他情形。

(二)减征税额项目

(1) 纳税人排放应税大气污染物或者水污染物的浓度值低于国家和地方规定的污染物排放标准30%的,减按75%征收环境保护税。
(2) 纳税人排放应税大气污染物或者水污染物的浓度值低于国家和地方规定的污染物排放标准50%的,减按50%征收环境保护税。

六、征收管理

(一)征管方式

环境保护税由税务机关依照《中华人民共和国税收征收管理法》和本法的有关规定征收管理。环境保护主管部门依照《环境保护税法》和有关环境保护法律法规的规定负责对污染物的监测管理。

环境保护主管部门和税务机关应当建立涉税信息共享平台和工作配合机制。税务机关依法履行环境保护税纳税申报受理、涉税信息比对、组织税款入库等职责。环境保护主管部门依法负责应税污染物监测管理,制定和完善污染物监测规范。

环境保护主管部门应当将排污单位的排污许可、污染物排放数据、环境违法和受行政处罚情况等环境保护相关信息,定期交送税务机关。税务机关应当将纳税人的纳税申报、税款入库、减免税额、欠缴税款以及风险疑点等环境保护税涉税信息,定期交送环境保护主管部门。

(二)纳税义务发生时间

纳税义务发生时间为纳税人排放应税污染物的当日。

(三)纳税地点

纳税人应当向应税污染物排放地的税务机关申报缴纳环境保护税。

(四)纳税期限

环境保护税按月计算,按季申报缴纳。不能按固定期限计算缴纳的,可以按次申报缴纳。纳税人按季申报缴纳的,应当自季度终了之日起15日内,向税务机关办理纳税申报并缴纳税款。纳税人按次申报缴纳的,应当自纳税义务发生之日起15日内,向税务机关办理纳税申报并缴纳税款。

纳税人申报缴纳时,应当向税务机关报送所排放应税污染物的种类、数量,大气污染物、水污染物的浓度值,以及税务机关根据实际需要要求纳税人报送的其他纳税资料。纳税人申报的污染物排放数据与环境保护主管部门交送的相关数据不一致的,按照环境保护主管部门交送的数据确定应税污染物的计税依据。

第九章 城镇土地使用税和耕地占用税

第一节 城镇土地使用税

一、概念

城镇土地使用税是以开征范围的土地为征税对象,以实际占有的土地面积为计税标准,按规定税额对拥有土地使用权的单位和个人征收的一种税。

开征城镇土地使用税是为了合理利用城镇土地,调节土地级差收入,提高土地使用效益,加强土地管理。

二、纳税义务人

在城市、县城、建制镇、工矿区范围内使用土地的单位和个人,为城镇土地使用税的纳税义务人。所称单位,包括国有企业、集体企业、私营企业、股份制企业、外商投资企业、外国企业以及其他企业和事业单位、社会团体、国家机关、军队以及其他单位;所称个人,包括个体工商户以及其他个人。

根据用地者的情况不同,对纳税义务人有如下具体规定:
(1) 城镇土地使用税由拥有土地使用权的单位或个人缴纳;
(2) 土地使用权未确定或权属纠纷未解决的,由实际使用人纳税;
(3) 土地使用权共有的,由共有各方分别纳税。

三、征税范围

城镇土地使用税在城市、县城、建制镇和工矿区征收。

四、计税依据

城镇土地使用税以纳税义务人实际占用的土地面积(平方米)为计税依据。

五、税率

城镇土地使用税实行分级幅度税额。

城镇土地使用税采用定额税率,即采用有幅度的差别税额,按大、中、小城市和县城、建制镇、工矿区分别规定每平方米城镇土地使用税年应纳税额。城镇土地使用税每平方米年税额如下:
(1) 大城市 1.5 元至 30 元;
(2) 中等城市 1.2 元至 24 元;
(3) 小城市 0.9 元至 18 元;
(4) 县城、建制镇、工矿区 0.6 元至 12 元。

省、自治区、直辖市人民政府,应当在规定的税额幅度内,根据市政建设状况、经济繁荣程度等条件,确定所辖地区的适用税额幅度。

市、县人民政府应当根据实际情况,将本地区土地划分为若干等级,在省、自治区、直辖市人民政府确定的税额幅度内,制定相应的适用税额标准,报省、自治区、直辖市人民政府批准执行。

经省、自治区、直辖市人民政府批准,经济落后地区城镇土地使用税的适用税额标准可以适当降低,但降低额不得超过条例规定最低税额的30%。经济发达地区城镇土地使用税的适用税额标准可以适当提高,但须报经财政部批准。

六、应纳税额计算

城镇土地使用税的应纳税额是依据纳税义务人实际占用的土地面积和适用单位税额计算。纳税义务人实际占用的土地面积按下列办法确定:

(1) 由省、自治区、直辖市人民政府确定的单位组织测定土地面积的,以测定的面积为准。

(2) 尚未组织测量,但纳税义务人持有政府部门核发的土地使用证书的,以证书上确认的土地面积为准。

(3) 尚未核发土地使用证书的,应由纳税义务人申报土地面积并据以纳税,待核发土地使用证以后再作调整。

城镇土地使用税计算公式为:

$$应纳税额 = 计税土地面积（平方米）\times 适用税额$$

城镇土地使用权由几方共有的,由共有方按照各自实际使用的土地面积占总面积的比例,分别计算缴纳城镇土地使用税。

七、减免税规定

下列土地免缴城镇土地使用税:

(1) 国家机关、人民团体、军队自用的土地。

(2) 由国家财政部门拨付事业经费的单位自用的土地。

(3) 宗教寺庙、公园、名胜古迹自用的土地。

(4) 市政街道、广场、绿化地带等公共用地。

(5) 直接用于农、林、牧、渔业的生产用地。

(6) 经批准开山填海整治的土地和改造的废弃土地,从使用的月份起免缴城镇土地使用税5年至10年。

(7) 由财政部另行规定免税的能源、交通、水利设施用地和其他用地。

纳税义务人缴纳城镇土地使用税确有困难需要定期减免的,由县以上地方税务机关批准。

此外,自2019年1月1日至2021年12月31日,由省、自治区、直辖市人民政府根据本地区实际情况,以及宏观调控需要确定,对增值税小规模纳税义务人可以在50%的税额幅度内减征城镇土地使用税。

【例9-1】 甲企业为增值税一般纳税义务人,生产经营用地分布于A、B、C三个地域,A的土地使用权属于甲企业,面积10 000平方米,其中厂区绿化占地2 000平方米;B的土地使用权属甲企业与乙企业共同拥有,面积5 000平方米,实际使用面积各半;C面积3 000平方米,甲企业一直使用但土地使用权未确定。假设A、B、C的城镇土地使用税的单位税额为每平方米10元。

要求:计算甲企业全年应纳城镇土地使用税。

【答案】

应纳城镇土地使用税 = (10 000 + 5 000 × 50% + 3 000) × 10 = 155 000(元)。

八、征收管理

(一) 纳税期限

城镇土地使用税按年计算、分期缴纳。缴纳期限由省、自治区、直辖市人民政府确定。

新征收的土地,依照下列规定缴纳城镇土地使用税:

(1) 征收的耕地,自批准征收之日起满1年时开始缴纳城镇土地使用税;

(2) 征收的非耕地,自批准征收次月起缴纳城镇土地使用税。

(二) 纳税地点

城镇土地使用税的纳税地点为土地所在地。城镇土地使用税由土地所在地的税务机关征收。土地管理机关应当向土地所在地的税务机关提供土地使用权属资料。

第二节 耕地占用税

一、概念

耕地占用税是对在中华人民共和国境内(以下简称境内)占用耕地建房或者从事非农业建设的单位或者个人,以其占用的耕地面积为计税依据,按照规定的适用税额征收的一种行为税。开征耕地占用税是为了合理利用土地资源,加强土地管理,保护耕地。

二、纳税义务人

在我国境内占用耕地建设建筑物、构筑物或者从事非农业建设的单位和个人,为耕地占用税的纳税义务人,应当依照本法规定缴纳耕地占用税。纳税义务人具体规定如下:

经批准占用耕地的,纳税义务人为农用地转用审批文件中标明的建设用地人;农用地转用审批文件中未标明建设用地人的,纳税义务人为用地申请人,其中用地申请人为各级人民政府的,由同级土地储备中心、自然资源主管部门或政府委托的其他部门、单位履行耕地占用税申报纳税义务。

未经批准占用耕地的,纳税义务人为实际用地人。

三、征税对象

作为行为税,耕地占用税的征税对象是单位和个人占用耕地建房或者从事非农业建设的行为,占用非耕地建房或者占用耕地建设农田水利设施的行为,不缴纳耕地占用税。

所称耕地,是指用于种植农作物的土地。占用园地、林地、草地、农田水利用地、养殖水面、渔业水域滩涂以及其他农用地建设建筑物、构筑物或者从事非农业建设的,应缴纳耕地占用税。

纳税义务人因建设项目施工或者地质勘查临时占用耕地,应缴纳耕地占用税。纳税义务人在批准临时占用耕地期满之日起一年内依法复垦,恢复种植条件的,全额退还已经缴纳的耕地占用税。临时占用耕地,是指经自然资源主管部门批准,在一般不超过2年内临时使用耕地并且没有修建永久性建筑物的行为。依法复垦应由自然资源主管部门会同有关行业管理部门认定并出具验收合格确认书。

因挖损、采矿塌陷、压占、污染等损毁耕地属于非农业建设,应缴纳耕地占用税;自自然资源、农业农村等相关部门认定损毁耕地之日起3年内依法复垦或修复,恢复种植条件的,比照临时占用耕地规定办理退税。

四、计税依据

耕地占用税的计税依据是纳税义务人实际占用的耕地面积。实际占用的耕地面积,包括经批准占用的耕地面积和未经批准占用的耕地面积。

五、税率

耕地占用税的税额如下:

(1) 人均耕地不超过一亩的地区(以县、自治县、不设区的市、市辖区为单位,下同),每平方米为10元至50元;

(2) 人均耕地超过一亩但不超过二亩的地区,每平方米为8元至40元;

(3) 人均耕地超过二亩但不超过三亩的地区,每平方米为6元至30元;

(4) 人均耕地超过三亩的地区,每平方米为5元至25元。

各地区耕地占用税的适用税额,由省、自治区、直辖市人民政府根据人均耕地面积和经济发展等情况,在前述规定的税额幅度内提出,报同级人民代表大会常务委员会决定,并报全国人民代表大会常务委员会和国务院备案。各省、自治区、直辖市耕地占用税适用税额的平均水平,不得低于《各省、自治区、直辖市耕地占用税平均税额表》(见表9-1)规定的平均税额。

在人均耕地低于0.5亩的地区,省、自治区、直辖市可以根据当地经济发展情况,适当提高耕地占用税的适用税额,但提高的部分不得超过上述适用税额的50%。

占用基本农田的,应当按照当地适用税额,加按150%征收。

表9-1 各省、自治区、直辖市耕地占用税平均税额表

省、自治区、直辖市	平均税额(元/平方米)
上海	45
北京	40
天津	35
江苏、浙江、福建、广东	30
辽宁、湖北、湖南	25
河北、安徽、江西、山东、河南、重庆、四川	22.5
广西、海南、贵州、云南、陕西	20
山西、吉林、黑龙江	17.5
内蒙古、西藏、甘肃、青海、宁夏、新疆	12.5

六、应纳税额计算

耕地占用税以纳税义务人实际占用的耕地面积为计税依据,按照规定的适用税额一次性征收,计算公式为:

应纳税额＝计税耕地面积(平方米)×适用税额

七、减免税规定

(1) 军事设施、学校、幼儿园、社会福利机构、医疗机构占用耕地,免征耕地占用税。

免税的军事设施,具体范围为《中华人民共和国军事设施保护法》规定的军事设施。

免税的学校,具体范围包括县级以上人民政府教育行政部门批准成立的大学、中学、小学、学历性职业教育学校和特殊教育学校,以及经省级人民政府或其人力资源社会保障行政部门批准成立的技工院校。学校内经营性场所和教职工住房占用耕地的,按照当地适用税额缴纳耕地占用税。

免税的幼儿园,具体范围限于县级以上人民政府教育行政部门批准成立的幼儿园内专门用于幼儿保育、教育的场所。

免税的社会福利机构,具体范围限于依法登记的养老服务机构、残疾人服务机构、儿童福利机构、救助管理机构、未成年人救助保护机构内专门为老年人、残疾人、未成年人、生活无着落的流浪乞讨人员提供养护、康复、托管等服务的场所。

免税的医疗机构,具体范围限于县级以上人民政府卫生健康行政部门批准设立的医疗机构内专门从事疾病诊断、治疗活动的场所及其配套设施。医疗机构内职工住房占用耕地的,按照当地适用税额缴纳耕地占用税。

(2) 铁路线路、公路线路、飞机场跑道、停机坪、港口、航道、水利工程占用耕地,减按每平方米 2 元的税额征收耕地占用税。

减税的铁路线路,具体范围限于铁路路基、桥梁、涵洞、隧道及其按照规定两侧留地、防火隔离带。

专用铁路和铁路专用线占用耕地的,按照当地适用税额缴纳耕地占用税。

减税的公路线路,具体范围限于经批准建设的国道、省道、县道、乡道和属于农村公路的村道的主体工程以及两侧边沟或者截水沟。专用公路和城区内机动车道占用耕地的,按照当地适用税额缴纳耕地占用税。

减税的飞机场跑道、停机坪,具体范围限于经批准建设的民用机场专门用于民用航空器起降、滑行、停放的场所。

减税的港口,具体范围限于经批准建设的港口内供船舶进出、停靠以及旅客上下、货物装卸的场所。

减税的航道,具体范围限于在江、河、湖泊、港湾等水域内供船舶安全航行的通道。

减税的水利工程,具体范围限于经县级以上人民政府水利行政主管部门批准建设的防洪、排涝、灌溉、引(供)水、滩涂治理、水土保持、水资源保护等各类工程及其配套和附属工程的建筑物、构筑物占压地和经批准的管理范围用地。

(3) 农村居民在规定用地标准以内占用耕地新建自用住宅,按照当地适用税额减半征收耕地占用税;其中农村居民经批准搬迁,新建自用住宅占用耕地不超过原宅基地面积的部分,免征耕地占用税。

(4) 农村烈士遗属、因公牺牲军人遗属、残疾军人以及符合农村最低生活保障条件的农村居民,在规定用地标准以内新建自用住宅,免征耕地占用税。

(5) 根据国民经济和社会发展的需要,国务院可以规定免征或者减征耕地占用税的其他情形,报全国人民代表大会常务委员会备案。

依照上述第(1)款、第(2)款规定免征或者减征耕地占用税后,纳税义务人改变原占地用途,不再属于免征或者减征耕地占用税情形的,应当按照当地适用税额补缴耕地占用税。

【例9-2】假设某市一家企业新占用20 000平方米耕地用于工业建设,所占耕地适用的定额税率为20元/平方米。

要求:计算该企业应纳的耕地占用税。

【答案】

应纳税额 = 20 000 × 20 = 400 000(元)。

【例9-3】某农户有一处花圃,占地1 000平方米,2017年1月将其中的800平方米改造为果园,其余200平方米建造住宅。已知该地适用的耕地占用税的定额税率为每平方米30元。

要求:计算该农户应纳的耕地占用税。

【答案】

应纳的耕地占用税 = 200 × 30 × 50% = 3 000(元)。

八、征收管理

(一) 纳税义务发生时间

经批准占用耕地的,为纳税义务人收到土地管理部门办理占用农用地手续通知的当天;未经批准占用耕地的,耕地占用税纳税义务发生时间为自然资源主管部门认定的纳税义务人实际占用耕地的当日。因挖损、采矿塌陷、压占、污染等损毁耕地的纳税义务发生时间为自然资源、农业农村等相关部门认定损毁耕地的当日。

(二) 纳税期限

土地管理部门在通知单位或者个人办理占用耕地手续时,应当同时通知耕地所在地同级地方税务机关。获准占用耕地的单位或者个人应当在收到土地管理部门的通知之日起30日内缴纳耕地占用税。土地管理部门凭耕地占用税完税凭证或者免税凭征和其他有关文件发放建设用地批准书。

(三) 纳税地点

耕地占用税的纳税地点为耕地所在地。由耕地所在地同级地方税务机关负责征收。

第十章　房产税、契税和土地增值税

第一节 房产税

一、概念

房产税是以房屋为征税对象,按房屋的计税余值或租金收入,向房屋产权所有人征收的一种财产税。

二、纳税义务人

房产税的纳税义务人是房屋产权所有人、经营管理单位、承典人、房产代管人和使用人。产权出典的,由承典人缴纳房产税。产权所有人、承典人不在房屋所在地的,由房产代管人或者使用人纳税。产权没有确定和租典纠纷尚未解决的,也由房产代管人或使用人缴纳房产税。

> **小知识 10-1　产权出典**
>
> 产权出典是指房屋所有人将自己所拥有的房产抵押(转让)给他人使用,目的是换取一定数量的货币收入(抵押金)。由当事人双方议定抵押期限和抵押金额,并立有契约或合同。

三、征税范围

房产税在城市、县城、建制镇和工矿区征收,不涉及农村的房屋。

"房产"是指以房屋形态表现的财产。

房屋是指有屋面和围护结构(有墙或两边有柱),能够遮风避雨,可供人们在其中生产、工作、学习、娱乐、居住或储藏物资的场所。

独立于房屋之外的建筑物,如:围墙、烟囱、水塔、变电塔、油池油柜、酒窖菜窖、酒精池、糖蜜池、室外游泳池、玻璃暖房、砖瓦石灰窑以及各种油气罐等,不属于房产。

四、计税依据

房产税的计税依据有如下两种:按房产余值计征和按房产租金计征。

(一)按房产余值计征

1. 一般规定

对经营自用的房屋,房产税依照房产原值一次减除10%至30%后的余值计算缴纳。具体减除幅度,由省、自治区、直辖市人民政府规定。

所称"房产原值",是指纳税义务人按照会计制度规定,在账簿"固定资产"科目中记载的房屋原价。因此,凡按会计制度规定在账簿中记载有房屋原价的,即应以房屋原价按规定减除一定比例后作为房产余值计征房产税;没有记载房屋原价的,按照上述原则,并参照同类房屋,确定房产原值,计征房产税。

房产原值应包括与房屋不可分割的各种附属设备或一般不单独计算价值的配套设施。主要有:暖气、卫生、通风、照明、煤气等设备,各种管线(如:蒸汽、压缩空气、石油、给水排水等管道)及电力、电信、电缆导线、电梯、升降机、过道、晒台等。

凡以房屋为载体,不可随意移动的附属设备和配套设施,如:给排水、采暖、消防、中央空调、电气及智能化楼宇设备等,无论在会计核算中是否单独记账与核算,都应计入房产原值,计征房产税。对于更换房屋附属设备和配套设施的,在将其价值计入房产原值时,可扣减原来相应设备和设施的价值;对附属设备和配套设施中易损坏、需要经常更换的零配件,更新后不再计入房产原值。

2. 特别规定

(1) 凡在房产税征收范围内的具备房屋功能的地下建筑,包括与地上房屋相连的地下建筑以及完全建在地面以下的建筑、地下人防设施等,均应依照有关规定征收房产税。考虑到地下建筑物的特殊性,在计征房产税时,可按下列比例折算房产的应税原值:

① 工业用途房产,以房屋原价的50%～60%作为应税房产原值;
② 商业和其他用途房产,以房屋原价的70%～80%作为应税房产原值。

以上具体的折算比例,由各省、自治区、直辖市和计划单列市财政和地方税务部门在上述幅度内自行确定。

对于与地上房屋相连的地下建筑,如:房屋的地下室、地下停车场、商场的地下部分等,应将地下部分与地上房屋视为一个整体,按照地上房屋建筑的有关规定计算征收房产税。

(2) 对按照房产原值计税的房产,无论会计上如何核算,房产原值均应包含地价,包括为取得土地使用权支付的价款、开发土地发生的成本费用等。宗地容积率低于0.5的,按房产建筑面积的2倍计算土地面积并据此确定计入房产原值的地价。

> **小知识 10-2　宗地容积率**
>
> 宗地容积率是地块上的建筑物面积与地面面积的比,即:建筑面积÷土地面积。如果土地面积不变,建造高楼大厦,宗地容积率高,建造别墅、平房,宗地容积率低。由于房屋价格包括土地成本,宗地容积率越高,每一平方米价格中土地成本相对较低,宗地容积率越低,每一平方米价格中土地成本相对较高。

【例10-1】某市中心城区某工业企业2018年2月购置土地10万平方米,支付土地出让金3 000万元。后投资建造厂房,发生建筑总成本5 000万元,厂房于2018年10月投入使用,建筑面积为3万平方米。2019年初"无形资产—土地使用权"账面原值3 000万元,"固定资产—工业生产用房"账面原值5 000万元。当地政府规定房产税费用扣除率为20%。

要求:计算该工业企业2019年度应纳房产税。

【答案】
宗地容积率 = 30 000 ÷ 100 000 = 0.3 < 0.5;
计入计税依据的土地价款 = 3 × 2 × (3 000 ÷ 10) = 1 800(万元);
应税房产原值 = 1 800 + 5 000 = 6 800(万元);

应纳房产税=6 800×(1-20%)×1.2%=65.28(万元)。

另外,如果厂房建筑面积为6万平方米,则:

宗地容积率=60 000÷100 000=0.6>0.5;

应税房产原值=3 000+5 000=8 000(万元);

应纳房产税=8 000×(1-20%)×1.2%=76.8(万元)。

(3) 对产权出典的房产,由承典人依照房产余值缴纳房产税。

(4) 对于融资租赁房屋的情况,由于租赁费包括购进房屋的价款、手续费、借款利息等,与一般房屋出租的"租金"内涵不同;且租赁期满后,当承租方偿还最后一笔租赁费时,房屋产权要转移到承租方,这实际上是一种变相的分期付款购买固定资产的形式,所以在计征房产税时应以房产余值计算征收。

(二) 按租金收入计征

1. 一般规定

房产出租的,以房产租金收入为房产税的计税依据。

所谓房产的租金收入,是房屋产权所有人出租房产使用权所得的报酬,包括货币收入和实物收入。

如果是以劳务或者其他形式为报酬抵付房租收入的,应根据当地同类房产的租金水平,确定一个标准租金额从租计征。

计征房产税的租金收入不含增值税。

2. 特别规定

(1) 对出租房产,租赁双方签订的租赁合同约定有免收租金期限的,免收租金期间由产权所有人按照房产原值缴纳房产税。

【例10-2】某市中心城区A企业2019年7月1日起出租综合楼,综合楼原值2 000万元。租赁合同约定:①租赁期三年;②年租赁费(不含增值税)120万元;③租赁费每半年(最后一个月)支付一次;④租赁期开始的头一季度一次性免收租赁费。当地政府规定房产税费用扣除率为20%。

要求:计算A企业2019年应纳房产税。

【答案】

免收租赁费期间按房产余值征收房产税,自用期间为上半年和第三季度的9个月。

应纳房产税=2 000×(1-20%)×1.2%×(9÷12)+30×12%=14.4+3.6=18(万元)。

(2) 无租使用其他单位房产的应税单位和个人,依照房产余值代缴纳房产税。

【例10-3】某市中心城区B企业2019年5月1日起无租出租办公楼给C企业,办公楼原值3 000万元。当地政府规定房产税费用扣除率为20%。

要求:计算2019年B企业和C企业应纳(或代缴)房产税。

【答案】

B企业应纳房产税=3 000×(1-20%)×1.2%×(4÷12)=9.6(万元);

C企业代缴房产税=3 000×(1-20%)×1.2%×(8÷12)=19.2(万元)。

(3) 对房地产开发企业建造的商品房,在售出前不征收房产税;但对售出前房地产开发企业已使用或出租、出借的商品房,应按规定征收房产税。

(4) 出租的地下建筑,按照出租地上房屋建筑的有关规定计算征收房产税。

五、税率

根据房产税计税依据的不同,税率也分为两种:
① 按房产余值为计税依据的,税率为1.2%;
② 按房产租金收入为计税依据的,税率为12%。

对个人居住用房出租仍用于居住的,其应缴纳的房产税暂减按4%的税率征收。

六、计税方法

房产税的计税方法有以下两种:

(1) 房产用于生产经营的,按房产余值计征房产税,计税公式为:

$$应纳税额 = 房产原值 \times (1 - 原值减除率) \times 适用税率(1.2\%)$$

上述房产原值减除率为10%至30%,具体幅度由省、自治区、直辖市人民政府规定。适用税率1.2%,反映年度税收负担水平,如果房产实际使用不足一年的,按实际使用月份计算缴纳房产税。

(2) 房产用于租赁的,按租金收入计征房产税,计税公式为:

$$应纳税额 = 房产租金收入 \times 适用税率$$

七、减免税规定

(1) 国家机关、人民团体、军队自用的房产免税。

(2) 由国家财政部门拨付事业经费的单位自用的房产免税。

(3) 宗教寺庙、公园、名胜古迹自用的房产免税。

(4) 个人所有非营业用的房产免税。

(5) 企业办的各类学校、医院、托儿所、幼儿园自用的房产免税。

(6) 危房免税。经鉴定,对毁损不堪居住的房屋和危险房屋,在停止使用后,免征房产税。

(7) 临时性房屋免税。基建工地为基建施工建造的各种临时性房屋,在施工期间,免征房产税。

(8) 大修房产免税。房屋大修停用在半年以上的,在大修期间免征房产税。

(9) 老年服务机构免税。福利性、非营利性的老年服务机构及其自用的房产,免征房产税。

(10) 自2018年10月1日至2020年12月31日,对按照去产能和调结构政策要求停产停业、关闭的企业,自停产停业次月起,免征房产税。企业享受免税政策的期限累计不得超过两年。

(11) 国家机关、军队、人民团体、财政补助事业单位、居民委员会、村民委员会拥有的体育场馆,用于体育活动的房产、土地,免征房产税和城镇土地使用税。企业拥有并运营管理的大型体育场馆,其用于体育活动的房产减半征收房产税。

(12) 自2019年1月1日至2021年12月31日,以下情形减免房产税:

① 由省、自治区、直辖市人民政府根据本地区实际情况,以及宏观调控需要确定,对增值税小规模纳税义务人可以在50%的税额幅度内减征房产税。
② 对高校学生公寓免征房产税。
③ 对公租房免征房产税。
④ 对农产品批发市场、农贸市场(包括自有和承租,下同)专门用于经营农产品的房产暂免征收房产税。

应当注意的是,纳税单位与免税单位共同使用的房屋,按各自使用的部分划分,分别征收或免征房产税。

八、征收管理

(一)纳税义务发生时间

(1)将原有房产用于生产经营的,从生产经营之月起,计征房产税。
(2)纳税义务人自建的房屋,自建成之次月起征收房产税。
(3)纳税义务人委托施工企业建设的房屋,从办理验收手续之次月起征收房产税。纳税义务人在办理验收手续前已使用或出租、出借的新建房屋,应从使用或出租、出借的当月起计征房产税。
(4)购置新建商品房,自房屋交付使用之次月起计征房产税。
(5)购置存量房,自办理房屋权属转移、变更登记手续,房地产权属登记机关签发房屋权属证书之次月起计征房产税。
(6)出租、出借房产,自交付出租、出借房产之次月起计征房产税和城镇土地使用税。
(7)房地产开发企业自用、出租、出借本企业建造的商品房,自房屋使用或交付之次月起计征房产税。
(8)融资租赁的房产,由承租人自融资租赁合同约定起始日的次月起依照房产余值缴纳房产税。合同未约定起始日的,由承租人自合同签订的次月起依照房产余值缴纳房产税。
(9)纳税义务人因房产的实物或权利状态发生变化而依法终止房产税纳税义务的,其应纳税款的计算应截止到房产实物或权利状态发生变化的当月末。

【例10-4】某市中心城区E企业2019年初固定资产(房屋及建筑物)总计原值3 000万元,其中:厂房1 000万元,办公楼1 500万元,仓库500万元。当年3月1日至9月30日厂房大修;办公楼7月1日起出租,租赁费每月50万元;仓库8月报废;新建的综合楼于9月投入使用,原值2 000万元。当地政府规定房产税费用扣除率为20%。

要求:计算E企业2019年应纳房产税。

【答案】

应纳房产税=$1000×(1-20\%)×1.2\%×(5÷12)+1500×(1-20\%)×1.2\%×(6÷12)+500×(1-20\%)×1.2\%×(8÷12)+2000×(1-20\%)×1.2\%×(3÷12)+50×6×12\%=4+7.2+3.2+4.8+36=55.2$(万元)。

(二)纳税期限

房产税按年征收、分期缴纳。纳税期限由省、自治区、直辖市人民政府规定。一般按季度或半年预征。

（三）纳税地点

房产税在房产所在地缴纳。房产不在同一地的纳税义务人，应按房产的坐落地点，分别向房产所在地的税务机关缴纳房产税。

第二节 契税

一、概念

契税是以所有权发生转移的不动产为征税对象，向产权承受人征收的一种财产税。

二、纳税义务人

在中华人民共和国境内转移土地、房屋权属，承受的单位和个人为契税的纳税义务人。契税的纳税义务人包括各类企业单位、事业单位、国家机关、军事单位和社会团体以及其他组织、个体经营者及其他个人。

> **小知识 10-3　承受房地产行为**
>
> 承受房地产行为是指以受让、购买、受赠、交换等方式取得土地、房屋权属的行为。

三、征收范围

（一）国有土地使用权出让

国有土地使用权出让是指土地使用者向国家交付土地使用权出让费用，国家将国有土地使用权在一定年限内让予土地使用者的行为。

（二）土地使用权转让，包括出售、赠与和交换

土地使用权转让，包括出售、赠与和交换是指土地使用者以出售、赠与、交换或者其他方式将土地使用权转移给其他单位和个人的行为。

（三）房屋买卖

房屋买卖是指房屋所有者将其房屋出售，由承受者交付货币、实物、无形资产或者其他经济利益的行为。

（四）房屋赠与

房屋赠与是指房屋所有者将其房屋无偿转让给受赠者的行为。

应当注意的是,继承不属于赠与。对于《中华人民共和国继承法》规定的法定继承人(包括配偶、子女、父母、兄弟姐妹、祖父母、外祖父母)继承土地、房屋权属,不征契税。非法定继承人根据遗嘱承受死者生前的土地、房屋权属,属于赠与行为,应征收契税。

(五)房屋交换

房屋交换是指房屋所有者之间相互交换房屋的行为。

四、计税依据

(1) 国有土地使用权出让、土地使用权出售、房屋买卖,为成交价格;
(2) 土地使用权赠与、房屋赠与,由征收机关参照土地使用权出售、房屋买卖的市场价格核定;
(3) 土地使用权交换、房屋交换,为所交换的土地使用权、房屋的价格的差额。

成交价格明显低于市场价格并且无正当理由的,或者所交换土地使用权、房屋的价格的差额明显不合理并且无正当理由的,由征收机关参照市场价格核定。

计征契税的成交价格不含增值税。

五、税率

契税税率为3%—5%的幅度比例税率。实际适用税率,由省、自治区、直辖市人民政府在规定的幅度内按照本地区的实际情况加以确定。

六、计税方法

契税应纳税额的计算公式:

$$应纳税额 = 计税依据 \times 税率$$

应纳税额以人民币计算。转移土地、房屋权属以外汇结算的,按照纳税义务发生之日中国人民银行公布的人民币市场汇率中间价折合成人民币计算。

【例10-5】某公司发生两笔互换房产业务,并已办理了相关手续。第一笔业务换出的房产价值300万元,换进的房产价值900万元;第二笔业务换出的房产价值600万元,换进的房产价值500万元。当地政府规定的契税税率为3%。上述价值均不含增值税。

要求:计算该公司应纳契税。

【答案】

应纳契税=600×3%=18(万元)。

【例10-6】王某名下有两套住房和若干商业地产,2019年,王某将一栋市场价格1 200万元的厂房转让给陈某以抵偿1 300万元的债务;将一栋市场价格600万元的办公楼与张某交换一套四居室住房,另取得张某赠送价值30万元的小轿车一辆;将一栋市场价值300万元的商铺折成股份投入本人独资经营的企业。当地确定的契税税率为3%。上述房产价格均不含增值税。

要求:计算王某、陈某和张某应纳契税。

【答案】

王某以房屋抵陈某的债务,王某不纳税,陈某纳税,陈某应纳契税=1 300×3%=39(万元);王某与张某交换房屋由张某补差价,王某不纳税,张某纳税,张某应纳契税=30×3%=0.9(万元);王某以房折股投入本人独资经营企业免征契税。

七、减免税规定

(1) 国家机关、事业单位、社会团体、军事单位承受土地、房屋用于办公、教学、医疗、科研和军事设施的,免征契税。

(2) 对易地扶贫搬迁贫困人口按规定取得的安置住房,免征契税。

(3) 对个人购买家庭唯一住房(家庭成员范围包括购房人、配偶以及未成年子女,下同),面积为90平方米及以下的,减按1%的税率征收契税;面积为90平方米以上的,减按1.5%的税率征收契税。

对个人购买家庭第二套改善性住房,面积为90平方米及以下的,减按1%的税率征收契税;面积为90平方米以上的,减按2%的税率征收契税。

(4) 在婚姻关系存续期间,房屋、土地权属原归夫妻一方所有,变更为夫妻双方共有或另一方所有的,或者房屋、土地权属原归夫妻双方共有,变更为其中一方所有的,或者房屋、土地权属原归夫妻双方共有,双方约定、变更共有份额的,免征契税。

(5) 对公租房经营管理单位购买住房作为公租房,免征契税。

(6) 因不可抗力灭失住房而重新购买住房的,酌情准予减征或者免征契税。

(7) 市、县级人民政府根据《国有土地上房屋征收与补偿条例》有关规定征收居民房屋,居民因个人房屋被征收而选择货币补偿用以重新购置房屋,并且购房成交价格不超过货币补偿的,对新购房屋免征契税;购房成交价格超过货币补偿的,对差价部分按规定征收契税。居民因个人房屋被征收而选择房屋产权调换,并且不缴纳房屋产权调换差价的,对新换房屋免征契税;缴纳房屋产权调换差价的,对差价部分按规定征收契税。

(8) 土地使用权交换、房屋交换,交换价格不相等的,由多交付货币、实物、无形资产或者其他经济利益的一方缴纳税款。交换价格相等的,免征契税。

(9) 纳税义务人承受荒山、荒沟、荒丘、荒滩土地使用权,用于农、林、牧、渔业生产的,免征契税。

(10) 依照我国有关法律规定以及我国缔结或参加的双边和多边条约或协定的规定,应当予以免税的外国驻华使馆、领事馆、联合国驻华机构及其外交代表、领事官员和其他外交人员承受土地、房屋权属的,经外交部确认,可以免征契税。

(11) 个体工商户的经营者将其个人名下的房屋、土地权属转移至个体工商户名下,或个体工商户将其名下的房屋、土地权属转回原经营者个人名下,免征契税。

合伙企业的合伙人将其名下的房屋、土地权属转移至合伙企业名下,或合伙企业将其名下的房屋、土地权属转回原合伙人名下,免征契税。

(12) 企业按照《中华人民共和国公司法》有关规定整体改制,包括非公司制企业改制为有限责任公司或股份有限公司,有限责任公司变更为股份有限公司,股份有限公司变更为有限责任公司,原企业投资主体存续并在改制(变更)后的公司中所持股权(股份)比例超过75%,且改制(变更)后公司承继原企业权利、义务的,对改制(变更)后公司承受原企业土地、房屋权属,免征契税。

(13) 两个或两个以上的公司,依照法律规定、合同约定,合并为一个公司,且原投资主体存续的,对合并后公司承受原合并各方土地、房屋权属,免征契税。

公司依照法律规定、合同约定分立为两个或两个以上与原公司投资主体相同的公司,对分立后公司承受原公司土地、房屋权属,免征契税。

(14) 在股权(股份)转让中,单位、个人承受公司股权(股份),公司土地、房屋权属不发生转移,不征收契税。

(15) 对承受县级以上人民政府或国有资产管理部门按规定进行行政性调整、划转国有土地、房屋权属的单位,免征契税。

同一投资主体内部所属企业之间土地、房屋权属的划转,包括母公司与其全资子公司之间,同一公司所属全资子公司之间,同一自然人与其设立的个人独资企业、一人有限公司之间土地、房屋权属的划转,免征契税。

母公司以土地、房屋权属向其全资子公司增资,视同划转,免征契税。

(16) 对饮水工程运营管理单位为建设饮水工程而承受土地使用权,免征契税。

八、征收管理

(一) 纳税义务发生时间

契税的纳税义务发生时间,为纳税义务人签订土地、房屋权属转移合同的当天,或者纳税义务人取得其他具有土地、房屋权属转移合同性质凭证的当天。

(二) 纳税期限

纳税义务人应当自纳税义务发生之日起10日内,向土地、房屋所在地的契税征收机关办理纳税申报,并在契税征收机关核定的期限内缴纳税款。

(三) 纳税地点

契税在土地、房屋所在地的征收机关缴纳。

第三节 土地增值税

一、概念

土地增值税是对纳税义务人转让房地产所取得的土地增值额征收的一种税。

开征土地增值税的主要目的在于,国家运用税收杠杆引导房地产经营的方向,规范房地产市场的交易秩序,合理调节土地增值收益分配,维护国家权益,促进房地产开发的健康发展。

二、纳税义务人

土地增值税的纳税义务人是指转让国有土地使用权、地上建筑物及其附着物(简称"房地产")并取得收入的各类企业、单位和个人。

三、征税范围

根据规定,凡有偿转让国有土地使用权、地上的建筑物及其附着物并取得收入的行为都应缴纳土地增值税。

(1) 土地增值税仅对转让国有土地使用权的行为征税,对转让集体土地使用权的不征税。

> **小知识 10-4　集体土地是否可以转让**
>
> 根据《中华人民共和国土地管理法》的规定,国家为了公共利益,可以依照法律规定对集体土地实行征用,依法被征用后的土地属于国家所有。未经国家征用的集体土地不得转让。自行转让是一种违法行为。

(2) 土地增值税只对转让的房地产征收土地增值税,不转让的不征税。譬如房地产的出租,虽然取得了收入,但没有发生房地产的产权转让,不属于土地增值税的征收范围。

(3) 土地增值税对转让房地产并取得收入(即有偿转让)的行为征税,对发生转让行为,而未取得收入(即无偿转让)的不征税。譬如通过继承、赠与方式转让房地产的,虽然发生了转让行为,但未取得收入,不征收土地增值税。

四、计税依据

首先,土地增值税是以纳税义务人转让房地产取得的增值额为计税依据,即纳税义务人取得的转让房地产的全部收入减除支付的地价款、开发成本和各项费用税金等扣除项目后的余额。所以,计算增值额需要把握两个关键:一是转让房地产的收入,二是扣除项目金额。

其次,转让房地产包括房地产开发企业销售自行开发的房地产项目和企业转让使用过房地产(二手房)两种类型,两者在计算土地增值额的方法不同,下面分两部分展开。

(一) 房地产开发企业销售自行开发的房地产项目

所称自行开发,是指在依法取得土地使用权的土地上进行基础设施和房屋建设。

由于房地产项目开发持续时间历经数年,计算土地增值额时,需要确认开发项目历年的累计收入总额和累计扣除项目金额,这与企业所得税按年计算应纳税所得额、增值税按月计算应纳税额是完全不同的。此外,房地产开发企业的土地增值税以有关部门审批的房地产开发项目为单独计算单位,对于分期开发的项目,以分期项目为单独计算单位,由于企业可能同时开发多个项目且完工时间有先有后,因此,确认应当清算的开发项目并单独计算该项目的土地增值额,成为正确计算土地增值税的关键。

1. 转让房地产的收入

纳税义务人转让房地产所取得的收入,包括货币收入、实物收入和其他收入,即包括转让房地产的全部价款及有关的经济收益。转让房地产所取得的收入为外国货币的,以取得收入当日或当月 1 日国家公布的市场汇价折合成人民币,据以计算应纳土地增值税税额。

纳税义务人转让房地产的土地增值税应税收入不含增值税。适用增值税一般计税方法的纳税义务人,其转让房地产的土地增值税应税收入不含增值税销项税额;适用简易计税方法的纳税义务人,其转让房地产的土地增值税应税收入不含增值税应纳税额。

此外应当注意:

(1) 非直接销售和自用房地产的收入确定。

房地产开发企业将开发产品用于职工福利、奖励、对外投资、分配给股东或投资人、抵偿债务、换取其他单位和个人的非货币性资产等，发生所有权转移时应视同销售房地产，其收入按下列方法和顺序确认：

① 按本地企业在同一地区、同一年度销售的同类房地产的平均价格确定；

② 由主管税务机关参照当地当年、同类房地产的市场价格或评估价值确定。

(2) 将开发产品转为自用或出租。

房地产开发企业将开发的部分房地产转为企业自用或用于出租等商业用途时，如果产权未发生转移，不征收土地增值税，在税款清算时不列收入，不扣除相应的成本和费用。

(3) 应税收入调整。

土地增值税清算时，已全额开具商品房销售发票的，按照发票所载金额确认收入；未开具发票或未全额开具发票的，以交易双方签订的销售合同所载的售房金额及其他收益确认收入。销售合同所载商品房面积与有关部门实际测量面积不一致，在清算前已发生补、退房款的，应在计算土地增值税时予以调整。

2. 扣除项目金额

转让开发的房地产，扣除项目为5项。

(1) 取得土地使用权所支付的金额。

取得土地使用权所支付的金额包括：

① 纳税义务人为取得土地使用权所支付的地价款。

如果是以协议、招标、拍卖等出让方式取得土地使用权的，地价款为纳税义务人所支付的土地出让金；如果是以行政划拨方式取得土地使用权的，地价款为按照国家有关规定补交的土地出让金；如果是以转让方式取得土地使用权的，地价款为向原土地使用权人实际支付的地价款。

② 纳税义务人在取得土地使用权时按国家统一规定缴纳的有关费用。

指纳税义务人在取得土地使用权过程中为办理有关手续，按国家统一规定缴纳的有关登记、过户手续费。

③ 房地产开发企业为取得土地使用权所支付的契税。

(2) 开发土地和新建房及配套设施的成本（简称"房地产开发成本"）。

这是指纳税义务人开发房地产项目实际发生的成本，包括土地征用及拆迁补偿费、前期工程费、建筑安装工程费、基础设施费、公共配套设施费、开发间接费用等。

① 土地征用及拆迁补偿费。包括土地征用费、耕地占用税、劳动力安置费及有关地上、地下附着物拆迁补偿的净支出、安置动迁用房支出等。

应当注意的是，房地产开发企业逾期开发缴纳的土地闲置费不得扣除。

拆迁安置应按以下规定处理：

- 回迁安置：房地产企业用建造的本项目房地产安置回迁户的，安置用房视同销售处理，按"非直接销售和自用房地产"的规定确认收入，同时将此确认为房地产开发项目的拆迁补偿费。房地产开发企业支付给回迁户的补差价款，计入拆迁补偿费；回迁户支付给房地产开发企业的补差价款，应抵减本项目拆迁补偿费。

- 异地安置：开发企业采取异地安置，异地安置的房屋属于自行开发建造的，收入和拆迁补偿费计算与回迁安置相同;异地安置的房屋属于购入的,以实际支付的购房支出计入拆迁补偿费。

• 货币安置:开发企业采取货币安置拆迁的,房地产开发企业凭合法有效凭据计入拆迁补偿费。

② 前期工程费。包括规划、设计、项目可行性研究和水文、地质、勘察、测绘、"三通一平"等支出。

③ 建筑安装工程费。指以出包方式支付给承包单位的建筑安装工程费,以自营方式发生的建筑安装工程费。

应当注意:房地产开发企业在工程竣工验收后,根据合同约定,扣留建筑安装施工企业一定比例的工程款,作为开发项目的质量保证金。在计算土地增值税时,建筑安装施工企业就质量保证金对房地产开发企业开具发票的,按发票所载金额予以扣除;未开具发票的,扣留的质保金不得计算扣除。

房地产开发企业销售已装修的房屋,其装修费用可以计入房地产开发成本。

④ 基础设施费。包括开发小区内道路、供水、供电、供气、排污、排洪、通信、照明、环卫、绿化等工程发生的支出。

⑤ 公共配套设施费。包括不能有偿转让的开发小区内公共配套设施发生的支出。

公共配套设施扣除应按以下原则处理:

第一,建成后产权属于全体业主所有的,其成本、费用可以扣除;第二,建成后无偿移交给政府、公用事业单位用于非营利性社会公共事业的,其成本、费用可以扣除;第三,建成后经批准可以有偿转让的,应计算收入,并准予扣除成本、费用。

⑥ 开发间接费用。指直接组织、管理开发项目发生的费用,包括工资、职工福利费、折旧费、修理费、办公费、水电费、劳动保护费、周转房摊销、工程监理费、安全监督费等。

应当注意,房产企业应按财务制度规定准确区分开发费用(以下第(3)项费用)与开发间接费用。

(3) 开发土地和新建房及配套设施的费用(简称"房地产开发费用")。

房地产开发费用是指与房地产开发项目有关的销售费用、管理费用和财务费用。根据现行财务会计制度的规定,这三项费用作为期间费用,直接计入当期损益,不按成本核算对象进行分摊。故作为土地增值税扣除项目的房地产开发费用,不按纳税义务人房地产开发项目实际发生的费用进行扣除,而按以下办法进行扣除:

① 财务费用中的利息支出,凡能够按转让房地产项目计算分摊并提供金融机构证明的,允许据实扣除,但最高不能超过按商业银行同类同期贷款利率计算的金额。其他房地产开发费用,按上述"取得土地使用权所支付的金额"和"房地产开发成本"之和的5%以内计算扣除,即:利息(经过分摊)+(取得土地使用权所支付的金额+房地产开发成本)×5%以内。

利息最高不能超过按商业银行同类同期贷款利率计算的金额。

② 纳税义务人不能按转让房地产项目计算分摊利息支出或不能提供金融机构贷款证明的,其允许扣除的房地产开发费用为:(取得土地使用权所支付的金额+房地产开发成本)×10%以内。

全部使用自有资金,没有利息支出的,房地产开发费用按照以上方法扣除。

上述具体适用的比例(5%之内、10%之内)按省级人民政府此前规定的比例执行。

如果房地产开发企业既向金融机构借款,又有其他借款的,其房地产开发费用计算扣除时不能同时适用上述①、②所述两种办法。

应当注意的是,土地增值税清算时,已经计入房地产开发成本的利息支出不得重复扣除。

(4) 与转让房地产有关的税金。

与转让房地产有关的税金是指在转让房地产时缴纳的城市维护建设税、教育费附加和地方教育附加。

需要明确的是,房地产开发企业按照有关规定计算缴纳的印花税(按产权转让书据所载金额0.5‰贴花)已列入企业"管理费用",视同按上述第(3)项扣除,故在此不得重复扣除。其他纳税义务人缴纳的印花税允许扣除。

(5) 财政部规定的其他扣除项目。

根据规定,对从事房地产开发的纳税义务人可按上述"取得土地使用权所支付的金额"和"房地产开发成本"之和,加计20%的扣除。

小知识 10-5　房地产开发企业转让房地产项目土地增值额的简化计算

1. 利息能分摊且有证明的

   土地增值额 = 收入总额 −(土地成本 + 开发成本)× 125% − 利息 − 税金

2. 利息不能分摊或无证明的

   土地增值额 = 收入总额 −(土地成本 + 开发成本)× 130% − 税金

(二) 转让使用过房地产(二手房)

转让旧房与销售自行开发的房地产项目的主要区别体现在扣除项目不同。转让旧房应按房屋及建筑物的评估价格、取得土地使用权所支付的地价款和按国家统一规定缴纳的有关费用以及在转让环节缴纳的税金作为扣除项目金额计征土地增值税。转让旧房扣除项目为3项:

1. 房屋及建筑物的评估价格

凡按土地评估价格计税的纳税义务人,必须委托已取得应纳税土地价格评估资格的土地评估机构进行评估。纳税义务人转让旧房及建筑物时因计算纳税的需要而对房地产进行评估,其支付的评估费用允许在计算增值额时予以扣除。

纳税义务人转让旧房及建筑物,凡不能取得评估价格,但能提供购房发票的,经当地税务部门确认,其准予扣除的取得土地使用权所支付金额以及旧房及建筑物的评估价格金额,可按发票所载金额并从购买年度起至转让年度止每年加计5%计算。计算扣除项目时"每年"按购房发票所载日期起至售房发票开具之日止,每满12个月计一年;超过一年,未满12个月但超过6个月的,可以视同为一年。

对于转让旧房及建筑物,既没有评估价格,又不能提供购房发票的,地方税务机关可以根据《中华人民共和国税收征收管理法》的规定,实行按转让收入核定征收,但核定征收率原则上不得低于5%。

> **小知识 10-6　旧房及建筑物的评估价格**
>
> 　　旧房及建筑物的评估价格是指在转让已使用的房屋及建筑物时,由政府批准设立的房地产评估机构评定的重置成本价乘以成新度折扣率后的价格。评估价格必须经当地税务机关确认。

2. 取得土地使用权所支付的地价款和按国家统一规定缴纳的有关费用

这里一般指的是国有企业以行政划拨方式无偿取得土地使用权,在转让房地产时应当按照国家有关规定补交的土地出让金。如果当初购买的是房地产开发项目,由于购房价包括土地出让金,实际已作为"房屋及建筑物的评估价格"扣除了。

3. 转让环节缴纳的税金

转让环节缴纳的税金是指在转让旧房时缴纳的城市维护建设税、教育费附加、地方教育附加和印花税。对纳税义务人购房时缴纳的契税,凡能提供契税完税凭证的,应作为"转让环节缴纳的税金"予以扣除。

五、税率

土地增值税实行四级超率累进税率,如表 10-1 所示。

表 10-1

级数	增值额与扣除项目金额的比率	税率	速算扣除系数
1	不超过 50% 的部分	30%	0
2	超过 50% 至 100% 的部分	40%	5
3	超过 100% 至 200% 的部分	50%	15
4	超过 200% 的部分	60%	35

六、计税方法

土地增值税按纳税义务人转让房地产的收入总额减除扣除项目金额的余额和适用税率计征。

具体计算公式为:

(1) 增值额未超过扣除项目金额 50% 的:

$$应纳税额 = 增值额 \times 30\%$$

(2) 增值额超过扣除项目金额 50%,未超过 100% 的:

$$应纳税额 = 增值额 \times 40\% - 扣除项目金额 \times 5\%$$

(3) 增值额超过扣除项目金额 100%,未超过 200% 的:

$$应纳税额 = 增值额 \times 50\% - 扣除项目金额 \times 15\%$$

(4) 增值额超过扣除项目金额200%的：

$$应纳税额 = 增值额 \times 60\% - 扣除项目金额 \times 35\%$$

【例10-7】 某房地产开发公司2020年1月年转让商品房一栋，取得收入总额（不含增值税）8 000万元，应扣除的购买土地的金额、开发成本的金额、开发费用的金额、相关税金的金额、其他扣除金额合计为5 000万元。

要求：计算该房地产开发公司应缴纳的土地增值税。

【答案】

(1) 计算增值额：

增值额 = 8 000 − 5 000 = 3 000（万元）。

(2) 计算增值额与扣除项目金额的比率：

增值额与扣除项目金额的比率 = 3 000 ÷ 5 000 × 100% = 60%，则：

土地增值税税额 = 增值额 × 40% − 扣除项目金额 × 5%。

(3) 计算该房地产开发公司应缴纳的土地增值税：

应缴纳土地增值税 = 3 000 × 40% − 5 000 × 5% = 950（万元）。

【例10-8】 某市房地产开发企业开发住宅小区和办公楼两个项目，2019年11月，所开发的办公楼项目进入清算。办公楼项目累计收入总额（不含增值税）10 000万元、支付土地价款2 000万元（包括购买土地缴纳的契税60万元）、累计发生房地产开发成本4 000万元（已经剔除借款利息支出150万元）、累计借款利息支出300万元（能够按转让房地产项目计算分摊并提供金融机构证明）。当地政府规定其他费用扣除比例为5%。办公楼项目已预交土地增值税200万元，缴纳产权转让书据印花税5万元。该企业选择按简易计税方法缴纳增值税。

要求：计算该公司应纳土地增值税。

【答案】

(1) 扣除项目金额计算：

2 000 + 4 000 + [300 + (2 000 + 4 000) × 5%] + 10 000 × 5% × (7% + 3% + 2%) + (2 000 + 4 000) × 20% = 2 000 + 4 000 + 600 + 60 + 1 200 = 7 860（万元）。

印花税不得扣除。

(2) 土地增值额计算：

10 000 − 7 860 = 2 140（万元）。

(3) 确认适用税率：

2 140 ÷ 7 860 = 27.23%，税率为30%。

(4) 应纳土地增值税计算：

2 140 × 30% = 642（万元）；

补缴土地增值税 = 642 − 200 = 442（万元）。

【例10-9】 某工业企业2020年1月转让购置的旧厂房，取得转让收入（含增值税）8 000万元，旧厂房原值4 000万元（2010年购置），累计折旧2 000万元，资产评估事务所提供的评估报告证明厂房的重置价为10 000万元，成新度为50%。转让旧厂房缴纳印花税4万元。该企业选择按简易计税方法缴纳增值税。

要求：计算该企业应纳土地增值税。

【答案】

(1) 扣除项目金额：

$(8\,000-4\,000)\div(1+5\%)\times5\%\times(7\%+3\%+2\%)+4+10\,000\times50\%=22.86+4+5\,000=5\,026.86$（万元）。

印花税准予扣除。

(2) 土地增值额：

$8\,000\div(1+5\%)-5\,026.86=2\,592.19$（万元）。

(3) 确认适用税率：

$2\,592.19\div5\,026.86\times100\%=51.57\%$，适用税率为 40%。

(4) 应纳土地增值税：

$2\,592.19\times40\%-5\,026.86\times5\%=1\,036.88-251.34=785.54$（万元）。

七、减免税规定

(1) 纳税义务人建造普通标准住宅出售，增值额未超过扣除项目金额 20% 的，免征土地增值税。

(2) 因国家建设需要被政府依法征用、收回的房地产，免征土地增值税。

(3) 自 1999 年 8 月 1 日起，对居民个人拥有的普通住宅，在其转让时暂免征收土地增值税。个人因工作调动或改善居住条件而转让原自用住房（非普通住宅），凡居住满五年或五年以上的，免予征收土地增值税；居住满三年未满五年的，减半征收土地增值税。居住未满三年的，按规定计征土地增值税。

小知识 10-7　普通标准住宅

普通标准住宅是指按所在地一般民用住宅标准建造的居住用住宅。高级公寓、别墅、度假村等不属于普通标准住宅。普通标准住宅与其他住宅的具体划分界限在 2005 年 5 月 31 日前由各省、自治区、直辖市人民政府规定。2005 年 6 月 1 日起按照统一标准执行。普通住宅的认定标准应同时满足：住宅小区建筑容积率 1.0 以上，单套建筑面积 120 平方米以下，实际成交价格低于同级别土地上住房平均交易价格 1.2 倍以下。各省、自治区、直辖市要根据实际情况，制定本地区享受优惠政策普通住房的具体标准。允许单套建筑面积和价格标准适当浮动，但向上浮动的比例不得超过上述标准的 20%。

(4) 对企事业单位、社会团体以及其他组织转让旧房作为公租房房源，且增值额未超过扣除项目金额 20% 的，免征土地增值税。

(5) 鼓励企业重组的政策。

① 按照《公司法》的规定，非公司制企业整体改制为有限责任公司或者股份有限公司，有限责任公司（股份有限公司）整体改制为股份有限公司（有限责任公司），对改制前的企业将国有土地使用权、地上的建筑物及其附着物（以下称房地产）转移、变更到改制后的企业，暂不征土地增值税。

所称整体改制是指不改变原企业的投资主体，并承继原企业权利、义务的行为。

② 按照法律规定或者合同约定，两个或两个以上企业合并为一个企业，且原企业投资主

体存续的，对原企业将房地产转移、变更到合并后的企业，暂不征土地增值税。

③ 按照法律规定或者合同约定，企业分设为两个或两个以上与原企业投资主体相同的企业，对原企业将房地产转移、变更到分立后的企业，暂不征土地增值税。

④ 单位、个人在改制重组时以房地产作价入股进行投资，对其将房地产转移、变更到被投资的企业，暂不征土地增值税。

应当注意的是，上述改制重组有关土地增值税政策不适用于房地产转移任意一方为房地产开发企业的情形。

八、征收管理

（一）纳税期限

纳税义务人应自转让房地产合同签订之日起7日内，向房地产所在地主管税务机关办理纳税申报，同时向税务机关提交房屋及建筑物产权、土地使用权证书、土地转让、房产买卖合同、房地产评估报告及其他与转让房地产有关的资料，并在税务机关核定的期限内缴纳土地增值税。

（二）纳税地点

土地增值税由房地产所在地的主管税务机关负责征收。

房地产所在地是指房地产的坐落地。

纳税义务人转让房地产坐落在两个或两个以上地区的，应按房地产所在地分别申报纳税。

（三）土地增值税的清算

1. 土地增值税的清算单位

土地增值税以国家有关部门审批的房地产开发项目为单位进行清算，对于分期开发的项目，以分期项目为单位清算。

开发项目中同时包含普通住宅和非普通住宅的，应分别计算增值额。

2. 土地增值税的清算条件

符合下列情形之一的，纳税义务人应进行土地增值税的清算：
① 房地产开发项目全部竣工、完成销售的；
② 整体转让未竣工决算房地产开发项目的；
③ 直接转让土地使用权的。

符合下列情形之一的，主管税务机关可要求纳税义务人进行土地增值税清算：
① 已竣工验收的房地产开发项目，已转让的房地产建筑面积占整个项目可售建筑面积的比例在85%以上，或该比例虽未超过85%，但剩余的可售建筑面积已经出租或自用的；
② 取得销售（预售）许可证满三年仍未销售完毕的；
③ 纳税义务人申请注销税务登记但未办理土地增值税清算手续的；
④ 省税务机关规定的其他情况。

对已竣工验收的房地产项目，凡转让的房地产的建筑面积占整个项目可售建筑面积的比例在85%以上的，纳税义务人应按照转让房地产的收入与扣除项目金额配比的原则，对已转让的房地产进行土地增值税的清算。

第十一章　车辆购置税、车船税和印花税

第一节　车辆购置税

一、概念

车辆购置税是对在中国境内购置规定车辆的单位和个人征收的一种税。

二、纳税义务人

在中华人民共和国境内(以下简称"在境内")购置汽车、有轨电车、汽车挂车、排气量超过 150 ml 的摩托车(以下统称应税车辆)的单位和个人,为车辆购置税的纳税义务人,应当依照《中华人民共和国车辆购置税法》规定缴纳车辆购置税。

所称购置,是指以购买、进口、自产、受赠、获奖或者其他方式取得并自用应税车辆的行为。

三、应税车辆的范围

车辆购置税的征税范围包括汽车、有轨电车、汽车挂车、排气量超过 150 ml 的摩托车。

地铁、轻轨等城市轨道交通车辆,装载机、平地机、挖掘机、推土机等轮式专用机械车,以及起重机(吊车)、叉车、电动摩托车,不属于应税车辆。

四、征收方式

车辆购置税实行一次性征收。购置已征车辆购置税的车辆,不再征收车辆购置税。

五、税率

车辆购置税的税率为 10%。

六、计税价格

应税车辆的计税价格,按照下列规定确定:

(1)纳税义务人购买自用应税车辆的计税价格,为纳税义务人实际支付给销售者的全部价款,不包括增值税税款。

纳税义务人购买自用应税车辆实际支付给销售者的全部价款,依据纳税义务人购买应税车辆时相关凭证载明的价格确定,不包括增值税税款。

自 2020 年 6 月 1 日起,纳税义务人购置应税车辆办理车辆购置税纳税申报时,以发票电子信息中的不含增值税价作为申报计税价格。纳税义务人依据相关规定提供其他有效价格凭证的情形除外。

(2)纳税义务人进口自用应税车辆的计税价格,为关税完税价格加上关税和消费税。

纳税义务人进口自用应税车辆,是指纳税义务人直接从境外进口或者委托代理进口自用的应税车辆,不包括在境内购买的进口车辆。

(3)纳税义务人自产自用应税车辆的计税价格,按照纳税义务人生产的同类应税车辆的销售价格确定,不包括增值税税款。

纳税义务人自产自用应税车辆的计税价格,按照同类应税车辆(即车辆配置序列号相同的

车辆)的销售价格确定,不包括增值税税款;没有同类应税车辆销售价格的,按照组成计税价格确定。组成计税价格计算公式如下:

$$组成计税价格 = 成本 \times (1 + 成本利润率)$$

属于应征消费税的应税车辆,其组成计税价格中应加计消费税税额。

上述公式中的成本利润率,由国家税务总局、各省、自治区、直辖市和计划单列市税务局确定。

(4)纳税义务人以受赠、获奖或者其他方式取得自用应税车辆的计税价格,按照购置应税车辆时相关凭证载明的价格确定,不包括增值税税款。

(5)纳税义务人申报的应税车辆计税价格明显偏低,又无正当理由的,由税务机关依照《税收征收管理法》的规定核定其应纳税额。

(6)纳税义务人以外汇结算应税车辆价款的,按照申报纳税之日的人民币汇率中间价折合成人民币计算缴纳税款。

七、应纳税额计算

车辆购置税的应纳税额按照应税车辆的计税价格乘以税率计算。

(一)纳税义务人购买自用应税车辆的计税公式

$$应纳税额 = (支付的全部价款 + 价外费用)/(1+13\%) \times 10\%$$

(二)纳税义务人进口自用应税车辆的计税公式

$$应纳税额 = (关税完税价格 + 关税)/(1-消费税税率) \times 10\%$$

(三)纳税义务人自产、受赠、获奖或以其他方式取得的自用车辆的计税公式

$$应纳税额 = 购置应税车辆时相关凭证载明的价格 \times 10\%$$

【例 11-1】王某于 2020 年 1 月购置了一辆排气量为 1.8 升的乘用车,支付的全部价款和价外费用,取得《机动车销售统一发票》注明的价税合计金额为 203 400 元。

要求:计算王某应缴纳的车辆购置税。

【答案】

应纳车辆购置税 = 203 400 ÷ (1 + 13%) × 10% = 18 000(元)。

【例 11-2】某市汽车销售公司为一般纳税义务人,2020 年 1 月进口乘用车 50 辆,除留下 2 辆用于本企业经营业务需要外,其余均用于零售。上述进口乘用车每辆关税完税价格为 30 万元,每辆缴纳关税为 3 万元,适用消费税税率为 12%。

要求:计算该公司应缴纳的车辆购置税。

【答案】

应纳车辆购置税 = 2 × (300 000 + 30 000) ÷ (1 - 12%) × 10% = 75 000(元)。

八、减免税规定

下列车辆免征车辆购置税:

(1) 依照法律规定应当予以免税的外国驻华使馆、领事馆和国际组织驻华机构及其有关人员自用的车辆。

(2) 中国人民解放军和中国人民武装警察部队列入装备订货计划的车辆。

(3) 悬挂应急救援专用号牌的国家综合性消防救援车辆。

(4) 设有固定装置的非运输专用作业车辆。

设有固定装置的非运输车辆是指用于特种用途的专用作业车辆，须设有为实现该用途并采用焊接、铆接或者螺栓连接等方式固定安装在车体上的专用设备或装置，不包括载运人员和物品的专用运输车辆。生产（改装）或进口的车辆符合规定的，应按规定提交信息、照片及资料扫描件。

(5) 城市公交企业购置的公共汽电车辆。

城市公交企业购置的公共汽电车辆免征车辆购置税中的城市公交企业，是指由县级以上（含县级）人民政府交通运输主管部门认定的，依法取得城市公交经营资格，为公众提供公交出行服务，并纳入《城市公共交通管理部门与城市公交企业名录》的企业；公共汽电车辆是指按规定的线路、站点票价营运，用于公共交通服务，为运输乘客设计和制造的车辆，包括公共汽车、无轨电车和有轨电车。

(6) 其他符合条件的车辆。包括：

① 回国服务的在外留学人员用现汇购买 1 辆个人自用国产小汽车和长期来华定居专家进口 1 辆自用小汽车免征车辆购置税。

② 防汛部门和森林消防部门用于指挥、检查、调度、报汛（警）、联络的由指定厂家生产的设有固定装置的指定型号的车辆免征车辆购置税。

③ 自 2018 年 1 月 1 日至 2020 年 12 月 31 日，对购置新能源汽车免征车辆购置税。

④ 自 2018 年 7 月 1 日至 2021 年 6 月 30 日，对购置挂车减半征收车辆购置税。

购置日期按照机动车销售统一发票、《海关关税专用缴款书》或者其他有效凭证的开具日期确定。

所称挂车，是指由汽车牵引才能正常使用且用于载运货物的无动力车辆。

⑤ 中国妇女发展基金会"母亲健康快车"项目的流动医疗车免征车辆购置税。

⑥ 北京 2022 年冬奥会和冬残奥会组织委员会新购置车辆免征车辆购置税。

⑦ 原公安现役部队和原武警黄金、森林、水电部队改制后换发地方机动车牌证的车辆（公安消防、武警森林部队执行灭火救援任务的车辆除外），一次性免征车辆购置税。

(7) 根据国民经济和社会发展的需要，国务院可以规定减征或者其他免征车辆购置税的情形，报全国人民代表大会常务委员会备案。

九、征收管理

(一) 征收机关

车辆购置税由税务机关负责征收。

(二) 纳税地点

纳税义务人购置应税车辆，应当向车辆登记地的主管税务机关申报缴纳车辆购置税；购置不需要办理车辆登记的应税车辆的，应当向纳税义务人所在地的主管税务机关申报缴纳车辆购置税。

(三) 纳税义务发生时间

车辆购置税的纳税义务发生时间为纳税义务人购置应税车辆的当日。纳税义务人应当自纳税义务发生之日起六十日内申报缴纳车辆购置税。车辆购置税的纳税义务发生时间以纳税义务人购置应税车辆所取得的车辆相关凭证上注明的时间为准。

纳税义务人应当在向公安机关交通管理部门办理车辆注册登记前,缴纳车辆购置税。

公安机关交通管理部门办理车辆注册登记,应当根据税务机关提供的应税车辆完税或者免税电子信息对纳税义务人申请登记的车辆信息进行核对,核对无误后依法办理车辆注册登记。

(四) 其他相关规定

(1) 已经办理免税、减税手续的车辆因转让、改变用途等原因不再属于免税、减税范围的,纳税义务人、纳税义务发生时间、应纳税额按以下规定执行:

① 发生转让行为的,受让人为车辆购置税纳税义务人;未发生转让行为的,车辆所有人为车辆购置税纳税义务人。

② 纳税义务发生时间为车辆转让或者用途改变等情形发生之日。

③ 应纳税额计算公式如下:

应纳税额＝初次办理纳税申报时确定的计税价格×(1－使用年限×10%)×10%－已纳税额

应纳税额不得为负数。

使用年限的确定方法是,自纳税义务人初次办理纳税申报之日起,至不再属于免税、减税范围的情形发生之日止。使用年限取整计算,不满一年的不计算在内。

(2) 已征车辆购置税的车辆退回车辆生产或销售企业,纳税义务人申请退还车辆购置税的,应退税额计算公式如下:

应退税额＝已纳税额×(1－使用年限×10%)

应退税额不得为负数。

使用年限的计算方法是,自纳税义务人缴纳税款之日起,至申请退税之日止。

第二节 车船税

一、概念

车船税是指对在我国境内拥有车船的单位和个人征收的一种财产税。

二、纳税义务人与征税范围

(一) 纳税义务人和扣缴义务人

在中华人民共和国境内(以下简称境内)属于《中华人民共和国车船税法》(以下简称车船

税法)所附《车船税税目税额表》规定的车辆、船舶(以下简称车船)的所有人或者管理人,为车船税的纳税义务人,应当依照车船税法缴纳车船税。

从事机动车第三者责任强制保险业务的保险机构为机动车车船税的扣缴义务人,应当在收取保险费时依法代收车船税,并出具代收税款凭证。

(二) 征税范围

车船税的征税范围是指在我国境内属于《车船税法》所附《车船税税目税额表》规定的车辆、船舶。此处车辆、船舶是指:
① 依法应当在车船登记管理部门登记的机动车辆和船舶;
② 依法不需要在车船登记管理部门登记的在单位内部场所行驶或者作业的机动车辆和船舶。

临时入境的外国车船和香港特别行政区、澳门特别行政区、台湾地区的车船,不征收车船税。

三、税目与税率

车船税实行定额税率。车船税的适用税额,依照车船税法所附的《车船税税目税额表》执行。

(1) 车辆的具体适用税额由省、自治区、直辖市人民政府依照《车船税税目税额表》规定的税额幅度和国务院的规定确定。在确定车辆具体适用税额时应当遵循以下原则:
① 乘用车依排气量从小到大递增税额;
② 客车按照核定载客人数20人以下和20人(含)以上两档划分,递增税额。

省、自治区、直辖市人民政府确定的车辆具体适用税额,应当报国务院备案。

车船税税目税额见表11-1。

表 11-1　　　　　　　　　　车船税税目税额

税目		计税单位	年基准税额	备注
乘用车(按发动机汽缸容量(排气量)分档)	1.0升(含)以下的	每辆	60元至360元	核定载客人数9人(含)以下
	1.0升以上至1.6升(含)的		300元至540元	
	1.6升以上至2.0升(含)的		360元至660元	
	2.0升以上至2.5升(含)的		660元至1 200元	
	2.5升以上至3.0升(含)的		1 200元至2 400元	
	3.0升以上至4.0升(含)的		2 400元至3 600元	
	4.0升以上的		3 600元至5 400元	

续 表

税目		计税单位	年基准税额	备注
商用车	客车	每辆	480元至1 440元	核定载客人数9人以上,包括电车
	货车	整备质量每吨	16元至120元	包括半挂牵引车、三轮汽车和低速载货汽车等
挂车		整备质量每吨	按照货车税额的50%计算	
其他车辆	专用作业车	整备质量每吨	16元至120元	不包括拖拉机
	轮式专用机械车		16元至120元	
摩托车		每辆	36元至180元	
船舶	机动船舶	净吨位每吨	3元至6元	拖船、非机动驳船分别按照机动船舶税额的50%计算
	游艇	艇身长度每米	600元至2 000元	

(2) 机动船舶具体适用税额如下:
① 净吨位不超过200吨的,每吨3元;
② 净吨位超过200吨但不超过2 000吨的,每吨4元;
③ 净吨位超过2 000吨但不超过10 000吨的,每吨5元;
④ 净吨位超过10 000吨的,每吨6元。
拖船按照发动机功率每1千瓦折合净吨位0.67吨计算征收车船税。
(3) 游艇具体适用税额如下:
① 艇身长度不超过10米的,每米600元;
② 艇身长度超过10米但不超过18米的,每米900元;
③ 艇身长度超过18米但不超过30米的,每米1 300元;
④ 艇身长度超过30米的,每米2 000元;
⑤ 辅助动力帆艇,每米600元。
(4) 所涉及的排气量、整备质量、核定载客人数、净吨位、千瓦、艇身长度,以车船登记管理部门核发的车船登记证书或者行驶证所载数据为准。

依法不需要办理登记的车船和依法应当登记而未办理登记或者不能提供车船登记证书、行驶证的车船,以车船出厂合格证明或者进口凭证标注的技术参数、数据为准;不能提供车船出厂合格证明或者进口凭证的,由主管税务机关参照国家相关标准核定,没有国家相关标准的参照同类车船核定。

四、应纳税额的计算

(1) 购置的新车船,购置当年的应纳税额自纳税义务发生的当月起按月计算。计算公式为:

应纳税额＝(年应纳税额÷12)×应纳税月份数

应纳税月份数＝12－纳税义务发生时间(取月份)＋1

(2) 在一个纳税年度内,已完税的车船被盗抢、报废、灭失的,纳税义务人可以凭有关管理机关出具的证明和完税证明,向纳税所在地的主管税务机关申请退还自被盗抢、报废、灭失月份起至该纳税年度终了期间的税款。

(3) 已办理退税的被盗抢车船,失而复得的,纳税义务人应当从公安机关出具相关证明的当月起计算缴纳车船税。

(4) 在一个纳税年度内,纳税义务人在非车辆登记地由保险机构代收代缴机动车车船税,且能够提供合法有效完税证明的,纳税义务人不再向车辆登记地的地方税务机关缴纳车辆车船税。

(5) 已缴纳车船税的车船在同一纳税年度内办理转让过户的,不另纳税,也不退税。

【例11-3】某运输公司2019年拥有载货汽车30辆(全部货车整备质量都为10吨),载客大客车20辆、小客车10辆。

要求:计算该公司应纳车船税。(注:载货汽车整备质量每吨年税额80元,载客大客车每辆年税额800元,小客车每辆年税额700元)

【答案】

载货汽车应纳税额＝30×10×80＝24 000(元);

载客汽车应纳税额＝20×800＋10×700＝23 000(元)。

【例11-4】某运输企业拥有机动船10条,每条净吨位5 000吨;拖船5条,每条1 000千瓦;非机动驳船20条,每条净吨位100吨;经登记的捕捞船30条,每条净吨位50吨。车船税税额:船舶净吨位200吨以下的,每吨3元;净吨位201吨至2 000吨的,每吨4元;2 001吨至10 000吨的,每吨5元;10 001吨以上的,每吨6元。

要求:计算该运输企业应纳车船税。

【答案】

全年应纳车船税＝10×5 000×5＋5×1 000×0.67×4×50％＋20×100×3×50％＝259 700(元),捕捞船免税。

五、税收优惠

(一) 法定免税

(1) 捕捞、养殖渔船免征车船税。

捕捞、养殖渔船,是指在渔业船舶登记管理部门登记为捕捞船或者养殖船的船舶。

(2) 军队、武装警察部队专用的车船免征车船税。

军队、武装警察部队专用的车船,是指按照规定在军队、武装警察部队车船登记管理部门登记,并领取军队、武警牌照的车船。

(3) 警用车船免征车船税。

警用车船,是指公安机关、国家安全机关、监狱、劳动教养管理机关和人民法院、人民检察院领取警用牌照的车辆和执行警务的专用船舶。

(4) 悬挂应急救援专用号牌的国家综合性消防救援车辆和国家综合性消防救援专用船舶

免征车船税。

(5) 依照法律规定应当予以免税的外国驻华使馆、国际组织驻华机构及其有关人员的车船。

(二) 法定减免税

(1) 对节约能源、使用新能源的车船可以减征或者免征车船税。

免征或者减半征收车船税的车船的范围,由国务院财政、税务主管部门商国务院有关部门制订,报国务院批准。

(2) 对受严重自然灾害影响纳税困难以及有其他特殊原因确需减税、免税的,可以减征或者免征车船税。具体办法由国务院规定,并报全国人民代表大会常务委员会备案。

对受地震、洪涝等严重自然灾害影响纳税困难以及其他特殊原因确需减免税的车船,可以在一定期限内减征或者免征车船税。具体减免期限和数额由省、自治区、直辖市人民政府确定,报国务院备案。

(3) 省、自治区、直辖市人民政府根据当地实际情况,可以对公共交通车船,农村居民拥有并主要在农村地区使用的摩托车、三轮汽车和低速载货汽车定期减征或者免征车船税。

(三) 临时减免税

(1) 按照规定缴纳船舶吨税的机动船舶,自车船税法实施之日起 5 年内免征车船税。

(2) 依法不需要在车船登记管理部门登记的机场、港口、铁路站场内部行驶或者作业的车船,自车船税法实施之日起 5 年内免征车船税。

注意,车船税法及其实施条例自 2012 年 1 月 1 日起施行。

六、征收管理

(一) 纳税义务发生时间

车船税纳税义务发生时间为取得车船所有权或者管理权的当月。所称取得车船所有权或者管理权的当月,应当以购买车船的发票或者其他证明文件所载日期的当月为准。

(二) 纳税地点

车船税的纳税地点为车船的登记地或者车船税扣缴义务人所在地。依法不需要办理登记的车船,车船税的纳税地点为车船的所有人或者管理人所在地。

(三) 纳税申报

(1) 车船税按年申报,分月计算,一次性缴纳。纳税年度为公历 1 月 1 日至 12 月 31 日。车船税按年申报缴纳。具体申报纳税期限由省、自治区、直辖市人民政府规定。

(2) 税务机关可以在车船管理部门、车船检验机构的办公场所集中办理车船税征收事宜。

(3) 公安机关交通管理部门在办理车辆相关登记和定期检验手续时,经核查,对没有提供依法纳税或者免税证明的,不予办理相关手续。

(4) 海事部门、船舶检验机构在办理船舶登记和定期检验手续时,对未提交依法纳税或者免税证明,且拒绝扣缴义务人代收代缴车船税的纳税义务人,不予登记,不予发放检验合格标志。

（5）纳税义务人在首次购买机动车交通事故责任强制保险时缴纳车船税或者自行申报缴纳车船税的，应当提供购车发票及反映排气量、整备质量、核定载客人数等与纳税相关的信息及其相应凭证。

（四）税款扣缴

机动车车船税扣缴义务人在代收车船税时，应当在机动车交通事故责任强制保险的保险单以及保费发票上注明已收税款的信息，作为代收税款凭证。

扣缴义务人已代收代缴车船税的，纳税人不再向车辆登记地的主管税务机关申报缴纳车船税。没有扣缴义务人的，纳税人应当向主管税务机关自行申报缴纳车船税。

第三节 印花税

一、概念

印花税是对经济活动和经济交往中书立、领受、使用的应税凭证征收的一种税。

二、纳税义务人

订立、领受在中华人民共和国境内（以下简称境内）具有法律效力的应税凭证，或者在境内进行证券交易的单位和个人，为印花税的纳税义务人，应当依照《中华人民共和国印花税法》规定缴纳印花税。

所称应税凭证，是指《印花税税目税率表》规定的书面形式的合同、产权转移书据、营业账簿和权利、许可证照。

所称证券交易，是指在依法设立的证券交易所上市交易或者在国务院批准的其他证券交易场所转让公司股票和以股票为基础发行的存托凭证。

印花税的纳税义务人具体包括立合同人、立据人、立账簿人、领受人和使用人。

（一）立合同人

立合同人是指合同的当事人。所谓当事人，是指对凭证有直接权利义务关系的单位和个人，但不包括合同的担保人、证人、鉴定人。各类合同的纳税义务人是立合同人。各类合同，包括购销、加工承揽、建设工程承包、财产租赁、货物运输、仓储保管、借款、财产保险、技术合同或者具有合同性质的凭证。

当事人的代理人有代理纳税的义务，他与纳税义务人负有同等的税收法律义务和责任。

（二）立据人

产权转移书据的纳税义务人是立据人。是指土地、房屋权属转移过程中买卖双方的当事人。

(三) 立账簿人

营业账簿的纳税义务人是立账簿人。所谓立账簿人,指设立并使用营业账簿的单位和个人。例如,企业单位因生产、经营需要,设立了营业账簿,该企业即为纳税义务人。

(四) 领受人

权利、许可证照的纳税义务人是领受人。领受人,是指领取或接受并持有该项凭证的单位和个人。例如,某人因其发明创造,经申请依法取得国家专利机关颁发的专利证书,该人即为纳税义务人。

(五) 使用人

在国外书立、领受,但在国内使用的应税凭证,其纳税义务人是使用人。

应当注意,一是对应税凭证,凡由两方或两方以上当事人共同书立的,其当事人各方都是印花税的纳税义务人,应各就其所持凭证的计税金额履行纳税义务;二是各类电子应税凭证的签订人,即以电子形式签订的各类应税凭证的当事人,也是印花税的纳税义务人。

三、税目与税率

印花税的税目、税率,依照本法所附《印花税税目税率表》执行。

(一) 税目

一般地说,列入税目的就要征税,未列入税目的就不征税。印花税共有13个税目。

1. 购销合同

包括供应、预购、采购、购销结合及协作、调剂、补偿、贸易等合同。此外,还包括出版单位与发行单位之间订立的图书、报纸、期刊和音像制品的应税凭证,例如订购单、订数单等。还包括发电厂与电网之间、电网与电网之间(国家电网公司系统、南方电网公司系统内部各级电网互供电量除外)签订的购售电合同。

但是,电网与用户之间签订的供用电合同不属于印花税列举征税的凭证,不征收印花税。

2. 加工承揽合同

包括加工、定做、修缮、修理、印刷、广告、测绘、测试等合同。

3. 建设工程勘察设计合同

包括勘察、设计合同。

4. 建筑安装工程承包合同

包括建筑、安装工程承包合同。承包合同,包括总承包合同、分包合同和转包合同。

5. 财产租赁合同

包括租赁房屋、船舶、飞机、机动车辆、机械、器具、设备等合同,还包括企业、个人出租门店、柜台等签订的合同。

6. 货物运输合同

包括民用航空、铁路运输、海上运输、公路运输和联运合同,以及作为合同使用的单据。

7. 仓储保管合同

包括仓储、保管合同，以及作为合同使用的仓单、栈单等。

8. 借款合同

银行及其他金融组织与借款人（不包括银行同业拆借）所签订的合同，以及只填开借据并作为合同使用、取得银行借款的借据。银行及其他金融机构经营的融资租赁业务，是一种以融物方式达到融资目的的业务，实际上是分期偿还的固定资金借款，因此融资租赁合同也属于借款合同。

9. 财产保险合同

包括财产、责任、保证、信用保险合同，以及作为合同使用的单据。财产保险合同，分为企业财产保险、机动车辆保险、货物运输保险、家庭财产保险和农牧业保险五大类。"家庭财产两全保险"属于家庭财产保险性质，其合同在财产保险合同之列，应照章纳税。

10. 技术合同

包括技术开发、转让、咨询、服务等合同，以及作为合同使用的单据。技术转让合同，包括专利申请权转让、专利实施许可和非专利技术转让。技术咨询合同，是当事人就有关项目的分析、论证、预测和调查订立的技术合同。

一般的法律、会计、审计等方面的咨询不属于技术咨询，其所立合同不贴印花。

11. 产权转移书据

包括财产所有权和版权、商标专用权、专利权、专有技术使用权等转移书据和土地使用权出让合同、土地使用权转让合同、商品房销售合同等权利转移合同。

> **小知识 11-1　产权转移书据**
>
> 产权转移书据是指经政府管理机关登记注册的动产、不动产的所有权转移所立的书据，包括股份制企业向社会公开发行的股票，因购买、赠与所书立的产权转移书据。

12. 营业账簿

营业账簿是指单位或者个人记载生产经营活动的财务会计核算账簿。营业账簿按其反映内容的不同，可分为记载资金的账簿和其他账簿。

记载资金的账簿，是指反映生产经营单位资本金数额增减变化的账簿。其他账簿，是指除上述账簿以外的有关其他生产经营活动内容的账簿，包括日记账簿和各明细分类账簿。

13. 权利、许可证照

包括政府部门发给的房屋产权证、工商营业执照、商标注册证、专利证、土地使用证。

（二）税率

印花税的税率有两种形式，即比例税率和定额税率。具体税率详见表11-2。

表 11-2　　　　　　　　　　　　印花税税率表

税目	范围	税率	纳税义务人	说明
1. 购销合同	包括供应、预购、采购、购销结合及协作、调剂、补偿、易货等合同	按购销金额 0.3‰ 贴花	立合同人	
2. 加工承揽合同	包括加工、定做、修缮、修理、印刷广告、测绘、测试等合同	按加工或承揽收入 0.5‰ 贴花	立合同人	
3. 建设工程勘察设计合同	包括勘察、设计合同	按收取费用 0.5‰ 贴花	立合同人	
4. 建筑安装工程承包合同	包括建筑、安装工程承包合同	按承包金额 0.3‰ 贴花	立合同人	
5. 财产租赁合同	包括租赁房屋、船舶、飞机、机动车辆、机械、器具、设备等合同	按租赁金额 1‰ 贴花。税额不足 1 元，按 1 元贴花	立合同人	
6. 货物运输合同	包括民用航空运输、铁路运输、海上运输、内河运输、公路运输和联运合同	按运输费用 0.5‰ 贴花	立合同人	单据作为合同使用的，按合同贴花
7. 仓储保管合同	包括仓储、保管合同	按仓储保管费用 1‰ 贴花	立合同人	仓单或栈单作为合同使用的，按合同贴花
8. 借款合同	银行及其他金融机构和借款人(不包括银行同业拆借)所签订的借款合同	按借款金额 0.05‰ 贴花	立合同人	单据作为合同使用的，按合同贴花
9. 财产保险合同	包括财产、责任保证、信用等保险合同	按收取的保险费收入 1‰ 贴花	立合同人	单据作为合同使用的，按合同贴花
10. 技术合同	包括技术开发、转让、咨询、服务等合同	按所记载金额 0.3‰ 贴花	立合同人	
11. 产权转移书据	包括财产所有权和版权、商标专用权、专利权、专有技术使用权等转移书据、土地使用权出让合同、土地使用权转让合同、商品房销售合同	按所记载金额 0.5‰ 贴花	立据人	
12. 营业账簿	生产、经营用账册	记载资金的账簿，按实收资本和资本公积的合计金额 0.5‰ 贴花。其他账簿按件贴花 5 元	立账簿人	
13. 权利、许可证照	包括政府部门发给的房屋产权证、工商营业执照、商标注册证、专利证、土地使用证	按件贴花 5 元	领受人	

四、计税依据

(一) 原则规定

印花税的计税依据,按照下列方法确定:

(1) 应税合同的计税依据,为合同列明的价款或者报酬,不包括增值税税款;合同中价款或者报酬与增值税税款未分开列明的,按照合计金额确定。

(2) 应税产权转移书据的计税依据,为产权转移书据列明的价款,不包括增值税税款;产权转移书据中价款与增值税税款未分开列明的,按照合计金额确定。

(3) 应税营业账簿的计税依据,为营业账簿记载的实收资本(股本)、资本公积合计金额。

(4) 应税权利、许可证照的计税依据,按件确定。

(5) 证券交易的计税依据,为成交金额。

(6) 应税合同、产权转移书据未列明价款或者报酬的,按照下列方法确定计税依据:

① 按照订立合同、产权转移书据时市场价格确定;依法应当执行政府定价的,按照其规定确定。

② 不能按照本条第一项规定的方法确定的,按照实际结算的价款或者报酬确定。

(7) 以非集中交易方式转让证券时无转让价格的,按照办理过户登记手续前一个交易日收盘价计算确定计税依据;办理过户登记手续前一个交易日无收盘价的,按照证券面值计算确定计税依据。

(二) 具体规定

(1) 购销合同的计税依据为合同记载的购销金额。

(2) 加工承揽合同的计税依据是加工或承揽收入的金额。具体规定如下:

① 对于由受托方提供原材料的加工、定做合同,凡在合同中分别记载加工费金额和原材料金额的,应分别按"加工承揽合同""购销合同"计税,两项税额相加数,即为合同应贴印花;若合同中未分别记载,则应就全部金额依照加工承揽合同计税贴花。

② 对于由委托方提供主要材料或原料,受托方只提供辅助材料的加工合同,无论加工费和辅助材料金额是否分别记载,均以辅助材料与加工费的合计数,依照加工承揽合同计税贴花。对委托方提供的主要材料或原料金额不计税贴花。

【例 11-5】某公司受托加工制作广告牌,双方以价税分离方式签订的加工承揽合同中分别注明加工费 40 000 元,委托方提供价值 60 000 元的主要材料,受托方提供价值 2 000 元的辅助材料。

要求:计算该公司应纳印花税。

【答案】

应纳印花税 $=(40\,000+2\,000)\times 0.5‰=21$(元)。

如果主要材料由受托方提供,其他条件不变,则:

应纳印花税 $=60\,000\times 0.3‰+(40\,000+2\,000)\times 0.5‰=39$(元)。

(3) 建设工程勘察设计合同的计税依据为收取的费用。

(4) 建筑安装工程承包合同的计税依据为承包金额。

(5) 财产租赁合同的计税依据为租赁金额;经计算,税额不足 1 元的,按 1 元贴花。

(6) 货物运输合同的计税依据为取得的运输费金额（即运费收入），不包括所运货物的金额、装卸费和保险费等。

(7) 仓储保管合同的计税依据为收取的仓储保管费用。

(8) 借款合同的计税依据为借款金额。

银行及其他金融组织的融资租赁业务签订的融资租赁合同，应按合同所载租金总额，暂按借款合同计税。

(9) 财产保险合同的计税依据为支付（收取）的保险费，不包括所保财产的金额。

(10) 技术合同的计税依据为合同所载的价款、报酬或使用费。

为了鼓励技术研究开发，对技术开发合同，只就合同所载的报酬金额计税，研究开发经费不作为计税依据。如果合同约定按研究开发经费一定比例作为报酬的，应按一定比例的报酬金额贴花。

(11) 产权转移书据的计税依据为所载金额。

(12) 营业账簿税目中记载资金的账簿的计税依据为"实收资本"与"资本公积"两项的合计金额。其他账簿的计税依据为应税凭证件数。

(13) 权利、许可证照的计税依据为应税凭证件数。

（三）特殊规定

(1) 同一凭证，载有两个或两个以上经济事项而适用不同税目税率，如分别记载金额的，应分别计算应纳税额，相加后按合计税额贴花；如未分别记载金额的，按税率高的计税贴花。

(2) 按金额比例贴花的应税凭证，未标明金额的，应按照凭证所载数量及国家牌价计算金额；没有国家牌价的，按市场价格计算金额，然后按规定税率计算应纳税额。

(3) 应税凭证所载金额为外国货币的，应按照凭证书立当日国家外汇管理局公布的外汇牌价折合成人民币，然后计算应纳税额。

(4) 应纳税额不足1角的，免纳印花税；1角以上的，其税额尾数不满5分的不计，满5分的按1角计算。

(5) 有些合同在签订时无法确定计税金额，如技术转让合同中的转让收入，是按销售收入的一定比例收取或是按实现利润分成的；财产租赁合同，只是规定了月（天）租金标准而无租赁期限的。对这类合同，可在签订时先按定额5元贴花，以后结算时再按实际金额计税，补贴印花。

【例11-6】某交通运输企业当月签订以下合同：①与某银行签订融资租赁合同购置新车15辆，合同载明租赁期限为3年，每年支付租金100万元；②与某客户签订货物运输合同，合同载明货物价值500万元，运输费用65万元（含装卸费5万元，货物保险费10万元）；③与某运输企业签订租赁合同，合同载明将本企业闲置的总价值300万元的10辆货车出租，每辆车月租金4 000元，租期未定；④与某保险公司签订保险合同，合同载明为本企业的50辆车上第三方责任险，每辆车每年支付保险费4 000元。

要求：计算该企业当月应缴纳的印花税。

【答案】

应纳印花税 $=3\times100\times0.05‰+(65-5-10)\times0.5‰+5+50\times0.4\times1‰=605$（元）。

(6) 应税合同在签订时纳税义务即已产生，应计算应纳税额并贴花。所以，不论合同是否兑现或是否按期兑现，均应贴花。

对已履行并贴花的合同，所载金额与合同履行后实际结算金额不一致的，只要双方未修改合同金额,一般不再办理完税手续。

(7) 商品购销活动中,采用以货换货方式进行商品交易签订的合同,是反映既购又销双重经济行为的合同。对此,应按合同所载的购、销合计金额计税贴花。合同未列明金额的,应按合同所载购、销数量依照国家牌价或者市场价格计算应纳税额。

【例11-7】甲公司与乙公司分别签订了两份合同:一是以货换货合同,甲公司的货物价值200万元,乙公司的货物价值150万元;二是采购合同,甲公司购买乙公司50万元货物,但因故合同未能兑现。

要求:计算甲公司应纳印花税。

【答案】

以物易物合同应按购、销金额合计计税贴花,应税合同在签订时产生纳税义务,不论合同是否兑现,均应贴花。

应纳印花税 = (200 + 150 + 50) × 0.3‰ = 1 200(元)。

(8) 施工单位将自己承包的建设项目,分包或者转包给其他施工单位所签订的分包合同或者转包合同,应按新的分包合同或转包合同所载金额计算应纳税额。

【例11-8】某建筑公司与甲企业签订一份建筑承包合同,合同金额6 000万元(含相关费用50万元)。施工期间,该建筑公司又将其中价值800万元的安装工程转包给乙企业,并签订转包合同。

要求:计算该建筑公司应纳印花税。

【答案】

印花税计税依据不得扣除费用;总包和分包合同均计算缴纳印花税。

应纳印花税 = (6 000 + 800) × 0.3‰ = 2.04(万元)。

(9) 对证券交易印花税政策进行调整,由双边征收改为单边征收。即只对卖出方(或继承、赠与A股、B股股权的出让方)征收证券(股票)交易印花税,对买入方(受让方)不再征税。税率仍保持1‰。

(10) 对国内各种形式的货物联运,凡在起运地统一结算全程运费的,应以全程运费作为计税依据,由起运地运费结算双方缴纳印花税;凡分程结算运费的,应以分程的运费作为计税依据,分别由办理运费结算的各方缴纳印花税。

五、应纳税额计算

印花税应纳税额按照下列方法计算:

(1) 应税合同的应纳税额为价款或者报酬乘以适用税率。

(2) 应税产权转移书据的应纳税额为价款乘以适用税率。

(3) 应税营业账簿的应纳税额为实收资本(股本)、资本公积合计金额乘以适用税率。

(4) 应税权利、许可证照的应纳税额为适用税额。

(5) 证券交易的应纳税额为成交金额或者按照印花税法的规定计算确定的计税依据乘以适用税率。

小知识11-2 印花税票面金额

印花税票为有价证券,其票面金额以人民币为单位,分为1角、2角、5角、1元、2元、5元、10元、50元、100元9种。

【例 11-9】某企业 2019 年 2 月开业,当年发生以下有关业务事项:领受房屋产权证、工商营业执照、土地使用证各 1 件;与其他企业订立转移专用技术使用权书据 1 份,所载金额 100 万元;订立产品购销合同 1 份,所载金额为 200 万元;订立借款合同 1 份,所载金额为 400 万元;企业记载资金的账簿,"实收资本"、"资本公积"为 800 万元;其他营业账簿 10 本。试计算该企业当年应缴纳的印花税税额。

【答案】
① 企业领受权利、许可证照应纳税额应纳税额。

应纳税额 = 3 × 5 = 15(元)

② 企业订立产权转移书据应纳税额

应纳税额 = 1 000 000 × 0.5‰ = 500(元)

③ 企业订立购销合同应纳税额

应纳税额 = 2 000 000 × 0.3‰ = 600(元)

④ 企业订立借款合同应纳税额

应纳税额 4 000 000 × 0.05‰ = 200(元)

⑤ 企业记载资金的账簿

应纳税额 = 8 000 000 × 0.5‰ = 4 000(元)

⑥ 当年企业应纳印花税税额

15 + 500 + 600 + 200 + 4 000 = 5 315(元)

六、税收优惠

对印花税的减免税优惠主要有:
(1) 对已缴纳印花税凭证的副本或者抄本免税。

凭证的正式签署本已按规定缴纳了印花税,其副本或者抄本对外不发生权利义务关系,只是留存备查。但以副本或者抄本视同正本使用的,则应另贴印花。

(2) 对无息、贴息贷款合同免税。

无息、贴息贷款合同,是指我国的各专业银行按照国家金融政策发放的无息贷款,以及由各专业银行发放并按有关规定由财政部门或中国人民银行给予贴息的贷款项目所签订的贷款合同。

(3) 对房地产管理部门与个人签订的用于生活居住的租赁合同免税。

(4) 对农牧业保险合同免税。

对该类合同免税,是为了支持农村保险事业的发展,减轻农牧业生产的负担。

(5) 对与高校学生签订的高校学生公寓租赁合同,免征印花税。

所述"高校学生公寓",是指为高校学生提供住宿服务,按照国家规定的收费标准收取住宿费的学生公寓。

(6) 对公租房经营管理单位建造公租房涉及的印花税予以免征。

对公租房经营管理单位购买住房作为公租房,免征契税、印花税;对公租房租赁双方签订租赁协议涉及的印花税予以免征。

在其他住房项目中配套建设公租房,依据政府部门出具的相关材料,可按公租房建筑面积占总建筑面积的比例免征建造、管理公租房涉及的印花税。

(7) 对改造安置住房经营管理单位、开发商与改造安置住房相关的印花税以及购买安置住房的个人涉及的印花税以及购买安置房的个人涉及的印花税予以免税。

(8) 对按万分之五税率贴花的资金账簿减半征收印花税,对按件贴花五元的其他账簿免征印花税。

(9) 对社保基金会、社保基金投资管理人管理的社保基金转让非上市公司股权,免征社保基金会、社保基金投资管理人应缴纳的印花税。

(10) 由省、自治区、直辖市人民政府根据本地区实际情况,以及宏观调控需要确定,对增值税小规模纳税义务人可以在50%的税额幅度内减征印花税(不含证券交易印花税)。增值税小规模纳税义务人已依法享受印花税其他优惠政策的,可叠加享受上述优惠政策。

七、征收管理

(一) 纳税方法

1. 自行贴花办法

这种办法,一般适用于应税凭证较少或者贴花次数较少的纳税义务人。纳税义务人书立、领受或者使用印花税法列举的应税凭证的同时,纳税义务即已产生,应当根据应纳税凭证的性质和适用的税目税率,自行计算应纳税额,自行购买印花税票,自行一次贴足印花税并加以注销或划销(在骑缝处),纳税义务才算全部履行完毕。

值得注意的是,纳税义务人购买了印花税票,支付了税款,国家就取得了财政收入。但就印花税来说,纳税义务人支付了税款并不等于已履行了纳税义务。纳税义务人必须自行贴花并注销或划销,这样才算完整地完成了纳税义务。这也就是通常所说的"三自"纳税办法。

对已贴花的凭证,修改后所载金额增加的,其增加部分应当补贴印花税票。凡多贴印花税票者,不得申请退税或者抵用。

小知识 11-3　骑缝处

骑缝处是指粘贴的印花税票与凭证之间的交接处。

2. 汇贴或汇缴办法

这种办法,一般适用于应纳税额较大或者贴花次数频繁的纳税义务人。

一份凭证应纳税额超过500元的,应向当地税务机关申请填写缴款书或者完税证,将其中一联粘贴在凭证上或者由税务机关在凭证上加注完税标记代替贴花。这就是通常所说的"汇贴"办法。

同一种类应纳税凭证,需频繁贴花的,纳税义务人可以根据实际情况自行决定是否采用按期汇总缴纳印花税的方式,汇总缴纳的期限为1个月。采用按期汇总缴纳方式的纳税义务人应事先告知主管税务机关。缴纳方式一经选定,1年内不得改变。

3. 委托代征办法

即通过税务机关的委托,经由发放或者办理应纳税凭证的单位代为征收印花税税款。税务机关应与代征单位签订代征委托书。

发放或者办理应纳税凭证的单位,是指发放权利、许可证照的单位和办理凭证的鉴证、公证及其他有关事项的单位。

税务机关委托代售印花税票,按代售金额5%的比例支付给受托方代售手续费。

(二) 纳税环节

印花税应当在书立或领受时贴花。

具体是指在合同签订时、账簿启用时和证照领受时贴花。如果合同是在国外签订,并且不便在国外贴花的,应在将合同带入境时办理贴花纳税手续。

(三) 纳税地点

印花税一般实行就地纳税。

对于全国性商品物资订货会(包括展销会、交易会等)上所签订合同应纳的印花税,由纳税义务人回其所在地后及时办理贴花完税手续;对地方主办、不涉及省际关系的订货会、展销会上所签合同的印花税,其纳税地点由各省、自治区、直辖市人民政府自行确定。

(四) 纳税申报

印花税的纳税义务人应按照条例的有关规定及时办理纳税申报,并如实填写印花税纳税申报表。

(五) 罚则

印花税纳税义务人有下列行为之一的,由税务机关根据情节轻重予以处罚:

(1) 在应纳税凭证上未贴或者少贴印花税票的或者已粘贴在应税凭证上的印花税票未注销或者未划销的,由税务机关追缴其不缴或者少缴的税款、滞纳金,并处不缴或者少缴的税款50%以上5倍以下的罚款。

(2) 已贴用的印花税票揭下重用造成未缴或少缴印花税的,由税务机关追缴其不缴或者少缴的税款、滞纳金,并处不缴或者少缴的税款50%以上5倍以下的罚款;构成犯罪的,依法追究刑事责任。

(3) 伪造印花税票的,由税务机关责令改正,处以2 000元以上1万元以下的罚款;情节严重的,处以1万元以上5万元以下的罚款;构成犯罪的,依法追究刑事责任。

(4) 按期汇总缴纳印花税的纳税义务人,超过税务机关核定的纳税期限,未缴或少缴印花税款的,由税务机关追缴其不缴或者少缴的税款、滞纳金,并处不缴或者少缴的税款50%以上5倍以下的罚款;情节严重的,同时撤销其汇缴许可证;构成犯罪的,依法追究刑事责任。

(5) 纳税义务人违反以下规定的,由税务机关责令限期改正,可处以2 000元以下的罚款;情节严重的,处以2 000元以上1万元以下的罚款。

① 凡汇总缴纳印花税的凭证,应加注税务机关指定的汇缴戳记,编号并装订成册后,将已贴印花或者缴款书的一联粘附册后,盖章注销,保存备查。

② 纳税义务人对纳税凭证应妥善保存。凭证的保存期限,凡国家已有明确规定的,按规定办理;没有明确规定的其余凭证均应在履行完毕后保存1年。